문재인에게
속았습니다

**박근혜의 권력을 강탈하고 종북정권을 세운
촛불혁명의 진실**

문재인에게
속았습니다

초판 1쇄 발행 2024년 11월 01일

저 자 | 장영관
감 수 | 고영주
발행인 | 장영관

발행처 | 북저암
등록번호 | 제399-53-00755호

주소 | 서울 마포구 큰우물로 75, 405호
전화 | 010-8671-0710
팩스 | 070-4185-7319
이메일 | kalxon888@naver.com

ISBN 979-11-986047-4-3 03340

문재인에게
속았습니다

박근혜의 권력을 강탈하고 종북정권을 세운
촛불혁명의 진실

북저암

감수를 마치고 ● 고영주

제가 대표로 있는 자유민주당은 국내 여러 애국단체들과 함께 '위헌정당 더불어민주당 진보당 해산 국민운동본부'를 결성하고 2024년 7월 3일 '더불어민주당 위헌 해산심판 청원서'를 법무부에 제출했습니다. 국민동의청원 사이트에 올라온 이 청구는 10월 현재 21만 명이 넘는 국민의 동의를 얻고 있습니다. 이런 시국에서 저희 자유민주당의 당원인 장영관 씨가 문재인이 박근혜 정부를 붕괴시키고 권력을 장악하는 과정에서 범한 위헌적이고 불법적인 범죄혐의를 고발하는 책을 내놓는다는 소식을 듣고 참으로 반가웠습니다. 이 책은 문재인의 정체와 더불어민주당의 실체, 그리고 이땅의 종북 세력에 대해 상세하고 정확히 말해주고 있습니다.

지금의 더불어민주당이 위헌정당이 된 일에는 문재인의 책임이 압도적입니다. 김대중 이래 완전한 좌익 정당의 길을 걸어온 더불어민주당은 노무현을 거쳐 문재인이 당의 맹주가 되면서 종북주의를 지향하며 위헌적 정치활동을 자행했습니다. 특히 대통령이 된 문재인은 자신의 권력으로 수많은 위헌적 통치를 노골적으로 펼쳐 왔습니다. 그가 집권 5년 동안 범한 위헌적 통치는 이미 출간된 [대통령이 된 간첩]에 고스란히 기록되어 있습니다. 그리고 문재인이 촛불혁명이란 이름으로 박근혜 정부를 무너뜨리고 정권을 잡기까지의 위헌적 범죄행위들은 [문재인에게 속았습니다]라는 제목으로 재탄생한 이 책에 모두 기록되어 있습니다. 이 두 권의 책은 '문재인 백서'라고 해도 좋고 '문재인 실록'이라고 불러도 될 것입니다. 문재인의 반국가적 행위가 망라된 이 두 책은 지금까지 문재인에 대해 국내에서 발행된 어떤 책보다 많은 사실을 충실하게 싣고 있다고 자신합니다.

이 두 권의 책은 문재인의 위헌적 통치는 물론 그가 리더로 있던 더불어민주당의 위헌적 활동까지 자세히 서술하고 있습니다. 이 내용에 따라 문재인은 자유민주주의 대한민국의 법체계에 따라 조사하고 수사하여 처벌되어야 합니다. 이와 함께 더불어민주당은 위헌정당으로 규정되고 해산되어야 합니다. 그것을 주장하기 위해 저자와 제가 힘을 모았습니다. 많은 국민이 이 두 권의 책을 읽고 문재인과 그의 정권과 더불어민주당의 실체와 그들의 정치활동의 방향성과 국정운영의 결과에 대해 제대로 알았으면 좋겠습니다. 대한민국의 정체성이 흔들리고 국가 존립이 위험하다고 생각하는 국민, 대한민국의 자유민주주의가 훼손되고 있다고 생각하는 국민, 우리가 흔히 종북좌파 세력이라 부르는 북한주의자들에게 대한민국이 이미 장악된 것이 아닌가 의심하는 국민이 이 책을 읽으시면 참 좋겠습니다. 그리고 의심을 확신으로 바꾸고 주위 분들에게 우리나라가 종북세력에게 장악된 위험한 상황에 있다는 사실을 자신있게 말해주면 좋겠습니다. 종북세력을 몰아내고 대한민국의 자유민주주의를 지켜내는 일은 문재인을 심판하고 더불어민주당을 해산하는 일에서 시작해야 한다는 사실도 함께 말해주면 좋겠습니다. 대한민국을 지키기 위해 국민인 우리가 뜻을 모아야 합니다.

1905년 이완용은 "아무리 나쁜 평화라도 전쟁보다 낫다"는 말로 고종 임금에게 을사늑약의 체결을 강요했고 고종은 이를 받아들여 조선의 주권을 일본에 넘겼습니다. 왕실과 나라의 안위를 지킨다는 평화의 명분은 곧 망국의 길이었습니다. 문재인은 "나는 가장 좋은 전쟁보다 가장 나쁜 평화에 가치를 더 부여합니다"(2016년 10월)라고 했습니다. 문재인을 이어 더불어민주당을 접수한 이재명은 "이긴 전쟁보다 더러운 평화가 낫다"(2017년 8월)고 말했습니다. 문재인과 이재명의 말은 이완용의 말과 같은 뜻입니다. 김정은이 쳐내려오면 싸우지 말고 항복하자는 말입니다. 북한보다 50배 이상 더 센 국력을 가진 우리가 항복하자고요? 문재인과 이재명은 자유민주주의 국가 대한민국을 지켜낼 생각이 없는 사람들이 틀림 없습니다. 그들의 동지들이 모여 있는 더불어민주당도 마찬가지입니다. 이들을 그냥 둔다면 대한민국은 큰 변고를 맞을 것입니다. 저자 장영관 씨의 말 그대로 대한민국은 이미 위험합니다. 더 늦기 전에 국민인 우리가 나서야 합니다.

2024년 9월 30일
자유민주당 대표　고영주

"우물쭈물 하다 내 이럴 줄 알았지" (버나드 쇼의 묘지명)

윤석열은 정권을 잡고 2년이 지나도록 문재인을 수사하지 않고 우물쭈물했다. "내 사전에 정치보복은 없다"고 했던 자신의 말을 지키겠다는 뜻인 듯 보였다. 문재인의 범죄혐의가 속속 드러나며 쌓여가고 있어도 이에 손대지 않는 그의 정부를 보며 국민은 답답해 했다. 국민은 문재인의 범죄에 분노했고 시간이 지날수록 문재인을 그냥 두는 윤석열을 향해서도 분노했다. 검찰총장 출신인 그를 대통령으로 선택한 데는 문재인 이재명 조국 등 줄줄이 사탕인 더불어민주당 정치인들의 범죄를 빨리 단죄할 것이라는 기대도 들어있었으니 분노할 수 밖에. 자신의 지지율이 계속 떨어지는 것은 국민의 이런 분노에도 이유가 있다는 사실을 모르지 않았을텐데, 그럼에도 그는 움직이지 않았다. 체구만큼 듬직해 보이던 그가 미련해 보이기 시작했다.

문재인을 이어 더불어민주당의 당주가 된 이재명은 2024년 7월 그에게 충성하는 여러 똘마니 국회의원들을 앞세우고 자신의 백화점식 범죄혐의를 수사하는 검사 4인을 탄핵하겠다고 나섰다. 그러나 검찰이 반발하고 국민 여론이 험악해지자 탄핵의 타깃을 윤석열로 바꾸었다. 그들은 검사보다 대통령을 더 만만하게 보고 있었다. 잡범인 이재명에 비교하면 혐의의 엄중함에서 비교가 되지 않고 혐의 숫자에서도 압도하는 전직 대통령 문재인을 그냥 둔 결과였다. 이재명과 그의 부하들은 이재명의 수사와 기소를 '정치

보복'이라고 자꾸 주장했다. 태산 같은 죄가 있는 문재인도 무탈한데 이재명 정도의 범죄를 처벌하려 하느냐는 푸념으로 들렸다. 정국의 주도권을 이재명에게 빼앗기고 쩔쩔매는 윤석열을 보며 국민은 말했다. "문재인을 처벌하지 않고 우물쭈물 하더니 내 이럴줄 알았지"

경제범죄와 정치범죄를 종합적으로 저지른 범죄 피의자로서 단군 이래 가장 규모가 큰 범죄혐의에다 가장 악질적이라는 이재명은 문재인의 성공을 잊지 못하는 듯 했다. 잊지 못하는 정도가 아니라 문재인을 철저히 학습한 듯 보였다. 이재명은 8년 전인 2016년 거짓과 조작과 선전과 선동을 앞세우고 우익 정부를 붕괴시킨 후 청와대를 차지한 문재인의 촛불혁명의 추억을 잊지 못하고 그것을 흉내내고 있었다. 이재명을 단죄하지 못하여 그가 대권을 잡는다면 윤석열은 제2의 박근혜가 되어 감옥살이를 해야 할 것이다. 윤석열은 죄가 없다고? 박근혜는 죄가 있어서 4년 9개월, 1725일을 감옥에 있었는가. 자신의 죄를 숨기는데 천재인 좌익 혁명가들은 남의 죄를 만들어 내는 일에도 천재다. 문재인을 단죄하지 못하면 제2, 제3의 이재명은 또 나올 것이며 대한민국은 결국 소멸할 것이다. 거짓이 판을 치는 나라가 될 것이며 '기본 돈질'의 반복으로 경제는 거덜날 것이다. 그때 쯤 북한이 내려와 이땅을 점령할 것이며 대한민국은 그렇게 사라질 것이다.

문재인의 범죄혐의 대부분은 그의 대통령 재임 중에 이미 드러났다. 퇴임 후에 드러난 것은 재임 중에 이미 문제로 부각되어 논란을 빚었던 혐의를 입증하는 내용들이다. 그와 그의 수하들이 꽁꽁 숨겨 놓았던 수많은 증거의 조각조각이 하나씩 드러나고 있지만 아직 감추어진 것이 압도적으로 많을 것이다. 그가 퇴임 직전에 대통령기록물로 봉인하여 국민인 우리가 최소 15년은 알 수 없도록 만들어 놓은 것 속에 엄청난 무엇이 또 있을 것이다. 판문점 도보다리에서 김정은에게 건넨 USB에 북한에 주는 수십 조의 가상화폐가 들어있었다는 둥, 북한에 원전을 지어주기 위한 계획이 들어있었다는 둥 추측으로 떠도는 일은 우선 제쳐두고 이미 나온 증거만으로도 그의 범죄혐의는 분명하고 무수하다. 대한민국을 반역한 범죄라면 하나하나의 무게는 헤아릴 수 없을 것이다. 이미 70줄에 들어선 그의 여생의 길이는 그의 태산같은 범죄혐의를 상쇄하기에는 턱없이 짧다. 그래서 더 서둘러야 한다. 문재인이 처벌되지 않는다면 대한민국은 바로 설 수 없다. 망국의 지경에 이를 것이다. 틀림없다.

문재인은 '죄 없는' 박근혜에게 죄를 만들어 뒤집어 씌우고 처벌했다. 없는 죄를 만들어내는 것은 좌익 혁명가들의 중요한 혁명기술이며 그들의 DNA에 새겨진 속성이다. 그러나 자유민주주의 신봉자인 우리는 이유 없이 혹은 죄 없는 문재인을 처벌하자고 주장해서는 안된다. 박근혜와는 달리 문재인에게는 '분명히 범한 죄'가 무수히 많다. 그것을 수사하고 밝혀진 것에 대해 심판과 단죄를 준비해야 한다. 그가 박근혜 정부를 무너뜨리는 과정에서 범한 죄를 추적하는 것이 이 책이다.

종북주의자들은 김일성의 대남혁명노선을 바이블로 삼아 대한민국 땅에 그것을 실현하기 위해 투쟁하는 사람들이다. 60여 년의 이 여정 위에 문재인이 있었고 그는 박근혜의 정권을 빼앗은 후 대통령이 되었다. 2022년 말에 출간된 [문재인의 정체]에서 이를 다루었다. 그러나 너무 많은 내용을 담고 있어 문재인이 박근혜 정부를 무너뜨리고 권력을 강탈한 사실이 초점을 잃어 독자에게 쉽게 전달되지 못한다는 평이 많았다. 저자의 미숙함과 과욕 탓이다. 이런 이유로 [문재인의 정체]에서 문재인의 정권찬탈에 초점을 맞추고 적지 않은 내용을 제외했다. 그런 후 새로운 내용을 보완하고 재편

집했다. 제목도 [문재인에게 속았습니다]로 바꾸었다. 그래서 이 책은 [문재인의 정체]에서 많은 분량을 첨삭하고 재편집한 것이다. 제목만 바꾸어 다시 내놓는다는 비난을 면하기 위해 수 개월의 밤을 새웠다. 아, 이 말을 빠뜨릴 수 없다. '임기를 마칠 수 있을까'라며 윤석열의 운명을 두고 재잘거리는 유시민의 책이 나온 후부터 밤을 새우는 일은 훨씬 수월했다.

문재인이 자신의 종북 혁명투쟁의 큰 흐름에서 불법적이고 위헌적인 방법으로 정권을 찬탈한 과정을 고찰하는 것이 이 책 [문재인에게 속았습니다]라면 그가 박근혜의 자리를 빼앗고 청와대를 차지한 때부터 5년 동안 범한 갖가지 범죄를 고영주 변호사와 함께 추적하고 내놓은 책이 [대통령이 된 간첩]이다. 이 두 권의 책은 문재인의 범죄에만 초점을 맞춘 것은 아니다. 대한민국 70년의 정치사에서 최대의 화두인 우익과 좌익의 대결, 즉 자유민주주의 체제를 지키려는 우익정부를 향해 그것을 무너뜨리는 좌익의 투쟁이 함께 서술될 것이다. 문재인이 지휘한 촛불혁명도 결국 이 70년 묵은 좌우 대결의 과정 위에 있기 때문이다. 종북세력이 대한민국을 공산화하고 북한화하는 좌익혁명의 긴 흐름 속에서 이 세력의 일원이자 리더로서 범한 문재인의 범죄를 탐색한다는 뜻이다.

시간의 흐름으로 말하자면 이 책 [문재인에게 속았습니다]는 이명박 박근혜 두 우익 정부를 공격하고 정권을 강탈한 촛불혁명의 과정과 문재인의 종북적 통치를 서술하고 있다. 그리고 [대통령이 된 간첩]은 정권을 잡은 문재인이 대한민국을 사회주의화 한 일, 국가의 정치 경제 사회 외교 국방 안보를 총체적으로 파괴한 일, 그리고 북한과 김정은에게 충성한 일을 다루고 있다. 이 두 권의 책에 대통령이 되기 전의 문재인의 범죄혐의와 대통령이 되어 최고 권력자로서 범한 범죄혐의가 망라되어 있다. 그의 범죄혐의가 워낙 중대하고 수량에서도 압도적으로 많기 때문에 두 책 모두 분량이 적지 않다. 그러나 쉽고 지루하지 않게 서술되도록 노력했으니 일독에 어려움은 없을 것이라 조심스럽게 말씀드린다.

　　저자는 이 두 권의 책을 통해 이 땅에서 활동하는 주사파 운동권을 포함한 모든 종북세력이 오랜 시간 쫓아온 김일성의 대남혁명과업의 큰 맥락에서 김일성주의자 문재인과 그의 정권을 고찰했다. 수 년에 걸친 긴 고찰의 결론을 말하자면 이렇다. 문재인은 북한을 자신의 조국으로 여기고 대한민국을 적국으로 생각하는 사람으로 보인다. 그래서 그는 적국의 대통령이 된 사람일 것이다. 긴 세계사에서 이런 일이 또 있었는지 모르겠다. 그러나 이것은 자신있게 말할 수 있다. 문재인은 적국의 대통령이 된 간첩이며 그의 정권은 해방 이후 남한에서 활동한 최대 규모의 고정 간첩단이었다. 확신한다. 간첩만 일소해도 대한민국은 세계에서 가장 강력한 나라가 될 것이다. 그러나 간첩을 그냥 둔다면 대한민국은 소멸할 것이다. 상상할 수 없는 일이 아니다. 대한민국의 소멸, 불과 120여 년 전에 이미 있었던 일이다.

보이는 성인봉의 높이보다
보이지 않는 바다 깊이가 세 배인 울릉도 그곳
저동 서재에서 2024년의 한여름에

장 영 관

CONTENTS

제 **1** 장

문재인이라는
사람

제 3 장

문재인은 이렇게
박근혜의 권력을 훔쳤다

제 4 장

탄핵
그리고 인민재판

제 5 장
촛불의 광란은
종북혁명이었다

작가 까뮈는 "어제의 범죄를 벌하지 않는 것은 내일의 범죄에 용기를 주는 바보 같은 짓이다. 공화국 프랑스는 관용으로 건설되지 않는다"고 말했다. 윤석열은 정권을 잡고 최소 2년 동안 문재인의 범죄를 들여다 보지 않았다. 대한민국을 파괴하고 북한을 위해 일한 문재인을 벌하지 않는다면 이 땅은 온전하게 지켜지지 않을 것이다. 윤석열이 벌하지 않은 문재인과 이재명은 용기를 얻었고 그래서 자신들이 벌 받지 않기 위해 힘을 합쳐 윤석열 탄핵을 외쳤다. 윤석열이 바보 같은 짓을 한 것이다.

제1장

/

문재인이라는
사람

"김대중 노무현 문재인 등 3번의 민주당 정부는 역대 어느 정부보다 유능한 정부였다" 2024년 8월 더불어민주당 전당대회에 문재인이 보낸 축사다. 3번의 민주당 정권은 북한을 위해 일하고 대한민국을 파괴하는 일에 매우 유능했다. 그 중에서도 문재인 그의 정권은 압도적으로 유능했다.

문재인이 그린 큰 그림

문재인은 제19대 대통령으로서 5년의 시간 동안 대한민국을 통치했다. 그의 통치가 끝나자 70여 년간 지속되었던 국가의 성장과 발전의 흐름은 멈추었다. 멈춤에 그치지 않는다. 대한민국은 퇴보와 쇠퇴의 길로 급격하게 접어들었고 망국을 걱정하는 국민도 적지 않다. 그는 국가의 현재적 자원에다 미래세대의 몫까지 가불하며 모든 자산을 흩뿌리고 소모하는 등 대한민국을 약탈하기로 작정한 사람으로 보였다. 반면 생산력의 증대, 과학기술의 발전 등 미래 준비를 위해서는 아무것도 하지 않았다. 지금 우리 산업의 주요 먹거리인 반도체와 자동차가 이미 4~50년 전부터 준비해온 것이듯 그의 약탈적이고 파괴적인 통치는 앞으로 오랫동안 대한민국의 앞길에 악영향을 미칠 것이다. 선전과 선동을 앞세운 그의 통치는 일견 자신의 지지율을 유지하고 선거에 승리하여 종북진영의 집권을 지속하기 위한 것으로 보였다. 그러나 전체를 조망한다면 다르다. 그는 대한민국을 쇠망케 하고 파괴하는 큰 그림을 그리고 있었다.

그가 도모한 대한민국의 총체적 쇠퇴보다 더욱 엄중한 일이 있다. 문재인은 자신의 주사파 수하들과 함께 대한민국의 국가 정체성을 바꾸려 했다. 그의 국정운영과 정책의 수행에는 분명한 방향성이 있었는데 그것은 대한민국의 자유민주주의를 후퇴시키고 사회주의와 북한으로 가는 방향성이었다. 경제적 쇠퇴를 비롯한 국가 모든 영역의 퇴보는 바로 이 좌익의 길로 가는 방향성 변경에 뿌리를 두고 있었다. 국민의 동의를 득하지 않고, 헌법을 개정하지 않은 채 대한민국의 국가 정체성을 자유민주주의에서 인민민주주의, 사회주의, 김일성주의로 변경한 일은 엄중한 일이다. 늘 웃는 얼굴의 문재인 이사람, 예사롭지 않다.

1절 비열한 인간

'착한 우리 이니'는 문재인 집권 초기 그에 대한 지지율이 80%를 상회할 때 들리던 말이다. 그의 극성 지지자들의 찬양의 말씀이니 무시하자. '바지사장'은 청와대에 우글거리는 종북 주사파의 행보를 따라가는 그를 비판 하는 말이었다. 이것은 틀린 말이다. 청와대에 주사파와 이적행위자들을 모두 끌어모아 정권을 구성한 사람은 문재인 자신이다. 주사파 수하들과 함께 대통령의 권력으로 김정은에 대한 충성에 가장 앞장서서 수행했던 사람도 문재인 자신이다. 그래서 바지사장이라는 말은 종북주의자인 자신의 정체성을 은폐하는 그의 기술에 속은 사람들이 하는 말이다. "북한과 김정은에 이용당했다" 집권 전반에 요란했던 평화타령이 김정은에 의해 무참히 뭉개지자 등장한 평가다. 이것도 틀린 말이다. 이용 당한 것이 아니다. 문재인이 물러날 때 김정은은 "노고를 높이 평가한다"고 치하했고 문재인은 김정은에 대해 '솔직하고 국제감각이 있으며 비핵화 약속은 진심이었다."며 찬양했다. 문재인은 김정은에게 이용당한 것이 아니라 진심으로 추종하고 섬겼다. '김정은에게 이용 당한 바보' 라는 드센 평가도 있다. 그가 바보라면 바보 흉내를 잘 내는 간첩 쯤 될 것이다.

문재인 그에게 관심이 있는 이유

문재인은 노무현 정권의 명실상부한 제2인자였고 노무현 사후 이명박 박근혜 정부 9년 동안은 좌익진영의 실질적 제1인자의 위치에 있었다. 이어 박근혜를 끌어내리고 스스로 청와대를 장악한 후의 5년 동안은 절대권력을 행사했다. 그는 무려 19년 동안 대한민국 정치의 최상층부에 있었던 사람이다. 이런 사람의 과오와 실정과 잘못을 "이용당했다, 무능하다, 바지사장이다" 등으로 말한다면 그것은 틀린 말이다. 많은 지식인은 그를 두고 '공산주의자, 김일성주의자, 김정은의 수하, 대한민국 파괴자, 이적행위자, 국고절도범, 고정간첩'이라고 말한다. 국민인 우리는 지식인들의 이런 말에 귀를 기울여야 한다. 그의 집권 5년을 경험하고 나서, 또한 그가 퇴임하고 시간이 지나면서 하나씩 벗겨지는 그의 가면을 보며 확신을 가지고 그렇게 부르는 국민이 늘어나고 있는 것은 퍽 다행스러운 일이다.

이제 문재인에 대한 객관적이고 체계적인 고찰을 통해 그의 정체를 알고 그가 대통령으로서 수행한 통치의 의미를 알아야 하는 시간이다. 이만만치 않은 일을 우선 그의 인간적인 면모에서부터 접근하려 한다. 대통령 문재인도, 김일성주의자 문재인도, 간첩 문재인도 결국은 일개 인간이기 때문이다. 그것은 문재인이나 이재명 처럼 한 동네에 사는 이웃으로도 피하고 싶은 인성을 가진 인간형이 다시 대한민국의 대통령이 되는 일을 막는 길이기도 할 것이다. 그들과 같은 인간형이 다시 한번 더 대한민국의 대통령이 된다면 국민인 우리의 삶은 더욱 고달프게 될 것이며 이 나라는 더욱 위험하게 될 것이다. '사람 문재인'에서 글을 시작하는 이유다.

1. 가짜 약장수의 명함 인권변호사

2020년 5월 홍콩의 민주화 시위를 주도하고 있던 홍콩인 조슈아 웡은 "지금 홍콩에선 1980년 광주보다 더 한 인권탄압이 자행되고 있다. 대만과 일본 정부 모두 우려를 표시했다. 한국은 인권변호사 출신 대통령이 어떻게 침묵할 수 있느냐"며 개탄했다. 조슈아 웡은 문재인을 잘 못 알고 있었다. 그도 우리처럼 속은 것이다. 문재인을 사이비 종교의 교주처럼 받드는 문빠들의 의식 밑바닥에는 '착한 사람 문재인' '착한 대통령 문재인'이라는 이미지가 견고하게 자리잡고 있었다. 그가 착하다고? 문재인을 오래 관찰한 사람들이 전혀 동의하지 않는 이런 이미지와 정서는 대체 어디에 근거한 것일까. 그것은 '인권변호사 문재인'이라는 그의 변호사 시절 영업용 광고간판에 뿌리가 있는 듯 했다. 그가 인권변호사이기는 했을까.

1988년 12월 10일자 국민일보 창간호는 '노동현장의 인권 유린 참을수 없어'라는 제목의 기사에서 '참다운 근로자의 동반자를 자칭하며 정의 실현에 앞장선 35세의 인권변호사 문재인'을 소개했다. 문재인은 이때부터 이미 인권변호사로 불려진 듯하다. 그로부터 단 하루도 빠지지 않는 30년 후인 2018년 12월 10일에 열린 세계인권의날 기념식에서 대통령이 된 65세의 문재인은 "인권의 가치를 최우선에 두면서 결코 포기하지 않고 한발 한발 앞으로 나아가겠습니다."라고 말했다. 이를 본 전 경기지사 김문수는 그의 SNS에서 "문재인은 사이비 인권변호사"라고 일갈했다.

진짜 민주화운동가인 장기표는 이렇게 말했다. "1987년 6월항쟁 이후 그 이전의 시국사건에 대한 재심이 많았는데 문재인은 부산에서 그런 사건 몇 건을 맡은 것이 있겠지만 인권변호사로서 역할을 한 것은 전혀 아니다. 1981년 부림사건의 변호도 맡지 않았는데 무슨 인권변호사냐."(월간조선, 2020년 12월호) 장기표와 김문수 모두 70년대의 좌익 운동가로서 후에 우익으로 전향한 사람들이다. 인권은 자유민주주의 정치체제를 선택한 나라에서는 보편적이면서도 핵심적인 최고의 가치다. 문재인은 대통령이 되기 전 오랫동안 '인권변호사'라는 아름다운 이름표를 달고 있었다. 그러나 그가 인권변호사인가라는 물음에는 우파 인사들보다 오히려 좌파에 몸 담았다 전향한 사람들과 문재인의 가까이에 있었던 사람들이 더 강하게 부정한다. 왜 그럴까.

근로자들의 돈을 떼먹은 노동변호사

1997년 '경남종합금융'이 파산했다. 퇴직금을 받지 못한 이 회사 근로자들은 1998년 3월 변호사 문재인에게 사건을 의뢰했고 그해 7월 1심에서 패소한다. 근로자들은 문 변호사와 상의해 다시 항소했다. 그러나 1999년 8월 10일 항소기간이 지나버려 항소가 기각된다. 단 하루 차이였다. 이 어이없는 실수로 항소권은 박탈되고 근로자들의 120억 원은 날아갔다. 문재인의 본색은 여기에서 드러난다. 근로자 95명은 문 변호사와 '법무법인 부산'에 손해배상을 요구했다. 문재인과 법인은 사무장의 실수로 생긴 일이라 도덕적 책임은 있지만 법적 책임은 없다며 수임료를 돌려주지 않았다. 그리고는 1인당 100만 원씩 총 1억 원의 배상을 제안한다. 합의조건에는 만일 합의금을 받은 후에 민형사상 이의를 제기하면 1인의 소 제기는 200만 원, 2인의 소 제기는 400만 원... 이런 식으로 조합장과 연대상환해야 한다는 조건을 걸었다. 근로자들은 마치 조폭이나 악덕 사채업자 같은 조건이라며 거부했고 결국 합의는 무산되었다. 근로자들은 문재인 변호사와 경남종합금융 측의 결탁을 의심했다. 그러나 그들에게는 그것을 밝혀낼 수 있는 법적 지식도 시간도 힘도 없었다.

그후 이 사건은 국회의원과 대통령을 배출한 '법무법인 부산'의 영향력으로 덮히고 유야무야 된다. 그러다 문재인이 대선에 출마한 2012년 다시 주목을 받는다. 전직 국회의원 이종혁은 기자회견을 열어 경남종금 근로자들의 퇴직금 120억 원 사건의 개요를 설명한 후 "문재인은 노동 인권 변호사의 탈을 벗어야 한다. 문재인은 '사람이 먼저다'라고 말할 수 없다. 이것이 서민을 위하고 노동자의 권익을 보호한다는 노동변호사인가. 기본 업무도 제대로 처리 못하는 사람이 어떻게 대통령 역할을 한다는 말인가" 라고 말했다.(뉴데일리, 2012.12.13)

인권변호사, 문재인에게 갖다 붙여도 되는 말인가. 사람이 먼저다, 문재인이 할 수 있는 말인가. '대통령 문재인'을 경험한 지금 '기본업무도 제대로 처리 못하는 사람'이라는 말은 공감이 되고도 남는다. 항소기간을 단 하루 넘겨 항소권이 박탈된 이유가 근로자들의 의심대로 변호사 문재인과 경남종금 사이의 뒷거래 때문이든 혹은 문재인의 주장대로 사무장의 실수든 근로자들의 퇴직금 120억 원은 무게를 헤아릴 수 없는 가치를 가진 것이다. 인권변호사와 노동변호사의 명찰을 달고 국회의원에다 대통령까지 된 문재인이 그 후 경남종금 근로자들에게 어떠한 배상이나 배려를 해주었는지에 대한 정보는 없다. 대통령은 공식 연봉만 2억2천만 원이 넘는다. 그의 통치기간 동안 나라 경제가 엉망이 되었다는 사실과는 무관하게 그 자신의 경제적 형편은 넉넉하게 되었을 것이다. 이상직에게 장관급 관직과 국회의원 공천에 영향력을 행사한 후 가족을 경유하여 경제적 이득을 취했다는 의혹도 눈덩이처럼 부풀어 있으니 그의 경제 형편은 생각보다 더 넉넉할 것이다. 그러나 그가 이 억울한 근로자들의 손실에 대해 이후 무엇을 어떻게 했다는 소식이 전해진 것은 아무것도 없다.

그의 인권의식 속살은 이렇다

미국 대학생 오토 웜비어는 2015년 12월 북한에 들어갔고 17개월 동안 억류되다 풀려났다. 풀려날 때 이미 고문에 의해 혼수상태였고 6일만에 사망했다. 미국 각계를 찾아 진상조사와 책임 요구를 주장하던 그의 부모는 2019년 11월 '북한의 납치 및 억류 피해자들의 법적 대응을 위한 국제결의대회' 참석차 서울에 들어와 청와대에 "문 대통령에게 드리고 싶은 말씀이 많아 면담을 요청하니 꼭 만나주시기 바란다"는 서신을 보냈다. 그러나 청와대는 거절했다. 국정운영 일정이 핑계였다. 문재인이 누군가. 오랫동안 인권변호사 행세를 한 사람이다. 그가 인권변호사가 맞다면 미국 태국 일본 등 여러 국가의 피해자 가족들이 모이는 국제 인권행사에 참석했어야 했다. 더구나 북한의 극악무도한 인권유린의 사례로 전 세계에 알려져 미국은 물론 세계인이 주목하는 웜비어 사건 당사자 가족인 그의 부모들에 대해서는 그들의 요청이 없었다 해도 스스로 찾아 만났어야 했다. 그러나 문재인은 그 회의에 참석하지 않았고 웜비어 부모를 만나주지도 않았다. 이 사람에게 인권의식이 있기나 할까.

2020년 7월 9일 서울시장 박원순은 스스로 생을 마감한다. 서울시청 여직원을 4년간 성추행하다 피해자가 경찰에 고소했고 피소 사실이 정식으로 본인에게 통보 되기도 전에 미리 알고 그는 산으로 올라갔다. 그리고 흰 천에 덮혀 내려왔다. 문재인 정권의 당정청은 삼위일체가 되어 일제히 나섰다. 늘 하던 그들의 방식대로 촛점을 흐리고 본질을 감추려는 의도를 담은 온갖 잡설을 늘어놓았다. 심지어 박원순을 미화하고 칭송하기까지 했다. 그들의 말이 옳다면 그렇게 훌륭한 분이 대체 왜 성추행을 하고 자살을 했는지 의아할 정도였다. 민주당의 낯 두꺼운 의원들은 나서서 한 마디씩 보탠다. 박범계는 박원순을 '맑은 분'이라 미화했고 진성준은 '박원순 가해자 기정사실화는 명예훼손'이라 했다. 조희연 교육감은 '박원순은 자신에게 엄격한 분'이라고 했으며 당대표 이해찬은 많은 기자들에 둘러싸인 곳에서 당 차원의 대응을 묻는 기자에게 '후레자식'이라는 욕설을 뱉어내며 그의 가난한 인격을 드러냈다. 그들의 안중에는 피해 여직원의 인권은 없었다. 질문했던 기자의 인권도 없었다. 그 사이 민주당 지지자들은 피해자에게 온갖 잡설과 욕설을 퍼부었다. 이러한 2차 가해는 모두 대통령 문재인의 침묵에서 용기를 얻은 사람들이 한 짓이다.

왕년에 인권변호사 행세를 했던 대통령 문재인은 이 와중에도 침묵했다. 같은 당 소속의 정치인으로 자신이 수반으로 있는 정권 하의 대한민국 수도이자 세계적 대도시인 서울의 최고 수장이 성범죄를 저지르고 스스로 감당이 안 되자 자살을 선택한 것은 그 자체만으로도 온 국민에게 죄스럽고 세계인에게 부끄러운 일인데 대통령 문재인은 아무런 말이 없었다. 그러다 다음날 한 말은 '너무 충격적'이라는 단 한마디였다. 동네 가게의 연세 든 주인이 하면 딱 어울리는 말이었다. 그의 침묵을 비난하는 여론이 비등하자 7월 23일 청와대 대변인은 "성추행 피해자의 입장에 공감하며 위로의 말을 전한다"면서도 "청와대의 공식 입장은 아니다"라고 말했다. 국민들은 대체 무슨 뜻이냐며 황당해 했다. 국제도시 서울의 최고 행정 책임자인 시장이 성추행범이 되어 자살하고 온 국민이 충격에 휩싸인 상황에서 대통령 문재인은 국민과 피해자 여성을 위로하는 말 한 마디 하지 않았다. 그 사이 그의 수하와 당파인들은 온갖 궤변과 잡설을 쏟아내고 있었고 성범죄 피해자인 대한민국 한 여성의 인권은 어디에도 없었다. 오랫동안 인권변호사 행세를 하며 대통령이 된 문재인의 머리 속에도 피해자의 인권 따위는 없었다.

우리가 속았습니다

2020년 6월 초 북한 김여정은 대북전단지 발송을 비난하는 담화를 발표했고 민주당은 김여정의 지령이라도 받은 것처럼 즉각 움직였다. 그들은 전단지 발송을 막기 위한 여론전부터 시작했으며 8월 들어 통일부 등의 정부기관은 국내 탈북인 인권단체 25곳에 대한 사무검사와 비영리 민간단체 64곳의 등록조건 점검에 나서며 탈북민 단체에 대한 압박에 나섰다. 이를 본 미국의 여야 및 정부의 전직 고위 당국자 10여 명은 북한인권단체에 대한 탄압을 중단해 달라는 항의서한을 문재인 대통령에게 발송했다. 이 항의서한에 의하면 "(한국정부의 이러한 행위는) 북한 인권 관련 일을 하는 북한 인권단체에 대한 냉혹한 협박이다. 이들 단체에 대한 공격 대신 지지를 촉구한다"고 말했다. 인권변호사 출신이라는 문재인이 대북한 인권운동까지 위축시키고 있다는 워싱턴 정가의 폭 넓은 인식을 보여주고 있었다.(동아일보, 2020.8.12)

대통령 문재인은 그의 통치기간 수많은 인권유린 행위를 범했다. 인권변호사는 커녕 그가 대체 인권에 대한 기본적인 개념이나 갖춘 사람인가 하는 의심이 드는 일은 한 두 가지가 아니다. 자신의 통치에 항의하는 광화문집회 시위자들을 향해 코로나를 핑계로 "공권력이 살아았다는 걸 보여 줘야한다"며 위협하고 철제펜스와 500여 대의 버스로 만든 차벽으로 서울의 심장부를 봉쇄한 것은 공산국가에서나 있을 법한 일이지 인권개념을 가진 대통령이 할 수 있는 일이 아니었다. 우리 국민이 서해 바다에서 사살되어 불태워지고 유해조차 찾지 못하는데 그의 사생활을 이유로 들먹이며 월북자로 몰아버린 후 관심조차 보이지 않은 것도 국민을 보호해야 한다는 헌법상의 국가원수의 의무를 거론하지 않더라도 인권에 대해 조금이라도 가치를 두는 사람이 할 수 있는 일은 아니었다.

왜소한 체격의 두 어린 북한 청년이 작은 배 위에서 선원 16명을 살해하고 남으로 도주했다는 비현실적인 북한의 주장을 그대로 수용하여 제대로 된 조사도 없이, 북으로 돌아가서는 총살형이 뻔히 예상되는 데도 5일만에 서둘러 강제 북송한 것은 인권 개념을 들먹이지 않더라도 인간으로서 할 수 있는 짓이 아니었다. 자신의 부모가 월남하기 이전에 살았던 북한 땅의 동포들이 여전히 김 씨 왕조의 독재 치하에서 세계 최악의 인권유린과 노예상태에서 살아가고 있음에도 김정은에게 말 한마디 하지 않고 오히려 북한인권법을 사문화시키고 북한동포들의 인권을 위해 활동하는 단체를 탄압한 일은 문재인이 인권의식이 없는 사람 정도가 아니라 '반인권적 의식을 가진 사람'이라고 규정해야 마땅하다.

부산지역의 대표적 인권 운동가로 문재인을 잘 안다고 말하는 원형은 목사는 변호사 문재인은 인권에 대해 관심도 철학도 없고 인권을 담을 그릇이 안 되며 '당신이 인권변호사냐' 하고 욕해주고 싶다고 말했다.(신동아, 2017년 3월호) 그러나 문재인은 젊은 시절부터 인권변호사라는 명함으로 인지도를 높이고 국민의 호감을 얻어 결국 대통령까지 되었다. 그와 반대편에 있었던 사람들 뿐만 아니라 그와 가까웠던 사람들도 그의 인권변호사 명칭을 강하게 부정한다. 대통령이 되고 난 후 인권과 관련된 문제에 문재인이 보여준 행태가 그들의 주장을 증명한다. 문재인은 인권에 대해 관심도 철학도 없는 사람이었다. 오히려 여느 독재자들처럼 '인권은 권력을 편하게 운용하는데 방해가 되는 것'으로 생각한 사람이 분명하다.

인권은 인류의 보편적 가치다. 문명화와 근대화의 역사는 곧 인권 발전의 역사다. 인권의 가치를 명시하고 있는 대한민국 헌법정신을 무시한 문재인의 모든 통치행위는 심판되어야 한다. 그 중에서도 서해 공무원 피살, 탈북 청년 강제 북송 등 국민의 인권을 명백히 침범했던 행위는 반드시 심판하고 단죄되어야 한다. 문재인에게 붙어다닌 인권변호사라는 아름다운 별칭은 시골장터를 돌아다니며 검증되지 않은 사제약을 팔면서 '만병통치약'이라는 이름을 갖다 붙이는 가짜 약장수처럼 변호사 문재인이 스스로에게 가져다 붙인 영업용 광고 문구 정도였다. 우리가 이 문구에 속은 것이다. 이 가짜 만병통치약이 남긴 후유증이 깊고도 넓다.

2. 대한민국 반역자의 이름 민주유공자

"저도 지난번에 민주화운동 유공자가 됐습니다" 문재인이 노무현 정부의 청와대 참모로 있던 당시인 2004년 6월 청와대 수석 보좌관 회의에서 정찬용 인사수석 비서관이 "제가 어제 민주화운동 유공자로 인정받았습니다"라고 소개하자 맞은편 의자에 앉아 있던 문재인 시민사회수석이 이렇게 말했다.(한국일보, 2004.6.2) 문재인이 자신을 민주화유공자라고 했다. 그는 민주화운동을 한 사람일까. 대통령이 되어 권력을 잡은 문재인은 독재적이고 폭압적이며 위헌적 위법적 반민주주의적 통치로 일관했다. 그런데 그가 민주유공자라고? 이땅의 대부분의 간첩들과 반국가 행위자들과 이적행위자들이 김대중 노무현 정부에서 민주화 운동가로 둔갑하여 거액의 보상금을 받고 꼬박꼬박 연금을 타먹는 그 명단에 문재인도 들어 있다는 뜻인가. 그가 민주유공자라는 말은 인권변호사란 그의 영업용 간판보다 더 엉터리다. 그의 민주가 '자유민주'가 아닌 '인민민주'라면 모를까.

민주화운동을 외면하는 민주유공자

2020년 7월부터 가을까지 태국에서는 군부통치를 반대하고 군주제 개혁을 요구하는 반정부 민주화 시위가 있었다. 시위대는 "1987년 한국의 민주화 항쟁과 같이 2020년 태국에서 민주화운동이 다시 시작됐다"며 한국의 지지와 관심을 호소했다. 시위대는 한국어로 된 포스터까지 만들며 지지를 기다렸다. 그러나 문재인과 그의 정권은 꿀먹은 벙어리였다. 한 해 전에 격렬했던 홍콩의 민주화 시위 때도 그랬다. 홍콩인들은 자신들의 시위를 과거 한국의 민주화운동에 비유하며 이한열의 이름을 기억하고 영화

'택시운전사'를 봤다고 했다. 그리고 이땅의 종북좌파들이 애국가 대신 부르는 '임을 위한 행진곡'을 중국어 가사로 불렀다. 그들은 민주화에 성공한 자유 대한민국을 모델로 한다며 한국인들의 지지를 호소했다.

2020년 9월 미국 의회는 '홍콩인권민주주의법안'을 통과시켰고 전 세계의 민주국가는 홍콩의 민주화운동을 지지한다는 의사를 표시했다. 그러나 문재인과 그의 수하들은 철저히 침묵했다. 시위가 한창이던 2019년 6월 30일 외교부가 내놓은 입장문에도 홍콩시위를 지지한다는 말은 없었고 민주주의 국가의 보편 가치인 '민주 자유 인권'은 단 한마디도 없었다. 영국 독일 일본 등 27개국이 홍콩보안법 폐지를 촉구한 성명에도 한국정부는 빠졌다. 그러는 사이 오히려 한국에 유학중인 중국인 학생들은 국내 여러 대학에서 홍콩의 민주화운동을 지지하는 내용의 플래카드를 훼손하고 소요를 일으키며 반대 시위를 하고 국내의 지지 시위대와 충돌했다. 태국과 홍콩의 시위대가 문재인을 민주화 운동가에서 대통령이 된 사람으로, 문재인 정권을 민주화 운동으로 탄생한 것으로 보고 있었다. 그들도 우리처럼 문재인에게 속고 있었다.

염동연은 이렇게 말했다

염동연은 노무현의 친구, 킹메이커, 원조 친노, 노무현 정부의 진짜 비선실세 등으로 불린 정치인이다. 노무현을 대통령으로 만드는 과정에서 안희정과 함께 자신의 손에 너무 많은 피를 묻힌 탓에 정치자금법 위반과 나라종금사태 등으로 수사를 받으며 구치소를 들락거렸다. 결국 여론의 부담을 느낀 노무현이 그를 민정수석 등의 핵심 측근으로 앉힐 수 없었고 그래서 그 자리는 문재인의 차지가 되었다고 알려졌다. 염동연은

2017년 월간조선과의 인터뷰에서 문재인에 대해 많은 이야기를 털어 놓았다. 그의 증언을 통해 문재인이 과연 '노무현의 그림자'가 맞는지, 노무현과 뜻을 같이한 동지였는지, 이 나라의 민주화를 위해 일한 사람이 맞는지 한번 보도록 하자.

"대통령선거 경선과정에서 노무현은 문재인에게 몇 번이나 도와달라고 했다. 그러나 문재인은 노무현이 당선되더라도 절대 그 근처에 얼씬도 하지 않겠다며 거절하고 모른 척했다. 그런 사람이 노무현이 당선되고 나니까 대통령직 인수팀에 떡하니 나타났다. 이중적 태도라는 생각이 들어 어찌나 화가 나던지..." 그의 증언은 이어진다. "노무현은 2002년 4월 민주당의 대통령 후보로 확정되고 나서 바로 닥친 6월 지방선거에 문재인을 부산시장 후보로 내보내자고 했다. 문재인을 설득하러 갔던 캠프 후배가 문재인의 말을 전하기를 '나한테 그런 소리 하지마라. 난 정치에 관심없다. 변호사 하게 좀 놔둬라. 노무현이 대통령 돼도 그 근처에 얼씬도 안 할 것이다.'라고 말했다. 노무현이 대통령 될 리가 없다고 생각한거다. 그때 친구에게서 그런 말을 들었던 노무현의 흔들림과 아픔은 옆에서 본 사람으로서 말로 다 할 수 없을 정도였다. 4월에 대선 후보가 되고 대선 2개월 전인 10월에 선거대책위가 꾸려지며 그때 문재인이 합류했다. 그렇게 경선 좀 도와달라고 해도 꿈쩍도 않던 문재인이 노무현 당선 후 첫 민정수석이 되었다. 후에 청와대 정무특보를 지낸 캠프의 이강철은 지금도 문재인 얘기만 하면 육두문자를 날린다. 캠프 출신 사람들이 문재인을 어떤 눈으로 보는지 다른 사람은 상상도 못할 것이다."

노무현의 정치적 자산을 모두 물려받고 대통령이 된 문재인에 대한 염동연의 증언은 또 있다. "2004년 4월, 17대 총선을 앞두고 인지도가 있던 문재인을 총선에 내보내려 했으나 그는 거절했다. 그러나 사표를 내길래 노무현은 출마하나보다 하고 사표를 받았다. 그런데 문재인은 건강 운운 하더니 네팔로 트레킹을 갔다. 대통령이 피눈물을 흘리는 시점에 측근이 라는 사람이 해외로 트레킹이라니... 그런 사람이 친노라고? 정말 그때만 생각하면... 노무현은 서거 전까지 총선, 지방선거, 재 보궐 선거때마다 문 재인에게 제안을 했지만 끝까지 거절하고 안 나갔다. 문재인의 저서 '운명' 이라는 책 봤죠. 운명이 뭡니까. 노무현 서거가 자기 성공할 운명입니까. 노무현 동정론 업고 정치에 나선 인물이잖아요. 성공할 수 있었던 노무현 정권에 기여는 커녕 역행한 인물입니다."(월간조선, 2017년 4월호) 염동연의 증언에는 짙은 분노가 베어있다.

진짜 민주화 운동가 장기표도 비슷한 증언을 했다. "1984년 즈음 내가 민통련을 만들면서 부산에 가서 문재인 변호사를 만났다. 문 변호사가 그 냥 변호사가 아니고 학생운동을 하고 구속되고 제적된 이력이 있기에 그 를 만나서 민주화 운동에 참여할 것을 얘기했는데 '절대 참여하지 않겠다. 정치에 전혀 관여하지 않는다'는 답이 돌아왔다. 그 이후로 다시 만나지 않았다. 워낙 참여하지 않겠다는 뜻이 강해서였다" 2019년 한 언론과 가 진 그의 인터뷰는 계속된다. "71학번이니까 73년 정도에 군사독재에 반대 하는 집회 시위하다 구속 제적당한 일은 있었으나 그 이후에는 일체 민 주화 운동에 관여한 일이 없었다. 그렇다고 비난하고 싶지는 않지만 자신 이 마치 민주화운동을 전매 특허 받아서 한 것처럼, 또 인권 변론을 굉장 히 많이 한 것처럼 하기에 이런 말을 하는 것이다."(시사오늘, 2019.5.21)

염동연은 2002년의 가짜 민주화 운동가 문재인을 증언했고 장기표는 1984년의 가짜 민주화 운동가 문재인을 증언했다. 18년의 시차를 두고 문재인은 한결같이 가짜였다. 두 사람의 말에 의하면 문재인은 노무현과 동고동락한 정치적 동지가 아니었다. 그리고 대한민국의 민주화운동 경력도 없다. 데모하다 잠깐 구속된 것을 두고 민주화운동을 했다고 한다면 70~80년대 대학생 대부분이 민주유공자가 되어야 할 것이다. 오히려 반국가 행위와 국가전복과 간첩활동을 했던 자들 중에 민주유공자가 된 사람이 수두룩하니 문재인은 그 쪽에 더 가까울 것이다. 그가 민주화 운동가라는 명찰을 달고 국민의 선택을 받은 후 종북정권을 세운 것은 국민인 우리를 기만한 것이 분명하다.

죽은 친구를 이용해 대통령이 된 살아있는 친구

영화 '변호인'은 픽션과 논픽션을 교묘하게 섞으며 노무현을 중심으로 주변 인물들을 허구에 가까울 정도로 미화하고 있다. 특히 각 등장 인물을 실존 인물과 혼돈하거나 연상하도록 만들어 놓은 것은 공산주의자들이 왜곡된 이미지와 거짓 내용을 민중에게 전달하는 도구로 영화와 예술을 써먹는 방법 그대로다. 이 영화를 본 많은 사람들은 실제 사건의 모델인 1981년의 부림사건에 문재인이 관여한 것으로 알고 있다. 그러나 문재인은 부림사건에 변호를 맡은 적이 없다. 그때는 노무현을 만나기도 전이다. 그렇게 알고 있는 사람은 이 영화에 속은 것이다. 노무현은 대통령으로 집권하는 기간 많은 과오가 있었다. 정권을 잡았을 때 준비도 부족했고 특히 인적자산이 워낙 미약해 86운동권 세력을 대거 권력의 핵심부에 등장시킴으로써 대한민국의 좌경화와 북한화를 가속화한 것은 그의 의도와는 무관한 것이라 해도 과오임에는 틀림없다. 그러나 그의 순수한 의

도와 열정은 우익진영에서도 인정하는 부분이 있으며 특히 근 30년 간의 군사정권을 거치며 오래 묵은 때처럼 우리 사회의 한 층의 막이 되어있던 권위주의를 약화시키고 국민 중심의 사회를 만드는데 일정 부분 기여한 것은 틀림없다. 그렇다면 문재인도 노무현과 같은 부류의 사람일까. 결론부터 말하자면, 절대 아니다.

"운명 같은 것이 나를 지금의 이 자리로 이끌어 온 것 같다. 노무현 변호사를 만나고 지금에 이르게 된 것도 마치 정해진 것처럼 느껴진다." 문재인의 저서 '운명'의 한 구절이다. 2012년 한 방송 프로그램에서 문재인은 자신의 별명 중 '노무현의 그림자'가 가장 마음에 든다고 했다. 그는 이렇게 노무현의 정치적 자산을 철저히 이용했고 그것을 발판으로 결국 대통령이 되었다. 2009년 5월 노무현의 장례식 때는 상주였고 이듬해에는 노무현재단 이사장을 맡으며 제2의 노무현으로 부상했다. 당시 지리멸렬했던 종북세력은 노무현의 죽음을 이용하기로 하고 노무현의 친구라는 후광이 있던 문재인을 후계로 낙점했다. 이때부터 노무현 지지자들은 문재인을 중심으로 다시 모여들었고 노사모 중 강경파는 문빠의 모태가 되었다.(월간중앙, 2020년 10월호)

중앙일보 윤석만 기자는 "대다수 시민은 문재인을 제2의 노무현으로 생각하나 이 둘은 전혀 다른 사람이다. 문재인의 달빛은 노무현이 쏜 빛이 절대 아니다. 노무현 = 문재인일 수 없으며 노사모 = 문빠도 아니다"라고 말했다. 윤 기자는 덧붙인다. "노무현은 남의 비판에도 귀 기울이고 수용하였지만 이와 달리 문재인은 남을 비판은 잘 하지만 남의 비판에는 발끈하고 다른 목소리에는 배타적이다. 그리고 이 둘은 성격 역사관 가치

지향점이 매우 다르다. 노무현은 진보를 표방했지만 실용주의와 보수정책도 수용할 만큼 유연했으나 문재인은 그렇지 못했다. 문의 지지율이 높았던 것은 상당 부분 '노무현의 친구 문재인'이라는 생각 때문이다. 그러나 두 사람은 철학 자체가 다르다." 노무현은 이 땅의 민주화에 공헌한 측면이 있지만 문재인은 전혀 그렇지 않다는 점을 기자는 말하고 있다. 문재인이 저 세상으로 간 친구의 이미지를 도용했다는 뜻이 숨어있다. 국민인 우리가 속았다는 뜻이기도 하다.

문재인이 민주화 운동가가 아니라는 사실은 그가 대통령이 되기 이전의 이력에서 살피는 것보다 그가 최고 권력자가 되어 대한민국을 통치한 5년의 기간에서 찾는 것이 쉽다. 입법 사법 행정 삼권을 청와대에 집중시키고, 사법부와 입법부를 권력의 시녀로 만들고, 검찰을 무력화시키고 공수처를 만들어 권력의 부정과 비리에 대해서는 수사에 손을 댈 수 없게 만들었으며, 적폐청산이라는 이름으로 반대세력을 탄압하는 등 70여 년 동안 어렵게 진전시켜 온 대한민국의 민주주의를 크게 후퇴시킨 것은 그가 민주화 운동가는 커녕 민주주의에 대한 조금의 신념이라도 있는 사람이라면 결코 할 수 없는 통치였다. 그는 대한민국의 자유민주주의를 파괴하고 인민민주주의 실현하려 했던 사람이다. 그래서 기어이 그를 민주화 운동가로 부르고 싶다면 '인민민주화 운동가'로 불러야 한다.

3. 그는 세월호 참사의 공범이다

나랏돈을 마구 훔치는 도둑이 자유민주주의 국가이자 경제대국인 대한민국 대통령이 되는 일은 상상도 하고 싶지 않다. 그러나 이것은 현실이다. 문재인이 그 주인공이다. 게다가 돈 훔쳐 먹는 재주는 문재인에 결코 뒤지지 않을 듯한 사람 이재명이 다음 대권을 넘보고 있다. 나랏돈을 자신의 쌈짓돈처럼 마구 쓴 문재인의 죄를 묻지 않는다면 문재인이나 이재명보다 더 큰 도둑이 나타나 대권을 넘보는 일은 반복될 것이다. 문재인이 나랏돈을 훔친 역사는 길다. 그 중에서도 작금의 대한민국 정치지형에서 우익이 거의 몰락하고 좌익이 주도권을 잡는데 악용된 세월호참사가 문재인의 돈 훔쳐먹기와 연결되어 있고 그래서 그가 오래전 이 참사의 씨앗을 심어놓은 사람이라는 사실을 말하려 한다. 세월호참사에 박근혜의 잘못은 없다. 문재인이 심은 씨앗이 싹을 틔우고 무럭무럭 자란 결과이며 종북좌익 세력이 이것을 뻥튀기 하고 책임을 박근혜에게 모조리 뒤집어 씌운 것이 바로 300여 명의 생명을 빼앗아 간 이 참사의 진실이다. 별이 된 어린 영혼들에게 문재인이 "얘들아, 고맙다"고 말한 사연은 이렇다.

유병언의 빚, 국민의 돈, 문재인의 거래

2014년 4월 16일에 일어난 세월호 참사로 온 국민이 충격과 슬픔으로 애를 끊는 상황에서 문재인과 민주당은 사후수습에는 무관심했다. 박근혜 정부의 검찰은 유병언 일가의 재산을 추적하고 장남 유대균 등 30여 명을 구속 기소하는 동시에 해외에 거주하는 그들의 재산 횡령과 재산 도피의 의혹을 밝히고 국내송환과 미국에 있는 재산의 환수소송을 진행했다. 그러나 문재인과 민주당은 새로운 음모론을 제기하거나 또다른 의혹을 끊임없이 생산하며 박근혜 정부를 공격했고 사고에 1차적 책임이 있는 유병언과 그의 사업체에는 시선을 주지 않았다. 그들은 사고의 수습에 투입된 막대한 국가예산을 유병언 일가로부터 받아내려는 배상조치까지 교묘한 방법으로 막고 나섰다.

문재인은 참사 3년이 지나 대한민국 통치권을 자신의 손에 넣고 나서도 유병언의 유족에 대해 유산을 환수하고 법적책임을 묻는 등의 실효적 조치를 취하지 않았다. 언론과 우익진영에서 유병언과 문재인의 유착을 파고 들었고 둘의 관계가 조금씩 실체를 드러낼 때마다 유착의혹이 반복적으로 제기되었다. 그러나 그런 뉴스는 민주당 정치인들과 종북좌파 인사들과 문빠들의 억지와 떼쓰기와 은폐술로 곧 자취를 감추었다. 왜 세월호와 유병언이 거론될 때마다 문재인의 이름이 함께 나오고 민주당 등의 좌파세력은 그것을 묻으려고 했을까. 결론부터 말하자면 이렇다. 문재인은 유병언과 오래된 인연이며 세월호 참사의 원인 제공자다. 문재인은 이 참사의 공범이며 304명의 죽음에 원죄가 있는 사람이다.

유병언은 종교단체 구원파의 교주이며 세월호 소속회사 청해진해운의 실질적 소유주로서 세월호 침몰로 많은 사람을 사망케하고 그것으로 인해 대한민국의 정치판을 완전히 뒤집어 놓는데 결정적인 소재를 제공한 사람이다. 그의 인생까지 마감케 한 이 참사는 유병언 자신의 운명이기도 했으며 동시에 박근혜와 문재인의 운명, 그리고 대한민국의 운명 조차 크게 바꾸어 놓았다. 그는 문재인을 제외한 모든 사람에게 나쁜 인연이었다. 아니다. 아직은 모른다. 문재인과의 관계가 제대로 밝혀진다면 문재인에게도 악연으로 귀결될 것이다. 틀림없다.

참사의 시작과 더 큰 참사의 출발

노태우 정권 때인 1991년 8월 세모그룹 사장 유병언이 구속되었다. 1987년 경기도 소재 공예품 제조 공장 '오대양'에서 32구의 변사체가 발견된 사건이 있었다. 그 공장 사장은 유병언의 구원파에 소속되었다 나와 스스로 오대양이라는 유사 종교단체의 교주가 된 사람으로 이 집단 변사 사건 배후에 유병언과 구원파가 관련되었다는 의혹이 제기된다. 검찰은 1991년 이 사건을 재수사했으나 집단 변사와 유병언 사이의 직접적 연관성은 밝히지 못한다. 그러나 오대양 교주와 유병언 사이에 큰 금액의 불법적 돈거래가 있었다는 증거를 잡고 종교를 빙자한 상습 사기혐의로 유병언을 구속한다. 다음해 대법원은 그의 유죄를 확정했다. 그후 유병언이 경영하던 기업들은 1997년 부도처리되어 법정관리에 들어간다. 그러나 그의 세모그룹은 몰락하지 않았다. 오히려 김대중 노무현 정권 10년을 거친 후 2008년 이름을 바꾼 지주회사 아래 옛 세모그룹의 계열사들을 모으며 재건에 성공한다. 그 중 한 개 회사인 '청해진해운'이 운영하던 선박이 바로 세월호였다. 2014년 4월 16일 일어난 대참사의 시작이다.

노태우 김영삼 정권에서 검찰의 수사와 법원의 판결로 사실상 몰락했던 유병언은 김대중 노무현 정권에서 부활한다. 특히 노무현 정부에서 특혜성이 강하게 의심되는 막대한 금액의 부채를 탕감받고 유병언과 그의 회사는 거뜬히 재기한다. 유병언의 개인적 부침에 역대 정권의 이름을 나열하는 이유가 있다. 김대중의 시대에 유력 정치인이었던 노무현, 그 노무현의 친구이자 노무현 정권의 2인자였던 문재인이 유병언과 긴밀하고 심각하게 연결되어 있기 때문이다.

유병언과 문재인은 언제 처음 만났을까. 문재인이 말하지 않는 한 알수 없다. 그러나 2002년 법정에서 원고와 피고로 만난 것은 분명하다. 이법정 대면이 초면인지 구면인지는 문재인만 알 것이다. 그러나 적어도 이때 이미 서로 얼굴을 아는 사이가 된 것은 분명하다. 1997년 부산지역의제2금융권 회사였던 신세계종합금융이 파산되고 부산지방법원은 2000년 7월에 문재인을 이 회사의 파산관재인으로 선임한다. 신세계종금으로부터 대출을 받은 채무자 유병언과 연대보증인 세모화학을 상대로 관재인 문재인은 2002년 1월 예금보험공사와 함께 대출금 반환소송을 제기했고 10월 법원은 45억 원을 지급하라는 판결을 내렸다. 이 재판에서 유병언과 문재인은 법정에서 만났다. 이것이 기록상 확인되는 첫 대면이다.

부산지법 재판부는 2002년 10월 8일 내린 판결문에서 "피고 유병언과 연대보증인은 파산관재인 문재인과 예보에 원금과 이자를 지급하라. 원고들은 가집행 할 수 있다"고 명시했다. 이로써 관재인은 유병언의 재산에 대해 즉시 강제집행을 하여 채권을 회수할 수 있었다. 그러나 문재인은 채권을 회수하지 않았다. 판결을 집행하지 않았다는 말이다. 신세계종금의 파산관재인 자격으로 유병언으로부터 채권을 회수해 신세계종금 예금자들의 예금상환 등에 이미 투입된 국민 혈세를 메우는 것은 문재인의 책무였다. 그러나 그는 이 책무를 이행하지 않았다. 이미 투입된 국민혈세를 회수하지 않았다는 뜻이다. 여기서 말하는 문재인은 대한민국 제19대 대통령이 된 그 문재인이다. 혈세 회수라는 작은 책무조차 소홀히했던 사람이 대한민국 대통령이 된 것이다. 세월호가 침몰하는 참사와 대한민국이 망가지는 더 큰 참사는 그렇게 시작되었다.

드러나는 뒷거래

문재인의 신세계종금 채권 미회수사건은 오랫동안 언론과 국민에게 알려지지 않은 채 묻혀 있었다. 이것이 드러난 것은 2014년 세월호 참사가 발생하고 나서였다. 우익진영에서 문재인을 공격하기 위해 파헤친 것이 아니다. 그때나 지금이나 게으르고 웰빙만 쫓는, 도도하게 점잖만 빼는 우익 정치인들은 절대 이런 일에 나서지 않는다. 12년 전에 유야무야 되었던 이 사건이 유병언의 세월호와 함께 다시 수면위로 떠오를 것을 염려한 예금보험공사가 그해 10월 2일 부랴부랴 미국 법원에 유병언 유족들을 상대로 신세계종금 대여금 등에 대한 환수소송을 다시 제기하며 밝혀진 것이다. 이때 예보가 미국 법원에 제출한 서류를 통해 부산지방법원이 2015년 4월 당시 민주당 대표였던 문재인에게 유병언 자녀 3명으로부터 신세계종금 대출금 미납액을 강제회수하라는 집행문을 발부하였다는 사실도 확인되었다.(조선일보, 2015.7.17) 2002년 당시 파산관재인 문재인이 유병언으로부터 채권을 회수하지 않았기 때문에 다시 드러난 일이다. 그렇다면 문재인은 그 당시 왜 유병언으로부터 채권을 회수하지 않았을까. 유병언의 상환능력이 없어서? 절대 아니다.

2015년 7월 중순 국내 여러 언론은 이 사건을 주목하고 2002년 당시 파산관재인 문재인이 채권회수의 직무를 태만히 하여 13년이 지난 시점에 미국에서 다시 소송을 제기하게 된 사실을 지적했다. 그러나 문재인 본인은 입을 다물었다. 대신 자신이 당대표로 있던 새정치민주연합의 대변인 윤호중 등이 나서 "공익적 차원에서 적은 보수로 의무적으로 이런 일을 하게 되었다"고 해명했다. 이 말은 거짓말이다. 파산관재인 경력이 있는 변호사들의 말에 의하면 파산관재인은 정해진 보수를 받고 또한 관련된 사건의 소송을 함께 맡는 경우가 많다. 그래서 변호사들이 선호하는 감투다. IMF 여파로 부산지역의 많은 금융회사들이 파산했던 당시 1998년 서울 종로에서 국회의원에 당선될 정도로 이미 김대중 정부에서 거물 정치인이었던 노무현을 뒷배로 문재인과 '법무법인 부산'은 동남은행 신세계종금 항도종금 등 알짜 사건을 쓸어가며 부산지역에서 잘 나가는 변호사사무실로 불렸다. 특히 동남은행의 경우는 채권회수와 관련된 소송도 함께 맡아 막대한 수임료까지 받는 등 부산지역에서 IMF의 수혜를 가장 크게 입은 변호사 사무실로 유명했다.(sundayjournal usa, 2015.8.16)

2003년 노무현의 대통령 취임과 함께 문재인도 청와대 민정수석으로 가게되자 신세계종금 파산관재인 자리는 노무현의 조카사위인 정재성 변호사에게 물려준다. 동남은행 파산관재인 지위도 같은 날 함께 물려주었다. 파산관재인은 파산법원이 지정하는 자리다. 문재인과 노무현이 이 자리를 마치 개인회사의 사장 자리를 물려주듯 한 것은 재판부마저 마음대로 주물렀다는 뜻이다. 그럼에도 문재인 측은 '적은 보수로 공익적 차원'을 들먹였다. 공익을 생각했다면 유병언을 상대로 한 채권을 어떻게든 회수했어야 했다. 2015년 4월 7일 부산지방법원이 발부한 유병언 자녀 3인에 대한 강제집행문에는 '신세계종금 파산관재인 문재인'이라고 또렷하게 기재되어 있었다. 유병언으로부터 채권을 회수하는 일은 문재인의 책무였으나 문재인은 채권을 회수하지 않았다. 무슨 이유일까.

채권을 회수하려고 해도 채무자에게 재산이 없거나 압류할 무엇도 없다면 채권 집행은 불가능하다. 그러면 유병언에게 재산이 없었는가. 세월호 참사 1개월 후 국내 언론은 참사로 인한 직간접 피해규모는 2조1000억이며 50여 곳이 넘는 세모계열 그룹사의 총자산은 5800억, 유병언 일가의 재산은 3000억 원으로 추정했다.(이투데이, 2014.5.20) 이어 검찰은 유병언 일가의 횡령 배임 규모가 그때까지 드러난 것만 2400억이라고 밝히고 우선 그에 상당하는 금액을 묶어 놓는다고 했다.(연합뉴스, 2014.5.28) 다시 한 달 후에는 정부가 나서서 유병언 일가의 재산 4000억 원에 대한 가압류를 신청했다.(채널A, 2014.6.27) 그렇다면 이로부터 12년 전인 2002년 파산관재인 문재인이 채권을 회수했어야 했던 당시에 유병언의 재산규모는 어느 정도였을까. 언론이 밝힌 바에 의하면 유병언은 1989년부터 미국에 세모USA를 설립하는 등 미국 중국 등 해외에만 12개 회사가 있었으며 이 중 5개는 세월호 참사 때까지 존재했다. 미국 캘리포니아에 소유하고 있던 리조트는 2015년 당시 1000만 불 즉 100억 원 이상의 가치였다. 문재인이 신세계종금의 채권을 회수해야 했던 2002~2004년으로 특정하면 유병언이 가진 국내외 재산은 최소 1000억 원 이상이었다.(신동아, 2017년 4월호) 그럼에도 문재인은 채권을 회수하지 않았다.

유병언의 재산이 종교단체와 연계되어 있어 그의 실제 재산액수는 제대로 밝혀지지 않았다. 더구나 유병언이 노무현 정권의 비호를 받고 있다는 소문이 파다했을 정도로 국가기관의 조사도 소극적이었다. 그러나 이상에서 밝혀진 유병언의 재산 규모만으로 2002년 당시 문재인이 유병언으로부터 채권을 회수하겠다는 마음만 있었다면 얼마든지 가능했다. 문재인은 신세계종금의 파산 관재인으로서 최소 1000억 이상의 재산을 가졌던 유병언으로부터 채권을 집행해 이미 국고로 신세계종금 예금자들에 지급한 돈을 메워야 했다. 그것은 파산관재인으로서 당연한 책무다. 그럼 문재인은 대체 왜 유병언으로부터 45억을 받아내지 않았을까. 문재인은 유병언과 이미 뒷거래를 튼 사이는 아니었을까. 문재인이 유병언으로부터 10~20억을 받고 채권을 회수하지 않았을 것이라거나 유병언이 양산에 소재하는 자신의 별장을 문재인에게 넘겨준 이유라는 등의 의심이 등장한 배경이다. 이 의심이 억울하다면 문재인은 지금이라도 유병언으로부터 채권을 회수하여 국고에 반납하지 않은 이유를 말해야 한다. 그가 계속 침묵한다면 유병언과 뒷거래를 했다는 방증이 될 것이다.

문재인은 국민의 돈으로 유병언을 살리고 키워주었다

2014년 7월 당시 여당이던 새누리당은 "유병언은 1997년 사업 부도를 낸 후 노무현 정부 시절 2000억 원의 빚을 탕감받아 법정관리에서 벗어났고 경영권을 다시 소유할 수 있었다. 이의 배경에는 참여정부 시절 비서실장을 지낸 문재인 의원 등의 권력개입 의혹이 있다. 왜 그렇게 빚을 탕감해 줬는지 정경유착 의혹이 강하게 제기된다"고 주장했다.(뉴데일리, 2014.7.27) 이 주장의 진위를 추적해 보자.

부도가 난 1997년 후 10여 년간 법정관리를 받아오던 유병언의 회사는 문재인이 권력 서열 2위로 있었던 노무현 정권에서 금융권으로부터 집중적인 부채 탕감의 특혜를 받는다. (주)세모가 부도 처리되고 법정관리에 들어간 1997년 8월 당시 이 회사의 총 부채액은 3673억 원이었다. 이 중 600억 원은 노무현 정부 임기 3년차에 들어선 2005년 3월에 면제된다. 이때 문재인은 청와대 민정수석으로 있었다. 이어 노무현의 퇴임을 딱 1개월 남긴 2007년 12월, 10여 개 금융기관에 대한 유병언의 보증채무와 개인채무 대부분에 대해 탕감해준 754억에다 출자전환한 1155억 원까지 모두 1909억 원을 탕감해준다. 2005년 면제분까지 합하면 총 2509억 원이 탕감된 것이다. 기타의 것까지 합해 전체 탕감액이 2840억 원에 이른다는 보도도 있었다. 문재인은 이때 청와대 비서실장이었다.

노무현의 퇴임 1개월 전에 탕감된 1909억 원에 대해서는 정치권 뿐만 아니라 금융계에서도 권력자의 특혜와 정권의 비호를 강력하게 의심했다. 특히 1155억 규모의 출자전환은 세모가 당시 전환한 액면가 5000원짜리 주식의 발행가를 무려 580만 원으로 결정했다는 사실에 의심이 집중되었다. 통상적으로 채권단에서 출자전환 할 경우 주식시장에서 거래되는 시장가격을 기준으로 한다. 그러나 유병언의 세모는 액면가의 무려 1160배로 출자전환해 준 것이다. 이에 대해 회계 전문가들은 부도난 기업의 주식을 액면가의 1000배 이상으로 평가해 인수하는 것은 유례가 없는 것이라고 입을 모았다.(조선일보, 2014.4.29)

유병언의 회사는 이러한 거듭된 파격적인 특혜를 받으며 빚을 털어내고 우량기업으로 변신할 수 있었고 결국 2008년 법정관리를 벗어난다. 그리고 유병언은 두 아들과 측근을 앞세워 정상 회사가 된 세모그룹에 단돈 168억 원을 투입하고 지배권을 되찾는다. 이로써 빚에 쪼들려 해체 위기에 빠졌던 세모왕국은 부활하였고 유병언은 완벽하게 재기에 성공한다. 노태우 김영삼 정부에서 각종 탈법과 불법을 밝혀내 처벌하고 감옥에 보내며 주저앉힌 유병언과 그의 회사는 이렇게 노무현 정권에서 거듭된 특혜를 받으며 회생하게 되었고 이것은 결국 세월호 참사의 화근이 된다. 문재인이 권력의 2인자로 있었던 노무현 정권의 유병언에 대한 이해할 수 없는 특혜는 이것이 다가 아니다.

2009년 12월 개인 유병언은 채무조정을 신청하여 2010년 1월 예금보험공사로부터 다시 140여억 원의 채무를 탕감받는다. 유병언은 1998년에 퇴출된 쌍용종합금융에 대한 채무 147억 원 중 4%에 해당하는 6억5천만 원을 변제하겠다고 제안했고 파산관재인과 예보는 이를 승인하여 채무액의 96%에 해당하는 140억5천만 원을 탕감해 준다. 신세계종금의 사례와 동일하게 일반 예금주들의 예금은 공적자금으로 먼저 지급하고 파산관재인은 유병언으로부터 채권을 회수하여 공적자금을 메워야 했다. 그러나 관재인은 유병언의 재산을 2006년부터 09년까지 무려 7차례나 조사했지만 한푼도 발견하지 못했다고 보고한 후 예보의 승인절차도 없이 전결처리로 이를 탕감해 주었다. 권력자의 개입이 강하게 의심되는 대목이다.

관재인과 예보는 유병언 일가와 회사에 대해서는 조사도 하지 않은 채 유병언 개인에 대해서만 형식적인 조사를 하고 채무 탕감을 결정했다. 그래서 이번에도 그 손실을 메운 것은 국민의 혈세였다. 공적자금을 투입하여 법인도 아닌 개인의 채무 100억 이상을 탕감해 준 사례는 2002년 이후 유병언이 유일했다. 그러나 바로 2년 전인 2007년 12월 유병언 일가는 168억을 투입하여 세모그룹의 지배권을 되찾을 정도로 재산이 충분했다. 뿐만 아니라 5년이 지나 세월호 참사 직후 확인된 유병언의 개인재산은 1000억 원이 넘었다. 유병언의 개인재산에 대한 부실조사, 그리고 금융권의 파격적인 부채탕감, 이것이 권력의 비호없이 가능했을까. 이것을 비호한 권력자는 과연 누구였을까. 모든 정황은 문재인을 가리키고 있다. 문재인은 유병언과 함께 세월호 참사의 공범이라고 확신한다. 세월호에 대해 10년 이상의 기간 동안 아홉 차례나 조사를 거듭한 것은 자신의 죄를 박근혜에게 뒤집어 씌우는 수작이었고 우익세력을 궤멸시키기 위한 공작이었다. 문재인이 종북정권을 세우기 위해 박근혜 정부를 무너뜨리는 과정을 복기하는 다음 장에서 세월호 사건에 대한 더 많은 팩트가 등장할 것이다.

4. 비열한 가장이 이끄는 가족 절도단

"치약과 칫솔도 사비로 구입해 쓴다"

대통령에 취임한 문재인은 이렇게 말했다. 그러나 그의 퇴임 무렵 관봉도 뜯지 않은 청와대 특활비로 부인의 옷과 구두와 장신구를 구입했다는 의혹이 터졌다. 시민단체가 이를 고발하자 법원은 부인의 의전 비용을 공개하라고 판결했다. 청와대는 "국익을 현저히 해친다"는 해괴한 이유를 대며 판결에 불복했고 문재인은 관련자료를 대통령기록물로 봉인하여 공개를 틀어막은 후 퇴임해 버린다. 취임하면서 치약과 칫솔도 사비로 구입해 쓴다는 거짓말로 국민을 안심시키며 감시의 눈을 피하고는 5년 내내 국고를 마구 횡령 절도 도둑질한 사람이 문재인이다. 국가예산을 마구 쓰며 마음껏 해외여행을 즐긴 부인의 국고 횡령혐의가 드러나자 문재인은 이에 대해 문제를 제기하는 언론을 향해 "치졸한 시비를 한다"고 비난했다. 자신의 세금 절도에 대한 처벌을 면하려는 치졸한 수작이었다. 그는 치약과 칫솔 외에는 모두 국민의 혈세를 펑펑 쓰며 온갖 절도행위를 저지른 치졸한 대통령일 것이다. 국고를 게걸스럽게 훔쳐 먹은 한 가족의 치졸하고 비열한 가장의 이야기다.

이산가족 방북 새치기범

노무현 정권 시절이었던 2004년 제10차 남북이산가족 상봉에 74세의 문재인이 상봉자로 방북했다. 언론이 의혹을 제기하자 청와대는 이 74세의 문재인은 당시 청와대 시민사회수석으로 있던 정권의 2인자 그 문재인이라고 확인해 주었다. 당시 51세던 자신의 나이를 74세로 속인 것이다. 51세의 문재인은 200~400명을 뽑는 상봉자에 약 10만 명의 신청자가 몰리자 자신의 나이를 23세나 올려 이 바늘구멍을 통과했다. 이게 다가 아니다. 부인 김정숙은 물론 아들 문준용까지 데리고 갔다. 원래 문준용은 명단에도 없었으나 자신의 권력을 믿고 대동했고 이로 인해 북한 입경 수속이 한참이나 지연되는 일도 있었다.

당시 이 문제가 불거지자 문재인 측은 북한이 문재인을 명단에 넣었다고 둘러댔다. 이 말이 사실이라면 북한은 대남공작을 위해 그를 초청했을 것이다. 북한은 청와대의 2인자인 그를 초청했고 여기에는 우리가 확인할 수 없는 모종의 반대급부적 요구가 있었다는 뜻이다. 북한의 선의에 공짜가 있었던가. 김대중 조차 돈을 주고 방북하지 않았나. 문재인은 국익을 훼손하며 가족의 사적 이익을 도모했을 것이다. 반면 북한의 대남공작이 아니라 단순히 청와대 2인자인 자신의 권력으로 51세를 74세로 조작하여 기회를 새치기 했다면 이것은 비열한 짓이다. 북한이 초청한 것이라면 문재인은 매국노이고 그게 아니라면 그는 새치기범이다.

문재인은 자신의 5년을 평화의 시대로 홍보하고 선전했다. 700억에서 1000억 원에 상당하는 개성공단의 우리 건물을 폭파시키고, 500억 이상의 금강산 우리측 시설을 철거하고, 서해에서 표류 중이던 우리 국민을 사살하여 불태우고, 대북전단을 금지하라고 겁박하고, 북한의 2인자인 김여정이 대한민국 1인자인 자신을 향해 삶은 소대가리라 욕하던 그 시간을 그는 평화의 시대라고 우겼다. 그의 집권 5년이 평화의 시대가 맞다면 이명박의 5년 간 두 번, 박근혜의 3년 반 동안 두 번 있었던 남북 이산가족 상봉이 그의 시간 5년 동안에는 왜 단 1번 있었는가. 아직도 매년 2천 명

이상의 이산가족이 북의 가족을 상봉하지 못한 한을 품고 세상을 떠나고 있다. 문재인 자신은 이미 처자식까지 데리고 다녀왔으니 대한민국 최고의 권력자가 되었음에도 더 이상 관심이 없었던 것인가. 평화가 왔다고 자랑질을 하면서도 왜 이산가족 상봉을 더 추진하지 않았는가. 이 역시 얼마나 비열한 짓인가. 평화의 시간이 아닌 비열한 그의 시간이었다.

횡령과 절도와 도둑질

'돈에 환장한 가족' 또는 '가족 절도단'은 대통령 문재인의 가족이 국고로 사익을 취했다는 의혹이 불거질 때마다 국민들이 분풀이삼아 내뱉곤 했던 말이다. 온라인에는 지면으로 옮길 수 없을 정도의 욕이 수두룩하다. 대통령 문재인 그의 가족이 국고를 파먹은 구체적 내용을 다 기술할 수는 없다. 불거진 의혹을 보면 워낙 많이 파먹고 자주 파먹었으며 그 파먹은 흔적은 모두 꽁꽁 숨겨놓았기 때문이다. 그러나 확인되는 것과 실상이 어느 정도 드러난 것만 따져도 수월찮게 많다. 문재인은 자신의 5년 동안의 통치를 통해 대한민국 경제를 거덜낸 사람이다. 그 중에서도 가장 확실한 것은 국민 개개인과 기업과 정부까지 모든 경제 주체를 빚더미에 올려놓고 떠났다는 사실이다. 그러나 자신의 경제는 달랐다. 그는 퇴임 후의 자신은 부자로 살 수 있도록 확실하게 만들어 놓았고 떠났다.

자신의 퇴임 후를 위해 그가 경남 양산에 새로 지은 사저는 경호동을 포함하여 총 1144평이다. 문재인은 일부 농지를 편법으로 전용한 이 땅에 밖에서는 안을 들여다 볼 수 없는 성채같은 저택을 짓고 수천 그루의 나무를 심는 등 100억 원 내외의 국고를 들였다. 경호인력 65명에 비서관 운전기사까지 모두 69명을 배치했다. 병력 2개 소대 규모다. 미국의 퇴임 대통령이 경호인력을 단 4명에 두는 사실과 비교하면 이는 현대 민주국가의 전직 수반이 아닌 왕조 시대의 군주 수준이다. 69명의 인력을 유지하기 위해 매년 투입되는 국가예산도 적지 않다. 문재인의 이 대저택을 보고 동아일보 김순덕 기자는 바스티유 성채 같다고 했다. 이 저택에 주사파들이 부지런히 들락거리는 것을 보며 안보를 걱정하는 국민들은 지하실에 북한과 연결된 비밀 통신시설이 설치되어 있을 것이라고 의심했다.

문재인은 퇴임 직전 자신의 권한으로 '전직대통령예우법'을 개정하여 퇴직연금을 재임시 연봉의 95%로 정하여 매월 1390만 원을 받을 수 있도록 만들어 놓았다. 여기다 교통비 통신비 등의 예우보조금, 국외여비, 진료비, 차량지원비, 간병인지원비 등 수많은 항목의 금액을 대폭 인상했다. 이전에 2억6000만 원이던 예우보조금을 3억9400만 원으로 51% 인상하고, 국외여행비를 4300에서 8700만 원으로, 간병인지원비를 4300에서 8700만 원으로 102% 인상했다. 생계비 마련에도 버거운 서민과 임대료 걱정으로 잠 못 이루는 자영업자에게는 분통터지는 수준이다. 더구나 퇴임 후 자신이 받는 이 모든 돈에 대해 세금을 물리지 못하도록 법에 명시한 일은 과세의 기본 원칙을 위반한 것이다. 국민 기업 국가 모두를 가난하게 만들어 놓고 자신은 이렇게 호화롭게 살 수 있도록 직접 법을 고친 문재인 이 사람, 얼마나 비열하고 치졸한가.

자신 뿐 아니라 가족의 국고 절도 의혹도 무수하다. 취임 전에 이미 아들의 공기업 부정취업 논란으로 시끄러웠던 탐욕스러운 이 가족은 가장이 대통령이 되고난 후부터는 국민의 눈치를 살피지 않고 마구 해먹었다. 아들은 세계적인 예술인이라 자랑하면서도 가난한 젊은 예술인에 대한 정부의 지원 프로그램 대부분을 남보다 먼저 챙겨먹고 다 타먹었다. 사위의 특정 항공사 특혜 취업을 위해 항공사 대표에게 공기업 이사장 자리와 국회의원 자리를 제공한 의혹, 관봉권을 떼지도 않은 특활비를 들고 다니며 부인의 사치스러운 물품을 구입한 의혹, 딸과 청와대 직원간의 수상한 돈거래와 자금 출처가 수상한 주택 구입 등 무수한 의혹이 있었다. 문재인이 퇴임한 후 다음 정부 공무원들이 청와대를 인수하기 위해 들어갔을 때 가구 가전제품 등 마땅히 있어야 할 집기와 설비가 거의 없었다는 보도가 있어 의아했는데 이것은 문재인의 사저를 방문했던 민주당 인사들이 공개한 사진에 버젓이 올라옴으로써 행방이 확인되었다. 그의 가족은 큰 것 작은 것 가리지 않고 마구 해먹었다. 이런 사람이 국가 원수로 있는 나라의 국민으로 살았다는 사실이 민망하고 참담하다.

이 가족의 수많은 절도 혹은 국고횡령 의혹 중에서 압권은 역시 부인이다. 김정숙은 남편의 대통령 재임 5년 동안 총 48번 해외로 나갔다. 역대 영부인 중 단연 1등이다. 2위인 김윤옥 여사 28회, 권양숙 여사 25회를 압도하는 회수로서 코로나로 약 2년 동안 하늘길이 막혀있었음을 감안하면 놀라운 횟수다. 이 영부인은 국고로, 어떤 때는 자신이 대통령인 양 대통령 전용기를 타고 나가 여행을 즐겼다. 앙코르와트에 갔을 때는 활주로가 짧다는 이유로 국내에서 공군 2호기를 동원하기까지 했다. 이 비행기는 캄보디아 내에서 앙코르와트로 영부인을 잠시 왕복 이동시키기 위해 빈 채로 갔다가 빈 채로 귀국했다. 부인이 공군기를 사적으로 사용한 것은 그 만큼의 국고를 횡령한 것이다. 그 외에도 이집트 피라미드, 노르웨이 뭉크미술관 관람 등을 위해 해외로 나갔다. 세계에서 가장 큰 사파이어가 있다는 체코 프라하 비투스 성당의 바츨라프 예배당을 보기 위해 아르헨티나로 가는 길을 거리가 짧은 태평양을 두고 먼 대서양을 건너는 만행도 불사했다. 청와대는 외교를 위해 체코를 방문했다고 둘러댔지만 체코 대통령은 해외순방 중이었고 총리는 문재인이 묵는 호텔을 방문하여 잠시 만났다. 이게 외교인가. 부인을 위한 여행이 아닌가. 마땅히 사비로 가야 할 여행을 왜 국가예산으로 갔는가. 분통터지는 일은 또 있다.

문재인의 부인은 2018년 11월 인도를 방문했다. 문화부 장관이 초청된 자리에 영부인이 간 것이다. 대통령 전용기에 한식 조리명장 등 청와대 직원 13명을 포함해 모두 23명을 대동했다. 여기에 든 예산은 원래의 2500만 원에서 3억7320만 원으로 15배가 지출되었다. 인도 황제가 총애한 왕비의 죽음을 기리기 위해 22년 동안 2만 명이 넘는 백성을 동원하여 지었다는 타지마할을 보기 위해 간 것이다. 부인의 초호화 여행이 논란이 되자 문재인은 이를 변명하기 위해 '첫 영부인 외교'라는 졸렬하고도 어이없는 말을 지어내기까지 했다. 이런 문재인 가족의 행태를 보며 국민들은 '국고를 갉아먹은 서족鼠族, 즉 쥐 가족'이라거나 '가족 절도단' '돈에 환장한 가족'이라 불렀다. 국민은 이런 말로 화풀이 하며 속을 달랬다. 이 가족은 가장의 대한민국 1등 권력을 믿고 그렇게 했을 것이다. 그렇다면 이것은 결국 가장 문재인의 일이다. 자신과 가족의 국고절도에 대한 국민의 조사와 처벌의 목소리가 높아지자 이 가장은 자신의 권력으로 그 증거를 대통령기록물로 봉인하여 최소 15년 최대 30년 동안 들여다보지 못하도록 만들어 놓았다. 더욱 치졸하고 비열한 짓이다.

문재인이 퇴임하고 2년이 지날 즈음부터 그의 부인과 딸의 국고 사용과 부정한 사적 거래의 문제가 불거지자 여론은 문재인과 그의 가족 모두를 '부도덕하다'고 말했다. 이것은 결코 적절한 말이 아니다. 그것은 도덕의 문제가 아니라 도둑질이고 절도이며 국고 탕진이다. 관봉이 둘러진 돈 뭉치를 들고 다니며 구입했다는 옷 신 장신구에 대한 내역을 국가안보라는 어이없는 이름을 붙이며 공개를 거부한 문재인을 '부도덕하다'고 평가하는 것은 언어도단이다. 그것은 도둑질이며 국고 횡령이라는 죄목의 중범죄다. 중범죄자 문재인을 처벌하지 않는다면 검찰 경찰 법원 등 대한민국의 형사사법기관은 모두 존재의 이유를 의심받을 것이다. 그리고 열심히 세금을 내는 국민은 모두 바보가 될 것이다. 대통령이 국고를 훔쳐 먹는 도둑놈이었다니, 기가 막히는 일이 아닌가.

지독한 거짓말쟁이

문재인이 대통령이 되기 전까지 대한민국 역대 최고 거짓말쟁이 대통령은 김대중일 것이다. "나는 일생에 거짓말을 해본 적이 없어요."(1997년10월8일, 관훈클럽 토론) 이 정도면 김대중은 하늘이 내린 거짓말쟁이다. "북은 핵을 개발한 적도 없고, 개발할 능력도 없다." (북한이 핵을 개발한다면) 내가 책임지겠다.(2001년) 그의 이 거짓말 덕분에 우리는 지금 머리 위에 핵을 이고 살고 있다. 김대중은 자신의 정권이 북한에 송금해준 돈이 핵개발에 쓰였다는 사실이 부각되자 사망 1개월 전 영국 BBC와의 인터뷰에서 "우리가 북한에 퍼주기 했다는 것은 거짓말"(2009.7.10)이라고 했다. 그의 수하 박지원이 이미 유죄판결까지 받음으로써 대북 불법송금이 사실로 확정된 사실을 모르지 않을 텐데, 그 덕에 자신은 노벨평화상을 받는 엄청난 영광을 누리며 얼룩 많은 자신의 인생을 단숨에 세탁하는 편리를 취했지만 나라는 국제적 망신을 당한 일을 모르지 않을 텐데, 죽음을 앞에 두고 그는 또 이렇게 거짓말을 했다. 평생의 정적 김영삼이 "김대중은 숨 쉬는 거

빼고 다 거짓말"이라고 했던 말이 실감날 정도다. 그런데 김대중에 버금가는 지독한 거짓말쟁이가 나타났다. 문재인이다.

2017년 5월 10일 문재인이 국회의사당 광장에서 늘어놓은 대통령 취임사 내용을 분류하면 30~33가지에 이른다. 5년간 이렇게 대한민국을 통치하겠다는 국민을 향한 약속이었다. 그의 통치가 끝난 지금 다시 읽어보면 몽땅 거짓말이다. "지금의 청와대에서 나와 광화문 대통령 시대를 열겠다" "권력기관은 정치로부터 완전히 독립시키겠다" 이런 명백한 거짓말뿐만이 아니다. 모두가 거짓말이다. 논객 진중권은 그의 취임사 공약 중 지킨 것은 "한 번도 경험하지 못한 나라"라고 이름 붙인 취임사 제목 단 하나라고 했다. 그러나 이 제목이야 말로 가장 지독한 거짓말이다. 국민인 우리는 공정 정의 법치 자유 인권 발전 번영이 성취되는 그런 한 번도 경험하지 못한 나라를 기대했다. 그러나 문재인이 실현한 한 번도 경험하지 못한 대한민국은 이런 기대와는 완벽하게 반대였다. 오히려 북한에 가까운 그런 나라였다. 그래서 그의 취임사 중 거짓말이 아닌 것은 단 하나도 없다. 그는 취임사에서부터 새빨간 거짓말만 늘어놓았다.

"사람이 먼저다"라는 말은 2012년 박근혜와 맞붙은 18대 대선에서부터 등장한 문재인의 선거구호였다. 이 말을 접한 국민은 돈보다 권력보다 사람이 더 중요하다는 뜻으로 받아들였다. 착각이었다. 서해에서 우리 공무원이 9시간이나 표류하다 사살되고 불태워져도 구조하지 않았고 오히려 북한에 책임을 묻지도 않은 채 월북자로 몰아갔다. 북한의 어린 청년 둘을 조사도 없이 총살이 뻔히 예상되는 북한으로 몰래 돌려보낸 일은 '사람이 먼저다'라는 말로 국민의 마음을 얻어 대통령이 된 사람이 할 수 있는 일이 아니다. 그에게 먼저인 사람은 대한민국 국민이 아니라 북쪽의 김정은이었다. 그를 대통령으로 선택할 때는 상상도 못했던 일이다. 그는 거짓말을 했고 우리는 깜빡 속았다.

민주당과 종북좌파 세력 전체가 힘을 합친 촛불광란과 박근혜 탄핵의 모든 과정은 거짓과 조작과 선전 선동으로 버무려진 거대한 거짓과 사기의 혁명이었고 이 혁명의 총사령관은 문재인이었다. 문재인은 거짓과 사기의 총사령관이었다. 이 사기혁명이 성공한 후에도 그가 행한 모든 통치는 거짓과 조작으로 버무려졌다. 박근혜를 감옥에 보내고 청와대를 차지한 그는 대한민국을 파괴하는 통치로 일관했고 그것이 숫자로 드러나자 조작에 조작을 거듭했다. 그와 그의 정권은 일자리 통계, 집값 통계, 원전 경제성, 국가 부채 등 계량화되는 모든 통계지표를 조작했다.

거짓말쟁이 대통령은 거짓말쟁이만 수하에 두었다. 진실과 정의와 법치를 지키는 사법부 최고 수장의 자리에 천하의 거짓말쟁이라 불린 김명수를 앉히고, 양파 까듯 나오는 온 가족의 비리와 범죄혐의를 추궁하자 "검찰 조사에서 말하겠다"고 하더니 검찰에서는 "법원에서 밝히겠다"고 했으며 법원에서는 "형사소송법 148조에 따르겠습니다"라며 결국 단 한 마디도 밝히지 않은 청와대 2인자 조국, '정치는 생물'이라는 말을 유행시켜 대한민국의 모든 정치인이 거짓말을 하고도 이 말을 인용하며 국민에게 고개를 숙이지 않아도 되는 그런 난장판 같은 정치판을 만들어놓은 조선 제일의 모사꾼 박지원을 국정원장에 임명한 것도 거짓말쟁이 대통령 문재인이다. 이런 사람들과 함께 대한민국을 파괴하는 통치를 전개한 그의 시간 5년은 결국 지독한 거짓말쟁이에서 더 나아가 사람인지 괴물인지 분간이 되지 않는, 이미 전과 4범에다 10가지 이상의 새로운 범죄 혐의가 있는 이재명이 민주당을 차지하고 국회를 개인 로펌 삼아 자신이 저지른 수많은 범죄를 막는 일 단 하나만 수행하며 대한민국의 정치를 아프리카의 부족국가 수준으로 전락시키는 출발이 되었다. 상습 거짓말쟁이 문재인은 괴물 이재명을 대한민국의 중앙 무대에 올려놓았고 그들은 더불어 대한민국을 파괴해 나갔다.

문재인이 늘 거짓말만 한 것은 아니다. '사병 복무기간 단축' 처럼 틀림없이 지킨 공약도 있다. 그는 2012년 대선에서부터 이 공약을 내걸었고 2017년 대선에서는 구체적인 스케줄과 단축 개월 수까지 제시했다. 그리고 그의 임기 안에 스케줄대로 어김없이 실천했다. 그렇게해서 사병의 복무기간은 18개월로 대폭 줄어들었고 병사들은 자신이 다루는 총과 포가 손에 제대로 익기도 전에 제대하게 되었다. 지휘관들이 병사 부족으로 작전 전개를 제대로 구상할 수 없어 애를 먹고 있다는 소식을 듣는 것은 이제 흔한 일이 되었다. 문재인이 약속을 지켜 거짓말이 되지 않은 것에는 일관된 공통점이 있다. 대한민국을 쇠퇴시키고 파괴하는 공통점이다. 대한민국의 원전 생태계를 초토화시키고 에너지 산업 전체를 파괴한 탈원전도 대선 전에 공약으로 내걸고는 대통령이 되고 나서 기어이 지켜냄으로써 대한민국을 파괴한 일 중의 하나다. 대부분 거짓말로 끝난 문재인의 공약은 물론 어쩌다 지켜낸 공약까지, 거기에는 공통적으로 내장된 코드가 있었다. 대한민국 파괴다. 어김이 없었다. 문재인 이사람 대체 대한민국 사람이 맞기나 할까.

2절 문재인 그는 대한민국 사람이 아닐 것이다

"영국 BBC는 2018년 3월 9일자 방송에서 문재인이 트럼프와 김정은의 회동이라는 엄청난 도박을 중재하였는 바, 이 21세기의 정치도박을 중재한 문재인은 '외교적 천재'이거나 '나라를 파괴하는 공산주의자' 중 하나일 것이라고 했다."(뉴시스, 2018.3.10) 문재인이 적극적으로 중재한 2018~19년의 트럼프와 김정은의 요란했던 만남에서 어떤 성취나 진전은 없었다. 김정은의 잔인한 독재자의 이미지를 희석시킨 후 국제무대에 화려하게 등장시켜준 일과, 북한이 핵과 미사일 성능을 고도화 할 수 있는 시간을 벌어주는 등 김정은에게만 수지맞는 도박이었다. 반면 대한민국의 안보는 더욱 위험하게 만들어 놓은 도박이었다. BBC는 문재인을 두고 외교적 천재인가 아니면 나라를 파괴하는 공산주의자인가 하는 의문을 던졌지만 답은 간단히 가려졌다. 그는 대한민국을 파괴한 김일성주의자이면서 북한주의자였다. 그는 대한민국 사람이 아닐 것이다. 그는 적국의 대통령이 된 간첩일 것이다. 그것을 말하려 한다.

1. 국민은 그의 정체를 의심했다

김정은과 트럼프 사이에서 벌인 대통령 문재인의 도박은 왜 실패했을까. 그것은 처음부터 성공할 수 없는 도박이었다. 가장 근본적 이유는 문재인의 정체성에 있다. 그가 대한민국 사람이었다면 대한민국이 이기는 도박판을 짰을 것이다. 그러나 그는 이 도박에서 김정은이 이기도록 설계했다. 북미회담이라는 도박은 트럼프를 설득해 종전선언과 평화협정을 이끌어내고 그것을 명분으로 주한미군을 철수케 하여 북한이 남한을 무력으로 점령하는 것으로 마무리 되도록 처음부터 그렇게 설계된 것이었다. 김일성이 생전에 내린 지령인 대남혁명노선과 같은 맥락이며 북한이 모방하는 베트남 공산화의 모델이기도 하다. 문재인 그가 대한민국 사람인지 혹은 아닌지를 알게된다면 북미회담이 왜 실패할 수밖에 없었으며 그가 왜 대한민국 파괴적인 통치로 일관했는지는 쉽게 이해된다.

그를 알아본 사람들

사회 경제 등 국내의 모든 현안은 외면하고 오직 북한과 미국의 관계 개선에만 매달린 집권 전반기의 대통령 문재인을 보며 그의 정체성을 의심한 것은 그를 객관적으로 관찰한 해외 언론만이 아니었다. 많은 국민 역시 오직 북한 이슈에만 매달리며 공산진영으로 접근하고 서방의 자유진영에서 멀어지는 문재인의 외교를 보며 그의 정체를 의심했다. 대한민국을 국제적으로 고립시켜 '왕따 외교'라는 신조어가 등장할 정도였으니 그가 외교적 천재가 아닌 것은 분명하다. 그렇다면 그는 '나라를 파괴하는 공산주의자'일까. 실제 문재인을 그렇게 보는 국민은 적지 않았다.

한 우익단체의 대표인 국민 김정식 씨는 2019년 문재인 부친의 친일 행적을 기술하고 문재인을 '북조선의 개'라고 표현한 일본 언론의 기사를 인용한 전단지를 배포했다는 혐의로 무려 3년째 경찰의 수사를 받았다. 2021년 4월에는 그가 모욕죄로 피소되어 경찰의 조사를 받은 사실도 밝혀졌다. 그는 경찰로부터 전단지에 실려있는 북조선의 개라는 표현이 VIP에게까지 보고되었고 처벌을 원한다는 말을 들었으며 이에 고소의 주체가 누구인지 알려달라고 했지만 경찰로부터 "말할 수 없는 것을 왜 물어보느냐"는 답을 들었다고 했다. 모욕되는 친고죄로 자신과 법적대리인 외 제3자의 고발로는 처벌이 불가능하다. 그래서 고소인은 문재인이 분명하다. 대통령이 자신을 비판한 일개 국민을 상대로 소송을 제기한 것이다. 도둑놈이 제발 저린다고 했다. 참 한심한 대통령이다.

비판적 여론이 비등하자 문재인은 곧 고소를 취하한다. 민망함은 이런 대통령을 뽑은 국민의 몫이었다. 경찰은 피소된 김정식 씨가 소송의 기본 정보인 고소인을 물어도 대답해 주지 않았으며 휴대전화를 3개월이나 압수해 네티즌들로부터 '문재인의 개'라는 비난을 자초했다. 또한 개인적 법익을 다투는 모욕죄를 청와대가 나서서 법적 대응을 브리핑하는 등 문재인이 만든 '한번도 경험하지 못한 나라'의 실상이 고스란히 드러났다. 북한이 자신을 향해 '미국산 앵무새'라고 하거나 김여정이 직접 '삶은 소대가리'라고 했을 때는 침묵했던 사람이 국민의 비판에는 소송으로 대응한 것이다. 문재인의 정체를 의심하는 국민은 많았고 그럴 때면 손수 혹은 수하들이 나서서 고소 고발하는 일은 이전에도 자주 있었다.

'국대떡볶이' 김상현 대표는 "문재인은 공산주의자, 문재인은 북조선편, 공산주의자인 대통령이 연방제를 통해 나라의 정체성을 바꾸려 한다"는 등의 주장을 한 국민이다. 그는 이것을 이유로 2019년 9월 친문성향의 단체들로부터 고발되었고 그가 운영하는 사업은 그들로부터 불매운동에 시달렸다. 서울 강남구청장 신현희는 "문재인은 공산주의자, 문재인 부친이 북한 공산당 인민회의 흥남지부장이었다."는 등의 주장을 한 혐의로 2017년 8월 기소되었고 2017년 4월 60대 시민 박모 씨는 문재인을 공산주의자로 지칭하고 주한미군 철수, NLL포기선언 등 21개 항목을 근거로 제시한 '받은글'을 200여 명이 있는 SNS 단체방에 올린 혐의로 기소되었다. 2015년 10월 8일 당시 KBS 이사였던 조우석은 한국프레스센터 토론회에서 "문재인이 공산주의자라고 저 또한 확신한다. 문재인이 공산주의자라는 말에 발칵 화를 내는데 그 친구는 자기가 왜 공산주의자인지 모를 것"이라고 했다. 문재인이 대통령에 당선 된 그해 이 말 때문에 조우석은 명예훼손죄로 고발되었다.

이러한 고소 고발은 서울중앙지법 조의연 판사, 정계선 판사 등 문재인 집권 초반에 아직 살아 있던 '제정신인 판사'들에 의해 대부분 무죄 판결을 받는다. 표현의 자유가 자유민주주의의 핵심 가치라는 사실을 상기하면 국민이 분명한 근거를 제시하며 대통령의 정체성에 대해 의문을 제기하는 것은 당연한 일이다. 그러나 문재인은 소송으로 대응하며 국민의 입을 막으려 했다. 이 사실만으로 그의 이념 정체성은 분명해진다. 그가 표현의 자유를 소중히 여기는 자유민주주의자가 맞다면 자신을 공산주의자로 말했다는 이유로 소송을 남발하는 일은 애당초 없었을 것이다.

고영주의 긴 전쟁

고영주 변호사는 '간첩 잡는 검사'라고 불린 공안검사로서 영화 변호인에 나온 그 부림사건을 담당했다. 좌익들이 민주화운동으로 둔갑시킨 부림사건이 공산주의 운동이었음을 가장 실감나게 증언하는 사람이다. 그는 2013년 1월 한 보수 시민단체 행사에서 "문재인은 공산주의자이고 이 사람이 대통령이 되면 우리나라가 적화되는 것은 시간 문제"라고 말했다. 그는 대통령 후보인 문재인이 공산주의자인가 아닌가 하는 것은 흥미 차원의 문제가 아니라 군통수권자가 될 수 있는 사람의 이념적 정체성이 대한민국의 헌법에 맞느냐 하는 것이 쟁점이라고 했다. 2015년 9월 문재인은 이렇게 말한 고영주를 명예훼손혐의로 고소했고 이 사건은 민사 형사 두 법정에서 모두 심판했다. 긴 싸움은 그렇게 시작되었다.

먼저 민사법원은 문재인의 배상청구액 1억 원에 대해 2016년 9월 명예훼손이 인정된다며 3000만 원의 위자료를 지급하라는 판결을 내렸다. 담당 판사 김진환은 좌익 성향의 판사 모임인 우리법연구회 출신이다. 고영주는 "재판의 핵심 의제인 '문재인은 공산주의자인가'라는 점에 대한 검토는 없었고 본인 신문신청, 증인 신문신청 등 피고측 변론요청은 하나도 받아들여지지 않고 내린 황당한 재판"이라고 했다. 우리법연구회 출신 판사들의 판결이 대부분 그렇듯 부당한 절차와 사건의 본질 외면은 기본이고 지엽적인 사실을 확대 해석하여 좌파의 이익에 봉사하는 편향된 판결이라는 말이다. 이어 2018년 10월에 열린 2심에서는 1000만 원 배상 판결이 내려졌다. 형사법정도 있다.

서울중앙지검 공안부 이성규 검사는 문재인이 대통령에 취임하고 두

어달이 지난 2017년 7월, 당시 방송문화진흥회 이사장이던 고영주를 문재인에 대한 명예훼손혐의로 기소했다. 2018년 8월 서울중앙지법 김경진 판사는 명예훼손에 대한 고의성이 없다며 무죄를 선고했으나 2020년 8월에 열린 2심에서 최한돈 판사는 징역 10개월에 집행유예 2년을 선고했다. 고등법원이 고영주에게 유죄판결을 선고한 바로 이날 문재인은 종교 지도자들과 만난 자리에서 "대통령을 욕해서 기본이 풀린다면 그것도 좋은 일"이라는 제법 그럴싸한 말을 했다. 말 따로 행동 따로에다 뒤통수 치기가 특기인 문재인은 이날의 판결 내용을 미리 알고 있었을까.

고영주의 유죄 판결에 야당 국회의원 김도읍은 "이 정부 들어서 대통령이나 측근을 비난하면 법적 조치를 해버리니 함부로 비판도 못한다. 이런 판국에 욕해서 기분이 풀리면 좋은 일이라고 하는 대통령의 말을 어떻게 받아들여야 하나"라고 탄식했다. 카이스트 이병태 교수는 이날 "어떤 사람이 공산주의자라고 말하는 건 말하는 사람의 주관적 견해다. 표현과 양심의 자유는 다수의 의견을 말할 자유 뿐만 아니라 소수의 의견도 말할 자유이자 기본권이다. 이런 논리라면 어떤 사람을 극우 극좌라고 하는 것도 다 사법처리 대상이다. 고소 고발을 다른 의견을 침묵시키는 수단으로 쓰는 자들은 민주주의를 말할 자격이 없다"고 일갈했다. 고영주는 재판장인 최한돈이 법원 내 대표적인 진보 성향의 판사라는 점을 언급하며 청와대의 하명에 의한 판결이라고 반발했다. 그는 2심의 유죄판결에 불복하여 대법원에 상고하였고 결국 2021년 9월이 되어서야 안철상 대법관으로부터 최종 무죄 판결을 받을 수 있었다. 간첩 잡던 공안검사 출신의 고영주 변호사는 2021년 '자유민주당'을 창당하여 대한민국의 공산화를 저지하고 자유민주주의 대한민국을 수호하기 위해 싸우고 있다.

2014년 8월 일본 산케이신문의 한 기자는 세월호사건 당일 박근혜가 정윤회와 밀회를 가진 것이 아니냐는 취지의 기사를 쓴 혐의로 검찰에 의해 기소되었다. 이 당시 국회의원 신분이던 문재인은 외신기자클럽 간담회에서 이에 대한 의견을 묻는 질의에 "비판과 감시에 명예훼손으로 재갈을 물리려는 시도는 결코 해서는 안된다"고 주장했다. 토착왜구가 아니라 일본에서 온 본토왜구가 허위사실로 우리의 국가원수를 모독했는데도 문재인은 이 기소를 재갈을 물리는 것이라고 비판했다. 여러가지 구체적이고 합리적인 근거를 제시하며 자신을 공산주의자라고 주장하는 국민에 대해서는 고소 고발로 입을 틀어막으려고 한 바로 그 문재인이 한 말이다. 이러한 위선과 이중성이 대한민국 제19대 대통령 문재인의 본색이다. "명예훼손에 대한 위법성 조각사유를 대폭 확대하여 헌법에 보장된 표현의 자유를 충분히 보장하겠다." 2017년 대선 당시 이렇게 말한 사람도 문재인이다. 그런 사람이 고영주를 비롯한 여러 대한민국 국민을 고소 고발했다. 모두 자신을 공산주의자라고 해서 명예를 훼손했다는 것이 이유다. 그렇다면 일본 기자에게는 표현의 자유를 줘야 한다면서도 대한민국 국민에게는 표현의 자유를 줄 수 없다는 말이 아닌가. 김정은 치하의 북한 인민에게는 표현의 자유가 없다. 문재인은 우리 국민을 남조선 인민공화국의 인민으로 생각한 것이 틀림없다.

문재인의 정체를 꿰뚫어본 지식인

양동안은 한국학중앙연구원 명예교수다. 공산주의 전략전술 분야에 대한 연구에서 우리나라 제1인자인 그는 이미 1980년대부터 대한민국이 공산주의자들에 의해 잠식되고 있다는 신호를 지속적으로 보내왔다. 그는 고영주가 문재인을 공산주의자로 말했다는 이유로 진행된 소송에서 재판부에 의견서를 제출했다. 2015년의 일이다. 그는 이 의견서에서 문재인은 공산주의를 신봉하는 사람이 확실하다고 말했다. 공산당을 불법으로 규정하는 자유민주주의 국가에서 관찰되는 공산주의자의 말과 행동의 특징 11가지를 문재인에게 적용한 결과라고 그는 말했다. 공산주의 활동이 불법화된 나라에서 공산주의 활동을 전개하는 사람들은 스스로 자신이 공산주의자임을 밝히지 않고 적극적으로 부인하기 때문에 그의 말과 행동을 기준으로 판단해야 한다고 주장한다. 양동안 교수가 판별하는 공산주의자의 기준은 이렇다.

공산국가의 주장과 정책에 동조하고 공산주의자의 주장과 인식을 수용한다/ 공산주의자들에 대해 존경을 표시하고 과거 공산주의자들의 활동을 찬양한다/ 공산주의 체제에 대해 호감과 동경의 태도를 보이고 공산국가의 나쁜 것도 좋은 것으로 찬양한다/ 공산주의 단체와 용공성향의 단체들을 옹호하고 그들과 지속적으로 협조한다/ 반공주의자에 대하여 부정적 태도를 보인다/ 자국의 안보와 정당성 강화를 위한 조치는 반대하고 오히려 약화를 초래할 조치를 주장한다/ 말로 스스로를 민주주의자로 자처하나 자유민주주의를 옹호하지는 않는다.

양동안은 이러한 내용의 의견서를 고영주 재판부에 제출하면서 제출 당시까지 문재인의 말과 행동으로 판단할 경우 문재인은 이상의 기준 모두에 해당하므로 문재인 자신이 인정하느냐 하는 것과는 상관없이 공산주의자가 틀림없다고 단정했다. 그리고 문재인은 자신의 일관된 행동으로 대한민국 편이 아니라 북한정권 편임을 스스로 증명하고 있다고 말했다. 양동안은 공산주의자를 판별하는 기준에서 나아가 대한민국 땅에서 활약하는 공산주의자들의 말과 행동상의 특징 12가지를 다음과 같이 정리했다. 이는 2015년의 시점에서 고찰한 것으로 문재인과 주사파 등 종북세력 전체가 공유하고 있던 이념적 정치적 코드를 읽을 수 있다.

국가보안법 폐지 주장/ 주한미군 철수 주장/ 연방제 통일 주장/ 평화협정 체결 주장/ 이적단체 옹호/ 통진당 해산 반대/ 진보세력과의 교류/ 사회문제를 계급대립의 관점에서 이해함/ 신자유주의를 강렬하게 비판함/ 반공에 대한 부정적 태도/ 한미FTA 반대/ 국정원 해체 주장 등이다. 노무현이 집권하며 정치무대에 등장한 문재인의 20년 간의 행적에 양동안이 제시한 이 12가지의 기준을 대비해 보면 문재인이 공산주의자인지 아닌지는 간단히 판별된다. 문재인은 공산주의자가 틀림없다. [참고자료: 벼랑끝에 선 한국의 자유민주주의(양동안, 인여사, 2017). 문재인은 공산주의인가(월간조선, 2016년 11월호)]

조갑제는 원로 우익 언론인이다. '문재인은 공산주의자인가' 라는 질문에 많은 근거를 제시한 바 있었던 그는 문재인이 권력을 잡고 대한민국을 통치한 2년 차에 한 걸음 더 나아가 '문재인의 조국은 어디인가'라는 의문을 화두로 던졌다. 국군의 방어능력을 고의적으로 약화시키고 탈원전 정책으로 에너지 산업을 초토화시키는 등 대한민국 파괴적인 국정운영에다 북한과 김정은을 위한 외교에 몰두하는 문재인을 보며 그의 정체에 대해 질문을 던진 것이다. 문재인의 조국이 대한민국이 아니라 북한일 것이라고 의심하는 화두였다. 조갑제는 그 이유를 다음과 같이 열거했다.

1. 문재인은 대한민국을 정통국가로 보지 않는다/ 2. 유엔이 규정한 반인도적 범죄자 김정은을 적이나 악으로 보지 않는다/ 3. 북한 동포의 인권이나 한국 국민의 안전을 걱정한다는 증거가 없다/ 4. 김일성주의자를 사상가로 존경한다/ 5. 계급투쟁론과 제국주의론의 시각으로 세상을 보고 정책을 결정한다/ 6. 종전선언 민족공조 등 한미동맹 해체로 이어지는 북한의 전략에 적극 동조한다/ 7. 주한미군 철수와 한미동맹 해체의 수순을 밟고 있다/ 8. 탈미 반일 친중 통북 노선은 그의 이념노선이며 그 궁극 지향점은 대한민국의 공산화이거나 인질화일 것이다/ 9. 김정은을 칭송하고 북한을 찬양하는 주체사상 신봉세력으로서 현재 대한민국의 정권을 장악하고 있다/ 10. 대한민국의 주류세력을 위선적인 허위의 세력으로 제거 대상으로 본다/ 11. 김정은 한 사람을 5000만 국민의 생명 자유 재산보다 더 소중하게 생각하는 것으로 보인다. 이렇게 말한 조갑제는 마지막으로 이런 화두를 던진다. "문재인의 조국은 어디인가."(월간조선, 2019년 3월호, '남쪽 대통령 문재인 연구')

국민 김정식, 기업인 김상현, 공무원 신현희, 시민 박모 씨, 언론인 조우석, 전직 공안검사 고영주, 공산주의 전문학자 양동안, 원로 언론인 조갑제, 모두 문재인을 공산주의자라고 말하고 있다. 특히 문재인을 공산주의자라고 말했다는 이유로 고소 고발된 고영주의 재판 소식이 오랫동안 그리고 수시로 전해지며 국민의 뇌리에 깊숙이 박히고 재판의 결과가 모두 무죄로 판결이 남으로써 문재인이 공산주의자라는 사실은 확정되었다. 그러나 이게 끝이 아니다. 문재인이 공산주의자인가 라는 화두와 이를 둘러싼 논란은 그가 대통령이 되기 전의 일과 그의 집권 전반기의 일로 제기된 것이었다. 그가 5년 동안 대통령의 권한으로 대한민국을 통치한 모든 내용물과 그 각각의 의미, 그리고 그가 수행했던 통치행위들이 그가 퇴임한 지금 대한민국에 미치고 있는 영향까지 고찰하면 그를 공산주의자로 규정하는 것으로는 부족하다. 그는 김일성주의자이면서 북한주의자가 분명하다. 간첩일지도 모른다.

2. 그가 종북주의자인 이유

대한민국은 자유민주주의 국가다. 헌법은 대한민국의 국가 정체성을 그렇게 규정하고 있다. 이미 건국할 때부터 선택한 정치적 이념적 국가 정체성이다. 북한은 공산주의 국가이고 대한민국은 자유민주주의 국가다. 우리 국민은 모두 그렇게 알고 있다. 문재인은 대한민국의 대통령이었다. 그렇다면 그의 정치적 이념도 자유민주주의이어야 마땅하다. 자유민주주의가 아닌 다른 정치적 이념, 특히 대한민국이 불법화하고 있는 공산주의나 북한주의가 자신의 정치적 이념이라면 그것을 분명히 밝히고 국민의 선택을 받았어야 했다. 그렇게 하지 않았다면 국민을 속이고 기만한 것이다. 특히 해방정국 이후 단 한 순간도 대한민국 점령 전략을 포기한 적이 없었던 북한을 추종하는 사람이었다면 더욱 그것을 밝혀야 했다. 그것을 밝히지 않고 자유민주주의 국가 대한민국의 대통령이 되었다면 그것은 대한민국의 존립에 치명적인 일이다. 여기에는 법적 심판과 합당한 처벌이 반드시 따라야 한다. 내란음모 간첩죄 등의 죄목이 적용될 수 있을 것이다. 국가 반역죄다. 조선시대 죄명으로는 대역죄다.

문재인이 자신의 정치적 이념 정체성을 분명하게 말한 적이 있었던가. 그는 자유민주주의의 핵심가치인 인권 민주 등의 용어를 자신을 아름답게 장식할 필요가 있거나 선거를 앞두고 국민의 표심을 얻기 위해 쓴 적은 자주 있었다. 그러나 그가 대통령이 되기 이전의 행적과 대통령이 된 후의 언행과 통치행위를 살피면 그를 공산주의자로 단정할 수 있는 근거는 무수하다. 그는 공산주의자에 그치지 않았다. 그는 종북주의자였다.

평양부역자 혹은 김정은의 하수인이라고 말하는 지식인도 있다. 이미 많은 국민과 전문가들이 그를 공산주의자로 규정했다. 여기서는 한 발 더 나아가 그를 종북주의자로 주장하려 한다. 아래는 그 근거다.

그는 확실한 공산주의자였다

문재인은 공산주의자인가. 그의 이념 정체성에 대한 질문이다. 많은 국민 정치인 학자 언론인은 그를 공산주의자라고 의심했고 문재인은 그렇게 말하는 사람을 향해 소송으로 대응했다. 표현의 자유는 자유민주주의의 핵심적 가치다. 소송으로 국민의 입을 막으려 한 사실 자체부터 그의 이념 정체성은 의심된다. 그가 자유민주주의자가 맞다면, 표현의 자유를 보장하는 자유민주주의 신봉자가 맞다면 자신을 공산주의자로 의심한다는 이유로 소송을 남발하지는 않았을 것이다. 또한 그것은 모든 공산주의자들이 다 그러하듯 자신의 정체를 감추기 위한 위장술일 것이다.

문재인의 저서 '운명' 131쪽에는 이런 구절이 있다. "대학 시절 나의 비판의식과 사회의식에 가장 큰 영향을 미친 분은 그 무렵 많은 대학생들이 그러했듯 리영희 선생이었다." 리영희는 우리의 두음법칙을 따르지 않고 북한식으로 부르는 그의 성 '리'가 이미 시사하듯 1970~80년대 대표적인 북한주의 사상가였고 운동권 집단의 이념적 스승이었다. 그의 저서 '전환시대의 논리' '우상과 이성' '8억인과의 대화' 등은 운동권 학생들의 필독서였다. 그러나 문재인이 '그 무렵 많은 대학생들이 그러했듯'이라고 한 말은 거짓말이다. 그 시대 대학생들 중 운동권에 몸담은 이들만 그것을 읽었고 운동권이 아닌 학생 중에 그런 책을 읽은 것은 정치학 등 사회과학을 공부하는 학생들 정도였다. 법학을 전공한 문재인이 리영희의 책을 읽고 큰 영향을 받았다고 말하는 것은 리영희로부터 공산주의의 사상적 세례를 받았다는 뜻이다. 이 사실로 그의 정치사상과 이념의 뿌리는 확인된다.

문재인은 그의 저서 '운명' 132쪽에서 이렇게 고백한다 "누구도 미국의 승리를 의심하지 않을 시기에 미국의 패배와 월남의 패망을 예고했다. 그 예고가 그대로 실현된 것을 현실 속에서 확인하면서 결산하는 것이었다. 적어도 글 속에서나마 진실의 승리를 확인하면서 읽는 나 자신도 희열을 느꼈던 기억이 생생하다" 미국과 자유 베트남의 패배, 북베트남 공산주의 세력의 승리는 곧 진실의 승리였으며 문재인 자신이 이에 대해 희열을 느꼈다는 말이다. 그 당시 세계 모든 자유민주주의 국가의 국민들은 베트남의 패망을 안타까워했고 공산당의 승리를 우려하며 공산국가가 되는 베트남의 미래를 걱정했다. 그것은 북한정권과 극소수의 공산주의자들을 제외한 우리 국민도 마찬가지였다. 그런데 문재인은 희열을 느꼈다고 했다. 그는 북베트남 편이다. 그는공산주의자가 분명하다.

공산 베트남은 20여 년에 걸쳐 600만 명 이상의 전쟁 사상자를 냈으며 자유 베트남의 공산화에 성공한 후에도 200만 명 이상의 민간인을 학살하며 공산정권을 세웠다. 그러나 인민은 오랫동안 가난에 허덕였고 국가는 아직도 저개발 빈국으로 남아 있다. 결국 후에 친미국가로 전환한 후 지금은 삼성을 비롯한 외국기업을 대거 유치함으로써 인민들은 빈곤에서 벗어나고 있는 중이다. 동남아 국가 중에서도 만년 축구 약체로 남아 있다 박항서 감독을 데려온 후에야 약체를 벗어난 것도 최근의 일이다. 문재인은 2017년에 쓴 책에서 40여 년 전의 공산 베트남의 승리를 생생하게 기억한다고 말했을 뿐 대한민국 기업이 베트남에 대규모로 투자하여 베트남 인민의 빈곤 탈출을 돕고 있는 자랑스러운 성취와 그것이 자유민주주의 체제의 승리라는 사실에는 입을 닫았다. 오래 전에 있었던 공산 베트남의 승리는 희열로 기억하면서도 자유민주주의 국가인 대한민국의 승리는 말하지 않는 사람, 이 사람은 공산주의자가 틀림없다.

자유를 말하지 않는 사람

민주주의와 사회주의를 구별하는 핵심 키워드는 '개인의 자유'다. 사회주의 국가에서는 인민민주주의라는 용어를 사용하며 스스로 자유민주주의와 구별한다. 그러나 사회주의 국가의 인민민주주의는 처음부터 기만적인 용어다. 국민 개개인의 자유와 책임을 전제로 하는 개인주의를 부정하고 국가주의와 전체주의를 선택하는 사회주의는 근본적으로 민주주의와 배치되는 개념이다. 개인의 자유는 부정되고 전체 속의 개개의 인간으로 존재하는 인민은 개인의 자유 보장이 핵심가치인 민주주의와는 처음부터 한 자리에 있을 수 없는 개념이다. 그래서 사회주의 국가에서 말하는 인민민주주의는 사회주의의 본질인 허구 기만 거짓 그 자체다. 급진적 행동 사회주의인 공산주의는 더욱 그렇다.

공산주의자들은 민주주의를 말하면서도 '자유'라는 용어는 사용하지 않는다. 집단의 목적을 위해 개인의 자유를 제한하는 것이 사회주의 체제의 본질이다. 자유를 더욱 적극적으로 제한하며 전체주의적으로 국가를 운영하는 것이 공산주의. 개인의 자유를 인정하는 순간 사회주의와 공산주의는 성립하지 않는다. 반면 민주주의는 개인의 자유를 핵심 가치로 삼으며 민주주의가 발전한 역사는 곧 자유가 진전된 역사와 일치한다. 그래서 민주주의라면 곧 자유민주주의를 의미한다. 자유민주주의 국가인 대한민국은 헌법 곳곳에서 자유를 최고의 가치로 규정하고 있으며 이 자유는 양심 등의 철학적 규범, 윤리 도덕 등의 사회적 규범, 그리고 최소한의 법적 규범에 의해서만 제한할 수 있다. 그러나 대한민국은 이미 좌익역사가들과 전교조 교사들에 의해 학생들이 배우는 역사 교과서 곳곳에기존에 있던 자유가 삭제되었다. 심지어 문재인은 2018년 조국을 앞세워'자유'가 대거 사라진 신헌법개정안까지 내놓았다. 문재인 그는 대체 민주주의의 핵심 가치인 '자유'를 어떻게 생각하는 사람일까.

문재인 그가 집권하기 이전, 그리고 집권한 이후에도 자유에 대해 말하는 것을 들은 기억이 별로 없다. 언론인 조갑제는 문재인의 신년 기자회견을 예로 들며 일일이 세어 주었다. 문재인이 2019년 신년회견에서 단어별로 언급한 횟수를 보면 경제35, 혁신21, 평화13, 공정10, 한반도6, 북한3, 적폐2, 촛불2, 청산 2, 평등2, 민주2, 안보1, 자유0이다. 문재인은 실천하지도 않는 많은 아름다운 말들을 늘어 놓을 때도 민주주의의 핵심가치인 자유에 대해서는 입에 올리지 않았다. 2018년의 연두회견에서도 자유는 0이다. 2018년 4월 김정은과 합의한 '4.27 판문점선언'에도 평화11. 민족10, 한반도9, 비핵화3, 자유0이다.(월간조선, 2019년 3월호)

대통령이 새해 국정운영의 큰 방향을 밝히는 신년회견에서 자유를 단한 번도 말하지 않는 것도 이미 심각한 일이지만 미래의 통일을 전제로한 판문점선언에 '자유'가 들어가지 않은 것은 더욱 엄중한 일이다. 합의문에 자유가 들어가지 않은 것은 남북을 자유가 없는 공산주의 국가로 통일하겠다는 것을 전제로 했다는 뜻이다. 문재인에게 합의문에 자유를 넣지않은 이유를 묻는다면 북한을 자극하지 않기 위해서라는 뻔한 대답을 할 것이다. 그러나 북한과 직접적 관계가 없는 신년 기자회견에서도 자유를 말하지 않았다는 사실에서 그의 생각과 이념은 분명하게 드러난다. 자유를 포기하면서까지 북한과의 통일을 원하는 국민은 종북세력 외에는 없을 것이며 북한 체제를 따라가는 통일에 동의하는 국민은 더욱 없을 것이다. 국제정치의 측면에서 한반도는 자유민주주의와 공산주의가 첨예하게 대립하는 곳이며 대한민국 내부에서는 이 대립이 내전의 수준으로 치열하다. 김정은과 이견없이 자유가 빠진 합의문에 서명하고 자유가 빠진 선언문을 체결하는 문재인의 이념은 김정은과 같은 것이 분명하다. 김정은은 공산주의 정권의 수령이다. 문재인은 북한 수령의 추종자일 것이다.

김일성 추종자를 추모하는 사람

1968년에 적발된 간첩단인 통혁당은 6.25 남침 이후 남한에서 적발된 모든 공산주의 지하단체 중에서 제1의 적통을 가지는 혁명조직이다. 그 잔당은 50년도 더 지난 지금까지 엄연히 존재한다. 국무총리를 지낸 자도 있고 잔당의 후손이 문재인의 청와대에서 참모로 버젓이 일하기도 했다. 통혁당은 지금도 남한 내에 존재하는 모든 종북좌파들의 정신적 지주 혹은 실질적 구심점 역할을 하고 있으며 특히 더불어민주당은 통혁당의 맥을 면면히 계승하고 있다. 이 간첩단의 최고위급으로 사형을 선고 받은 김종태 김질락 이문규 다음으로 중형을 선고받은 사람은 신영복이다. 그는 수감생활 20년을 채운 1988년 전향서를 쓰고 가석방되었고 김대중 정권이 출범하고 곧 사면 복권되었다. 이후 그는 줄곧 북한체제를 옹호하고 자유민주주의 체제를 비판하는 활동을 펼치다 2016년 사망했다. 신영복은 남한 내의 대표적인 김일성사상가로 손꼽힌다. 1975년 남북이 협상하는 계제에 북한 당국이 그의 북한 송환을 요구했을 정도로 그는 남북 모든 종북주의자들에게 매우 중요한 인물이었다.

신영복은 사망 2년 후인 2018년 2월 9일 강원도 용평에서 열린 평창 동계올림픽 리셉션장에서 화려하게 부활한다. 문재인이 그를 세계인 앞에서 소개한 것이다. 북한의 김여정과 김영남, 미국 부통령 마이크 펜스, 일본 총리 아베 신조, 시진핑 중국 국가주석 특별대표 한정韓正 등 국내외 주요인사 200여 명이 참석한 자리에서 환영사를 한 문재인은 "제가 존경하는 한국의 사상가 신영복 선생은... "이라며 말을 이었다. 문재인은 김일성사상가로서 간첩혐의로 20년을 감방에서 보낸 신영복을 존경한다고 했다. 이것은 세계인을 향해 자신이 김일성주의자이며 종북주의자임을 고백한 것이다. 논리학의 간단한 삼단논법을 빌리자면 '신영복은 김일성주의자다. 문재인은 신영복을 존경한다. 따라서 문재인은 김일성주의자다' 라는 정의가 성립한다. 또한 '신영복과 문재인은 김일성주의자다. 따라서 신영복과 문재인은 종북주의자다'라는 정의도 성립된다. 논리학은 문재인을 종북주의자로 지목하고 있다.

신영복을 존경한다고 커밍아웃 함으로써 이미 김여정과 세계인을 향해 자신이 종북주의자임을 밝힌 문재인은 그의 통치기간 동안 여러 형태로 신영복을 대한민국 70년 역사의 정통의 자리에 올려 놓았다. 하나의 예를 들자면, 국정원의 원훈석을 간첩 신영복의 글씨체로 바꾼 일이다. 그리고 국정원으로 하여금 간첩을 잡지 못하도록 법을 바꾸고 간첩을 한 번도 잡아본 적이 없는 수사관이 대부분인 경찰에 그 역할을 넘겼다. 경찰청 조차 사무실 곳곳의 액자에 고정간첩 신영복의 글씨를 걸어 두었으니 경찰은 누가 간첩이고 누가 나라를 지키는 사람인지 제대로 가릴 수 없었을 것이다. 또한 국정원의 최고 수장 4명은 물론 간첩 잡는 기술이 뛰어났던 베테랑 수사관 수백 명에게 갖가지 죄목을 붙여 감옥에 넣거나 집으로 보냈다. 문재인은 그것으로 20년 옥살이를 했던 신영복의 복수를 대신해 주었다. 문재인은 김일성주의자가 틀림없다.

2017년 7월, 대통령이 되고 갓 두 달이 지난 때 문재인은 독일을 방문한다. 그는 동행한 부인을 시켜 독일에 묻혀있던 윤이상의 무덤을 참배하게 했다. 윤이상은 생전에 김일성과 많은 교류를 했던 철저한 친북한 공산주의자였으며 동베를린 간첩단 사건으로 한국에서 수감생활까지 했던 자타가 공인하는 종북주의자다. 김정숙은 윤이상의 고향인 통영에서 미리 공수해 간 동백나무를 심었고 사회자의 말에 따른 묵념 순서에서 '바로'라는 말에도 혼자서 20여 초간 연장 묵념을 하며 충심을 표시하여 화제가 되었다. 문재인의 윤이상에 대한 절실한 마음은 그것으로 부족했던지 2018년 2월에는 그의 유해를 통영으로 이장했다. 김일성의 절친한 친구였고 김일성이 직접 독일까지 선물을 보내고 생일상을 차려주었던 윤이상을 문재인은 이렇게 극진히 모셨다. 이것은 문재인이 자유민주주의자라면 결코 취할수 있는 행동이 아니었다. 그가 적극적인 김일성주의자가 아니라면 전쟁을 일으켜 우리 민족 500여만 명을 살상한 김일성의 절친한 친구이자 철저한 북한주의자인 윤이상을 그렇게 극진히 모시지는 않았을 것이다. 문재인 부부가 윤이상을 모시는 태도는 대한민국을 건국한 이승만, 대한민국을 세계 10대 경제대국이 될 수 있는 토대를 닦은 박정희, 김일성의 침략으로부터 대한민국을 지켜낸 백선엽, 이 세분을 대하는 태도와는 완전히 반대였다. 문재인은 김일성주의자만 추모했다.

반공주의자는 모두 건너뛰었다

2020년 7월 10일은 백선엽과 박원순의 타계일이다. 백선엽은 6.25 전쟁에서 김일성의 꿈을 좌절시킨 전쟁영웅으로 천수를 다한 타계였고 박원순은 좌익 운동가의 위선적인 삶을 더 이상 감출 수 없게 되자 스스로 마감한 죽음이었다. 백선엽이 다부동전투에서 인민군과 치열한 전투를 벌이며 거의 한 달간 버티어냄으로써 대구와 부산의 함락을 막고 유엔군의 반격의 시간을 벌어준 일은 김일성과 이땅의 모든 종북세력에게 천추의 한이었다. 이 두 죽음에 대통령 문재인이 보인 태도는 놀랍다. 문재인은 박원순의 죽음에 대해서는 "충격적"이라는 한 마디라도 내놓았다. 그러나 백선엽의 죽음에는 철저히 침묵했다. 조문도 하지 않았다.

전쟁영웅에게 왜 참배하지 않느냐는 여론이 들끓어도, 대통령이 참배해야 한다는 창군 원로들의 호소에도, 국군을 외면하는 군 최고통수권자라는 비난에도 문재인은 꿈쩍도 하지 않았다. 국가 임무를 수행하다 희생된 일개 병사의 주검을 영접하기 위해 새벽에 공항으로 나가는 미국 대통령과는 극단적으로 대비되는 태도였다. 6.25 전쟁에서 북한군을 막아내고 김일성의 남한 점령의 꿈을 좌절시킨 백선엽은 김일성을 추종하는 문재인에게는 영웅이 아니었을 것이다. 백선엽은 국군 1개 사단으로 인민군 3개 사단 2만4천여 명을 사살하고 전선을 지켜냄으로써 김일성의 남한 점령을 좌절시켰다. 대한민국을 지켜내고 김일성의 앞길을 막은 백선엽을 문재인은 끝까지 조문하지 않았고 애도하지 않았다. 그는 자신을 대한민국의 국군 통수권자로, 대한민국의 대통령으로 생각하기나 했을까.

이 조문정국에서 더불어민주당 정치인들은 조선로동당원처럼 말하고 행동했다. 20대 초반의 어린 나이로 식민시대를 살았던 백선엽이 잠시 일본 군대에 복무한 경력에 대해 어쩔 수 없었던 사실과 사소한 사실에다 거짓까지 더하여 엮고 부풀리며 사악한 친일분자로 만들며 두들기고 매도했다. 반공주의자=친일분자, 공산주의자=독립운동가라는 종북주의자 그들의 선전 선동의 프레임을 또 들고나온 것이다. 김대중의 막내 아들인 김홍걸 의원은 '파묘법'까지 발의했다. 반면 박원순에 대해서는 여러 민주당 의원들이 돌아가며 나서서 인권변호사 시민운동가 등으로 찬사 하고 명복을 빌었다. 그렇게 훌륭한 분이 왜 성추행을 했고 왜 자살했는지에 대해 묻는 사람은 많았지만 대답하는 사람은 없었다.

좌파단체들과 문재인 세력은 박원순의 장례식을 서울시장葬으로 결정하고 5일장을 치루었고 코로나 방역 시국임에도 시청 공관 앞을 4일간 독점 사용하며 대규모 참배객을 맞았다. 반면 백선엽의 장례식은 국민장보다 격이 낮은 육군장으로 결정되어 일개 병원내에 빈소가 차려졌다. 결국 울화통이 터진 시민들이 나서서 광화문 광장에 시민분향소를 차렸다. 서울시는 이 시민분향소를 불법시설물이라는 이유로 변상금 330만 원을 부과했다. 백선엽의 장례비용은 2580만 원이었고 박원순은 이의 8배가 넘는 2억1100만 원이었다. 한 언론은 동원된 서울시청 직원의 인건비와 좌익단체들이 별도로 사용한 모든 비용을 합해 박원순의 장례비용을 10억 원으로 추정했다. 백선엽과 박원순의 장례식이 동시에 열린 2020년 7월의 대한민국은 이미 종북주의자들에게 점령된 땅이었다.

문재인이 대한민국을 지키고 대한민국 건설에 공을 세운 사람에게는 조문도 참배도 하지 않는 것은 백선엽이 처음은 아니다. 그는 2012년 민주당 대선후보로 결정된 후 첫 일정으로 서울 현충원을 방문한 기회에 김대중은 참배했으나 이승만과 박정희의 참배는 거부했다. 2015년 2월과 2017년 4월에는 세 분 모두를 참배했으나 이는 선거를 앞두고 득표 계산 때문이라는 것을 모르는 국민은 없었다. 이승만과 박정희는 국시를 반공으로 정한 철저한 반공주의자이다. 문재인이 그들을 참배하지 않은 것은 이 두 대통령이 반공주의자였기 때문이고 김일성과 대립한 대한민국 대통령이었기 때문일 것이다. 문재인은 김일성주의자에게는 정성을 다해 깍듯이 예우했고 반공주의자에게는 조문하지 않았다. 그가 공산주의자 종북주의자라는 또 하나의 증거다.

문재인은 2021년 9월 유엔총회 참석 후 귀국길에 하와이를 찾아 독립유공자 두 분에게 건국훈장을 추서했다. 그는 이 자리에서 연설을 하며 하와이 독립운동의 처음이자 끝인 이승만에 대해서는 단 한 마디도 언급하지 않았다. 이승만은 젊은 시절 약 25년 동안 하와이에서 독립운동을 했고 말년에 눈을 감은 곳도 하와이다. 이승만이 하와이 동포의 성금을 모아 세운 한인기독교회 건물 안에는 1985년 교민들이 세운 이승만 동상도 있다. 문재인은 이곳을 참배하지 않았다. 이승만을 싫어하고 저주한 사람들은 해방 전에는 일본인들이었고 해방 후에는 소련과 북한과 남한의 공산주의자들이었다. 이승만이 없었다면 지금 우리는 북한 치하에 있을 것이다. 북한의 '조선민족해방투쟁사'는 이승만을 매국노 민족반역자로 서술하고, 그가 초대 대통령을 지낸 상하이 임시정부를 '이승만분자들로 구성된 반인민적 정부'로 규정한다.(조선일보, 2021.9.25) 이승만을 대하는 문재인의 태도는 북한의 시각과 완전하게 일치하는 것이었다. 그를 종북주의자로 단정하는 또 하나의 중요한 이유다.

모두 종북주의자인 그의 동지들

문재인의 이력을 살피면 그가 자유민주주의 신봉자, 대한민국을 자랑스럽게 여기는 애국자, 과학자나 특정 분야의 전문가들과 교류하고 협력한 사례는 거의 찾을 수 없다. 그가 교류한 사람들은 대부분 사회주의자 공산주의자 김일성주의자 등 넓은 의미에서 좌익 이념을 가진 사람들이다. 국보법 위반 사범, 반국가 행위로 처벌받은 사람들, 간첩 행위자들이 그의 멘토 동료 동지 수하였다. 주변 사람은 그 사람을 이해하는 거울이다. 그가 주로 간첩과 종북세력과 어울리고 그들과 함께 일을 도모했다면 그도 같은 사람일 것이다. 문재인이 어울린 사람들은 그의 정체성을 말해주는 너무나도 선명한 거울이다.

문재인 정권은 흔히 주사파 정권이라 불렸다. 대통령 문재인의 최측근과 정권의 핵심 권력자 대부분을 주사파 운동권 출신으로 채웠기 때문일 것이다. 주사파는 김일성의 주체사상을 수용하고 대한민국의 자유민주주의 체제를 북한 체제로 전환하기 위해 활동하고 투쟁하다 국가보안법 위반으로 전과를 쌓은 사람들의 무리를 칭한다. 반국가세력, 국가 반역자, 고정간첩 등은 그들을 칭하는 또 다른 이름이다. 국보법 전과범이라는 말은 곧 대한민국을 공격하는 등 체제전복을 위해 활동하고 헌법이 불법단체로 규정하는 북한을 이롭게하는 이적행위 등 여러 형태의 반국가 행위를 범한 범죄자를 의미한다. 정권을 잡은 문재인은 이런 사람들을 모두 모아 자신의 정권을 구성했다. 그리고 권력이 더 크고 높은 자리일수록 그런 일로 더 무거운 처벌을 받고 더 오래 감옥에 있었던 사람을 앉혔다. 문재인 자신도 그런 사람들과 같은 부류라는 뜻이다.

문재인의 정치적 요람이었던 민주당은 노무현 정권 이래 주사파 출신이 중심세력이었다. 송영길 윤호중 이인영 우상호 우원식 이학영 송갑석 김태년 윤호중 최재성 이광재 정청래 김경협 윤건영 진성준 최민희 김현 등 20∼30여 명의 주사파 운동권 출신의 국회의원이 당을 장악했고 종북 이념과 정서를 공유한 집단인 86그룹이 당의 70%를 차지하고 있었다. 젊은 시절부터 민주화 운동이란 거짓 간판을 내걸고 친북한 반정부 활동을 했던 상왕 이해찬은 당대표가 되어 주사파 정치인들과 함께 민주당을 조선로동당 처럼 일사불란하게 움직이는 정당으로 만들고 180여 명의 국회의원을 거수기로 써먹으며 사회주의적 법안을 무더기로 통과시켰다. 주사파가 장악한 더불어민주당은 마치 공산당처럼 움직였고 그래서 조선로동당 서울지부라 불리기도 했다.

문재인이 친히 통솔한 청와대는 행동 주사파의 최고봉인 임종석을 필두로 백원우 한병도 신동호 진성준 송인배 윤건영 등 운동권이 완벽하게 장악했으며 스스로 사회주의자임을 부정하지 않는 조국은 민정수석의 자리에 앉아 국가의 핵심 권력기관을 통솔하며 나라를 사회주의 체제로 바꾸고 있었다. 공산주의자와 종북주의자가 장악한 청와대는 국가의 입법 사법 행정 3권을 대통령에게 집중하고 통합하며 북한을 닮은 독재체제로 만들어 갔다. 청와대의 주사파 집단은 대통령을 마치 북한의 수령처럼 옹위했고 그래서 문재인은 김정은 처럼 절대존엄으로 보일 때도 있었다. 퇴임을 앞두고 내용을 공개하라는 법원의 판결을 무시하고 부인의 의상 구입비까지 15년 이상 비공개로 꽁꽁 감춘 것은 재임시의 문재인이 국고를 쌈짓돈처럼 사용한 결과이며 이는 그를 절대존엄으로 받들어주는 주사파 수하들이 있었기 때문에 가능한 일이었다.

조직 운영의 경험이 있거나 정부 경영의 능력을 갖춘 주사파 출신이 드물었던 탓에 행정부의 고위직은 대부분 자리 그 자체를 탐하는 기회주의자들의 몫이었다. 문재인은 말 잘듣는 허수아비 장관을 원했고 줏대 없고 고분고분한 사람들로 행정부의 고위직을 채웠다. 경제부총리 홍남기, 외교부 장관 강경화, 여가부 장관 이정옥이 대표적일 것이다. 그렇다고 주사파와 종북주의자가 없었던 것은 아니다. 젊은 시절 운동권 신입 멤버들에게 주체사상을 주입시키는 일을 담당했던 김상곤과 운동권 출신의 유은혜를 교육부총리에 임명하여 미래세대의 머리를 좌익사상으로 선점하는 공작을 빠뜨리지 않았다. 그리고 포탄 속에서도 평화를 외쳐야 한다며 북한이 다시 남침해 오더라도 저항하지 말고 복종하라는 메시지를 공개적으로 전파할 정도로 종북 사상성이 투철했던 주사파 이인영을 통일부 장관에, 간첩과 접촉한 혐의로 전과범이 된 김부겸을 정권의 첫 행안부 장관과 마지막 국무총리에 기용했다. 문재인 그의 정권은 주사파 없이는 지탱되지 않았다. 문재인도 주사파이기 때문일 것이다.

문재인은 노무현 사후 남한 좌익의 리더가 된 후 정권을 잡기까지 14년간 한결같이 종북주의자들과 동지적 관계를 유지했다. 특히 북한과 내통하며 대한민국 파괴를 준비하고 유류탱크 철도 통신 등의 국가 기간시설 공격을 준비하는 등 다양하고 적극적인 간첩 행위를 한 혐의로 9년 이상의 형을 받은 통진당의 이석기는 문재인이 직접 지원하고 구해준 존재였다. 대형 태극기를 밟은 채 웃고 있는 장면으로 상징되는 종북세력의 어머니 한명숙은 문재인 자신도 대모처럼 받드는 존재였다. 이렇듯 문재인의 동지와 수하들은 죄다 종북주의자들이었다. 그가 거짓 조작 등 온갖 기만적인 기술을 구사하며 자신의 정권을 세운 후 5년간 당정청의 요직에 앉힌 인사 중에 자유민주주의 신봉자와 시장자본주의자와 과학 분야의 전문가는 찾아볼 수 없었다. 가끔 얼치기 전문가도 있었으나 그들은 감투만 쫓는 기회주의자들이었고 핵심 권력의 자리에는 모두 주사파를 비롯한 공산주의자와 김일성주의 동지들로 채웠다. 이 사실은 정권의 수장 문재인이 주사파 운동권 출신들과 동일한 정치적 이념을 가졌다는 사실을 입증하기에 충분하다. 문재인은 종북주의자가 분명하다.

3. 문재인 그를 간첩으로 의심하는 이유

"남쪽 대통령으로서 김정은 국무위원장 소개로 여러분에게 인사말을 하게되니 그 감격을 말로 표현할 수 없습니다." 북한을 방문한 문재인은 2018년 9월 19일 평양 5.1경기장에 모인 15만 북한 인민 앞에서 대한민국을 '남쪽'이라 부르고 자신을 '남쪽 대통령'으로 소개했다. 이 땅의 아무 동네에 사는 일개 국민이 아닌 대통령인 그가 대한민국을 '남쪽'이라 불렀다. 남쪽은 나라 이름이 아니다. 어떤 한 방향이나 지역을 가리키는 말이다. 문재인이 대한민국을 남쪽이라 부르는 순간 자신은 일정 지역의 대표로 한정된다. 이 표현이 청와대의 주사파 수하가 시키는 대로 한 것인지 아니면 온전한 자신의 의도인지 알 수는 없다. 그러나 이것은 대한민국을 한반도 유일의 합법 정부로 명시한 헌법에 정면으로 위배되는, 대한민국의 정통성을 부정하는 심각한 일이다.

평양에서 대한민국을 '남쪽'이라 칭한 것을 두고 국무총리를 지낸 정치학자 노재봉은 이렇게 평가했다. "문재인은 대한민국을 통일로 가는 과정에서 잠정적으로 존재하는 임시정부 정도로 생각하는 듯하다. 남쪽 대통령이라고 한 것은 대한민국이라는 국가의 존재를 스스로 깔아뭉갠 일이다. 이것은 김일성이 주장하는 연방제와 연결되어 그 자신을 남쪽의 도독都督이라고 이야기 하는 것이다."(월간조선, 2019.9.28)라고 말했다. 문재인이 대한민국을 북한에서 본 남쪽으로, 자신을 그 남쪽에 있는 도독 정도로 불렀다면 이것으로 대한민국은 북한의 한 부분이 되고 문재인 자신은 김정은의 수하가 될 수 있는 길을 열어둔 것이다. 대한민국을 지키기 위해 목숨을 바치고 국립묘지에 묻힌 선열들이 지하에서 통곡할 일이 아닌가. 문재인은 늘 이런 식으로 대한민국의 정통성을 부정했다. 문재인 이 사람 대한민국 사람이 맞는가.

대한민국의 정통성을 부정하는 사람

문재인은 2017년 5월 취임 즉시 국정교과서 폐기를 지시하고 이어 11월에는 주진오를 역사박물관장에 임명했다. 주진오는 1948년 12월 유엔 총회가 '대한민국은 한반도의 유일한 합법정부'라고 결의한 유엔결의문 영문을 '38도선 이남에서 유일한 합법정부로 인정하였다'로 왜곡하여 큰 물의를 일으킨 바로 그 사람이다. 그가 대표 집필한 한국사 교과서는 대한민국을 '선거가 가능했던 38도선 이남 지역에서 정통성을 가진 유일한 합법정부'로 기술하고 있다. 그는 이를 비판하는 여론에 대해 "대한민국에 좌편향 역사교과서는 없다"고 잘라 말했다. 전형적인 종북좌파들의 오리발 어법이다. 문재인은 위헌적인 역사관을 가지고 역사적 사실을 왜곡하는 이런 주진오를 왜 역사박물관장에 임명했을까. 대한민국의 국가 정체성을 변경하고 나라의 정통성을 훼손하는 역사 혁명이라도 할 작정이었을까. 그렇다. 2020년부터 사용된 중고교 역사교과서에 '대한민국은 한반도 유일의 합법정부'라는 내용이 빠져있다. 그리고 '대한민국 수립'은 '대한민국 정부 수립'으로 바뀌었다. 대한민국을 독립적인 하나의 국가가 아닌 일개 정부로 격하시킨 것이다. 또한 대한민국의 국가 정체성을 규정한 '자유민주주의'에서 '자유'를 삭제했다. 이것은 대한민국을 건국할 때 천명한 핵심가치를 지운 것이며 국가의 영혼을 빼버린 것이다. 이제 '자유'가 빠진 자리에 '인민'을 넣어 인민민주주의가 되고 대한민국 '국민'은 '인민'이 될 수 있는 문을 열어 놓았다는 뜻이다.

문재인 세력은 집권 후 경제 민생 안보 역병방역 등 눈앞의 모든 현안을 팽개치고 조용히 그리고 중단없이 사상투쟁과 역사투쟁을 진행했다. 1948년 8월 15일인 대한민국 건국절 흔들기, 창군과 호국의 영웅인 백선엽을 밀어내고 그 자리에 인민군 창군과 6.25남침에 앞장섰던 김원봉 밀어넣기, 남조선노동당이 일으킨 폭동이 본질인 제주4.3사건과 여수순천 반란사건을 민주화운동으로 둔갑시키기, 중고교 역사교과서에 북한역사책의 내용을 대거 반영하기 등은 모두 종북세력의 역사투쟁의 큰 그림 속에서 진행된 것으로 대한민국의 정통성을 부정한다는 점에서 공통적이다. 대한민국 정통성 부정의 최종 지향점은 북한 정통성의 확정이다. 이것은 주사파 운동권 세력의 오래된 투쟁목표로서 문재인의 집권기에 대폭 진전된 일이다. 대한민국의 정통성을 흔드는 그들의 역사투쟁을 방치한다면 대한민국은 역사부터 먼저 북한에 편입될 것이다. 우리 아이들이 김일성 일가를 중심으로 서술된 북한의 역사를 배우게 된다는 뜻이다.

문재인은 그의 임기 약 2개월을 남긴 2022년 3.1절 기념식에서 김대중 정부를 '대한민국의 첫 민주정부'라고 했다. 이 말을 김대중 정부를 미화하는 표현 정도로 이해한다면 치명적 실수다. 그가 이렇게 말한 의도는 이승만이 세운 자유민주주의 대한민국의 정통성을 부정하기 위해서다. 문재인은 이승만을 민족 배신자로 낙인 찍고 이승만 정부를 반인민적 정부로 규정하는 북한의 사관을 따르고 있다. 문재인 그가 말하는 민주정부는 자유민주주의 정부가 아닌 인민민주주의 정부이며 김대중 시대부터 인민민주주의 국가가 되었다는 것을 그는 말하고 있다. 대한민국이 북한 체제를 따라간 일은 김대중 시대부터 본격화 되었다는 뜻이다.

평양부역자

박성현은 1980년대 최초의 지하 학생운동 조직인 '학림'의 핵심 멤버였다. 김일성주의자들인 NL계와 구분되는 마르크스주의자들이 모인 PD 계열의 시발점이 된 이 학림에서 박성현은 수도권 조직책이었다. 또한 그는 전두환 시대에 가장 지독한 지하 저항조직으로 불린 '깃발'의 이론책이었다. 그는 고영주를 상대로 한 문재인의 공산주의자 지칭 명예훼손 소송을 보며 관전평을 남겼다. 결론부터 말하자면 문재인을 공산주의자라고 하는 것은 명예훼손이 아니며 문재인은 오히려 이를 명예로 받아들여야 한다는 것이다. 무슨 말일까.

박성현 자신은 운동권 출신들이 흔히 말하는 민주화운동을 한 적이 없다고 했다. 북한과는 아무런 관련 없이 레닌을 번역하고 공산주의를 공부하고 공산주의 운동을 했던 자신은 북한체제를 추종하는 김일성주의자가 아닌 원단 마르크스 레닌주의 운동을 했던 사람으로 김일성의 주체사상을 신봉하는 86운동권과 자신을 완전히 구분지었다. 마르크스주의는 비록 이를 현실화하는 데는 완전히 실패했으나 그 정교한 이론체계로 칼 마르크스는 아직도 세계 10대 경제학자 중의 한 명으로 꼽히고 있으며 그래서 박성현 자신은 젊은 시절 10여 년간 공산주의 사상에 심취했다고 말했다. 그는 세월이 흐르며 마르크스사상을 버리고 (주)나우콤 대표이사를 역임할 정도로 충실한 자본주의자이면서 건실한 자유민주국가의 국민으로 살고 있다. 문재인과 주사파를 보는 그의 눈이 예리하다.

박성현은 죽을 때까지 프랑스 공산당원이었던 피카소, 역사학자 E.H 카아, 20세기 러시아의 최고 문호 막심 고리키, 중국 현대문학의 거장 루

쉰魯迅, 지금도 세계각지에 추종자들이 있는 트르츠키 등 진짜 공산주의자들의 이름과 함께 문재인을 명예훼손으로 고소하는 운동을 할까 생각 중이라고 했다. 문재인은 공산주의 이론 정립에 공이 있는 사상가도 아니고 더우기 자기 살갗 조금 다치는 것조차 꺼리는 성격으로 공산주의 혁명가는 더욱 될 수 없는 사람으로 결코 공산주의자 씩이나 될 수는 없다는 것이다. 문재인이 자신을 공산주의자로 말한 사람을 명예훼손으로 고소한 것은 공산주의자라는 평가 자체를 명예훼손 하는 것이므로 이는 박성현 자신과 같은 왕년의 진짜 공산주의자들의 명예를 단체로 훼손하는 것이며, 또한 공산주의 이념을 고수하는 비전향 장기수 전체의 인격을 살인하는 짓으로, 마르크스 피카소 등 공산주의자 전체의 인생과 사상을 부정하는 짓이라고 주장했다. 박성현은 말했다. "문재인은 공산주의자가 될 깜냥이 아니다. 공산주의에 동조하는 기회주의자라면 모를까."

박성현은 말했다. "이 땅에 공산주의자는 존재하지 않는다. 내 눈에는 평양의 전체주의를 추종하거나 역성드는 전체주의 부역자만 보인다. 대한민국은 공산주의자의 천국이 아니라 평양 전체주의 부역자의 천국이다. 북한의 이념과 체제는 개족보 짬뽕이다. 개에게는 족보가 없듯이 평양세력은 무슨 이념이라고 할 수 있는 족보가 없다. 극단적 민족주의란 점에서는 나치를 닮았고, 수령 혈통을 신격화했다는 점에서는 일제의 천황주의를 닮았고, 가부장적 지배를 내세운다는 점에서는 유교를 닮았고, 계급과 인민을 내세운다는 점에서는 공산주의를 닮았다. 나치즘-천황주의-유교-공산주의를 섞은 개족보 짬뽕이다. 이 같은 개족보를 합리화하기 위해 북한에서는 마르크스 엥겔스 레닌 스탈린 모택동 호치민의 저서와 그들에 관한 서적을 비롯하여 거의 모든 공산주의 서적이 금서다. 진정한 공산주의 혁명가의 입장에서는 북한체제야말로 혁명 전복의 대상이다. 나와 같이 1980년대에 반북한적인 태도를 취했던 공산주의 세력은 그후 생계에 충실하는 생활인이 되거나, 공산주의 자체를 비판하는 자세로 전향했다. 그 외에는 김일성주의자들인 주체사상파에 빌붙어 먹고 사는 변절자가 되었다. 김일성의 주체사상은 이론이 아니다. 이것은 처음부터 투기 도박판의 논리였다. 변절자들은 '북한의 지원으로 한 탕 해서 권력을 잡는다'는 멘탈로 이 김일성 주체사상에 몸 담은 사람들이다. 그래서 내 눈에는 여기도 부역자고 저기도 부역자다."(뉴데일리, 2015.10.9. 박성현의 기고문을 내용을 다치지 않는 범위에서 수정하고 첨삭하여 인용함)

대부분의 좌익 이론가들 처럼 박성현도 한때 좌익 이론에 탐닉하다 공부가 진전되면서 그 이론의 허구성과 비현실성을 깨닫고 그것을 버렸다. 이 땅에는 이제 진정한 공산주의 이론가와 사상가와 혁명가는 존재하지 않는다고 그는 말한다. 그러면 아직도 대한민국에 존재하는 좌익세력은 무언가. 그들은 학생시절 주체사상을 외우고 대자보를 붙이고 거리에 나가 돌을 던지며 투쟁했던 김일성주의자들이다. 흔히 주사파의 행동대 또는 행동주사파라 불리는 사람들이다. 성인이 된 그들은 북한이 내려보낸 돈과 조직이 조달한 돈에 생계를 의지하며 북한의 지령인 미군철수와 국보법 폐지와 연방제를 주장했다. 김일성을 숭배하고 북한체제를 추종하는 정서를 공유하는 그들이 거대 세력을 형성하여 거짓과 선동과 국가예산을 수단으로 대한민국의 거의 모든 영역을 장악한 것이 그들의 본색이다. 흔히 주사파, 86운동권, 종북좌파라고 불리는 바로 그들이다.

그들이 추종하는 북한이 공산주의 정권이므로 편의상 그들을 공산주의자들로 부르지만 공산주의 이론가 출신인 박상현의 기준에 따르면 그들은 진정한 공산주의자는 아니며 단지 북한정권을 추종하는 한 묶음의 세력일 뿐이다. 그래서 박성현은 문재인을 비롯한 이 땅의 종북 좌파들을 북한정권을 추종하고 그들에게 봉사하는 부역자라고 말한다. 대한민국에 존재하는 종북좌파 세력에 대한 가장 정확한 진단이다. 문재인을 평양 전체주의 부역자로 규정하는 것은 그를 공산주의자로 부르는 것보다 더 적확하며 문재인 자신에게는 더욱 뼈아픈 이름일 것이다. 진짜 공산주의자 박성현은 문재인과 주사파 세력을 평양부역자로 규정했다. 간첩 김일성주의자 북한주의자 종북주의자와 같은 말이다.

북한과 내통하는 사람

노무현 정부에서 외교부 장관을 지낸 송민순은 그의 저서 '빙하는 움직인다'를 통해 문재인의 과거 행적 하나를 폭로했다. 2007년 유엔의 대북 인권결의안에 대한 투표를 앞두고 정권 내부에서 찬반으로 의견이 갈리자 비서실장 문재인이 "이 투표에 대해 북한의 의견을 물어보자"고 말하며 청와대 참모진에게 북한과 접촉할 것을 지시했고, 실제 북한의 의견을 들은 후 투표에 이를 반영했다는 사실을 밝혔다. 문재인은 송민순의 이런 주장에 대해 "송민순이 중대한 기억의 착오를 범했다"는 애매모호한 표현으로 발뺌했다. 이에 송민순은 문재인의 발언을 반박하기 위해 김만복 당시 국정원장이 북한으로부터 받은 내용을 정리한 문건을 노무현이 받아 이를 다시 송민순에게 보여주었다는 '청와대에서 만든 메모'를 증거로 공개했다. 그러면서 송민순은 "문재인은 이처럼 증거가 있는데도 계속 부인한다"고 말했다.(중앙일보, 2017.4.21)

송민순과 문재인의 주장은 상반된다. 둘 중 한 사람은 거짓말을 했다는 뜻이다. 누구의 말이 거짓일까. 송민순이 거짓말을 한 것은 아는 것이 없다. 그러나 문재인의 거짓말은 다 셀 수도 없을 정도로 무수하다. 과거의 말을 뒤집는 수많은 현재의 말, 무엇보다 대통령 취임사와 그의 5년간의 통치를 비교하면 지켜지지 않은 것과 거꾸로 간 것 뿐이다. 게다가 송민순의 주장에는 증거도 있고 증인도 있다. 노무현 정권에서 청와대 외교안보수석과 6자회담 수석대표를 역임했던 천영우는 더욱 생생한 증언을 내놓았다. 2005년 9월 미국은 북한의 불법자금 세탁을 도와준 혐의로 BDA방코델타아시아 은행을 우려대상으로 지목했고 이에 BDA는 북한계좌 50여 개에 들어있던 2400만 불을 모두 동결했다. 미국의 첫 대북 금융재제인 이것을 풀어주기 위해 문재인이 나섰다. 천영우의 증언은 이렇다.

"(당시) 운동권 출신의 청와대 비서관이 한국수출입은행을 통해 BDA 자금을 세탁해서 북한의 해외계좌로 넘겨주자는 기상천외한 아이디어를 냈다. 청와대 서별관에서 문재인 비서실장과 법무부 장관, 금융위원장까지 참석한 대책회의가 열렸다. 금융위원장과 수출입은행장은 황당무계한 이 제안에 어이가 없다는 표정을 지으면서도 차마 나서지는 못하고 있는데 법무부 장관이 용감하게 나서서 법적 의견을 제시했다. (김성호) 법무장관이 수출입은행법과 정관을 근거로 이 북한 비자금을 받아 신용이 떨어지고 자금조달에 차질이 생기거나 은행에 손실을 끼치면 행장은 배임으로 형사처벌을 받을 수 있다는 유권해석을 내렸다. 이 해석을 듣고 문재인 당시 비서실장이 화를 버럭 냈다. '우리가 무슨 나쁜 짓을 하려는거냐, 어떻게 해서든 풀어보자는건데 어떻게 그런 해석을 내놓느냐'며 법무부 장관을 박살냈다. 6자회담 수석대표를 하는 동안에 문재인 비서실장을 이런저런 기회에 여러번 본 적 있지만 그렇게 화내는 모습은 처음 봤다. 배임으로 행장이 잡혀갈 수도 있고 수출입은행이 망할 수도 있다는데 청와대가 화낸다고 해도 이게 해결될 일이냐."(조선일보, 2020.9.21) 문재인은 은밀하게 대북 금융재제를 해결해주는 일을 나쁜 짓이 아니라고 말했다. 그는 대한민국 사람이 아니다. 이것이 그의 본색이다.

문재인 비서실장의 주장은 여러 한계에 부딪쳐 실행되지 못하다 결국 2007년 송민순 외교장관이 러시아와 협의하여 BDA에 묶인 자금을 러시아 은행으로 옮기며 해결되었다. 문재인은 이때부터 이미 대한민국의 국익과 정부 관계자들의 리스크는 안중에도 없었던 사람이다. 그의 머리 속에는 오직 북한 뿐이었다. 문재인은 단지 북한을 위해 적극적으로 일하는 것에 그치는 것이 아니라 북한과 은밀히 내통하고 있었던 것은 아닐까. 그가 대통령이 되고나서 전개한 북한을 위한 외교와 대한민국의 이익과 안보에 반하는 외교 행보 이외에 국민에게 알려지지 않은 북한과의 은밀한 내통이 또 있었을까. 무수히 많았을 것으로 확신한다. 판문점 도보다리에서 김정은에게 직접 건네준 USB처럼 증거가 분명한 경우도 있다. 그가 대통령기록물로 봉해버린 많은 증거들은 시간이 더 지나야 실체를 드러낼 것이다. 북한에 원전을 지어주려 했던 계획처럼 꼬리만 보이다 덮혀버린 일도 있지만 꼬리조차 드러내지 않은 일은 더 많을 것이다. 그러나 그가 대통령이 되기 전에 보인 행보 중에는 북한과 긴밀히 내통한 것으로 판단되는 일도 있다. 통진당 이석기의 뒷배가 되어준 일이다.

학원 주사파의 원조 김영환은 김일성을 만나고 돌아와 남한 내에서 공산혁명의 전위조직으로서의 역할을 수행하기 위해 민혁당민족민주혁명당을 만들었다. 조직원만 3천 명 이상으로 6.25 후 남한 내 최대 규모의 지하 혁명조직이었던 이 민혁당의 경기남부지역 총책이었던 이석기는 1999년 공안당국에 수배되어 3년간 도주하다 체포되어 징역형을 선고 받는다. 그러나 이석기는 노무현 정권이 들어서자마자 2번에 걸친 연이은 특별사면으로 복권된다. 문재인이 민정수석으로 있던 시점이었다. 이로 인해 정치활동을 합법적으로 할 수 있는 자유를 얻은 이석기는 먼저 심상정 노회찬이 활약하던 민주노동당을 장악했고 이어 2012년 문재인 한명숙 임종석이 실권을 가지고 있던 민주당의 지원으로 13석을 가진 원내 제3당이 된다. 이석기의 복권과 통진당의 원내진출의 모든 과정에 문재인의 존재와 지원과 역할이 있었던 것이 분명하다.

이석기의 통진당은 김일성의 주체사상을 지도이념으로 삼아 남한 내의 주요 기간시설을 파괴하는 계획을 세우고 조직원들에게 '전쟁 대비 3대 지침'을 하달하는 등 내란을 음모하다 강제 해산된 좌익혁명 정당이다. 헌재의 선고문에는 통진당을 '북한식 사회주의를 한국에 구현하려는 반역집단'으로 분명히 규정하고 있다. 문재인이 이석기를 두 번씩이나 사면해주지 않았다면, 이어 민주당의 실권자로서 통진당과 선거연대를 하지 않았다면 내란을 음모한 통진당은 원내정당이 될 수 없었을 것이다. 문재인은 반역집단 통진당을 원내정당으로 만들겠다는 계획을 세우고 이석기를 사면하고 통진당과 선거연대를 했을 것이다. 통진당은 북한과 내통하며 지령을 받고 활동한 정당이다. 그렇다면 문재인도 직간접적으로 엮이며 북한과 내통했을 것이다. 문재인은 정계에 입문하기 전인 1992년 3월 월간 '말'지 기고문에서 진보세력의 장내 진입, 즉 국회진출을 주장했다. 그리고 정계 진출 후에는 통진당의 전신인 민노당 등의 좌익정당과 민주당이 하나의 정당으로 통합하거나 연립정부를 구성하자는 주장도 했다. 이석기에 대한 사면과 종북세력이 모인 통진당의 원내 진입을 이해할 수 있는 단서다. 이석기도 통진당도 문재인에게는 이적 세력이 아니라 '내편'이었다는 뜻이다. 북한과 이석기와 문재인은 모두 한 패거리였다.

국회의원 총선이 있었던 2012년, 당내 부정선거 등의 무리한 방법을 불사하며 국회진출을 노리던 이석기와 통진당 후보들을 향해 우익진영에서는 종북좌파의 발호라고 비판하는 등 부정적인 여론이 거세게 일었다. 이에 대해 문재인은 3월 17일 자신의 트위터를 통해 "친북좌파니 종북좌파니 하는 말은 상대와의 공존을 거부하는 사악한 말"이라며 통진당 후보들을 적극 옹호했다. 2년이 지나 2014년 12월 헌재가 통진당 해산을 진행할 때는 "정치적 결사의 자유에 대한 중대한 제약"이라며 헌재의 심판을 정면으로 부정했다. 이어 해산결정이 내려진 후에는 "국민에게 맡겼어야지 국가기관이 개입했다"고 분노했다. 반면 이석기와 통진당의 이적행위와 국가반역 행위에 대해서는 철저히 입을 다물었다. 대한민국의 법 질서를 무시하고 국가 체제를 부정하는 명백한 태도였다. 그는 북한과 내통하는 반역집단 통진당과 이석기를 강력히 비호하고 있었다. 문재인은 이석기의 뒷배였고 북한은 이석기와 문재인의 뒷배였다.

이석기가 국가반역을 준비할수 있도록 법적 장애물을 제거해준 사람이 문재인이다. 반역집단 수괴 이석기가 북한을 위한 활동을 합법적으로 수행할 수 있게 해준 사람도 문재인이다. 이석기가 국회에 들어가 대한민국의 특급 국가기밀에 접근할 수 있게 방조한 사람도 문재인이다. 이석기가 법의 심판을 받게 되자 이에 항의한 사람이 문재인이다. 이석기는 북한과 내통하며 내란을 음모했고 문재인은 그런 이석기를 거듭 사면 복권하고 풀어주었다. 이것은 문재인과 북한의 간접 내통이 분명하다. 직접적 내통도 있었을 것이다. 이런 사람이 대한민국 제19대 대통령이 되었다. 대한민국의 비극은 그렇게 시작되었다.

제2장

/

정권 절도를 준비하는
혁명가들

'젊어서 좌파가 아니면 가슴이 없고 나이 들어 우파가 아니면 머리가 없다' 좌파들이 들으면 발작하는 오래 묵은 정치 금언이다. 젊은 시절 잠시 운동권에 몸담은 문재인은 전향하지 않았다. 노무현 사후 종북세력의 리더가 된 그는 자신처럼 나이 들며 좌익이념이 더 단단해진 고정간첩 공안사범 등의 대한민국 반역자들과 한묶음이 되었다. 뭉쳐진 그들은 대한민국 정권을 훔치기 위해 작당했다. 정당한 방법으로 국민의 지지를 얻어 정권을 잡았다면 훔친다고 말하지는 않는다. 김일성사상으로 무장한 그들은 맹렬했다. 나이 들어서도 여전히 머리가 없는 그들은 무서웠다.

정부를 흔들고 정권을 빼앗는 좌익 그들의 혁명

대한민국을 공격하여 정권을 강탈하려는 시도는 해방정국의 남로당에서 시작되었고 이후 그것은 이땅에 존재한 모든 좌익 혁명조직의 공통된 목표였다. 북한정권은 끊임없이 내려보낸 남파간첩을 통해 고정간첩을 포섭했고 그렇게 만들어진 혁명조직은 남한 정권의 탈취를 준비하고 시도했다. 지하혁명당의 시대였던 1970년대 말까지는 그랬다. 그러나 강력한 반공주의자인 박정희가 퇴장한 1980년대는 그들에게 새로운 시대였다. 그들은 학생들에게 김일성사상을 주입하는데 성공했고 주사파라 불린 이들을 통해 지하가 아닌 지상에서 공개적으로 대한민국을 공격한다. 주사파의 시대가 시작된 것이다. 주사파는 1980~90년대를 걸쳐 맹렬히 투쟁했고 김대중 노무현 두 좌익정권의 탄생은 그들의 첫 성취였다.

노무현 이후 정권을 잃은 좌익세력은 문재인을 중심으로 뭉쳤고 좌익의 리더가 된 문재인은 자신의 북한주의자 정체성을 감추지 않았다. 친구 노무현의 죽음이 자신을 진영의 리더 자리에 올려놓자 친구가 물려준 유산 위에서 그는 합법적인 정권교체가 아닌 거짓 조작 선전 선동을 앞세운 공산당식 정권 쟁취를 도모했다. 문재인은 최소 9년간 그것을 준비했고 결국 성공한다. 그의 정권 쟁취는 해방 이후 단 한 번도 중단된 적이 없었던 남한을 북한에 흡수시키는 종북혁명의 연장선 위에 있었다. 이것이 문재인이 스스로 이름 붙인 촛불혁명의 본질이다. 좌익이 정권을 잃은 9년의 시간 동안 그가 어떤 동지들과 어떤 투쟁을 어떻게 전개하며 정권 훔치기를 준비했는지를 말하려 한다. 그가 정권을 훔치기 위해 일으킨 여러 사건의 과정에 국민인 우리를 속인 진상이 모두 들어있다.

1절 정권을 훔치기 위해 뭉친 사람들

　자신과 가족의 비리혐의로 검찰의 수사를 받고 있던 노무현은 2009년 5월 23일 그의 고향 절벽에서 몸을 던져 스스로 생을 마감한다. 이때부터 좌익진영은 국민적 분노를 선동질하며 '우익정권으로부터 핍박받고 죽은 노무현'의 이미지를 만들어 간다. 그의 시대는 집값 폭등, 반기업 정책과 폭력적인 노조에 시달리던 기업의 대규모적 해외 탈출, 이로 인한 일자리 감소, 가진자를 향한 적대적 분위기로 부자들이 해외에 나가 돈을 쓰는 등의 여러 원인으로 경제는 크게 침체된다. 모두 정권이 조성한 원인이었다. 이 결과 어느 동네에서 연탄을 피워놓고 일가족이 동반 자살했다는 뉴스와 어느 기업이 파산했다는 뉴스는 일상이었고 그래서 노무현의 임기말 지지율은 한자리 수까지 떨어졌다. 이러한 모든 사실은 '핍박받아 억울하게 죽은 노무현'의 이미지에 깡그리 묻혀지고 죽은 노무현은 신화가 되었다. 좌익의 선전 선동전이 승리한 것이다.

문재인 그의 세력

선전과 선동으로 권력을 훔치는 기술을 익힌 좌익이 '신화가 되어 가는 죽은 노무현 현상'을 하나의 추모열기 정도로 그냥 둘 리 만무했다. 그들은 죽은 노무현에 대한 인기를 궤멸된 좌익의 재결집과 부활의 에너지로 전환시키며 우익진영에 빼앗긴 정권을 되찾기 위한 전략을 세운다. 이런 전략 속에서 노무현의 유산을 물려받을 사람으로 노무현의 친구 문재인이 낙점되고 문재인은 그렇게 좌익의 대표선수가 되었다. 스스로를 폐족으로 부르며 물러나 있던 좌익 정치세력은 문재인을 중심으로 재결집하였고 그들은 단단한 한 묶음이 되었다. 문재인의 동지집단이 된 이 묶음은 사회주의자 공산주의자 김일성주의자들이었다. 통칭 종북세력이다. 문재인을 위해 여론 앞잡이 역할을 하는 문빠와 한국의 정치지형에서 단일 투표집단으로 행동하는 호남 지역민들은 그들의 확고한 배경이었고 그들과 은밀히 내통하여 뒷배가 되어주는 북한 정권도 있었다. 주사파 운동권 출신과 반국가행위자들로 구성된 종북세력, 노사모, 호남 지역민, 그리고 북한정권의 연합체인 이들은 이때부터 우익진영을 공격하기 시작한다. 목적은 대한민국 정권을 훔치는 것이었다.

문재인과 함께 정권 훔치기를 준비한 동지들은 크게 지하혁명당 출신과 86운동권 출신으로 나뉜다. 지하혁명조직 출신이란 1960년대부터 지하에서 암약한 좌익혁명당 조직원을 말한다. 이들은 막후에서 좌익진영 전체에 대해 혁명의 방향성을 제시하고 정국의 주요 분기점마다 중심을 잡아주며 대오의 흐트러짐을 막는 역할을 했다. 얼굴을 드러내지 않고 암암리에 활동하는 이들과는 달리 주사파 운동권 출신들은 종북세력의 행동대원 또는 정치인이라는 존재로 우리 일반 국민에게도 그 실체가 분명하게 특정된다. 흔히 86운동권으로 불려지는 이들은 문재인을 리더로 옹립하고 온갖 공산당식 전략과 전술을 구사하며 정권을 장악하는데 성공한다. 음지에서 지휘하는 지하혁명세력과 국회 법원 산업현장 교육현장에서 공개적으로 행동하는 주사파 운동권 세력의 콜라보는 힘이 엄청났다. 지하와 지상의 이들을 모두 이끌고 나선 리더가 바로 문재인이다.

1. 문재인의 뒷배 지하혁명세력

남한을 점령하여 북한 땅으로 만드는 것은 김 씨 정권 3대에 걸친 불변의 목표다. 그들은 국가체제를 정립하고 경제발전을 도모하여 인민의 생활을 안정시키는 등 신생국가로서의 과제는 외면하고 정권의 모든 역량을 이 꿈의 실현에 집중했다. 남한 점령을 위해 그들이 선택한 전략은 투 트랙이다. 하나는 6.25 남침과 같은 무력에 의한 통일이며 또 하나는 그들이 조종하는 남한 내 혁명세력이 정권을 잡게하여 북한과 연방제 형태로 자연스럽게 흡수하는 무혈통일 전략이다. 남한 내에 지하 혁명조직을 만들고 지원하고 내통한 것은 이 두 가지 전략 모두에 쓰이도록 하기 위한 것이었다. 무력으로 다시 남침을 감행할 경우 인민군의 길을 안내하며 최단 시간 내에 남한을 점령할 수 있도록 준비된 조직인 동시에 북한의 지령을 받으며 조직 스스로의 활동역량으로 남한 정권을 장악하여 북한 체제를 중심으로 하는 연방제에 편입시킴으로써 전쟁 없이 남한을 접수하기 위한 목적으로 만든 것이 바로 지하 혁명조직이다. 대한민국 정권을 훔치기로 작정한 문재인에게는 이런 확실한 뒷배가 있었다.

김일성의 생각대로 되었다

1950년 9월 UN군의 인천상륙작전이 임박하자 김일성은 남한을 점령하고 있던 인민군에게 퇴각명령을 내린다. 이때 남한 내의 지방 조선로동당을 향해 6개항으로 된 지시를 하달한다. 그 중 하나로 '당을 비합법적인 지하당으로 개편할 것'이라는 내용이 포함되어 있었다. 그러나 북상하는 UN군에 의해 북한군이 중국 국경까지 밀리는 급박한 전황 속에서 지하조직의 유지는 불가능했다. 그리고 휴전 후에는 폐허가 된 북한을 재건해야 하는 상황이라 대남공작을 추진할 여력이 없었다. 휴전 7년이 지난 1960년 남한에서 일어난 4.19의 혼란을 목도한 김일성은 절호의 기회를 놓쳤다고 생각한다. 6.25 남침 당시 남한 전역을 신속히 장악하지 못한 것은 남한 내의 공산당 조직의 힘이 미약했기 때문이며 또한 4.19의 혼란을 남한 공산혁명의 결정적 기회로 이용하지 못한 것도 남한 내에 과거 남로당과 같은 혁명을 지도할 조직이 없었기 때문이라는 결론을 내린 김일성은 1961년 9월 제4차 노동자대회에서 당에 지시를 내린다. "남한 내에 혁명적 지하당 조직을 강화하라"

이때부터 북한은 남한에 간첩을 침투시켜 지하조직을 구축하고 지하혁명활동을 전개한다. 그리고 남한사회를 교란하고 남한정부의 전복을 꾀한다. 인혁당, 신영복 한명숙 그리고 한명숙의 남편 박성준이 활동한 통혁당, 국회의원 이학영이 활동한 남민전 등이 바로 이런 조직이다. 이들은 박정희가 사라진 후 지상으로 올라오기 시작하여 김대중 정권 때부터는 여전히 지하에서 은밀하게 활동하는 동시에 합법적이면서 공개적으로 대한민국을 전복시키기 위한 대남 공작과 북한을 위한 이적활동을 활발히 전개한다. 조국과 은수미의 사노맹, 문익환 윤이상 황석영 등이 활동한 범민련, 국무총리 김부겸이 남파간첩을 접촉한 혐의로 유죄를 받은 중부지역당, 강철서신의 김영환이 주도하고 학생 김일성주의자 이석기를 키운 민혁당, 그 외 일심회간첩단, 왕재산간첩단 등이 있다. 그리고 문재인이 오랫동안 지원하고 보호해준 이석기의 통진당이 있다.

문재인 정권 5년은 간첩과 간첩단이 창궐한 시간이었다. 문재인이 물러난 후에야 실체가 드러난 청주간첩단 창원간첩단 제주간첩단 민노총간첩단 등 현재진행형인 지하혁명조직이 그들이다. 청주 공군기지의 스텔스기 기밀을 빼낸 청주간첩단, 전국에 68개의 하부조직을 갖추고 창원 지역 방산업체의 기밀을 수집하는 등의 간첩행위를 한 창원간첩단 등은 규모에서도 거대하고 간첩활동의 혐의도 분명하다. 그러나 간첩잡기를 포기하고 그 기능이 금지된 국정원, 증거 타령만 하며 간첩 재판에 소극적인 사법부, 무엇보다 주사파를 중심으로 하는 문재인 세력의 보호로 이들 지하혁명조직, 즉 간첩단은 여전히 활개를 치고 있다. 문재인 정권이 보호해주거나 묵인해준 이들은 그 실체가 제대로 조사되어 전모가 밝혀지기를 기다린다. 이들 간첩단 이전에 존재한 여러 지하혁명세력은 노무현 사후 학생 운동권 그룹과 연합하여 민주당의 중심 파벌이 되어 문재인을 지도자로 내세우고 우익정부를 흔들어 대는 9년간의 투쟁 끝에 다시 정권을 잡는데 성공한다. 이미 김대중 노무현 정부 때부터 정치판의 주류가 되었던 그들은 문재인의 집권으로 국가의 거의 모든 영역을 장악한다. 김일성의 생각대로 된 것이다.

문재인의 휘하에 모인 그들

문재인은 북한의 지령을 받으며 대한민국을 공산화하기 위해 지하에서 혁명투쟁을 펼친 사람들과 세력을 만들고 그들과 함께 정권을 잡기 위한 정치 투쟁을 전개했다. 정권을 장악한 후에는 함께 권력을 나누고 함께 대한민국을 통치해 나간 사람들도 그들이다. 과거 북한이 직접 조종한 지하혁명조직의 조직원들이 문재인 세력을 형성했다는 뜻이다. 1961년 남한에 혁명적 지하당을 강화하라는 김일성의 지시에 의해 본격화된 지하혁명당은 대한민국 정부의 방어적 조치로 번번이 해체되었고 북한은 그때마다 다시 간첩을 남파하여 재건을 시도했다. 그렇게 60여 년간 수많은 혁명정당이 조직되고 사라지기를 되풀이 하며 역사의 뒤안길로 사라진 듯 보였다. 가장 최근의 조직인 통진당 역시 2014년 12월 헌재의 결정으로 해산되었다. 그렇다면 지하 공산혁명 조직은 이땅에서 사라진 것일까. 아니다. 모든 잔당들, 그들이 공유한 이념, 그들이 수행하는 역할과 지향하는 목표는 마치 백 갈래의 강물이 바다로 모이듯 한 곳에 모여들었다. 문재인이 지휘하고 이어 이재명이 완전 장악한 더불어민주당이다.

문재인 세력은 자유민주주의를 신봉하는 정치인들이 국민의 보편적이고 자발적인 지지를 얻기 위해 활동하는 그런 사람들의 모임이 아니었다. 그들은 거짓과 은폐와 조작과 선전 선동술을 구사하는 공산주의 방식의 투쟁으로 자유민주주의 정권을 붕괴시키고 권력을 잡기 위해 투쟁했다. 자유민주주의 대한민국을 공산주의 정권인 북한에 편입시키기 위해 지하투쟁을 도모한 혁명가들과 1980년대에 득세한 학생 김일성주의자들이 연합하여 만든 것이 바로 문재인 세력이다. 그래서 문재인의 휘하에는 과거 좌익이 지하에서 숨을 죽이고 활동하던 시절 이적행위, 반국가 행위, 간첩행위를 범하고 체제 전복을 준비하다 국가보안법 위반으로 처벌된 범죄자들이 수두룩했다. 지하혁명조직 출신들은 학생 주사파 출신들과 함께 문재인 세력의 핵심적인 축이었다.

김대중 노무현 정권에서 그들의 범죄를 모조리 무죄로 뒤집어 민주화 유공자로 둔갑시키고 사면 복권시켜 거액의 보상금까지 지급했다고 해서 그들이 반국가 행위를 범했다는 엄연한 사실까지 사라지는 것은 아니다. 그들의 죄가 뒤집어진 것은 좌익혁명이 성공한 후 노획한 전리품일 뿐이며 그들의 국가반역행위 자체는 엄연한 역사다. 그들은 과거의 반국가 행위의 이력을 민주화 운동으로 둔갑시키고 그것을 공훈인 양 내세우며 정권을 잡고 국가권력의 핵심을 모두 장악했다는 사실만으로도 대한민국은 이미 뒤집어진 것이 아닌지, 북한에 이미 점령된 것은 아닌지, 김일성이 승리한 것은 아닌지 돌아보아야 한다. 2차대전 후 건국된 신생국가 대한민국에 6.25전쟁 다음으로 닥친 엄중한 위험은 이들 좌익혁명 세력의 정권 장악에서부터 시작되었다는 점은 분명하다.

통혁당의 잔당

조선로동당으로부터 거액의 자금을 받아와 1964년에 결성된 통일혁명당은 1968년 일망 타진된다. 총 158명이 검거된 이 사건의 판결문에는 "남로당을 부활시킨 조직체로 북한의 무력 남침에 대비한 사전 공작조직이었으며 1970년까지 결정적 시기를 조성하여 민중봉기함으로써 공산정권 수립을 획책하였다."고 기록되어 있다. 공안기관의 수사와 기소와 사법부의 판결에 의해 남파간첩 김종태를 포함한 5명의 수뇌들은 사형을 선고받았고 신영복은 무기징역, 한명숙의 남편 박성준은 징역 15년, 한명숙은 징역 1년에 집행유예 1년을 선고받았다. 3년 후인 1971년 4월 전라남북도에서 통혁당 재건을 시도한 간첩단 11명이 다시 검거된다.

통혁당은 처음부터 북한의 계획에 따라 조선로동당의 하부 조직의 개념으로 만들어졌다. 북한의 자금으로 운영되고 로동당의 통제와 지시에 따르는 조직으로서 적국의 지하에 설치된 전형적인 공산주의 지하혁명조직이다. 통혁당 최고지도자 김종태는 김일성이 직접 챙긴 인물이다. 그가 검거될 위기에 처하자 북한정권이 병력을 내려보내 1968년 8월 20일 제주도에 상륙시키는 중에 우리 군경과 교전을 벌이다 12명이 사살되고 2명이 체포되었다. 김종태가 우리 당국에 체포되어 사형에 처해지자 북한은 그에게 공화국 영웅 칭호를 내리고 시신 없는 장례식을 북한 최고 영예인 국장으로 예우할 정도로 김일성은 김종태와 통혁당을 크게 중시했다. 북한은 그 후에도 남한에 통혁당이 재건되었다고 지속적으로 선전하였던 바, 실제 통혁당 재건은 이후에도 계속 시도되어 1969년부터 1979년까지 무려 9차례나 재건세력이 검거되었다.

김일성이 남한을 점령하기 위한 대남공작의 거점으로 조직한 통혁당의 명맥은 지금도 엄연히 존재한다. 우선 무기징역을 선고받고 20년간 수감생활을 하다 풀려난 신영복은 문재인이 세계인 앞에서 '존경하는 분'이라고 공개적으로 밝히며 부활시켰고 간첩행위를 한 그의 글씨가 이제는 간첩잡기를 멈춘 국정원의 원훈석에 새겨졌다. 신영복은 죽었으나 문재인의 시대에 그의 혼은 부활하여 강력한 힘을 발휘했다. 징역 15년을 선고받고 13년을 복역한 후 석방된 박성준은 성공회대 교수 외에는 공식적인 직함이나 공개적인 활동은 없다. 그러나 이땅의 종북세력의 대부 또는 문재인의 정신적 멘토로 알려져 있다. 그의 아내로서 노무현 정부에서 국무총리를 지낸 한명숙은 좌익의 대모로 대접받는 존재다. 명백한 증거에 의해 실형을 받은 한명숙을 문재인 정권의 실세들이 모두 나서서 무죄로 뒤집으려 끊임없이 시도한 사실은 통혁당 잔당인 한명숙과 그의 남편 박성준이 종북세력 내에서 차지하는 위상을 선명하게 말해준다. 통혁당 조직원으로 유죄 판결을 받은 기세춘의 딸 기모란은 코로나 방역의 사령탑이 되어 방역실패를 거듭 범했음에도 문재인은 종북혁명가의 딸인 그를 굳건히 지켜주었다. 남로당이 사라진 이후 북한이 남한에 설립한 혁명지하조직의 조종祖宗격인 통혁당은 60여 년이 지난 지금도 대한민국의 심장부에 단단히 박혀있다. 통혁당은 살아있다. 문재인이 살려 놓았다.

남민전과 중부지역당 부스러기들

남민전남조선민족해방전선 간첩단은 1979년 발각되어 조직원 79명이 구속된 1970년대 최대의 공안사건이다. 그들은 처음부터 일본의 적군파식 공산주의 테러 운동을 표방하고 무장 혁명을 준비했다. 남민전은 북한에 지원과 지도를 요청하는 등 직접 북한정권과 내통했으며 조직원들은 총기 탄약 TNT 등의 구입에 필요한 자금 마련을 위해 절도와 테러행위를 감행했다. 이 사건으로 유죄 판결을 받은 전과범 중 29명은 노무현 정부에서 민주화 운동가 판정을 받았고 정치계에 발을 들인 자도 있다.

1978년 4월 27일 동아그룹 최원석 회장 자택에 침입하여 경비원을 과도로 수차례 찔러 중태에 빠뜨리고 회장 일가를 흉기로 협박하여 현금과 패물을 훔쳐 달아나는 사건이 있었다. 이학영은 이에 가담한 범인 중 한 명이다. 그는 강도상해죄로 징역 3년6개월, 반공법과 국보법 위반혐의로 징역 5년을 선고받고 수형생활을 했다. 그러나 이적, 반국가, 국가전복 기도 사범 대부분이 그러하듯 그도 김대중 노무현 정권에서 두 번이나 특별 복권되어 정계에 진출한 후 군포시를 지역구로 19대 국회의원에 당선되어 22대까지 뺏지를 단 민주당의 4선 의원이다. 그는 국회의원이 되어 반기업 활동에 집중했는데 19대 국회에서는 주사파 출신 김기식과 함께 정무위에서 활약하며 대기업 저승사자로 불렸다. 이학영은 민주당에 똬리를 틀고 자본주의를 타도하라는 김일성의 혁명과업을 수행하는 자본주의의 저승사자였다. 그가 22대 국회의 부의장 자리에 오른 것은 국회를 혁명의 교두보로 삼는 종북혁명의 혁혁한 성취의 하나다. 이땅의 좌익을 움직이는 원로들의 모임인 원탁회의에도 이름을 올리는 등 그의 위상은 비범하다. 남민전의 투쟁은 이학영을 통해 아직도 엄연한 진행형이다.

1980년대 후반 정부의 강력한 단속으로 남한의 지하당 조직이 거의 와해되자 북한은 1991년 로동당 서열 22위의 거물 여간첩 이선실을 남파하여 1995년까지 대한민국을 공산화시킨다는 구체적 목표를 세우고 지하혁명당 재건에 나선다. 북한 조선로동당의 직접적인 지휘와 지령을 받는 중부지역당남한조선로동당중부지역당은 이때 만들어져 서울 인천 등 24개 도시에 46개 기업과 단체 등을 포섭하여 조직원 규모가 400여 명에 이르렀다. 1993년 징역 4년을 선고 받은 조직원 이철우의 1심 판결문에는 '북한 로동당기를 벽에 걸고 그 밑에 김일성 김정일 초상화를 각각 전시한 다음 당기와 초상화를 바라보며 입당식을 거행했다'고 되어있을 정도로 당원 전원이 김일성에게 충성을 맹세하고 입당한 것으로 밝혀졌다. 남파된 이선실은 이때 천문학적인 돈을 뿌리며 좌익 혁명가들을 모았는데 제도권 정당인 민중당의 대표 김낙중도 포섭되어 후에 처벌을 받았다.

김부겸은 처음 정계에 진출하여 우익정당 소속으로 국회의원에 당선되었으나 결국은 그의 이념 정체성에 따라 좌익정당으로 옮겨 3선을 더하여 도합 4선 의원을 지냈다. 문재인 정권에서 초대 행정안전부 장관을 지낸데 이어 2021년 5월 문재인 정권의 마지막 국무총리에 임명되었다. 김부겸은 남파간첩 이선실을 만나 500만 원을 받은 혐의를 받았으나 수사기관이 증거를 확보하지 못해 심한 법정공방을 벌였다. 결국 이 혐의는 유죄가 인정되지 않았으나 간첩을 접촉하고 그것을 국가기관에 신고하지 않은 혐의는 유죄로 인정되었다. 그는 거물 북한 간첩을 접촉한 사람, 그리고 그것을 신고하지 않은 사람이다. 문재인은 이런 사람을 자신의 정권 행안부 장관과 국무총리로 임명했다. 김부겸과 함께 문재인의 이념 정체성을 알 수 있는 인사였다.

이선실이 직접 포섭하여 북한으로 데려가 교육 시킨후 다시 내려보낸 황인오는 문재인 정권에서 강원랜드 상임감사 하마평에 오르며 아직도 문재인 세력과 연결되어 있음을 알 수 있었다. 중부지역당 조직원으로 징역형을 선고받은 사람 중 한 명인 고한석은 서울시장 박원순의 비서실장을 지냈으며 2020년 7월 9일 박원순이 자살하기 직전 그의 자택을 찾아가서 마지막으로 만난 사람으로 언론에 노출되었다. 박원순의 죽음이 노무현 노회찬 등 좌파들의 목숨 던지기 전술 또는 순교 전술의 재현이 아닌지, 고한석이 박원순을 마지막으로 만나 전달한 메시지가 무엇이었으며 그것이 어디서 내려온 메시지였는지 궁금해 하는 사람이 많았고 박원순의 자살과 중부지역당 출신 고한석의 연결고리에 의심의 눈초리를 보내는 언론도 있었다. 박근혜 탄핵정국에서 촛불집회 주제가였던 '이게 나라냐'와 '김일성 찬양가' 그리고 더불어민주당의 전신인 민주통합당의 당가 등을 만들어 문제인 세력의 정권장악에 기여한 윤민석도 중부지역당 조직원이었다. 30년 전의 지하혁명당 조직원이었던 이 사람들이 문재인의 동지가 되어 다양한 형태의 활약을 하고 함께 대한민국을 통치했다.

사노맹의 은수미와 조국

대한민국을 사회주의 국가로 만들기 위해 노동자 중심의 지하정당을 만들고 무장폭동을 준비하던 사회주의 혁명조직 사노맹남한사회주의노동자동맹은 40여 명의 조직원이 구속되고 대법원에 의해 반국가단체로 확정되어 1991년 강제해산되었다. 성남시장을 지낸 은수미는 이 단체에 소속되어 국보법 위반행위를 범한 혐의로 6년 동안이나 옥살이를 했다. 그는 여러가지 비리 혐의로 기소되었으나 김명수 대법원이 이해할 수 없는 판결을 내려줌으로써 그가 좌익세력의 성골임이 증명되었다. 2022년 3월에는 대장동게이트의 핵심인 김만배가 은수미의 무죄를 위해 "대법원에 작업을 많이 했다"는 녹취가 나왔다. 은수미는 정치자금법 위반과 여러가지 비리 혐의로 여러번 기소되고 재판을 받으면서도 문재인 치하에서 모든 반국가 사범과 공산주의 혁명가들이 다 그러했듯 정권과 김명수 사법부의 비호 아래 오랫동안 자신의 직을 유지했다.

조국 역시 사노맹에 가담하여 기소된 좌익의 공안 범죄자였다. 그는 국가보안법 위반 혐의로 징역 2년6개월에 집행유예 3년을 선고 받았고 6개월간 교도소에 수감되었다. 서울대 교수로 재직하는 동안 좌익 정치권과 끊임없이 교류 소통 협력하였으며 문재인 정권 출범 후에는 청와대의 2인자 자리인 민정수석을 지냈다. 2019년 9월 9일에는 많은 국민의 반대를 무릅쓰고 법무부 장관에 임명되어 35일간 장관 자리에 있다 쫓기듯 내려왔다. 그는 법무장관 청문회에서 자신이 여전한 사회주의자임을 부정하지 않았고 민정수석으로 재직하는 동안에도 국민을 좌와 우로 분열시키는 선동적 언행을 반복했다. 또한 정부 요직의 인사에 사회주의자 혹은 공산주의자로 의심되는 자들을 집중적으로 발탁함으로써 자신의 정체성을 분명하게 노출시켰다. 조국은 법무장관에 지명되기 전까지 문재인은 물론 이 땅의 좌익세력 전체로부터 다음 대통령이 되어 대한민국 좌익 혁명의 임무를 완성시킬 수 있는 사람으로 지목된 사람이다. 온 가족이 모두 가담한 편법과 불법과 비리행위에 연루된 사실이 드러나지 않았다면 그는 문재인을 이어 대권을 잡는데 성공하고 이땅을 비리가 넘치는 범죄천국으로 만들었을 것이다. 그는 좌파 엘리트의 추잡한 도덕성과 위선 거짓 이중성을 적나라하게 보여주고 좌익 혁명가 자신들의 특권계급화 의도를 분명하게 드러낸 사람으로 기록될 것이다.

진짜 간첩들과 진짜 종북이들이 모인 원탁회의

대한민국의 역사 딱 그만큼 오래된 좌익세력의 대한민국 공산화와 북한화의 혁명투쟁은 김대중의 집권으로 첫 결실은 맺는다. 이어 노무현 정권까지 10년 동안 대한민국의 좌익 국가화는 급속하게 진전된다. 그러나 2008년 이명박이 대통령이 되어 다시 우익세력이 정권을 잡자 그들은 정권 흔들기용 혼란 조성과 반정부적 활동을 조직적으로 전개한다. 이때 전체 좌익세력의 구심점 역할을 한 것은 소위 '원탁회의'로 불리운 원로그룹이었다. 전면에 나서서 공개적으로 친북한 반대한민국 투쟁을 벌이는 수많은 좌익단체에 대비하여 이들은 Deep State, 즉 막후정부 혹은 숨은 권력으로 불리는 좌익의 원로 혁명가들이다.

이명박 정부 하의 2011년 7월 당시를 기준으로 언론인 조갑제가 원탁회의 참여멤버로 지목 했던 사람은 총 21명이다. 그들의 면면을 보면 김상근 목사, 함세웅 신부, 오종렬 진보연대 총회의장, 김윤수 국립현대미술관장, 백낙청 교수, 배우 문성근, 문재인, 이해찬, 후에 민주당 의원이 된 남윤인순과 이학영 등이다. 김상근은 김재규의 명예회복과 국보법 폐지와 통진당 해산 반대를 주장한 대표적인 좌익 종교인이다. 함세웅 신부는 '악마 조선일보를 없애달라'고 하느님께 기도한다는 좌익 종교인이다. 백낙청은 천안함 폭침에 음모론을 펼치는 등 반대한민국 운동을 참으로 오랫동안 펼쳐온 학자다. 시인 김지하가 '무식한 백낙청'이라고 했던 그 사람이다. 문성근은 밀입북 사건 등으로 무려 6번이나 투옥된 문익환 목사의 아들로서 문화계에서 '백만민란운동' 등의 좌익운동을 주도했다. 해방정국에서 박헌영과 같이 활동한 오정근의 아들 오종렬은 대를 이은 골수좌익으로 남북연방제를 주장하며 촛불집회에서 늘 중심에 있었던 사람이다. 여성계의 대모로 불리는 남윤인순은 박원순 성피해자에게 '피해호소인'이라 했던 그 사람이며 이학영은 남민전 간첩단에 소속되어 활약했다. 이외에도 많은 좌익인사와 골수 종북주의자들이 현안에 따라 원탁회의 멤버로 참여한 것으로 알려졌다. 문재인과 이해찬도 여기에 참여했다는 점을 주목해야 한다. 원탁회의가 문재인 정권의 배후라는 뜻이다.

원탁회의 참여자들은 주한미군 철수, 국보법 폐지, 연방제 통일을 주장하며 이땅의 모든 종북좌파 세력을 이끌었다. 그들은 반정부 폭력시위를 배후에서 조종하고 좌익이 위기를 맞거나 혹은 선거정국이 되면 회의를 열어 좌익진영의 역량을 집결하고 극대화하는 방안을 모색했다. 2008년 18대 총선에서는 원탁회의 멤버 박재승 변호사가 민주당의 공천심사위원장이 되어 정청래 최재성 김태년 우상호 백원우 한병도 등을 공천하여 무려 10여 명의 전대협 출신이 국회에 입성할 수 있도록 하였고 국회의원이 된 이들은 원로들의 기대에 어긋나지 않게 미군철수 등 북한의 대남적화노선을 따르는 투쟁을 적극적으로 전개했다. 원탁회의는 2012년 19대 총선에서는 한 걸음 더 나아가 민주당과 통진당의 야권연대를 막후에서 조종하여 무장으로 대한민국 전복을 준비하던 이석기 등 통진당 당원 13명을 국회의원으로 만드는데 핵심적인 역할을 했다. 당시 작성했던 '연대합의문'에는 민주당과 통진당의 서명과 함께 제3자의 서명도 들어있어 원탁회의의 존재를 분명히 확인할 수 있다. 원탁회의는 이미 대법원으로부터 이적단체로 판정받은 한총련의 합법화도 주장했으며 통진당이 해산될 위기에 처했을 때는 멤버들이 '비상 원탁회의'를 구성하고 민주당이 통진당 해산을 막는데 적극적으로 나서도록 압력을 가했다.

원탁회의는 2012년의 18대 대통령 선거에서 문재인과 안철수의 단일화에 영향력을 행사하고 2014년 세월호 사태 때는 '세월호참사 국민대책회의' 고문단 15명 중 김상근 함세웅 등 무려 8명이 참여하여 세월호에 대한 책임을 박근혜에게 뒤집어 씌우고 이 사회적 재난을 정치적 공격의 소재로 전환하는 일에도 주도적 역할을 했다. 또한 그들은 민주당을 움직여 기소권에다 수사권까지 가지는 세월호특별법 통과를 압박하고 결국 그것을 관철시켰다. 원탁회의는 박근혜를 탄핵시키고 문재인이 정권을 잡은 소용돌이 정국에서도 막후에서 마치 고요한 태풍의 눈과 같은 역할을 하였으며 문재인의 통치기간에는 배후에서 좌익의 장기집권을 획책하는 훈수정치를 계속 이어갔다.

조갑제가 지목한 원탁회의 멤버 중 주목해야 하는 사람은 이해찬이다. 좌익의 막후인 원탁회의와 좌익의 전위대인 민주당을 오가며 김대중 노무현의 두 좌익정권이 끝난 이후의 10여 년을 막전과 막후에서 대활약을 한 사람이 바로 이해찬이다. 그는 그다지 좋아 보이지 않는 정신적 육체적 건강상태에도 불구하고 문재인 정권이 한창인 때에 당대표가 되어 문재인을 문실장으로 부르는 위세를 떨며 절대적인 영향력을 과시했다. 더불어민주당을 마치 조선로동당 처럼 한 목소리만 나오는 일사불란한 정당으로 체질을 바꾼 사람도 그다. 또한 선거법을 개정하여 민주당이 정국의 주도권을 지속할 수 있는 토대를 마련했다. 대한민국의 좌익국가화 과정과 민주주의의 흑역사에서 이해찬의 역할은 제대로 평가되고 기록되어야 한다. 그는 대한민국의 정당정치를 결정적으로 파괴하고 민주당을 조선로동당과 같은 전체주의 정당으로 만든 사람이다. 민주당을 이재명의 개인 정당으로 만든 1등공신도 이해찬 그다.

대한민국의 좌익국가화를 추진한 배후 권력 혹은 숨은 권력자를 논할 때 많은 북한전문가들은 통혁당 잔당을 지목한다. 원탁회의 참여자들 조차 그들의 영향력 하에 있다는 것이다. 그들이 대체 누구일까. 전 국무총리 노재봉도, 전 경기도지사 김문수도 확실히 알고 있는 듯 한데 말을 삼키는 그들은 대체 누구일까. 대한민국의 자유민주주의 국체를 지켜 내려면 그것을 위협하는 존재를 알아내야 할텐데 아무도 말하지 않고 알려주지 않으니 답답한 일이다. 통혁당 잔당이라고 하니 생존하는 통혁당 출신이라도 꼽아보자. 1968년 통혁당 간첩단 사건으로 검거된 사람 총 158명 가운데 2022년 현재 생존하는 통혁당 잔당은 박성준 한명숙 부부다.

집권 후반기로 접어든 2020년, 문재인 세력은 한명숙을 무죄로 만들기 위해 KBS를 앞장 세우고 여론몰이를 하면서 문재인 정권 이전에는 단한 번 밖에 없었던 법무장관의 수사지휘권을 두 번이나 발동하며 재심을 시도하는 등 그의 복권을 위해 총력을 다했다. 그 과정은 국가의 법치 시스템을 붕괴시키는 수준이었다. 이 모든 무리한 시도가 실패로 끝나자 문재인은 자신의 퇴임 직전에 한명숙을 복권시킨다. 박근혜의 사면조차 이석기와 한명숙을 구하기 위해 끼워넣은 것으로 보였다. 그리고 한 달 후에는 남편 박성준까지 김명수 사법부에 의해 무죄를 선고받으며 60년 전 대한민국을 전북시키려 했던 그의 범죄기록은 사라졌다. 한명숙과 남편 박성준이 대한민국의 좌익진영에서 차지하는 위상이 짐작되는 대목이다. 그렇다면 이 부부가 대한민국 종북세력의 최고 꼭대기점이 맞을까? 힘없는 일개 국민은 속으로 짐작할 뿐 말을 삼켜야 한다.

2. 학생 김일성주의자들

공산주의 혁명사를 보면 공산주의가 쉽게 침투할 수 있는 계층으로 노동자 농민 등의 서민과 함께 학생이 빠지지 않는다. 서민은 부유층에 대한 증오심을 부추겨 혁명에 쉽게 동원할 수 있었고, 아직 사회 현실을 제대로 경험하지 못한 학생들은 유토피아적 좌익사상이 쉽게 침투할수 있기 때문이다. 강력한 지도자 박정희가 사라지고 전두환이 정권을 잡은 남한의 상황은 김일성에게 새로운 국면이었다. 군대를 동원하여 권력을 잡은 전두환은 집권의 정당성 부족으로 박정희와 같은 강력한 반공정책을 펼 수 없었고 한편으로는 민심을 얻기 위해 다양한 자유화 정책을 시행한다. 두발 자유화, 교복 자유화, 학도호국단 폐지 등 여러가지 학원 자유화 조치도 그 일환이었다. 김일성은 이 약한 고리를 파고 든다.

김일성은 남한 내부에 혼란을 일으키고 자신의 숙원인 주한미군 철수와 국가보안법 폐지 등 대남노선을 수행할 수 있는 세력으로 아직 머리가 덜 야문 학생들을 선택하고 공을 들인다. 어린 머리에 시대착오적인 민족주의를 앞세워 연방제 통일안을 주입시키고, 민주주의의 이름으로 반정부 투쟁을 부추겼으며, 대남 단파방송을 송출해 주체사상을 주입시키고, 혁명자금이라 이름 붙인 현금과 함께 주체사상을 행동에 옮기라는 지령을 내린다. 이렇게 해서 이땅에 단단히 뿌리를 내리고 자란 독버섯이 바로 주사파다. 이들은 사이비 종교의 교주 김일성을 따르는 광신도 집단이라고 해도 틀리지 않다. 청년에서 장년이 되도록 그것을 버리지 않고 오직 그것에만 매달린 사람들이기 때문이다. 주사파란 한마디로 김일성의 주체사상을 성경처럼 외우고 그것을 실천하는 무리를 일컫는 이름이다. 30년이 지나 문재인 세력의 중추가 되어 촛불혁명의 행동 전위대로 대활약한 자들, 임종석 이인영 이석기 김경수 정청래 등 대한민국을 파괴하는 투쟁으로 한 몸을 바친 종북혁명가들은 그렇게 탄생했다.

주사파 운동권 탄생의 기원

1960~70년대에 걸친 약 20년 간 박정희와 김일성의 대립과 대결은 박정희의 완승이었다. 인민의 빈곤을 해결하지 못한 김일성은 경제건설과 국방력 강화에 집중하는 박정희의 남한을 집요하게 공격한다. 간첩을 파견하여 지하혁명정당을 조직하고 끝없는 무력도발을 감행했으며 박정희의 목을 따오라며 무장 군인을 파견했다. 박정희는 이에 대응하여 강력한 반공정책을 펼쳤고 그래서 박정희 시대에 김일성의 대남혁명전략은 제대로 먹혀들지 않았다. 이런 상황에서 1979년 10월에 박정희가 사라진 것은 3김을 포함한 남한의 정치세력에게 새로운 기회였다. 북한의 김일성과 그가 남한에 심어놓은 간첩단에게도 기회이기는 마찬가지다.

박정희가 갑작스레 퇴장한 1979년의 겨울, 김영삼 김대중 김종필 소위 3김이 이끄는 각각의 정치세력은 분주히 움직인다. 특히 북한과 연결된 좌익세력은 대한민국을 무주공산의 땅이라고 생각했고 그중에서도 호남인의 절대적인 지지에다 북한정권과도 우호적이었던 김대중의 세력이 가장 희망적이었다. 좌익세력은 후에 스스로 이름 지은 '서울의 봄'이라는 분위기를 만들며 지하에서 얼굴을 감추고 활동하던 혁명가들부터 하나 둘씩 지상으로 올라와 대담하게 움직인다. 특정 지역에서는 대규모의 무력 폭동과 뒤이은 진압도 있었다. 이 상황을 장악한 것은 군부의 전두환 세력이다. 그립을 강하게 쥔 전두환은 혼란을 평정하고 정권을 잡는다. 곧이어 호남지역민과 북한의 지지를 받으며 전두환에게 강력하게 저항했던 김대중은 수감된다. 김대중은 곧 미국으로 망명을 떠났고 이로써 좌익세력의 활동은 위축되는 듯 보였다. 이 빈자리를 메운 것이 바로 주체사상으로 무장한 학생 김일성주의자들이다. 주사파는 북한정권과 남한에 존재하는 지하혁명조직의 공동 작품이다.

김대중을 비롯한 3김 만큼, 오히려 그 이상으로 남한의 이러한 상황을 예의 주시한 것은 김일성이다. 1960년의 4.19 혼란을 남한 점령의 기회로 만드는데 실기했던 일을 기억하는 김일성은 1980년에 재현된 남한의 혼란한 정국에 적극적으로 개입하고 싶었을 것이다. 광주 5.18사태와 김일성의 개입 문제는 문재인 정권이 5.18특별법에 '허위사실유포죄'를 추가하고 '역사왜곡금지법'을 만들어 그들이 말하는 것 외의 것을 말하는 것을 말하는 것은 불법이므로 멈추기로 한다. 국민의 입을 틀어막는 공산당식 행태에서 감추어져야 할 많은 진실이 있을 것이라 짐작할 뿐이다. 전두환의 등장으로 그들이 말하는 '서울의 봄'과 '5.18민주화운동'이 실패하자 김일성은 새로운 혁명가를, 더 많은 혁명가를 양성하기 시작한다. 새로운 혁명가란 학생 혁명가를 말한다. 아직 머리가 깨끗해 주체사상 주입이 용이할 뿐 아니라 남파간첩과 고정간첩의 파견 포섭 유지에 비해 현저히 적은 비용으로 가능하며 더 오래토록, 어쩌면 김 씨 가문이 대대손손 충성 집단으로 써먹을 수 있는 학생 혁명가는 김일성에게 완전한 새로운 경지였다. 이때부터 북한은 대남방송 등을 통해 끊임없이 주체사상을 전파했고 서울 주요 대학에는 김일성사상을 공부하는 소모임이 결성되었다. 그들은 북한이 보내는 단파방송을 밤새 받아적었고 다음날 그것을 유인물로 만들어 교내에 배포했다. 서울대 공법학과 학생 김영환의 '강철서신'이 대표적이다. 위수김동위대한수령김일성동지, 친지김동친애하는지도자김정일동지의 신화는 그렇게 만들어졌다. 문재인 세력의 중추를 이루는 주사파 운동권 세력의 탄생의 기원이다.

주체사상이란

주사파들은 북한을 이미 해방된 국가로 보는 반면 남한은 아직 미제국주의의 식민지배에서 해방되지 않았다고 주장한다. 그들이 늘 민족해방을 외치는 이유다. 대한민국은 태어나지 말았어야 할 나라이고 북한은 항일투쟁 친일청산 반미 자주의 길을 걸어온 나라로 본다. 주한미군을 몰아내고 남북을 사회주의 연방제로 통일하자는 북한의 주장을 그대로 따른다. 주사파는 대한민국을 부정하고 김일성 왕조의 노예가 된 북한동포를 외면한다.(뉴데일리, 2012.1.22) 언론은 주사파를 이렇게 정의했다. 이런 주사파 세력이 지하혁명당 출신들과 함께 문재인의 소굴로 모인 것이다.

지하의 종북혁명가들과 주사파 이론가들이 설계한 혁명의 내용물을 행동에 옮기는 사람들이 우리가 지금도 보고 있는 주사파 정치인들이다. 그들은 더불어민주당의 최대 파벌로서 한국 정치판에서 가장 규모가 크고 힘에서도 강력한 세력이다. 그렇다면 그들이 쫓는 주체사상은 무엇인가. 그 내용을 제대로 이해하는 것은 국민인 우리가 그들을 지지할 것인가 혹은 배척할 것인가를 결정하는 첫 걸음이다. 동시에 '우리가 과연 문재인에게 속았는가'라는 이 책의 화두를 풀어낼 수 있는 중요한 단서가 된다. 좌익사상의 대가 양동안 교수, 원로 언론인 조갑제, 주사파 이론가 이동호, 자칭 순수 공산주의자 박성현 등의 의견을 종합하면 주사파들의 공통적인 지향점은 다음 세 가지로 정리된다.

첫째, 그들은 친김일성 왕조의 입장을 취한다. 이 입장은 위수김동과 친지김동을 은밀하게 말하고 충성을 맹세하며 젊은 시절을 보낸 그들에게는 몸에 밴 자연스러운 정서일 것이다. 그들은 민족을 말하면서도 북한 동포들의 인권이나 안위에는 전혀 관심이 없다. 오직 김 씨 일가에만 관심이 있을 뿐이다. 그들이 태영호 등의 탈북 동포를 향해 공개적으로, 때로는 면전에서 배신자라고 부르는 이유다. 북한에서 수령님을 지키지 않고, 충성하지 않고 남쪽으로 도망온 배신자라는 뜻이다.

둘째, 주사파들은 모두 반미 반외세 민족주의를 고수한다. 6.25 남침이 실패한 결정적 이유는 미국 등 연합군의 참전 때문이라고 생각하는 조선로동당은 남한에 주둔하는 미군을 미제국주의의 무력침략으로 규정하고 미군을 몰아내는 것을 핵심 전략목표로 삼는다. 그래서 북한정권과 주사파들은 '외세의 지배와 간섭을 끝장내고 우리민족끼리 힘을 합쳐 민족 대단결의 원칙에서 자주적인 통일국가를 만들자'는 주장을 되풀이한다. 주사파라면 하나같이 시대착오적인 '우리민족끼리'와 한미동맹의 핵심인 주한미군의 철수를 입에 달고 있는 이유다. 미군을 몰아내야 남한을 점령할 수 있다는 속셈을 이렇게 길고 복잡하고 고상하게 말하는 것이다.

셋째, 주사파들의 경제관은 경제적 식민지론과 공산주의 계급투쟁론에 기초한다. 남한은 미국 등 자본주의 국가에 경제적으로 종속된 식민지이기 때문에 외국자본에 기생하는 매판자본가들이 만든 기업에 착취당하며 신음하고 있는 남한 내 노동자계급 및 무산계급의 생존권을 위해 투쟁해야 한다고 주장한다. 이러한 경제적 계급론과 식민지 착취론은 북한이 세계 최빈국으로 전락하고 남한은 세계 10대 경제대국으로 발전하면서 구호와 주장이 거의 사라졌다. 그러나 부르조아 타도와 프롤레타리아가 주인이 되는 세상을 지향하는 좌익사상의 근본은 그대로 남아 김대중 노무현 정권에서 친노동 정책으로 구현되었고 문재인 정권에서는 한층 강화된 반기업 친노조 정책 등 사회주의적 경제정책으로 전개되었다.

주체사상은 사상이라는 이름을 붙였으나 사실 그 내용을 들여다 보면 사상이라고 할 것도 없다. 북한정권이 남한에 존재하는 종북세력에게 내려보낸 투쟁지침 정도로 이해하면 된다. 내용물도 단순하다. 대한민국을 공산화하기 위한 전제조건인 주한미군의 철수와 국보법 철폐가 핵심이다. 거기다 전쟁 없이 남한을 흡수하는 방안인 고려연방제를 더하고 남한 체제를 흔들고 증오심을 부추겨 학생들의 저항의식을 증폭하기 위한 선동 구호인 독재타도와 재벌해체 주장을 곁들였다. 주사파 정치인들이 학생시절 거리에서 외치던 구호이며 국회의원이 되어 입법을 위해 싸운 내용들이다. 전향한 주사파 출신 인사들은 주사파를 '김일성의 주체사상을 지도이념으로 삼고 조선로동당의 대남적화노선을 목표로 설정하여 남한의 공산주의화를 성취하기 위해 투쟁하는 사람들의 묶음'으로 정의한다. 가장 압축적이면서 보편적으로 인용되는 정의다. 이 정의에 따라 주사파를 김일성주의자로 부르기도 한다. 종북좌파 세력을 세분하는 경우 좁은 의미로 남한의 공산화를 위한 행동전위대 역할을 담당하는 집단을 의미한다. 문재인이 주사파를 자신의 중추 세력으로 삼았다는 사실은 그도 김일성주의자로서 대한민국의 적화를 위해 투쟁했다는 의미다.

행동하는 학생 혁명단 전대협

1990년 '시사저널'이 실시한 '한국을 움직이는 단체'를 묻는 여론조사에서 전대협은 여과 야당에 이어 3위였다. 전경련이나 삼성 현대 등 대기업을 앞서는 순위다. 과거 지하에서 암약하던 간첩과 종북주의자들이 학생으로 세대를 교체하는데 성공하여 이제는 대한민국 사회의 주류로서 공개적으로 활동하게 된 것이다. 1980년대 초 지하 학생혁명조직이 태동한 지 약 10년 만의 일이며 1987년 전대협이 출범한 지 단 3년만의 일이다. 천국같은 새로운 세상을 약속하는 공산주의 사상으로 무장하고, 김일성이라는 절대존엄을 교주처럼 모시며, 게다가 교주 김일성이 내려주는 현금의 단맛에 길들여진 학생 김일성주의자들의 놀라운 생명력과 번식력의 결과다. 이후 이들은 3대 좌익 정권의 기둥이 되어 대한민국을 그들의 손아귀에 넣는다. 대한민국 현대사의 최대 비극이다.

김일성주의의 이론을 교육하고 투쟁을 지휘하는 지도부를 '이론주사파'라 부른다. 반면 거리와 교육현장과 산업현장에서, 또한 국회와 사법부에 들어가 직접 투쟁하는 부류를 '행동주사파' 또는 '실천주사파'라 부른다. 공부하는 이론주사파들은 공부가 진전되면서 주체사상의 허구성과 사기성을 간파하고 그것을 버리고 대부분 전향했다. 민혁당의 김영환, 자민통자유민주통일의 구해우, 전대협 연대사업국장을 지낸 이동호, 범민련 사무처장 출신의 민경우, 학림전국민주학생연맹의 조직책 박성현 등이 그렇다. 그러나 이들이 만들어준 쪽지를 달달 외우고 거리에서 화염병을 던지며 경찰과 맞섰던 행동주사파들은 대부분이 아직도 주사파다. 경기도 지사를 지낸 김문수처럼 현장에서 투쟁하다 전향한 사람은 극히 예외적이다. 행동주사파 대부분은 사이비 교주를 숭배하는 광신도처럼 지금까지 김일성과 주체사상을 받들고 있다.

전대협과 한총련은 행동주사파를 양성하는 사관학교였다. 더불어민주당 의원 박주민이 활동한 21세기진보학생연합과 지금의 대진연 등 맥을 잇는 지류이거나 대를 이은 단체들도 있지만 산맥을 이루며 현재까지 활동하는 것은 전대협과 한총련 출신들이다. 전대협 출신은 김대중의 부름으로 중앙 정치무대에 등장한 이후 노무현과 문재인을 옹립하고 권력집단이 되어 종북혁명을 수행했으며 한총련 출신은 이재명의 밑에 모여 정권을 잡기 위해 지금도 투쟁하고 있다. 문재인의 정권찬탈을 다루는 여기서는 고찰 대상을 전대협 출신을 위주로 한다. 그러나 민간인 살해 등의 극단적 행동으로 운동권 전체가 국민적 지탄의 대상이 되자 전대협의 해체를 결정하고 그것을 선언하는 집회를 연 바로 그날 그 장소에서 한총련이 결성되었다는 점을 감안하면 혁명가 개개인이 선배와 후배 정도로 얼굴만 바뀌었을 뿐 모두 '행동주사파'라는 점에서 성격은 같다.

1992년 대법원은 전대협의 노선을 결정하는 핵심 부서인 '전대협 정책위원회'를 이적단체로 판시했다. 한 해 전인 1991년 안기부는 전대협이 주사파 지하조직에 의해 장악되고 조종되어 왔다는 수사결과를 발표하고 1987년의 전대협 1기부터 91년의 5기에 이르기까지 전대협 의장과 핵심 간부는 모두 주사파 지하조직에서 파견한 핵심 조직원이었음을 밝혔다. 1기 이인영, 2기 오영식, 3기 임종석, 4기 송갑석이 전대협 의장을 지낸 사람들이다. 이인영과 임종석은 문재인 정권의 대들보였고 오영식은 문재인 정권에서 한국철도공사 사장과 국무총리 비서실장을 지냈다. 4기 의장 송갑석은 30년 전 "북한에 의한 통일만이 진정한 조국통일"이라고 말해서 모두를 깜짝 놀라게 했고 문재인 정권에서 민주당의 공천을 받아 광주 서구갑에서 21대 국회의원이 되어 그의 발언을 기억하는 국민을 다시 한 번 놀라게 한 사람이다. 송갑석이 문재인 정권에서 국회의원이 되었다는 사실은 문재인 개인과 그의 정권의 정체성을 압축하고 있다. 대법원 판결과 안기부 수사에 의하면 전대협 간부 출신은 모두 주사파가 확실하다. 또한 80년대와 90년대의 운동권은 대부분 김일성을 숭배하고 북한을 추종하는 주사파 언저리들이었다. 이런 사람들이 문재인 세력 중에서도 최대 파벌을 이루었다. 문재인이 이런 정체성을 가진 사람들로 자신의 세력을 구성했다고 말하는 것이 더 정확하다.

주사파의 행동 전위대였던 전대협 간부 출신들은 문재인이 청와대를 차지한 후 권력부의 핵심을 모두 장악했다. 그들은 청와대 정부 국회를 망라한 정치의 모든 영역은 물론 법조계 노동계 교육계 언론계까지 장악하여 대한민국 최대의 권력집단이 되었다. 전교조를 장악하여 교육계의 절대권력이 되었고 민노총을 통해 프롤레타리아가 주인이 되는 대한민국 경제를 도모했다. 이들을 주축으로 정권을 구성한 김대중 노무현 문재인 3기에 걸친 좌익정권은 1기에서 3기로 갈수록 종북주의 혁명성이 더 확고하고 분명해졌다. 지식인들은 김대중 정권까지는 좌익정권이라 불렀다. 그러나 노무현과 문재인의 정권은 주사파 정권이라 불렀다. 주사파가 대한민국을 장악했다는 뜻이다. 주사파 정권은 '주사파의 나라'를 꿈꾸고 있었고 문재인은 이들과 같은 꿈을 꾼 사람이다. 문재인은 물러났으나 그들의 꿈은 완성되지 않았다. 그래서 그들의 혁명은 아직 끝나지 않았다.

사회 곳곳을 장악하는 전대협

주사파 학생들이 김일성 주체사상을 학습하고 이를 대학가에 은밀히 확산시킨 것은 1980년대 초부터였다. 사상적으로 무장된 그들은 김일성이 가르친 세상을 만들기 위해, 주체사상을 대한민국 땅에 실현하기 위해 조직화와 세력화에 나선다. 1980년대 중반부터다. 그들은 먼저 각 대학의 학생회를 장악하여 활동자금 조달원을 확보하고 조직원 충원과 대중 동원을 위해 적극 움직인다. 이때부터 이땅의 종북운동은 이전과 비교하면 공개적으로 전개되고 규모면에서도 폭발적으로 대형화되었으며 또한 전국화한다. 1288명이 구속된 1986년의 건국대사태와 1987년의 6.10사태는 학생운동세력의 확장성과 혁명적 폭력성을 고스란히 보여주었다. 그것은 민주화 운동이 아니었다. 당시 투쟁을 지휘한 주동자들의 이후 30여 년의 행적을 보면 그것이 민주화 운동이 아니라 북한정권을 따르는 종북혁명을 위한 투쟁이었다는 사실은 더욱 분명해 진다.

학생 주사파들의 반대한민국 투쟁은 양과 질에서 이전의 기성세대와는 확연히 구별되었다. 이전의 좌익 혁명활동이 지하에서 은밀히 진행되었다면 그들의 혁명투쟁은 지상에서 공개적으로 전개된다. 그들은 자본주의의 병폐를 과장하며 반시장자본주의적 주장을 펼치고 계급투쟁론을 들먹였다. 대기업을 공격하며 서민층의 증오를 부추기고 공산주의의 전 세계적인 확장을 막으려는 미국의 역할을 제국주의로 매도하며 주한미군의 철수를 주장했다. 이러한 주장 사이사이에는 사회주의 이념의 아름다움을 끼워 넣고 선전하는 것도 잊지 않았다. 박정희 시대까지 간첩을 남파하여 지하조직을 만들며 전개하던 남한의 공산화 전략은 이때부터 대학 캠퍼스에서 김일성사상으로 무장한 학생들이 주도하는 공개적 혁명투쟁으로 변모한다. 그들은 모든 활동과 투쟁에 '민주화 운동'이라는 이름을 붙여 국민들의 거부감과 저항을 극복한다. 좌익의 위장술이다. 이렇게 전개된 1980년대의 학생 종북투쟁은 기성세대의 그것을 압도했다.

그들은 우리 정부와는 늘 적대적이고 전투적이었던 반면 북한과는 긴밀하게 연결되어 있었다. 북한정권은 우리 정부를 배제하고 이인영 임종석의 전대협과 직접 접촉했으며 간첩을 파견하여 학생 투쟁가들에게 김일성 하사금을 전달했다. 우리 정부가 전대협 한총련 등을 이적단체로 규정하고 활동을 금지하면 북한은 남북이 접촉하고 협상하는 기회에 우리 정부를 향해 직접적으로 전대협과 한총련의 활동 보장을 요구했다. 북한정권과 이들이 밀접하게 접촉 내통하고 있었다는 증거다. 전대협 조직원들은 북한과 내통하며 종북주의 혁명투쟁을 전개하고 있었다.

1970년대의 운동권 학생들은 박정희의 개발독재적 통치에 저항하며 대한민국의 민주화를 실현하는 것이 목적이었다. 반면 1980년대 이후 운동권 세력이 지향한 것은 대한민국을 북한식 공산주의로 만들기 위한 체제변혁 운동이었다. 더 구체적으로 말하자면 남한의 우익정권을 전복시키고 주한미군을 철수시킨 후 남한을 북한에 편입시키는 북한 중심의 통일운동이었다. 이것이 김일성 주체사상의 최종 목적지다. 이러한 혁명의 성공을 위해 일반 학생들을 선동하여 집회의 규모를 키우고 거리에서 돌과 화염병을 던진 학생들이 바로 주사파다. 주사파가 투쟁한 것은 민주화 운동이 아니라 대한민국을 북한화하는 것이었다. 그리고 이들을 자신의 동지로 삼은 문재인이 지향점도 같은 것이었다. 이 사실은 노무현 사후 문재인이 좌익의 리더가 된 이후의 모든 정국에서 고스란히 확인된다.

3. 현장으로 간 학생 혁명가들

"야, 머리 좋은 애들 전부 노동현장으로 보내지 말고 사회 구석구석으로 보내라" 김일성이 남한 혁명조직에 내린 교시다. 이 교시가 내려진 1985년 이전의 학생 김일성주의자들은 정치계와 언론계를 위주로 보내졌다. 1988년 전대협은 이 교시를 실천하기 위해 '비밀투신위원회'를 조직한다. '투신投身'은 조직원을 현장으로 보낸다는 뜻이다. 이때부터 주사파는 기존의 영역에 더해 법조계 교육계 문화계 등 대한민국의 모든 영역을 구석구석 장악한다. 대표적인 단체가 전교조와 민노총이다.

전교조는 노동조합이 아니다

전교조전국교직원노동조합는 교사들의 노동조합이 아니다. 좌익단체 모두가 그렇듯이 이름과는 다르다. 그들은 주사파 조직의 하부 조직이며 좌익 혁명조직이다. 주체사상을 주입 받고 교육현장으로 보내져 어린 학생들에게 김일성을 숭배하는 역사를 가르치는 교사들의 모임이다. 그들의 공식적인 신분은 교사지만 실제는 김일성사상을 전파하는 혁명가들이다. 그들은 학생들에게 주체와 민족의 이름으로 외세를 배격하자며 미국을 적대시하는 시각을 주입시킨다. 그리고 대한민국 체제보다는 북한 체제를 미화하는 교육을 주입한다. 그들은 대한민국의 종북혁명을 지금 당장 성취할 수 없다면 미래 언젠가는 가능하도록 미래세대인 학생들에게 주체사상을 주입시키는 임무를 수행하는 혁명투사들이다.

전대협 비밀투신위원회는 교대와 사대 출신 조직원을 뽑아 따로 주체사상을 공부시켜 혁명전사로 만든 후 그들을 학교 교육현장으로 투신시켰다. 이렇게 만들어져 대한민국 교육의 암덩이가 된 혁명조직이 바로 전교조다. 전교조가 설립되고 교육현장으로 주사파 조직원을 보내는 일은 이후 체계화되며 오랫동안 지속되었고 이로써 종북세력은 이 땅의 미래세대에 대한 이념교육을 선점할 수 있었다. 지금 이 순간에도 초중고교의 교실에서는 어린 학생들에게 좌익이념을 주입하는 교육이 엄연히 진행되고 있다. 주사파 전교조의 오랜 혁명활동의 성취다. 전대협에서 주체사상 교육을 총괄했던 왕년의 주사파 이동호 씨는 교육현장에서 벌어지고 있는 이념교육의 실상을 다음과 같이 전해준다.

"전교조 통일위원회 자료는 북한 교과서를 그대로 베낀 것이다. 지금 모든 역사 교과서에 '투쟁'이라는 말이 끊임없이 반복되는 것은 바로 공산주의 계급투쟁사상 때문이며 '인류 역사는 민중의 투쟁을 통해서 발전한다'는 계급투쟁사상에 기반을 두고 있다. 물론 여기서 말하는 투쟁은 자유민주주의가 아니라 인민민주주의를 향한 투쟁이다. 지금 우리 청소년들이 배우는 역사교과서가 그렇게 되어있다. 전교조 뿐만 아니라 그 외에도 많은 조직원들을 교육시키고 사상무장시켜 사회 곳곳으로 내려 보냈다. 공부 잘하는 친구들을 선발해 고시공부시켜 판검사로 만들었고 서울대 출신을 중심으로 공직과 언론계에도 많이 보냈다. 우리들이 훈련시켜 보낸거다. 지금 50대가 된 그들이 주류가 되어 일제히 대한민국을 왼쪽으로 몰아가고 있다." (트루스 포럼, 2017.9.12. 이동호. '좌파의 불편한 진실')

전교조는 종북혁명을 위한 조직이다
1989년 경찰의 눈을 피해가며 만들어진 전교조는 10년간 불법 노조의 지위에서 불법적인 활동을 이어갔다. 김대중 정부는 출범 다음해인 1999년 전교조의 합법화를 단행했고 이때부터 그들의 행보는 거침이 없었다. 출범 당시에는 '민족 민주 인간화 교육'을 표방하며 그들의 좌익 정체성을 위장했다. 그러나 합법화 이후에는 '민족의 자주성 확보와 평화통일'을 강령에 명문화하여 스스로 이 조직이 교육자들의 노동조합이 아니라 주사파 산하조직이라는 정체성을 감추지 않았다. 10년의 좌익 정권이 끝나고 출범한 이명박 정부는 전교조의 이념 편향성을 심각하게 인식하고 해체하려는 의도는 있었으나 광우병 사태에서 보듯 종북좌익 세력의 실체를 제대로 꿰뚫어 보지 못했다. 그리고 이념적 이슈 보다는 경제에 더 집중하느라 공안사건에는 소극적으로 대응한 이명박 정부의 방향성으로 인해 전교조 문제에 강력히 대처하지는 않았다.

반면 박근혜 정부는 '비정상의 정상화'의 한 부분으로 대한민국의 자유민주주의 정체성을 공격하는 종북세력의 정리에 적극 나섰다. 북한의 지령을 받으며 활동하는 통진당의 해산과 이미 좌경화가 심각하게 진행된 중고교 역사교과서의 국정화와 함께 전교조 해산을 시도한다. 이 가운데 통진당 해산은 성공적으로 이루었으나 역사교과서 국정화는 종북단체들의 조직적 저항으로 결국 실패한다. 그리고 2013년 말 고용부는 전교조에 법외노조의 지위를 통보함으로써 전교조를 불법단체로 만들었다. 이때부터 민노총과 전교조 그리고 민주당을 중심으로 이 땅의 종북좌익 세력은 총연합하여 박근혜 정부에 대항한다. 그들은 2014년 4월에 일어난 세월호 참사라는 사회적 재난을 정치적 이슈로 만들어 박근혜에 대한 총공세에 나선다. 민주당이 지휘하고 민노총과 전교조가 현장에서 움직인 종북세력은 세월호 참사의 모든 책임을 박근혜에게 집중시켰고 이런 상황을 2년 이상 끌며 촛불정국에까지 이른다. 박근혜 탄핵은 통진당 해산과 역사교과서 국정화와 전교조 불법화에 대한 저항과 반격에서 비롯된 것이다. 그들의 투쟁은 박근혜를 축출함으로서 완벽한 승리로 끝났다. 1차적으로는 민주당을 중심으로 한 문재인 세력의 승리였지만 본질적으로는 전교조와 민노총의 승리였고 종북세력 전체의 승리였다. 사상투쟁의 중요성을 아는 좌익의 승리였고 그것을 모르는 우익의 패배였다.

정권을 잡은 문재인은 김명수의 대법원을 앞세워 2020년 9월 전교조를 다시 합법적 노조로 지위를 회복시킨다. 불법적으로 설립되어 활동한 지 10년이 지나 좌익의 김대중 정권이 들어서면서 합법화되었고, 그들의 명백한 북한 편향성과 과도한 정치성과 불법적 활동으로 인해 박근혜 정부에 의해 15년만에 다시 불법단체로 규정되었고, 다시 7년 후 문재인 정권에 의해 합법화된 것이다. 이것은 전교조가 정권의 이념적 성향에 따라 합법화되거나 불법화가 반복될 정도로 이념성이 강한 정치적 단체라는 의미다. 전교조가 지향하는 이념은 자유민주주의가 아니다. 사회주의다. 북한식 공산주의라고 말하는 것이 더 정확하다. 문재인의 시대에 전교조는 역사투쟁과 사상투쟁을 담당한 문재인의 혁명동지 집단이었다.

산업현장의 종북이들 민노총

주사파 출신의 장기표는 대한민국 망국의 7적으로 민노총 전교조 대깨문 주사파 등을 꼽았고 정치인 홍준표는 문재인 정권에서 행복한 사람은 민노총 전교조 주사파 뿐이라고 했다. 두 정치인 모두 그 첫번째 자리에 민노총을 올렸다. 정부 밖의 대한민국 사회에서 최대 권력집단이 된 민노총의 위상을 알려주는 말이다. 민노총은 노동자의 권익을 위해 활동하는 노동조합이 아니다. 주사파가 조직의 핵심을 장악한 민노총은 대한민국을 북한과 같은 체제로 변혁시키기 위해 투쟁하는 혁명조직이다.

금속노조 등 민노총 산하 노조에서 오랫동안 간부를 역임한 양경수는 2020년 12월 민노총 위원장에 당선된다. 그는 학생시절부터 운동권이었고 이석기와 함께 '경기동부연합'에 소속되어 반정부 투쟁을 이어오다 지명수배되어 수년간 도피생활을 했던 사람이다. 민노총 위원장이 된 그는 민노총 지도부에 경기동부연합 출신들을 대거 끌어들였다. 진경호 택배노조 위원장, 정민정 마트노조 위원장 등이 그런 사람들이다. 민노총 출범에 관여했던 김준용 국민노조 사무총장은 민노총 지도부의 친북 이력을 강하게 비판하며 "지금 민노총은 대한민국 헌법과 정체성을 공격하고 있으며 궁극적 목표는 체제 전환"이라고 말했다. 민노총이 전환하려고 한 체제는 물론 자유민주 체제를 공산주의 체제로 전환하는 것이다.

민노총이 종북 성향을 드러낸 것은 이미 오래전부터다. 현재 민노총 지도부를 장악하고 있는 세력은 '민주노동자전국회의'다. 이 세력은 민노총 내부의 최대 계파로서 주사파 NL민족해방계열이 주축이다. 2001년 출범한 이 계파는 '노동 해방, 민족 자주화, 조국통일'을 주요 강령으로 채택하고 있다. 양경수는 이 계파의 수장이며 이 계파의 힘으로 민노총 위원장이 되었다. 민노총이 노동자의 권익은 뒤로하고 친북 반미 등의 정치투쟁과 이념투쟁에 주력하는 배경이다.(조선일보, 2022.8.15) 민노총이 노동조합이 아니라 좌익혁명을 위해 투쟁하는 정치집단이라고 말하는 이유다. 양경수 등 주사파 이석기의 동지들이 그들의 종북혁명을 수행하기 위해 노동자 단체인 민노총에 똬리를 튼 것이다.

북한 로동당은 노동조합을 '혁명의 주력 대오'라고 부른다. 모든 공산혁명은 노동자 계급의 나라를 표방하고 노동조합의 조직화에 주력한다. 그러나 이것은 혁명의 단계에서 거대한 지원세력으로 동원하기 위한 하나의 묶음으로서의 노동자들일 뿐이다. 혁명에 성공한 후에는 공산당이 그 자리와 힘을 대체하고 노조는 무력화된다. 공산당이 이미 강력한 권력을 유지하고 있는 중국의 노동조합보다 아직 완전한 공산국가를 만들지 못한 대한민국의 민노총이 더 강력한 이유다. 이땅이 완전한 공산국가가 된다면 민노총 간부들은 모두 공산당 지배계급에 편입되고 민노총은 껍데기만 남을 것이다. 그리고 노동자들은 모두 가난한 인민계급이 될 것이다. 혁명에 성공한 공산국가들의 공통적 패턴이다.

공산화 되기 이전의 남미 여러 국가와 유럽의 사회주의 국가에서도 노조의 영향력이 강화된 후 노동자들은 이전보다 더 가난하게 되었다. 예외는 없었다. 반면 노조 간부는 정치 지도자가 되고 부유한 귀족계급이 되었다. 이런 사례는 멀리서 찾을 필요 없다. 이미 대한민국도 그렇게 되었다. 어떤 노조간부는 일하지 않고도 1억 이상의 연봉에다 자녀의 특혜취업 등 수많은 특권을 누리고 그 중의 일부는 국회의원이 되고 도지사가 되는 민노총을 보면 바로 알 수 있는 일이다. 그러나 민노총의 힘이 커질수록 기업들은 해외에 일자리를 만들고 일반 노동자들의 일자리는 계속 줄어들었다. 문재인의 치하에서 일상이 되었던 일이다.

민주당 전교조와 함께 대한민국의 3대 거대 종북집단 중 하나인 민주노총은 1995년에 설립되어 김대중 노무현 정부를 거치는 동안 불법파업을 반복하며 급속히 세력을 키워 나갔다. 2019년 기준 조합원 수는 다음해에 합법화된 전교조까지 합해 110만여 명이었다. 70여년 간 대한민국 최대 노조의 지위에 있었던 한국노총은 같은 해 조합원 수 102만이었다. 그러나 문재인의 집권 다음 해인 2018년부터 1위 자리를 민노총에 내어준다. 이 역전에는 문재인 정권의 작용이 결정적이었다. 문재인은 2017년 5월 대통령 취임 직후 인천공항을 직접 찾아가 공공부문 비정규직 제로를 선언했고 이때부터 정규직 전환을 기대한 비정규직의 노조가입이 급증한다. 노조가입은 한국노총보다는 문재인 정권과 긴밀한 협력관계인 민노총에 집중되었다. 문재인 정권이 쌍용차와 KTX 여승무원 등의 해직자 복직을 신속히 처리한 것도 크게 작용했다. 그러나 그것으로 끝이었다. 집권 5년 동안 비정규직은 오히려 이전 정권보다 크게 늘어났고 양질의 일자리는 급격하게 줄었다. 국민의 눈을 속이기 위해 세금으로 급조한 저가의 단기 일자리만 크게 늘어나 일반 노동자들의 생계의 고통은 더욱 깊어졌다. 촛불혁명에 성공한 후 지배계급이 되어 특권을 누리게 된 노조 간부들에게는 천국의 시대였으나 현장의 노동자들에게는 지옥의 시대가 열린 것이다. 문재인의 5년은 그런 시간이었다.

문재인의 혁명동지 민노총

민노총은 막강한 자금력과 거대 조직을 바탕으로 박근혜 탄핵정국의 촛불시위에 일반 시민을 대거 광화문 광장에 끌어 모으고 촛불집회를 약 반 년에 걸쳐 23차에 이르도록 지속하여 결국 박근혜를 끌어 내리고 문재인을 청와대로 입성시키는 성공한다. 민노총은 문재인 정권 탄생의 1등 공신이었다. 이런 공으로 문재인 정권에 대한 강력한 채권자가 되었고 대통령 문재인을 향해 비정규직의 정규직 전환, 52시간제 확대, 최저임금의 급격한 인상, 노조의 경영참여권 확대, 기업주의 근로자 해고요건 강화 등의 요구를 쏟아 냈다. 문재인은 이를 다 들어주었다. 그리고 2015년 말에 있었던 '민중총궐기'를 비롯한 12건의 폭력집회를 주도한 혐의로 대법원에서 징역 3년을 확정받은 한상균 전 민노총 위원장에 대해 형기를 앞당겨 가석방하고 특별사면까지 해주었다. 당시 민노총의 폭력집회로 경찰관 90명 이상이 부상당하고 경찰 버스 52대가 파손되었으며 서울 도심은 무법천지가 되었다. 문재인은 이런 폭력 시위를 주도한 한상균을 "눈에 밟힌다"며 자신의 특별한 권한으로 그의 막대한 죄를 모두 면해주었다.

문재인 정권을 등에 업은 민노총은 구청 검찰청사 노동청 등 중앙과 지방의 관공서를 수시로 무단 점거하며 그들의 요구를 관철시켰다. 기업의 사무실을 점거하고 임원에게 폭력을 휘두르기도 했다. 그러나 출동한 경찰은 상부의 지시를 받았는지 아니면 민노총에 한없이 관대한 정부의 눈치를 보는 것인지 이런 폭력행위를 지켜보기만 할 뿐 방치했고 어렵게 기소 단계에까지 이르러도 법원은 거듭 집행유예를 선고하는 등 솜방망이 처벌로 일관했다. 문재인이 집권한 5년 내내 그러했다. 청와대가 정권의 심장부였다면 정부 밖에서는 민노총이 최대의 권력집단이 되어 무자비한 폭력을 마구 휘두르며 군림했다. 민노총이 장악한 MBC KBS 등의 어용언론들이 제대로 보도하지 않아 국민인 우리가 실상을 알지 못하고 그래서 심각성을 제대로 인식하지 못한 문재인 시대의 민노총의 대한민국 파괴적 혁명투쟁은 가열찼다.

민노총은 노동자의 권익 향상이라는 설립목적을 수행하는 조직이 아니라 오히려 노동자들의 양질의 일자리를 없애고 대한민국을 노동자들의 지옥으로 만들어간 조직이다. 그들은 주사파 혁명조직이며 궁극적 목표는 대한민국 뒤집기다. 그들은 생산시설의 공유화를 궁극의 목표로 삼는 공산주의 혁명가들이다. 대한민국이 사회주의 국가가 된다면 문재인과 함께 민노총도 몇 손가락 안에 드는 원흉이 될 것이다. 문재인의 시대에 민노총은 문재인 정권과 가장 가까운 거리에 있었고 문재인 역시 민노총 바로 곁에 있었다. 그들은 대한민국의 사회주의화와 북한화를 위해 협력하는 관계였고 민노총 간부들은 문재인의 혁명동지였다. 문재인과 민노총은 같은 패거리였고 한패가 된 그들은 대한민국의 자유민주주의를 붕괴시키고 시장자본주의를 공산주의 경제로 변경시키기 위해 투쟁했다.

4. 문재인의 동지 이석기, 이석기의 동지 문재인

자유민주주의 국가 대한민국을 전복시키고 '혁명의 그날'을 성취하기 위해 남한의 통신망을 파괴하고 철도를 끊고 가스시설을 폭파하고 유류 탱크 폭파를 계획하던 사람들이 만든 정당, 어린 자식들을 교육시켜 대한민국 정부를 비난하는 내용의 해괴망측한 노래를 부르게 만든 사람들이 모인 정당, 마르크스주의식 폭력혁명 노선을 지향하고 북한과 긴밀히 연계하며 이 땅을 북한식 공산국가로 만들겠다는 목표를 세우고 만든 정당, 그 정당이 바로 이석기의 통진당이다. 이러한 이적 정당이자 반국가 정당인 통진당을 국회 제3당으로 만들어주고 그들의 활동을 옹호하고 지원한 정당, 그 정당이 민주당이었다. 그리고 민주당의 중심에는 문재인이 있었다. 통진당은 민주당의 동지의 당이었고 이석기는 문재인의 동지였다.

이석기의 힘있는 뒷배 문재인

운동권 학생들이 몰래 돌려본 필수교재 '강철서신'의 저자인 원조 주사파 김영환은 밀입북하여 두 차례나 김일성을 만나 충성을 맹세했다. 그리고 활동자금을 받고 조선로동당에 가입한 후 돌아와 김일성의 지령대로 1992년 대한민국 체제의 전복을 목적으로 내걸고 지하정당 민혁당민족민주혁명당을 만든다. 남조선에 강력한 지하 간첩단 정당 구축에 성공했다며 북한정권이 환호했다는 바로 그 조직이다. 이 민혁당의 경기남부위원장이 바로 이석기다. 민혁당의 1인자 김영환은 북한 체제의 허구성과 비민주성을 깨닫고 "한국은 미국의 식민지가 아니고 북한의 수령론은 거대한 사기극이다. 김정일 정권 타도를 위한 좌우합작을 제안한다"는 말을 남기고 전향한다. 그리고 1997년 민혁당을 해체한다. 그러나 이석기는 "강철이 고철됐다"며 김영환을 비난하고 민혁당의 해체를 거부한다. 이어 조직을 재건하고 혁명투쟁을 이어나간다. 이석기 그는 골수 주사파였다.

이미 1980년대부터 여러차례 공안기관의 수사선상에 올랐던 이석기는 결국 1999년 민혁당의 주요 피의자로 당국의 체포대상이 되었고 다른 핵심인물이 대부분 체포된 것과 달리 3년 동안이나 수사기관의 추적을 피하며 도피생활을 한다. 그는 2002년 5월에 체포되어 반국가단체 구성 등의 혐의로 징역 2년6개월을 선고 받았고 대법원에 상고하였으나 곧 이를 취하하여 형이 확정되었다. 그리고 같은 해 광복절 특사로 가석방 된다. 2년 후인 2005년 그는 다시 특별사면되어 공무담임권과 피선거권이 깨끗하게 회복되었다. 이 당시 법조계와 정치권에서는 이석기의 특별사면을 두고 한 정권에서 연이어 두 번이나 특별사면된 것은 매우 이례적이라며 의심의 눈초리를 보냈다. 대한민국 전복을 준비한 이석기에 대한 특별사면의 속을 들여다 보면 이 의심이 이해되고도 남는다.

2003년 4월 노무현 정부는 새정부 출범을 기념하여 1400여 명의 공안 및 노동사범에 대해 대대적인 특별사면과 복권을 단행한다. 그러나 이때 형이 확정된 지 불과 1개월이 지났고 수형기간도 형기의 3분의 1에 불과했던 이석기는 특사 대상이 될 수 없었기 때문에 제외된다. 그러나 4개월 후에 있었던 15만여 명에 대한 광복절 특사에서 이석기는 결국 사면된다. 공안사범으로는 그가 유일했다. 그리고 2년 후인 2005년 광복절에 다시 한번 특별사면되고 복권된다. 복권되었다는 것은 공직에 나갈수 있다는 뜻이다. 특별사면은 헌법에 명시된 대통령의 권한이며 대통령령에 근거하여 실행하는 것이므로 결코 쉽게 할 수 있는 예사로운 일이 아니다. 이석기에 대한 두 번의 특별사면과 이로 인한 피선거권 회복을 두고 노무현 정권이 북한당국과 모종의 커넥션이나 거래가 있었던 것이 아니냐고 의심받은 근거. 실제 이석기는 2003년 한 매체와의 인터뷰에서 '청와대 쪽의 확실한 사면의지'를 듣고 대법원 상고를 취하했다고 밝혔다.

대통령의 특별사면은 대통령의 의사에 따라 청와대 민정수석이 대상자의 기준을 정한다. 이석기에 대한 두 번의 특별사면 당시 청와대 민정수석은 문재인이었다. '김일성은 절세의 애국자'라며 김일성을 숭배하고, 북한의 남침에 호응하여 남한에서도 무장봉기를 일으키기 위해 총기를 준비하고, 경찰서를 습격하는 등의 계획을 세우다 후에 박근혜 정부에서 대법원의 실형 선고를 받은 이석기를 노무현 정권에서 거듭 특별사면시켜 수 년 후에는 당당히 국회의원이 될 수 있었던 데는 노무현 정부의 민정수석 문재인의 역할 없이는 불가능한 일이었다. 문재인과 이석기의 관계를 특별한 것으로 의심하는 사람이 많은 이유다. 이게 다가 아니다.

대통령이 된 문재인은 대한민국에서 자신만 유일하게 가진 권한으로 이석기를 또다시 풀어준다. 2021년 12월 24일 그에게 가석방 조치를 내린 것이다. 2013년 대한민국 체제를 전복하기 위해 실행을 모의하는 등 내란선동 혐의로 구속되어 총 9년8개월의 징역형을 받은 그에게 형기종료를 1년5개월 앞둔 시점에 다시 풀어준 것이다. 국가전복을 모의했다면 최고의 중범죄다. 문재인은 이런 이석기를 종북세력의 대모 한명숙과 함께 풀어주는 일을 자신의 살아있는 권력으로 해야할 마지막 임무로 여기는 듯 보였다. 이 사면에서 대부분의 국민은 박근혜가 풀려나는 것에 주목하고 있었다. 그러나 문재인과 주사파 정치인들은 이미 정신도 육체도 쇠약해진 박근혜는 관심의 대상이 아니었다. 그들의 관심은 한명숙과 이석기에게 집중되어 있었다. 석방된 이석기의 제1성은 "악랄한 박근혜 정권에서 말 몇 마디로 감옥에 갔다"며 "역사의 흐름 속에서 결정될 것"이라고 했다. 이석기가 말하는 '역사의 흐름'은 물꼬가 어디로 향하는 것일까. 문재인 이석기 한명숙 그들만이 알 것이다.

통진당을 국회 제3당으로 만든 민주당과 문재인

국보법 위반 혐의로 수감생활을 하던 이석기는 문재인이 민정수석으로 있던 2003년과 2005년 두 차례에 걸친 핀셋사면을 통해 피선거권을 회복하고 과거 민혁당의 경기지역 조직을 기반으로 활동을 재개했다. 그는 후에 통진당에 흡수된 노회찬 심상정의 민주노동당에 기생하며 세력을 키운 뒤 통진당을 장악한다. 그리고 2010년 전후에는 대한민국 공산혁명 세력의 전위부대로 성장하게 된다. 이것은 6.25전쟁 후 60여 년 동안 지하조직으로 존재하던 공산혁명 정당이 지상으로 올라와 합법적으로 활동하게 된 획기적인 일이었다. 이 대사건의 중심에는 이석기가 있었지만 이석기의 족쇄를 풀어준 문재인과 함께 이석기의 국회입성을 가능케 해준 민주당의 한명숙과 임종석의 공도 지대하다. 공산주의 지하정당이 지상으로 올라와 합법적인 혁명활동을 수행하게 된 이 역사적 사건은 이석기 문재인 한명숙 임종석의 공동 작품이었다. 물론 그 배후에는 이땅의 모든 종북세력과 북한정권이 있었지만 이석기를 제도권에 진입시킨 것은 특히 권력자 문재인의 방조 없이는 불가능한 일이었다.

2012년 3월 13일 국회 구내식당에서는 4월 11일에 실시될 19대 국회의원 총선을 앞두고 '야권연대 공동선언'행사가 열렸다. 참석자는 민주당의 대표 한명숙, 통진당 공동대표 이정희 유시민 심상정, 재야 원탁회의 멤버 백낙청과 노수희 등이 참석했다. 노수희는 범민련 남측본부 부의장으로 이 야권연대 행사 열흘 후 밀입북하여 104일 간 평양에 체류하며 김일성 김정일 김정은 만세를 외치는 등 북한 찬양행위를 하고 돌아와 국보법 위반과 이적행위 혐의로 4년형을 선고받은 사람이다. 이 날 행사에서 합의한 주요내용은 통진당이 후보를 내는 지역구에는 민주당의 후보를 내지 않는 것이었다. 이런 야합으로 통진당은 지역구에서 무려 7명의 당선자를 낼 수 있었다. 또한 민주당 지지자들이 지역구는 민주당 후보에 투표하고 정당은 통진당에 투표하는 방법으로 비례대표 국회의원도 6명이나 당선시켰다. 결국 대한민국 전복을 준비하던 통진당은 13명의 국회의원을 배출하여 원내 제3당이 된다. 이것은 재야 원로들을 포함한 이 땅의 종북좌파 세력 전체가 나선 것이었지만 합법적이고 정통성을 가진 좌익정당 민주통합당의 주사파의 대모 한명숙 당대표와 당시 한명숙의 심복이었던 임종석 당 사무총장이 주도한 것이었다. 또한 그해 말 대선 후보로 확정된 문재인의 역할도 결정적이었다. 이때 국회의원이 된 사람은 이석기를 필두로 김재연 이상규 김미희 오병윤 등이며 통진당 세력과 긴밀한 관계였던 임수경은 민주당 비례대표로 국회의원이 되었다.

이석기는 민정수석 문재인의 '이해할 수 없는' 두 번의 특별사면으로 피선거권을 회복하여 국회의원에 출마할 수 있었고 한명숙과 임종석의 '이해할 수 없는' 파격적 양보로 국회의원에 당선되었다. 이로써 조직원들에게 '김일성은 절세의 애국자'라는 사상학습을 했던 이석기는 국회의원이 되어 고급 국가정보를 취득할 수 있었고 국회를 혁명투쟁의 교두보로 확보할 수 있었다. 이석기와 그 일당이 대거 국회의원이 된 것은 권력자 문재인의 절대적인 지원으로 가능했다는 사실을 말하고 있다.

이석기를 감싸고 보호한 문재인

이석기는 이미 2010년부터 내란음모 혐의가 포착되어 국정원의 수사를 받고 있었다. 국회의원이 된 다음해 여름에는 총기와 폭탄을 준비하고 유사시에 국내 주요 기간시설 공격을 기도하는 등의 그간의 음모가 발각되었다. 결국 2013년 9월 2일 국회에서 이석기 체포동의안 처리를 위한 중간절차로 국회 회기에 대한 표결이 있었고 264명 투표에 찬성 255명으로 통과된다. 이 표결에서 국회의원 문재인은 기권표를 던진다. 새누리당 대변인은 문재인이 민정수석으로 있을 때 이석기가 사면 복권된 점을 거론하며 "대통령까지 출마한 사람이 국민에게 사과 한마디 없이 기권을 했다"며 비난했다.(조선일보, 2013.9.3) 그해 12월 문재인은 기자들과의 오찬 자리에서 법무부의 통진당 해산심판청구에 대해 "반민주적 폭거"라며 "종북몰이에 제일 분노한다"고 말했다. 문재인은 국가 전복을 꾀한 사람에 대한 처벌을 '반민주적'이라며 분노하는 그런 사람이다. 그러나 자신을 대통령 후보로 선택했던 소속 정당 민주당이 바로 1년 전 총선에서 야권연대라는 기만전술로 통진당을 국회 제3당으로 만든데 대한 사과는 없었다. 국가전복을 준비한 이석기에 대한 합당한 비판도 없었다.

2014년 이석기는 대법원에서 징역 9년이 확정되고 그해 12월 헌재의 판결로 통진당은 강제 해산된다. 이 과정에서도 민주당은 일관되게 통진당을 옹호했다. 12월 19일 헌재의 해산결정에 민주당은 논평을 내고 "정당의 자유가 훼손될 우려가 있다"고 비판했다. 민주당이 통진당과 연대하고 옹호한 것은 곧 내란음모 세력과 연대하고 옹호한 것이다. 국민인 우리는 민주당이 대한민국을 내부의 적과 외부의 적으로부터 지키려는 의지가 있는 정당인지, 문재인이 대통령이 되어도 괜찮은 사람인지를 그때 의심했어야 했다. 2012년 6월 국회의원 문재인은 관훈클럽 토론회에서 "극소수의 종북주의자가 대한민국의 안전에 크게 위협이 되지 않을 것"이라고 말했으며 통진당과의 선거연대에 대해서는 "국민의 지지를 얻는데 도움이 되면 하는 것"이라고 했다. 그 한 달 전에는 서울대에서 열린 미래의 법무장관 조국과의 대담회에서 "그들(통진당)과의 차이는 안고 가면서도 연대는 반드시 필요하다"고 했다. 문재인은 내란을 기도한 이석기의 강력한 뒷배였다. 그렇다면 문재인 그도 이석기와 함께 내란을 음모했을 것이다.

통진당은 2014년 12월 헌재에 의해 재판관 8 : 1의 판결로 해산이 결정된다. 이때 유일하게 반대표를 던진 재판관이 김이수다. 문재인은 그의 정권출범 초기에 김이수를 헌재소장으로 지명했다. 그러나 국회에서 임명동의안이 부결되어 지명이 좌절된다. 국회가 부적합 판정을 내린 김이수를 문재인은 2020년 3월 장관급인 '공직자 윤리위원장'에 임명했다. 통진당 해산에 유일하게 반대한 김이수를 자신의 대통령 권한으로 기어이 중용한 것이다. 문재인의 종북좌익 정체성을 판단할 수 있는 근거 중 하나다. 문재인은 이석기와 한편이었고 통진당의 해산을 반대한 김이수와도 한편이었다. 그들은 모두 종북주의 동지였다.

이석기의 힘

2020년 7월 25일 오후, 감옥에 있어야 할 이석기가 서울 서초구 헌릉로에 두 팔을 벌리고 활짝 웃으며 나타났다. 그를 사면하라고 주장하는 시위대가 육교 위에 걸어놓은 대형 걸게그림이었다. 같은 날 '종북몰이 피해자 이석기 의원 석방하라'는 구호깃발을 단 차량 2500여 대가 서울 6개 지역에서 저속행진을 하며 교통정체를 일으켰고 대형차량 5대 위의 시위자들은 '이석기 석방'이 적힌 깃발을 흔들었다. 시민들은 "주말 저녁에 자기들 마음대로 경적을 울리고 차량 통행을 방해해도 되는 것이냐"며 분노했으나(조선일보, 2020.7.27) 시위대는 들은 척도 하지 않았다. 형법상 일반교통방해죄는 10년 이하의 징역 또는 1500만 원 이하의 벌금에 처하도록 되어있다. 그러나 그들을 처벌했다는 소식은 그 후에도 들려온 것이 없었다. 시위차량 2500대와 처벌받지 않는 교통방해죄, 이것이 이석기의 힘이다. 문재인의 등에 업힌 이석기의 힘이다.

문재인이 '방역비상상황'이라고 선언한 날인 2020년 12월 12일 오후 서울 한강다리 12곳을 비롯하여 전국 200여 곳에서 이석기 석방을 요구하는 집회가 동시다발적으로 열렸다. 전남 신안 해남의 어선 시위, 지리산 천왕봉, 한라산 백록담, 마라도, 강원도 고성 통일전망대, 서울 한강다리 12곳 등 전국 200여 곳에서 2000여 명이 참석했다고 '이석기 구명위'가 밝혔다.(연합뉴스, 2020.12.12) 경찰은 "이날 행진에서 불법행위는 없었다. 규정을 준수하며 집회를 마쳤다"고 발표했다. 그러나 목격자들은 이날 "거리를 지키던 경찰이 시위대의 행진과 차량시위를 감시하고 통제하는 것인지 보호하는 것인지 모르겠더라"고 말했다. 이석기와 문재인 두 종북주의 동지에게는 이렇게 막강한 힘이 있었다.

내란과 국가 전복을 기획했던 이석기에게 문재인은 강력하면서도 오랜 뒷배였다. 노무현 정권에서부터 그러했다. 박근혜 정부가 통진당을 해산하고 이석기를 구속시키자 둘의 동지관계는 끝난 듯 보였다. 그러나 그게 아니었다. 문재인은 자신의 퇴임 5개월을 남기고 이석기를 풀어주었고 그래서 둘의 동지적 관계가 끝나지 않았음이 확인되었다. 그렇다면 지금은 끝났을까. 아닐 것이다. 이석기는 오랫동안 우리가 볼 수 없는 곳에서 은밀하게 움직이며 대한민국 공격을 준비했고 북한 전문가들은 그를 '북한정권과 직접 연결된 남한의 5인' 중 한 사람으로 꼽는다. 그리고 문재인은 대통령이 되어 북한과 김정은을 위해 대한민국을 통치한 사람이다. 이석기와 문재인은 영원한 동지일 것이다. 이석기가 기도한 내란이 성공하고 대한민국이 뒤집어지는 그들의 혁명이 완성될 때까지 문재인과 이석기 그들은 동지일 것이다.

북한정권과 직접 통하는 남한의 5인이 궁금하지 않으신가. 이석기와 함께 문재인도 여기에 든다고 생각해 본 적은 없으신가. 나머지 3인은 누구라고 생각하시는가. 이들을 모두 찾아내야 대한민국이 안전할 것이다.

2절 예행연습

  노무현의 시대, 정치권은 경제와 미래와 국가발전에 대한 담론은 뒤로
하고 좌우진영 간의 극렬한 분쟁을 계속했다. 주사파 젊은 정치인들을 국
회와 청와대에 포진시키고 좌익이념을 따라 나라를 통치한 결과였다. 일
자리가 줄어들고 집값이 폭등하는 등 민생은 피폐해졌고 생계가 어려워
진 서민들의 자살이 줄을 이었다. 9년 후에 등장하는 문재인 시대의 데칼
코마니였다. 나라를 엉망으로 만들어 놓은 노무현과는 달리 같은 기간 서
울시장으로 있었던 이명박은 버스 전용차로, 청계천 복원공사 외에 5조나
되던 서울시의 부채를 3조 이상 갚는 등 뛰어난 경영자적 능력을 보였고
대통령 후보로 나선 그에게 국민은 압승을 안긴다. 이명박은 취임과 함께
이념이 아닌 일 잘하는 사람을 위주로 정부를 구성하고 여러가지 야심찬
국가번영 계획을 내놓는다. 그러나 이명박의 구상은 정권 출범 100일도
못되어 암초를 만난다. 좌익세력 전체가 덤벼들어 발목을 잡았기 때문이
다. 이 발목잡기에 앞장서고 그것을 지휘한 사람은 문재인이다. 문재인과
그의 동지들의 대한민국 발목잡기는 박근혜 정부에서도 계속된다. 촛불혁
명의 예행연습이었다. 아니다. 종북혁명의 예행연습이었다.

1. 단 한 명도 없었던 광우병

노무현 집권기인 2006년에 진행된 한미자유무역협정, 즉 한미FTA 협상은 미국산 소고기 수입 문제가 주요 장애물이었다. 정권 임기를 5개월 앞두고 벌어진 협상에서도 타결되지 못했고 공은 결국 다음 정부로 넘어간다. 이명박 정부는 새로운 국가발전의 청사진 위에 우리의 대외교역에서 절대적 비중을 차지하는 미국과의 FTA 타결을 전격 발표한다. 야심찬 출발이었다. 정권 출범 2개월이 채 안된 2008년 4월 18일의 일이다. 국민들은 기대와 희망으로 술렁였으나 좌익세력은 이것을 물고 늘어졌다. 자신들은 아무런 생산적이고 발전적인 일을 하지 못하면서 우익 정부의 성취와 업적에는 늘 발목을 잡고 평가절하하는 그들의 오랜 전술이 또 시작된 것이다. 그들은 이제 막 출범한 이명박 정권을 방해하겠다는 분명한 의도를 드러내며 집결한다. 시발점은 4월 29일 방영된 MBC의 PD수첩이다. 광우병에 걸린 소가 주저앉는 장면과 인간광우병을 연결한 허위내용과 조작된 내용을 엮은 장면을 반복적으로 내보내는 방송을 보며 좌익단체들은 조직적으로 뭉친다. 대한언론인회 서옥식 부회장은 미국산 소고기 수입 반대를 위해 뭉친 이들을 '1842개 광우병 동맹군'이라 불렀다. 이 땅에 존재하는 종북좌익 단체가 다 모였다는 뜻이다.

광우병에 걸린 사람을 찾습니다

과학자들과 정부 당국자가 나서서 "광우병은 구제역과 달리 전염병이 아니며 인간 광우병에 걸릴 위험은 거의 없다"고 설명을 했다. 그러나 이런 과학적 설명은 '국민건강과 검역주권 포기'라는 좌파들의 선동구호에 묻혀버린다. 늘 그렇듯 이성에 말을 거는 과학자들의 설명보다 감정을 건드리는 좌익 선동가들의 거짓이 국민의 마음을 먼저 사로잡았다. 국민 단 한 명도 걸리지 않은 광우병은 그렇게 해서 대한민국 전체를 집어 삼킨다. 좌익의 거짓 선동이 또 승리한 것이다. '뇌에 구멍 숭숭'이라는 선동언어에 국민은 공포심을 느꼈고 과학에 기초한 합리적 판단은 작동하지 않았다. 좌익 시민단체들은 대국민 서명작업을 시작했고 1주일만에 100만 명 이상이 서명에 참여했다. 5월 2일에는 청계광장에서 첫 대규모 촛불집회를 열었고 5월 8일에는 1700여 시민단체가 참가한 '광우병국민대책회의'가 결성되었다. 이에 정부는 소고기의 안전성을 설명하는 긴급 기자회견을 열고 좌익정당과 일부 언론 및 시민단체의 주장을 '반정부 선동'으로 규정하며 진화에 나섰다. 그러나 정권을 무너뜨리겠다고 작정한 그들은 6월 들어 '72시간 연속 촛불집회'와 '100만 촛불대행진'을 기획하여 연인원 100만여 명이 모인 촛불집회를 3개월 동안 계속했다.

좌익세력은 광우병 뿐만 아니라 한미FTA 전체를 무산시키기 위한 여러가지 괴담을 만들어내고 그것을 퍼뜨렸다. 대표적인 것이 한미FTA가 체결되면 감기약이 10만 원으로 폭등하고 스크린쿼터의 폐지로 극장은 외국 수입영화가 점령하여 한국의 영화산업은 초토화 될 것이라는 유언비어다. 이 말이 사실인지 혹은 괴담인지의 여부는 한미FTA가 작동하고 있는 지금의 감기약 가격과 국내 영화산업을 보면 간단히 판명된다. 그러나 당시 시위 주도세력은 이런 괴담으로 이명박 정권을 마비시키고 대한민국의 정상적인 작동을 멈추게 했다. 그들은 이 공작을 멈추지 않았다.

선동대로 나선 연예인들

5월부터 1000개 이상의 좌익 시민단체들은 민주당을 비롯한 좌익정당, 민노총 전교조와 연계하며 '한미FTA 저지 범국민운동본부' '미국산쇠고기 수입반대 범국민 긴급대책회의' '미친소닷넷' '이명박 탄핵을 위한 범국민운동본부' 등을 결성하고 조직적으로 움직이며 촛불시위에 시민을 끌어모았다. 이런 분위기를 이용하려는 값싼 연예인이 몰려들었고 연예인을 보려는 10대 학생들이 대거 모였다. 인터넷에는 '미국산 소고기가 들어오면 가장 먼저 학교 급식과 군대 배식에 쓰일것'이라는 근거없는 루머가 돌았고 배우 김민선(후에 김규리로 개명)은 "광우병이 득실거리는 소를 뼈째로 수입한다니 어이가 없다. 차라리 청산가리를 입안에 털어넣는 편이 오히려 낫겠다"고 했다. 촛불문화제 연단에 올라온 한 여고생은 "나는 동방신기 팬이다. 동방신기가 아픈 거, 기력 잃는 거 보고싶지 않다"며 울먹였고 시민들은 박수를 치며 환호했다. 그들은 미쳐가고 있었다.

광우병 시위에서 연예인들의 두드러진 활약에 주목해야 한다. 20세기의 공산당 역사를 보면 혁명세력은 늘 선전대를 앞장세운다. 민중의 시선을 모으고 마음을 사로잡는데 용이한 수단이기 때문이다. 선전대에는 가수와 배우와 마이크잡이가 있었다. 이들 중에는 충성심과 활약의 맹렬함에 따라 영웅칭호까지 받는 경우도 있었다. 우리나라에서도 방송 언론 문화 예술계에서 친정부적 성향을 감추지 않으며 승승장구하는 예술인은 좌우 정권을 불문하고 늘 있었다. 그러나 좌익정권의 경우는 노골적이고 거의 싹쓸이 수준이다. 예술계에 대한 공직과 예산 분배에서 더욱 그렇다. 우익정권이 들어서고 좌우의 균형을 맞추려는 시도가 있을 때면 스스로 만든 '블랙리스트'를 들이대며 탄압을 받는다고 아우성을 친다. 김대중 노무현 두 좌익정권에서 톡톡히 재미를 본 연예인들은 광우병 정국에서 더욱 적극적으로 나섰다. 족히 수십 명은 될 것이다.

배우 중에는 김민선(김규리) 외에도 문소리 권혜효 이동욱 등이 있고 가수 중에는 이승환 윤도현 안치환 등이 있으며 그 외 연예인으로 김구라 김미화 박미선 등이 있다. 이들을 배척하자는 뜻이 아니다. 앞으로는 정치에 기생하거나 부역하는 예술행위에는 신중하라는 뜻이고 정치학 원론이라도 일독하고 정치적 견해를 밝히라는 뜻이다. 좌익세력이 의도한대로 이들의 노래와 발언은 대중의 판단력을 마비시키고 감정에 기름을 부었다. 김구라는 "우리나라 국교를 힌두교로 바꾸자. 100일 된 애가 당뇨 등의 성인병에 걸린 꼴"이라고 했다. 이명박 정권이 출범한 지 100일 쯤 되던 시점이니 '100된 애'는 대통령 이명박을 연상시켰다. 대한민국은 헌법으로 국교를 인정하지 않으므로 국교 운운한 것은 그의 무식으로 덮어 두더라도 그가 경박한 연예인이라는 비판은 면할 수 없을 것이다. 박미선은 "미국인도 미국산 소고기 안 먹고 호주산을 많이 수입해 먹는다. 동양인이 서양인보다 광우병이 걸릴 확률이 높다고 한다"라고 했다. 명백한 거짓이다. 그러나 당시 많은 국민은 그의 말을 참으로 받아들였다. 그것이 연예인의 힘이다. 배우 이동욱은 "(이명박 대통령은) 국민을 병신으로 알고 웃고 계신다"고 했고 가수 윤도현은 집회 무대에 올라 "우리 밴드는 이런 무대를 잊지 않고 나오겠다"고 약속했다. "미국산 소 너나 쳐드세요" "1주택 1우牛로 자급자족하자"는 연예인도 있었다. 코미디언 김미화의 활약은 걸출했다. 그는 당시 여러 방송과 라디오와 집회무대에 올라 미국산 소고기 반대 시위의 분위기 메이커로 대활약하고 문 정권에서 안산문화재단 대표이사 감투를 쓴 사람이다. 이런 사람이 2017년이 되어 자신이 운영하는 레스토랑 광고문에 "미국산 소고기 중 좋은 고기를 엄선하여 사용합니다"라고 올렸다.(중앙일보, 2017.7.27) 그의 직업이 사람 웃기는 일이므로 웃고 넘기려 해도 좌익 연예인의 이중성에 심한 구토증을 느낀다.

미쳐가는 사람들

"미국산 소고기를 먹으면 뇌에 구멍이 뚫려 10년 간의 긴 잠복기 내에 죽을 수 있다/ 한국인 대다수가 광우병에 취약한 유전자를 가지고 있어 미국인에 비해 쉽게 광우병에 걸린다/ 1~100세까지 나이제한 없이 감염되며 치사율은 100%다/ 좁쌀만한 고기로도 감염된다/ 600도가 넘는 온도에서도 땅에 묻어도 방사선이나 자외선에도 제거되지 않는다/ 치료제나 예방제는 없다." 모두 그 당시 떠돌던 괴담이다. 정신적으로 문제가 있는 사람들이 내놓은 말이 아니다. 종북좌파 세력들이 고의적으로 생산하고 퍼뜨린 괴담이다. "아이들이 고통스럽게 죽어가는 것을 보고 싶지 않다/ 얘들아 정말 미안하다. 이런 세상에 살거라고 생각하지 못했다." 이 정도면 특정한 목적을 가지고 생산한 선동언어가 분명하다. '뇌 송송 구멍 탁' '미친소 너나 먹어'를 합창한 시위대는 그들의 주장을 논리와 과학으로 비판하는 언론사를 찾아가 현판을 떼어내고 쓰레기를 투척하고 기자를 폭행했다. 모두 미쳐가고 있었다. 그렇게 해서 세계 110개 국이 수입하여 자국 국민에게 공급하는 미국산 소고기가 대한민국에서는 생화학무기나 핵폭탄 정도로 인식되며 철저히 배척 받는다.

이 당시 대한의사협회 소속 연구원이었던 양기화 박사는 2010년 출간한 그의 저서 '눈초의 광우병 이야기'에서 광우병 선동자들을 향해 인간 광우병은 이미 현대과학으로 통제가 가능하고 여러 연구결과들에 의하면 한국인이 인간광우병에 걸릴 위험은 거의 없다고 말했다. 그러나 그의 의견에는 네티즌들의 욕으로 도배가 되고 메일과 개인전화로 '밤길 조심하라'는 협박이 수없이 많았다고 했다. 토론을 해보자는 그의 제안에 응한 사람은 단 한 사람도 없었다고도 말했다. 그들은 과연 보통의 우리 국민이었을까. 대한민국을 뒤집으려고 작정한 간첩은 아니었을까.

이명박 정부는 미국과 추가협상을 시작하는 한편 대통령이 2차례나 직접 나서서 대국민담화를 발표하고 "인간광우병이 발병한다면 쇠고기 수입을 전면 중단하겠다"고 다짐하며 사태 진화에 총력을 다했다. 좌익세력 전체가 동원된 광우병 선동은 8월 들어 서서히 동력을 잃기 시작한다. 정부의 총력진화 때문이 아니다. 인간광우병의 위험을 과장하고 괴담의 수준까지 만든 좌익의 의도된 선동을 국민이 외면했기 때문이다. 괴담을 퍼뜨리며 몇개월 간 이명박 정권의 손발을 묶는 데는 성공했으나 곧 그들의 주장이 괴담임을 알고 믿지 않게된 국민들이 고개를 돌린 것이다. 이번에는 의식있는 국민이 승리한 것으로 보였다. 그러나 이것은 예행연습이었다. 종북세력은 국민을 완전히 속일 수 있는 더욱 그럴싸한 거짓 선동을 궁리해야 한다는 사실을 학습한 듯 보였다. 그러나 멍청하고 게으르고 도도한 우익 정치인들은 아무것도 학습한 것이 없는 듯했다.

그들의 정체는

촛불집회가 한창이던 때 시위가 점차 불법적이고 폭력적으로 진행되자 경찰은 체포영장을 신청하였고 6월 30일에는 주동자 8명에 대해 영장을 발부받았다. 이 8명 중 3명은 국가보안법 위반 전과자였다. 그리고 4명은 국내 좌파세력의 연합체인 '한국진보연대' 소속으로 과거 경기동부연

156

합, 한총련 등에서 간부로 활동한 자들이었고 노무현 탄핵정국에서 분신을 시도한 자도 있었다.(문화일보, 2008.7.1) 순진하고 겁많은 우익 정치인들은 광우병 촛불집회를 대선 불복운동이라는 정도로 말했지만 주도세력의 면면과 그들이 수행한 일을 살피면 이명박 정부를 전복시키려는데 목적이 있었다. 이점은 5년 후 그들이 박근혜 정부를 향해 더욱 강도 높은 공격을 퍼부은 데서도 분명히 확인된다.

촛불집회를 주도한 조직 중의 하나인 '2MB탄핵투쟁연대'는 대선 기간 만들어진 반이명박 인터넷 카페였다. 그들의 정관에는 "본 카페는 이명박 당선자의 당선 무효를 일차 목적으로 한다"고 명시되어 있었다. 또한 '한국진보연대'의 문건에는 "우리의 진정한 목표는 이명박 정부를 주저앉히는 것이다. 밤에는 국민이 촛불을 들고, 낮에는 운동역량의 촛불로써 사회를 마비시켜야 한다"고 되어 있었다. MBC PD수첩의 광우병 구성작가는 검찰수사 결과를 지인에게 보낸 이메일에서 "출범 100일 된 정권의 정치적 생명줄을 끊어놓고 결국 무너지지 않을 것 같은 조중동의 아성에 균열을 만든, 과거 그 어느 언론도 운동세력도 해내지 못한 일을 해낸 그 '대중의 힘'의 끝이 나는 못내 불안해요"라는 편지 내용이 밝혀졌다.(한국진보세력연구, 623~624쪽, 남시욱) 우리가 흔히 광우병 사태라고 부르는 이 난동은 MBC가 거짓선동에 앞장서고 종북단체 전체가 나서서 대한민국 뒤집기를 도모했다는 사실을 확인할 수 있는 대목이다.

주사파에서 전향하여 지금은 종북 운동권 세력의 실체를 알리는 일에 열심인 민경우 씨는 광우병 사태에서 '한미FTA범국민운동본부' 정책팀장의 위치에 있었다. 그는 15년이 지나 당시의 진실을 털어 놓는다. "우리는 국민 건강을 우려해 시위를 한 것이 아니었다. 광우병에 대한 과학적 팩트에 대해서는 논의나 회의를 한 적도 없다. 광우병을 선동에 효과적으로 써먹는 일 외에 나머지는 신경쓰지 않았다. 이명박 정권 퇴진에 (광우병이) 어떻게 쓰일 수 있는가에 대해서만 이야기 했다. 후쿠시마 오염수 이야기도 마찬가지다. 반이명박을 위해 광우병을 이용한 것처럼 반윤석열을 위해 후쿠시마 오염수 문제를 꺼낸 것이다."(조선일보, 2023.6.28) 그의 말에 광우병 사태의 진실이 고스란히 들어있다.

정부는 광우병사태 1년이 지난 2009년 MBC PD수첩에 대해 명예훼손과 업무방해 혐의로 고소한다. 그러나 법원은 보도내용이 허위라는 사실은 인정하면서도 고의성이 없다는 이유로 무죄판결을 내렸다. 앞으로도 계속 허위와 조작질로 만든 프로그램으로 국민을 기만하고 선동해도 괜찮다는 메시지였고 거짓말과 조작질을 혁명의 주요한 도구와 수단으로 삼는 종북좌파들을 일방적으로 편드는 판결이었다. PD수첩 작가는 이명박 정권의 생명줄을 끊고 보수 언론을 몰락시키기 위해 대중의 힘을 동원하려 했고 그런 의도에서 조작된 광우병 프로그램을 만든 것이다. 이 사람은 거짓과 조작과 선전 선동이라는 좌익의 혁명기술을 익힌 공산주의 혁명가로서 종북좌파세력의 '대중노선'에 따라 이 거짓 프로그램을 만들었을 것이다. 결과는 그가 의도한 그대로 되었다. 이명박 정부는 전체 임기의 10%인 6개월 간 거의 마비상태에 있었고 6월 4일에 거행된 재보궐선거에서 여당인 한나라당은 기초단체장 9곳 중 1곳, 광역의원 29곳 중 7곳, 기초의원 14곳 중 1곳에서만 당선자를 내는 대참패를 당했다. 거짓과 조작과 선전 선동의 승리였다.

이명박의 실수

당시 이명박 정부는 막 출범한 직후라 당정 지도부와 청와대 참모들 사이에 업무도 제대로 숙지되지 않았고 협조 시스템도 구축되지 않아 좌파세력의 총공세에 제대로 대응할 수도 없었다. 우익진영은 김대중과 노무현 정권 출범 초기에는 비판적인 공세를 취하지 않고 일정기간 동안 지켜보는 소위 허니문 기간을 가졌다. 그러나 좌익은 달랐다. 그들은 거짓과 괴담을 만들고 국민을 선동하여 정권 초기부터 융단폭격을 가하며 정권의 심장부를 마비시키고 손발을 묶어 놓았다. 종북좌파들의 잔인한 본색을 고스란히 드러내는 짓이었다.

노무현은 영호남의 동서화합에는 노력했으나 좌우 진영간의 화합에는 무관심했다. 그래서 그의 통치기간 좌우의 갈등은 오히려 증폭되었다. 반면 이명박은 좌우대립이 대한민국의 성장동력을 갉아먹는 요인으로 보고 운동권 세력으로부터 쥐새끼 쥐박이 등으로 조롱을 당하면서도 좌우 사이의 갈등해소를 위해 노력했다. 전혀 근거없는 허위와 괴담으로 나라를 거의 마비시킨 2008년의 광우병사태에서 이명박은 청와대 뒷산에 올라 그가 학생운동할 때 합창했던 노래 '아침이슬'을 부르며 눈물을 흘렸다고 했다. 이명박의 실수는 여기에 있다. 문재인이 코로나를 핑계로 광화문에 500대 이상의 버스를 동원하여 사상 최대 규모의 차벽을 만들고 집회를 원천봉쇄 해버린 것처럼 이명박도 그렇게 광우병 촛불을 막았어야 했다. 그랬다면 그 자신부터 80의 나이에 별일 아닌 사유로 17년 형을 선고받고 거의 3년 동안이나 옥살이를 하는 황당한 일은 막을 수 있었을 것이다. 또한 박근혜 정부의 붕괴도 막을 수 있었을 것이며 종북세력이 지금처럼 대한민국을 모조리 장악하고 있는 상황도 막을 수 있었을 것이다.

재임 당시 수많은 실정을 저지르고 불법적이고 위헌적인 통치까지 범하고는 퇴임에 임박하여 자신의 감방행이 걱정되자 국가의 형사사법 시스템까지 파괴하며 자신의 범죄를 조사할 수 있는 검찰의 수사권을 박탈하고 떠난 문재인과 비교하면 광우병사태에서 보여준 이명박의 대처는 실수가 분명하다. 이명박 자신과 대한민국에 대한 치명적인 실수였다.

이명박 정부의 지지율은 임기 초반부터 20%대로 떨어졌다. 광우병사태 때문이다. 온갖 거짓 선전으로 집권초기 80%대까지 올라간 문재인과 극명하게 대비된다. 작은 회사 현대를 큰 기업 현대로 만들어 오늘날 세계적인 대기업으로 성장시키는데 크게 기여한 유능한 경영자 출신으로 대한민국의 산업화와 경제발전에 대한 업적에서 박정희 이병철 정주영의 다음 반열에 올려넣기에 충분한 이명박은 좌익의 흔들기로 식물 대통령이 되는 듯 했다. 그러나 그는 임기 5년 동안 4대강 사업, 한미FTA 체결, 아파트 가격의 안정, 세계적 금융위기의 성공적인 극복 등 커다란 업적을 남겼다. 당시에는 별것 아닌 것처럼 보였던 그의 국가경영의 성취는 문재인의 통치 5년을 겪고 난 지금 더욱 대단한 것이었음을 알게 된다. 집값과 국가부채 통계는 모조리 위로 향하게 하고 취업률과 경제성장률 통계는 모조리 아래로 향하게 만들어 놓고는 아무 곳에나 'K'자를 붙이는 홍보와 자랑질과 선전만으로 지지율을 유지한 문재인에 비교하면 이명박 5년의 성취는 참으로 대단한 것이었다.

그럼에도 이명박은 치명적인 과오를 범했다. 그는 이 땅의 종북좌파 세력을 일소해야 할 반국가 집단이 아니라 포용해야 할 국민의 일부이자 협력의 대상으로 보았다. 또한 그들을 대한민국의 건강한 발전을 저해하고 망국에 이르게 할 악성 암덩어리가 아닌 치료 가능한 종양 정도로 생각했다. 그것은 이명박과 그의 정부 참여자들이 이땅에 뿌리 박은 종북좌파 세력의 거대한 규모와 그들의 파괴적인 종북주의 정체성을 제대로 알지 못했기 때문일 것이다. 그것은 이명박 자신은 물론 자유민주주의를 신봉하는 국민, 미래세대, 대한민국 모두에게 불행한 일이었다.

이명박은 그가 대학을 다니던 1970년대에 국가의 산업화와 경제발전을 최우선 과제로 앞세운 박정희의 강력한 통제정책에 맞서 학생운동을 주도하다 6개월 간 옥살이를 했다. 당시 함께 시위를 주도했던 사람들의 모임인 6.3동지회 회장도 지냈다. 그가 적대하지 않고 오히려 포용하려 했던 좌파 운동권 세력은 이명박이 퇴임한 후 4년이 지나 문재인을 앞세워 정권을 잡았고 정권을 잡자마자 이명박에 대한 심판에 착수해서 기어이 감방에 집어넣었다. 이것은 범죄에 대한 처벌이었을까 아니면 좌익혁명 후에 으레 벌어지는 숙청이었을까. 좌익정권 3기를 통해 진행된 대한민국의 좌경화와 북한화가 되돌려지게 된다면 이명박의 투옥은 공산주의자들이 혁명에 성공한 후 자유민주주의자 대통령을 숙청한 것으로 규정될 것이다. 20세기에 있었던 모든 공산당 정권은 혁명으로 정권을 장악한 후 먼저 기존 세력을 '반동'의 이름으로 모두 제거했다. 예외는 없었다. 문재인 세력이 이명박에게 반동이라는 이름을 붙인 적은 없다. 그러나 그에게 17년 형을 내리고 감방에 넣은 것은 공산당이 혁명에 성공한 후 단행하는 숙청이 본질이다. 이명박이 광우병 시위세력의 실체를 제대로 간파하지 못한 채 그들의 불법시위를 단죄하지 않고 오히려 포용한 것은 치명적인 실수였다. 이것은 문재인 다음으로 대통령이 된 사람에게, 또한 앞으로 대한민국 대통령이 될 사람들에게 주는 말이다.

거짓 광우병 광란 그 후

2004년부터 2016년까지 13년 간 국내 수입 소고기 시장에서 점유율 1위를 차지한 것은 호주산이었다. 그러나 2017년부터 한미FTA 발효로 가격이 더 싸진 미국산이 1위가 되었다. 광우병 사태 10년 만의 일이다. 2019년 12월의 통계로는 점유율이 50%가 넘었으며 2021년 미국의 전체 쇠고기 수출량 중 24%를 점하여 한국이 최대 수입국이 되었다. 이로써 우리는 한우 소고기의 3분의 1 가격으로 최상급 미국산 소고기를 먹을 수 있게 되었다. 이 혜택을 더 많이 누리는 계층은 부자들이 아니라 쉽게 소고기를 사먹을 수 있게 된 서민이다. 이렇게 된 것은 농민 도시노동자 등 무산계급을 위해 투쟁한다는 주사파 정치인들 혹은 늘 서민을 들먹이는 민주당 의원들 덕분이 아니다. 그 반대 이념, 즉 시장자본주의 이념을 가진 이명박과 그의 정부가 한 일이다. 공산주의자들은 결코 민중을 행복하게도 부유하게도 만들지 않는다. 행복하고 부유한 민중은 그들을 지지하지 않기 때문이다. 그들에게 속아서는 안 된다.

좌파들은 인간광우병 괴담을 퍼뜨리며 미국산 쇠고기의 수입을 결사적으로 반대했다. 그러나 2008년 광우병사태 이후 지금까지 대한민국에 광우병에 걸린 사람은 단 한 사람도 없다. 광우병에 걸린 사람이 없으니 광우병으로 뇌에 구멍이 숭숭 뚫린 일도 없다. OIE세계동물보건기구의 통계에 의하면 2016년 광우병이 발병한 사례는 전 세계를 통틀어 단 2건이다.(동아일보, 2018.5.19) MBC에서 반복적으로 틀어주었던 광우병에 걸린 소가 풀썩 주저앉는 그 장면은 한국에는 단 한 건도 없었다. 미국산 소고기로 인한 인간광우병 발병은 2008년 이후 전세계적으로 단 1건도 없다. 이명박 정부와 과학자들이 말한 그대로다. 이것이 6개월 동안 대한민국을 거의 마비시켜 놓았던 광우병사태의 진실이다. 광우병은 이땅의 종북좌익 세력이 자유민주주의 정부를 뒤집기 위해 만든 거짓 도구였다. 그것으로 나라를 마비시켜 놓고도 후에 반성하거나 사과하거나 책임을 지는 사람은 없었다. 그때 거짓 선동에 앞장 섰던 민주당 정치인들의 이름을 열거하자면 길다. 그 사람들 모두 그 후에 아무 말도 없었다. 그리고 천안함과 세월호 참사에 또다시 나서서 같은 짓을 되풀이했다. 거짓과 선동은 그들이 국민의 지지를 얻는 유일한 능력이기 때문이며 그들이 간첩 혹은 빨갱이들로부터 배운 최고의 뒤집기 기술이기 때문일 것이다.

그때는 몰랐다. 종북좌파 세력이 총동원되어 벌인 이 광우병사태가 대한민국을 사회주의 국가로 만들고자 하는 내란행위이자 종북혁명 투쟁이었다는 사실을 이명박 정부도 몰랐고 국민도 몰랐다. 이명박 정부를 무너뜨리려 했던 광우병의 촛불이 꺼지고 8년이 지나 박근혜 정부를 무너뜨리기 위해 탄핵의 촛불로 재점화될 것이라는 사실도 우리는 예상하지 못했다. 이 거대한 거짓 광란의 꼭대기에 종북주의자 문재인이 있었다는 사실도 어렴풋이 느끼고 있었을 뿐이다. 문재인이 사실상의 리더였던 광우병사태는 우익정부의 전복을 목표로 한 종북세력의 1차 공격이었다. 그것은 예행연습이었고 시작이었다. 그때 이 사태를 주도한 사람들과 종북단체들의 거짓과 조작과 불법행위에 대해 제대로 조사하고 제대로 징벌했어야 했다. 그때는 몰랐고 그래서 치명적 실수를 한 것이다. 이명박 정부를 포함한 우익진영 모두가 종북 좌파들의 실체를 너무 몰랐거나 알고도 방치했기 때문이다. 광우병 사태는 6개월 만에 끝난 것이 아니다. 정권 절도를 위한 대한민국 뒤집기의 시작이었을 뿐이다.

2. 장군님을 옹위하라, 천안함 피격사건

2010년 3월 26일의 어두운 밤 우리해군 초계기 천안함이 서해 백령도 인근에서 북한 잠수정이 발사한 어뢰에 폭파되어 침몰한다. 이 사고로 우리의 꽃다운 젊은 장병 46명이 희생되었고 수색 과정에서 군인 1명이 또 목숨을 잃었다. 이번에도 이땅의 종북세력은 모조리 등장한다. 그런데 과거와 다른 점이 있었다. 대한민국에 대한 공격이 아니라 북한을 위한 방어라는 점이다. 그들은 뻔한 이 일에 갖가지 잡설을 늘어놓기 시작했다. 모두 근거도 없고 앞뒤를 어거지로 끼워 맞춘 거짓말이었다. 모든 거짓말과 모든 억지는 이 폭침이 북한이 한 짓이 아니라는 점에서 같았다.

신상철이라는 사람과 민주당

이종인, '알파잠수'라는 회사의 대표라는 이 사람은 사고 초기에 얼굴을 내밀고 "딱 보니 좌초"라고 말했다. 폭파된 천안함을 직접 봤느냐는 기자의 질문에 "TV 인양 중계로 처음 봤다"고 했다. 그는 4년 후 세월호 참사 때 다시 나와 소위 다이빙벨 주장으로 지푸라기라도 잡으려는 유가족과 국민의 기대를 한 몸에 받았다. 그러나 수습현장에 여러가지 혼선만 야기하고 결국 허무하게 사라진 바로 그 사람이다. 그러나 이 사람은 조연이다. 주연은 따로 있었다. 신상철이라는 사람이다. 신상철은 민주당 추천 몫으로 천안함 침몰원인 규명을 위한 민군합동조사단에 민간인 전문가로 참여한 사람이다. 그는 무려 34건이나 되는 허위사실을 주장하며 일관되게 음모론을 제기했다. 어떤 때는 하루 종일 사고현장에서 천안함을 관찰한 결과라며 많은 주장을 내놓았다. 그러나 그와 함께 현장에 있었던 국방부 관계자는 그가 한 두 시간 현장에 머물다 그냥 갔다고 반박했다. 그에게는 진실과 사실은 중요한 것이 아니었다. 그래서 현장도 중요하지 않았다. 좌익진영 전체가 주장하는 결론은 북한의 소행이 아닌 것으로 이미 정해져 있었으니 현장은 볼 필요도 없었을 것이다.

국방부는 신상철에 대해 "조사활동에는 참여하지 않고 개인적인 주장을 내세우는 등 조사위원으로 활동하기에 적절하지 않다"며 교체해 줄 것을 국회에 요청했다. 국방부는 또한 "신 씨가 공식 결론에 반하는 내용의 개인 의견을 조사위원 자격을 내세우며 언론매체에 주장하는 등 대외적으로 불신 여론을 조장하고 국회와 합조단의 명예를 실추했다. (그는) 국제적인 전문가 그룹과 토의할 때 전문성이 부족해 국제적인 공신력을 실추시키고 있는 것으로 판단된다"고 했다. 그러나 민주당은 국방부의 교체 요청을 거부했다. 민주당 내 추천자가 누군지 모른다는 것이 거부 이유였다. 눈가리고 아웅하는 짓이었다. 종북정당 민주당은 처음부터 합동조사단의 활동에 몽니를 부리며 조사를 방해하고 음모설을 퍼뜨리려는 목적으로 신상철을 추천했을 것이다. 이 분야의 전문성이 떨어지는 신 씨는 친노계열로 분류되는 자로서 좌익성향의 인터넷 '정치웹진'의 대표로 있었다. 그는 민주당 몫의 조사위원으로 추천되어 사고원인의 조사에는 처음부터 관심이 없었고 좌익진영에서 이미 정해놓은 결론인 음모론을 유포시키려는 행동으로 일관했다. 그는 "천안함의 사고원인은 좌초이며 미군이 연루됐다"는 음모론 주장만 되풀이했다.(문화일보, 2010.5.13)

음모설은 결국 천안함 폭침이 북한의 소행이라는 사실관계를 부인하는 것으로 민주당을 중심으로 한 좌익진영 전체의 공통된 주장이었다. 이

일의 총대를 맨 사람이 바로 신상철이다. 그는 허위 사실을 유포한 혐의로 2010년 8월에 기소되었다. 법원은 이 사건을 무려 10년을 끌었고 결국 2020년 10월이 되어서야 '신상철의 주장은 사실이 아니며 천안함은 북한의 잠수함이 발사한 어뢰로 침몰한 것'이라는 사실을 인정했다. 그러나 그에게 무죄를 선고했다. 그의 주장은 모두 허구지만 그것이 형사상 죄는 아니라는 것이다. 이 무죄 판결은 문재인을 공산주의자라고 말했다가 유죄 판결을 받은 고영주 사건과는 배치되는 법리였다.(조선일보, 2020.10.6) 대한민국 사법부는 이렇게 엿장수의 가위가 되어버렸다. 사회에 막대한 혼란을 초래하고 국가에 큰 경제적 손실을 입힌 거짓말을 두고 무죄라니 이것이 과연 민주주의 국가의 사법부가 맞는지, 문명국의 사법부가 맞는지.

이렇게 면죄부를 받은 신상철은 천안함 사건이 10년이 더 지난 지금도 음모설을 주장하고 있다. 그는 법원에서 무죄 판결을 받은 그 무렵 대통령 직속의 군사고규명위에 '천안함 폭침원인 재조사'를 진정하였고 규명위는 2020년 12월 이 진정을 받아들여 재조사에 착수한다. 이 사실은 2021년 3월에야 언론에 알려졌다. 그러나 천안함 전사자 유가족이 "나라가 미쳤다. 몸에 휘발유 뿌리고 청와대 앞에서 죽고 싶은 심정"이라는 등 국민의 거센 비판 여론에 부딪쳤고 규명위는 곧 재조사 결정을 번복했다. 신상철의 음모론은 이렇게 다시 한번 큰 파문을 일으켰다. 음모론자 신상철이 아직 건재하다는 사실을 확인시켜 준 소동이었다.

이 소동을 통해 우리는 종북좌파 세력이 수많은 위원회를 만들어 운동권 출신 정치 룸펜과 좌파 언저리들을 부양하는 사실에 주목해야 한다. 결론부터 말하자면 그들은 세금을 빨아먹고 사는 기생충들이다. 그들은 사회적 이슈를 만들어내고 여러 이름의 위원회를 설치하여 일정기간 동안 활동할 수 있는 공간과 비용을 확보한다. 그리고 위원회의 본래의 설립 목적은 뒤로 하고 그들이 이미 정해놓은 특정한 내용을 선전하거나 반대세력을 공격하는 일, 그리고 여론전에 집중한다. 우익정당이 추천한 몫의 인사는 여러가지 교묘한 방법으로 밀어내거나 스스로 사직하고 나가도록 유도하여 결국 자신들이 정해놓은 결론을 관철시킨다. 민주당이 광주사태, 4대강, 천안함, 세월호 등의 이슈로 조사위를 반복해서 만드는 이유다. 좌익의 주변을 먹여살리는 것을 주요 임무의 하나로 여기는 민주당이 국회에서 법률을 제정하여 판을 깔아주니 위원회를 또 만들거나 활동기간을 연장시키는 것은 어려운 일도 아니다. 신상철이 사건 11년이나 지나 또 다시 음모론을 제기하며 나랏돈으로 재조사하겠다고 나선 배경이다. 그는 천안함 폭침 당시 조사활동은 뒤로 하고 음모설만 반복하며 변죽을 울린 사람이다. 그가 좌초설을 과학적으로 검증하고 조사하겠다며 계획서를 또 내밀자 문재인 정권의 대통령 직속 진상규명위는 "신상철은 특별한 사실을 아는 사람"이라며 그의 진정을 받아들인 것이다. 그때 국민과 언론이 나서지 않았다면 신상철이 주도하는 조사위원회는 다시 만들어 졌을 것이며 뭉텅이 돈은 또 그들 주머니를 가득 채웠을 것이다.

대전 국립현충원 천안함 46용사 묘역 앞에는 "천안함은 어뢰에 의한 수중 폭발로 발생한 충격파와 버블효과에 의해 절단돼 침몰됐다"는 민군합동조사단의 조사결과가 적힌 안내판이 엄연히 서있다. 그러나 신상철은 재조사를 주장하며 계획서에 "천안함 침몰이 북한 잠수정 어뢰 공격으로 인한 폭발에 의한 것인지 좌초 후 충돌에 의해 발생한 것인지에 대한 과학적 검증 및 조사를 진행하겠다"고 했다. 심지어 "남북이 공동으로 조사해야 한다"고 주장한 적도 있다. 북한이 결코 공동조사에 응하지 않을 것이라는 사실은 그도 알 것이다. 사건의 촛점을 흐리고 국민을 호도하려는 분명한 의도가 읽혀진다. 그러나 그가 10년 이상 퍼뜨린 음모론을 결산해 본다면 효용성은 만점이다. 그의 음모론은 촛불과 탄핵정국에서 박근혜 정권을 전복시키고 우익세력을 붕괴시킬 때 난무한 음모론과 수많은 괴담의 훌륭한 지침서가 되었다. 거짓도 반복적으로 주장하면 사실이 될 수 있고 적어도 일시적으로는 국민을 속일 수 있으며 무엇보다 우익정부와 대한민국 사회를 큰 혼란에 빠뜨릴 수 있다는 사실을 보여준 점에서 그의 역할은 성공적이었다. 그리고 허위사실을 퍼뜨린 그의 범죄행위에 대해서는 문재인이 편파적 심판으로 세워놓은 김명수의 사법부가 나서서 면죄부를 쥐어주었으니 후과를 걱정할 필요도 없었다.

처벌 받지 않은 신상철은 아직도 건재하다. 거짓말과 조작의 기술자들인 종북세력은 사법부가 그에게 내린 무죄판결을 보고 더욱 용기를 얻었을 것이다. 전준영 천안함전우회 회장은 "천안함 음모론에 대해 정부가 강력히 대응하지 않는 것은 우리에게 패잔병이라는 올가미를 씌우는 것이나 마찬가지다. 국가를 위해 희생한 우리에게 굴욕감과 분노를 안기는 것"이라고 말했다.(중앙일보, 2021.6.7) 김정일의 만행을 감추어 주려고 노력한 신상철은 아직도 건재하고 대한민국을 지키려 했던 전준영은 아직도 분노하고 있다. 이런 나라가 오래 지속될 수 있을까.

밑도 없고 끝도 없는 괴담

스웨덴 미국 호주 영국 4개국 전문가 24명을 포함 총 74명이 참여한

민군합동조사단은 2010년 5월 20일 국방부에서 조사결과를 발표한다. 결론은 분명했다. 북한 잠수함에서 발사한 어뢰에 의해 폭침되었다는 것이다. 그러나 이를 부정하는 주장은 즉시 나오고 끝없이 이어졌다. 최초의 '좌초설'이 여러가지 근거에 의해 반박되자 '내부 폭발설'이 나왔고 이어 '미군 핵잠수함 충돌설'이 나왔다. 이것도 반박되어 설득력을 잃자 '소형 이스라엘 잠수함 충돌설'이 나왔다. 합조단의 발표로 북한에 의한 폭침 사실이 확정된 후에는 '북한은 그럴 능력이 없다'는 주장이 나왔다. 그렇게 앞의 괴담이 근거를 잃으면 또 다른 괴담이 뒤를 이었고 괴담끼리도 앞뒤가 맞지 않아 서로 충돌하는 경우도 많았다. 그러나 그들은 그치지 않았다.

이런 괴담도 있었다. 인터넷 매체 오마이뉴스는 2011년 3월 24일자 기사에서 "동해에 사는 붉은 멍게가 서해에서 인양된 어뢰추진체에서 발견됐다"고 보도했다. 해군이 폭침의 증거로 건져낸 어뢰추진체가 조작되었다는 뜻이다. 그러나 DNA 검사결과 붉은 멍게라고 한 이것은 생명체가 아니었다. 이 매체는 "어뢰에 적힌 '1번'이라는 글씨는 우리가 쓴 것 같다"는 견해도 냈다. 우리 측의 자작극이라는 음모설을 제기하는 사람들이 그 근거로 제시한 또 하나는 천안함 지휘계통의 관련자들이 모두 진급하고 훈장까지 받았다는 것이다. 그러나 천안함 폭침으로 아무도 진급하지 않았다. 훈장을 받은 사람도 없었다. 오히려 경계 실패로 관련자는 모두 징계에 해당하는 조치를 당했다. 함장을 포함해 영관급 지휘관 2명은 한직으로 좌천되거나 전역조치를 당했으며 소장 1명과 중장 2명은 모두 보직해임 후 좌천되었다. 심지어 4성 장군인 합참의장은 취임 10개월 만에 해임되었다.(나무위키, '천안함파격사건')

음모설을 포함한 각종 설의 확산에는 공영방송도 가세했다. KBS는 '추적 60분'을 통해 인터넷에 떠도는 음모설을 긁어 모아 방송으로 내보냈다. 무책임하다는 비난을 받고 음모설에 동조하는 세력이라는 의혹을 받으면서도 KBS는 좌익의 거짓 주장에 힘을 실어주고 있었다. 영화감독 정지영은 '천안함 프로젝트'라는 제목의 다큐멘터리 영화를 제작하여 조사단의 조사결과에 의문을 제기하며 결론의 신뢰성을 떨어뜨리려고 시도했다. 합조단이 북한의 소행으로 단정한 결론의 권위를 훼손하기 위해 가장 적극적이었던 집단은 역시 민주당이었다. 민주당은 촛점 흐리기 수법으로 일관했다. 세계적 금속학자가 제시한 과학적 사실들에 대해 유시민은 '소설'이라며 이죽거렸고 설훈은 MBC라디오에 나와 천안함 폭침은 "북한 소행이라고 믿고 싶지가 않다. 천안함 옆에 난 스크래치를 봤느냐, 좌초다"라고 말했다. 유시민도 설훈도 중요한 것은 사실이나 진실이 아니었다. 북한에게 불리한 내용은 은폐하고 이명박 정부에게는 타격을 입히는 일이 반드시 수행해야 하는 그들의 임무인 듯 보였다.

민주당 좌익시민단체 좌익언론 등이 모두 가세한 음모론과 괴담으로 그 당시의 사회는 천안함 폭침을 의심해야 좀 깨우친 사람이고 정부 발표를 믿는 사람은 답답한 사람이라는 분위기가 형성되었다. 지방선거를 위한 이명박 정부의 자작극이라는 북풍공작설까지 나오자 병사들은 집으로 전화를 걸어 "이명박이 북한과 일부러 전쟁을 하려는데 막아야 하지 않겠느냐"며 부모를 설득하는 일까지 있었다. 이러한 분위기는 2012년 대선 정국에서 중도 표심을 의식한 문재인이 천안함 폭침을 북한의 소행임을 인정하는 발언을 하고 나서야 수그러들었다. 수령님과 그 수령님의 한 마디에 입을 다무는 충성스러운 인민을 보는 듯 했다.

천안함 폭침은 처음부터 문재인이 인정하고 말고 할 것도 없었다. 합조단의 조사결과에 의지하지 않더라도 보통 국민의 눈으로 봐도 북한 소행임은 바로 알 수 있었다. 그들의 음모설대로 우리의 자작극이었다면 이미 양심선언도 수없이 나왔을 것이고 작은 증거라도 있으면 부풀리고 거짓까지 덧붙여서 선언이다 증언이다 내놓는 것이 좌파들의 고질적인 행태임에도 그런 일이 단 한 번도 없었다는 것은 어떤 증거도 나온 것이 없다는 뜻이다. 이후 그들이 어쩌다 증거라며 내놓은 것은 모두 잘못된 것으로 반박되고 곧 거짓으로 밝혀졌다. 그럼에도 그들은 멈추지 않았다.

버림받은 병사들

음모설을 제기한 신상철에 대해 법원이 무죄 판결을 내리고 문재인 직속의 '군사고규명위'가 천안함 재조사에 착수할 무렵인 2021년 3월 천안함 전우회장 전준영씨는 "군인 여러분, 국가를 위해 희생하지 마세요. 저희처럼 버림 받습니다"라며 분노의 목소리를 냈다. 당시의 대한민국 청년 대부분은 분노했다. 분노한 것은 그들의 부모를 포함한 모든 국민도 마찬가지였다. '서해수호의 날'은 2016년에 제정되었다. 연평 해전, 천안함 피격, 연평도 피폭 등 북한의 서해지역 도발에 맞서다 희생된 장병들을 기억하는 날이다. 문재인은 대통령이 된 후 처음 맞은 2018년과 2019년 두 번의 행사에는 모두 불참했고 2020년 4.15 총선을 코앞에 두고 처음으로 참석했다. "천안함 폭침을 둘러싼 음모론이 억울해 똥물을 먹고도 버티며 그것이 북한 소행임이 완전히 인정되는 날을 기다리겠다"고 말했던 고 민평기 상사의 모친은 향을 지피는 문재인 앞에 불쑥 나타나 물었다. "(천안함 폭침)이게 누구 소행인지 말씀을 좀 해달라". 이 물음에 문재인의 대답은 "정부의 입장은 같다"는 것 뿐이였다. 이날 그의 입에서 '북한의 소행'

은 커녕 '북한'이라는 단어조차 나오지 않았다. 그는 천안함 폭침이 북한 정권이 일으킨 도발이라는 사실을 어영부영 뭉개고 있었다.

"군인 여러분, 국가를 위해 희생하지 마세요. 저희처럼 버림 받습니다." 모욕을 당하고 분노한 전역 병사의 이 말에도 문재인과 그의 수하 권력자들이 내놓는 반응은 아무것도 없었다. 말리거나 사과하지도 않았으며 위로하거나 변명하지도 않았다. 그들은 대한민국 군인을 버리려는 듯 보였다. 젊은 군인이 나라를 지키지 않으면 늙은이나 어린이가 나서야 하는가. 젊은 군인이 대한민국을 위해 희생하지 않는 것이 대통령 문재인이 목표했던 일인가. 병사들에게 훈련도 제대로 시키지 않았고 장교들은 사격연습 한 두 번으로 제대시키는 것이 문재인 시대의 국방이었다. 그렇다면 대한민국을 위해 희생하지 않는 군인을 만드는 것은 문재인의 계획이 맞을 것이다. 그래서 인민군이 공격해 내려오면 총 한방 쏘지 않고 두 손을 들게 만들려고 했을 것이다. 이것이 문재인의 본색일 것이다.

거짓을 방치한 대가

2010년 천안함 음모론과 괴담을 퍼뜨린 세력은 대부분이 2008년 광우병 괴담을 퍼뜨린 그 사람들이었다. 그리고 2014년의 세월호 괴담과 2016년의 사드 괴담, 박근혜의 연애설과 굿판설을 퍼뜨린 사람들도 바로 그들이다. 그들은 오랜 시간을 걸쳐 수많은 거짓말과 음모론과 괴담을 생산하고 유포했다. 그 힘으로 끝내 정권을 잡았고 대한민국의 청와대와 정부 각 부처와 국회의 요직을 차지했다. 2021년 삼중수소 괴담을 만들어 마이크 앞에 선 사람들도 바로 그들이고 2023년 후쿠시마 오염수 소란을 피운 것도 그들이다. 그들은 자신들의 주장이 거짓임이 밝혀지고 진실이 드러나도 여전히 고개를 빳빳이 들고 다녔고 뻔뻔한 얼굴을 했고 미안하다는 말도 하지 않았다. 그러면서도 입만 열면 진실과 공정과 정의를 말했다. 문재인과 그의 동지 수하들 대부분이 그러했다.

대한민국은 이미 좌익의 나라가 되었다. 대통령이 우익진영의 사람으로 바뀌었다고 해도 종북좌익 세력이 여전히 대한민국의 주도권을 쥐고 있다. 여기에는 우익 스스로의 책임도 크다. 종북좌파 특히 주사파의 정체와 본색에 대해 이해가 부족했고 그들을 과소평가했으며 그들의 저급한 언행을 보고도 길 위에서 만난 인분을 피하듯 고개를 돌렸기 때문이다. 적어도 좌파들이 광우병이라는 허깨비를 만들고 천안함 음모론을 주장하며 설쳐댈 때 그들의 거짓말에 가혹한 비판을 가하고 그들의 불법행위를 제대로 응징했어야 했다. 이명박은 대한민국을 기업 '현대'처럼 혹은 서울시처럼 훌륭하게 경영해 번영의 길로 이끌려고 하기 전에 종북좌파 세력들에 대해 수술칼을 먼저 들었어야 했다. 그래서 암덩어리를 떼어내듯 그들을 제거했어야 했다. 그렇게 했다면 문재인과 주사파와 종북좌파들이 기어이 자유민주주의 정부를 뒤엎고 정권을 잡은 후 이 나라를 사회주의의 길로, 북한 김정은의 길로 끌고 가는 것을 막을 수 있었을 것이다. 이명박과 박근혜가 문재인 세력을 단죄하지 않은데 대한 벌은 문재인이 직접 내려주었다. 8순 노인 이명박 17년 형, 7순의 박근혜 23년 형이 바로 그것이다. 세계를 강타한 금융위기를 가장 훌륭하게 극복했던 대통령 이명박은 퇴임 후 5년이 지나 대통령 박근혜에 이어 그도 결국 영어의 몸이 되었다. 아무리 생각해도 어이없는 일이다.

3절 세월호 참사와 제사정치

2022년 4월 문재인은 세월호 참사 8주기를 맞아 "해마다 4월이면 더 아프다. 아직도 이유를 밝혀내지 못한 일이 남아 있다."고 말했다. 세월호 참사는 박근혜가 정권을 잡은지 1년여 만에 정국의 주도권을 상실하는 계기가 되었고 결국 중도에 권력을 강탈당하는 시발점이 되었다. 국회의 13가지 탄핵소추 사유와 헌재의 5가지 탄핵사유에도 세월호는 있었다. 대한민국의 극심한 좌우 대립의 정치지형을 좌익 우위로 기우는데 결정적으로 작용한 이 중대한 사회적 재난을 문재인은 무슨 이유로 자신의 시간이 끝나도록 미해결의 무엇으로 남아있다는 것인가. 그가 광화문에 천막을 치고 수염이 무성한 얼굴로 세월호특별법 제정을 요구하자 박근혜 정부는 그것도 다 들어주었다. 세월호의 슬픔을 그렇게 3년 동안이나 우려먹으며 대통령이 된 문재인은 5년 동안 대통령의 자리에 있으면서도 왜 그것을 밝혀내지 못했을까. 대한민국 대통령의 권력이 너무 작아서인가. 720억을 들여 9번이나 반복한 조사가 아직도 부족한가. 사건이 발생하고 8년이 되도록 밝혀내지 못한 이유는 대체 무엇이고 침몰하지 않는 진실은 또 무엇인가. 그의 의도를, 그의 속셈을 알고 싶다.

1. 세월호 유병언 그리고 문재인

헌법재판소에서 대통령 박근혜 탄핵을 결정한 당일인 2017년 3월 10일 민주당의 대선후보 문재인은 진도 팽목항을 찾았다. 대선을 앞두고 국민의 아픔을 위로한다는 명분의 정치적 행보였다. 그러나 3년 전에 있었던 세월호 참사에 대한 박근혜 정부의 책임을 다시 부각시키려는 의도가 더 강하게 읽혀졌다. 이 방문에서 그는 방명록에 이렇게 썼다. "얘들아, 미안하고 고맙다." 문재인은 별이 된 295명의 어린 영혼들에게 대체 무엇이 미안하고 무엇이 고마웠을까. 4년 전의 대선에서 그에게 패배를 안겨준 박근혜를 청와대에서 끌어내고 감옥으로 보내는데 너희들의 죽음이 유용한 도구가 되어줘서 고맙다는 뜻이었을까. 유병언과 문재인 자신의 유착으로 시작된 이 참사에 대한 사죄의 의미로 미안하다고 한 것인가. 문재인은 대체 무엇이 미안하고 고마웠을까. 논객 진중권은 문재인 지지자에서 문재인의 정체성을 의심하고 비판적 자세로 돌아서는 계기가 된 질문이라고 그는 말했다. 이에 대한 대답은 '박근혜 정부 붕괴'와 '유병언과 문재인의 유착관계'와 두 가지에서 찾을 수 있다. 앞의 것은 아이들에게 고마운 일이었고 뒤의 것은 아이들에게 미안하면서도 고마운 일이었다.

유병언과 문재인과 세월호를 연결하는 사실들
문재인 집권 직후 김어준은 자신의 이름을 내 건 SBS의 한 프로그램에서 유병언의 장남 유대균과 인터뷰했다. 여기서 김어준은 "세월호 침몰 원인이 실소유주인 유병언 일가의 탐욕 때문이라고 알려져 있었지만 유대균 씨의 주장은 전혀 달랐다"고 했다. 유대균은 "세월호부터 표적이 아버지라는 것을 느꼈다"고 말했다. 이 참사의 모든 책임을 박근혜 정부에 뒤집어 씌우고 유병언 일가를 억울한 피해자로 보이게 하려는 의도를 뻔히 드러내는 인터뷰였다. 코로나 초기 유시민 등 좌파진영 모두가 나서서 코로나 확산의 책임을 신천지 교인들에게 몰아가던 것과 유사한 짓이었다. 세월호는 유병언과 그의 종교단체인 구원파의 책임을 박근혜 정부에게 모두 뒤집어 씌우는 것이었고 코로나는 중국에 문을 활짝 열고 바이러스를 유입시킨 문재인 정권의 책임을 신천지라는 종교단체에 모든 책임을 뒤집어 씌우는 것이었다. 세월호는 책임 미루기였고 코로나는 오리발이었다. 둘 모두 좌익의 '거짓과 선전'의 기술이라는 점에서 같았다.

세월호 참사가 일어나자 검찰은 유병언 일가의 책임을 추적했다. 과적, 화물 미고정, 선장 및 승무원의 대응 부실 등 참사의 직접적 원인과 청해진 직원들이 세월호가 침몰하던 순간의 화물 적재량을 줄이려고 전산기록을 조작한 사실, 그리고 회사와 유병언 일가의 각종 탈 불법까지 조사하고 기소했다. 법원도 유병언과 세 자녀의 책임을 인정하고 세월호 참사 수습에 국가가 지출한 비용 1700억 원을 지급하라고 판결했다. 그럼에도 불구하고 문재인의 집권과 동시에 김어준 등 좌익진영 전체가 나서서 유병언을 감싸기 시작했다. 대체 문재인은 유병언과 어떤 관계였을까.

유병언의 수행비서를 지낸 이청 씨는 2014년 한 종합편성채널 프로그램에 출연해 "유병언이 2008년 광우병 촛불시위를 주도한 수뇌부에 측근을 파견해 깊숙이 관여했다. 당시 유병언이 '유모차를 앞장 세워라'하고 직접 지시하는 모습도 목격했다"고 증언했다.(뉴데일리, 2014.7.27) 이 발언이 사실이라면 유병언과 좌익진영과의 연계 혹은 유착은 충분히 짐작된다.

유착의 증거는 다양하다. 19대 대통령선거 직전에는 이런 일도 있었다. 다음은 2017년 5월 2일 'SBS 뉴스8'의 보도다. "이거 세월호 인양은 문 후보에게 갖다 바치는거다. 문 후보에게 (세월호 인양 고의지연을) 갖다 바치면서 문 후보가 약속했던 해수부 제2차관을 만들어 주겠다고 문 후보가 약속했다." 문재인 후보를 위해 세월호 인양을 고의로 지연시켰다고 말하는 해수부 어느 공무원의 진술이 화면에 떴다. 이 기사는 외부의 압력으로 바로 내려졌지만 당시 국민의당 선대위원장 박지원은 "너무 더러운 일"이라고 했다.(미디어워치, 2017.5.4) 온갖 구린 의혹들이 따라 다니는 정치인 박지원의 입에서 '더럽다'는 말이 나왔다면 그것은 진짜 더러운 일이 분명하다. 이 더러운 일의 최대 수혜자는 물론 대통령이 된 문재인이다.

2017년 3월 28일과 30일에 걸쳐 자유한국당 김성원 대변인과 홍준표 경남지사는 "문재인은 유병언을 도와줬기 때문에 세월호 참사의 주역이다. 문재인이 변호사 시절 세모그룹의 파산관재인을 맡았는데 진작에 세모가 파산했다면 세월호 참사는 발생하지 않았을 것"이라고 주장했다. 이것은 사실이 아닌 것으로 드러났다. 문재인은 당시 세모의 파산관재인이 아니라 신세계종금의 파산관재인이었다. 문재인 측은 즉각 "기본적인 사실마저 왜곡하는 허위 정치공세가 자유한국당의 전매특허"라고 공격했다. 홍준표 지사와 김성원 대변인은 이를 바로 잡는다고 정정했다. 그러나 문재인 측의 대변인은 공직선거법 위반과 명예훼손 혐의로 검찰에 고소했다.(JTBC, 2017.3.30) 국민의 눈을 속이는 잔꾀였다.

문재인은 신세계종금의 파산관재인으로서 채무자인 유병언과 세모로부터 채권을 회수해야 하는 책무가 있었고 이 책무를 이행하지 않았다는 것이 주장의 본질이다. 신세계종금의 파산관재인을 세모그룹의 파산관재인으로 잘 못 말한 것은 지엽적인 오류일 뿐이다. 본질이 아니다. 문재인 측은 이 작은 오류를 물고 늘어지며 문제의 본질을 덮어버렸고 언론사 JTBC는 이 논란의 본질은 외면한 채 '사실이 아니다'로 단정하고 끝내버렸다. 지엽적인 사실이 틀렸을 뿐 본질은 문재인이 유병언으로부터 채권을 회수하지 않아 유병언이 재기할 수 있었고 그것이 결국 세월호 참사로 이어졌다는 것이다. JTBC는 이 본질은 도외시하고 지엽적인 오류를 부각시키며 마치 전체가 사실이 아닌 양 보도했다. 문재인 측과 좌편향 언론이 일체가 되어 문재인과 유병언의 관계에 대한 근본적 의혹의 추적을 이렇게 차단했다. 결국 유병언과 세모그룹에 대한 문재인의 채권회수 책무의 불이행과 세월호 참사의 연관 관계에 대해서는 더 이상 추적되지 않았다. 그렇게 해서 문재인과 유병언의 유착의 진실은 묻혀버린다.

이 참사의 씨앗을 심은 사람 문재인

세월호참사 4개월 후인 2014년 8월 26일 국회의원 하태경은 문재인이 청와대 비서실장으로 재직할 때 유병언의 세모그룹 부채 1800여억 원을 탕감해 주었으며 이로 인해 유병언이 재기할 수 있었으므로 세월호 참사에 책임이 있다고 주장했다. 이때 문재인은 광화문 광장에서 세월호 유가족의 단식투쟁에 동조한다며 그도 단식을 하고 있었다. 단식 10일이 될 때까지 멀쩡한 모습으로 만날 사람 다 만나고 노무현재단 관련 행사까지 참석하였으며 단식기간 동안의 정치자금 사용 내역에 호텔 감자탕집 빵집 빈대떡집 등이 사용처로 드러나 웃음거리가 되었던 바로 그 단식이다. 문재인 측은 하태경의 발언을 문제삼아 명예훼손 혐의로 고발했고 검찰은 조사후 무혐의로 결론을 내렸다. 하태경의 말에 의하면 세월호 참사에 책임이 있는 바로 그 문재인이 광화문에서 단식인지 쇼인지 모를 시위행위를 하며 정부를 향해 세월호특별법 제정을 촉구하고 있었다. 그는 진실을 은폐하고 있었다. 문재인은 늘 이런 식이었다.

문재인이 신세계종금 파산관재인으로서 법원의 판결대로 유병언으로부터 45억 원의 채권회수를 집행했다면 유병언이 재기하여 선박사업을 하는 일을 막을 수도 있었을 것이며 그랬다면 세월호 참사도 없었을 것이라고 많은 사람이 아쉬워 했다. 그리고 문재인을 의심했다. 유병언에게 사업 초기였던 2002년 당시 45억 원은 매우 큰 돈이었으며 바로 5년 전인 1997년에는 자금 악화로 부도까지 낸 상황이었다. 문재인은 대체 왜 유병언에 대한 채권회수를 집행하지 않았을까. 경남종금 근로자의 퇴직금 120억 원의 경우처럼 또 사무장의 실수였을까, 아니면 '국가 예산은 먼저 훔쳐 먹는 놈이 장땡'으로 생각하는 좌익 정치인 공통의 부도덕성 때문일까. 혹은 문재인 특유의 불성실한 직무수행 자세 때문일까, 그것도 아니면 세간의 소문처럼 유병언과 문재인의 유착관계와 뒷거래 때문일까. 문재인은 이 문제가 수면 위로 오를 때마다 질문의 핵심은 회피하고 다른 사람을 내세워 엉뚱한 이유와 이상한 논리를 늘어놓으며 명확한 대답을 회피했다. 그러니 국민인 우리 스스로 판단할 수 밖에 없다. 결론부터 말하자면 유병언과 문재인 사이의 유착은 확실하다. 이유는 이렇다.

문재인이 그의 관재인으로서의 책무에 따라 법원의 판결대로 채권집행에 나서 유병언으로부터 신세계종금의 대출금을 회수하고 그 돈으로 이미 예금자들에게 지급된 국민의 세금을 메웠다면 이익을 보는 자는 세금을 낸 국민이다. 국민이 이미 대신 지급한 것을 메우는 것이니 이익이 아니라 그냥 당연한 일이다. 그러나 채무자 유병언은 대출금을 상환해야 했으니 그의 재산은 축이 나므로 손해다. 관재인 문재인은 보수를 받고 마땅히 해야 할 일을 했으니 이득도 손해도 아니다. 그렇다면 관재인 문재인이 채권회수를 집행하지 않는 경우는 어떤가. 유병언의 이익이고 국민은 손해다. 이 경우도 관재인 문재인은 득도 손해도 아니다. 보수를 받고도 할 일을 제대로 하지 않고 국고를 축냈으니 욕은 먹을 것이다. 그러나 문재인이 왜 이 채권을 회수하지 않았을까 하는 의문은 그대로 남는다. 혹시 채무자 유병언과 채권집행 대리인 문재인이 유착하여 국고로 돌아가야 할 45억 원을 합의에 의해 서로 나누었다면? 이 경우 수익자는 채무를 진 유병언과 관재인 문재인 둘 다가 된다. 그리고 문재인이 왜 채권회수를 집행하지 않았는가에 대한 의문도 풀린다. 그렇다면 관재인 문재인이 유병언과 뒷거래를 통해 채권액 45억 중 일부를 받고 채권을 집행하지 않았다? 추측이다. 합리적인 추측이다. 문재인이 제대로 된 해명을 하지 않으니 이렇게 추측이라도 할 수 밖에 없다. 흥부네 밥 굶듯 거짓말을 잘 한다는 문재인에게 물어봐야 소용없는 일이 될것이다. 그래도 문재인 당신에게 묻는다. 당신은 유병언과 뒷거래를 했는가. 그게 아니라면 대체 왜 45억 원을 회수하지 않았는가. 국고를 축낸 이유를 말하라.

김대중의 집권을 전후하여 좌익의 유력 정치인이 된 노무현의 힘을 배경으로 노무현과 문재인이 공동으로 운영하던 변호사 사무실은 IMF 무렵 부산지역에서 부도난 3개의 종금사 중 2개와 이에 더해 동남은행까지 파산관재인으로 선임될 수 있었다. 이때 신세계종금의 채권회수 대리인 문재인과 채무자 유병언이 인연을 맺었을 것이다. 김대중에 이어 노무현이 대통령이 되면서 변호사 사무실 동업자였던 문재인은 노무현 정권의 명실상부한 2인자가 되었다. 2003년 민정수석, 2004년 시민사회수석, 2005년 다시 민정수석, 2006년 정무특보, 2007년 비서실장으로 문재인은 청와대에서 늘 대통령 노무현의 곁에 있었다. 문재인이 정권의 2인자로 있던 바로 이 시기에 유병언은 총 2509억 원에 달하는 부채를 탕감받았고 회사 규모에 비해 턱없이 적은 168억 원으로 회사의 지배권을 되찾았다. 이러한 일련의 과정에 대해 정치권과 금융계는 정권의 비호를 의심했고 그 중심에는 노무현이 아닌 문재인이 있었다.

유병언에 대한 금융기관의 예외적이고 명백한 특혜가 부각되면 문재인은 모든 것이 금융권에서 법대로 처리한 것이라는 말을 되풀이하며 자신과의 관련성을 부인했다. 그러나 유병언에 대한 대규모의 특혜성 부채탕감이 청와대의 개입 없이 진행되었다는 것을 믿는 사람은 없었다. 특히 민정수석을 두 번이나 지낸 문재인의 역할을 모두가 의심했다. 우익세력으로 정권이 바뀌고 좌익세력이 총집결하여 광우병이라는 허구를 만들어 이명박 정권을 흔들어대는 동안 유병언에 대한 특혜와 문재인의 관련성에 대한 의혹은 언론과 사정기관의 관심 밖에 있었다. 간간이 수면위로 떠오르는 의혹에 대해서도 문재인은 측근을 내세워 촛점을 흐리는 전술을 구사하며 피하기만 했다. 지금까지도 유병언에 대한 대규모 부채탕감에 문재인이 직접적으로 개입했다는 증거는 드러난 것이 없다. 제대로 된 조사나 수사를 한 적이 없으니 드러난 증거가 있을리 없다. 그렇다고 해서 문재인의 책임을 물을 수 없는 것인가. 아니다.

노무현의 참여정부에서 문재인은 민정수석 비서실장 등으로 권력의 실세 자리에 있었다. 세월호 참사 후에 밝혀진 유병언 일가의 회사와 그가 교주로 있던 종교집단의 수많은 편법과 탈법 불법은 문재인이 정권의 2인자로 있을 때부터 광범위하게 존재했다. 더구나 이 시기에 여러 금융기관의 예외적인 대규모의 특혜로 유병언을 재기할 수 있도록 방조한 일에 대해 문재인은 그의 직위와 권한과 권력의 크기에 비례하여 도덕적 정무적 법적 책임을 면할 수 없다. 이런 이유로 2014년 4월 16일의 세월호 참사에 대한 문재인의 책임은 분명하고 엄중하다. 유병언을 재기할 수 있도록 하여 참사의 씨앗을 심었다는 점은 문재인의 원죄다. 문재인은 세월호사태 12년 전부터 이 참사의 씨앗을 뿌린 사람이다. 그러나 이에 대한 대부분의 진실은 아직 베일에 싸여있다. 그래서 우리는 지금도 그의 법적 책임에 대해서는 아무것도 말을 할 수가 없다. 그저 대한민국에 정의가 살아 있기를, 검찰이 살아있기를, 법치주의와 자유민주주의를 지키려는 국민들이 더 많아지기를 바랄 뿐이다.

박근혜 문재인 누구의 책임인가

세월호 참사는 좌익과 우익이 내전의 수준으로 치열하게 대치하는 대한민국의 정치지형에서 문재인이 이끈 종북좌파 세력이 박근혜 정권을 붕괴시키고 우익세력 전체에 대해 우세를 점하는 결정적 전환점이 된다. 저절로 그렇게 된 것은 물론 아니다. 문재인 세력은 전체가 똘똘 뭉쳐 거친 공세를 펼친 반면 자신의 입지만 생각하는 우익 정당의 잘난 정치인들은 소심하고 게으르고 멍청하게 대응한 결과다. 이미 국정원 댓글과 역사교과서 국정화에 대한 공격으로 진이 빠져있던 박근혜에게 문재인이 지휘하고 종북세력이 총집결하여 가하는 세월호의 책임에 대한 공세는 김무성 유승민 등 국가적 소명감은 없고 개인적 계산만 있는 동지를 둔 독신의 여성 대통령으로서는 감당하기 어려운 것이었다.

당시 많은 지식인들은 이 참사를 1993년 김영삼 정부에서 292명의 희생자를 낸 서해페리호 참사와 508명이 희생된 1995년의 삼풍백화점 사건, 2003년 김대중의 퇴임을 1주일 앞두고 192명이 희생된 대구 지하철 참사, 노무현 퇴임 직전의 남대문 전소에 이은 또 하나의 사회적 대재해로 규정했다. 그리고 대한민국이 불과 50여 년이라는 짧은 기간 동안 압축적으로 성장하는 과정에서 사회 곳곳에 쌓인 편법과 무원칙과 부정부패, 그리고 소위 민주화 이후 조성된 공무원 사회의 기강 해이와 책임감 부족을 반성하고, 특히 수십 년간 성장과 발전에만 몰두했던 대한민국의 국가 시스템을 재정비하는 기회로 삼아야 한다는 목소리가 높았다. 그러나 지식인들의 이런 목소리는 좌익 정치인들의 선동구호에 묻히고 오직 우익정부를 공격하는 소재로만 악용되었다. 그렇게 2년 이상을 끌더니 탄핵정국에서는 세월호 7시간 동안 대통령이 청와대에서 굿을 했다느니 연애를 했다느니 하는 등의 해괴한 잡소리로 진화했다. 문재인 세력과 좌편향 언론과 종북 시위꾼들은 세월호를 거의 3년 간 반복적으로 소환하며 국정을 마비상태에 놓이게 했고 그 끝은 2017년 5월 10일 문재인이 청와대를 차지하는 것이었다. 문재인이 별이 된 어린 영혼들에게 "얘들아 고맙다"고 한 감사의 말을 이해하는 열쇠는 여기에 있다.

문재인이 정권을 장악하는데 결정적 소재로 이용한 세월호 참사, 모두 304명이 희생된 이 억장 무너지는 대형사고에 문재인의 책임은 분명하다. 일부 국민이 제기하는 추측과 가정, 그리고 문재인을 공격하기 위한 과격한 주장을 모두 배제한 채 분명한 객관적 근거만으로 판단할 경우에도 세월호 참사에 대한 문재인의 책임은 명백하다. 신세계종금의 파산관재인으로서 유병언에 대한 채권 45억 원 회수 미집행, 대통령 비서실장으로 재임하면서 노무현 퇴임 한 달을 앞둔 시점에 특혜적으로 탕감된 유병언의 부채 1909억 원, 이를 통한 유병언의 재기와 선박사업 운영은 결국 세월호 참사와 선후가 분명하게 연결되고 인과관계가 소명되는 사실관계. 이것은 거짓말 잘하는 문재인도, 우기기의 달인들인 그의 수하들도 결코 부정할 수 없는 명백한 사실이다.

문재인이 "얘들아 고맙다"고 한 말은 직전 대통령 선거에서 자신에게 패배를 안긴 박근혜를 청와대에서 끌어내고 탄핵에까지 이르고 이제 자신이 대통령이 될 수 있도록 너희들이 '희생되어 줘서' 고맙다는 의미일 것이다. 또한 모든 국민들과 온 나라가 너희들의 죽음으로 슬픔에 빠져 나와 유병언의 유착관계에는 관심을 둘 겨를이 없게 되어 그래서 고맙다는 의미일 것이다. 이렇게 해석하지 않는다면 문재인이 이 어린 영혼들에게 고맙다고 한 말은 이해되지 않는다. 그리고 '미안하다'는 말은 자신이 유병언과 결탁한 결과 너희들이 희생되었다는 뜻으로 인간으로서 최소한의 그의 양심의 고백일 것이다. 이렇게 해석하지 않는다면 "얘들아 미안하다"는 말 역시 이해되지 않는다. 그러니 이 해석이 맞을 것이다. 대한민국의 주권자인 국민으로서 문재인에게 묻는다. 당신과 유병언은 뒷거래를 한 유착관계가 아니었나. '얘들아 미안하다'는 말은 세월호 비극의 씨앗이 된 문재인 당신과 유병언 그의 유착과 공범관계를 고백하는 고해성사가 아닌가. '얘들아 고맙다'는 말은 이 어린 영혼들을 이용하여 제사정치를 시작했고 그것이 제대로 먹혀들어 박근혜의 정권을 무너뜨릴 수 있게 되었다는 기쁨과 감사의 표시가 아닌가. 거짓말 잘 하는 문재인이 아니라 인간 문재인의 영혼에 묻는 말이다.

2. 팽목항에 꽂은 빨대

2021년 2월 17일 문재인은 좌익 운동가 백기완의 장례식장을 조문했다. 7개월 전 김일성의 남침을 막은 호국의 영웅 백선엽의 장례식장에는 가지 않았던 그는 이 좌익 인사의 죽음에 친히 납시어 조문했다. 자신은 좌익세력의 우두머리일 뿐 대한민국을 대표하는 대통령이 결코 아님을 또 한 번 확인시켜준 이 조문의 자리에서 그는 "세월호 진상규명이 유족 원하는대로 안돼 안타깝다"고 말했다. 다음날 백기완의 딸은 문재인이 "세월호 진상 규명에 더욱 최선을 다하겠다"고 약속했다는 말을 전했다.(한국일보, 2021.2.28) 이어 4월 16일에 열린 세월호 7주기 추모의 자리에서 문재인은 다시 "세월호의 진상을 규명할 것"이라고 말했다. 이를 두고 "4년 전 기사 아니냐"고 묻는 사람도 있었다. 아직도 규명되지 못한 진상이 무엇인지, 있다면 대한민국 최고 권력자 문재인은 4년이 되도록 왜 그것을 밝히지 못했을까. 문재인은 자신의 임기가 끝날 때까지도 그것을 아직 밝히지 못했다고 말하고 또 말했다.

파고 또 파헤친 세월호의 진실은 더 이상 밝힐 것이 없었다. 세월호는 단지 문재인과 그의 종북 동지들이 국가예산을 빨아먹기 위해 꽂은 빨대였다. 이 일로 박근혜 정부를 무너뜨리는데 단단히 재미를 본 기억을 잊지 못하는 문재인의 동지와 수하들은 후에도 소위 '제사정치'로 불리는 같은 유형의 공작을 반복했다. 주검을 앞세우고 정권을 잡은 문재인 세력은 5년이 지나 정권 재창출에 실패하고 다시 우익진영에 정권을 빼앗기게 되자 그들의 제사정치는 재현된다. 이태원사건과 채상병사건이다. 이

두 사건의 전개를 보면 세월호의 응용편이고 판박이다. 사회적 재난으로 인한 주검은 앞으로도 그들의 혁명에 계속 이용될 것이다. 그들은 지금도 세월호 사태의 진실을 들먹인다. 그들에게 세월호의 진실은 진도 팽목항 깊은 바다 속에 있다. 그들은 결코 그것을 꺼내지 않을 것이다. 국민은 이미 다 알고 있는 진실을 그들은 바다 속에 숨겨놓고 우려먹고 있다.

아홉 번째 조사

2020년 12월 9일, 민주당은 국회에서 세월호사참위^{사회적참사특위}의 활동을 2022년 6월까지 연장시켰다. 20대 대선이 2022년 3월이고 대통령 취임이 5월이니 무슨 작당인지는 간단히 이해되었다. 그리고 세월호 관련 범죄의 공소시효도 2022년 6월까지 정지시켰다. 이어 10일에는 국회 본회의에서 '세월호특별검사 임명요청안'을 의결했다. 참사 7년이 지난 지금 와서 또 특검까지 하겠다는 것이다. 문재인은 2021년 4월 23일 특별검사를 임명한다. 그는 이 자리에서 이현주 특검에게 엄정한 수사를 주문했다. 이것이 몇 번째 조사인지 아시는가. 아홉 번째다.

문재인은 특별검사에게 "CCTV조작 의혹을 밝히라"고 지시했고 특검은 "세월호 내 CCTV 데이터 조작여부를 수사하겠다"고 복창했다. 이것은 2019년에 출범한 대검특수단에서 이미 조사했던 내용이다. 특수단의 발표가 나왔을 때 세월호사참위는 "해수부 등의 기존 논거를 반복했다"며 불복 의사를 밝혔고 민주당은 "검찰 수사가 미진하니 특검을 해야 한다"고 주장했다. 세월호에 그렇게 감추어진 것이 많고 밝혀내야 할 것이 아직 남았다면 최고권력자 문재인과 조선로동당처럼 일사불란하게 움직이며 180여 석이나 되는 다수의 힘으로 어떤 수단과 방법으로든 하고 싶은대로 모두 하는 민주당이 정권을 잡고 4년이 되도록 진상을 제대로 밝히지 못하고 있었을까. CCTV 조작 의혹을 밝히라는 문재인의 지시가 'CCTV를 조작하라'는 말로 들린 이유다.

대통령 문재인이 특검을 임명하기 불과 3개월 전인 2021년 1월 19일 검찰의 세월호특별수사단은 1년2개월 간에 걸친 수사결과를 발표했다. 2019년 11월 출범한 후 종료될 때까지 총 201명을 대상으로 269회에 걸쳐 진행한 검찰조사의 주요내용은 박근혜 청와대의 감사원 감사 외압, 참사 당시 법무장관 황교안의 세월호 수사 방해, 국정원과 기무사의 세월호 유가족 사찰혐의 등이다. 수사단은 총 17개 항에 이르는 수사 대상의 의혹 대부분에 대해 사실이 아니라며 '혐의 없음' 결론을 내렸다. 임관혁 특수단장은 "유족이 실망하겠지만 되지않는 사건을 억지로 만들 순 없다. 법과 원칙에 따라 할 수 있는 건 다 했다"고 말했다. 그의 말에는 특수단이 문재인 정권과 종북세력으로부터 많은 외압에 시달렸다는 사실을 짐작할 수 있는 흔적이 고스란히 베어 있었다. 동 특수단은 의혹의 핵심 중 하나였던 AIS선박자동식별장치의 항적자료 조작도 혐의없음으로 결론냈다. 이 조사는 국가와 국민을 상대로 장난질을 하듯 습관적으로 내놓는 종북좌파세력의 음모론을 증명하느라 많은 인력과 막대한 국가예산과 긴 시간을 낭비한 처음부터 쓸데없는 일이었고 대한민국을 좀먹는 짓이었다. 이 수사를 시작하게 된 것은 김어준의 영화를 보고 그것을 믿은 세월호 유가족이 수사를 의뢰했기 때문이다. 어이없는 일이다.

720억짜리 거짓말

김어준은 2018년 4월 다큐멘터리 영화 '그날, 바다'를 개봉한다. 세월호 음모론을 담은 내용이다. 이전부터 줄곧 세월호 고의 침몰설을 제기하다 이제는 영화까지 만든 것이다. 이 영화의 핵심은 세월호는 박근혜 정부가 고의로 침몰시켰으며 증거를 없애기 위해 박근혜 정부가 AIS 항적자료를 조작했다는 내용이다. 이 영화를 근거로 유가족은 특별수사단에 수사를 의뢰했고 특수단은 김어준이 주장한 AIS 조작의혹을 확인하기 위해 데이터 수집에 나섰다. 광범위한 규모였다. 특수단은 국내 기지국과 해외 AIS 수집업체와 민간선박의 데이터까지 분석했다. 결과는 2014년 참사 당시 정부가 발표한 내용과 일치했다. 특수단 관계자는 "김 씨 말이 맞으려면 박근혜 정부가 전세계 수천 개 AIS 기지국 데이터와 민간선박에 남은 AIS데이터까지 모조리 조작을 해야 한다. 근거가 없고 논리적으로 말이 안되는 주장이다"라고 했다.(조선일보, 2021.1.20) 그러나 세월호를 박근혜가 고의로 침몰시켰다고 주장하는 사람들은 이 조사 결과를 믿지 않았다. 믿고싶지 않은 사람들에게 진실이 먹혀들 리는 없었다.

세월호 특수단을 1년 이상 헛고생하게 만든 김어준의 영화는 54만 명이 넘는 관객을 모았고 44억 원의 매출을 올렸다. 그리고 후속작 '유령선'까지 만들어 관객 2만 명을 더 모았다. 한 영화관계자는 제작비 9억과 광고비 등 모든 비용을 제하고 김어준은 최소 10억에서 최고 20억 원까지 벌었을 것이라고 말했다. 그런데 특수단이 김어준으로부터 시작된 거짓말을 확인하기 위해 수사를 진행하며 국민 세금은 얼마가 들어갔을까. 우익정당의 집계에 따르면 세월호 조사에 쏟아부은 세금은 2020년까지 총 650여억 원이라고 했다. 미국에서 무역센타 피격으로 3500여 명이 숨지고 6000여 명의 부상자에다 75000여 명의 분진피해자를 낸 9.11사건의 조사위원회가 쓴 비용은 약 1500만불, 우리돈 163억 원이라고 하니 이미

4배가 들었다. 세월호를 조사하는 조직은 이후에도 활동을 계속했고 그래서 이 비용은 720억 원까지 늘어났다. 국고를 탕진하는 일이었다. 이 금액은 단지 조사비용이다. 선체 인양에 들어간 1400억 원을 포함한 총 수습 비용은 5548억 원이다. 국회에서 알려준 금액이다. 대한민국 국고를 거덜내려는 그들의 혁명은 이 땅이 북한에 흡수될 때까지 계속될 것이다.

강철로 만든 빨대

'세월호 참사의 증거자료 조작의혹 규명'을 위해 2021년 5월에 출범한 이현주 특검은 3개월 간의 조사와 수사를 끝내고 2021년 8월 10일 '혐의없음'을 발표한다. CCTV 조작과 청와대 등 정부 대응의 적정성이 수사의 주요내용이었다. 이 발표가 나오자 청와대는 즉각 "세월호 관련 진상규명 과제는 사회적참사특조위에서 후속적으로 진행될 것으로 기대한다"는 입장을 내놓았다. 특검의 결과를 수용하지 않고 계속 진상규명에 매달리겠다는 의지를 표시한 것이다. 국회의원을 지낸 김영환은 이를 보고 "아직 세월호에서 빠져나오지 않은 마지막 한 사람은 문재인 대통령이다. 이제 그만 세월호에서 내려오시라"고 말했다.(한국경제, 2021.8.11) 문재인 세력은 모두 9번에 걸친 진상조사에서 내려진 결과를 부정하고 계속 새로운 음모론을 생산해냈다. 박근혜 김기춘의 수사외압설, CCTV 영상이 담긴 저장장치 조작의혹 등 그들이 제기한 거의 대부분의 의혹이 무혐의로 결론이 났음에도 그들은 멈추지 않았다. 참사가 일어난지 오랜 시간이 지났음에도 여전했다. 조사 결과를 믿지 않으니 그들에게 세월호는 아직도 진도 앞바다 물 속에 있고 침몰 원인은 미궁이다. 대통령 문재인부터 그러니 그의 수하들과 지지자들도 마찬가지였다. 왜 그럴까. 이유는 간단하다. 세월호는 그들이 진도 팽목항에 꽂은 강철빨대이기 때문이다.

세월호 진상규명을 입에 달고 살던 문재인은 대통령 취임 2개월이 지난 2017년 7월 이번에야말로 세월호를 지렛대 삼아 우익진영을 완전히 궤멸시키겠다고 작정이나 한 듯 세월호선조위선체조사위원회를 출범시켰다. 선조위는 대부분의 좌익세력이 주장하던 '외부충격설'을 입증하기 위해 네덜란드 해양연구소에 조사를 의뢰했다. 그러나 동 연구소의 조사결과는 '외부충격 없음'이었다. 선조위는 이 결과를 믿는 쪽과 믿지 않는 쪽으로 갈렸고 결국 '배 자체의 문제'라는 보고서와 '외부 충격이 원인'이라는 각각의 보고서를 내고 선조위는 해체되었다. 대통령이 된 문재인이 직접 나선 첫 세월호 조사의 결과였다. 이후 그의 정권이 추가로 진행한 세 번의 조사도 결과는 다를 것이 없었다.

7년 동안 무려 9차에 걸친 조사에도 불구하고 아직도 논쟁 중인 세월호 침몰 원인에 대한 첫 번째 결론은 2014년 10월 합동조사본부가 규정한 조타수의 조타미숙과 화물과적 등이었다. 그러나 민주당을 중심으로 한 좌익 진영과 언론은 이를 믿지 않았고 근거 없는 암초충돌설 선박충돌설 잠수함충돌설 폭침설 등을 연이어 주장했다. 김어준은 배가 운항 중인 상태에서 닻을 내려 침몰하게 했다는 고의침몰설까지 제기했다. 김어준의 고의침몰설은 박근혜가 최서원의 부친 최태민의 부활을 위해 300명의 인명을 희생시켰다는 인신공양설과 엮어지며 설득력을 높여갔다. 이러한 새로운 주장이 난무하면 어김없이 재조사가 결정되었다. 그렇게 아홉 차례나 반복된 조사에도 최초의 합동조사본부가 발표한 침몰 원인과 다른 어떤 증거도 나오지 않았고 문재인 세력과 지지자들은 그때마다 조사 결과를 부정했다. 이 뻔하고도 어이없는 일은 그렇게 반복되었다.

세월호 선조위가 내부 분열로 해체된 후 2018년 12월에는 선조위에서 외부충격설을 주장했던 좌익인사들을 중심으로 사참위사회적참사특별조사위원회를 만들어 침몰원인 규명을 명분으로 내세우고 활동을 이어갔다. 국회 예산결산 자료에 의하면 사참위는 2년간 218억 원의 국가 예산을 사용했다. 야당의 주호영 의원은 세월호의 진상규명을 위해 인양비용 1400억에다 조사비용 720억 원 해서 수천억 원이 사용되었다고 말했다. 여기에 답이 있다. 그들이 원했던 것은 진실이 아니라 '돈과 자리'였다. 종북좌파 식구들을 부양하기 위해 세금으로 유지되는 공직을 모조리 나눠가지고도 그것으로 자리가 부족하자 더 많은 자리를 만들기 위해 세월호에 빨대를 꽂은 것이다. 거기다 박근혜 세력을 숙청하고 우익진영을 붕괴시킬 수 있는 훌륭한 소재로 계속 써먹을 수 있으니 일거양득이었다.

더불어민주당의 박주민 의원은 사참위의 활동기간 2년이 끝나는 2020년 12월 세월호에 대한 조사가 더 필요하다며 활동기간을 2년 더 늘리고 인원을 증원해 달라는 내용의 사참위법 개정안을 국회에 제출했다. 이에 맞춰 세월호 유가족은 국회 앞에서 농성을 시작했고 박주민도 동참했다. 180석을 가진 민주당 의원들은 야당을 향해 방해와 비협조로 일관된 행태를 당장 중지하고 동 개정안을 통과시켜달라며 압박했다. 결국 사참위 활동기간은 1년6개월 연장되었다.(조선일보, 2021.11.20) 문재인 세력이 9차에 걸친 진상조사에도 그 결과를 부정하고 새로운 음모설을 만들어내며 끝없이 재조사를 주장하는 이유와 목적은 분명해졌다. 기생충 학자 서민은 "침몰 원인을 몰라야 조사를 빌미로 돈을 뜯어낼 수 있고 박근혜 정부도 욕할 수 있기 때문이며 그래서 세월호 침몰 원인이 밝혀지는 것을 꺼리고 있다"며 그것이 문재인 정권 출범 후에만 4차례에 걸친 조사를 반복하고도 진상이 규명되지 않는 이유라고 말했다.

국회의원 조명희는 대통령 소속 위원회의 이인람 위원장이 2019년 초부터 26개월 간 급여 3억2000만 원에 법카 6200만 원해서 총 3억8000만 원의 세금을 사용했다고 폭로했다. 이인람은 2021년 4월 천안함 폭침 원인 재조사 결정으로 여론이 크게 악화되자 대통령 대신 총대를 메고 물러난 사람이다. 그는 군사망사고진상규명위원회 위원장이 되어 천안함 폭침의 원인을 왜곡하는데 앞장서고 천안함 좌초설을 주장해온 신상철의 진정을 받아들여 재조사를 결정한 사람이다. 위원장인 그 한 사람이 26개월 간 3억8000만 원의 세금을 사용했다면 천암함 진상조사에 들어간 총 금액도 엄청난 규모일 것이다. 세월호 참사도 천안함 폭침도 그들에게는 강철빨대였다. 국민이자 납세자인 우리는 이런 상황을 대체 언제까지 그냥 둘 것인가. 그들이 마구 쓴 돈은 모두 우리가 낸 세금이 아닌가.

"세월호와 5.18 진상은 다 나왔다. 나올 것은 다 나왔다" 문재인의 퇴임을 3일 앞두고 정보 까막눈 국정원장 박지원은 언론과의 인터뷰(조선일보, 2022.5.7)에서 이렇게 말했다. '아직도 밝혀지지 않은 세월호의 진상'을 들먹이는 문재인의 말이 거짓말이라는 뜻이다. 문재인에게 충성을 맹세했던 사람 박지원이 한 말이니 틀린 말이 아닐 것이다. 들을만한 가치가 있는 말이 거의 없는 박지원의 말 중에 처음으로 들을 만했다. 문재인의 권력이 끝나자 그의 말도 달라진 것이다. 박지원 다웠다.

3. 음모를 꾸미는 사람들

이미 10여 년이 지난 지금까지 이름만 들어도 가슴이 아리는 세월호 참사는 2014년 4월 16일 전남 진도군 인근 해상에서 침몰하여 전체 탑승자 476명 중 304명이 사망한 대형 참사다. 사망자 중 250명이 수학여행을 떠났던 고등학생이었다는 사실에 모두가 안타까워했고 구조 지시도 내리지 않은채 무책임하게 혼자 빠져나온 선장에 분노했으며 수익성을 높이기 위해 초과 중량의 화물을 싣도록 한 선주 유병언의 책임을 묻는 소리가 높았다. 바다만 하염없이 바라보던 한 어머니의 뒷모습에 국민 모두가 눈시울을 붉혔다. 이 국가적 비극에 문재인과 민주당은 빨대를 꽂는다. 5천만 국민을 상대로 길고도 잔인한 선전 선동전에 들어간 것이다.

혹세무민하는 민주당

세월호조사위원회는 2014년 4월 참사 발생 이후 진상 규명을 위해 동원 가능한 국가기관은 모두 동원했다. 검찰 수사, 국회 국정조사, 감사원 감사, 해양안전심판원 조사, 특조위 조사, 선체조사위 조사 등과 여러 사참위 활동을 통해 사고 원인을 밝히고 책임자를 거듭 처벌했다. 검찰 수사에서만 400여 명이 입건되고 150명 이상이 구속 기소되었다. 거듭된 수사와 재판과정에서 선박의 노후화와 화물 과적 등 10가지 이상의 직간접적 사고의 원인이 낱낱이 밝혀졌다. 그러나 7년 동안 정부기관 7곳을 동원하여 8번이나 조사한 결과 이제는 더 이상 드러날 것도 없다는 반대주장을 물리치고 문재인 정권은 7년째 들어 특검까지 만들며 1년6개월간 다시 조사에 들어간다. 민주당은 이 특검 설치안을 상임위 토론 한번 거치지 않고 통과시켰다. 그동안 김어준의 음모설에다 잠수함충돌설 같은 황당한 괴담까지 다 조사했는데 새로운 무엇을 또 조작하고 만들어 내려고 한 것이 아니라면 대체 무엇을 더 밝히겠다는 것이며 대체 무엇을 하겠다는 수작이었을까. 이제 더 나올 것이 없다는 것은 문재인도 민주당도 알고 있었을 것이다. 대통령 선거가 있는 2022년 3월까지 세월호 이슈를 끌고가며 선전 선동의 소재로 써먹겠다는 수작이었다. 선전전에 앞장 설 나팔수들에게 그때까지 활동 자금을 대어주고 활동 공간을 제공하려는 목적일 것이다. 그들은 세월호에 빨대를 꽂은 것이 분명했다.

4월 16일 사고 첫날 침몰 몇 시간 만에 모든 언론은 '학생 338명 전원 구조'라는 사상 최악의 오보를 냈다. 이 오보를 본 국민은 이 사건을 대수롭지 않게 여겼고 정부의 초기 대응에도 혼란을 가져왔다. 그러나 어느 누구도 오보를 낸 언론을 탓하지 않았고 언론 스스로도 자성의 소리를 낸 적이 없다. 좌익세력이 처음부터 모든 화살을 정부와 대통령 박근혜에게 집중시킨 때문이었다. 이런 혼란 속에 홍가혜라는 가짜 기자는 "정부가 구조를 막고 있다"며 근거없는 말을 했고 언론은 이 말을 적극 보도하며 이 가짜 기자를 스타로 만들었다. 민간 잠수업체의 이종인이라는 사람은 '다이빙벨'이라는 장비를 광고했고 이상호 기자는 이것을 마치 마법이라도 부리는 기계인 양 생생하게 방송하며 큰 인기를 누렸다. 이 장비는 쓸 수 없다는 것이 곧 밝혀졌다. 홍가혜 이종인 이상호와 좌익언론은 한 목소리로 정부를 비난했고 그들이 주도하는 여론에 압력을 느낀 구조 담당자들은 혼란스러워 했다. 모두가 우왕좌왕했다. 그렇게 골든타임은 다 흘러갔고 구조된 생존자는 없었다. 기가 막히는 일이었다.

"10시 17분까지 국가가 살릴 수 있는 애들을 죽였습니다. 동의하십니까? 장관, 동의하십니까?" 5월 14일 세월호 참사에 대한 국회 첫 대정부 질문에서 더불어민주당의 여성 국회의원 김현은 행안부 강병규 장관을 상대로 이렇게 질의했다. 질의가 아니라 책임 뒤집어 씌우기였다. 참사가 발생한 후 1개월 동안 유가족은 물론 관련 공무원과 온 국민이 황망한 마음에서 아직 벗어나지도 못하고 있던 때 운동권 언저리 출신의 김현 의원이 먼저 선전전의 포문을 열었다. 모든 종북 혁명가들의 선전 메시지가 다 그러하듯 김현의 메시지도 간결하면서도 선동적이었다. '박근혜 정권이 학생들을 죽였다'는 것이다. 이 과장되고 비약된 논리는 상심이 컸던 국민에게 제대로 먹혀들었다. 김현과 좌익세력이 의도한 그대로였다. 박근혜가 애들을 죽였다고? 그렇다면 192명이 사망한 대구 지하철 참사는 김대중이 죽인 것이며 국보 1호 남대문은 노무현이 태워먹은 것인가. 그러나 말이 되지 않는 김현의 말은 좌익 진영의 많은 정치인들이 나서서 반복해 읊어댔고 국민은 헷갈렸다. 전형적인 혹세무민이었다.

5월 17일에는 서울 청계광장에서 민노총 참여연대 등 300여 개의 좌익 시민단체들이 주최한 세월호희생자 추모집회가 열렸다. 참가단체의 면면과 그들의 주장을 보면 희생자 추모가 목적이 아니라 박근혜 정부를 전복시키기 위해 모인 것이 분명했다. 대표적 종북좌익 종교인 중의 한 사람인 김상근 목사는 이 자리에서 "국민들의 목숨을 지키지 못한 대통령은 온전한 대통령이 아니다"라며 세월호 참사를 오롯이 박근혜의 책임으로 몰아가는 선동질을 본격화했다. 좌익세력은 이 무렵부터 박근혜의 직접적인 책임이라는 프레임에 촛점을 맞추었다. 다 언급하기도 힘들 정도의 많은 설과 음모론이 난무한 것은 이때부터였다.

이 국가적 대참사에 끼어든 국회의원 박지원의 행태도 참으로 그 사람 다운 짓이었다. 당시 3선 의원이던 그는 "유병언의 변사체 발견은 6월이 아닌 4월이다."(경향신문, 2014.7.24) "유병언 사건에 대해 정부는 총체적으로 거짓말 중이다"(노컷뉴스, 2014.7.25)며 유병언의 변사체가 발견된 날이 6월 12일이 아닐 수도 있다는 의혹을 제기했고 유병언의 변사체 발견 시점이 세월호 참사보다 먼저라는 마을 주민들의 증언을 공개했다. 그는 곧 착각이었다는 말로 자신의 주장을 번복했지만 "(유병언 관련) 의혹이 증폭되고 있다. 시체를 바꿔치기 했다느니 DNA 결과를 못 믿는다느니 등의 의혹을 불식시키기 위해서라도 우리는 법무장관 검찰총장 경찰청장의 해임을 촉구한다"고 주장했다. 사건 수습에 열중하는 정부 책임자를 엉터리 의혹을 내놓으며 흔들어대는 그의 행태를 보며 김대중 정권에서 실세로 있었던 그와 유병언의 유착을 의심하는 사람도 있었고 50억 수뢰설도 다시 제기되었다.(뉴스파인더, 2014.7.28) 박지원의 주장은 이후 유병언의 사체 발견일이 바뀌지 않아 거짓임이 드러났고 정부와 국민에게 큰 혼란만 야기한 것으로 끝이 났다. 그래도 그는 이에 대해 어떤 책임을 진 것이 없다. 그는 2년 후 2016년 총선에 다시 나와 4선 의원이 되었고 문재인 정권에서 국정원장까지 오르더니 이재명에게 꼬리를 흔들지 않으면 공천을 받을 수 없었다는 22대 총선에서도 거뜬히 호남지역의 공천을 받아 5선 의원이 되었다. 이런 사람이 이런 자리를 차지하고 있는데 대한민국의 정치발전이 가능하기나 할까. 그의 생전에는 어려울 것이다.

간첩들의 공작활동을 닮은 이런 교란작전을 박지원 혼자만 했던 것은 물론 아니다. 민주당을 중심으로 하는 문재인 세력 모두가 유사한 짓을 했다. 그들의 모든 주장과 모든 '짓'의 핵심 키워드는 과거 문재인과의 관련성이 제기되던 유병언과 그가 교주로 있던 구원파의 책임을 외면하거나 축소하고 대신 참사의 모든 책임을 박근혜 정부와 박근혜 개인의 것으로 몰아가는 것이었다. 시간이 지날수록 그들의 메시지는 '박근혜가 애들을 죽였다'는 것으로 더욱 간결해졌고 더 많은 좌익 정치인과 선동적 언론인들은 그것을 반복했다. 결국 그들의 주장은 더 이상 의심할 여지가 없는 확고한 사실이 되었고 2년 반이 더 지나 박근혜를 탄핵할 때는 국회의 탄핵소추 사유는 물론 헌재에까지 올라가 탄핵의 사유로 행세했다. 그리고 문재인 정권 내내 아직 더 밝혀져야 할 무슨 진상이 있다며 다시 특검을 구성하고 조사위원회의 활동을 연장하는 구실로 이용되었다. 대한민국은 이미 온전한 나라가 아니다. 문재인이 앞장 서서 한 짓이다.

현직 국무총리까지 뛰어든 음모론

세월호에 빨대를 꽂은 그들이 쏟아낸 음모설도 내용이 다양하다. 처음에는 세월호의 화물 과적이 제주해군기지 건설용 철근의 무게 때문이라고 했다. 좌익이 제주해군기지를 거세게 반대하고 있던 때라 기지 건설을 강행하는 박근혜 정부를 공격하는 소재로 써먹자는 수작이었다. 이어 잠수함 충돌설이 등장했다. 처음에는 미국 잠수함과 충돌했다고 하더니 다시 우리 해군의 잠수함으로 바뀌었다. 이어 기억할 가치도 수많은 음모설이 등장했다. 2016년 12월에는 '자로' 라는 이름을 쓰는 네티즌이 각양각색의 세월호 음모설을 집대성하여 8시간 49분짜리 다큐 '세월X'를 만들었고 JTBC는 이를 두 차례에 걸쳐 특집으로 방송했다. 이 방송을 본 서울시장 박원순은 "진실이 밝혀졌다 고맙다"고 말했다. 이 영상의 주요 내용은 세월호 침몰이 외부의 충격에 의한 침몰일 가능성이 높다는 주장과 이것을 입증하는 것이었다. 엉터리 내용으로 가득했다.

2017년 3월 25일 밤 9시경 세월호는 인양되어 완전한 모습을 드러낸다. 대통령 선거 45일 전이었다. 선체에는 어떠한 외부 충격의 흔적도 없었다. 그 많던 음모론자들은 아무 말이 없었다. '자로'도 마찬가지였다. 모두 무안해서 그러겠지 생각했다. 그게 아니었다. 그들은 또 다른 '믿고 싶은 거짓'을 찾고 있었다. 곧 새로운 주장들이 나왔다. 인양되어 왼쪽으로 눕혀져있는 세월호의 보이지 않는 그 면에 충돌 흔적이 있을 것이라고 했다. 수중에서 왼쪽에도 아무런 충돌 흔적이 없다는 사실을 이미 확인했다는 잠수부들의 설명을 그들은 믿지 않았다. 인양 과정에 참여한 사람들도 "배가 올라올 때 좌측면도 훑어 봤는데 충격 흔적은 없었다"고 말했으나 그들은 믿지 않았다. 결국 해양수산부가 직접 나서서 "인양과정에서 좌측면도 특이사항이 없었다"고 설명했다. 그래도 음모설은 가라앉지 않았다. 하도 여러 사람들이 말을 보태니 직접 봤다는 사람들의 말에는 믿음이 약해졌고 국민들도 정말 무엇이 있나 생각했다.

결국 세월호 선체조사위원회는 2017년 10월 27일 누워 있는 배를 바로 세우기로 결정한다. 직립에 소요되는 예상 비용은 68억 원이라고 했다. "이런 일에 68억 원을 쓰다니"하는 개탄의 소리가 들리기도 했으나 사실과 진실을 외치는 좌파들의 위세에 눌려 곧 조용해졌다. 대한민국은 경제대국이고 이명박 박근혜 정부가 넉넉하게 채워 놓은 국고를 넘겨받았으니 문재인에게 그 정도는 푼돈이었을 것이다. 앞으로는 음모론을 확인하기 위해 소요되는 비용은 그것이 허위로 판명될 경우에는 그것을 주장한 사람들이 일정 부분 배상하도록 해야한다. 좌익의 그 수많은 위원회에다 그들이 주장하는 음모론과 괴담까지 증명하기 위해 국가 예산을 쓰는 일을 그냥 방치한다면 대한민국 경제는 거덜날 것이다.

이 당시의 거대한 집단 비이성과 총체적 착란에 국무총리까지 가세했다. 2018년 4월 21일 국무총리 이낙연은 목포에서 세월호 유가족을 만난다. 그는 이 자리에서 "선체를 바로 세우고 나면 새로운 의혹이 봇물터질 듯 쏟아질 것"이라고 말했다. 이미 좌익 언론, 좌익 시민단체, 좌익 정치인이 모두가 나서서 '세월호가 바로 서면 진실도 바로설 것'이라며 그들이 지어낸 음모설을 근거도 없이 마구 제시하고 있던 때에 일국의 국무총리까지 여기에 동참한 것이다. 대한민국 행정부의 2인자인 그는 음모론자들에게 이성을 찾고 정신을 차리자는 메시지를 내는 대신 그 스스로 선동적인 발언을 공개적으로 내놓았다. 김어준이 영화 '그날, 바다'를 개봉하여 세월호 고의침몰설을 진실로 믿고 있던 사람들이 거의 확신의 지경에까지 이른 것도 그 무렵이다. 국무총리도 그들에 동조하며 제정신이 아닌 듯 했다. 대한민국은 이제 이런 나라가 되었다.

애초 세월호를 바로 세우는데 67일이 걸릴 것이라던 예상 소요일은 무려 180일 이상이 걸려 2018년 5월 10일에야 바로 섰다. 아무것도 없었다. 함몰 등의 충돌 흔적은 물론 긁힌 자국조차 없었다. 선체조사위원장 김창준 씨는 당일 바로 말했다. "현재 좌현 외부를 보면 외력에 의한 충돌이나 함몰된 흔적이 안보인다. 결론은 정면이나 측면에서 충돌은 없었다는 것이다."(세계일보, 2018.5.10) 모두 꿀 먹은 벙어리였다. 음모론을 제기했던 사람들 모두가 그랬다. 국무총리 이낙연도 그랬다. 배는 바로 섰고 왼쪽 측면에는 아무것도 없었다. 그러나 정권을 장악한 그들은 물러나지 않았고 반성하지도 않았다. 오히려 더 뻔뻔하게 나왔다. 좌파들의 본색이다.

세월호 참사 초기부터 음모론을 제기하며 국민을 혼란스럽게 하고 모든 책임을 박근혜에게 집중시키는 공작의 선두에 있었으며 영화까지 만들어 큰 돈을 벌었던 김어준은 세월호가 직립하고 아무런 흔적도 나오지 않았음에도 조용했다. 어떠한 해명도 하지 않았다. 2021년 4월 TBS방송 '김어준의 뉴스공장'이 지나친 좌편향성의 문제로 크게 논란이 되었을 때 추미애는 4월 24일 페이스북에 김어준의 방송을 "팩트에 기반한 방송, 진실을 말하는 방송"이라고 말했다. 김어준도 추미애도 지독한 거짓말쟁이이거나 제정신이 아닌 사람들일 것이다. 혹은 거짓과 선동으로 대한민국의 공산국가화를 완성하겠다는 사람들일 것이다. 이런 부류의 사람들이 계속 대한민국의 여론을 주도하고 대한민국을 통치한다면 이 나라는 주사파들의 바람대로 김정은의 땅이 될 것이다. 그들이 직접 갖다바칠 지도 모를 일이다.

4. 진실은 아직도 바다 속에 있는가

세월호 참사의 성격은 사회적 재난이다. 해상에서 일어난 교통사고다. 해상에서 일어나는 많은 사고가 그렇듯 대형 참사였다. 이런 사회적 재난은 어느 시대 어느 장소 어느 나라에서나 있었다. 1514명이 희생된 1912년의 타이타닉 침몰, 4375명이 사망한 1987년의 필리핀 여객선 충돌사고, 1863명이 희생된 2002년의 세네갈 여객선 침몰 사건, 1100여 명이 사망한 2006년 이집트 여객선 화재사고는 모두 해상 교통사고인 동시에 사회적 재난이다. 한꺼번에 3000~5000명 이상이 희생된 2차대전 교전 중의 해상침몰 사고는 제외한 것이다. 한국의 경우도 해상 교통사고는 늘 있었다. 326명이 사망한 1970년의 제주 남영호 침몰, 292명이 희생된 1993년의 서해 페리호 침몰 등이다. 사망자 숫자를 비교하면 304명이 희생된 세월호 참사는 남영호 사건에 이은 역대 두 번째다. 532명이 사망한 삼풍백화점 붕괴, 192명이 희생된 대구지하철 참사도 사회적 재난이며 47명이 사망한 2018년 밀양 세종병원 화재, 2019년 헝가리에서 우리 국민 26명이 사망한 여객선 침몰, 38명이 사망한 2020년의 이천물류센터 화재도 마찬가지다. 코로나19와 같은 세계적 규모의 재난도 있었다. 그러나 세월호 사고는 특별하다. 문재인과 민주당 때문이다.

세월호 참사가 특별한 것은 이 사회적 재난이 한 정권을 중도에 하차시키는 도화선이 되고 한 나라의 이념적 흐름을 우익에서 좌익으로 바꾸어 놓는 결정적 계기가 되었다는 점이다. 재난의 원인과 책임소재에 대해 사회적으로 합의된 결론이나 견해가 없다는 사실도 매우 특이하다. 이유는 단순하다. 한 진영에서 이 참사의 진실이 아직도 밝혀지지 않았다고 버티고 있기 때문이다. 그들은 사고의 원인과 책임에는 관심이 없다. 그들은 오직 '진실'만을 말하고 있다. 이 참사의 진상이 밝혀지지 않은 것이 아니다. 밝혀진 진상을 그들이 부정하고 있을 뿐이다. 그들은 더불어민주당을 중심으로 하는 종북좌파 세력이다. 그들의 우두머리는 문재인이다. 문재인은 그들 중에서도 세월호 진실이 아직도 밝혀지지 않았다고 가장 자주 말하는 사람이다. 매우 수상한 일이다.

이 참사의 진실은 대체 어디에

해경과 검찰의 종합적 조사에 의해 밝혀진 세월호 참사 당일의 진상을 시간의 흐름으로 보면 이렇다. 세월호가 침몰하기 시작한 것은 오전 8시 58분이며 / 9시 23분에 선체는 이미 50도 이상 기울어 내부 탑승자 구조는 현실적으로 불가능하게 되었다. 실제 탑승자들이 가족들에게 "배가 침몰한다"며 빗발치게 보내던 메시지는 9시 23분 전후로 일제히 끊어졌다 / 세월호사건이 청와대의 박근혜 대통령에게 최초로 보고된 시각은 10시 정각이었다 / 이어 모든 언론은 전원 구조를 보도했다. '전원 구조' 자막을 KBS는 10시 38분에, MBN과 MBC는 11시 1분에, YTN은 11시 3분에 내보냈다. 이때부터 국민도 정부도 모두 마음을 놓았다. 특히 MBC는 팽목항 현장에 나가 있던 MBC 기자가 "전원 구조가 아닐 수도 있다"고 보고했으나 이를 무시했다 / 언론의 보도를 믿은 국민은 이때부터 안심했으나 해양경찰 등의 정부기관은 언론의 보도와는 다른 보고가 올라오는 현장상황에 혼란스러워 했다.

여러 조사와 수사를 거쳐 밝혀진 세월호 침몰의 원인은 참사 책임자들에 대한 재판 과정에서 다음과 같은 많은 원인이 낱낱이 그리고 반복적으로 알려졌다. 선박의 노후화 / 화물과적 / 선체 상부의 불법 증축과 이로 인해 지나치게 높아진 무게 중심으로 선박의 좌우 균형이 취약해짐 / 평형수 부족 / 화물을 제대로 고정시키지 않아 선박의 중심에 변화가 생기면 한쪽으로 몰릴 수 밖에 없었던 점 / 조타장치 밸브의 고장으로 우현 37도로 돌아 고정된 방향타 / 선장 등의 운항 미숙 / 승객을 구조하지도 않은 채 자신만 살겠다고 도망친 선장과 선원들 / 이런 함량 미달의 선장과 선원을 값싼 임금으로 고용한 선주 유병언 / 선박회사와 행정기관의 감독 부실 등의 여러가지가 직 간접적 원인으로 작용한 결과였다. 모두 조사와 수사에 의해 밝혀진 것이다. 이러한 원인을 모두 나열하는 이유는 보통의 국민 중에 아직도 세월호 침몰의 이유와 책임이 대통령 박근혜에 있다고 믿고 있는 사람이 많기 때문이다. 민주당을 중심으로 하는 좌익세력의 거짓말과 선동에 속아 넘어간 믿음이다.

304명의 희생자를 낸 세월호 참사는 대한민국 건국 이후 세 번째로 많은 사망자를 기록한 사회적 대참사였다. 결코 원하지 않는 사고지만 어느 시대 어느 정권에서나 있었던 불행이다. 그럼에도 참사가 일으나고 37분이나 지나서 첫 보고를 받은 대통령 박근혜에게 그 책임을 뒤집어 씌우려는 종북좌파의 공격은 집요하면서도 악랄했다. 박근혜처럼 사회적 재난에 대해 책임을 지고 대통령이 물러나야 한다면 앞으로도 구호에 직접적으로 나서지 않았다는 이유로 대통령은 모든 재난사고에 책임을 져야 할 것이다. 그렇게 된다면 관할하는 영역을 좁혀가며 일정한 지역을 통치하고 안전을 책임지는 도지사 시장 군수는 존재할 이유가 없어지며 소방청장도 경찰청장도 필요 없을 것이다. 그러나 바티칸 모나코 싱가포르 같은 도시국가도 그렇게 하지는 않는다. 문재인 시대에도 재난사고는 무수히 많았다. 코로나처럼 그 자신의 실정으로 키운 재난도 있었다. 코로나 방역 실패를 그의 책임으로 규정한다면 사망자 규모에서 압도적인 1위인 이 재난에 대한 문재인의 책임은 세월호참사와는 비교할 수 없을 정도로 엄중하고 막대한 것이다. 코로나로 인한 사망자 숫자는 2020년 1월부터 2023년 6월까지 총 35,063명(통계 출처: 면역학자 배용석 제공)이었다. 그러나 문재인에게 그 책임을 물어 탄핵을 시도한 적은 없다. 국민과 우익진영은 그들처럼 엉터리도 아니고 사악한 존재도 아니다. 종북혁명을 하고 있는 것은 더욱 아니다.

2017년 3월 10일 헌재에서 박근혜 탄핵안을 심판할 때 국회에서 올라온 소추안에는 세월호 참사에 대한 박근혜의 직접적 책임도 사유 중의 하나로 포함되어 있었다. 그러나 헌재는 이것을 탄핵사유로 받아들이지 않았다. 박근혜에게 책임을 물을 일이 아니라는 취지였다. 그러나 세월호 참사에 대한 책임을 박근혜에게 뒤집어 씌우려는 문재인 세력의 공세는 집요했다. 세월호를 박근혜 정부를 전복시키기 위한 하나의 공격 소재로 삼기로 한 것이다. 이를 위해 참사 유가족의 슬픔과 분노를 이용하는 그들의 선동은 유족들에게 보상금을 더 지급하는 일에는 도움이 되었을 것이나 유가족이 아픈 상처를 딛고 일어서서 남은 생을 의미있게 살아가는 길은 막아버리는 것이었다. 이런 점에서 그들은 잔인하고도 악랄했다.

정치적 공세의 소재로 악용한 참사
문재인은 2017년 3월 10일 박근혜 탄핵이 결정되던 날 팽목항을 방문하여 방명록에 "얘들아 고맙다"고 썼고 많은 국민은 대체 그런 장소 그런 상황에서 어떻게 고맙다는 감정이 생길수 있는지 궁금해 했으나 이제 분명해졌다. 우익정권을 뒤집어 엎고 우익세력을 두고두고 공격할수 있는 소재를 줘서, 너희 학생들 250명이 죽음으로 그런 소재를 만들어 줘서 고맙다고 한 것이 아닐까. 아마 그럴 것이다. 문재인 세력이 세월호 참사를 필요에 따라 수시로 꺼내어 정치적 소재로 악용한 크고 작은 사례는 무수하다. 구체적 사례 딱 하나만 들기로 한다. 2019년 전 국무총리 황교안이 야당 대표가 되어 문재인에게 각을 세우자 세월호특조위가 나섰다. 특조위는 황교안이 세월호 참사 후 법무장관과 국무총리로 재직하며 세월호 수사를 방해했다는 의혹을 제기하고 황교안을 조사하기로 결정했다. 이미 5년이나 지난 때였다. 그 전에도 수사방해를 이유로 이미 여러 차례 황교안을 공격했고 그때마다 조사결과는 '혐의없음'이었다. 야당 대표가 된 황교안을 여론전으로 주저 앉히기 위해, 그리고 문재인 정권을 비판하는 그의 예봉을 꺾어놓기 위해 세월호특조위가 또 나선 것이다. 그러나 다음해 2020년 4월 총선 참패의 책임을 지고 황교안은 야당 대표에서 물러났다. 그 다음에는 조용했다. 조사하겠다는 말도 없었다. 황교안에게는 세월호에 죄가 있는 것이 아니라 문재인을 비판한 것이 죄가 된 것이다. 바로 이것이 세월호특조위의 역할이었다. 문재인이 세월호사참위의 활동기간을 다음 대선이 있는 2022년 6월까지 연장하고, 특검까지 새로 발족시키고, 거기다 예산을 배정하고, 자기들 사람을 배치하는지 이유는 바로 여기에 있었다. 문재인이 평목항에 가서 "얘들아 고맙다"고 한 것도 박근혜와 우익세력을 무너뜨릴 수 있는 공격 소재로 써먹을 수 있도록 하늘의 별이 되어준 너희들이 고맙다 그런 뜻이었을 것이다. 문재인과 종북세력 이 사람들 참으로 악랄한 사람들이다.

두 사람은 어디 가고 박근혜만 남았는가

세월호참사 초기에는 세월호의 실질적 선주 유병언과 그가 지배하는 회사와 그가 교주로 있는 종교집단에 대한 책임이 거론되고 이에 대한 조명에 사회적 관심이 집중되었다. 이어 유병언과 문재인의 유착관계에 대한 의혹도 제기되었다. 의혹이란 12년 전 파산관재인 문재인이 유병언으로부터 채권을 받아내어 국고에 귀속시켜야 했던 45억 원을 문재인이 왜 받아내지 않았으며, 오히려 노무현 정권의 민정수석으로 청와대의 권력자로 있던 시기에 유병언의 회사에 몇 차례에 걸쳐 2500억 원 이상의 부채를 탕감해 주어 IMF 무렵 부도가 났던 유병언을 재기할 수 있게 해주었나 하는 것이다. 그리고 이것이 참사의 씨앗이 되었다는 사실이 주목을 받았다. 문재인이 유병언으로 부터 받아내지 않은 45억은 결국 고스란히 국민의 혈세로 메워졌고 탕감해준 2500억 원의 부채도 마찬가지다. 참사 수습에 들어간 비용 수천억 원 중 극히 적은 부분만 회수되었고 대부분은 국민의 세금으로 메워졌다. 결국 문재인 그의 '대통령 되기'의 과정에서 부당하게 쓰인 자금이 국민인 우리의 주머니에서 나온 것이다. 세금을 내는 국민의 한 사람으로서 분노하는 지점이다.

문재인은 권력을 잡은 후에도 국가가 대납한 비용을 유병언 일가로부터 회수하는 일에 적극적으로 나서지는 않았다. 유병언의 차남 유혁기는 세월호 선사인 청해진해운의 실질적 지배주주로서 드러난 것만 총 290억 원의 회삿돈을 횡령한 혐의를 받고 있었고 미국에 많은 재산을 가지고 있는 것으로 알려졌다. 그는 미국에서 6년의 도피 끝에 2020년 7월 체포되어 재판을 받았다. 미국 법원은 2021년 7월 유 씨를 한국으로 송환할 수 있다는 판단을 내리고 유 씨가 한미범죄인인도조약에 따른 송환 대상자에 해당한다는 결론을 내렸다. 다만 공소시효가 지나 송환을 집행할 수 있느냐 하는 논란에 대해서는 미 국무부로 최종 결정을 넘기고 그를 법무부 산하 연방보안관실에 계속 구금할 것을 명령했다.(동아일보, 2021.7.4) 이에 국내 언론은 정부가 미국 국무부에 협조를 요청하고 그를 국내로 소환할 수 있을 것으로 예상했다. 그러나 문재인 정권이 끝날 때까지 송환되지 않았다. 문재인 세력이 그의 송환을 바라지도 않았고 그의 횡령자금을 회수하여 손실된 국고를 메울 생각도 없었던 것이다.

세월호의 모든 책임을 박근혜에게 뒤집어 씌우고 유병언 일가의 책임은 제대로 묻지 않는 것이 문 정권의 일관된 방침인 듯 했다. 유병언과 문재인의 유착 의혹을 덮으려는 목적일 것이다. 이로써 세월호의 주연 유병언은 사라지고 또 다른 주연급인 문재인은 보이지 않게 되었으며 남은 것은 박근혜 뿐이었다. 문재인 정권과 좌익언론과 종북세력은 일사분란하게 세월호 참사의 모든 책임을 박근혜에게로 몰아갔고 시간이 지날수록 유병언 일가와 그의 회사의 책임은 뒷전으로 밀쳐졌다. 그리고 문재인과 유병언의 관련성도 덮혀졌다. 결국 유병언은 죽어서 잊혀지고 유병언 일가와 그들의 사업체와 종교단체는 문재인 세력의 방해와 좌익언론의 어용질과 문재인 정권의 소극적 대응으로 잊혀졌다. 문재인과 유병언의 유착관계는 그렇게 덮히고 잊혀졌다. 그리고 참사의 모든 책임은 박근혜의 몫이 되었다. 그렇게해서 세월호 사건은 유병언의 사건도 아니고 문재인의 사건도 아니게 되었다. 박근혜 사건이 되었다. 거짓과 조작을 앞세운 문재인의 공산당식 선전선동 전술이 또 승리한 것이다.

문재인은 세월호 참사라는 이 국가적 비극을 우익정부를 붕괴시키고 좌익의 입지를 공고히 다지는데 철저히 이용했다. 문재인 정권에서도 대형 화재 등 수십여 명의 사망자를 낸 크고 작은 참사는 무수하게 많았다. 초기에는 국무회의를 진행하기 전에 묵념하는 모습이라도 보여주더니 조금 지나자 그마저 하지 않았다. 사회적 사고를 제대로 관리하지 못하는 그의 정권의 무능이 돋보이기 때문인 듯 했다. 그들에게 참사는 자유민주 진영에 대한 공격용 또는 선전용 도구에 지나지 않았다. 세월호도 그런 것 중 하나였다. 대통령 문재인은 임기 종료 직전까지도 밝혀내지 못한 세월호의 진실이 있다고 했다. 총 9차례의 조사 중 4번이 자신이 집권하는 동안 있었을 정도로 세월호 진실 밝히기는 그의 임기 내내 진행되었다. 그러고도 밝혀내지 못했다면 그것은 없는 것이 분명하다. 없는 것을 자꾸 있다고 말하는 사람 문재인, 그는 제정신일까.

국민이 알지 못하고 그가 밝혀내지 못한 진실이 있다면 참사 초기 특별법 제정을 요구하는 단식농성을 하고 후에는 최고 권력자가 된 그가 스스로 밝혀내야 할 일이다. 그것을 밝히는 것은 그것이 있다고 말한 그의 책무다. 그는 영원히 밝혀내지 못할 것이다. 그가 입을 다물고 그것을 더 이상 말하지 않는다면 진실은 간단히 확정된다. 720억 원을 들인 9번의 조사결과를 수용하면 진실은 바로 그곳에 있다. 그는 계속 '진실'을 말하며 이 720억 원짜리 조사결과를 부정했다. 국민인 우리는 이미 다 알고 있는 세월호의 진실은 그 자신도 알고 있을 것이다. 그래도 주권자인 우리가 꼭 알아야 할 하나의 진실이 남아있다. 문재인과 유병언의 유착의 진실이다. 유병언 문재인 두 명의 당사자 중 한 명은 아직 살아있다. 경찰 검찰 과학자 역사가들의 관심을 촉구한다.

제3장

문재인은 이렇게
박근혜의 권력을 훔쳤다

2012년 8월 민주당 이종걸 의원은 상대 당의 유력 대선후보였던 박근혜를 '그년' '2년'이라 불렀다. 박근혜가 대통령에 당선된 직후인 2013년 7월 홍익표 의원은 대통령을 '귀태鬼胎' 즉 태어나지 말았어야 할 인간이라고 했고 정청래 의원은 '바뀐애는 방 빼'라고 했다. 민주당의 이 잘난 수컷 정치인들은 독신의 여성 대통령을 처음부터 이렇게 만만하게 대했다. 그때는 무식하고 저질스러운 민주 놈팽이들의 악담 정도로 생각했다. 운동권 주사파 출신인 이들이 동지 문재인과 함께 자유민주주의 정부를 전복시키려는 수작이었다는 것을 알아차리는 데는 몇 년이 더 걸렸다.

정권 도둑질, 탄핵

헌정 사상 처음으로 탄핵되어 도중에 하차한 대한민국 제18대 대통령 박근혜는 탄핵되어야 마땅했는가. 탄핵의 사유가 있기는 했는가. 아니다. 그에게는 어떤 탄핵의 사유도 없었다. 기어이 그의 잘못을 찾는다면 그가 문재인이 이끄는 종북세력의 머릿수와 힘의 크기, 그들의 전략 전술, 무엇보다 북한정권과 연결된 그들의 위험성을 충분히 알아차리지 못했다는 것이다. 그들이 모두 새빨간 거짓말과 사실의 조작과 그것으로 국민을 선전 선동하는 기술을 익힌 공산주의 혁명가들이라는 점과 그들이 얼마나 사악하고 잔인한 사람들인지에 대해 이해가 부족했다는 점이 잘못이다. 이 사실을 충분히 알았던 그의 부친 박정희는 독재자의 불명예를 감수하면서도 강력한 반공정책을 펼치며 그들을 사형시키고 감옥에 보냈다. 그러나 박근혜는 그렇게 하지 않았다. 대가는 컸다. 그는 탄핵되어야 할 이유없이 탄핵되고 문재인이 권력을 잡은 시간의 대부분을 감옥에 있어야 했다. 그의 개인적 불행과 대한민국 쇠망은 그렇게 시작되었다.

박근혜의 통치행위에서 직무상 중대한 위헌 위법은 아무것도 찾을 수 없다. 탄핵의 사유로 제기된 것이 모두 거짓이라는 사실이 밝혀졌으니 그가 탄핵의 사유없이 탄핵되었다는 사실은 이미 증명되었다. 그렇다면 박근혜는 대체 왜 탄핵되었을까. 종북세력이 대한민국을 북한화하는 종북혁명에 그 이유가 있다. 종북세력의 지도자 문재인이 18대 대선에서 자신을 패배시킨 박근혜를 무너뜨리고 자신의 종북정권을 세우기 위해 공격을 시작한 것은 박근혜 정부의 출범과 거의 동시였다. 그리고 종착점은 현직 대통령의 탄핵과 문재인의 정권 도둑질 성공이었다.

1절 반신불수가 된 박근혜 정부

박근혜 정부가 출범하자 문재인 세력은 대통령 개인에 대한 인신공격 부터 시작했다. 그들은 최초의 이 여성 대통령을 저질의 언어는 물론 음란한 그림까지 동원하며 마구 공격했고 정부가 하는 일에는 사사건건 시비를 걸어 정상적인 국정운영이 불가능 할 정도였다. 세월호사태가 발생하자 이 사회적 참사를 물고 늘어지며 총공격을 퍼부었고 제주해군기지의 건설과 사드배치 같은 북한의 위협에 대비하는 일에는 무조건적으로 반대했으며 국가 정체성을 지키기 위해 착수한 역사교과서 국정화에는 종북세력 전체가 나서 이를 결사적으로 막아섰다. 2016년 여름부터 그들은 사드배치를 반대하며 박근혜에 대한 압박의 강도를 높이고 정부의 기능을 마비시켰다. 이 여성 대통령은 그것까지는 힘겹게 버텨내는 듯 보였다. 그러나 민주당이 조직적으로 만들어 낸 최순실의 유령은 이겨내지 못했다. 국정원 댓글 공세, 국정교과서 사건, 세월호참사 공세, 사드배치 반대와 최순실게이트, 이 모든 공격은 상승작용을 하며 큰 파도를 만들었고 박근혜는 결국 이 파도를 넘지 못했다. 대통령 박근혜는 파도 속으로 휩쓸려 갔고 대한민국도 함께 기울기 시작했다.

1. 박근혜가 대체 무엇을 잘못했나

2012년 12월 박근혜는 민주당 후보 문재인을 꺾고 제18대 대한민국 대통령에 당선되었다. 그러나 패배한 문재인과 그의 민주당 동지들은 대통령을 향해 취임과 동시에 거세게 공격하기 시작했고 그들의 공격은 박근혜 집권 기간 내내 이어졌다. 박근혜는 3년10개월을 버티다 결국 대통령직이 정지되었고 3개월 후 청와대를 나와 사저로 돌아갔다. 그리고 구속되어 4년 하고도 9개월을 감옥에 있었다. 박근혜는 문재인 세력의 공격으로부터 자신을 지키고 정권을 방어하고 대한민국을 온전히 이끌어 가는데 실패했다. 그렇다면 박근혜에게 무슨 중대한 잘못이라도 있었는가. 아니다. 오히려 그는 도중에 짤려버린 짧은 임기 동안 적지 않은 성취를 남겼다. 문재인이 대통령이 되고나서 했던 일과 비교하면 박근혜의 업적은 압도적이다. 민생을 내팽개치고 나라의 발전과 미래를 위한 국정운영에는 무관심한 채 오직 좌익세력의 이익을 도모하고 김정은의 입장을 옹호하며 자신의 퇴임 후의 복지와 안전만 챙긴 문재인과 비교하면 박근혜가 짧은 재임기간 동안 이룬 업적은 혁혁하다. 문재인이 한 일은 대한민국 '파괴'였고 박근혜가 한 일은 대한민국 '바로잡기'였다. 문재인 세력이 그를 마녀로 만들어 탄핵하고 국정농단이란 프레임을 만들어 감옥에 가둔 결과 우리가 지금은 기억조차 못하고 있는 박근혜의 업적은 이렇다.

문재인과 비교되는 박근혜의 빛나는 치적

박근혜는 자유민주주의 체제 위에서 통일된 한국을 이룩하기 위해 '통일준비위원회'를 출범시키고 자신이 직접 위원장이 되어 통일을 준비했다.

그가 지향한 통일은 당연히 자유민주주의 체제를 전제로 대한민국이 주도하는 통일이었다. 그러나 북한 중심의 통일을 지향하는 민주당과 종북 단체들은 이를 방해했고 그래서 별다른 진전을 보지 못한다. 그는 '통일은 대박'이라는 말로 국민적 에너지의 결집을 기대했으나 오히려 이것은 종북세력이 그의 정권을 붕괴시키기 위해 결집하는 대항 에너지로 작용한다. 그리고 민주당과 문재인의 지속적인 반대와 방해를 무릅쓰고 북한 동포의 인권 보호와 신장을 목표로 북한인권법을 제정했다. 이 역시 북한 동포의 비참한 노예 상태에는 무관심한 채 오직 김 씨 일가의 이익과 안전만을 생각하는 문재인 세력의 방해로 무용지물이 된다. 또한 민주당과 종북세력의 거센 방해를 이겨내고 북한의 핵무기와 미사일에 대비하는 방어시스템인 사드 배치를 관철시킨 것도 바로 그였다. 박근혜는 확고한 통일정책과 단호한 대북정책을 수립한 대한민국 대통령이었다.

박근혜는 한중자유무역협정의 체결로 동북아의 경제협력을 증진시키고 평화상태를 더욱 공고히 하였으며 미국 일본 등 자유진영과의 협력관계를 강화하여 국제적 통일 환경을 조성하는 등 외교와 안보 분야에서의 성취도 적지 않았다. 그는 중국에 굴종적으로 매달리지 않고도 시진핑의 방한을 성사시켰고 자신도 중국을 방문해서 천안문 성루에 시진핑 푸틴과 나란히 서서 대한민국의 위상을 전 세계인에게 직접 눈으로 확인시켜 주었다. 박근혜의 대 중국 외교는 우리 기자가 구타당하고 대통령이 무려 여덟 끼나 혼자 밥을 먹은 문재인의 외교와는 비교할 수 없는 것이었다. 오직 북한에만 매달리다 서방의 모든 국가로부터 따돌림을 당하고 심지어 중국으로부터도 푸대접을 받은 문재인의 외교와 비교해 본다면 외교분야에서 박근혜의 업적은 참으로 빛나는 것이었다. 대한민국을 자유진영 공산진영 모두로부터 존중받게 한 박근혜의 외교였다. 박근혜가 통치한 시간은 대한민국 외교의 황금시대였다.

공직자 언론인 등을 대상으로 하는 청탁금지법인 김영란법을 제정하여 깨끗하고 투명한 대한민국 사회를 만드는 법적 토대를 마련한 것도 그의 업적이며, 반국가 이적 정당인 통진당 해산, 좌익 성향인 교원노조의 노조자격 박탈, 기금 고갈이 예상되던 공무원 연금의 개혁 등 내치 방면에도 적지않은 성취가 있었다. 온갖 방해를 받으며 5년의 임기를 다 채우지도 못하면서 해낸 업적이며 그의 탄핵만 기억하는 우리가 까맣게 잊어버린 박근혜의 치적이다. 문재인이 자신의 임기 5년을 다 채우면서도 어떠한 성취도 없이 오직 공산당식 선전과 선동과 국민분열 정책만으로 높은 지지율을 유지했던 일을 상기하면 박근혜의 업적은 더욱 분명해진다. 지식인들과 자유주의 역사학자들에 의해 재평가되고 다시 기록되어야 할 대통령 박근혜의 성취다. 국민인 우리가 먼저 알아야 하는 박근혜의 알차고 빛나는 업적이다.

박근혜의 잘못을 찾는다면
박근혜는 그의 통치기간 동안 정치력의 빈곤과 포용력의 부족, 그리고 야당 및 언론과의 소통 부족으로 늘 비판 받았다. 특히 우익진영의 차기 대권주자들과 갈등을 빚으며 힘의 단합에 실패함으로써 김무성 유승민 등 배신한 동지들까지 합류한 문재인 세력의 공격에 무기력하게 당하다 정권을 빼앗기고 자신은 영어의 몸이 되었다는 평가를 받는다. 그리고 부친 박정희가 경제 강국의 초석을 다진 자유민주주의 국가 대한민국을 좌익의 손에 넘겨주었다는 것이 우익진영 국민들이 박근혜를 평가하는 보통의 견해다. 이 견해가 맞다면 우리의 시각은 박근혜를 공격한 문재인 중심의 민주당과 종북세력에 주목해야 한다. 도둑질을 당한 사람보다 도둑질을 한 사람에 주목하고 비판해야 한다는 뜻이다. 누가 도둑놈인지 알고 그 도둑놈을 막아야 집도 나라도 안전하게 지켜질 것이다.

국가 경영의 핵심적인 의제는 자유민주주의의 진전, 개인과 기업과 국가 단위의 경제 발전, 과학 기술의 경쟁력 강화, 사회적 국민적 통합, 문화와 예술의 발전, 외교와 안보능력의 강화 등이다. 박근혜에 대한 평가에 이러한 정상적 국정운영에 대한 비판은 없다. 단지 정치력 빈곤, 소통 부족 등의 기술적인 측면에서의 잘못만 지적한다. 그렇다면 박근혜는 자유민주주의 국가의 수반으로서 마땅히 수행해야 하는 일에는 비난받을 일이 없다. 이미 서술한 것처럼 박근혜는 임기를 다 채우지 못하면서도 많은 치적을 남겼다. 단지 우익진영을 단합시키며 문재인이 이끄는 종북세력의 공격으로부터 자신과 우익진영과 자유민주주의 대한민국을 지켜내지 못했다는 점에서 비판받을 뿐이다. 고질적인 진영간의 대립, 즉 우익과 좌익간의 패싸움에 소홀하여 나라의 주도권을 문재인 세력에게 넘겨준 잘못이 그가 비판받는 유일한 지점이다. 따라서 우리는 정상적인 국가경영에는 잘못이 없는 박근혜를 비판하기보다 그를 향한 문재인 세력의 반국가적이고 위헌적 위법적 공격에 주목해야 한다. 문재인의 정권 절도를 논하기 전에 박근혜의 잘못을 좀 더 찾는다면 다음 정도일 것이다.

박근혜는 김무성 유승민 등 국가에 대한 사명감보다 자신의 영달을 먼저 생각하는 동지들을 과감히 쳐냄으로써 정권의 힘이 분산되는 것을 막지 못했다. 아니면 그들을 아량 넓게 포용하여 문재인 세력과 싸우는데 힘을 보태도록 하지도 못했다. 자기편의 과오는 무조건 감싸주고 진영의 이익을 위해 국가예산을 물쓰듯 하며 모든 알짜 보직과 특혜를 나누어 가지며 단합과 충성을 확보했던 문재인과 비교하면 박근혜는 김무성 등 차기 대권주자로 거론되던 잠룡들에게 자신처럼 국가와 국민에게 헌신하는 자세만 요구했을 뿐 아무것도 보장해주지 않았다. 결국 김무성 유승민 등의 동지들이 문재인과 민주당과 박지원 안철수와 야합하고 한 패거리가 되어 자신을 겨누는 배신의 칼을 받아야 했던 것은 박근혜 자신에게도 불행이었지만 우익진영은 물론 국가에도 큰 불행을 초래했다. 대한민국 정치판에는 박근혜 자신의 부족한 정치력, 특히 여성 대통령으로서 어쩔 수 없는 부족한 부분을 채워줄 수 있는 의리있고 국가관이 투철한 사내 정치인은 없었다. 박근혜는 밀실에서 이루어지는 정치를 배척했고 그래서 이미 밀실정치의 맛에 길들여진 김무성은 야당의 정치 모리꾼인 박지원과 밀실에서 형님 아우하며 자신에게 들이댈 칼을 갈고 있었던 것이다. 결국 박근혜 자신을 포함한 우익진영은 붕괴되고 동시에 스스로를 폐족이라 불렀던 문재인 세력은 거뜬히 재기하여 정권을 손에 넣을 수 있었다. 박근혜의 치명적인 실수는 바로 여기에 있다.

많은 우익진영의 국민은 박근혜가 대통령의 권력으로 반국가적 종북세력을 일소하는 일에 강력한 통치력을 발휘하지 못한 점을 비판한다. 그러나 이것은 이명박도 윤석열도 쩔쩔매거나 끌려다녀야 할 정도로 대한민국은 이미 종북좌익의 세력이 주도권을 장악한 나라가 되었으니 박근혜를 비판할 수 있는 지점이 아니다. 오히려 좌익이 주류가 된 대한민국을 '비정상의 정상화'라는 이름으로 바로 잡으려 노력했던 박근혜에게 힘을 보태지 않았던 우익 정치인들과 박근혜가 탄핵정국에서 마녀사냥을 당할 때 수수방관하고 있었던 국민들이 비판 받아야 마땅한 일이다.

또하나 박근혜가 잘못한 일이 있다면 자신의 퇴임 후를 준비하지 않았다는 점이다. 이것은 문재인과 극명하게 대비되는 일이다. 문재인은 퇴임 후의 자신의 안전을 위해 조국 등 차기 대권주자들의 명백한 범죄혐의조차 철저히 감싸며 보호했다. 문재인은 국가의 법치 시스템과 형사사법제도의 파괴까지 불사하며 집권하는 동안 범했던 자신과 수하들과 차기 대권 주자들의 모든 범죄적 통치에 대한 처벌에 대비했다. 그러나 박근혜는 아무것도 준비하지 않았다. 문재인은 그의 임기 내내 자신의 퇴임 후의 안전과 안녕을 준비했으나 박근혜는 대한민국의 미래를 준비했다. 박근혜는 자신에게 아무런 죄가 없으니 퇴임 후를 위해 무엇도 준비할 필요가 없다고 생각했고 문재인은 반대였다. 문재인은 자신이 범한 수많은 범죄의 엄중함을 알고 있었고 그래서 2중 3중의 방탄복을 준비했다. 그렇다면 문재인은 사악했고 박근혜는 순진했던 것일까. 아니다. 공산주의자와 자유민주주의자의 다름이다. 박근혜는 문재인 세력이 반대 진영에 대해서는 없는 죄도 만들어내고 자신의 것은 명백한 범죄도 깜쪽같이 감추는 거짓과 조작과 은폐의 기술을 익힌 사람들이라는 사실을 몰랐을까. 그것을 몰랐다면 그의 잘못이 분명하다. 그러나 거짓과 조작과 선전 선동의 공산당 수법으로 박근혜의 권력을 강탈한 문재인은 잘못의 수준으로 따질 일이 아니다. 그것은 반역이다. 국가와 국민에 대한 반역이다. 문재인이 대한민국과 국민인 우리를 반역한 일을 추적한다.

2. 드루킹의 조족지혈 국정원 댓글

급속한 산업화와 압축된 경제 발전의 시대에 늘 일하느라 바빴던 우익의 사람들과 달리 좌익의 사람들은 생산적인 일에는 관심이 적었다. 성城을 쌓을 생각도 능력도 없었던 좌익은 우익 국민이 쌓아 놓은 성에 대해 비판하고 비난하고 반대하는 일에만 열심이었다. 그들 대부분은 대한민국의 급속 성장의 시대에 잉여 인간에 가까웠다. 박근혜 탄핵으로 문재인의 세상이 되고 난 직후 한 때 유행했던 '하마터면 열심히 살 뻔했다'는 말은 그들의 이런 성격을 압축한 의미였다. 빈둥거리다 우익이 해놓은 것을 빼앗으면 된다는 말이었다. 열심히 일하여 갑근세를 내는 근로자와, 많은 재산세와 상속세를 내는 부자와, 막대한 규모의 부가세와 법인세를 내는 기업이 납부하는 세금을 요령껏 타먹거나 빼먹으면 된다는 뜻이기도 했다. 기회의 평등이 아닌 결과의 평등, 즉 분배의 평등을 지향하는 것이 좌익 그들의 이념이다. 일하지 않고 열매만 바라는 좌익에게 작은 수고로 큰 힘을 가질 수 있는 새로운 세상이 열렸다. 온라인 세상이다. 그들은 온라인에서 전쟁을 벌였고 결국 승리했다.

그들의 세상, 온라인

대한민국이 급속한 성장을 거듭한 수십 년 간 대체로 아웃사이더이던 그들에게 온라인 공간은 그들이 세상을 지배할 수 있는 도구가 되었다. 김대중 정부는 IT산업에 집중 투자했고 이것은 대한민국의 성장에도 크게 기여했다. 좌익세력은 먼저 이 분야에 배정된 막대한 국가예산을 진영을 살찌우는 기회로 써먹는다. 대한민국이 건강한 선진국이 되기 위해서는 이 당시 종북단체를 비롯한 좌익세력에게 무분별하게 뿌려진 이 돈에 대한 진상조사는 반드시 필요하다. 좌익은 또한 IT산업이 창조한 온라인 공간을 선점하고 이것을 도구로 대한민국을 장악했다. 노무현 시대부터 확연했던 현상이다. 문재인의 시대에 30~40대는 노무현 시대의 20~30대였다. 노무현을 지지했던 그때의 청년들은 10여 년이 지나 노무현의 친구를 자처하는 문재인을 압도적으로 지지했다. 좌익은 그렇게 인터넷이라는 새로운 도구를 이용하여 최소한 20년 단위의 작은 한 세대를 장악하는데 성공한다. 거의 완벽한 성공이었다.

드루킹 사건이 드러날 때까지 좌익이 온라인 세상을 장악하고 있다는 사실을 어느 정도는 알고 있었지만 확실하게 주장할 수 있는 정도는 아니었다. 이 사실은 '문재인 대통령 만들기'의 1등 공신 김경수를 통해 확실하게 드러났다. 김경수는 드루킹 사건이 터지기 전까지 문재인 정권의 다음 계승자로 지목되는 황태자 중 한 명이었다. 허익범 특검은 그가 총책이 되어 온라인 공간에서 은밀하고 조직적으로 거대한 여론조작을 꾸몄다는 사실을 밝혀냈다. 이 전모에 의해 그들이 온라인 공간을 거의 완전하게 지배했다는 사실도 밝혀졌다. 그런데 이보다 6년전, 온라인 공간이 완전한 좌익의 세상이라는 것을 제대로 인식하지 못한 우익진영이 그곳을 기웃거리다 혼쭐이 난 사건이 있었다. 국정원 댓글 사건이다.

좌익의 선전전에 대한 정부의 대응이 범죄인가

문재인과 민주당 세력은 2012년 박근혜와 문재인이 맞붙은 대통령 선거를 앞두고 국정원댓글사건을 생산한다. 대선 투표를 불과 8일 앞둔 2012년 12월 11일 민주당의 이종걸 강기정 김현 문병호 등 국회의원 4명과 다수의 당직자들은 한 국정원 여직원의 거주지를 찾아가 무려 35시간 이나 밖으로 나오지 못하게 감금했다. 이 직원이 인터넷에 선거 관련 댓글을 올린다는 것이 이유였다. 그리고 며칠 뒤인 12월 19일 실시된 제18대 대통령 선거에서 박근혜는 득표율에서 3.6%, 득표수에서 108만여 표를 앞서 문재인을 누르고 당선된다. 늘 그렇듯 문재인과 민주당과 종북세력이 새로 출범하는 우익 정권을 그냥 둘 리는 없었다. 그들은 이명박의 출발을 광우병으로 혼을 쏙 빼놓았던 것처럼 이번에는 국정원댓글사건으로 박근혜의 발목을 잡으려고 작정한 듯 보였다. 민주당 정치인들은 연일 이 사건을 부각시키며 신정부를 흔들어댔고 6월부터는 서울 도심에서 연일 대규모 촛불시위를 벌였다. 늘 하는 짓이었다. 결국 국정원장 원세훈은 박근혜 취임 다음 달인 2013년 3월에 사직한다. 원세훈은 계속된 좌익의 공세를 이겨내지 못했고 개인의 뇌물혐의까지 더해져 7월에 구속된다. 이후 그는 무려 5년 간 법정과 감옥을 드나들며 긴 공방을 벌였고 김명수 사법부에 의해 2018년 4월이 되어서야 징역 4년이 확정된다.

김대중 노무현 시절부터 온라인 공간을 장악한 좌익세력은 소위 단기 알바를 고용하여 특정사건을 인위적으로 이슈화하는 등 여론조작질을 자행했고 그것은 갈수록 정도가 심해졌다. 이에 이명박 정부때부터 국정원 군 경찰 등에서는 허위사실로 정부를 공격하고 비난하며 반정부 여론을 형성하는 좌파들의 온라인 활동에 대해 해명하고 반박하는 댓글을 달기 시작한다. 대부분은 해당 기관 공무원들이 개인적인 차원에서 이루어진 것이었고 상부의 지시로 움직인 것은 극소수였다. 미디어워치 대표 변희재는 그의 저서를 통해 서울 구치소에서 만난 조현오 경찰청장이 "경찰이 댓글로 정치에 개입한 것이 아니라 경찰의 불법시위 진압을 허위로 공격하는 댓글에 반박하라고 지시했다며 억울함을 호소하더라"고 했다.(테블릿 사용 설명서, 102쪽, 변희재) 이처럼 정부측에서 단 댓글은 적극적인 의견 표출이나 여론 형성을 위한 것이 아니라 좌익세력의 허위 사실을 바로 잡으려는 것이었고 그 빈도나 수량에 있어서도 좌파들의 대규모적인 여론 공작에 비하면 조족지혈이었다. 그러나 좌익들은 여기에 '여론조작' 혹은 '댓글을 통한 정치개입'이라는 큰 이름을 붙이고 박근혜 정권을 향해 무차별적인 공격을 가했다. 그들은 국정원과 군부대 등에서 있었던 간헐적이고 개인적인 댓글에 대해서도 '대선 승리를 목적으로 조직적으로 여론을 조작한 사건'이라는 프레임을 씌우고 사실을 침소봉대하는데 혈안이었다. 정권을 빼앗긴 원인을 노무현의 실정에서 찾기를 거부하고 댓글 공작 때문에 대선에서 패배했다는 엉터리 논리였다.

숙청과 죽음

그들은 드루킹 댓글 조작에 비교하면 한 줌 거리도 되지 않는 이 일의 주모자로 두 대통령과 국방장관 김관진, 국정원장 원세훈을 지목하고 '대통령의 부당한 지시를 국가기관이 충성을 보이기 위해 국가예산으로 여론조작을 주도한 사건'으로 규정했다. 그리고 그 명칭도 '국가정보원 국방부 여론조작 사건'으로 불렀다. 이것은 별것 아닌 것을 대형 사건으로 뻥튀기하는 좌익의 전형적인 조작의 기술이다. 결국 그들의 전술은 성공했고 권력을 잡은 문재인 정권은 전직 대통령 이명박과 박근혜, 김관진 등 군 수뇌부 다수, 국정원장 원세훈 남재준 이병기 이병호, 청와대 비서관 안봉근 이재만 조윤선, 경찰청장 김용판 등 경찰간부 다수, 변창훈 검사 등 다수의 박근혜 정부 인사에게 이 혐의를 씌웠다. 이런 과정을 거쳐 처음에는 사건 같지도 않아 보였던 댓글의 문제는 결국 많은 우익 인사를 구속시키는 초대형 범죄사건으로 둔갑한다. 그것은 범죄에 대한 처벌이 아니었다. 일정한 목적과 패턴에 따라 기획된 것이었고 인민재판을 벌이기 위해 판을 짜는 것이었다. 공산당의 혁명 기술이다.

댓글 사건으로 인한 기소와 재판은 무수하게 많았다. 문재인이 집권하고 앞의 두 우익정권 고위 공직자들을 구속시킬 때 많은 이들의 범죄혐의에는 댓글사건도 포함되어 있었다. 특히 고위직일수록 형량을 늘리는 근거로 동원되었다. 그래서 처벌이라기 보다는 공산주의자들의 자유진영 인사들에 대한 숙청에 가까웠다. 안타까운 두 죽음도 있었다. 현직 검사 신분으로 댓글사건의 수사를 방해했다는 혐의로 조사를 받던 변창훈 검사는 2017년 11월 6일 투신자살로 사망했다. 며칠 앞선 10월 31일에는 변 검사와 같은 혐의로 수사를 받던 정치호 변호사도 숨진 채 발견 되었는데 그가 마지막으로 통화를 한 사람이 변 검사였다. 문재인 정권은 잔인한 방법으로 그들을 막다른 골목으로 몰아갔고 권력의 거대한 음모에 맞설 수 없다는 것을 깨달은 그들은 자신의 결백을 증명하고 명예를 지키는 수단으로 죽음을 선택했을 것이다. 사실과 진실을 은폐하기 위해 일삼는 종북 인사들의 '목숨 던지기'와는 전혀 결이 다른 죽음이었다.

국정원 댓글과 드루킹의 여론조작 비교

2012년 12월의 국정원 여직원 감금사건에 대해 검찰은 2014년 6월에야 이종걸 등 국회의원 4명을 약식기소했다. 그리고 4년이나 지난 2018년 김명수의 대법원은 이들 전원에게 무죄를 확정했다. 1심에서 밝힌 무죄 판결의 이유는 "피고인들에게 감금의 고의가 있었다거나 피해자 김 씨가 감금 상태에 있었다고 볼 수 없다"고 했다. 그 당시의 감금 장면은 TV뉴스

시간에 반복 방송되어 많은 국민들은 여직원이 거주하는 건물의 복도를 점령하여 진을 치고있던 모습을 지금도 기억한다. 그 당시 방에는 여직원이 거주하고 있었고 이종걸 등 10여 명 이상의 민주당 사람들은 증거를 보전한다며 여직원을 감금하고 있었다. 그런데 감금이 아니라고? 이것이 좌익 그들의 세상이다.

오히려 이 여직원은 소위 '국정원대선개입사건'의 증인으로 출석해 허위로 증언했다는 혐의로 2017년에 재판에 넘겨진다. 2013년 원세훈 국정원장의 재판에 증인으로 나와 '조직적으로 댓글 활동을 하지 않았다'고 한 증언이 위증이라는 이유로 기소된 것이다. 그는 2020년 12월에야 무죄가 확정된다. 끔찍한 좌익의 세상이다. 국정원 댓글사건에 대해 언론과 지식인들은 유머사이트 등을 통한 댓글달기 행위가 과연 사회에 파문을 일으키는 정도의 영향력이 있는지, 이 정도의 댓글이 적극적인 정치행위나 불법행위가 될 수 있는지, 대체 두 대통령과 국방장관이 개입했다는 무슨 증거가 있는지에 대해 의문을 제기했다. 그러나 합리적인 이의 제기는 좌파들의 서슬 퍼런 광기와 그들이 일으킨 광풍에 모두 묻혀버리고 국민들의 뇌리에는 지금도 '국정원 댓글 조작'만 선명하게 남았다. 좌익의 선전선동전이 또 승리한 것이다.

문재인을 당선시킨 19대 대선에서 자동입력반복 프로그램인 킹그랩을 이용해 대규모 댓글조작을 벌인 혐의로 드루킹 김동원은 징역 3년이 확정되었고 이를 지시한 경남지사 김경수는 2020년 11월 2심에서 징역 2년을 선고 받았다. 그리고 2021년 7월 대법원에 의해 형이 확정된다. 박근혜 정권을 향해 불리한 여론을 적극 형성하여 탄핵에까지 이르게 하고 문재인이 정권을 잡는데 크게 기여한 드루킹사건은 우익정권의 댓글사건에 비해 규모와 영향력 면에서 비교가 안 될 정도로 막대하고 또한 그것을 지시한 사람과 주도한 사람의 실체도 분명했다. 작은 것을 침소봉대하여 엄청난 사건으로 만든 국정원댓글사건과는 양과 질에서 완전히 다르다. 국정원댓글사건은 바늘을 태산으로 부풀린 것이고 드루킹 사건은 태산을 바늘로 축소시킨 것이다. 대한민국이 문명화된 나라가 되기 위해서는 국정원댓글사건과 좌익세력이 만든 드루킹사건은 모두 똑같은 기준과 잣대로 재조사하고 동일한 형량으로 처벌되어야 한다. 그렇게 하지 않는다면 대한민국은 북한보다 나을 것도 없는 나라가 될 것이다. 그렇다. 북한보다 나을 것도 없는 남한, 이것은 문재인과 주사파가 그린 그림일 것이다.

3. 종북세력이 모두 출전한 역사교과서 전쟁

종북주의자들이 대한민국 국민에게 김일성사상을 주입시키기 위한 노력을 멈춘 적은 없다. 그들은 이를 사상투쟁이라 부른다. 주사파 혁명전사들이 학교 현장으로 내려가 전교조를 결성한 것도 국민의 사상을 개조하기 위한 사상투쟁의 일환이었다. 그들의 사상투쟁의 출발점은 역사투쟁이다. 1948년 자유민주주의 세력이 건국한 대한민국의 정통성을 무너뜨리고 김일성 체제로 정통성을 변경하는 것은 사상투쟁의 제1의 목표였다. 종북 혁명가들의 투쟁은 무력투쟁과 사상투쟁 두 갈래의 길로 나뉜다. 무력투쟁은 시위와 폭동으로 전개하는 반면 사상투쟁은 교육과 문화 예술을 매개로 한다. 그들이 전개하는 사상투쟁의 출발과 종점은 한반도의 정통성을 대한민국에서 북한으로 변경하는 것이다. 헌정 사상 첫 좌익의 집권인 김대중 정권이 들어서고 역사 논쟁이 시작된 것은 그들의 사상투쟁의 출발이었다. 이때부터 자유민주주의 대한민국의 정통성에 기초한 기존의 역사 교육과 김일성주의에 기초한 좌익의 역사 교육은 충돌한다.

종북이들의 역사투쟁

김대중 정부 5년 간 교육부 장관은 일곱 차례나 바뀌었다. 역사교과서 수정 문제로 두 진영 간의 마찰과 충돌이 얼마나 치열했는지를 보여주는 사실이다. 개인의 학습 능력의 차이를 인정하고 사회 각 분야의 다양성을 반영하는 자유민주주의 체제의 수월성秀越性 교육과 좌익이념이 추구하는 사회주의 전체주의 체제의 평등성 교육이 교육 분야에서 직접적으로 충돌하기 시작한 것이다. 주사파들의 국가 장악력이 확대되고 강화된 노무현 정부에서 평등주의 교육은 점차 노골화되고 포퓰리즘화 되어갔다. 노무현이 직접 서울대 폐지론을 거론했을 정도였다. 주사파 권력자들의 지원을 받는 좌익 역사학자들은 역사교과서의 근현대사 부문에 북한정권의 역사관을 그대로 반영했고 이로 인해 거센 논란이 시작된다.

노무현 정권 첫 해인 2003년 당시 전체 고등학교의 54%는 한국사 교과서로 금성출판사의 책을 채택하고 있었다. 이 책의 한국 근현대사 부분에는 좌익의 민중사관과 반제민족해방이론을 바탕으로 한 수정주의 역사관 위에서 대한민국의 정통성을 사실상 부정하고 있었다. 이 교과서는 북한이 1990년대에 대량의 아사자를 낸 사실은 외면하고 김일성 김정은 체제가 북한의 자립경제의 토대를 마련했다고 미화하는 서술을 담고 있으며, 북한의 '현대조선사' 내용을 그대로 옮겨 "사회주의 기초 건설의 총체적 과업은... 자립경제의 토대를 튼튼히 닦은 것이었다"고 기술했다.(동아일보, 2008.10.7) 절반 이상의 고등학교가 채택한 이 교과서는 세계 최악의 빈곤국가인 북한의 경제를 자립경제로 미화하고 있다. 우리 주위에 가끔 존재하는 편향된 역사관을 가진 사람이거나 종북이들의 개인적 의견이 아니다. 대한민국의 미래세대가 배우는 교과서에 이렇게 기술되어 있다. 심지어 전교조 소속 교사들은 대한민국이 세계 10위권의 경제대국이 된 성취를 제쳐두고 미제국주의 식민지 경제라고 가르쳤다. 대한민국이 급격히 좌익국가화 되는 출발이었다.

노무현 정권의 교육정책은 청와대와 열린우리당과 전교조에 포진한 주사파와 범운동권 출신들이 주물렀다. 교육부 장관 자리에는 그들과 역사관 코드가 맞는 인사를 앉혔고 그나마 5년 간 5명으로 매년 갈아치웠다. 그들에게 과거와 역사는 국정의 첫 번째 관심사였다. 권력자들의 이러한 의지에 따라 교육현장에서는 전교조의 영향력이 크게 강화되었고 이때부터 역사투쟁이 본격화 되었다. 그들은 먼저 4대 개혁입법에 포함된 사립학교법을 개정하여 각급 학교에 대한 전교조의 지배력을 높이고 사학재단의 운영 권한은 약화시킨다. 일부 사학에서는 교원노조와 외부세력이 학생을 선동하여 학원 분규를 일으키면 이를 구실로 정부가 개입했다. 학교는 학생 교육은 뒷전으로 미루고 점차 이념과 정치투쟁의 장이 되어갔다. 이때부터 학생들은 학교에서는 엎드려 잠을 자고 하교 후 사설학원에서 정신차리고 공부했다. 그 결과 노무현 정권 5년 간의 사교육비는 연평균 21조 원으로 김대중 정부 때보다 2배(동아일보, 2007.12.18)로 늘어났다. 경제력이 있는 가정에서는 자녀를 해외로 유학 보내는 붐이 일어나 1999년 1839명이던 초중고 조기유학생 수는 2006년에는 2만9511명으로 15배나 늘어나고 덩달아 기러기 아빠도 1만 명에 달했다.(조선일보, 2008.1.26)

수업시간에 잠을 자도 선생님은 벌을 주기는 커녕 깨우지도 않을 정도로 공교육은 무너지고 학교는 전교조 소속 교사들의 사상투쟁의 현장이 되어간다. 학생들은 사설학원이나 해외로 유학을 나가고 아버지는 늘어난 교육비 부담에 투잡을 뛰었으며 학원비에 보태기 위해 노래방 도우미가 된 어머니도 늘어났다. 이것은 두 좌익정권이 10년 간 전개한 교육투쟁의 결과물이자 주사파들이 현장에서 벌인 사상투쟁의 성취였다. 대한민국의 파괴는 주사파의 최종적 지향점이고 자유민주주의에 기초한 역사교육을 주체사상에 기초한 북한의 역사로 대체하는 것은 그들이 중단없이 쫓는 일이다. 그래서 교육현장의 이러한 붕괴는 그들의 입장에서는 성취라고 부르는 것이 맞을 것이다. 김대중 노무현 시대의 무너진 교육을 단순한 교육행정의 실패로 규정한다면 그것은 이땅의 종북세력의 위험성을 알아차리지 못한 치명적인 오류다. 대한민국을 북한화하는 그들의 혁명은 교육현장에서부터 시작되고 있었다. 대한민국의 망조가 학교에서 시작되고 있었다는 뜻이다.

교학사 교과서를 학살하라

박근혜 정부 1년차인 2013년 12월초 교육부는 고등학교 한국사 교과서 8종을 승인한다. 각 학교는 같은 달 말까지 이 8종 가운데 1종을 선택하여 주문하고 신학기 시작 전인 다음해 2월에 교과서가 공급될 예정이었다. 교육부는 당시 8종 중 7종에 대해 총 41건의 수정명령을 내린다. 그러나 7종 중 교학사만 수정명령을 받아들였을 뿐 나머지 6종은 수정을 거부했다. 영남대 박진용 교수는 2014년에 발간된 고교 한국사 검인증 교과서 10종을 2010년에 발간되었던 국정교과서와 비교 분석하며 새로운 교과서의 북한 편향성을 다음과 같이 조목조목 짚어주었다.

'북한정권 출범'을 '북한정부 수립'으로 수정 기술함 / 6.25 전범인 김일성과 박헌영을 이승만 김구와 동일시 함 / '6.25전쟁 직전 38도선에 잦은 충돌이 일어났다'고 기술하여 남한에도 전쟁 책임이 있는 것으로 암시함 / 6.25전쟁에서 김일성과 박헌영의 역사적 책임 기술을 삭제함 / 이승만의 민족화해 조치인 반공포로 석방 기술을 삭제함 / '북한의 6.25 남침' 같은 구체적 기술을 삭제함 / '환호하는 군중에 둘러싸인 여운형'으로 사회주의자에게는 우호적 긍정적으로 표현한 반면 '초당적 지도자임을 자처하는 이승만'이라며 건국 대통령 이승만은 냉소적이고 부정적으로 표현함 / 북한의 독재는 옹호하고 한국의 독재는 강한 어조로 비난함 / KAL

기 폭파와 아웅산테러 등 북한의 테러 도발을 삭제함 / 김정일 사진은 3회 게재하고 노태우 김영삼 사진은 단 1회도 게재하지 않음 / 한국의 산업화와 경제발전을 '성장위주 정책'으로 폄훼함.(뉴데일리, 2015.11.23) 2013년 교육부가 7종의 교과서에 대해 내린 수정명령의 주요내용은 이상의 내용과 대동소이했을 것이다.

교육부의 결정이 내려오자 먼저 움직인 것은 전교조였다. 전교조는 수정명령에 응한 유일한 출판사인 교학사에 대해 2013년 12월 10일부터 20일까지 전국의 교사 학부모 시민 21,800여 명이 참여하는 '교학사 교과서 폐기 및 불채택 운동'을 전개한다는 계획을 발표한다. 그리고 다음과 같은 방침을 내놓았다. 채택 가능성이 높은 학교를 중심으로 학교앞 1인 시위와 선전전을 전개한다 / '한국사 교과서 채택 강압 신고센터'를 운영하여 전교조를 중심으로 여러 단체가 신고를 접수하고 진상조사단을 파견해 고발한다 / 교사와 시민단체 회원 등이 참여한 지역 토론회를 열어 한국사교과서 채택 과정의 문제점을 공유한다 / 현장의 교사 학부모 시민들은 교학사 교과서가 불채택되고 폐기될 때까지 전력을 다할 것이다. 이 4개 항의 방침은 교사들의 노동조합이 자신들의 권익을 주장하는 일과는 무관하다. 국가의 정체성을 지키자는 주장도 아니다. 대한민국을 자랑스러운 나라로 표현하고 국가 정통성을 기술하는 교과서를 채택하겠다는 학교에 대해 '역사왜곡' 혹은 '채택 강압'이라는 프레임을 씌워 채택을 방해하는 공산당식 투쟁을 선언한 것이다. 북한 정통성에 입각한 역사교육을 하겠다는 전교조의 공개적인 선언과 다름 아니었다.

박근혜 정부는 특정 교과서를 채택하도록 강요하지 않았다. 각 학교가

자율적으로 여러가지 교과서 중 한 가지를 선택할 수 있도록 했다. 역사적 사실을 왜곡했거나, 대한민국의 정통성을 부정적으로 기술하거나, 북한정 권을 사실과 다르게 미화하는 내용의 수정을 명령했을 뿐이다. 자국의 영 토와 함께 자국의 국가 정통성을 지키는 일은 모든 정부의 핵심적 책무 다. 전교조를 중심으로 한 좌익세력은 이러한 국가적 책무를 수행하는 박 근혜 정부를 향해 그것을 방해했다. 그들은 이를 위해 각 학교의 교과서 선택권을 침해하기로 방침을 정하고 그 중에서도 정부의 명령에 따른 교 학사 교과서를 공격 타깃으로 삼은 것이다. 전교조의 이 선언을 신호로 그 들의 역사투쟁은 교육현장에서 요란하면서도 폭력적으로 전개된다.

그들의 투쟁은 가열찼다. 2013년 12월 18일 대전고 등 대전지역 고등 학교 30여 곳과 대전시 교육청 앞에서의 1인 시위를 시작으로 해를 넘겨 2월 3일에는 부산 문현동의 부성고에서도 시위를 벌였다. 이때까지 전국 학교 중 유일하게 교학사 교과서 채택을 결정한 부성고 교문 앞에서는 채 택을 방해하는 좌익측 20여 명과 이에 맞서 찬성하는 시민 5명이 찬반 구호를 동시에 외쳤다. 부성고 신현철 교장은 "좌편향 교과서가 판을 치 고 있는 것이 대한민국의 현실이다. '안중근 의사'로 표현된 역사교과서는 교학사가 유일하다. 우리 학교 1곳 만이라도 올바른 교과서를 통해 학생 들에게 사실에 근거한 역사교육을 할 것이다"라고 말했다. 그러나 좌파들 의 시위와 압력을 못이겨 이미 1월 초에 창녕고 합천여고 등 경남지역 학 교들이 교학사 교과서를 줄줄이 취소했고 전주 상산고도 결국 채택을 철 회했다. 같은 해 11월에는 안산공고 앞에서도 시위를 벌였다. 그렇게 해서 결국 2014년도에 교학사 교과서를 채택한 학교는 전국에서 부산 부성고 단 한 곳이었다. 각 학교 스스로의 선택이 아니었다. 전교조 등 좌익세력의 집요한 방해 때문이었다. 이에 박근혜 정부는 심각성을 인식하고 역사 교과서를 둘러싼 이념적 갈등을 해소하기 위해 국정 교과서의 제작에 착수한다. 진짜 전쟁은 이때부터 시작된다.

국정 교과서 전쟁

경제인 출신의 대통령 이명박은 경제성장과 과학 기술을 국정운영의 중심에 두고 국가발전에 몰두했다. 그래서 역사는 정부의 중요 의제가 아니었다. 이러한 이명박 정부의 무관심 속에 역사학계와 교육현장의 좌경화는 김대중 노무현 두 좌익정권에 이어 이명박 정부에서도 지속되었다. 반면 사회주의 이념의 확산을 경계하고 자유민주주의 체제를 수호하려는 의지가 강했던 박근혜 정부는 좌경화된 역사교육을 우려하고 이를 바로 잡기 위해 국정 교과서의 도입을 결정한다. 이에 15년 간 진행된 역사 투쟁의 성과가 무너지는 것을 우려한 종북세력은 총체적인 저항으로 맞선다. 역사교과서의 문제는 대한민국을 사회주의 국가화하고 남한을 북한에 합병시키려는 좌익의 혁명에 있어서 사상혁명의 영역으로 매우 중요한 것이었다. 한반도의 정통성을 대한민국이 아닌 북한에 있는 것으로 바꾸기 위해서는 먼저 대한민국의 역사를 뒤집어야 했기 때문이다.

2015년 10월 14일 여당 대표 김무성은 국회에서 국정 교과서의 필요성을 설명한다. 그는 "교과서도 문제지만 수업에 사용되는 자습서와 교사용 지도서의 내용은 더욱 심각하다"며 금성출판사의 자습서에 나오는 '만경대에 온 이유는 위대한 수령님의 생가이기 때문이다. 이곳은 우리에게 성지다'라고 서술된 구체적 사례를 제시했다. 또한 여당이 '김일성 주체사상을 우리 아이들이 배우고 있습니다'라는 현수막을 내걸자 민주당 원내

대표 이종걸은 여당 고발을 검토하고 있다고 말했고 당대표 문재인은 "정권이 바뀌면 사라질 1년짜리 시한부 교과서일 뿐이다. 이념으로 국민을 분열시키는 참으로 나쁜 정부다"라는 독설을 퍼부었다. 이 무렵 국정 역사교과서에 대한 국민의 여론은 찬반이 거의 비슷했다.

박근혜 정부는 마침내 2015년 10월 국정 교과서 제작을 결정한다. 총 44억 원이 들어간 이 교과서는 2017년 1월에 배포되었다. 이번에도 종북 세력은 가만 있지 않았다. 좌파 교육감들이 장악한 서울 광주 강원도 교육청은 '국정 교과서 연구학교'를 신청하라는 공문을 일선 학교에 아예 보내지도 않았고 전교조 민노총과 이들의 영향력 아래에 있는 시민세력과 이들의 선동에 넘어간 학부모들은 시위를 벌이며 정부, 각 기관, 일선 학교의 검토회의나 공청회 개최를 원천 방해했다. 그리고 이미 국정 교과서를 선정한 학교로 몰려가 취소하도록 압박을 가한다. 그들이 국정 역사교과서를 반대하는 논리는 이런 것이었다. '국정 교과서는 학생들에게 일방적인 사관을 주입시키려는 역사 쿠데타 / 국정화를 추진하는 논리는 전부 허위사실이다 / 국정화는 자유의 억압이다(개그맨 김제동) / 국정화는 반드시 타도해야 할 혁명의 대상이다' 등이었다. 또한 그들은 좌익의 본색인 거짓말과 조작을 동원한 선동도 빠뜨리지 않았다. 정부가 다수의 검인정 교과서와 1종의 국정 교과서까지 모두 10여 종의 교과서 중 하나를 각 학교가 스스로 선택하도록 하였음에도 그들은 '정권이 쓴 역사만 배우라는 것이다' 라는 거짓 구호를 앞세우고 여론을 호도하며 국정 교과서는 물론 교학사 교과서 조차 채택을 방해했다. 좌익의 왜곡된 시각을 담고 북한의 역사를 반영한 교과서 이외의 교과서, 즉 자유민주주의 이념에 기초한 교과서는 원천적으로 발을 못 붙이도록 하겠다는 뜻이었다.

민주당 전교조 민노총 등 모든 종북세력이 나선 이 교과서 투쟁에 위세가 눌린 심약하고 비겁한 우익 정치인들은 침묵했다. 심약하고 비겁하기는 이들에 못지 않는 우익과 정통의 역사학자들도 마찬가지였다. 심지어 교과서마다 지도의 남북 경계가 다른 등 객관성이 명백한 오류에 대해서도 역사학자들은 이를 바로잡으려 하지 않았다. 이들은 좌익 역사학자들이 한국 현대사를 이념투쟁의 목적으로 접근하고 있다는 사실을 모르지는 않았을 것이다. 그러나 좌익세력의 공격을 두려워한 정통 역사학자들은 이런 상황을 외면했고 그래서 좌익은 역사적 사실의 왜곡과 자의적인 역사 해석과 편향된 역사교육을 계속할 수 있었다. 생계에 몰두하느라 바쁜 학부모와 생업에 열중하는 국민의 관심이 상대적으로 적었던 학교에서 대한민국의 역사교과서는 이렇게 바뀌어가고 있었다. 그렇게 해서 우리의 중고교 학생들은 김일성을 미화하고 북한체제를 옹호하는 역사를 공부하게 되었다. 대한민국의 존립에 위험천만한 일이다.

김대중 노무현 두 좌익정권의 직접적인 지원과 간접적인 비호를 받으며 좌익의 역사학자들은 활자를 통해 투쟁했고 전교조 교사들은 교실 현장에서 투쟁했다. 역사학계는 정부를 등에 업은 좌익 역사가들이 주류의 위치를 점하게 되고 학교의 역사 공부는 김일성사상을 공부한 전교조 교사들이 담당하게 된 것이다. 이러한 역사투쟁은 이명박 박근혜 정부에서도 계속되었고 그렇게해서 대한민국의 역사는 서서히 북한의 역사를 수용하고 북한의 역사에 편입되어 갔다. 좌익정권과 좌익 역사학자들과 좌익 혁명가들이 연합하여 벌인 그들의 사상투쟁의 승리였다. 대한민국은 그렇게 좌익의 나라, 김일성의 나라가 되어가고 있었다.

김일성의 상식이 승리한 전쟁

"교과서 선택의 자유를 달라" 이런 식의 선동구호를 외치며 마치 일선 학교는 교과서 선택권이 없는 것처럼 기만술을 쓴 좌익세력은 정통 역사관에 의해 서술된 역사교과서의 채택을 강압적으로 봉쇄했고 이 결과 각급 학교의 어린 학생들은 왜곡된 내용이 가득한 좌편향 교과서로 공부하게 되었다. 좌익은 이를 '상식의 승리'라고 말했으나 그것은 북한의 상식이었고 김일성의 상식이었다. 교학사 교과서의 집필자인 공주대 이명희 교수는 "역사학계 전체가 좌파"라며 이 당시의 상황에 울분을 토했다.

교학사 교과서와 국정 교과서의 채택을 둘러싼 역사 전쟁에서 승자는 좌익세력이었다. 정권을 잃고 권력 밖에 있었던 좌익이 정권을 잡고 있던 우익정부를 이겨내고 이 전쟁에서 승리했다는 사실은 엄청난 의미를 지닌다. 우익이 집권하는 상황에서도 좌익이 사실상 대한민국을 지배하고 있었다는 뜻이다. 박근혜는 권력을 잡고 있으면서도 좌익진영이 총동원되어 교학사 교과서를 일선 학교에서 사용하지 못하도록 한 소위 '교학사 교과서 학살'을 막아내지 못했다. 그리고 김대중 정권에서 시작되어 이미 15년 이상 진행되어온 대한민국 역사의 좌경화를 바로잡기 위해 국정 교과서를 만들어 이에 정면으로 대응하다 더 큰 저항을 받았고 이는 결국 그가 대통령 자리에서 쫓겨나는 엄청난 결과의 원인 중 하나로 작용했다. 그들이 국정농단이라는 유령을 만들어 박근혜 정부를 붕괴시킨 일보다 더 무서운 일은 바로 여기에 있다. 1945년 이후의 대한민국 역사를 북한의 역사에 편입시켜 대한민국을 북한에 자연스럽게 흡수되도록 준비하는 역사 투쟁이 그것이다. 집에 아이들이 있다면 한국사 교과서 현대사 부분을 한번 펼쳐보시라. 놀랄 것이다.

문재인은 대통령 취임 단 이틀 후인 2017년 5월 12일 청와대 위민관 집무실에서 국정 역사교과서 폐지와 제37주년 5.18 기념식 제창곡으로 '임을 위한 행진곡'을 지정해 부르도록 지시했다는 사실을 발표했다. 그의 취임후 첫 공식 지시였을 것이다. 문재인과 그의 세력에게 역사투쟁이 얼마나 중요한지 알 수 있는 대목이다. 문재인이 지시를 내린지 19일 후인 5월 31일 교육부는 역사교과서 국정 검정 혼용체제에서 국정을 뺀 검정 체제로 전환하는 내용의 고시를 발표했다. 좌익들의 오랜 사상투쟁과 역사 뒤집기가 승리했음을 법적으로 확정하는 것이었다. 이로써 박근혜 정부가 44억 원을 투입하여 만든 국정 역사교과서는 폐기되었다. 그리고 3년이 지난 2020년 1월 새로운 검정 역사교과서가 나왔다. 새로운 교과서에는 천안함 폭침을 언급조차 하지 않거나 '원인을 알 수 없다'고 되어있다. 북한의 책임에 대해서도 아무런 서술이 없다. 최대 관심사였던 자유민주주의 표현은 집필진이 '민주주의'와 '자유민주주의' 중에서 알아서 직접 고르도록 했다. '인민민주주의'를 가르칠 수 있도록 문을 열어놓은 것이다. 문재인과 주사파와 종북세력 전체의 오랜 역사 투쟁과 사상혁명의 성취였다. 그들이 또 승리했다. 대한민국의 국가 정통성이 치명적으로 위험하게 되었다는 뜻이다.

4. 김정은의 남침에 대비하는 박근혜를 공격했다

정권을 잡은 문재인은 대한민국 국방을 고의로 허물었다. 병사들은 훈련시키지 않았고 한미연합 방어훈련은 컴퓨터게임으로 대체했으며 많은 전방 부대를 해체하거나 후방으로 이전했다. 그리고 국방예산은 전투력 강화가 아닌 소모성 비용에 집중했다. 잡지 않아 마음대로 활동할 수 있었던 간첩들은 청주비행장의 스텔스기 정보, 창원의 여러 방산업체의 병기생산 정보 등 수많은 군사기밀을 북한에 넘겨주었다. 그리고 우리의 유일한 군사동맹국인 미국과의 관계를 의도적으로 악화시켰다. 대통령 문재인은 정권을 장악한 후 대한민국의 국방력, 특히 북한의 남침에 대응할 수 있는 우리의 방어능력을 적극적으로 약화시켰다. 북한의 남침에 대응할 수 있는 우리의 전력을 무너뜨리는 일은 그가 정권을 잡은 후에만 했던 것은 아니다. 그의 세력은 정권을 잡기 전부터 이명박 박근혜 두 자유민주 정부가 수행하는 우리의 군사적 방어력 강화를 적극적으로 방해했다. 그들의 방해는 김정은이 쳐내려올 때 좀 더 수월하게 남진할 수 있도록 장애물을 미리 치워두겠다는 의도가 읽혀졌다. 제주 해군기지와 사드 배치에 대한 그들의 가열찬 저항에는 그런 의미가 뚜렷하게 보였다.

제주 해군기지는 안된다

경남 밀양의 송전선과 송전탑 건설사업이 승인된 것은 2007년 노무현 정권에서 였다. 처음에는 전자파를 걱정하는 밀양 지역주민과 한국전력 사이의 분쟁 정도로 보였다. 그러나 이명박 정부에서 공사가 시작된 후 공사 중단과 재개를 반복할 정도로 분쟁은 격화되었다. 이어 박근혜 정부에서 국정원댓글과 국정 교과서 이슈에다 민노총 전교조 등 좌익단체의 활동이 제약받고 불법화되면서 밀양 송전탑에도 종북세력이 적극 개입하게 된다. 2013~4년 간에 분쟁이 특히 격렬했는데 이것은 여러 종북단체의 전문 데모꾼들이 지역주민을 선동했기 때문이다. 그러나 밀양은 아무 것도 아니었다. 당시 종북단체 소속 데모꾼들의 제1전선은 다른 곳에 있었다. 제주도 강정마을이다.

제주 서귀포시 강정마을에 위치한 해군 군사기지 건설은 김대중 정권에서 처음 논의되기 시작하여 노무현 정권에서도 논의가 계속되다 이명박 정부에서 확정되었다. 그만큼 우리의 안보상 필요에 따라 오랜 시간을 두고 충분한 검토를 거친 후 결정되었다. 건설공사는 이명박 정부 때인 2010년에 착공되어 박근혜 정부인 2016년에 완공되었다. 우리의 전력을 강화하는 이 해군기지의 건설에 종북세력은 극렬하게 반대하고 나섰다. 2011년 들어 민주당과 민노당의 주사파 정치인들을 중심으로 기지 건설에 대한 반대의견의 목소리가 높아졌다. 특히 손석희 앵커가 MBC '시선집중' 프로에 나와 반대의견을 내자 극렬 종북단체들이 본격적으로 가세하며 해당 지역주민과 정부 측의 갈등은 증폭된다. 이때부터 주민을 선동하여 세를 불린 데모꾼 측과 경찰 군 등의 정부측 사이의 물리적 충돌은 끝없이 반복된다. 이 충돌은 2016년 기지가 완공될 때까지 계속되었다.

정부는 확장정책을 본격화하는 중국과 무력증강을 계속하는 북한 등 동아시아의 안보정세 변화에 대응하여 제주 해군기지 건설을 결정했다. 특히 이 기지가 완공되면 해군 3함대의 전력을 크게 강화할 수 있었다. 반면 민주당이 주도한 반대 측은 "제주도는 평화의 상징이다, 위기가 오면 제주도가 위험해진다, 이것은 미군기지다"는 등의 주장을 했고 여기에 환경단체들이 가세하며 환경파괴가 반대 이유로 더해졌다. 현장에서 물리적으로 반대 투쟁을 이끌던 사람들의 면면을 보면 2005년 평택 미군기지 건설 당시에도 똑같은 주장을 하고 폭력을 행사했던 사람들을 포함한 종북단체 소속이 대부분이었다. 이들 중에는 밀양 송전탑 반대시위 현장과 제주 강정마을을 오가며 시위를 지휘하는 사람도 있었다. 그래서 당시 이들을 시위꾼 혹은 데모꾼이라 부르는 언론도 있었다. 이들은 고의로 군사작전 구역에 침입하는 일도 잦았는데 경찰이나 군인들이 밖으로 내보내면 "제주 해군이 민간인을 폭행했다"고 기자들에게 알렸고 좌익 성향의 언론은 이것을 사실인양 그대로 보도했다.

해군기지의 건설을 반대한 종북좌익 단체 사람들의 반대의 핵심논리는 '군사력에 의한 평화의 시대는 지나갔다'는 것이었다. 그들의 구호는 여기에 초점이 맞추어져 있었다. 그러나 핵실험을 반복하고 미사일 시험발사를 계속하는 북한을 향해서는 아무런 말도 하지 않았다. 인민을 굶겨가며 군비증강에 몰두하는 김정은을 비난하는 사람도 없었고 우려의 목소리조차 내지 않았다. 그들은 주구장창 우리의 방어력 증강에만 반대했다. 무기 없는 평화, 군사기지 없는 평화, 힘 없는 평화가 가능한가 하는 국민의 반문에는 대답하지 않았고 북한은 공격용 무기를 계속 늘려가는데 우리는 방어용 무기조차 가져서는 안 되느냐는 항의에도 그들은 대답하지 않았다. 북한이 핵탄두를 장착한 미사일을 쏘겠다고 위협하면 항복하자는 것인지, 진짜 핵을 쏘면 그냥 죽자는 말인지를 묻는 물음에도 대답하지 않았다. 그냥 우리의 방어능력 강화에 대해서만 무조건적으로 반대했다. 그들의 이러한 이적적이고 자해적인 시위는 2016년부터 사드 배치 반대로 옮겨간다. 밀양과 제주를 오가던 사람들이 이제는 성주까지 활동영역을 넓힌 것이다. 밀양과 제주와 성주의 그들은 우리의 군사적 방어능력 증강을 막고 박근혜 정부의 발목을 잡겠다는 목적에서 동일했다. 그들의 최종 목표는 박근혜 정부를 무너뜨리는 것이었다. 결국 그렇게 되었다.

사드도 안된다

"성주에 사드가 배치되면 반경 5~6km 안팎으로 전자파가 세상을 지배하겠지. 전자파로 인해 꿀벌이 완전히 사라지겠지. 꿀벌이 사라지면 성주참외가 열리지 않겠지. 참외가 열리지 않으면 우리는 성주참외 맛을 볼 수 없지" 문재인과 가깝다는 시인 안도현의 글이다. 비겁해서인지 기가 막혀서인지 정치학 교수들이 모두 입을 다물어버린 틈을 비집고 개그맨 가수 음식비평가 등이 마구 정치평론을 배설해 놓던 문재인의 시대에 이제는 정치학 원론이나 한 번 읽어 봤을까 싶은 시인까지 나서서 이렇게 한마디 보태며 선동질에 나섰다. 대중의 이성에 호소하는 것보다 감정을 건드리는 전술을 구사하는 공산주의자들에게 시인은 훌륭한 앞잡이가 될 수 있었다. 사드배치를 반대하는 안도현의 시는 확실히 효과가 있었다.

2016년 7월 13일 정부는 경북 성주군에 고고도미사일 방어체계인 사드를 배치한다고 발표했다. 성주 주민은 사드 배치의 필요성은 공감하면서도 왜 하필 성주냐며 반대의견을 냈다. 곧 좌익언론과 더불어민주당 주사파 의원들은 과장되고 비합리적인 이유를 나열하며 반대했고 이를 시작으로 이땅의 모든 종북좌파 세력들이 거의 동시에 들고 일어났다. 그들은 우익 정부의 대북정책에 저항할 때면 늘 그러했듯 이번에도 괴담을 만들며 공산당식 선전술을 전개한다. 처음의 '사드 참외'는 곧 '전자레인지 참외'가 되고 '전자파에 익은 참외'가 되더니 '사드 전자파에 인체가 튀겨진다'는 구호까지 등장했다. 이어 '전자파가 수분을 빨아들여 사드기지 인근 주민들이 화상을 입는다'는 문장으로 발전한, 제법 설득력 있어 보이는 주장까지 나왔다. 이런 선동이 먹혀들어 결국 성주군수는 혈서를 쓰며 반대했고 5000여 명의 주민이 모여 궐기대회를 가졌으며 학생들은 등교를 거부했다. 설득 차 성주에 간 국무총리가 폭행당하고 감금되는 등 성주는 무법천지가 되어갔다. 이때는 이미 여러 종북단체들이 시위를 선도하고 있었다. 원정 온 좌익 데모꾼들은 성주 주민을 선동하여 세를 불리며 촛불시위를 벌였고 군사장비를 반입하는 차량을 막으며 폭력을 휘둘렀다. 무려 8년 간 이어진 그들의 긴 농성은 그렇게 시작되었다.

일본 교토에 사드가 배치될 당시 자문역을 했던 사토 도루佐藤亨 교토대학교수는 "사드 레이더의 전자파는 인체에 휴대전화 만큼의 영향도 주지 못한다."(동아일보, 2016.7.16)고 말했지만 난무하는 괴담 앞에 과학은 먹혀들지 않았다. 군사기지와 민간마을과의 거리나 레이더 각도를 거론하며 전자파의 영향이 전혀 없음을 설명하는 것은 전자파에 익은 참외와 그것을 먹은 인체가 파괴되는 단순하고 강렬한 거짓 이미지 앞에서 아무런 소용이 없었다. 과학이 공산당식 선동에 무참히 짓밟히는 현장이었다.

"(박근혜) 대통령 방미가 강력 전자파가 발생하는 사드를 받아 오는 방미라면..." 당시 더불어민주당 대표 추미애가 박근혜의 외교 활동을 폄훼하고 사드 배치를 반대하기 위해 했던 선동질의 말씀이다. "사드 전자파는 인체에 치명적 영향을 주는 것으로 알려져 있다." 당시 성남시장으로 있던 이재명의 한 말씀이다. "사드 전자파 밑에서 내 몸이 튀겨질 것 같아 싫어~" 영부인 김정숙의 친구 손혜원 민주당 의원이 유행가 가사를 고쳐 부른 노래다. 지금 이 사람들에게 말을 붙여 봐야 사과는 커녕 대답도 하지 않을 낯짝 두꺼운 인물들이니 상대하지 않기로 한다. 민주당의 차기 주자의 위치에 있던 문재인은 2016년 7월 13일 우리 정부의 사드배치 결정에 대해 "본말전도, 일방결정, 졸속처리의 문제가 있다. 국익의 관점에서 볼 때 득보다 실이 더 많은 결정"이라며 분명한 반대의사를 표시했다. 문재인의 이 말을 신호로 좌익진영은 일제히 반대의 목소리를 내기 시작한다. 사드는 공격용이 아닌 방어용 무기시스템이다. 우리는 방어용 무기조차 가져서는 안 된다면 북한의 공격에 무방비로 있다 그냥 항복하자는 것인지, 핵을 가진 김정은의 치하로 순순히 들어가자는 말인지. 분명한 것은 1년 후에 대통령이 되는 문재인은 이 격렬한 사드 정국에서 종북단체들과 한 목소리로 사드 배치에 반대했다는 점이다.

국방부와 환경부는 합동으로 전문가를 파견하여 전자파를 측정하는 등 사드 배치로 인한 종합적인 영향평가를 실시했다. 그 결과는 문재인 정권이 출범하고 3개월 후인 2017년 8월 13일 국방부가 직접 나서서 발표했다. 결론은 경북 성주 사드기지 내의 전자파는 기준치 이하이며 소음이 미치는 영향도 없다는 것이었다. 그러나 이때는 문재인이 이미 박근혜의 권력을 강탈한 뒤였고 그래서 진실은 아무런 힘이 없었다.

성주참외는 우리나라 참외 생산량의 약 60%를 차지하고 성주 주민 약 20%가 재배에 종사한다. 2015년 4020억이던 생산 매출액은 2016년에는 사드 소동으로 3710억 원으로 떨어졌다. 그러나 2019년에는 5050억 원으로 크게 올랐고 2021년에는 5500억 원을 넘겼다. 사드에서 전자파는 나오지 않았다. 그래서 성주참외도 성주 주민도 아무런 피해를 입지 않았다. 그러나 2016년 여름 괴담을 퍼뜨렸던 좌파언론과 좌익시민단체, 종북 정치인 누구도 사과하지 않았고 누구도 책임지지 않았다. 광우병과 똑같은 유령이 다시 휩쓸고 지나간 것이다. 우리는 왜 이런 어이없는 짓을 집단적으로 반복하고 있을까. 대한민국은 문명국이 맞으며 대한민국 국민인 우리는 문명인이 맞는가. 이게 다 문재인과 종북세력 때문이다.

2024년 6월 뜨거운 여름, 사드 배치에 반대하는 성주 시위대의 지휘소를 철수한다는 소식이 전해졌다. 시위를 시작하고 8년, 전자파가 기준치 이하라는 발표가 나오고도 7년이 지나서까지 그들이 그곳에서 진을 치고 있었다는 사실을 알게 되었고 이제야 철수했다는 소식이 놀라웠다. 대한민국이 망국의 운명을 맞는다면 이들의 손에 의해서 일 것이다. 이들의 정체를 밝혀내지 않는다면, 이들이 어떤 불법을 범했는지를 따지고 처벌하지 않는다면, 그리고 이들이 8년 간이나 그곳에서 버틸 수 있도록 자금을 공급한 자들이 누구이며 그 자금의 출처가 어디인지를 밝혀내지 않는다면 대한민국은 소멸의 운명을 피할 수 없을 것이다.

문재인이 앞장 섰다

동맹국 미국이 대한민국의 방어능력 보강을 위해, 특히 북한의 핵과 미사일 위협으로부터 방어력을 강화할 목적으로 배치한 1조1300억 원짜리 (정확하게는 10~13억불, 1조1300억~1조4700억 원이다) 사드가 문재인의 시간 동안 어떻게 되어 있었는지는 미국이 확인해 주었다. 로이드 오스틴 미국 국방장관은 2021년 3월 열린 한미 외교국방장관 회담에서 "사드기지의 열악한 생활여건을 계속 방치하는 것은 동맹으로서 용납할 수 없는 일이다. 반드시 고쳐져야 한다"고 말했다. 2017년 4월 첫 사드 배치 이후 성주기지에서 근무하는 한미 장병 400여 명은 2021년 당시까지 여전히 낡은 옛 골프장 클럽하우스와 컨테이너를 숙소로 사용하고 있었으며 부식 등 식량 공급이 이뤄지지 않아 전투식량으로 끼니를 때우기도 했다. 특히 건물이 낡고 전기나 상 하수도 등 생활기반 시설이 제대로 되어있지 않아 겨울에도 온수와 난방이 잘 공급되지 않았고 주한미군 장병들은 클럽하우스 복도나 창고에서 야전침대를 깔고 자기도 했다. 그러나 지금도 사드 기지 진입로에는 좌익 시민단체들이 설치한 '상황실'에서 실시간으로 감시를 하며 기지 공사에 필요한 장비와 자재반입을 막고있어 성주 기지는 아직도 제대로 된 군 주둔지가 되지 못한 채 방치되고 있다. 그래서 애꿎은 우리 장병들, 우리의 자식들만 고생하고 있다.(조선일보, 2021.3.26) 문재인과 그의 정권이 범한 자해행위이자 이적행위다.

문재인은 2017년 5월 대통령에 취임한 직후 사드발사대 4기가 비공개로 추가 반입돼 보관중이라는 사실을 보고 받고 '매우 충격적'이라며 철저한 진상조사를 지시했다. 이어 10월에는 사실상 중국의 속국이 되겠다는 의미의 3불선언에서 "사드 추가 배치 안 하겠다"고 중국에 약속했다. 결국 문재인 때문이다. 북한이 지금도 시험발사를 계속하는 탄도미사일로 우리를 공격할 경우 그것을 요격할 방어체계인 사드가 임시배치 상태로 방치되고 있었던 것은 시민단체의 반대 때문이 아니라 문재인 때문이었다는 사실이 밝혀진 것이다. 이것이야말로 '매우 충격적'인 일이다.

성주기지에 대한 환경영향평가는 2017년 10월에 이미 끝났다. 그러나 약식이었다는 이유로 문재인 정권은 '정식 환경영향평가'를 해야 한다고 요건을 변경했다. 그러고는 4년 째 환경영향평가를 실시하지 않고 있었다.(뉴데일리, 2021.3.31) 문재인과 그의 정권은 공식적인 자리에서 성주기지 방치의 이유로 환경영향평가를 핑계로 들먹였다. '환경영향평가가 끝나야 사드를 최종적으로 배치하겠다'는 것이었다. 국방부는 "장병들의 열악한 생활여건을 개선하고 지역 주민과 상생할 수 있는 방안을 찾고 있다"고 말했다. 수 년 째 반복했던 말이다. 공산당식 지연전술이다. 문재인이 대통령에서 물러나고 한 달이 지나 문재인 정부에서 사드 전자파를 조사하고 유해 기준치의 2만 분의 1에 불과한 결과가 나오자 이 사실을 4년간이나 쉬쉬하며 감추었다는 보도가 나왔다.(TV조선, 2022.6.10) 사드를 무조건적으로 반대하는 좌익진영의 방침을 관철하기 위해 사실관계를 은폐했다는 것은 그들의 종북 정체성을 생각하면 놀라운 일은 아니다. 그러나그 목적이 북한의 공격력을 극대화하고 남한의 방어력을 약화시키기 위한 진실의 은폐였다는 점에서 이는 엄중한 일이 분명하다. 대통령 문재인이 간첩이 아니라면 이해되지 않는 행위다. 대통령 문재인이 자해행위와이적행위를 동시에 범했다는 뜻이다.

2022년 4월 미국 위성에 의해 중국 산동성 이위안현沂源縣의 산지에한반도 전역과 일본 열도까지 탐지할 수 있는 초대형 조기 경보 레이더 LPAR를 설치 중인 사실이 드러났다. 이곳은 서울에서 500km 정도 떨어진 곳이다. 국제정치는 동물의 왕국처럼 철저히 힘의 논리에 의해 움직이는 영역이며 더구나 국제적 비판에 개의치 않는 중국이 한 일이므로 내로남불 운운하는 것은 쓸데없는 짓이다. 군사전략 전문가인 양욱 박사는 "중국이 은밀히 이런 군사적인 조처를 한 것은 심각하게 봐야한다. 항공기 이동까지 모두 감시할 수 있는데 만에 하나 북중간 군사교류를 통해 데이터가 북한에 건너갈 경우 우리 안보에 직접적인 위협이 될 수 있다"고 말했다.(중앙일보, 2022.4.20) 문재인과 그의 수하들은 이 문제를 두고 중국정부에게 어떻게 대응했을까. 찍소리도 하지 않았다. 문재인 정권의 국방부는? 아무것도 보도된 것이 없다. 대한민국 국민인 우리는 문재인을 제19대 대통령으로 선택한 일이 잘못된 일은 아닌지, 문재인 이 사람이 대한민국 사람이 맞는지, 김정은으로부터 사드를 무력화하라는 지령을 받고 그것을 수행한 간첩은 아니었는지에 대해 의문을 가져야 한다. 이 의문에 대한 대답은 문재인이 대통령 직에서 물러난 지금도 여전히 중요하다. 문재인과 그의 민주당 동지들의 종북혁명이 아직도 진행중이기 때문이다.

2절 광화문에 밝힌 마녀사냥의 촛불

에스컬레이터 이론Escalate theory은 정치학에서도 사용하는 개념이다. 백화점에 설치된 바로 그 에스컬레이터 처럼 어떤 정치적 상황이 중간에 만나는 여러 변수들과 작용 반작용하면서 특정한 결과를 향해 한 단계씩 올라가는 것을 설명하는 틀이다. 사상 초유의 대통령 탄핵이라는 결과를 향해 2016년 여름부터 대한민국은 에스컬레이터를 타고 있었다. 한 쪽은 맹렬히 주장했고 다른 쪽은 그것이 거짓이라고 했다. 결국 맹렬히 주장한 쪽이 이겼고 그들이 정권을 잡았다. 그들이 정권을 잡기 위해 먼저 시작한 일은 마녀사냥이었다. 야밤의 이 사냥을 위해 그들은 광화문에 촛불을 밝혔다. 촛불의 힘으로 박근혜는 무너졌고 문재인은 청와대의 새 주인이 되었다. 단 6개월의 시간 동안 고속의 에스컬레이터를 타고 이른 종착지였다. 20세기의 가장 성공한 나라이자 21세기의 경제대국인 대한민국에서 일어난 일이다. 우리 모두가 말하기를 꺼리는 일이고 지금은 어렴풋이 기억하고 있는 일이다. 그러나 그리 오래된 일도 아니다.

1. 최순실이라는 유령

2016년 7월 26일 TV조선은 공익재단 '미르'가 기업들로부터 500억 원을 모금하는데 청와대 안종범 수석이 개입했다는 사실을 보도했다. 이어 8월에는 최서원의 딸 정유라가 이화여대에 특혜입학했다는 보도가 이어졌고 9월 20일자 한겨레신문 김의겸 기자는 'K스포츠재단'에 관련된 인물로 최순실이라는 이름을 처음 보도했고 10월 24일 JTBC의 손석희는 최순실이 사용했다는 태블릿PC의 존재와 그 내용을 공개했다. 이때부터 상황은 빠른 속도로 에스컬레이터를 탄다.

10월 27일 검찰은 '최순실 특수부'를 구성했고 이어 29일에는 좌파세력이 총연합한 제1차 촛불시위가 열렸다. 촛불시위는 이후 계속되어 다음해인 2017년 4월 29일까지 모두 23차례 개최되었다. 2016년 11월 3일 최서원이 구속되고 30일에는 박영수 특별검사가 임명된다. 이어 국회는 12월 3일 박근혜 대통령 탄핵소추안을 발의하고 9일에 탄핵소추안을 가결시켜 박근혜의 대통령 직무를 정지시킨다. 2017년 2월 17일에는 최서원과 박근혜에게 뇌물을 공여했다는 등의 죄목으로 삼성 이재용 부회장이 구속된다. 마침내 헌법재판소는 인근에 모인 좌파단체들의 2박3일 간에 걸친 밤샘 함성 속에 3월 10일 대통령 박근혜의 파면을 결정한다. 그리고 31일 박근혜는 서울구치소에 수감된다. 이로써 2016년 7월 말 별거 아닌듯 시작된 '최순실 게이트'는 '국정농단'으로 둔갑하더니 7개월 만에 현직 대통령 탄핵이라는 창대한 결과로 끝났다. 이 고속의 에스컬레이트 앞자리에는 어이없게도 유령이 앉아 있었다. 최순실이라는 유령이다.

최서원 집사 박지원 집사

최서원은 2020년 6월 징역 18년에 벌금 200억 원이 확정되었다. 형벌의 크기로 보면 중범죄인이다. 그는 대통령 박근혜의 개인적인 일을 봐주던 집사였다. 집사란 부자 권세가 연예인의 사적 영역을 보필하는 비서 또는 매너저의 역할을 하는 사람이다. 조선시대 임금의 주위에 있던 내시도 집사다. 이병철에게도 조용필에게도 김대중에게도 다 있었고 요즘은 웬만한 연예인이나 스포츠 스타도 다 있다. 박지원 같은 사람을 보라. 대선에 패하고 미국에 체류하며 정계 은퇴를 번복할 기회만 엿보던 김대중에게 집사 역할을 썩 잘 한 공으로 가발장사를 하던 그는 김대중이 대통령이 되면서 졸지에 장관이 되고 대통령 비서실장이 되고 5선 국회의원이 되고 국정원장까지 되었다. 정치학 원론 한번 읽지 않은 듯 보이는 그는 어떤 이로부터는 정치 9단으로, 또 어떤 이로부터는 모사꾼 9단 혹은 협잡꾼 9단이라 불릴 정도로 온갖 권모술수를 구사하는 정치인이 되었고 정보에 대한 아무런 경력 없이도 북한정권과 친하다는 이유로 국정원장까지 되었다. 박지원의 출세, 박지원의 국정원장 임명이야 말로 자유민주주의 국가 대한민국에 진짜 '사태'일 것이다. 집사 박지원에 비교하면 집사 최서원의 일은 사태라 부를 것도 못 된다.

권력이든 경제력이든 연예인의 인기든 그런 힘을 가진 사람의 곁을 지키는 집사는 자신이 보필하는 사람의 힘에 의해 저절로 생기는 자신의 힘이 있다. 그들의 운전기사 조차 그렇다. 최고위직 집사라고 할 수 있는 대통령 비서실장은 그 사람의 솜씨와 수완에 따라 국가권력의 제2인자가 되기도 한다. 역사에는 왕이나 황제의 힘을 능가한 환관도 수두룩 했다. 문재인의 비서실장 임종석의 권력은 하늘을 찔렀고 노무현의 비서실장 문재인은 대통령의 지위에까지 올랐다. 집사의 힘은 그렇게 막강할 수도 있다. 집사는 스스로 힘을 휘두르기도 하지만 그들을 찾아 제발로 모여드는 사람도 많다. 권력에 부탁하고 청탁하고 기생하기 위해서다. 그래서 말썽이 되는 집사는 어느 시대 어느 정권에서도 늘 있었다.

자연인 최서원은 자연인 박근혜와 오랜 개인적인 인연이 있었던 사람이다. 미혼에 직계가족이 없는 박근혜는 최서원을 의지했다. 그러나 박근혜가 대통령이 되고나서 최서원에게 무슨 직함을 준 것은 없다. 가발장사하던 사람을 문화관광부 장관과 청와대 대통령 비서실장에 임명한 김대중과 다르고 과거 자신과 조금이라도 인연이 있었던 사람이라면 모조리 자리를 챙겨준 문재인과도 다르다. 최서원이 대통령의 지근거리에 있었다는 사실만으로 이권을 챙겼다고 말하는 것은 모함인 동시에 좌파정권 자신들이 그러했다는 고백이다. 최서원의 일은 김영삼의 아들, 김대중의 두 아들, 노무현의 형에 비하면 아무것도 아니다. 문재인에게도 퇴임 후 속속 드러나고 있는 직계가족과 주변인의 악취나는 의혹은 무수하다. 이스타항공의 이상직, 울산시장 송철호, 옵티머스 등의 초대형 금융비리 사건에 이름을 오르내리는 임종석 등 측근들의 범죄의혹은 이미 드러난 것만 해도 많으며 문재인 자신과 가족들의 추악한 거래의 의혹도 수두룩하다. 검찰과 경찰의 수사로 다 드러난다면 핵폭탄이 될 것이다.

최서원이 대통령을 등에 업고 기업으로부터 774억 원을 모금해 스포츠 공익재단을 설립한 정도는 이전 정권에서도 흔히 있었던 일이다. 좌파들과 언론이 큰 부정을 저지른 것처럼 난리를 쳤으나 모금액 774억 원 중 임대료와 직원인건비 운영비 등으로 23억 원을 지출하고 남은 751억 원은 고스란히 은행에 남아있었고 검찰도 조사결과 개인적으로 횡령한 것은 없었다고 발표했다. 그것을 '꽃감 빼 먹듯 빼 먹자'며 작당한 것은 최서원과 개인적 관계가 있었던 고영태 일당이었고 고영태를 마치 의인이나 되는 것처럼 앞장 세우고 이용한 것은 민주당과 문재인 세력이었다.

문재인과 민주당이 박근혜 탄핵의 도화선으로 써먹은 최서원은 개명 전 최순실로 불린 사람이다. 이미 2014년 개명했으나 2016년 그의 존재가 널리 알려질 때 민주당의 의원들과 좌파세력 모두가 그를 최순실로 불렀다. 고의인지 생각이 없는건지 대부분의 언론도 그렇게 불렀다. 후에 개명된 이름으로 불러주는 언론이 하나 둘 씩 생겨났으나 민주당 의원들은 집요하게 최순실로 불렀고 지금도 그렇다. 공산주의자들의 이미지 조작 전술이다. 촌스럽고 분별력 없으며 혹은 마귀같은 한 여인의 이미지를 만들기 위해 그들은 최순실이라는 이름을 고수했다. 그들이 작명한 '최순실사태'는 여기에 모든 진실이 내포되어 있다. 최서원이라는 박근혜의 개인적 집사는 있어도 최순실이라는 사람은 없었다. 종북세력이 박근혜 정부를 공격하기 위해 만들어낸 유령일 뿐이다. 최서원도 박근혜도 문재인도 그 누구도 비도덕적이거나 불법적인 행위를 했다면 비판받고 처벌되어야 한다. 그러나 인신공격은 야만이고 이미지 조작은 공산주의자들의 전술이다. 아직도 최서원을 마녀라고 생각하시는가. 그렇게 생각하는 사람은 야만의 시대 허허벌판 위에서 돌도끼를 들고 서있는 21세기의 야만인이다. 그게 아니라면 문재인 세력에게 속아 넘어간 것이다.

최서원의 딸 조국의 딸

2016년 7월 말 한 언론은 공익재단 미르·K스포츠가 전두환의 일해

재단처럼 박근혜의 퇴임 후를 위해 만들어진 것이 아니냐는 의혹을 제기했다. 8월에는 최서원의 딸 정유라의 이화여대 특혜입학이 국민적 관심을 끌었다. 강준만 교수가 한국에서 가장 치열한 계급투쟁은 노동운동이 아니라 입시전쟁이라고 말했듯 이 의혹은 폭발력이 컸고 단숨에 전 국민의 시선을 사로잡았다. 그러나 이것은 2019년에 드러난 온갖 편법과 불법으로 대학에 진학하고 의전원에 가서 의사 자격증을 딴 조국의 딸과 비교하면 헛웃음이 난다. 당시 정권과는 아무런 상관도 없었던 이대 교수들과 총장은 체육 특기생 정유라에게 특혜를 줬다며 새벽에 집에서 끌려나가 구속되어 징역살이를 했으나 조국 자녀와 관련된 사람들에게 그런 일은 없었다. 최서원의 딸은 아시안게임에서 금메달을 따고 수많은 대회에서 1등을 한 것이 반영되었으니 조국의 딸에 비교하면 특혜입학도 아니었다. 그러나 좌익은 최서원의 딸에 대해서는 그것을 특혜라고 합창을 했고 조국 딸의 문제에 대해서는 편법도 불법도 아니라고 떼창을 했다.

결국 최서원의 딸은 의혹이 제기되고 단 71일 만에 대학도 고교도 입학이 취소되어 중졸이 된다. 그러나 조국의 딸은 대학과 의전원 입학이 취소되는데 3년이 더 걸렸다. 게다가 민주당에 진을 친 조국의 동지들은 '달랑 표창장 한 장'이라는 프레임을 생산하며 반복해서 말했는데 그들은 후에 자신들의 자녀를 연세대 고려대 이화여대 등에 '민주화 운동 관련자 특례'라는 이름으로 8년 간 무려 119명을 입학시킨 것으로 드러나(조선일보, 2020.10.27) 그들이 조국 자녀의 입시비리를 그렇게 적극적으로 옹호한 이유가 저절로 설명되었다. 이것은 '주사파 세력의 입시농단'이란 이름을 붙여 반드시 다시 공론화되고 단죄되어야 할 일이다. 단순한 불공정의 문제가 아니다. 국가기강의 문제이고 기회의 평등을 보장하는 자유민주주의 정체성의 문제다.

　　결국 최서원 딸의 입시문제는 좌파들이 특혜입학이라고 해서 특혜입학이 되었다. 그리고 미르·K스포츠 재단 의혹과 정유라의 특혜입학 의혹은 상승작용을 하며 어이없게도 '최순실 사태'라는 용어가 만들어졌다. 그리고 이 최순실 사태를 '박근혜 정권 발목잡기'에서 '박근혜를 청와대에서 끌어내리기' 차원으로 폭발력을 키운 것은 JTBC 손석희의 태블릿PC 보도였다. 이 모든 것이 대한민국의 자유민주 정부를 전복시키기 위해 종북세력 전체가 작당하여 만든 허깨비라는 사실을 그때는 몰랐다. 보통의 국민인 우리는 까마득히 몰랐다. 그것이 문재인 세력이 작당한 종북혁명의 도화선이었다는 사실은 더욱 몰랐다.

2. 거짓말 아니면 음모

　박근혜는 어떻게 해서 청와대에서 쫓겨났을까. 종북좌파들의 광우병 난동도 이명박 정부를 뒤집는 단계로까지는 이르지 못했고 국정원 댓글, 세월호 참사, 사드 배치를 반대하며 나라를 난장판으로 만들 때도 뒤집지 못했던 박근혜 정부를 좌익세력은 어떻게 결국 뒤집기에 성공했을까. 그것은 최순실이라는 유령을 만들어 낸 것이 결정적이다. 그리고 이 유령 만들기에서 박근혜 정부가 손을 쓸 수 없을 정도로 큰 폭발력을 발휘한 것은 손석희의 거짓 태블릿PC 보도였다. 좌익에게 진실이냐 거짓이냐의 문제는 중요하지 않다. 거짓으로 드러나면 우기고 뭉개면 되는 것이고 원래 얼굴가죽이 두꺼운 사람들이니 윤리 도덕은 애당초 고려 사항이 아니다. 중요한 것은 자유정부를 뒤집고 좌익정권을 세우는 그들의 혁명이다. 그래서 박근혜 탄핵의 불쏘시개로 쓰기 위해 만들어 낸 것이 최순실게이트였고 이것을 뒷받침하기 위한 도구로 조작해서 등장시킨 것이 손석희의 태블릿PC다. 미리 말하지만 이 도구는 최서원의 태블릿이 아니다. 손석희의 태블릿이다. 더 정확히는 손석희가 최순실의 것이라고 말한 태블릿이다. 손석희의 이 간 큰 조작질의 결과는 창대했다.

손석희가 쏘아올린 거짓 풍선

　탄핵소추안이 국회 본회의를 통과하고 직무가 정지된 박근혜는 2017년 1월 25일 언론인 정규재와 인터뷰를 가졌다. "이번 사건은 누군가가 언론에 자료를 주거나 이야기를 만들어주고 있다는 주장이 있다"는 질의에 박근혜는 "그동안 쭉 진행과정을 추적해보면 뭔가 오래전부터 기획된 것이 아닌가하는 느낌을 지울 수가 없다. 대통령을 끌어내리기 위해 어마어마한 허위사실도 만들어 냈다"고 답변했다. 박근혜 그를 탄핵하는 모든 과정의 중심에는 가짜 태블릿이 있었다. 초기에는 의혹의 수준이던 국정 농단을 사실로 둔갑시킨 것은 바로 이 태블릿PC의 등장이다.

2016년 10월 24일 JTBC 사장 손석희는 최순실의 녹음파일이라며 그 내용을 보도했다 "청와대 비선 실세가 국정을 쥐락펴락했던 사실이 고스란히 담겨있는 증거물이 발견되었다. 최순실 씨가 사용한 태블릿PC에서 박근혜 대통령의 미공개 연설문 44개를 비롯해 200여 개의 파일이 발견되었다."(JTBC뉴스룸, 2016.10.24) 이 보도의 주요 내용은 청와대에서 대통령 연설문 초안 등을 최순실에게 보냈고 최순실이 이를 검토하고 수정했으며, 문서 중에는 독일 드레스덴에서 '통일은 대박'이라고 했던 연설과 새해 신년사, 인사관련 문서 등 여러 기밀문건들이 들어있다는 것 등이다. 좌익 진영은 이 보도의 내용이 사실인양 대대적으로 선전하고 국민의 분노를 자극하며 폭발력을 증폭하는데 힘을 집중한다. 나아가 최순실이 그동안 보도된 정도로 단순히 자신의 이권만 챙긴 것이 아니라 대통령을 배후에서 마음대로 조종하며 내치 외교 등 국정 전반을 좌지우지한 것으로 과장했고 이에 국민감정은 폭발한다. 이때부터 민주당 세력은 '국정농단'이라는 엄청난 이름을 붙였고 국민은 분노하고 탄식했다. 언론도 국민도 이미 이성적 사고나 판단은 작동하지 않았다. 집단 이성의 마비였다.

이 보도가 나간 다음날인 10월 25일 박근혜는 이 사태를 빨리 진화하고자 하는 급한 마음에서 JTBC 보도내용의 진위에 대한 확인도 없이, 이 태블릿이 조작된 것은 아닌지, 조작된 것이라면 누가 어떤 목적으로 만든 것인지에 대한 검토도 없이 대국민사과 성명을 발표한다. 그러나 사악한 좌파세력들은 이 사과 성명을 '박근혜가 보도 내용을 모두 사실로 인정한 것'으로 선전한다. 그리고 최순실에 관한 모든 의혹이 사실인 것처럼 말한다. 이때부터 모든 언론은 최순실의 국정농단을 입증하기 위한 추측기사를 쏟아내고 확인되지 않은 작은 소문에다 괴담수준의 내용에까지 뼈대를 세우고 살을 덧붙이며 거대한 허깨비를 만든다. 그렇게 박근혜는 허수아비 통치자가 되어갔다. 아니다. 마녀가 되어가고 있었다.

법정에서 처음 본 내 태블릿

손석희가 말한 태블릿PC는 이미 2016년 10월 25일자 대검 보고서에도 최서원의 것으로 등장할 정도로 확실한 것이 되어갔다. 그러나 최서원과 변호인 측은 이 태블릿의 진위와 출처와 입수 경위에 대해 의문을 제기한다. 최서원은 세계일보와의 인터뷰에서 "태블릿PC를 통해 VIP 보고서를 사전에 받아봤다는 주장이 있다"는 질문에 "나는 태블릿PC를 가지고 있지도 않고, 그것을 쓸 줄도 모르며 제것이 아니다"라고 강력하게 부인했다.(세계일보, 2016.10.27) 최서원은 JTBC 보도 직후에도 이 태블릿이 자신의 것이 아니라고 극구 부인했고 구치소에 수감된 후에는 변호인을 통해 "태블릿PC는 내것이 아니며 쓸 줄조차 모른다"고 일관되게 주장했다. 그러나 손석희의 보도를 믿은 언론들은 그의 주장을 흘려 들었다. 그것은 국회의 탄핵소추, 헌재의 탄핵인용, 좌파세력이 총출동한 촛불집회의 광풍에 묻히며 점차 진실로 확정되고 있었다.

최서원과 그의 변호인 그리고 일부 언론인의 지속적인 의문 제기로 마침내 이 태블릿의 진상을 규명하여 조작된 것인지를 확인하는 위원회가 구성된다. 여기에 소속된 도태우 변호사는 2017년 1월 15일 기자회견을 열고 "이 태블릿PC는 최순실의 것이 아니며 검찰이 개입한 거대한 사기극이고 이 증거 위조에는 당시 야당인 민주당도 연계된 의혹이 있다"고 폭로했다.(코리아리뷰, 2017.1.5) 2017년 9월 18일 '박근혜 공정재판 법률지원단'은 JTBC가 박근혜에 대한 국민들의 분노를 자극하기 위해 사전에 조작되고 검찰도 방조해서 만든 자료들을 기획 탄핵의 방아쇠로 사용했다는 내용의 성명을 발표했다.(월간조선, 2017.9.18) 이어 20일 후인 10월 8일에는 박근혜 대선캠프에서 일했던 신혜원 씨가 국회에서 기자회견을 열고이 태블릿PC는 대선캠프에서 자신이 사용한 것이라고 말하며 특검을 요구했다. 2017년 11월 9일 법정에 나온 최서원은 이 태블릿을 보고 "오늘처음 봤어요. 처음 검찰 조사를 받을 때부터 내것인지 확인시켜 달라고했는데 보여주지 않았어요"라고 말했다. 태블릿PC에 대한 최서원의 일관된 발언에는 흐트러짐이 없었다.

결국 재판부의 의뢰로 국립과학수사연구원이 이를 감정하게 된다. 국과수는 2017년 11월 27일자 보고서에서 "이 태블릿PC는 최순실 소유가아니라고 하기에도 애매하지만 최순실의 것이라고 확인하기도 어렵다. 사용자가 한 사람인지 여러 사람인지 명확하게 판단하기 어렵다"는 애매모호한 감정결과를 내놓는다. 국제적으로 인정받는 대한민국 국과수의 실력으로 태블릿에서 최순실의 지문 하나 못 찾았는지 의문을 제기하는 국민이 많았고 과학수사가 생명인 국과수의 연구관들도 문재인 정권 하의 다른 공무원들처럼 이미 가자미 눈이 되었냐고 질타하는 목소리도 들렸다. 그러나 문제의 태블릿이 조작된 것임을 알수 있는 분명한 증거는 있었다. 국과수는 "태블릿PC에서 연설문을 수정하고 저장이 가능한 애플리케이

션은 발견되지 않았다"고 발표했다. 이것은 "최순실이 이 태블릿PC로 문건을 받아 연설문 등을 고쳤다"고 한 손석희의 보도와 그것을 증거로 채택한 검찰의 주장을 모두 뒤집는 것이었다. 과학은 거짓말을 하지 않는다. 거짓말을 숨쉬듯 하는 좌파들이 과학을 싫어하는 이유다.

오리발 아니면 새빨간 거짓말

2017년 1월 변희재 등 우익 인사들은 구체적 증거를 제시하며 JTBC의 태블릿 의혹 보도를 고발했다. 그러나 문재인 정권이 미리 물갈이해서 핵심 요직은 좌파들이 모두 장악한 방송통신심의위원회는 이런저런 핑계를 대며 계속 심의를 미룬다. 국과수의 감정 결과가 나온 후 비등해진 여론의 압박을 더 이상 감당하지 못한 방심위는 2018년 7월 26일에야 심의에 들어간다. 결과는 뻔했다. 이 심의 자리에 JTBC 측에서 나온 손용석 부장은 "태블릿PC로 수정을 했다거나 최 씨가 직접 수정을 했다고 단언해 보도한 적이 없다"고 말했다. 오리발이었다. 첫 보도가 나간 이틀 후인 10월 26일 JTBC 저녁뉴스를 보면 앵커 손석희가 "저희들의 그 동안의 보도들은 대부분 태블릿PC를 근간으로 하고 있습니다. JTBC는 최순실씨가 태블릿PC를 들고 다니면서 연설문도 고치고 회의자료도 보고받았다고 보도를 해 드렸습니다"고 하는 분명한 멘트가 있다. 이틀 전인 10월 24일 첫 보도에서도 손석희는 "최순실이 태블릿PC를 들고 다니면서 박근혜 대통령의 연설문을 고쳤다"는 보도를 했고 같은 날 JTBC 김태영 기자는 "연설문 원고 붉은 글씨 일부, 실제 연설서도 달라져"라는 제목으로 대통령의 연설문이 최순실이 수정한대로 되었다고 보도했다. 이 정도면 JTBC 손용석 부장의 말은 오리발 정도가 아니다. 새빨간 거짓말이다. 문재인 정권과 한 패거리인 방심위는 JTBC 측의 이 새빨간 거짓말을 받아들여 '문제없음'으로 결론을 내리고 면죄부를 준다. 또 오리발이 먹히고 거짓말이 이겼다. 문재인의 시대에는 늘 그랬다.

2021년 12월 옥중의 최서원은 대리인을 통해 특검과 검찰을 상대로 서울중앙지법에 이 태블릿PC를 돌려달라는 소송을 제기했다. 변호인은 "최서원 씨는 자기 것이 아니고 본 적도 없는데 검찰에 의해 자기 것이 되어 감옥까지 갔다. 이것을 받아서 정말 자기 것이 맞는지 확인하겠다는 것이다."라고 전했다. 이에 대해 검찰은 "최 씨가 사용한 사실은 입증되었지만 법적 소유자인지 판단되지 않는다"며 반환을 거부했다. 수사와 재판이 끝나면 압수물은 소유자에게 돌려준다. 그러나 특검과 검찰은 국정농단으로 엮을 때는 이것을 최서원의 것이라며 핵심 증거로 써먹었고, 후에 확인을 위해 반환을 요구하니 이제는 최서원의 것인지 모른다는 것이다. 손석희의 입에서 시작된 그들의 거짓말과 조작이 밝혀지는 것이 두려웠기 때문이다. 최서원은 처음부터 이 태블릿을 사용한 적도 없고 본 적도 없다며 일관되게 주장했으나 박영수 특검은 이것을 최순실의 소유라며 국정농단의 증거로 제시했다. 그리고 이것을 보여달라고 하는 요구는 모두 거절했다. 결국 2022년 2월 21일 법원은 이것을 "최서원에게만 반환하라. 최서원 씨 외에 다른 사람에게 반환하거나 폐기되는 것은 금지한다"고 판결했다. 이것을 반환했다는 소식은 아직 없다. 박영수 특검도 검찰도 모두 떨고 있을 것이다. 문재인은 더 떨고 있을 것이다.

언론인의 입을 막아야 했다

이 새빨간 거짓말을 끈질기게 파고든 사람들도 있었다. 언론인 변희재가 대표적이다. 그는 취재를 통해 문제의 태블릿이 최서원의 것이 아니라는 사실을 확신하고 검찰에 수사를 촉구하다 전격적으로 사전 구속되어 1년 간이나 교도소에 감금되었다. 변희재의 입을 막으려 한 검찰의 행위를 보면 이것만으로도 동 태블릿이 검찰에 의해 조작되었다는 것을 확신하기에 충분하다. 변희재는 '조작과 거짓을 양산한 공범들 세상'이라는 부제가 붙은 그의 저서 '태블릿 사용 설명서'에서 JTBC와 검찰이 최서원의 것이라고 주장한 문제의 태블릿이 최서원의 것이 아니라 청와대 행정관 출신 김한수의 것이라는 사실을 많은 증거자료를 제시하며 입증하고 있다. 변희재는 JTBC와 김한수가 유착하여 동 태블릿을 최서원의 것으로 둔갑시켰다는 증거를 확보하고 검찰을 향해 이것을 확실히 수사하여 사실을 확인해 달라고 거듭 요청했다. 그러나 검찰은 수사에 착수하는 대신 "변희재가 합리적 근거없이 손석희 등을 비방할 목적으로 조작설을 퍼뜨렸다"며 전격 구속한다. 진실을 캐는 변희재가 관련자들과 접촉하거나 컴퓨터 분석작업을 하는 것을 원천봉쇄하기 위해 그를 구속했을 것이다.

법리적으로 단순한 명예훼손 사건임에도 부부장급 검사를 포함해 무려 3명의 검사를 구속영장 심사에 파견한 사실은 변희재의 주장대로 정권이 재판부에 '변희재를 반드시 구속시키라'는 메시지를 보낸 것이 분명하다. 결국 그는 태블릿의 실제 사용자가 최서원이 아닌 김한수이고 태블릿은 JTBC와 검찰을 거치면서 증거가 훼손되고 조작되었다는 사실을 주장한 이유로 명예훼손 혐의가 씌워져 2018년 5월 29일 사전에 구속된다. 그러나 검찰은 변희재를 마치 중대한 범죄인인 양 긴급히 사전구속을 하고도 5개월 동안이나 공판기일도 잡지 않았고 재판도 열지 않았다. 시간을 끌다 결국 명예훼손 혐의로는 건국 후 최고 형량인 5년을 구형했다. 1년 만에 풀려난 언론인 변희재는 지금도 "김한수의 거짓말이 없었다면 헌재의 탄핵 결정과 법원의 박근혜 구속, 이후의 종북 주사파 정권의 탄생도 불가능했을 것"이라는 확신에 찬 주장을 펼치고 "가짜 태블릿은 가짜 대통령 문재인에게 책임을 묻겠다"며 결기를 보였다. '가짜 대통령 문재인'이라는 그의 말에 격하게 공감한다. 손석희가 처음 등장시킨 이 태블릿 PC에 대한 진실이 확정되면 박근혜의 탄핵과 문재인의 정권 찬탈의 진실은 고스란히 드러날 것이다. 문재인이 판문점 도보다리에서 김정은에게 넘긴 USB가 그의 대통령 재임 중에 범한 중범죄를 입증할 수 있는 결정적인 증거라면 최순실의 태블릿PC는 문재인이 정권을 잡기 위해 범한 중범죄를 입증하는 스모킹 건이다. 대한민국 언론과 경찰과 검찰이 살아 있기를 기도한다. 대한민국 국민이 깨어있기를 기도한다.

꽂감 빼먹는 의인 고영태의 음모

JTBC의 태블릿 허위 보도는 민주당과 민노총을 중심으로 하는 종북 좌파 진영 전체의 격렬한 시위를 촉발하는 도화선이었고 이 도화선의 끝에 달린 폭탄의 폭발력은 엄청난 것이어서 결국 대한민국을 뒤집어 놓았다. 최서원 변호인단은 물론 박근혜 측 변호인단도 이 태블릿의 존재 자체를 부인하고 특검에도 헌재에도 그것을 증거로 채택해 줄 것을 요구했다. 그리고 2000개 이상의 녹음파일이 발견되자 음모설의 주인공인 고영태와 노승일에 대한 증인 채택을 요구했다. 그러나 고영태 일당의 음모가 고스란히 담긴 2천여 개의 녹음파일에 대해 검찰도 특검도 증거 채택을 거부했고 고영태 등에 대한 증인 채택도 거부한다. 증거도 증인도 모두 채택하지 않았으니 조사도 없었다. 그 사이 JTBC를 필두로 여러 언론은 연일 '최순실의 국정농단'을 부풀렸고 이것을 사실로 믿게된 시민들은 광화문으로 향했다. 그리고 촛불을 들었다.

국정농단의 유령은 국회에까지 이르러 12월 9일에는 박근혜 탄핵소추가 결정되었고 이어서 공은 헌법재판소로 넘겨진다. 그러나 헌재조차 녹음파일과 고영태 일당에 대한 증거와 증인 채택을 거부한 채 태블릿PC에 나온 내용들을 사실로 인정하여 '문서유출 및 공무상 비밀누설 관련 범죄'라는 이름을 붙여 최서원과 박근혜에게 유죄 판결을 내렸고 이를 근거로 박근혜에 대한 탄핵을 결정한다. 이것이 자유민주주의 국가에서 가능한 일인가. 이해되지 않는 이 일을 이해하기 위해서는 먼저 이 태블릿PC의 거짓과 조작이 등장하는 배경이며 최서원의 국정농단이라는 유령을 처음 탄생시킨 고영태 일당의 음모와 그 목적을 알아야 한다.

최순실의 국정농단은 온통 거짓과 조작으로 만들어졌다. 채명성 변호사는 이것이 실체가 없는 허구라는 점을 그의 저서 '탄핵 인사이드 아웃'에서 깊이 다루었다. 그리고 서옥식 대한언론인회 부회장도 언론 기고문을 통해 심도있게 분석했다. 그들이 말하는 진실을 종합하면 우선 고영태를 매개로 한 소위 '안산파' 일당이 최서원을 비선실세로 착각하고 미르·K스포츠 재단을 삼키려 한 것에서 음모가 시작된다. 최서원과 한때 깊은 관계였던 고영태는 대통령의 영향력을 등에 업은 최서원의 주도로 대기업 50여 곳에서 모금한 출연금 750여억 원으로 설립된 스포츠 공익재단의 돈을 빼돌리기 위해 최서원과 박근혜를 죽이기로 음모를 꾸민다. 여기서 '죽이기로'는 그들의 대화에 나온 표현 그대로다.

무려 2천 개가 넘는 녹음파일에는 고영태 노승일 등이 최서원의 비리와 부정을 언론과 검찰에 밀고해 박근혜를 무력화시키고 스포츠재단을 장악한 다음 기업 출연금 700여억 원을 "꽃감 빼 먹듯 빼 먹자"는 대화내

262

용이 나온다. "박 대통령을 죽여버리자"는 표현도 있고 고영태가 자기 측근들에게 "최순실의 비리 정보를 언론에 찔끔찔끔 흘릴 것이 아니라 좀 더 강한 것이 나왔을 때 한꺼번에 터뜨리자"고 제안하는 내용도 있으며 "언론을 이용해 최순실의 다른 측근 라인인 차은택 감독과 김종 문체부 차관을 무너뜨리고 특정 정치세력과 결탁해 최순실과 박근혜를 죽이자"는 내용을 보도한 언론도 있었다. 고영태의 측근 김수현은 대화 중에 "근데 걔(박근혜)한테 받을게 뭐 있다고 생각하는 거예요? 없다니까요. 소장(최서원) 통해서 박근혜한테 받을 거는 없다는 거예요. 그거(박근혜)를 죽이는 걸로 해가지고 딴 쪽하고 얘기하는게 더 크다고 보는거예요 저는." 여기서 딴 쪽이란 더불어민주당과 검찰로 추측된다. 그리고 검사장급 한명과 공모해서 박근혜 정부가 끝나기 전에 스포츠계를 수사하여 김종 문화부차관 라인을 내쫓고 미르·K스포츠재단을 독차지하자는 내용도 있다. 일개 사인私人이 대한민국 대통령을 '그거'로 칭하며 그거를 죽여주는 대가로 특정세력과 협상하여 어떤 큰 무엇을 얻어내려는 모략이 놀랍기만 하다. 이 모략은 먹혀들었고 결국 성공했다.

진실을 밝히는 증거가 두려웠다

고영태 일당이 '최순실 국정농단'을 만들어 내는 목적과 과정을 고스란히 담고 있는 2천여 개의 녹음파일을 검찰이 확보하고도 공개하지 않은 사실이 최서원 측 변호인단에 의해 포착되었다. 이 녹음파일은 최순실의 국정농단이 고영태를 중심으로 한 안산파에 의해 만들어진 시나리오였다는 사실을 말해주는 결정적인 근거가 된다. 그러나 검찰도 특검도 헌재도 모두 이것을 증거로 채택하지 않았다. 이것을 증거로 채택하는 순간 그들이 만든 '국정농단'이 실체가 없는 조작된 허깨비라는 사실이 바로 드러나기 때문이다. 최서원 측 이경재 변호사는 "고영태의 기획 폭로 등 고 씨 일당의 범행부터 수사해 공정한 검찰권을 행사해야 한다. 녹음파일로 인해 검찰이 공소유지에 결정적인 진술을 한 사람으로 내세우는 고영태 노승일 박헌영의 진술과 증언의 신빙성이 무너졌다. 이들 일당이 고 씨를 중심으로 기획 폭로한 정황들이 녹음 내용에서 확인되었다. 고 씨 녹음을 들으면 현직 검사와 사전 접촉한 정황도 나와있다. 검찰은 해당 검사가 누구인지를 확인해 사건 수사에 영향을 미친 것은 없는지 규명해야 한다"고 요구했다.(연합뉴스, 2017.3.16) 그러나 검찰은 이경재 변호사의 이런 요구를 묵살했다. 우익진영은 집회에서 "고영태 일당을 구속하라"고 외쳤으나 메아리가 없었다. 우익의 소리에는 늘 메아리가 없는 시간이었다. 민주당 세력은 고영태를 의인이라 불렀다. 거짓과 조작의 일개 사기범 고영태는 좌익 그들에게는 의인이었다. 거짓과 조작은 좌익의 DNA다.

더불어민주당을 중심으로 한 좌익세력은 이렇게 사실과 진실을 외면했고 좌익진영이 짜놓은 각본에 충실히 봉사하는 검찰과 사법부, 그리고 좌익진영의 선전 선동부 역할을 수행하는 모든 언론의 전폭적인 지원을 받으며 이 거대한 거짓의 정국을 만들어 나갔다. 또한 민노총 전교조 등의 좌익 단체들은 광화문을 점령하고 그들의 거짓 선동을 믿고 모여든 시민에게 촛불을 나눠주며 소리 높여 구호를 외치고 좌파 연예인을 무대에 올려 저항과 저주의 노래를 합창했다. 이 과정에서 고영태 일당의 음모는 사실과 진실로 행세하며 큰 힘을 발휘한다. '최순실의 국정농단'이라는 허깨비는 이미 광화문과 서울과 대한민국을 삼키고 있었다. 그때의 대한민국은 법치국가가 아니었다. 진실이 거짓 앞에서 무기력하게 무너지는 야만의 나라였다. 문재인이 청와대에 들어가기 몇 달 전의 일이다.

3. 우리가 제정신이 아니었던 시간

2016년 7월 말 스포츠 재단에 관한 보도가 나오고 8월 최서원 딸의 대학특혜입학 의혹이 제기되자 9월부터는 모든 언론에서 최서원과 관련된 기사를 폭포수처럼 쏟아냈다. 신문 지상파 종편채널 인터넷매체 등에서 쏟아내는 보도는 충격적인 내용으로 가득했다. 대통령의 사적 업무를 도와주던 최서원은 어느새 박근혜의 '오장육부'로 불리워졌고 최서원이란 사람은 사라지고 최순실이라는 마녀만 있었다. 이 모든 비이성과 착란은 결국 박근혜를 향하고 있었다. 박근혜는 마녀를 가까이에 둔 또다른 마녀였다. 이 광란의 선봉에서 전체 국면을 지휘한 것은 더불어민주당이다. 온라인 공간에서 소문과 괴담을 만들어 내는 광신적 네티즌과 합리적 판단을 포기하고 더 자극적인 내용을 전달하는데 몰두하는 언론도 조연에 지나지 않았다. 민주당의 당대표를 필두로 하는 지도부와 저질스러운 언어로 선동질하는 주사파 국회의원들은 언론에 새로운 소문의 재료를 제공하고 네티즌과 언론에서 나온 루머를 다시 전달하며 그것에 권위를 입히자 모든 거짓은 사실이 되었다. 시민들은 분노했고 그래서 광화문으로 향했다. 광장에는 이미 민노총 전교조 등의 종북단체들이 거대한 무대를 준비했고 좌익 성향의 연예인들은 노래를 부르며 기다리고 있었다. 그들은 막대한 자금력과 조직을 동원하여 무도회를 준비하고 있었다. 그들의 거짓말에 속고 분위기에 휩쓸린 시민들은 주최자들이 나누어주는 촛불을 들고, 그들이 부르는 노래를 따라하고, 그들이 선창하는 구호를 복창했다. 유령의 무도회가 열린 것이다. 대한민국 파괴의 굿판이 열린 것이다.

유령의 무도회를 기록한 기자

주사파와 배신자와 모사꾼으로 가득찬 국회에서는 사실이나 진실 여부와는 상관 없이, 좌파 우파 가릴것 없이, 자신들의 정치적 계산에 따라 하이에나처럼 무리지어 이쪽과 저쪽으로 몰려다니는 정치꾼들이 분주하게 움직였다. 이런 모습을 보며 국민의 눈과 판단력은 점점 더 흐릿해졌고 그 틈을 탄 정치 모리배들과 경찰 검찰 사법부 헌재의 눈치 빠른 생계형 공무원들은 법률과 헌법을 요리조리 비틀며 현직 대통령 탄핵의 밑자락을 깔았다. 이 나라 최고 학부를 나오고 최고의 법률가인 그들은 박근혜를 탄핵하는 근거가 형편없이 빈약하다고 생각되자 사실 여부가 확인되지도 않은 언론 기사나 시장과 골목을 떠돌던 소문까지 끌어다댔다. 2016년 12월 9일 국회를 통과한 탄핵소추안에는 그런 내용으로 채워져 있었다. 정치인 공무원 시민은 그렇게 광화문의 허깨비들이 히죽거리며 내는 소리에 홀려들었고 박근혜 정부는 그렇게 무너지고 있었으며 문재인은 그렇게 대한민국을 자신의 손아귀에 넣고 있었다.

이 유령의 춤에 홀리지 않은 사람들도 있었다. 대한민국이 가짜 뉴스에 휘둘리고 있는 것은 아닌가, 특종과 시청률만 쫓는 언론과 진영의 이익만 생각하는 정치꾼 때문에 국민들이 흥분하고 분노하고 좌절하는 것은 아닌가 하고 의심했던 몇몇 기자가 그때의 광란과 착란의 장면을 기록으로 남겼다. 월간조선의 배진영, 김태완, 이상흔 기자는 '박근혜 탄핵 정국에서 난무한 허위 과장 왜곡 보도'를 정리했고(월간조선, 2017년 3월호) 팍스넷의 김경필 기자는 '최순실사태를 만든 거짓말 40개'를 정리해 두었다.(PAXNET, 2017.3.2) 이 두 특집기사에 의지하여 당시 집단적으로 마비되었던 우리의 허약한 이성을 반추한다. 이런 수고를 감당하는 이유는 분명하다. 박근혜 탄핵은 거짓과 조작과 선전과 선동과 음모에 의한 것이며 그 것은 문재인과 주사파, 평양부역자들과 모든 종북세력이 대한민국의 자유 민주주의 정부를 붕괴시킨 종북혁명이었다는 점을 말하기 위해서다.

거짓뉴스를 쏟아낸 언론

"소설을 쓰시네" 사기혁명이 성공하여 문재인과 민주당이 정권을 잡은 후 법무장관이 된 추미애의 말씀이다. 국회에 출석한 그는 전쟁에서 승리 한 점령군처럼 기세등등했고 야당이 된 자유진영 국회의원의 매서운 질 의를 소설을 쓴다고 응수했다. 소설이라는 문학 장르를 모독하는 말이었 다. 촛불 광란과 탄핵 정국 당시 소설과는 비교할 수 없을 정도의 가치없 고 저질스러운 거짓뉴스를 생산하고 전파한 진원지는 추미애 자신이 당 대표로 있는 더불어민주당이었다. 난무했던 가짜뉴스는 현직 대통령을 탄 핵하는데 있어서 유죄의 법적 근거로 쓰일 수는 없었다. 거짓뉴스라는 것 이 너무 분명했기 때문이다. 그러나 박근혜에게 없는 죄를 만들어 뒤집어 씌우고 감옥으로 보내는 역사적 대사기극에서 분위기 메이커로는 매우 쓸모가 있었다. 무수했던 가짜뉴스 가운데 딱 10가지만 추린다.

거짓 1 : 2016년 9월 20일자 한겨레신문은 "최순실이 스포츠재단 이 사장 자리에 자신의 단골 스포츠마사지 센터 원장을 앉혔다"고 보도했다. 이 기사는 최서원이 자격미달의 사람을 공익재단의 이사장에 앉히는 전 횡을 저질렀다는 내용으로 과장되어 모든 언론이 다루었다. 정동춘 이사 장은 서울대에서 체육학 박사학위를 받은 사람으로 국회 청문회에 나와 자신이 운영하는 스포츠센터는 마사지와는 아무런 관련이 없다고 말하는 등 여러 경로를 통해 해명했다. 그러나 언론은 이를 바로 잡지 않았다.

거짓 2 : "최순실의 언니 최순득은 박근혜 대통령과 성심여고 동기동창이다."(경향신문, 2016.10.22) 대부분의 신문이 이 보도를 내보냈다. 그러나 이것은 사실이 아니었다. YTN은 2016년 10월 31일자 보도에서 "성심여고 관계자는 YTN 기자와의 통화에서 (박근혜가 졸업한 해인) 1970년 제8회 성심여고 졸업생 명단에는 최순득이나 최순덕이라는 이름은 없는 것으로 확인됐다"고 보도했다. 배우자는 바꿀수 있어도 동창은 세월이 지나도 바꿀수 없는 것이라 했다. 거짓말 잘하는 좌파세력과 이성을 잃은 언론은 없는 고교 동창생도 있는 것으로 만들어 내는 신통한 재주를 부렸다. 그때는 이 정도는 아무것도 아니었다.

거짓 3 : "최순실이 첫 결혼에서 낳은 아들이 청와대에서 근무했고 이 아들은 지금 30대 중반이고 직급은 5급 행정관이다."(시사저널, 2016.10.29) 이 보도에는 최서원 아들의 실명까지 실려 사실처럼 보였고 국민은 최서원 일가가 청와대를 사적으로 장악한 것으로 받아들였다. 이때부터 박근혜의 지지율은 폭락했고 탄핵이 될 때까지 회복되지 않았다. 검찰은 곧 30대 중반의 최순실의 아들은 없다고 확인했다. 거짓은 이미 전국을 휩쓸었으나 검찰의 반박은 그 자리에서 생명을 다했다.

거짓 4 : SBS는 2016년 11월 9일의 방송에서 "2010년 박근혜가 강남의 한 성형외과에서 줄기세포 시술을 받았다. 최순실이 예약자였다."고 보도했고 이것은 국내 거의 모든 언론이 재인용했다. 이 보도는 소위 '세월호 7시간'의 음침하고 선정적인 소문과 연결되며 사실성을 높였다. 그러나 이 시술을 한 것으로 지목된 회사는 곧 "그런 사실이 전혀 없다"고 반박했다. 박근혜를 뭉개기 위해 생산된 가짜뉴스는 바로 잡는다고 해도 이를 귀담아 듣는 국민이 별로 없었다. 그때는 늘 그랬다.

거짓 5 : "검찰은 박 대통령이 2014년 신년 기자회견에서 언급한 '통일 대박'이라는 표현은 최순실이 문고리 3인방과의 회의에서 제안한 것이라고 밝혔다." 여러 언론이 2016년 11월 13일자로 보도한 내용이다. 검찰이 밝혔다는 이 기사는 수많은 인용보도를 거치며 국민에게 '최순실이 박근혜 정부의 대북문제까지 개입했다'는 취지로 전달되었다. 박근혜는 최순실에 의지하지 않고는 아무것도 결정하지 못하는 최순실의 아바타였을 뿐이고 정부 조직과 내각도 최순실의 허수아비로 인식되었다. 이에 청와대는 2013년 6월 30일 제16기 민주평통 간부위원 간담회에서 한 참석자가 중앙대 신창민 교수의 책 '통일은 대박이다'를 언급하며 박근혜 대통령에게 이 말을 전달해서 나온 것으로 최순실과는 전혀 연관성이 없다며 바로 잡아 달라고 요청했다. 이 거짓말 역시 멀리 퍼지고 오랫동안 전해졌다. 그러나 바로 잡는 말은 작고 짧게 머물다 곧 사라졌다.

거짓 6 : 2016년 11월 14일 JTBC는 "새누리당 당명은 최순실이 결정했다"는 타 언론사의 보도를 전하며 "최순실 작품이 아닌 건 뭐냐. 이쯤되면 만사순통"이라고 했다. 2012년 당시 당명 변경작업을 담당했던 조동원 새누리당 홍보기획본부장은 "당명은 일반인 공모를 통해 결정했다. 최 씨와는 아무 관계가 없다"고 확인했다. 이 반박도 짧고 간단하게 전해졌다. '대체 최순실이 못하는 것이 뭐냐'는 말도 이 즈음부터 유행했다.

거짓 7 : "박근혜가 '최 선생님께 물어보세요'라고 하는 등 사소한 것조차 직접 판단하지 못하고 최순실에게 의견을 구하는 수준이라며 어떻게 이 정도로 무능할 수 있나 하는 생각이 든다고 검찰 관계자가 한탄했다."(동아일보, 2016.11.28) 대부분의 언론이 다룬 이 보도는 '무능한 박근혜'로 강력히 인식되어 민심을 박근혜로부터 급속히 멀어지게 만들었다. 검찰은 후에 조사를 통하여 "이 부분은 사실이 아니다. 최서원 보다 나이가 13살이나 아래인 정호성 비서관이 최 씨를 선생님이라고 부른 메시지만 확인되었다"고 발표했다. 그러나 박근혜는 자신보다 4살이나 아래인 최서원을 선생님이라고 부르는 '못난 대통령'이며 최순실은 '막강한 실권자'라는 이미지를 바로 잡지는 못했다. 늘 거짓말이 승리하는 시간이었다.

거짓 8 : 2016년 12월 3,4일자의 대부분의 언론은 "미국 대사관이 촛불시위를 지지하며 1분 간 소등하였다"는 뉴스를 내보냈다. 제5차 광화문 촛불집회에 뜻을 같이한다는 의미였다는 친절한 설명까지 덧붙었다. 그러나 미국 대사관은 12월 5일 공식적인 입장문을 내고 "확인 결과 당시 사무실의 불은 꺼지지 않았다. 미국 대사관은 한국의 국내정치에 관해 어떤 입장도 갖고 있지 않으며 관여하지도 않는다"고 말했다. 국내 28개 언론사에서 35건이나 쏟아낸 이 기사는 바로 거짓임이 드러났다. 그때 차라리 국내의 모든 언론사들이 소등하고 문을 닫았다면 광화문에 판을 벌인 유령의 무도회는 막아낼 수 있었을 것이다.

거짓 9 : "박근혜는 세월호가 가라앉을 때 강남의 유명 미용사를 청와대로 불러 올림머리를 하느라 90분을 날렸다."(한겨레신문, 2016.12.6) 거의 모든 국내 언론이 이 내용을 보도한 다음날 해당 미용사는 '청와대에 들어가 머문 시간은 총 60분 정도였고 머리 손질에 소요된 시간은 20여 분'이라고 밝혔다. 그러나 듣는 사람들은 대부분 별무반응이었고 '올림머리

90분'은 지금까지 우리 모두의 뇌리에 그대로 박혀 있다. 세월호 참사의 그 긴박했던 상황에서도 머리손질에 많은 시간을 보낸 박근혜는 한심한 대통령이었고 그래서 마땅히 탄핵되어야 했다. 그들이 수많은 엉터리 거짓뉴스를 퍼뜨린 이유고 목적이다.

거짓 10 : 채널A는 2016년 12월 8일 "박근혜는 개인 공간인 관저에 머무는 시간이 압도적으로 많았던 것으로 보인다. 관저에서 TV를 보고 혼자 식사하는 경우가 많았다"고 보도하고 전직 청와대 조리장이라는 사람의 같은 취지의 인터뷰까지 실었다. 이 보도를 접한 모든 국민은 박근혜가 평소 국정을 등한시하고 TV를 보며 혼자 지낸다는 억측과 참모들과도 소통하지 않는다는 인상을 가지게 된다. 박근혜는 갈수록 왕따이거나 독불장군이거나 불통인 못나고 한심한 대통령이 되어가고 있었다. 그러나 청와대 행정관들은 헌법재판소에 증인으로 출석하는 등의 여러 기회에 "관저에는 TV가 없다"고 진술했다. 이들의 진술과 해명에도 국민의 머리속에 단단히 박힌 'TV 보며 혼밥하는 대통령'이라는 이미지는 바뀌지 않았다. 관저에 TV가 없으니 애당초 말이 안 되는 것이었으나 이것은 뉴스가 되어 국민에게 전달되었다. 그때는 국회에서 탄핵소추가 논의되고 결정되는 시점이어서 청와대에서도 경황이 없었는지, 아니면 상황수습을 포기를 했는지, 말이 안 되는 이 뉴스에 제대로 된 반박도 하지 않았다.

"최순실이 무기 로비스트인 린다김과 친분이 있다" "청와대 경호실이 최순실을 경호했다" "최순실이 대통령 전용기로 해외순방에 동행했다" 모두 곧 사실무근으로 드러난 기사들이다. 이런 류의 거짓뉴스를 생산하고 확산시키는 일에 KBS MBC 등의 공영방송은 물론 메이저 신문사들도 빠지지 않았다. 종편과 인터넷매체까지 보도한 수많은 가짜 뉴스나 소문, 그리고 괴담 수준의 기사까지 다 옮기는 것은 불가능에 가까우니 여기서 접는다. 그때 우리 모두 제정신이 아니었던 것만은 분명하다.

공산당식 저질 선동술을 구사한 민주당

그때나 지금이나 대한민국의 대부분의 가짜뉴스는 더불어민주당의 선동 전문 종북주사파 의원, 수준 낮은 앵무새 의원들이 근원지이거나 확산지였다. 인터넷 공간에서 옮겨다니며 뼈대를 만들고 살을 덧붙인 소문과 괴담들은 민주당 의원들의 입을 통하며 말의 무게를 확보하고 신뢰성을 더하여 사실인양 널리 확산되었다. '밤의 대통령'이나 '8선녀'도 그런 것 중의 하나다. 어디서 누가 시작했는지 확인조차 불가능한 시중의 소문은 민주당 정치꾼들의 입을 거치며 '사실'이 되어갔다.

선동 1 : JTBC에서 태블릿 보도가 나온 다음날 박근혜가 쫓기듯 대국민 사과 성명을 내자 당대표 추미애가 얼굴을 내밀었다. 10월 26일 국회에서 열린 민주당 최고회의에서 추미애는 "사과랍시고 했지만... 국민은 한명의 대통령을 뽑았는데 사실상 두 명의 대통령이 국정을 운영했다. 낮의 대통령은 박근혜, 밤의 대통령은 최순실이다... 심지어 비밀모임 8선녀를 이용해 막후에서 국정개입은 물론 재계에 막강한 영향력을 행사..." 추미애의 '두 명의 대통령' 발언은 '최순실은 박근혜의 오장육부'라는 말까지 만들어내며 '박근혜 최순실의 국정농단'으로 비약한다. 최서원과 노래방에서 모임을 했던 지인들은 모두 선녀가 되었고 그들은 재계에 막강한 영향력을 행사하고 국정에까지 개입하는 존재가 되었다. 국민들은 내심 그들이 누구인지 한 번 쯤 보고 싶어 했으나 더 이상 나오는 것은 없었다.

추미애의 입에서만 머물렀고 이후 나온 것은 아무것도 없다. 최서원도 법정에서 이 말을 듣고 "8선녀라는 말은 처음 듣는다. 무슨 뜻이냐"고 물었다. 거짓을 지어내어 국민인 우리를 현혹시키고 박근혜 탄핵에 앞장 선 추미애, 그를 용서해도 되는가. 악의적 소설을 쓴 그를 용서할 수 있는가.

선동 2 : 대통령 박근혜는 2015년 5월 5일 어린이날 행사에서 "간절하게 원하면 전 우주가 나서서 다같이 도와준다"고 말했다. 어린이들에게 꿈을 가지라는 뜻이었다. 좌파들은 이 아름다운 말을 2016년 10월 박근혜를 공격하고 그를 마녀로 만드는데 써먹는다. 민주당의 질 낮은 국회의원들은 이를 두고 "박근혜가 무속에 빠진 방증"이라고 했으며 좌익언론은 "박 대통령의 주술적인 표현, 혼이 비정상."(YTN, 2016.10.28)이라고 했다. 박근혜는 어린이날 행사 열흘 전 브라질 국빈 방문 당시 행한 연설에서 브라질의 문호 파울루 코엘류의 소설 '연금술사'에 나오는 대목이라는 출처를 밝히며 외교적 수사로 이 문장을 언급했고 어린이날 행사에서 다시 인용한 것이다. 민주당에는 코엘류를 아는 사람도 연금술사를 읽은 사람도 없었던 모양이다. 이 책을 읽는 수준의 정치인이라면 민주당 사람이 아닐 것이다. 김일성어록 이외의 책 10권 이상을 읽은 종북이는 없다.

선동 3 : 더불어민주당의 여성 국회의원 이재정은 2016년 11월 11일 국회 대정부 질문 자리에서 2015년 연말 위원실에 배포된 달력에 오방색 무늬가 들어간 것을 언급하며 황교안 총리를 향해 "뱀을 드는 것보다 더 소름끼친다"며 들고 있던 달력과 오방색 끈묶음을 던지듯 총리에게 건넸고 황교안은 "뭐하는 것이냐"며 화를 냈다. 이재정은 박근혜가 어린이날 코엘류의 말을 인용한 '우주의 기운'과 이 오방색을 연결하며 대통령이 무속에 빠졌다는 듯 주장을 폈다. 그는 "우리나라 관료가 (오방색 무늬가 들어간 달력을) 제작해서 배포했다. 최순실이 믿는 종교가 관료사회까지 지배하는 것이 끔찍하지 않냐"고 목소리를 높였다.(MBN, 2016.11.11) 이재정의 말뜻은 최서원과 박근혜가 함께 무속에 빠졌고 무속이 대한민국 관료사회까지 지배하고 있다는 것이다. 우리의 전통색인 오방색은 가정에서 쓰는 여러 소품에 들어가며 끈 외에 설날 날리는 방패연에도 들어간다. 이재정은 이 오방색을 무속 혹은 종교와 연결시켰다. 그가 늘 '민족'을 말하는 종북정당의 국회의원이라면 민족의 전통색 정도는 알아야 마땅하며 최소한 그것을 무속에 연결시키는 몰지각한 짓은 하지 말았어야 했다. 그의 지역구는 경기 안양 동안을이다. 정치인의 수준은 지역구민의 수준이다.

선동 4 : 2016년 11월 10일 민주당 의원 윤호중은 "트럼프 대통령 당선인이 박 대통령을 조롱하면서 선거에 이용한 것을 우리는 잘 기억하고 있다"고 말했다. 이 말은 살을 붙이며 널리 퍼졌고 20여 일 후 YTN은 "트럼프가 '여성 대통령의 끝을 보려거든 한국의 여성 대통령을 보라'고 발언했다"는 보도를 냈다.(YTN, 2016.12.1) 이것은 한 네티즌이 트럼프 사진에 이런 내용을 붙여 합성하고 조작한 뉴스로 밝혀졌고 YTN은 시청자를 향해 사과했다. 인터넷을 떠돌다 그치고 말았어야 했을 이 조작된 뉴스가 윤호중의 입을 거치며 믿을만한 것이 되어 방송에까지 등장한 것이다. 30여 년 전 민주화운동이라는 이름으로 학내 프락치 사건을 일으켜 무고한 시민 4명의 인생을 망쳐 놓았던 윤호중이 이번에는 대한민국 언론의 권위를 망쳐 놓은 것이다. 민주당에는 죄다 이런 국회의원들만 모여 있다.

선동 5 : "안민석 의원은 정유라 남편 신주평 씨가 공익요원이라 해놓고 독일에 가서 달콤한 신혼생활을 보냈다고 2016년 12월 5일 국회에서 열린 국정조사에서 밝혔다. 이게 사실이면 천지가 경악할 일이라고 했다."(국제신문, 2016.12.5) 이 기사는 정유라 남편이 최서원의 개입으로 병역특혜를 받았다는 추측을 낳으며 일파만파로 퍼졌다. 국제신문과 뉴시스가 가장 먼저 보도했고 이후 모든 언론에서 이를 인용 보도했다. 그러나 최서원의 사위 신주평 씨는 공익요원으로 근무한 적이 없었고 현역 입영 대상으로 입대를 기다리고 있었다. 그는 "한 차례 입영연기를 했고 곧 입대할 예정"이라고 밝혔다. 안민석은 박근혜 탄핵정국에서 거짓말과 선동질로 대활약을 한 사람이다. 그는 자신의 출신대학의 '부끄러운 동문' 명단의 상위권에 단골로 이름을 올리는 사람이지만 정작 자신은 이 사실을 부끄러워 하는 것 같지 않았다.

선동 6 : 2015년 1월 당시 민주당 국회의원 신분이던 최민희는 청와대에서 침대 2개를 구입한 사실을 공개하며 '대통령의 사치'라는 이미지를 만들려고 애 쓴 적이 있었다. 그는 탄핵정국에 이것을 다시 소환하며 '이 침대 중 하나가 최서원의 것이 아니냐'하는 의혹을 제기했다. 청와대는 "1개는 2013년 대통령 휴가지 저도로 갔고 나머지 1개는 대통령이 쓰고 있다"고 밝혔다. 재판과정에서 윤전추 행정관은 "관저에는 대통령이 사용한 침대와 이전부터 있던 허름한 침대 하나 뿐이었다"고 증언했다. 그러나 민주당은 창고에 보관 중이던 것까지 더해 '박근혜 침대는 3개'라는 주장을 반복했다. 박근혜와 최순실의 관계를 더럽게 보이도록 하자는 수작이었다. 관저와 저도와 창고에 각각 1개가 있다는 팩트는 쏙 빼채 그렇게 수작질을 한 것이다. 최민희는 이재명의 민주당에서 국회 과학방송통신위 위원장이 되었다. 그의 공산당식 선동술이 막강한 출력의 스피커를 가지게 된 것이다. 이제 대한민국의 모든 진실은 운동권에서 선전 선동의 기술을 익힌 최민희 그의 스피커를 통과하며 모두 뒤틀릴 것이다.

선동 7 : 고영태는 최서원의 주도로 설립된 스포츠재단의 돈을 빼먹기 위해 '박근혜 최순실 죽이기'를 처음 기획한 사람이다. 탄핵의 광란 속에서 손혜원 등 민주당 의원들은 그를 의인으로 추켜세웠다. 고영태는 2016년 12월 7일 국회 청문회에서 "박근혜의 의상을 구입하고 최순실이 계산했다"고 증언했다. 청와대와 최서원 모두 이를 부인했고 후에 박영수 특검도 조사를 통해 박근혜가 청와대 행정관을 통해 최서원에게 옷값을 지급한 사실을 확인했다. 그러나 당시에는 고영태의 증언이 진실로 받아들여졌고 언론은 이를 대대적으로 보도했다. 이런 분위기 속에서 민주당 정치인들과 검찰은 '경제 공동체'라는 희한한 용어를 만들어내고 단 한 푼의 부정한 돈조차 받지않은 박근혜를 사익을 추구한 민간인 최서원과 한묶음으로 만드는데 이용한다. 지독한 거짓과 선동의 시간이었다.

네티즌이냐 간첩이냐, 조작하는 사람들

조작 1 : "미국 대사가 '최태민이 박근혜의 심신을 지배했다'고 말했다." 당시 촛불시위 주도세력 측에서 나온 소문이다. 미국 신문기사를 근거로 댔다. 2016년 10월 29일자 워싱턴포스트지가 시위대에서 난무하는 소문과 괴담을 경계와 비판의 논조로 보도한 기사를 그들은 거꾸로 그것을 확정하는 근거로 악용했다. 최서원의 부친 최태민을 러시아의 황제를 조종한 요승 라스푸틴에 비유하며 라스푸틴의 이미지를 최서원과 박근혜에게까지 연결시키려는 조작질이다. 또한 '한국의 라스푸틴에 의한 국정농단'으로 만들어가는 악의적인 이미지 전술이다. 문빠나 대깨문, 개국본, 개딸

같은 정신나간 추종자들을 거느린 문재인 조국 이재명 정도는 되어야 '한국의 라스푸틴'이라는 이름을 붙일 수 있을 것이다.

조작 2 : 한 때는 최서원의 딸 정유라가 박근혜의 딸이라는 소문이 널리 퍼졌다. 대부분의 언론은 이 기사를 다루었고 박근혜와 최서원을 한 몸으로 보이도록 하는데 큰 효과가 있었다. 이에 대해 박근혜는 2017년 1월 정규제TV와의 인터뷰에서 "끔찍하고 저질스러운 거짓말"이라 말했고 최서원도 헌재 증언에서 "유라가 제 딸이라는 건 출산기록을 보면 알 수 있다. 너무 억울하다"고 했다. 천륜을 마음대로 바꾸는 패륜적 조작행위도 죄의식 없이 할 수 있는 사람들이 좌익이다.

조작 3 : JTBC의 태블릿PC 보도가 나간 이후 좌익진영 전체가 나서서 가짜뉴스와 소문으로 박근혜와 최서원에게 융단폭격을 가할 때 별의별 해괴한 소문도 많았다. 제법 그럴싸하게 널리 퍼진 것도 많은데 그 중 하나는 박근혜가 사이비 종교에 빠져 청와대에서 굿판을 벌였다는 것이다. 인터넷에는 여러 명의 전통 제관이 참석하여 제사를 지내는 사진도 있었다. 얼핏 보아도 합성된 것임을 알 수 있는 이 사진을 좌파들은 열심히 퍼날랐고 그것을 믿고 싶어하는 사람들의 눈에 합성 흔적 따위는 별것이 아니었다. 박근혜는 2016년 11월 4일 두 번째 대국민 담화에서 "제가 사이비 종교에 빠져 있다거나 청와대에서 굿을 했다는 이야기까지 나오는데 이는 결코 사실이 아니다"며 단호히 부인했고 며칠 후 청와대로 종교인을 초청한 자리에서 다시 이 사실을 언급했다. 그러나 좌익들은 "그래서 더 수상하다"며 굿판설을 오히려 더 증폭시켰다. 인터넷 공간에는 '세월호 학생 300명 공양설'까지 떠돌아 다녔다. 최태민의 영혼을 위로하기 위해 학생 300명을 제물로 바치기로 하고 박근혜가 세월호를 고의로 침몰시켰다는 것이다. 그들과 같은 시대 같은 하늘 아래에 살고 있는 현실을 통탄한다. 주사파 정치인 300명을 용왕님께 공양하면 대한민국은 안전하게 될 것이다. 이것은 확실한 사실이다. 기도한다.

조작 4 : 2016년 12월 말 새벽 4시에 박영수 특검팀으로 '세월호 당일 박 대통령이 롯데호텔 36층에서 필러시술을 받았다'는 제보가 들어왔다. 특검은 수사관 4명을 출동시켜 현장을 확인했다. 허사였다. 롯데호텔 36층은 시술을 할 수 있는 객실이 아니라 연회장이었고 출입일지와 당직자 진술에서도 아무런 흔적이 없었다. 이 정도는 아무것도 아니다. 세월호 당일 박근혜의 행적에 관한 소문은 특히 여러가지가 등장하며 확산되었는데 이미 나온 것이 거짓임이 확인되면 보다 더 심한 거짓이 이어졌다. '참사 당일 오전에 청와대에서 씨김굿을 했다. 프로포폴을 맞고 자느라 사고 대응을 게을리 했다. 정윤회와 호텔에서 밀회를 즐겼다. 최태민 사망 20주기 천도제를 지내느라 세월호 대응이 늦었다.' 박근혜 탄핵 정국에서 대한민국의 하늘과 땅을 떠돌며 이죽거리던 허깨비들의 소리다.

조작 5 : 박영수 특검 사무실에 한 제보자가 사진을 가져왔다. 2014년 6월 3일 최순실이 우병우, 우병우의 장모와 함께 골프를 치고 홀인원을 했다며 홀인원 기념패를 찍은 사진이었다. 당시 우병우는 장모와 최서원의 개인적 친분을 이용하여 청와대 민정수석이 되었다는 소문이 돌고 있었고 이것은 특검이 풀어야 할 난제 중의 하나였다. 그래서 이 사진을 본 특검은 술렁거렸다. 그러나 골프 매니아인 한 수사관이 "기념패에 누가 몇 번 홀에서 홀인원을 했는지가 없다"고 반문하자 제보자는 바로 도망쳐버렸다. 이 사람은 누구였을까. 거짓말 잘 하고 조작질에 능하며 나쁜짓 하고 도망 잘 다니는 좌익분자는 분명하다.

2016년 12월 21일부터 가동한 특검팀에는 1000여 건의 제보가 쏟아졌다. 그러나 대부분은 가짜였고 개중에는 내용이 황당하고 악성인 경우도 많았다. 한 수사관은 "박근혜 대통령이 밤마다 차를 타고 나와 마약파티를 한다는 둥 도가 지나친 제보도 많았다"고 증언했다. 악성의 가짜 소문들이 구체적인 형태로 전파되었다는 말은 특정 세력이 그것을 조직적으로 만들고 퍼뜨렸다는 뜻이다. 남파간첩이거나 자생간첩이거나 혹은 문빠나 더불어민주당 지지자일 것이다. 결국 종북좌파 세력이라는 말이다. 그들이 만든 소문과 괴담, 그것으로 만든 박근혜와 최순실이라는 두 마녀, 그 위에서 진행된 박근혜의 탄핵과 문재인의 집권, 이 어이없는 일을 대체 어떻게 바로 잡을 것인가.

이 사람이 기자인가

2016년 11월 25일 일본 와세다대학 강당에서 주진우 김제동의 토크 콘서트가 열렸다. 여기서 주진우는 이렇게 말했다. "희망이 잘 안 생깁니다. 비아그라 나오고, 마약성분 나오고 계속해서 더 나올거거든요. 섹스 관련된 테이프가 나올거고 마약사건이 나올거고 병역비리가 나올겁니다. 그리고 최순실과 박근혜가 관련된 개발사업이 나올거고 대규모 국방비리가 나올겁니다."(대안언론 뉴스프로, 2016.11.27) 주진우의 이 발언은 인터넷에서 급속히 퍼졌고 수많은 언론이 이 발언을 기사화했다. 그리고 박근혜와 최서원의 전 남편인 정윤회와의 세월호 당일 밀회설이 다시 등장했다. 그러나 어떤 언론도 주진우에게 이 발언에 대한 근거를 묻지 않았다. 주진우의 이러한 아무말은 또 다른 아무말과 연결되며 서로 힘을 더했다.

2016년 12월 초에 들어서는 청와대 내의 약품이용 의혹과 병원이용 의혹이 연일 쏟아졌다. 태반주사 프로포폴 비아그라 마약류 등의 약물 반입과 사라진 약품이 박근혜의 심신상태와 관련이 있는 것 아니냐는 의혹으로 연결되었다. 특히 비아그라는 미혼의 여성 대통령에 대한 성적 관음증을 불러 일으키며 폭발력이 컸다. 그리고 주진우가 곧 섹스테이프가 나올 것이라고 말한 것과 연결되어 더욱 믿고싶고 기다려지는 의혹이었다. '비아그라를 복용하는 독신의 여성 대통령' 이미지가 만들어지면서 의약품사용 의혹은 예상보다 발화력이 컸다. 약품 의혹은 최순실 일가가 청와대의 공적 의약품을 개인용도로 함부로 사용했다는 취지로 민주당 의원들이 몰아가면서 국민적 공분을 일으키기도 했다. 청와대 의무실과 경호실 등 관련자들이 국정조사에 출석하여 500여 명에 이르는 청와대의 모든 직원이 필요에 따라 사용한 것임을 설명하고 누구에게 어떤 약품이 사용되었는지가 기록된 관련 자료들을 제출하겠다고 분명히 했다. 그러나 비아그라 프로포폴 등 관심을 끌만한 것은 모두 박근혜가 사용한 것으로 각인되어진 국민의 인식은 바뀌지 않았다. '박근혜, 최순실, 태반주사, 비아그라, 마약'으로 조합된 단어들은 국민의 머리 속에서 지워지지 않았고 그것은 박근혜를 청와대에서 끌어내고 감옥으로 보내기 위해 국민을 눈속임하는 소품으로 이용되었다.

주진우의 일본에서의 발언 이후 지금까지 그가 말한 섹스 동영상은 나오지 않았다. 마약사건 병역비리 국방비리 개발사업 그 어떤 것도 나온 것이 없다. 검찰은 조사결과 모두 사실이 아니라고 짧게 말했다. 거짓은 길었고 진실은 짧았다. 주진우의 발언 중에 후에라도 입증이 된 것은 단 하나도 없다. 그러나 그의 주장보다 강도가 약한 가짜뉴스나 거짓말과 소문을 진짜로 보이게 하는 데는 효과가 컸다. 그렇게 해서 박근혜는 탄핵되어야 마땅한 사람이 되어갔다. 문재인의 시대가 되자 주진우는 TV 라디오 가리지 않고 여러 방송국의 진행자 자리를 꿰어차고 승승장구 했다. 악당이 또 이겼다. 영화에서는 주인공이 이긴다. 대한민국 정치판의 주인공은 악당이고 아직은 악당이 이기고 있다.

박근혜가 탄핵되고 감옥으로 가는 길에는 참으로 많은 거짓 소문과 가짜뉴스가 있었다. 소문과 가짜뉴스가 다 그렇듯 퍼지고 전달되는 과정에서 덧붙여지고 부풀려지고 세밀한 사실적 묘사까지 더해지며 그것을 듣는 사람들은 긴가민가 하면서도 모두 귀를 쫑긋 세웠다. 모든 소문과 가짜뉴스는 박근혜는 최순실에게 조종 당한 꼭두각시라는 프레임에 맞추어져 있었고 박근혜와 최순실은 경제적으로 동일체이며 그래서 최씨의 비리는 곧 박근혜의 비리라는 것을 설명하고 입증하기 위한 것이었다. 이 목적에 필요한 것이라면 여성 대통령에 대한 성적희롱, 인격모독, 국가원수로서의 권위는 물론 대한민국의 품격 훼손도 상관이 없었다. 박근혜로부터 민심을 이반시키고 국민의 분노를 유발하고 그것을 이용한 정권 뒤집기가 목적이었다. 되돌아 보면 문재인 세력이 거짓뉴스와 괴담을 생산해낸 솜씨가 감탄스럽다. 또한 그것을 검증도 하지 않고 날것으로 전달했던 미개한 저널리즘이 놀랍다. 거짓과 조작과 선동에 온 사회가 광분하고 온 국민이 그것을 용납했던 집단적 이성의 마비가 무섭다. 그렇게 해서 우리는 문재인이 통치하는 지옥같은 시간을 맞이하게 되었다.

3절 촛불의 진실

　문재인이 취임하고 3개월이 지난 2017년 8월 국무총리 이낙연은 청와대 간담회에서 문재인의 집권에 대해 총평을 내놓았다. "추미애 대표의 탁월한 지도력과 안민석 의원의 걸출한 활동으로 정권교체를 이루었다." 그는 추미애와 안민석의 공을 치켜세웠다. 이로부터 100여 일이 지난 12월 9일 더불어민주당 당대표 추미애는 국회의 박근혜 대통령 탄핵소추 결의 1주년을 맞아 한 말씀 내 놓는다. "탄핵은 누구의 선동에 의한 것이 아니었고 오로지 시민의, 시민을 위한, 시민에 의한 촛불혁명의 성과입니다." 이낙연은 정권교체의 1등 공신으로 추미애와 안민석을 말했고 추미애는 탄핵과 촛불혁명의 공이 시민에게 있다고 말했다. 두 사람의 말이 다르다. 누구의 말이 맞는가. 이낙연의 말은 조금만 맞고 대부분은 틀렸다. 절대 다수의 종북좌파들, 주사파 운동권과 이 촛불의 최대 수혜자 문재인이 빠졌기 때문이다. 추미애의 말은 새빨간 거짓말이다. 시민은 그들의 거짓 선동에 속아 광화문에 모였을 뿐이고 탄핵과 촛불혁명은 그들의 선동에 의한 것이었다. 촛불의 진실을 말하려 한다.

1. 문재인이 지휘하고 종북이들이 주도한 촛불혁명

"촛불의 염원은 여전히 우리의 희망이자 동력으로 피어날 것입니다." 문재인은 2022년 5월 9일 대통령 퇴임연설에서 이렇게 말했다. 거짓의 촛불로 정권을 잡았던 추억을 퇴임하는 날까지 그는 잊지 못하고 있었다. 문재인은 지지자들과 주사파 수하들과 동지들에게 거짓의 촛불을 꺼뜨리지 말고 그 불씨를 동력으로 그의 뒤를 이어 출범한 자유민주주의 정부를 뒤집어 엎으라는 신호를 보내고 있었다. 2016년 10월부터 2017년 3월까지 반 년 동안의 대한민국은 그와 민주당 세력의 거짓과 조작과 선동이 지배하고 그들이 불러모은 광화문의 허깨비들이 지배한 시간이었다. 태블릿PC와 국정농단은 조작된 것이었고 추미애와 안민석과 문재인의 세치 혀가 만들어낸 시민혁명과 촛불혁명은 모두 거짓이었다. 이정미가 읽은 탄핵결정문에도 진실은 없었다. 진실은 촛불집회 현장에 있었다.

이들이 시민으로 보이시는가

대한민국에 존재하는 200여 개 이상의 종북단체들이 연합하여 서울 도심을 점령하고 대통령 효수를 위한 단두대와 목이 잘려 피흘리는 박근혜의 모형과 '사회주의가 답이다' '정권 교체가 아닌 체제 교체'라고 쓴 그들의 피켓이 진실이었다. 자발적으로 나온 시민이 촛불을 들고 평화로운 시위를 했다는 민주당 사람들의 말은 거짓이었다. 시위대의 주장을 비판한 언론사의 기자를 폭행하고 쫓아낸 그들의 폭력이 진실이었다. 언론이 100만 명으로 보도했던 집회 인원수는 뻥튀기였고 실제는 10%에 지나지 않는 10만여 명이 있었던 현장이 진실이다. 탄핵이 기각되면 혁명 밖에 없다며 광화문의 시위대에 신호를 보낸 문재인의 위헌적 내란선동이 진실이었다. 거짓과 조작과 선동과 폭력이 난무했던 촛불의 진실은 광화문 광장에 있었다. 광장에 모여 촛불을 들고 시위를 벌였던 사람들은 과연 대통령 박근혜에게 분노한 보통의 시민이었을까. 촛불의 진실을 찾는 일은 이에 대한 해답에서 시작해야 한다.

팩트 하나, 독일의 프리드리히에버트재단은 '박근혜정권퇴진비상국민행동'에 2017년도 인권상을 수여했다. 이 재단은 독일의 사회민주당 계열이다. 박근혜 퇴진은 사회주의 운동의 승리였고 그래서 이 상을 주었다는 뜻이다. 촛불은 사회주의자들의 축제로, 촛불혁명은 사회주의 혁명의 시각에서 접근해야 한다. 촛불은 좌익세력의 혁명적 불장난이었다.

팩트 둘, 2016년 11월 29일 새누리당 김종대 의원은 국회에서 말했다. "현재 촛불시위는 평화시위가 아니다. 좌파 종북시위는 통상 시위때마다 분대 단위로, 지역별로 책임자를 정해 시위에 나온다. 조직과 자금이 다 준비된 저 사람들에 당하면 안된다"(중앙일보, 2016.11.30) 당시는 광화문의 촛불의 위력에 압도되어 시위를 주도하는 사람들의 정체에 대해 의심하는 국민은 별로 없었다. 그러나 군부 내에 침투한 간첩을 잡아내는 역할을 담당했던 국군기무사 사령관 출신인 김종대는 촛불집회를 주도하는 자들은 시민이 아니라 종북세력이라고 말했다. 김종대는 이미 그들의 정체를 알고 있었다. 그러나 국민인 우리는 몰랐다.

팩트 셋, 촛불시위가 한창일 때 일본경시청은 북한의 지령을 받는 조직으로 추정되는 일본 JR총련 회원들이 광화문 촛불시위에 대거 동원되었다는 사실을 확인해주었다. 그리고 일본 공산주의 단체인 중핵파中核派가 발행하는 간행물 '전진前進'은 2016년 11월 12일 서울의 '100만 민중총궐기대회'에서 일본 공산주의 계열 노조원 220명이 참가해 "프롤레타리아 혁명을 위한 국제연대를 과시했다"고 보도했다.(한국진보세력연구, 640쪽, 남시욱) 촛불은 북한의 지령과 연결되고 촛불시위는 일본 공산주의자들이 직접 참여했다는 것은 팩트다. 촛불은 공산주의 운동의 상징이었다.

팩트 넷, 북한 김정은 정권은 세월호 참사가 일어난 2014년부터 탄핵정국의 2017년까지 모두 6차례에 걸쳐 공개적으로 "박근혜와 새누리당을 통째로 들어내야 한다. 박근혜 패당의 반민중적 파쇼악정을 끝장내자"며 남한 내에서 활약하는 간첩과 종북세력에게 민중투쟁을 선동하라는 지령을 내렸다. 북한 스스로 남한에 심어두었다고 선전했던 반제민전반제국민족민주전선도 2016년 10월 '구국전선'을 통해 '끝장을 볼 때까지'라는 제목의 선동기사를 연일 게재하며 박근혜를 쫓아내자고 부추겼다. 촛불시위가 북한의 지령을 수행한 것이라는 사실은 북한정권이 구체적으로 내린 지령의 존재와 지령 그대로 된 결과에서 분명히 확인되는 팩트다.

이상의 네 가지 사실들에 의하면 박근혜 탄핵과 촛불시위는 우리 시민이 자발적으로 한 것이 아니라 남한의 종북세력이 일본 공산주의 세력의 지원과 북한 정권의 지령에 따른 것임을 알 수 있다. 그렇다면 '시민의 촛불'이라고 했던 추미애의 말은 새빨간 거짓말이 분명하다. 일본 교토 류코쿠龍谷대학 이상철 교수는 산케이신문에 기고한 '내전 중인 한국'이라는 제목의 글에서 박근혜 탄핵정국을 한국 내의 친북세력과 반북세력 간의 내전으로 서술했다. 황장엽 전 로동당 비서가 한국 내에 잠복하여 암약하고 있다고 증언한 5만 명의 남파간첩과 자생간첩들이 시민운동가로 가장하여 각종 종북단체를 만들고 일반시민을 끌어들여 정권 흔들기를 하고 있다는 것이다. 박근혜가 집권한 후 전교조를 불법으로 규정하고 역사교과서 국정화에다 통진당까지 해체하자 공산주의자들이 박근혜를 몰아내기 위해 일련의 반격과 투쟁을 기획하고 국정원 댓글, 세월호 참사, 사드 배치, 최순실 게이트 등을 소재로 대대적으로 공격을 가하고 격렬하게 정권 탈취를 시도한 결과 탄핵으로까지 이어졌다고 말했다. 이상철 교수의 주장은 결국 탄핵과 촛불혁명은 이 땅의 종북세력과 공산주의자들이 주도한 것이라는 뜻이다. 추미애가 들먹인 '시민'은 들러리고 공산주의자와 종북세력과 간첩들이 주연이라는 말이기도 하다. 정치인 추미애가 맞는 말을 하는 경우는 거의 없다.

원희복은 맞고 추미애는 틀렸다

좌익성향의 기자들이 모인 언노련전국언론노동조합연맹 소속의 경향신문 원희복기자는 그의 저서 '촛불민중혁명사'에서 촛불시위를 민중혁명으로 규정했다. 촛불집회를 순수한 시민혁명으로 포장하고 미화하려는 문재인 추미애 등 민주당 사람들의 의도와는 달리 좌익성향의 원희복 기자는 촛불시위가 사회주의 민중혁명이었음을 자랑스럽게 말하고 있다. 그는 "촛불혁명의 동인動因으로 최순실의 국정농단을 시발점으로 꼽은 것은 촛불혁명의 진정한 의미를 축소 왜곡하는 심각한 오류다. 막강하게 건재하던 박근혜를 불과 1년 만에 청와대에서 끌어내 감방에까지 넣은 것은 모든 민주화 세력들"이라고 했다.(촛불민중혁명사, 371쪽, 원희복) 촛불집회를 시민들의 박근혜에 대한 단순한 반대나 저항이 아니라 좌익의 자칭 민주화 세력들이 우익정권을 전복한 것이며 나아가 이를 사회주의적 민중혁명으로 승격 해석하고 있다. 대부분의 언론이 촛불혁명의 시작으로 2016년 10월 24일의 JTBC의 태블릿PC 보도로 최순실의 국정농단을 알게된 사실을 꼽는데 대해 원희복은 "이것은 촛불의 의미를 축소 왜곡한 오류이며 '박근혜 퇴진'을 슬로건으로 내걸었던 2015년 11월 14일의 제1차 민중총궐기를 시작으로 잡아야 한다"고 주장한다. 1차 민중총궐기는 탄핵정국이 시작되기 1년 전에 있었던 종북좌익 세력의 집회다.

원희복 기자는 동 저서에서 2015년 9월 22일 서울중구 민노총 대회의실에서 박석운 한국진보연대 대표, 한상균 민노총 위원장, 함세웅 신부, 김영호 전국농민회총연맹 대표 등이 '민중총궐기투쟁본부'를 발족시킨 후 기자회견을 가지고 '모이자 서울로! 가자 청와대로! 뒤집자 세상을!' 이라는 구호를 외쳤다고 기술한다.(164쪽) 그리고 촛불혁명은 노동조합 농민 학생 빈민 등 이른바 민중세력이 시작한 민중혁명이라는 정의를 내렸다.(183쪽) 민중은 이땅의 좌익 혁명가들이 공산주의 국가의 인민이라는 용어에 대한 국민의 거부감을 극복하기 위해 사용하는 위장언어다. 민중혁명은 곧 인민혁명이고 좌익혁명이다. 그는 이어 통진당 해산 후 정권과 맞설 조직과 자금을 갖춘 민노총이 박근혜 정권 투쟁노선에서 주도세력으로 부상했으며 4.19는 이승만을 추방하는데 그쳤지만 촛불혁명은 박근혜를 감옥에 넣은 더 위대한 승리라는 점을 강조했다. 내란음모와 국가전복 기도혐의로 강제 해산된 통진당을 대체하는 조직으로 민노총을 지목한데서 민노총의 종북 혁명조직으로서의 성격을 실토하고 있다. 또한 박근혜 탄핵과 투옥을 단순한 사법적 처벌의 차원이 아닌 좌익진영의 위대한 승리로 서술하고 있다. 종북세력이 총궐기하여 성취한 좌익혁명이라는 것이다.

원희복은 민주당에 모인 종북 국회의원들이 촛불혁명을 시민혁명으로 위장하고 미화하려는 의도와는 달리 박근혜 축출이 좌익진영의 민중혁명을 위한 투쟁의 성취라고 자랑하고 있다. 그의 자랑이 진실이다. 촛불혁명은 평화롭고 의로운 시민혁명이 아니었다. 조직과 자금력을 갖춘 민주당과 민노총이 앞장서고 종북세력이 총연합하여 시민을 선동하여 추동력을 강화하며 격렬하게 싸워 쟁취한 민중혁명이고 종북혁명이었다. 아직도 추미애의 '시민의, 시민에 의한, 시민을 위한 촛불혁명'이라는 아름다운 말을 믿으시는가. 원희복의 말은 맞고 추미애의 말은 새빨간 거짓말이다.

종북이들 다 모이다

2013년의 국정원댓글 선동과 2014년의 세월호참사 선동으로 박근혜 정권 흔들기를 계속하던 종북좌파 단체들은 2015년에 들어 박근혜 정부가 전교조를 불법화하고 국정 역사교과서의 제작을 결정하는 등 국가 정체성 회복을 위한 강경책을 펴자 반격을 계획하고 투쟁의 강도를 높인다. 더구나 당시 박근혜 정부는 친박 반박 진박 운운하며 내분에 빠져있던 때라 분열된 적은 더욱 만만했다. 2015년 9월 민노총을 중심으로 총연합하여 '민중총궐기투쟁본부'를 발족시킨 그들은 그 해 11월의 1차 총궐기에 이어 12월 5일에 2차 시위를 열었다. 이 시위에는 문재인을 포함한 민주당 의원 40여 명이 참석했다. 문재인 세력이 종북좌파 단체들과 연합했다는 사실이 분명히 확인되는 대목이다. 이들은 촛불집회가 절정으로 치닫고 있던 2016년 12월 3일의 6차시위까지 판을 이어가며 박근혜 정권을 끊임없이 흔들었다. 문제의 JTBC 태블릿 보도 닷새 전인 2016년 10월 19일에도 그들이 주도한 촛불시위가 열렸으며 촛불백서가 공식적인 제1차 촛불집회로 꼽는 10월 29일의 집회도 그들이 주도했다. 이들은 마침내 대한민국에 존재하는 거의 모든 좌익단체를 참가시켜 2016년 11월 9일 '박근혜 퇴진행동박근혜정권퇴진비상국민행동'을 발족시켰다. 이 묶음은 문재인이 정권을 잡고 청와대에 들어간 직후인 2017년 5월 24일 해산을 선언할 때까지 총 23차례의 촛불시위를 주도하며 기어이 뒤집기에 성공한다. 그들이 민노총 대회의실에서 "뒤집자 세상을!"하고 외친 후 1년 반 만에 이룬 성취였다. 그들은 찬란한 성취를 거두었고 자유민주주의 대한민국은 뒤집어졌다.

박근혜퇴진행동은 민중총궐기투쟁본부의 53개 단체에다 전국 대부분의 좌익단체를 가담시켜 총 1503개의 단체가 연합하여 결성되었다. 1503개라는 숫자는 그들이 세를 과장하기 위해 각 단체의 지역지부와 산하단체까지 모두 1개의 단체로 계산했기 때문이다. 모조직을 기준으로 하면 실제는 약 200여 개로 추정된다. 이들은 대부분 국가보안법 폐지, 주한미군 철수, 연방제 통일 등 종북좌파들의 공통된 주장을 외치거나 최소한 동조하는 단체들이며 대한민국의 정통성과 자유민주주의를 부정하고 김씨 일가에는 우호적이나 북한동포들에 대해서는 무관심한 점에서 같거나 유사했다. 그 중에서 범민련 남측본부, 범청학련 남측본부, 민주자주평화통일중앙회의, 우리민족연방제통일추진회의, 한총련 등은 대법원으로부터 이적단체 판결을 받았고 주사파 사상투쟁의 전위대인 전교조와 노동현장 투쟁의 선봉인 민노총, 전국공무원노동조합, 전농, 언노련, 금속노조, 한국진보연대, 민중연합당, 참여연대, 노사모, 노동당, 경실련, 천주교정의구현전국연합, 전대협동우회 등은 이땅의 대표적인 좌익단체이자 종북단체들이다. 여기에 제도권 좌익정당인 더불어민주당과 정의당까지 직간접으로 가담했다. 이땅에 있는 종북이들이 다 모인 것이다.

이들 단체 대부분은 과거 오래 전부터 좌익의 집회와 시위에 빠지지 않았다. 2002년 미군 장갑차에 의한 효순 미선 사망사건 때의 촛불시위, 맥아더동상 철거시위, 평택미군기지 이전확장 반대시위, 한미FTA 반대 촛불집회, 용산참사 추모 촛불집회, 광우병 소고기 수입반대 시위, 제주해군기지 반대시위 등에 빠짐없이 참가해온 단체들이다. 이들의 오랜 행적을 추적해보면 그들의 공통된 목표는 자유민주주의 정부의 전복과 좌익세력의 정권 탈취이며 궁극적으로는 북한체제를 중심으로 하는 단일국가로 통일하는 것이다. 이 단체들의 또 다른 공통점은 북한 김 씨 일가의 3대 세습독재에는 입을 다물고 북한정권의 북한동포에 대한 무자비한 인권탄압은 철저히 외면한 채 연평해전, 천안함 폭침, 남북연락사무소 폭파, 서해공무원 사살 등 북한의 도발행위에는 침묵하거나 오히려 우리가 잘못해 일어난 사건이라는 궤변으로 북한을 위해 변명하고 두둔하고 옹호했다는 점이다. 북한정권이 핵실험을 하고 미사일을 쏘아대며 서울을 불바다로 만들겠다고 공개적으로 협박해도 촛불을 들기는 커녕 비난성명한 번 내지 않았다. 이것이 바로 촛불시위 주도세력의 정체성이다. 그리고 이런 단체들이 모두 연합하여 좌익언론사 및 좌익정당과 함께 온갖 거짓 루머와 괴담을 만들어내며 선량한 시민들을 기만하여 광화문 광장에 모이게 하고 그들의 우익정권 전복과 대한민국의 사회주의국가화 투쟁에 앞장 세우고 들러리로 이용했다. 이것이 바로 촛불세력의 정체다.(대한언론, 2017년 2월호, '촛불시위 주도 핵심 세력의 정체는 무엇인가', 서옥식)

항상 많은 피를 뿌리며 기존의 체제를 뒤집고 정권을 잡았던 공산주의 혁명사에서 촛불혁명은 피가 아닌 '거짓말'로 혁명에 성공한 사례로 기록될 것이다. 챠르를 무너뜨린 시민혁명에 편승하여 권력을 잡은 레닌의 공산당과도 다른 점은 러시아의 시민혁명은 시민이 주도하고 그 결실을 레닌이 가로챈 것인 반면 촛불혁명은 문재인 세력이 처음부터 기획하고 주도한 혁명이며 시민은 그들의 거짓말에 속아 광장에 모여들었다는 점에서 다르다. 문재인과 종북세력은 국민을 처음부터 끝까지 속이고 이용했으며 전리품은 그들이 독차지했다. 반면 시위에 참여했던 시민들은 여느 공산주의 혁명과 같이 그들이 집권하는 동안 철저히 소외되었고 그들이 펼친 사회주의적 통치에 의해 일자리를 잃고 자가주택 구입이 멀어지는 등 더 가난해졌다. 이것이 문재인이 스스로 촛불혁명이라고 이름 붙인 이 혁명의 본질이다. 촛불혁명은 공산주의 혁명이었다. 종북주의자 문재인이 지휘한 종북혁명이었다는 것이 더 정확한 말이다.

2. 촛불집회 현장의 진실

'박근혜퇴진운동'이 주도한 촛불집회 시위대는 처음부터 박근혜의 하야와 탄핵을 외쳤다. 북한의 대남통일전선전략 구호인 '혁명정권 수립' 주장도 빠지지 않았다. 그들의 외침은 민주당의 포장 언어인 '평화로운 시민혁명'이 아니라 '종북세력이 기획하고 주도한 민중혁명'이었다. 촛불은 이 종북혁명을 시민혁명으로 위장하기 위해 사용된 소품이었다. 현장에서 본 촛불집회는 민심이 아니라 차라리 김심金心, 즉 김정은의 지령으로 보였다. 문재인 세력은 촛불집회를 4.19의거에 갖다붙이며 시민의 자발적 궐기로 둔갑시키려 했다. 그러나 자유당 말기의 부정선거와 집권층의 부패에 항거하기 위해 자발적으로 궐기한 4.19와 그들은 근본적으로 달랐다. 그들은 시민들에게는 말해주지 않은 자신들의 종북혁명에 시민의 열정과 분노를 이용했고 그것으로 이땅의 자유민주주의 체제를 전복하려 했다. 현장은 그것을 생생한 증거로 보여주고 또 말하고 있었다. '박근혜퇴진행동' 측은 사전에 치밀하게 기획된 방법과 절차에 따라 언론을 움직이며 분위기를 조성했고 각 좌익단체의 하부조직을 동원하여 보통의 시민을 청계천과 광화문 광장으로 끌어모았다. 시위현장의 그 많은 촛불과 깃발, 플래카드와 피켓, 많은 비용이 소요되는 가설무대와 장치 설비들, 그리고 동원된 많은 연예인들은 촛불집회가 거대한 자금력과 조직력을 갖춘 단체에 의해 기획되고 준비된 집회임을 말해주는 증거물이다. 그래서 더불어민주당 사람들과 당대표 추미애가 말한 '평화로운 시민혁명'은 처음부터 새빨간 거짓말이다.

이런 현장

2016년 하반기 촛불집회가 계속되고 있을 때 신문의 사진이나 TV화면 등 언론에서 보여준 시위 장면은 시민들이 촛불을 든 평화로운 모습이 대부분이었고 종북단체들의 격렬하고 폭력적인 현장의 모습은 '일부 격렬 시위대'로 간단히 취급되었다. 결코 아니다. 시민들이 촛불을 들고 기도하던 모습은 오히려 예외적인 것이었고 종북단체들이 주도한 선동적이고 폭력적인 시위가 전체 시위를 주도했다. 시민이 모이는 날은 미리 예고되었고 그날 방송국 카메라가 모여들었으며 카메라가 모이는 날은 주최측에서 촛불을 나눠주고 자신들의 정체가 드러날 만한 폭력적이거나 자극적인 구호는 삼가했다. 그렇게 해서 일반 국민에게 전해진 시위장면은 절제되고 포장된 거짓 모습이었다. 유모차 행렬은 주최측이 연출한 것이었고 선동적이고 폭력적이며 북한을 찬양하는 구호가 촛불집회의 진짜 모습이었다. 언론은 험한 곳에는 카메라를 들이대지 않았다. 신문사도 방송국도 어린이나 시민들이 촛불을 들고 기도하는 예외적인 장면에만 카메라를 들이댔다. 이것이 촛불 현장의 진실이다. 시위현장의 진짜 모습과 생생한 장면은 당시 현장을 직접 취재했고 지금은 대한언론인회 부회장으로 있는 정치학 박사 서옥식이 다음과 같이 세밀하게 전해준다.

"대통령의 목을 쳐야한다며 등장시킨 기요틴^{단두대}과 대통령 시신을 메고가는 상여행렬, 목이 잘린채 공중에 높이 들려있는 대통령의 피흘리는 얼굴모형, 대통령에게 사약을 들이붓는 퍼포먼스, 어린이들이 발로 차고 굴리는 대통령의 얼굴 모형이 안에 담긴 대형 축구공, 수의를 입혀 포승줄로 묶어 끌고가는 대통령과 기업인들의 형상, 그리고 이들을 무덤에 파묻는 의식, 어린 중고교 학생들이 '혁명정권을 이뤄내자'고 쓴 플래카드를 펼쳐들고 있는 장면 등등 중국의 문화대혁명이나 캄보디아의 킬링필드의 광기를 방불케하는 잔혹한 범죄 예행연습이 대한민국 수도의 한복판에서 자행되고 있었다." 현장을 이렇게 묘사한 서옥식은 "이게 과연 일반 시민들의 진솔한 분노가 폭발한 자연스러운 항거이고 자연발생적인 민심이라고 할 수 있나"라고 반문했다. 그는 또한 이러한 증오와 적개심을 불러일으키는 폭력적인 시위현장의 진실을 외면하고 이를 국민축제, 문화축전, 평화시위 등으로 미화하는 언론에 대해서도 개탄했다.

'박근혜퇴진운동'은 발족선언문에서 "총궐기로 박근혜 정권을 몰아내고 민주 민생 평화가 숨쉬는 새나라를 만들자"는 발족 취지를 천명했다. 그러나 이것은 그들의 날카로운 발톱을 감추는 온건한 구호였을 뿐이다. 실제 집회현장에서는 그들이 궁극적으로 지향하는 목표가 적나라하게 드러났다. 당시 시위현장에 난무했던 구호들은 이러했다.

"누가 진짜 대통령이냐/ 이게 어떻게 국가란 말이냐/ 우리는 이런 나라에서 아이들을 키울 수 없다" 이 정도는 최순실의 국정개입을 사실인 양 만들기 위한 과장된 선동구호 정도였다. 그들의 정체를 드러내고 그들의 좌익혁명의 본색을 노출하는 구호가 더 많았다. "민족반역자 박근혜 처단/ 노동자가 주인이 되는 세상/ 중 고생이 앞장서서 혁명정권 세워내자(중고생혁명지도부)/ 문제는 자본주의, 사회주의가 답이다/ 북한이 우리의 미래이며 희망이며 삶이다/ 정권교체가 아닌 체제교체/ 거대한 횃불로 보수세력 불태우자/ 서울 한복판에서 미제 침략군 몰아내자/ 국가보안법 폐지/ 양심수 이석기 무죄석방/ 통진당 해산반대/ 국정원 해체/ 사드배치 저지/ 역사교과서 국정화 저지/ 위안부 야합과 한일군사정보협정 분쇄."

시위대는 이러한 구호를 외치고 유인물을 배포하고 피켓과 플래카드를 들었다. 모두 북한의 대남혁명전략의 내용들이고 주사파 운동권 출신들이 오랫동안 외쳐온 구호들이다. 노동자가 주인이 되는 계급투쟁과 자본주의 타도, 사회주의 혁명정권의 수립을 주장한 것이 바로 촛불집회다. 중국의 홍위병을 흉내낸 중고생혁명지도부는 중고생이 앞장서서 혁명정권 세워내자고 주장했고 북한이 우리의 미래이며 희망이며 삶이라고 했다. 이것이 촛불현장의 진실이다. 언론이 제대로 전하지 않아 우리같은 일반 국민이 모르는 촛불집회 현장의 진실이다.

촛불집회의 진실을 기록하기 위해 또 하나 빠뜨릴 수 없는 것은 시위현장에서 불려진 노래들이다. 시위에 나온 시민들에게 증오와 적개심을 불러 일으키고 시위대의 전투력을 높이기 위해 사용된 노래들은 공산주의자들의 혁명의 노래 그 자체였다. 촛불집회의 주제가 격이었던 '이게 나라냐'를 만든 사람은 주사파 출신의 윤민석(본명 윤정환)이다. 그는 1992년 발각되어 건국 이후 최대 규모의 공안사건으로 불린 '조선로동당중부지역당' 사건에 연루되어 실형을 선고받았으며 국보법 위반으로 4차례나 구속된 전과가 있는 공안범죄자다. '김일성 대원수는 인류의 태양/ 수령님께 드리는 충성의 노래/ 전대협 진군가/ 미국 엿먹어라Fucking USA' 등은 그가 만든 노래 제목들이다. 그는 과거 민주당의 당가를 만든 적도 있으며 문익환의 아들 문성근이 주도한 '백만민란운동'의 대표곡도 그의 작품이다. 제목만으로도 김일성에게 충성을 맹세하고 반미주의 정체성을 바로 알 수 있는 많은 노래를 만든 사람이 윤민석이다. 그가 촛불집회의 주제가를 만들었다는 사실로 집회의 성격은 바로 드러난다. 또한 '수령님께 드리는 충성의 노래'를 만든 그가 '민주당의 당가'를 만들었다는 사실에서 민주당의 종북 정체성도 드러난다. 아직도 촛불집회를 '시민의 자발적 참여에 의한 평화적인 시위'로 포장하는 문재인 세력의 말을 믿으시는가. 거짓말은 종북이들의 제 1의 기술이다.

동원된 사람들

문재인 세력은 촛불집회가 시민이 자발적으로 모인 것이라며 '시민의 자발성'을 늘 강조한다. 이것은 자신들을 민주화 운동가 혹은 진보세력이라고 부르는 것과 같은 언어 기만술이다. 거짓말이라는 뜻이다. '박근혜 최순실의 국정농단'이라는 거짓 프레임에 속아 자발적으로 광화문에 모인 시민조차 극소수였고 대부분은 그들이 직접 동원한 사람들이다. 이 숫자마저 그들과 언론이 입을 맞추며 마구 부풀린 것이었다. 그들이 만들어 낸 허깨비는 국정농단 뿐이 아니었다. 매번의 집회에 모였다고 발표한 몇 백만이라는 시민 숫자도 허깨비의 머릿수였다.

집회에 주도적으로 참가한 각종 좌익단체들은 조직원과 회원을 대거 동원했다. 더불어민주당의 각 지역구는 지역주민을 동원했으며 정부기관의 수장으로 있던 좌익 정치인들은 인원동원을 직간접적으로 지원했다. 서울시장 박원순은 좌익진영 내에서의 자신의 정치적 입지를 넓히려는 기회로 삼으려는 목적으로 노골적으로 움직였다. 그는 경찰이 불법으로 규정한 종북단체들의 집회를 서울시의 이름으로 허가해 주었고 이미 2015년의 민중총궐기대회 때부터 탄핵정국이 끝난 2017년 5월까지 종북단체들이 광화문 광장을 계속 차지할 수 있도록 음으로 양으로 지원했다. 시위대가 경찰과 기자와 태극기 집회 참가자들을 폭행하는 현장을 보고도 박원순은 "촛불시위는 세계 역사상 가장 평화롭고 위대한 시민 명예혁명"이라고 치켜세웠다. 낯짝 두꺼운 짓이었다.

촛불집회가 극렬한 폭력시위로 변하지 않은 것은 경찰당국이 시위대의 불법행위와 폭력행위를 적극적으로 대처하지 않았기 때문이기도 하지만 박원순의 서울시가 시위대를 적극적으로 지원했기 때문에 충돌이 일어날 일이 별로 없었던 것이 주요 이유다. 종북좌파들의 시위라면 불법적이고 폭력적인 행위가 난무했던 과거 시위에서는 이를 막으려는 경찰과의 충돌이 불가피했으나 이때의 촛불집회는 폭력사태가 별로 없었다. 북한의 도발에 아무런 대응을 하지않아 충돌이 없었던 문재인 시대와 같은 이치다. 불법과 폭력을 지켜보고만 있었던 경찰과 그것을 제지하기는 커녕 오히려 적극 방조한 서울시장 박원순 때문에 폭력 충돌은 극히 적었다. 부하 여직원을 성추행하고 자살한 부끄러운 박원순에게 국민의 여론을 무시하고 성대한 장례식을 치러준 문재인 정권의 몰염치는 촛불시위 때 박원순이 보여준 몰염치한 지원에 대한 보답일 것이다.

더불어민주당은 암암리에 지역구 조직을 통해 대규모 인원을 동원했다. 한 언론사는 2016년 11월 12일자 광주발 보도에서 당일 광주 전남지역에서 시민단체 회원 등 2만여 명이 500여 대의 버스를 타고 서울 광화문 집회에 동원되었다고 전했다.(뉴스1, 2016.11.12) 당시 국민의당 사무총장이었던 김영환 의원은 당원들을 촛불시위에 동원하기 위해 지구당에 전세버스 비용을 내려보낸 사실을 폭로하는 기자회견을 하기도 했다. 2016년의 총선에서 호남지역구 의원들은 대부분 안철수와 함께 국민의당을 창당했고 박근혜 탄핵에는 박지원을 중심으로 민주당과 보조를 맞추었다. 연합세력인 안철수의 국민의당이 이 정도였으면 주도세력인 더불어민주당은 그들의 뛰어난 위장 은폐술과 양심선언자가 단 1명도 나오지 않는 투철한 사상성 덕분에 드러나거나 폭로되지 않았을 뿐 훨씬 더 대규모적으로 지역 주민을 동원했을 것이다. 좌익 정치인으로 분류되는 이재정이 교육감으로 있던 경기도교육청은 2016년 11월 12일로 예정된 광화문집회 하루 전날 각급 학교에 학생 동원을 독려하는 지시공문을 보낸 사실이 공개되어 물의를 빚기도 했다. 이런 식으로 진행된 좌익단체들의 인위적 인원 동원은 극히 일부만 드러났을 뿐 여러 조직과 다양한 경로를 통해 대규모적으로 자행되었을 것이 분명하다. 그들의 거짓과 조작은 이게 다가 아니다.

허깨비의 머릿수

이미 박근혜 정부를 뒤엎을 수 있을 정도로 대세를 장악했다고 판단한 종북진영은 인위적으로 광장에다 시민을 끌어모으는 정도로 그치지 않았다. 그들은 과거에도 늘 그렇게 했듯 인원수 부풀리기에도 나선다. 참가자 숫자 부풀리기는 언론과 경찰도 장단을 맞춰주었고 그래서 효과는 컸다. 촛불집회가 23차로 종료된 후 박근혜 퇴진행동 측에서 발표한 집회참가자는 연인원 1683만2280명이었다. 황당한 숫자다. 경찰이 집계한 170만7300명의 10배다. 1500만 명은 허깨비였다는 뜻이다.

2016년 10월 29일의 제1차 집회의 참가자를 경찰은 12,000여 명으로 추산했다. 그러나 민노총은 이 숫자의 4배가 넘는 50,000여 명으로 발표했다. 이후 박근혜와 최순실에 대한 많은 괴담이 유포되고 분위기가 고조되어 참가자가 늘어나자 간이 커진 시위주최자 측은 '시위 참가 100만' 식으로 10배 어떤 때는 20배까지 부풀려 선전했고 언론은 이 숫자를 그대로 보도했다. 대부분의 국민은 이 숫자를 대충은 믿었다. '시위 참가인원

'100만'은 국회의 탄핵소추에도 언급되었고 헌재의 탄핵결정문에도 등장하여 궁색했던 박근혜 탄핵사유의 하나로 보태졌다. 234명의 국회의원도 8명의 헌재 재판관들도 유령에 홀린 사람들이었다. 광화문에 모인 100만의 유령이 대한민국을 지배하는 시간이었다.

광화문에서 남대문까지 차도는 약 3만 평이라고 한다. 1평 당 최대한으로 잡아 6명까지 설 수 있다고 가정하면 18만 명이다. 인도까지 포함해도 20만 명 정도다. 그래서 100만 명이라는 숫자는 물리적으로 불가능하다. 이 숫자를 믿게하기 위해 어떤 좌익언론은 인원수가 많아 보이도록 현장사진을 포토샵으로 조작했다. 반면 태극기집회는 시위자 수를 축소하거나 집회에 대한 보도 자체를 건너뛰기도 했다.

좌익세력이 주최한 촛불집회가 거짓 선동으로 시민을 모으며 규모를 키워나가자 이에 대항하여 우익진영의 태극기 집회도 규모가 점점 커져갔다. 촛불집회를 주도하는 단체들이 친북반미의 국가전복을 기도하는 세력이라는 사실을 알리고 박근혜를 공격하는 내용이 모두 거짓임을 주장하는 집회였다. 한 때는 태극기 집회 참가자 수가 촛불집회의 수를 넘어서기도 했다. 그러나 언론과 경찰은 태극기 집회를 차별적으로 대하거나 외면했다. 언론은 촛불집회를 크고 자세하게 자주 보도하는 반면 태극기집회는 작게 가끔 다루었으며 아예 보도조차 하지 않는 경우도 많았다. 경찰도 여기에 가세하여 태극기 집회의 참가자 숫자가 더 많아지기 시작한 12차 촛불집회 무렵부터 돌연 양측 집회 모두에 대해 경찰의 참가자 숫자 집계를 발표하지 않겠다고 선언한다. 촛불집회의 기세가 높을 때는 집계에 열심이던 경찰이 태극기집회의 기세가 더 높아지자 집계 발표를 중단한 것이다. 편파성이 명백했다. 이때부터 언론은 촛불집회 측에서 알려주는 10배 이상 부풀려진 숫자만 보도했고 국민들은 이 숫자를 믿지는 않았지만 이런 분위기에 어쩔 수 없이 휩쓸렸다. 종북단체들이 거짓과 괴담을 섞어 소리를 높이는 선전 선동전의 목적대로 된 것이다. 문재인과 민주당의 승리였고 거짓의 승리였으며 광화문 허깨비들의 승리였다.

문재인 세력의 허깨비놀이는 그들이 정권을 잡고서도 계속되었다. 박성제 MBC 보도국장은 2019년 9월 30일 김어준이 진행하는 교통방송에 출연해 이틀 전 서울 서초구 대검찰청 앞에서 열린 조국 지지집회에 대해 "딱 보니 100만 명"이라고 말했다. 그러나 일부 언론의 과학적인 추정 숫자는 최대 13만 명 이라고 했으며 서울교통공사는 이날 시위 시간대에 인근 지하철역 2곳에서 내린 승객은 9만9천 명이라고 했다.(조선일보, 2019.10.2) 문재인의 청와대 비서관 정혜승의 남편인 그는 2020년 2월 결국 MBC 사장 자리를 꿰찼고 보수 집회에 대해서는 "약간 맛이 간 사람들"이란 유명한 말을 남겼다. 이런 혁혁한 조작과 선전술의 공로로 그는 한국방송협회 회장에까지 오른다. 그가 이끄는 방송은 2022년 3월 20대 대선 유세가 치열하던 때에도 솜씨를 발휘했다. MBC 제3노조는 자사 뉴스데스크가 "윤석열 후보의 3월 1일 신촌유세장에는 청중이 구름처럼 모였는데도 화면에 청중이 보이지 않았고 반면 이재명 후보의 유세현장만 청중이 많아 보이게 보도하는 편파적 구성을 했다"고 성토하며 "독재국가냐"라고 목소리를 높였다.(서울경제, 2022.3.2) 허깨비의 숫자를 마음대로 늘이거나 줄이는 짓을 독재라고 규정한다면 문재인 정권은 독재정권이 분명하다. 문재인은 독재자였고 문재인의 시대는 독재의 시대였다.

유령이 가득한 광장

문재인 정권이 출범한 후 경찰이 발표한 내용에 의하면 촛불집회가 한창이던 당시 태극기 집회에 후원금을 낸 일반시민은 2만 명이 넘었다.(조선일보, 2018.1.6) 부자 노조인 민노총의 자금력으로 움직인 촛불집회와는 분명하게 대비되는 지점이다. 촛불집회에 참가한 인원은 좌익단체들이 동원한 조직원과 회원과 호남지역 주민이었고 일반시민은 소수였다. 이 시민들도 거짓 선동에 속아서 모인 사람이 대부분이고 자발적으로 모인 사람은 더 적었다. 반면 태극기집회는 뚜렷한 주최세력도 없었고 집회를 리드한 몇몇 단체들의 조직력과 자금력도 민주당과 민노총에 비교하면 보잘 것 없는 수준이어서 500여 대의 버스를 움직이는 등의 인위적 동원도 있을 수 없었다. 따라서 시민의 자발적 참여에 의한 집회는 민주당 정치인들이 주장한 촛불집회가 아니라 태극기집회였다는 것이 진실이다. 촛불집회는 기획되고 동원된 것이었지만 태극기집회는 시민의, 시민에 의한, 시민을 위한 집회였다. 촛불집회는 참가자 숫자의 90%가 유령이었다. 반면 태극기집회의 참가자는 90%가 유령으로 취급받았다. 문재인은 유령을 앞장 세우고 정권을 잡았다. 그래서 그의 정권은 유령의 정권이라 불러야 마땅하다. 그의 시대 대한민국은 유령의 나라였다.

지금도 우리 일반 국민의 뇌리에 촛불집회는 거대한 규모의 이미지로 남아있지만 태극기집회에 대해서는 인상이 약하고 존재감이 적다. 이유는 좌익세력과 언론과 경찰이 연합해서 만든 바로 이 90%의 유령 때문이다. 촛불을 들었다는 90%는 유령이었으나 사람 취급을 받았고 태극기를 든 시민의 90%는 원래 사람이었으나 유령으로 여겨졌다. 이것이 그때의 광화문 광장의 진실이다. 우리는 기록과 사실을 다시 들춰내어 그때 유령으로 취급되었던 시민을 다시 사람으로 복권시켜야 한다. 정치인들이야 대통령이 수시로 복권시켜 주지만 유령 취급을 받았던 국민은 우리 스스로의 힘으로 복권할 수 밖에 없다. 그리고 사람 행세를 했던 그때의 유령들은 다시 무덤으로 돌려 보내야 한다. 후손들에게 유령의 나라를 물려줄 수는 없지 않은가. 그때 시민들이 자발적으로 모여 태극기를 들었던 집회는 1500만의 유령을 앞장세운 좌익진영의 기획되고 조작되고 동원된 집회를 넘어서지 못했다. 그 결과는 문재인 세력의 승리와 정권장악이었다. 문재인은 박근혜 정권을 강탈했다. 유령을 앞장 세우고.

3. 유령과 함께 춤을 춘 언론

2016년 10월부터 2017년 4월까지 촛불집회와 태극기집회를 보도한 기사의 사진을 비교해 보면 재미 있는 차이점이 한 가지 있다. 촛불집회는 시야가 높고 넓은 곳에서 사진을 찍어 시위 참가자 수가 많아 보이는 반면 태극기집회는 시위자들과 같은 높이에서 사진기자 가까이에 있는 일부 참가자만 보이는 사진이 많다는 점이다. 시위현장에 가본 사람들 중에는 태극기집회의 참가인원이 더 많았다고 말하는 사람이 많았지만 신문에 난 사진이나 방송화면으로 현장을 본 대부분의 국민이 촛불집회의 규모를 월등히 큰 것으로 생각한 이유 중의 하나다. 지식인들이 모인 언론사와 각각의 언론인도 종북세력이 만들어낸 유령의 무리와 단장을 맞춰 함께 춤을 추고 있었다는 뜻이다.

당신들도 이 무도회에 초대 받았는가

서옥식 박사는 2016년 12월 31일 광화문의 촛불집회와 시청앞 대한문 광장의 태극기집회를 두 곳 다 취재한 후 태극기집회의 참가자 숫자가 더 많아 보였다고 했다. "그러나 대부분의 언론은 약속이나 한 듯 어느 통신사의 보도대로 72만 대 1만2천 명으로 보도했다. 이것은 그 후로도 계속되어 촛불집회는 주최측의 집계라며 100만, 200만 명을 그대로 보도했다. 그러나 2019년 3월 1일 태극기집회 참가자는 남대문, 서울시청, 청계광장, 동아일보사 앞, 종로, 동대문에 이르기까지 엄청난 대규모 인원이 참가하여 주최측이 500만 명으로 발표했으나 대부분의 언론은 이를 무시해 버렸다. 아주 비열한 태도였다."(올인코리아, 2019.3.9) 2019년 3.1절 태극기집회를 이끈 주최측은 참가자를 500만 명으로 발표한 것은 촛불집회가 계산했던 방식 그대로 집계한 수치다. 촛불집회가 사용한 동일한 기준으로 부풀리기를 했다는 뜻이다. 그러나 언론은 이를 묵살했다. 좌익집회의 부풀린 숫자는 인정하고 그대로 보도했으나 우익집회가 같은 방식으로 부풀린 숫자는 인정하지도 보도하지도 않은 것이다. 언론은 좌익과 우익에 적용하는 잣대가 이렇게 달랐다. 이 점은 문재인이 집권한 후에도 마찬가지였지만 그때는 정도가 압도적으로 심했다.

이 혁명적 뒤집기에 JTBC를 비롯한 여러 좌익 언론은 분명한 목적을 가지고 가짜뉴스와 저질 소문과 괴담까지 보도하며 이 혁명에 부역했다. 그리고 공의 크기에 따라 청와대와 국회와 정부기관의 고위직으로 보상을 받았다. 특히 각 언론사의 간부직 자리는 모두 그들의 차지였다. 대표적인 사람으로는 한겨레신문 기자로 재직하며 최순실 이름 석자를 최초로 보도하고 '박근혜 최순실 게이트'라는 허상을 띄워 촛불 정국을 광란의 장으로 만들어 낸 공적으로 문재인 정부에서 청와대 대변인이 되고 국회의원까지된 흑석거사 김의겸을 들 수 있다. 문재인 세력의 정권 장악과 뒤이는 대한민국 통치를 좌익혁명으로 규정한다면 여기에 동조한 좌익 언론과 여기에 적극적으로 가담한 김의겸 박성제 등 언론인 각각에 대해서도 마땅히 혁명에 부역한 것으로 규정해야 한다. 그렇다면 좌익 언론인으로 분명히 규정되는 이런 자들 이외의 대한민국 대부분의 언론과 언론인들은 대체 어떻게 규정해야 하는가. 그들은 그때 왜 그렇게 편파적으로 말하고 왜 그렇게 한 쪽만 일방적으로 비판하는 일에 펜을 휘둘렀는가. 그들도 혁명을 했는가. 아니면 눈치만 보며 따라 다니다 이 거대한 유령의 무도회에 들러리가 되어버린 것인가. 딱하다.

관찰자 권순활

언론인 권순활은 이렇게 말했다. "그때 언론계의 전반적인 분위기는 무엇인가에 홀리기라도 한듯 정상적인 저널리즘의 판단이 전혀 작동하지 않는 초유의 상황이었다. 황당하기 짝이 없는 사설과 칼럼이 일반 보도기사 및 해설기사와 함께 연일 각 신문의 지면을 도배하다시피 채우고 외부 필자들의 원고도 '박근혜 때리기'라는 한쪽 목소리 외에는 나가기 어려웠던 시절이었다. 박근혜 탄핵은 명백히 잘못된 것이었다. 그런 말도 안되는 탄핵이 가능할 수 있었던 것은 거의 모든 언론이 공범으로 참여했기 때문이라고 확신한다. 박근혜 탄핵이 정당했다고 지금도 주장한다면 (박근혜와) 비교가 안 될만큼 수많은 실정과 권력남용을 한 문재인 현 대통령은 단 하루도 더 청와대에 머물러서는 안된다고 매일 공개적으로 목소리를 높여야 마땅하다." 권순활의 말에 틀린 것이 있는가.

권순활의 말은 계속된다. "미혼의 여성 대통령에게 음습하고 불결한 성적 이미지를 씌워 국민적 분노를 부추기고 약물에 취해 기본적 판단능력을 상실한 것으로 몰고 간 그 수많은 기사와 논평 중에 명백한 사실로 밝혀진 것이 단 하나라도 있었던가. 대한민국 육해공 군인을 모두 합쳐 55만 명이고 수원시 전체 인구가 100만여 명이다. 서울 도심 촛불시위에 100만 명이 참석했다는 주최측의 일방적 숫자놀음을 유력 신문의 1면 톱 기사에, 방송 메인 뉴스에 버젓이 올린 보도 태도가 과연 제정신이었나" 권순활은 묻는다. "그때 우리들의 보도는 잘못됐다며 겸허히 반성하고 재발방지를 위한 근본적 대책을 다짐하는, 제대로 된 언론사는 대한민국에 단 한 곳도 없는가."(펜앤마이크, 2019.12.10) 권순활 기자의 이러한 물음에 대답을 내놓을 언론인이나 언론사는 없는가. 언론의 사명을 되새기고 지금이라도 용기를 내어보길 바란다. 자유민주주의는 언론에 의해 지켜진다. 언론이 무너지면 대한민국의 자유민주주의도 무너진다.

그럼에도 대한민국 기자를 위로함

경향신문 기자 원희복은 그의 저서에서 "촛불시위 현장을 취재하며 광장에서 쫓겨나는 기자들을 목격하면서 기레기가 되지 않으려고 마음먹었다"고 말했다. 평화적인 시위였다고 선전하는 문재인 세력의 말과는 달리 당시의 시위현장은 진실을 보도하는 기자와 비판적인 사설을 쓴 언론사에 소속된 기자에게 기레기라는 딱지를 붙여 취재현장에서 쫓아낸 폭력의 존재를 원희복 기자는 본의와는 달리 이렇게 확인해주고 있다. 시위대의 비위에 맞는 기사를 써서 현장에서 쫓겨나지 않는 기자가 기레기인지 사실과 진실을 전하다 시위대에 의해 쫓겨나는 기자가 기레기인지 그에게 따지고 싶지만 그가 언노련에 소속된 기자라니 그냥 넘어가자. 당시 현장에 있었던 많은 기자들은 태극기집회에서는 열기와 분노를 느낀 반면 촛불집회에서는 공포를 느꼈다고 증언했다. 이 공포는 단순히 시위대의 선동적 구호와 비판적 언론사의 기자들에 대한 적대감의 표시 때문만은 아니었다. 문재인과 주사파들이 장악한 더불어민주당이 주도하여 좌익이념에 편향된 선동적 시위를 촛불혁명이라 포장하며 만들어간, 대한민국 자체를 부정하는 분위기에다 민노총을 필두로 하는 종북단체들이 총연합하여 만들어간 거대한 혁명의 광기에 현장에 있던 기자도, 언론사의 데스크도 압도감을 느끼는 그런 공포였다.

일본 류코쿠대학의 이상철 교수는 산케이신문 기고문에서 당시 촛불현장에 있었던 한 기자의 말을 인용했다. "민노총 등 종북세력들에 의해 만들어진 민심이 군사정권 때보다 더 무섭다. 암울한 군사정권의 시대에도 촌철살인의 글을 날렸던 기자들이 지금은 민심이 무서워 자유롭게 글을 쓸 수 없다. 대중의 압력이 미디어를 좌지우지하고 있다." 사실이 그랬다. 그때 대한민국의 대부분의 언론인들은 문재인과 더불어민주당이 중심이 되어 단단한 한 덩어리로 뭉쳐진 김일성주의자들과 운동권 언저리들과 종북단체들의 위세와 압력과 횡포와 폭력에 압도되었고, 그래서 만만하고 전혀 겁나지 않는 미혼의 여성 대통령과 그의 집사 최순실을 마녀로 만드는 광란에 휩쓸려 기자로서 마땅히 해야할 말이나 하고싶은 말이 아닌, 말을 해도 욕 먹지 않고 신변이 안전한 말만 해야했다. 이것은 그때 무책임하고 비겁했던 언론인들을 대신해서 말해주는 변명이다.

기자들 중에는 김의겸처럼 문재인 세력이 듣고싶은 말만 하는 언론인들도 있었다. 그들은 문재인이 정권을 잡고나서 승진과 영전과 출세로 보상을 받았다. 그러나 대부분의 언론인은 김의겸처럼 적극적으로 선전원 노릇을 하지도 않았고 문재인 정권에서 부귀영화를 누리지도 않았다. 이것은 김의겸 정도까지는 아니었던, 덜 비겁했던 언론인들을 위한 변명이다. 당시 광화문광장은 유령들이 점령하고 있었고 촛불집회 시위자들과 유령들은 한데 엉켜있었다. 그래서 누가 사람이고 누가 유령인지 구분이 되지 않았다. 언론인들은 유령의 곡소리에 홀려 더욱 정신줄을 잡기 어려웠을 것이고 그래서 시위대가 외치는 구호와 유령의 곡소리를 분간할 수 없었을 것이다. 그래서 그때의 언론인들을 이해한다. 이 말도 언론인들을 위한 변명이다. 일개 기자로 그 많은 유령을 어떻게 감당할 수 있었겠는가. 이 말은 변명이면서 또한 위로다. 진심이다.

지금 와서 그때의 언론인들을 향해 진실을 들먹이고 저널리즘 정신을 논할 생각은 없다. 사실 확인을 소홀히 한 것에 대해 시비를 따질 생각도 없다. 그러나 그때 언론인 당신들이 전한 말을 국민들은 그대로 믿었고 그 믿음 위에서 문재인 정권을 선택했다. 그리고 문재인의 통치 1년을 넘길 무렵부터 당신들이 전한 말은 대부분 틀린 것이고 당신들도 국민들도 모두 문재인 세력에게 속았다는 것을 알게되었다. 문재인 세력이 말한 '촛불혁명'이 '종북혁명'이고 문재인이 말한 '한번도 경험하지 못한 나라'가 개방되고 선진화되고 부유한 새로운 나라가 아니라 북한을 닮아가는 나라였다는 사실을 그의 임기를 마칠 무렵에야 알게 되었다. 지식인 축에 드는 언론인 당신들은 그때 최소한 종북혁명을 기도한 세력과 그들에게 속아 같이 촛불을 든 순수 시민들 정도는 구별해 주었어야 했다. 그리고 온 국민에게 그것을 알려주었어야 했다. 그것이 언론인의 사명이 아닌가. 당신들조차 광화문 유령들에게 혼을 빼앗긴 결과가 너무 엄중하다.

4. 이 광란을 조종한 사람들

촛불의 따스하고 평화스러운 이미지로 완벽하게 위장되었던 광장의 혁명이 지난지 수 년이 되었다. 추운 겨울에 광장에서 촛불을 들고 노래를 부르던 시민, 유모차를 끌고 나왔던 주부, 촛불을 들고 있던 아이의 초롱초롱하던 눈, 두 손 모아 기도하던 가족 등의 기억은 아직도 우리 뇌리에 선명하다. 그 촛불을 나눠주며 시민을 리드하고 선동했던 사람들은 촛불이 꺼지고 나서 모두 권력자가 되었고 모두 문재인 정권에서 권세와 특권과 부귀영화를 누렸다. 그러나 촛불집회에 직접 참여한 국민, 방관했던 국민, 혹은 반대했던 국민을 가리지 않고 모든 국민은 문재인의 시대에 높은 집값과 높은 물가와 대거 줄어든 일자리 때문에 고통을 겪었다. 이미 지난간 세월의 그러한 고통은 어쩔 수 없다 해도 우리 후손들이 또 그렇게 속고 또 그런 고통을 겪는 일은 막아야 한다. 이를 위해 우리는 그때 촛불집회를 선동한 세력의 정체를 지금이라도 알아내야 한다. 그들은 주사파 운동권 출신의 김일성주의자들이며 그들이 막후에서 촛불집회를 기획하고 음모를 꾸미고 온갖 거짓말과 괴담을 만들어 낸 사람들이라는 사실을 우리는 지금이라도 알아야 한다. 그들의 배후에 민주당이 있었고 그 꼭대기에 문재인이 있었다는 사실도 알아야 한다.

지휘본부 더불어민주당

2016년 7월 말 최서원 관련 의혹이 시작되자 가장 발 빠르게 움직인 것은 역시 좌익 정치인이 모두 모여있는 더불어민주당이었다. 2019년 12월 9일 발행한 '탄핵 100간의 기록'이라는 이름의 백서에 따르면 민주당은 최서원 게이트가 불거진 초기인 2016년 8월 비공개로 '최순실TF'를 만들어 물밑에서 은밀히 활동하기 시작한다. 전대협 간부 출신의 원내대표 우상호를 중심으로 영부인 김정숙의 50년 친구 손혜원, 박지원 다음 가는 모사꾼이라고 불러주면 섭섭해 할 박범계, 전교조 출신의 도종환, 박근혜 정부에서 청와대 공직비서관을 지낸 경력으로 박근혜 정부 참여자들의 약점을 꿰뚫고 있던 조응천 등 5명의 의원으로 팀을 만들었다. 태스크 포스TASK FORCE가 아니라 사기혁명의 앞잡이들이다.

최순실TF는 자신들이 이미 알고 있는 조각조각의 사실에다 루머나 심지어 괴담 수준의 제보까지 긁어모아 그것을 덧붙이고 가공하여 국회 대정부질문과 국정감사를 통해 최서원과 관련된 의혹을 무차별적으로 쏟아낸다. 그리고 그 의혹들을 모두 대통령 박근혜와 관련된 것으로 끌어다 붙이고 끼워 넣는다. 견강부회였다. 박근혜가 사교에 빠진 최순실의 아바타이며 세월호 7시간 동안 불륜행위를 하고 굿판을 벌인 더럽고 이상한 여자라는 식의 추악한 이미지 조작도 그들이 주도한 것으로 의심받았다. 이를 두고 상명대 박정자 교수는 "최순실TF는 섹스와 샤머니즘이라는 두 개의 키워드로 지탱된 기획"이라고 단정했다.(올인코리아, 2019.3.9) 박 교수는 박근혜 탄핵정국에서 난무한 거짓뉴스와 저급한 악성루머와 비열한 괴담의 진원지로 민주당 내에 은밀히 만들어진 최순실TF를 지목한 것이다. 최순실이 최서원으로 개명한 지 2년 이상이 지난 후에 만들어진 이 팀의 이름이 '최서원TF'가 아니고 '최순실TF'였다는 점은 그들이 처음부터 사실과 진상을 찾아내려고 했던 것이 아니라 거짓의 마녀를 만들어 내기로 계획했다는 것을 말해준다.

2016년 4월에 실시된 20대 총선에서 민주당은 123석을 얻어 122석을 얻은 우익정당을 1석차로 제치고 원내 제1당이 되었다. 주사파 운동권의 혁명 교과서에는 국회를 혁명의 교두보로 명시하고 있다. 교과서에 나온 대로 된 것이다. 더불어민주당은 명실상부한 대한민국 좌익세력의 총본부였다. 과거 북한을 위해 간첩활동을 한 사람들, 주체사상을 공부한 김일성주의자들, 대한민국 전복을 위해 활동하다 처벌받은 공안 범죄자들이 모두 모여 있었다. 그리고 통진당 잔당, 전교조, 민노총, 참여연대, 대진연 등 주사파들이 장악한 좌익단체들, 원탁회의를 비롯한 재야세력 등 이땅의 모든 종북좌파 단체들과 연계하고 있었다. 민주당은 자체의 자금력과 조직력을 이용하여 이들 단체를 방조하는 한편 국회에서도 이들을 지원하고 부양할 수 있는 갖가지 법안을 만들고 예산을 배정했다. 종북세력이 거대한 규모의 혁명자금을 확보하는 방법이다.

종북세력이 선전 선동은 물론 부정선거까지 불사하며 국회를 장악하려는 이유는 각종 법안의 제정과 개정을 통한 대한민국의 북한화 혁명과 함께 가난한 북한정권으로부터 더 이상 자금을 공급받을 수 없게 된 이후 혁명에 필요한 자금을 정부 예산에서 조달할 수 있기 때문이다. 적국을 뒤집어 엎는 혁명에 필요한 자금을 적국의 국고에서 조달하는 혁명적인 방법이다. 국회를 장악한 민주당은 이 역할을 충실하게 수행하며 모든 종북단체들의 큰집 혹은 본부 역할을 하고 있었다. 이것은 모든 종북단체들이 민주당의 영향력 아래에 있었으며 나아가 민주당의 지휘와 통제를 받았다는 뜻이다. 또한 당시 민주당은 영남과 인천을 제외한 대부분의 광역단체장들도 석권하고 있었다. 특히 박원순이 장악한 서울시는 이미 대한민국을 절반 이상 장악한 것이나 다름없었고 박원순은 서울시의 예산

집행을 통해 공개적으로 좌익단체들을 지원하고 부양했다.

더불어민주당은 이렇게 촛불집회와 탄핵으로 이어지는 약 6개월 간의 정국에서 총본부의 역할을 수행할 수 있는 모든 조건과 능력을 구비하고 있었다. 그리고 국가의 예산을 나눠먹고 세금으로 유지되는 모든 공직을 전리품처럼 나눠주던 민주당 세력과는 달리 개인의 이익과 이권에는 자신은 물론 정권 참여자들에게도 엄격하던 박근혜는 이에 불만을 품은 수하들의 배신으로 고초를 겪었고 여기에 자신의 정치력 부족까지 더해져 심각한 내분을 겪고 있었다. 그래서 박근혜는 민주당의 공세에 제대로 대응할 수 없을 정도로 무기력했다. 민주당의 문재인 동지들과 종북단체들과 좌익언론이 가세한 모든 좌익진영은 이러한 박근혜 정권을 향해 신속하고도 무자비한 공격을 가했다. 융단폭격이 시작된 것이다.

민주당은 JTBC의 태블릿PC 보도가 나온 이틀 후인 10월 26일 의원총회를 열어 '박근혜 최순실 게이트'로 이름을 짓고 이에 대한 특검 추진을 당론으로 결정한다. 그리고 11월 14일 다시 열린 의원총회에서 박근혜 퇴진을 당론으로 결정했으며 일주일 후인 11월 21일에는 박근혜 탄핵 추진을 만장일치로 의결했다. 이 과정에서 이미 박근혜 정부를 '최순실 정부'로 부르는 발 빠른 민주당 국회의원이 나왔고 이후 현안마다 최순실 정책, 최순실 예산, 이런 식의 이름표를 붙이며 정치공세에 박차를 가했다. 대한민국의 공당이, 그것도 국회 제1당이 과장과 조작과 거짓과 음모와 선전과 선동전을 본격적으로 시작한 것이다. 공산당 전술이었다.

당시의 상황에서 결코 놓쳐서는 안 될 사실이 있다. 이 당시 민주당의 당대표는 추미애였다. 2020년 법무부 장관이 되어 자신의 입으로 부하라고 부른 검찰총장을 쫓아내기 위해 자신의 내장을 밑바닥까지 다 드러내고 결국 문재인에 의해 쫓겨난 그 추미애다. 그는 민주당 대표로서 2016년 10월부터 이어진 촛불집회와 박근혜 탄핵을 총지휘 했다. 그와 함께 민주당 정치인들은 광화문의 촛불보다 늘 한 걸음 앞서 움직이며 시위대를 향해 방향성을 제시했다. 그래서 촛불집회를 지휘한 것은 더불어민주당이 분명하다. 추미애가 촛불혁명을 시민혁명이라고 강조하는 것은 그들의 말이 다 그렇듯 자신들이 했던 작당질을 위장하는 술수다. 거짓과 선동으로 만들어낸 촛불혁명의 진실을 감추기 위해 문재인도 추미애도 그리고 모든 민주당 의원들도 기회가 있을 때마다 '시민이 자발적으로 참여한 평화로운 시민혁명'을 말하고 또 말했다. 도둑이 제발 저려서 그랬을 것이다. 좌익 혁명가들의 기만술이고 위장술이다.

안민석의 천문학

"제가 박근혜 정권을 무너뜨린 원흉입니다" 박근혜를 쫓아내고 정권을 잡은 후 승리의 기쁨에 도취한 안민석은 2017년 6월 26일 전북대 강연에서 자신을 소개하며 이렇게 말했다. 박근혜 탄핵 100여 일이 지나고 문재인의 청와대 장악 45일 후에 한 말이니 자신을 원흉이라고 한 것은 자신의 공을 과시하고 자랑하기 위한 반어적 표현일 것이다. 그러나 문재인의 시간이 끝난 지금 생각하면 그의 말은 반어법이 아니다. 그는 진짜 원흉이었다. 그 자신도 여당 의원으로 참여한 문재인 정권이 이 나라를 모든 영역에서 현저히 후퇴시켰으니 안민석 그도 대한민국 자유민주주의 후퇴의 원흉, 대한민국 경제 쇠망의 원흉, 대한민국 안보력 약화의 원흉이다. 그해 여름 국무총리 이낙연은 정권교체에 안민석의 걸출한 활동이 있었다며 그의 공을 치하했다. 원흉 안민석은 어떤 걸출한 활약을 했을까.

안민석은 2016년 11월 중순부터 "최순실이 스위스 은행에 어마어마한 돈세탁을 의뢰했다. 최순실의 독일 은닉재산이 7~8조에 달한다"며 최순실 국정농단 선동의 분위기에 기름을 부었다. 그는 주진우와 한겨레신문 JTBC 경향신문 등 그와 색깔이 같은 언론사 기자들로 속칭 '독수리5형 제팀'을 만들어 유럽 원정까지 감행하며 박근혜 최순실의 비자금을 추적했다. 그리고 돌아와서 여기저기 방송과 신문에 얼굴을 내밀고 '돈 괴담' 생산에 열중했다. 그의 입에서 나오는 돈은 조 단위가 아니면 돈도 아니었다. 그의 입이 찍어낸 화폐가 얼마인지 보자.

그는 2017년 1월 11일 오마이뉴스와의 인터뷰에서 많은 것을 배설했다. 이 마이너 언론사의 기사를 대부분의 메이저 언론사들이 인용 보도하면서 파괴력은 컸다. 그는 먼저 박근혜 최순실 조윤선을 '악의 무리'로 규정했다. 그리고 그들을 '유사이래, 단군이래 최고 악질적인 거악'이라고 말했다. "최순실 박근혜 경제공동체? 그런 어려운 용어는 잘 모르겠고요, 그냥 한 몸이죠 한 몸이면 지갑도 같이 쓰는거죠. 경제공동체 그런 어려운 말 쓰지 말자고요. 가방끈 긴 사람 소리 이야기 하지 말고 그냥 동네 아저씨 쓰는 용어로 '한 몸'이다 그렇게하면 모든 퍼즐이 쉽게 풀려요" 전형적인 좌익 선동가의 선동언어다. 악질적 선동이다.

안민석은 그들 진영이 만들어낸 경제공동체라는 정체 불명의 괴이한 용어에도 만족하지 못한 듯 박근혜 최서원의 관계를 한 몸이라고 했다. 박근혜와 최순실이 경제공동체는 고사하고 하나의 지갑을 사용했다는 주장조차 후에 검찰과 경찰의 조사에 의해 밝혀진 것은 아무것도 없다. 그럼에도 둘을 한 몸이라고 몰고간 안민석의 거짓 선동술은 공산당 선동원 뺨치는 것이었다. 같은 인터뷰에서 기자가 "한국일보에서 최순실의 10조 원대 재산보유 정황이 나와 독일 검찰이 수사를 진행하고 있다는 보도가 나왔다"고 운을 떼자 인민석은 "최순실의 은닉재산과 돈세탁 정황은 10분의1밖에 안나왔다. (돈세탁 규모는) 독일 검찰이 어마어마한 규모, 제 입으로는 차마 이야기 할 수가 없어요"라고 말했다.(오마이뉴스, 2017.1.11) 저질과 악질의 좌익 선동원 안민석의 진면목이다.

2017년 2월 28일 활동이 종료된 박영수 특검팀은 수사결과를 발표했다. 최서원의 불법재산은 찾지 못했으며 독일 검찰로부터 전달받은 것도 없다고 했다. 안민석이 직접 독일로 날아가 독일 검찰의 협조를 받으며 많은 것을 알아내고 찾아낸 듯 언론에 떠들고 다닌 것을 완전히 뒤집은 것이다. 그러나 안민석은 대국민 사과는 커녕 선동질을 멈추지 않았다. 그는 거짓말과 조작과 선동으로 먹고 사는 좌파 정치인의 샘플이다.

안민석의 입은 2017년 중반부터 본격적으로 화폐를 발행하기 시작했다. 6월 13일 '브레이크뉴스'와의 인터뷰에서 그는 "박정희 통치자금은 8조 원 정도이고 현 시가로는 300조 정도... 이 돈의 일부가 최순실 일가로 흘러갔을 것"이라고 말했다. 이어 7월에는 8박9일 동안 독일 등 유럽 5개국을 돌며 최서원 일가의 재산을 추적하고 돌아와 준비된 보따리를 풀었다. 7월 26일, 가짜 태블릿 PC 보도로 거대한 거짓 정국에 불을 붙였던 문제의 손석희가 진행하는 바로 그 JTBC 뉴스룸에 초대되어 "페이퍼 컴퍼니가 500개 정도로 확인됐다"고 했고 "지금까지 파악한 최순실의 은닉

재산은 대략 어느 정도나 된다고 추정하십니까"라는 손석희의 질문에 "당시 돈으로 8조9000억 원, 지금 돈으로 300조가 넘는 돈, 그리고 그 돈으로부터 최순실 일가 재산의 시작점을 판단할 수 있을 것"이라고 답변하고 "곧 화산이 폭발하는 충격으로 다가올 것"이라고 말했다. 그의 주장의 출처를 묻는 질문에는 '프레이저 보고서'라고 했다. 그러나 이 방송이 나간 후 동 보고서에는 이런 내용이 없다고 반박한 언론이 다수 있었음에도 모든 언론은 그가 말한 '최순실 재산은 300조 원'을 보도했고 국민은 그것을 믿는 분위기였다. 이후 최순실이 숨겨놓은 '천문학적 재산'의 규모는 300조 원 쯤은 되는 것으로 여겨졌다. 안민석의 천문학에 속은 것이다.

안민석은 2016년 12월 22일 JTBC의 '썰전'에 출연해서 "최순실 일가의 재산이 조 단위일 것으로 본다"고 말했고 2017년 3월에는 CBS 라디오 '김현정의 뉴스쇼' 인터뷰에서는 "최순실의 재산은 2조 원 정도로 추정한다"고 했다.(조선일보, 2021.2.24) 그는 2017년 1월 오마이뉴스와의 인터뷰에서는 한국일보가 보도한 10조가 은닉재산의 10분의 1도 안된다고 하여 100조 원대임을 시사했고 7월에 유럽을 다녀와서는 300조를 입에 올렸다. 3월에 말한 2조 원도 국민의 입이 떡 벌어질 만한 금액인데 이것이 불과 4개월 만인 7월에 300조로 불어난 것이다. 조폐공사에서도 4개월 만에 300조 원을 찍어낼 수 있는지 알 수 없으나 안민석의 세치 혀는 그것을 거뜬히 해냈다. 안민석은 경이로운 대한민국 국회의원이었다.

위폐범

세계 1위의 부자인 아마존의 제프 베이조스 220조, 빌게이츠 146조, 삼성 이재용 10조, 이건희가 남긴 유산 26조, 인구 5200만인 대한민국의

2024년 예산이 656.6조다. 보통의 국민인 우리는 이렇게 비교해야 이해할 수 있는 300조의 크기다. 박영수 특검은 2017년 3월 수사결과를 발표하며 최순실 일가 70여 명의 재산은 2730억 규모이며 이 가운데 최 씨의 재산은 총 228억이라고 했다. 2018년 6월 국세청 관세청 금융정보원 등 6개 정부기관이 참여한 범정부 합동조사단은 최 씨의 해외 은닉재산을 샅샅이 뒤졌다. 그러나 검찰이 발표한 금액 외에 더 나온 것은 없었다. 안민석이 새빨간 거짓말을 하고 혹세무민한 것이다. 그의 거짓말을 입증하기 위해 정부의 행정력을 낭비하고 그것을 조사하고 수사하느라 국가예산만 헛되이 썼다. 안민석은 대한민국 국고를 갉아먹는 원흉이다.

최서원은 2019년 9월 옥중에서 '허위사실 유포에 의한 명예훼손' 혐의로 안민석을 고소했다. 최씨는 진술서에서 "(최순실의) 은닉재산은 밝혀진 것만 수조 원 이상이다. 독일 검찰에 따르면 독일사람 이름으로 수백 개의 페이퍼컴퍼니가 생겼다가 없어졌고 (은닉재산 규모는) 조 단위다. 박정희 자금이 최씨에게 흘러들어가 막대한 재산을 형성했다는 등의 안민석 의원 주장과 발언을 입증할 수 있는 구체적 근거를 대라. 페이퍼컴퍼니를 내가 설립했다면 그 실체와 주소 이름을 대라"고 요구했다. 그리고 안민석이 2016년 6월 "(최서원이) 록히드마틴사 회장을 만나 사드 도입에 관여했다"는 주장에 대해 "어떤 역할을 했고 어떤 무기를 구입해서 얼마의 이득을 취득했는지 밝혀라"고 요구했다. 그리고 "박정희 대통령이 축적한 재산이 최태민에 이어 최서원 정유라에게 승계가 끝났다고 주장한 안민석 의원은 승계작업에 관한 금액과 과정을 밝혀달라"며 "사회주의에서도 할 수 없는 만행적인 독설, 조작, 기획, 짜맞춘 허위, 거짓 정보를 반드시 밝혀 일개 국회의원이 국가와 국민을 기망한 죄를 반드시 물어 국회의원직을 박탈시켜달라"고 호소했다.(뉴시스, 2021.2.24) 이러한 최서원의 진술서가 공개되자 안민석은 "최 씨의 나에 대한 고소와 주장은 모두 거짓이다. 최순실 은닉재산 300조원설은 극우진영에서 주장하는 가짜뉴스"라고 했다.(시사저널, 2021.2.26.) 그는 또 거짓말을 하고 있었다. 더불어민주당 사람 다운 거짓말이었고 안민석 다운 오리발이었다. 이 고소의 건은 문재인 시대 권력자들의 범죄사건이 다 그러했듯 경찰청 캐비닛 속에서 먼지만 켜켜이 쌓고 있다 문재인이 물러나고 나서야 검찰로 넘겨졌다.

안민석만 콕집어 비판하고자 이 황당하고 일고의 가치도 없는 몇 조, 몇 백조의 재산은닉 이야기를 하고 있는 것은 아니다. 더불어민주당에 이런 황당한 국회의원이 한 둘이 있는 것도 아니니 화제로 삼을만한 것도 못된다. 2016년 겨울의 촛불집회가 이런 거짓과 괴담이 모이고 쌓여 결국 현직 대통령 탄핵에까지 이르고 그렇게 해서 문재인이 정권을 잡았다는 것을 말하고 있다. 세월호 300명 인신공양설과 안민석이 주장한 최순실의 300조 원 은닉설은 많은 괴담 중 일부일 뿐이다. 더 어이없는 악성의 추잡한 소문과 거짓말도 무수하다. 그러한 것이 광화문에 쌓여 무더기를 이루고 이 악취나는 무더기에서 분출한 가스를 에너지원 삼아 문재인 세력이 권력을 잡았다는 사실을 말하고 있다. 그렇다해도 잊어서는 안되는 숙제가 있다. 입으로 300조를 찍어낸 위폐범 안민석을 그냥 둘 것인가.

용서받지 못할 자
국회의원 한 명에게 1년 간 들어가는 세금은 약 10억 원이다. 1명을 뽑는데 드는 선거비용부터 의원 자신과 보좌진의 급여와 활동비 등 일체를 최소한으로 잡은 금액이다. 실제는 이보다 훨씬 크다. 특히 자신의 지역구에 대한 선심성 예산을 확보하고 불요필한 것에 세금을 마구 퍼붓는 우리나라의 정치 현실을 감안하면 이 금액은 엄청나게 늘어날 것이다. 특히 민주당의 힘있는 국회의원이었던 안민석의 경우 그것은 막대한 규모일 것이다. 안민석은 2024년까지 20년 동안 국회의원으로 있었다. 무려 5선이다. 그에게 드는 세금을 1년에 10억으로 계산하면 이미 200억 원이 들었다. 그는 이런 막대한 돈을 쓰며 유럽으로 날아가서 조작된 엉터리 정보를 만들고 그것을 방송에 나와 사실인양 버젓이 풀어놓으며 국민을 기만하였고, 다시 그것을 확인하느라 국가 기관이 동원되어 인력과 예산이 들어가는 일을 되풀이 했다. 나라를 말아먹는 짓이다. 그가 혹세무민하는 짓을 반복한 결과 종북 정당인 민주당은 집권당이 되고 간첩 혐의자 문재인은 대통령이 되었으며 주사파 정치인들은 모두 고위 권력자가 되었다. 그리고 그 자신은 이런 공적으로 오래 국회의원 자리를 지켰다.

설훈의 거짓말이 김대중과 노무현을 대통령으로 만드는데 1등 공신이었다면 300조 원 위폐범 안민석은 문재인 당선의 1등 공신이다. 그래서 더불어민주당 소속의 국무총리 이낙연이 청와대 공개석상에서 그의 '걸출한 활동'을 칭송했을 것이다. 김대중 노무현 문재인 3대 좌익정권은 모두 거짓말과 조작과 선전선동으로 태어났다. 지금 대한민국이 거짓말과 무고와 사기의 나라가 된 것은 이렇게 거짓말과 조작과 음모로 탄생한 좌익정권으로부터 비롯된 것이 분명하다. 민주당 사람들은 항상 우익세력을 토착 왜구로 매도한다. 그러나 정작 본토 왜구인 일본이 한국을 거짓과 사기의 나라라고 비판해도 별다른 대꾸를 하지 않고 분노하지도 않는다. 이것은 일본의 주장을 인정한다는 증거일 것이다. 대한민국이 또다시 망국의 운명을 맞이한다면 그 원인이 외부의 침공에 의한 것이 아니라면 거짓말과 범죄자들의 천국이 된 내부의 원인일 것이다.

　문재인이 자신의 범죄혐의에 대한 처벌을 피하기 위해 단행한 검수완박으로 대한민국은 이제 범죄자들의 천국이 되었다. 이런 나라를 후손들에게 물려주지 않기 위해서라도 안민석은 단죄되어야 한다. 안민석이 말했던 300조가 처음부터 존재하지도 않았던 것이고 문재인 세력이 박근혜 정부를 무너뜨리기 위한 정치적 목적으로 안민석이 총대를 메고 국민을 기만하기 위한 것이었다면, 그것으로 거대한 국가적 혼란을 초래하고 그 틈을 타 그들이 정권을 탈취한 것이라면 우선 안민석부터 책임을 묻고 합당한 처벌을 받도록 해야한다. 그의 거짓말을 징벌하지 않는다면 대한민국은 법과 정의에 의해 지배되는 자유민주주의 국가가 아니라 거짓과 조작과 선전 선동의 힘으로 통치되는 독재국가 혹은 공산국가라는 의미일 것이다. 북한과 같은 공산국가는 문재인과 안민석 그들이 쫓는 정치체제다. 문재인과 함께 안민석 그도 용서 되어서는 안된다.

거짓 선동가 문재인
　촛불시위가 최고조를 향해 달리고 있던 2016년 11월 26일 문재인은 종로 청계천 광장에서 열린 시위에 참석했다. 그리고 마이크를 잡았다. "박근혜 대통령은 한시라도 빨리 스스로 내려오는 것이 국민들을 덜 고생시키고 국정공백의 혼란을 최소화하는 것이다. 국가권력을 사익추구의 수단으로 삼아온, 경제를 망치고 안보를 망쳐온 가짜 보수 정치세력은 거대한 횃불로 모두 태워버리자."(한겨레신문, 2016.11.26) 박근혜가 국가권력을 이용하여 사익을 추구했다는 주장은 후에 검찰 등 여러 기관에서 거듭된 수사를 벌였지만 밝혀낸 것은 아무것도 없다. 그래서 '국가권력을 사익추구의 수단으로 삼아온' 이라는 문재인의 말은 거짓 선동이다. '경제를 망치고 안보를 망치고'라는 말은 그의 통치 5년을 겪고난 지금 생각하면 실소가 나온다. 그가 해놓은 국정운영의 결과 정도는 되어야 '망쳤다'는 말이 어울릴 것이다. 문재인은 정치 경제 외교 안보 사회 과학 등 국가의 모든 영역을 '망쳐'놓았고 대한민국 번영의 역사 70년을 쇠망의 역사로 바꾸어 놓았으며 지금의 청년세대를 부모세대보다 못살게 된 첫 세대로 만들어 놓은 사람이다. 그때 우리는 문재인에 대해 모르는 것이 너무 많았고 그래서 속았다. 그에 대해 많은 것을 알게된 지금은 다르다.

문재인은 2016년 12월 16일 정치적 견해에서 철저히 좌익편만 드는 동양학자 도올 김용옥과 인터뷰를 가졌다. 도올이 물었다. "헌재가 (박근혜) 탄핵 기각을 결정하면 어떻게 하겠는가". 문재인이 대답했다. "그런 결정을 내린다면 다음은 혁명밖에 없다" 이때부터 시위대에는 더 많은 사람이 동원되었고 함성은 더 커졌다. 문재인은 시위대를 향해, 국민을 향해 선동질을 하고 있었다. 그때 광화문에서 그렇게 많은 사람이 그렇게 크게 내질렀던 외침의 배후 꼭대기에는 문재인이 있었다. 이제 분명해 졌다. 그때 국민인 우리는 속았고 그래서 그를 대통령으로 선택했다.

돈의 힘, 조직의 힘, 거짓말과 괴담과 선전과 선동의 힘으로 시민을 광화문에 동원하는 데 성공한 문재인 세력은 촛불을 횃불로 키워 박근혜 정부를 뒤집어 엎겠다는 의도를 점점 더 노골적으로 드러냈다. 수십년 간 법률가 노릇을 하며 살아온 사람 문재인은 아직 최서원과 박근혜에 관한 어떠한 의혹도 조사와 수사를 통해 확인되기 전이었던 그때 모든 의혹 제기를 마치 사실인양 말하며 정권찬탈의 속셈을 감추려 하지 않았다. 때가 되어 문재인을 심판하는 날, 그가 청계천광장에서 그리고 도올과의 인터뷰에서 했던 말들은 좌익혁명의 증거로, 시민을 선동한 증거로, 대한민국의 헌정질서를 파괴하겠다는 계획을 말한 증거로 쓰여야 한다. 박근혜를 심판할 때는 의혹이 사실인지 아닌지 확인하는 절차도 없이, 조사도 증거도 없이, 추측과 해석과 주장만으로 현직 대통령을 끌어내렸지만 문재인을 심판할 때는 반드시 조사를 거치고 증거에 의거해야 한다. 특히 문재인이 청계광장에서 했던 말과 도올과의 대화에서 했던 말은 반드시 증거로 채택되어야 한다. 문재인의 말은 헌재가 박근혜 탄핵 결정문에서 말한 '헌법 수호의 의지가 드러나지 않는'의 정도가 아니다. 그것은 '헌법 파괴의 의지가 분명히 드러나는' 말이다. 이런 명백한 증거가 있는 문재인의 범죄에 대한 처벌에는 추측과 해석이 필요하지 않다.

기존의 법질서를 준수하며 진행되는 혁명은 없다. 혁명은 기존 질서를 뒤엎는 것이다. 문재인이 "(박근혜가) 탄핵되지 않으면 혁명밖에 없다"고 말한 것은 기존의 헌정질서를 파괴하겠다는 의지를 분명히 나타낸 것이다. 문재인은 이렇게 대한민국의 헌법 파괴를 공언한 사람이다. 권력욕에 눈 먼 234명의 몰지각한 국회의원들과 겁먹은 8인의 서생 헌재 재판관들이 대신 악역을 맡아준 덕에 모든 것을 합법으로 가장할 수 있었지만 그 내용을 들여다보면 온갖 편법과 불법으로 진행된 탄핵이었다. 그리고 이 모든 것을 선동한 꼭대기 점에는 문재인이 있었다. 탄핵에 성공한 후 최고의 단맛이 나는 열매를 차지한 사람도 문재인이다. 헌정질서 파괴를 공언하며 국민을 선동한 문재인을 심판하지 않는다면 대한민국의 법치주의와 정의와 자유민주주의는 회복될 수 없을 것이며 우리 후손들은 주사파 김일성주의자들이 의도대로 김 씨 왕조의 백성이나 사회주의 국가의 인민으로 살게될 것이다. 그것을 원하시는가. 검찰 법원 헌재의 법률가들에게 묻는 말이다. 국민인 우리 스스로에게도 묻는 말이다.

김윤덕은 이렇게 말했다

20대 대통령 선거를 한 달 앞둔 2022년 2월 10일 다큐멘터리 영화 '나의 촛불'이 개봉되었다. 나꼼수의 주진우와 대통령 후보 이재명 지지를 선언한 배우 김의성이 만든 이 다큐는 이미 2018년에 만들어 졌으나 대선 직전에 개봉했다. 문재인 세력이 박근혜 정권을 무너뜨리고 정권을 잡는데 이용한 촛불을 이재명을 당선시키기 위해 다시 써먹기로 한 의도로 보였다. 광화문의 촛불은 문재인에 이어 이재명까지 좌익이 정권을 잡기 위한 수단이었음을 알 수 있는 증거다. 이것이 바로 촛불의 첫 번째 진실이다. 이 다큐영화를 보았다는 조선일보 김윤덕 기자는 이렇게 말했다.

"나는 촛불을 들지 않았다. 총 23차례에 걸쳐 수백만이 모이고, 다섯 살 코흘리개까지 나와 박근혜 구속을 외쳤다는 촛불집회에 가지 않았다. 박근혜 지지자여서도, 태극기여서도 아니다. '인류 민주주의 문명사에 기록될 사건'(유시민)이고 '시대의 대전환'(박원순)이었다는 촛불의 뜨거운 함성이 어쩐 일인지 내게는 사무치지 않았다. 광화문 광장에 세워진 조형물부터 거북했다. 섹스비디오 등 온갖 유언비어의 제물이 된 여성 대통령은 탐욕으로 뒤뚱대는 암탉, 머리에 뱀이 똬리를 튼 마녀로 그려졌고, 포승에 묶인 기업인들은 인민재판에 끌려나온 죄수의 형상으로 군중의 발에 차였다. 광장에 모인 사람들은 '나라가 망해가고 있다'며 분노했지만 일견 즐거워 보였다. 일사불란하게 조직된 집회에선 연예인들 공연이 펼쳐졌고 박원순의 서울시는 집회 참가자들을 위해 지하철 운행 횟수와 화장실을 늘렸다. 최루가스 자욱한 광장에서 백골단에게 쫓기며 독재타도를 외치던 80년대와는 전혀 다른 풍경이었다." 그의 말은 계속된다.

"(이 다큐에서) 가장 서글펐던 대목은 인터뷰에 응한 '촛불시민'들이 '우리가 역사를 바꾼 주인공이었다'며 가슴 벅차하는 장면이었다. 혹독한 겨울 그들이 치켜든 촛불로 권력을 얻은 문재인 정권의 지난 5년이 주마등처럼 스친 탓이다... 현직 대통령을 끌어내린 촛불집회는 내전에 버금간다는 말이 나올 만큼 대한민국을 두 쪽으로 갈라놓았다. 촛불에 올라탄 정치인들은 성폭행, 자녀특혜, 뇌물의혹에 떠밀려 사라져갔고 '박근혜 무덤을 파 아버지 유해 곁으로 보내자'고 선동했던 이는 단군이래 최대 토건비리 의혹을 받는 (대장동)사건의 중심에 서 있다. 탈원전을 부르짖던 대통령이 돌연 원전 컴백을 선언한 날 퇴근길에 만난 택시기사는 '이러려고 내가 촛불을 들었나 자괴감이 든다'며 허탈하게 웃었다." 김윤덕 기자의 말은 이어진다. "영화는 세월호 추모 노래가 흐르며 끝난다. '어둠은 빛을 이길 수 없다. 거짓은 참을 이길 수 없다. 진실은 침몰하지 않는다. 우리는 포기하지 않는다.' 2022년 오늘도 이 노래가 섬뜩하게 파고드는 이유는 무엇일까."(조선일보, 2022.2.28)

촛불혁명은 대한민국을 살리는 정의의 혁명이 아니었다. 대한민국을 무너뜨리는 파괴의 혁명이었고 북한에 충성하는 종북혁명이었다. 촛불의 현장에서만 그것을 확인할 수 있는 것은 아니다. 국회의사당의 탄핵소추에서도, 검찰의 수사에서도, 헌재의 법정에서도 확인된다. 촛불혁명이 성공한 후 벌어진 모든 재판은 인민재판이었다. 그래서 촛불혁명은 공산혁명이고 종북혁명이었다. 촛불혁명이 한창이던 그때 그것을 종북혁명이라고 생각하는 국민은 많지 않았다. 국민인 우리가 문재인에게 속은 것이다. 우리가 속았다는 사실이 더욱 분명해지는 곳이 있다. 인민재판정이다. 21세기의 대한민국 수도 서울에서 열린 인민재판정이다.

제4장

탄핵
그리고 인민재판

소설가 할레드 호세이니는 "세상에는 오직 하나의 죄, 도둑질 뿐이다. 모든 죄는 도둑질의 변형이다"라고 했다. 문재인은 거짓과 조작과 선전 선동으로 엮어진 사기혁명으로 박근혜의 대통령 자리를 도둑질했다. 그리고 자신의 권력 도둑질을 정당화하기 위해 박근혜를 감옥에 가두고 법정에 불러내어 심판했다. 절도범들이 대통령을 잡고 재판에 넘기자 같은 패거리의 정신 나간 법관들은 칼질을 시작했다. 손 안에 든 생선을 회 뜨듯 하는 그 모습이 가관이었다. 박근혜는 인민재판정에 끌려나온 생선이었다.

북한 헌법을 위반한 박근혜

"김영삼 노무현 정부 때도 국정농단은 있었다. 정치가 기업의 자유경쟁과 재산권을 제일 많이 침범했던 때는 김대중 정권이다. 김대중 정권은 기업에서 4000∼5000억 원을 빼내 적에게 갖다 줬는데 그것은 탄핵당할 일이 아닌가. 헌재가 이번에 정치권이 기업 재산권을 침해했다고 했는데 그럼 왜 (김대중은) 탄핵 안했나. 탄핵요건은 김대중 노무현 때 100배는 더했다."(연합뉴스, 2017.3.16) 헌재에서 박근혜 탄핵을 결정하고 며칠이 지나노 사회학자인 송복 연세대 교수는 이렇게 분노했다. 그는 단지 박근혜 탄핵이 잘못되었다는 것을 말하고 있는 것이 아니다. 좌익의 실체를 꿰뚫고 있는 송복은 문재인 세력이 대한민국을 좌익국가로 변경하는 체제변혁 혁명을 하고 있다는 것을 알려주고 싶었을 것이다.

대통령은 직무수행에 있어 헌법과 법률을 중대하게 위반한 경우 탄핵될 수 있다. 헌법은 그렇게 규정하고 있다. 박근혜는 직무 수행에 있어 대한민국의 헌법과 법률을 중대하게 위반한 것이 없다. 그러나 북한 헌법을 적용한다면 박근혜는 중대한 범죄를 범한 것이 맞다. 통진당을 해산하고, 전교조를 불법화하고, 대한민국을 한반도에서 정통성을 가지는 유일한 국가로 서술하는 국정교과서를 만들고, 개성공단을 폐쇄하고, 북한의 핵과 미사일에 대한 방어시스템인 사드 배치를 결정한 박근혜는 북한의 헌법과 법률을 위반한 것이 맞다. 문재인 세력이 북한 헌법을 위반했다는 이유로 박근혜를 탄핵했다면 그들은 북한의 헌법정신을 실천하는 혁명을 한 것이다. 그래서 문재인이 촛불혁명이라 부른 그의 혁명은 종북혁명이다.

1절 야합과 협잡으로 진행된 탄핵재판

밖에서 민노총 등의 혁명 행동대가 광장을 차지하고 유령의 축제판을 벌이고 있는 동안 안에서는 무엇을 하고 있었을까. 혁명의 지도부가 포진한 국회에서는 광화문 시위대의 뜨거운 함성을 에너지로 신속하게 움직이며 합법으로 포장된 법적 절차를 강행했다. 이어 광장의 함성과 국회 종북 정치인들의 서슬에 주눅 든 검찰과 헌재의 백면서생 법률가들은 자신의 몸과 알량한 자리를 지키기 위해 가자미 눈이 되어 법적 절차와 법리를 가볍게 무시하고 법 조문의 해석을 요리조리 비틀었다. 법조계 원로들이 나서서 이의 잘못을 지적하고 밖에서 지켜보는 해외 언론들이 절차와 내용의 문제점을 지적해도 그들은 개의치 않았다. 국민들이 부당함을 외쳐도 이들이 태극기를 들고 있다는 이유로 태극기세력이라 폄하하고는 눈길조차 주지 않았다. 자유진영 국민의 목소리가 묻혀지자 국회에서도 검찰에서도 헌재에서도 야합과 협잡질이 난무했다. 그렇게해서 박근혜에 대한 탄핵은 '합법'이라는 외피를 거뜬히 입을 수 있었다.

1. 내용도 절차도 모두 무효인 재판

박근혜는 직무상 중대한 위헌 위법적 혐의 없이 탄핵되었다. 그러므로 그의 탄핵은 이미 내용에 있어서 무효다. 내용만 그런 것이 아니다. 절차에 있어서도 위법 투성이다. 탄핵에 이르기까지의 각 과정에 규정된 절차법을 적용하면 법률위반이 무수하게 많았다. 절차법은 실체법을 실현하는 과정이며 실체법 내용의 적합성과 사실성을 보장하기 위해 마련된 법체계다. 이미 내용에서 범죄혐의를 구성할 수 없었던 박근혜에 대한 탄핵은 이를 극복하기 위해 절차에서도 수많은 법률위반을 범했다. 그래서 박근혜 탄핵은 내용에서도 절차에서도 모두 무효다. 이 탄핵은 자유민주주의 국가의 정상적인 사법적 행위가 아니었다. 공산주의자들의 숙청이었다. 그래서 박근혜에 대한 탄핵재판은 인민재판으로 규정되어야 한다.

9인의 원로가 내린 죽비

100일 이상 대한민국을 휩쓸고 있던 전국민적 집단이성의 마비와 광화문의 광란을 지켜보며 이를 크게 우려하던 원로 법조인 몇 분은 대통령 박근혜에 대한 헌재의 탄핵 결정을 한 달 앞둔 때에 국민을 향해 각성의 메시지를 보냈다. 박근혜에 대한 탄핵심판이 여론재판이나 혁명재판으로 흐르는 것을 미리 알고 있었던 듯한 그들은 탄핵결정 한 달 전 헌재의 비정상적인 탄핵심판 과정과 법리적용의 오류를 조목조목 지적했다. 대법관, 헌재 재판관, 대한변협회장을 역임한 그 분들의 이름은 정기승 김두현 이종순 이시윤 이세중 김종표 김문회 함정호 김평호 님 아홉 분이다. 그들은 다음 6가지를 지적하며 박근혜 탄핵이 부당하다고 말했다.

1. 국회가 아무런 증거조사 절차나 선례수집의 과정 없이 신문기사와 심증만으로 탄핵을 의결하여 대통령의 권한을 정지시켰다. 2. 특검조사가 시작되기도 전에 탄핵소추를 의결한 것은 이번 탄핵이 비정상적이고 졸속으로 처리되었다는 것을 단적으로 드러낸다. 3. 법적 성격이 전혀 상이한 13개 탄핵사유에 대해 개별적으로 심의 표결하지 않고 일괄적으로 표결한 것은 중대한 적법 절차 위반이다. 4. 박 대통령이 헌법의 원리나 원칙을 부정하거나 반대한 사실이 없음에도 몇 개의 단편적인 법률위반이나 부적절한 업무집행 의혹만을 근거로 헌법위반이라고 주장하는 것은 논리의 비약이다. 5. 대통령이 공익법인 설립 및 그 기본재산의 출연을 기업들로부터 기부받은 것은 이미 선례도 많고 그 목적이 공공의 이익을 위하는 것이므로 이를 범죄행위로 규정하여 단죄하는 것은 법리에 맞지 않는다. 6. 헌재는 9명 재판관 전원의 심리 참여가 헌법상의 원칙이므로 (결원이 생긴 현재) 재판을 일시 중지하였다가 전원재판부를 구성한 연후에 재판을 재개하여 심리를 진행해야 한다.(조선일보, 2017.2.9) 박근혜 탄핵이 왜 부당한지에 대한 이유를 말해주는 원로들의 죽비다

법조계 원로들의 이러한 지적에도 불구하고 한 달 후 헌법재판소는 결국 대한민국 제18대 대통령 박근혜를 탄핵했다. 거대한 거짓과 선동에 의한 광란에 맞서 내려쳐준 법조계 원로들의 죽비도 좌익세력의 촛불난동이 일으킨 바람을 잠재우지는 못했다. JTBC의 가짜 태블릿PC 보도와 이 거짓보도에 의해 타오른 촛불집회, 촛불에 의지한 국회의 탄핵소추, 광화문의 광기에 겁먹은 헌재의 탄핵 결정, 이 일련의 모든 과정은 단 5개월 사이에 벌어졌다. 70여 년 간 힘겹게 진전된 대한민국의 자유민주주의적 법질서는 그렇게 간단하고도 무기력하게 무너졌다.

협잡꾼들

2016년 12월 9일 국회는 대통령 박근혜에 대한 탄핵소추안을 가결시켰다. 탄핵소추 사유로 나열된 것은 헌법위배 행위 5가지에 법률위배 행위 4가지가 더해져 모두 9가지였다. 법률위배는 세부적으로 8가지로 나뉘어져 모두 13가지로 부르는 경우도 있었다. 9가지든 13가지든 의미는 없다. 후에 입증된 것이 단 하나도 없는 모두 엉터리 사유였기 때문이다. 탄핵소추안이 가결되자 박근혜의 대통령으로서의 직무는 즉시 정지된다. 더불어민주당 원내대표 우상호, 국민의당 박지원, 정의당 노회찬 3인이 대표발의한 탄핵소추안에 국회 재적의원 299명 중 234명이 찬성했다. 더불어민주당 국민의당 정의당 거의 전원에다 여당인 새누리당 의원도 62명이 찬성표를 던졌다. 후에 박지원은 "김무성 의원이 40표를 모으면서 탄핵소추가 본격화 되었다"고 밝혔다. 종북주의자와 기회주의자와 배신자들이 정파적 이익을 쫓아 뒷거래로 도모한 탄핵안은 그렇게 가결되었다.

탄핵소추안의 통과는 여야 정치인들의 야합과 협잡의 산물이었다. 먼저 여기에 끌어다 댄 통과의 이유를 보면 어이가 없다. "광화문에서 100만 국민이 모여 촛불집회를 열고 박근혜의 하야를 요구하니 주권자인 국민의 요구를 따라야 한다."고 했다. 앞서 고찰한 바와 같이 100만이라는 숫자는 애시당초 말이 되지 않는 것이며 이 숫자를 인정한다고 해도 100만 명은 전국민 5000만 명의 단 2%로서 대표성이 성립되지 않는다. 98% 국민의 의사는 어쩔텐가. 좌익성향의 방송을 동원하여 유도된 여론을 만들고 좌익성향의 여론조사 회사에서 편향된 질문문항으로 도출한 여론조사 결과를 들이대며 "대통령에 대한 지지율이 몇 주간 연속으로 4~5%로 추락했으니 국민은 이미 박근혜를 탄핵한 것이나 마찬가지다"라고 했다. 이게 법을 만드는 국회에서 내놓을 수 있는 탄핵사유인가. 대체 대한민국 어느 법체계에 시위대의 숫자와 여론조사 수치에 의해 탄핵을 소추할 수 있다고 규정되어 있는가. 이게 법치국가에서 있을 수 있는 일인가. 당시 국회가 제시하는 탄핵사유와 그것을 설명하는 용어와 논리와 법리는 정상적 자유민주주의 국가의 그것이 아니었다. 공산주의자들의 혁명의 논리였다. 그들은 대한민국의 자유민주주의 체제를 뒤집고 있었다.

탄핵의 사유로 제시된 사유 중에서도 특히 최서원에 대한 의혹들과 그것이 박근혜와 어떤 연관성이 있는지에 대한 사실 확인은 처음부터 고려 대상이 아니었다. 11월 30일 박영수 특검팀 발족이 결정되어 최서원과 관련된 모든 의혹을 조사하고 진상을 규명하기로 되어 있었지만 국회는 이 결과를 기다리지 않았다. 야합한 여야 정치인들에게 사실과 진실은 고려의 대상이 아니었다. 또한 현직 대통령을 탄핵하는 것은 헌법과 법률이 정한 사유와 조건과 절차에 따라야 하는 최고의 법률행위임에도 그 내용과 절차가 적법한 것인지에 대한 고려도 완전히 무시되었다. 결국 국회는 신문과 방송에 나온 의혹 관련기사 14건과 최서원 안종범 등 8인에 대한 검찰공소장 등을 근거로 탄핵소추를 강행했다. 그렇게 의결된 탄핵소추안에 수사기관에 의해 검증된 사실은 아무것도 없었다. 발의자들이 검찰의 공소장에 나온 몇 건과 여러 언론의 기사를 인용하고 그것에 일방적인 해석과 주장을 늘어놓은 내용으로 채워졌다. 그리고 법조인들이 지적한대로 법적 성격이 전혀 다른 13가지의 탄핵사유를 개별적으로 심의 표결하지 않고 일괄적으로 '박근혜 정부의 최순실 등 민간인에 대한 국정농단 의혹사건'으로 이름을 붙여 국회 문턱을 넘고 그것을 다시 헌재로 넘겼다. 협잡꾼들이 모인 국회의 협잡질이었고 좌익 혁명가와 우익의 배신자들이 작당한 대한민국 뒤집기였다. 김무성 유승민 등 62명의 우익 정치인들은 자신들의 배신을 박근혜 끌어내리기 정도로 생각했을 것이다. 그것이 박근혜는 물론 대한민국까지 뒤집어놓는 것이라는 사실은 몰랐을 것이다. 우익 정치인들은 종북이들의 실체를 너무 모른다. 그때도 그랬고 지금도 그렇다. 대한민국은 북한정권보다 내부의 종북주의자들과 그들을 지지하는 특정 지역민으로부터 더 위험한 나라다.

국회의 이런 엉터리 탄핵소추안에 대해 이의를 제기한 국회의원이 없었던 것은 아니다. 김진태 등 몇몇 의원은 이견을 제시하고 토론을 요구했다. 그러나 정세균은 거절했다. 혁명 국회의 혁명 국회의장이었다. 정세균은 탄핵소추안 표결에 앞서 개별 의원들이 요구하는 일체의 토론을 불허했다. 헌재의 심리과정에서 박근혜 변호인단은 이에 대해 이의를 제기했으나 헌재는 "토론을 희망한 사람이 한 명도 없었다"고 했다. 이에 새누리당 의원들은 '명백한 거짓말'이라고 항의했다. 힘 없는 그들의 항의는 힘 있는 무법자들에 의해 가볍게 무시되었고 권력에 눈 먼 정치인들에게 사실 진실 정의 절차 법률 헌법 따위는 고려 대상이 아니었다. 특검의 수사를 통해 현직 대통령을 탄핵시켜야 할 중대한 혐의를 확인하고 나서 탄핵소추를 발의해야 한다는 법조인과 학자들의 의견을 무시한 채 그들은 탄핵을 먼저 발의해놓고 나중에 조사하는 헌정질서 파괴적 일을 불사했다. 이런 초법적 행위에 대해 당시 외신들도 '거꾸로 된 탄핵'이라 비판했다. 그러나 광장의 함성만 듣고 정파적 이익계산에 눈 먼 협잡꾼 국회의원들에게 그런 비판은 들리지도 보이지도 않는 듯 했다. 광화문에 가득하던 마녀사냥의 외침은 그렇게 국회의 탄핵소추로 결실을 맺었다.

이 탄핵소추안의 통과되고 5개월이 지나 우상호 등의 민주당 사람들은 모두 권력자가 되었고 박지원은 시간이 더 지나 국정원장이 되어 최고급 호텔에서 젊은 여성과 식사를 하는 영화를 누렸다. 그러나 정의당의 노회찬은 민주당 정치인들의 천문학적인 금융비리 의혹에 비교하면 조족지혈인 몇 푼의 부정한 자금을 받았다는 이유로 의문투성이의 주검으로 발견되었고 김무성은 주군을 등진 배신자로 낙인찍혀 자유민주 진영의 국민이 던진 돌 세례를 받고 정치생명이 끊어졌다. 우익진영과는 권력을 공유하기는 커녕 전리품조차 나누지 않는 좌익의 문재인 세력에 이용만 당한 것이다. 김무성도 유승민도 좌익을 몰라도 너무 모르는 멍청한 우익 사람이었다. 어리석고 딱한 사람들이다.

무법자와 부역자

제20차 촛불집회는 3일 동안 계속되었다. 헌재의 탄핵 결정을 하루 앞둔 2017년 3월 9일부터 촛불세력은 헌법재판소가 소재한 종로 안국역 사거리에서 철야집회를 시작하여 탄핵결정 당일인 10일에도 시위는 계속되었다. 11일에는 광화문으로 자리를 옮겨 대규모 자축 집회를 가졌다. 많은 연예인까지 동원된 축제였다. 그들은 집회 주최자의 말대로 '박근혜 없는 첫 번째 주말'을 춤추고 노래하며 마음껏 즐겼다. 이날 전인권 등 많은 가수가 나와 승리를 노래했다. 그들의 승리는 곧 대한민국 자유민주주의의 패배였다. 집값 폭등과 일자리 감소와 경기침체로 서민과 자영업자들이 지옥에 떨어지는 출발점이었다. 그때는 까마득히 몰랐다.

2017년 3월 10일 헤어롤을 달고 출근한 헌법재판소 소장대행 이정미 재판관이 "주문, 피청구인 대통령 박근혜를 파면한다"고 시작한 탄핵결정문을 읽어보면 이것은 법률문서라기보다 편파적인 견해를 기초로 작성한 비판문 혹은 규탄문에 가깝다. 헌법에 분명히 적시된 대통령 탄핵사유인 '직무상 중대한 위헌 위법의 혐의'는 어디에도 없다. 오직 박근혜를 끌어내리기 위해 최서원의 사익추구를 최대한 확대 해석하여 끌어다 붙인 정치적 비난의 문장들로 이루어져 있다. 최서원이 박근혜를 위해 수행한 사소한 개인적 집사의 역할을 과장 해석하고 간접정황을 끌어다 들이대며 문재인 세력이 주장한 '경제공동체'의 틀에 박근혜와 최서원을 끼워맞추려고 하는 의도가 선명히 읽혀졌다. 이미 법률가와 학자들이 경제공동체의 허구성을 지적한 터라 이 용어를 쓰지는 않았으나 내용은 그것을 입증하고 설득력을 더하려는 의도로 가득했다.

헌재의 선고문에는 법률용어가 아닌 언론이 만들고 국회에서 인용되었던 선동의 언어들도 그대로 등장했다. '비선실세, 비선조직' 등의 용어가 반복되었고 사실관계를 명확히 밝히지 않거나 일부 사실관계를 밝힌 것도 출처를 제대로 밝히지 않았다. 이것은 국회의 탄핵소추안에 이어 헌재의 탄핵선고문에도 그대로 이어졌다. "사실을 몰랐다고 하더라도… 결과적으로… 납득할 수 없다" 등의 해석언어로 가득했고 "피청구인(박근혜)은 최태민의 딸인 최서원과도 친분을 유지하였는데… 피청구인의 개인적 일을 처리할 때 최서원의 도움을 받기도 하였다… 최서원의 남편 정윤회가 피청구인의 비서실장으로 불리며 피청구인의 보좌진을 이끌었다… 피청구인은 대통령으로 취임한 뒤에도 관저에서 최서원과 사적 만남을 꾸준히 지속하였다… 최서원은 정호성을 비롯한 피청구인의 일부 보좌진과 차명 휴대전화 등으로 상시 연락하였고 피청구인의 일정을 확인하고 그에 맞는 의상을 준비하기도 하였다."(펜앤드마이크, 2019.3.8) 대체 이런 개인적이고 사소한 사실들이 현직 대통령을 직무상 중대한 위헌 위법으로 탄핵하는 일과 무슨 상관인가. 탄핵사유가 없다면 없다고 말하고 기각하면 되지 무슨 이런 잡설을 늘어놓는가. 더구나 이런 사소하고 개인적인 일조차 후에 대부분 허위로 밝혀지지 않았나. 헌재 재판관 당신들은 문재인 세력으로부터 겁박을 받거나 혹은 어떤 보상을 약속 받았는가, 그것이 아니면 촛불 시위대의 함성이 두려웠는가. 당신들도 그들과 함께 대한민국 뒤집기를 하고 있었는가. 당신들도 북한주의 혁명을 했는가. 지금도 이 선고문이 옳다고 생각하시는가. 국민의 세금으로 생계를 해결하고 명예를 누렸던 당신들은 국민의 이 질문에 답을 하라. 지금이라도 좋다.

헌재의 선고문을 읽어보면 존재하지 않거나 혹은 빈약한 사실관계로 이미 정해진 결론인 '탄핵결정'에 맞추기 위해 억지 해석과 무리한 논리로 사유를 만들어 나간 것임을 알 수 있다. 박근혜 변호인단의 이중환 변호사는 "탄핵소추 사유는 대통령 재임기간 중의 행위에 대해서만 책임지는 것임에도 불구하고 헌재의 결정문에는 그것에서 벗어나는 것까지 포함되어 있고 또한 국회의 탄핵소추의결서에 기재되지 않은 것들도 많이 포함되어 있다"고 했다. 헌법재판소가 탄핵 사유를 만들어내기 위해 박근혜가 대통령에 취임하기 이전의 사실과 국회의 소추로 대통령의 지위가 정지된 이후의 사실까지 끌어들였으며 국회가 의결한 탄핵소추 사유 이외의 사실도 헌재 스스로 끌어다 넣었다는 것이다. 최서원과 관련된 사소한 개인적 사실들로는 사유가 부족하고 궁색해 보였기 때문에 이런 짓을 했을 것이다. 그러나 이렇게 갖다붙인 것마저 헌법에 규정된 위헌 위법 혹은 내란 외환죄로 해석되는 것은 아무것도 없었다. 지금 눈을 씻고 다시 봐도 없다. 이정미가 낭독했던 탄핵선고문을 다시 읽어보시라. 대체 무엇이 직무상 중대한 위헌이고 위법인가. 헌법에 적시된 탄핵 사유를 제시하지 못한채 탄핵을 결정한 8인의 재판관 당신들은 대체 누군가. 무법자인가. 아니면 좌익혁명에 동원된 부역자인가.

지금도 궁금하다. 헌법재판소가 박근혜 탄핵을 결정할 때 재판관 8인은 헌재와 가까운 거리인 안국동 사거리에서 시위하고 있던 촛불 시위대의 함성을 들었을까. 들었다면 재판관들의 귀에 그 소리는 선량한 시민들의 애국의 함성으로 들렸을까 아니면 혁명세력의 위협과 협박과 폭력의 소리로 들렸을까. 시위대의 함성에 겁을 먹었던 것은 아닌가. 지금도 그 결정이 옳았다고 생각하고 있는가. 이정미 강일원 이진성 안창호 서기석 김창종 조용호 김이수 당신들이 직접 말해줄 수는 없는가.

친절한 일원씨

국회에서 민주당의 주사파 국회의원들이 주도하고 여기에 기회주의자들이 야합하여 통과된 박근혜 탄핵소추안은 헌법재판소로 넘겨졌다. 헌재로 넘어온 이 소추안의 내용이 졸속으로 만든 엉터리라는 사실은 헌재 재판관들의 눈으로도 단박에 알 수 있었을 것이다. 이미 많은 언론인과 지식인의 지적이 있었기 때문에 전문 법률가들인 그들은 알고 있었을 것이 틀림없다. 검찰의 조사와 수사를 통한 증거수집과 검증절차도 없이 신문기사를 수집하고 편집하여 만든 소추안이니 그것이 얼마나 한심한 문건이었는지 그들이 몰랐을 리는 더욱 없다. 그러나 모두가 제정신이 아니었던 촛불 광란에서 대한민국의 헌법질서를 지키는 마지막 보루인 헌재 재판관들도 제정신이 아니기는 마찬가지였다.

박근혜 측 대리인단으로 재판에 참석했던 채명성 변호사는 첫 변론기일 법정의 현장을 이렇게 전한다. "중립적이어야 할 헌재 재판관들은 일방적으로 국회의 소추위원단을 편들었고 주심인 강일원 재판관은 (국회 측을 향해) '이거 너무 난삽하니까 내가 정리해 주겠다 받아 적어라'는 식으로 5개를 불러주었다."(월간조선, 2019년 4월호) 문서의 요건도 갖추지 못하고 난삽한 국회의 13가지의 소추사유를 강일원은 '쟁점정리'라는 이름을 붙이고 공무원 임면권 남용, 언론자유 침해, 세월호참사 관련 생명권 보호의무. 삼성 관련 뇌물수수, 최서원의 국정개입 등의 5가지로 정리해 주었다. 강일원의 편파성은 재판과정에서 더욱 심했다.

다시 채명성의 증언이다. "주심 강일원이 다 했다. 우리가 신청한 것은 기각하고 증인심문 과정에서도 국회 소추위원단 편을 많이 드는 듯 했다. 우리가 심문하려고 하면 자르고 증인에게 추가 질문할 때도 저쪽에 유리한 질문을 자주 했다. 헌재에 당시 동영상이 있으니 그것을 보면 다 알 수 있을 것이다." 채명성의 말대로 헌재는 편파적이었다. 특히 박근혜 측의 요구는 대부분 기각했다. 태블릿PC 감정보고서 열람 신청, 고영태 증인 신청, 고영태 일당의 2100여 건의 녹음파일 검증요구, 재판을 편파적으로 진행하던 강일원 재판관 기피신청, 이 4건은 모조리 기각한 채 재판은 일방적으로 진행되었다. 편파적이고 일방적인 재판은 인민재판이다.

국회는 부실한 내용의 엉터리 탄핵소추안을 강일원 등 헌재 재판관의 조언을 받아가며 재작성했다. 국회와 헌재의 이러한 담합을 두고 위법의 소지가 크다고 말하는 법조인도 많았으나 그런 목소리는 무시되었다. 국회가 수정하여 재작성한 탄핵소추안은 헌법 제65조 2항의 재의결 규정에 의거해 '수정된 탄핵결의서를 국회의원 3분의 2가 찬성 하는 재의결을 거쳐야' 했다. 그러나 국회는 '준비서면'이라는 형식을 빌어 사실상의 '소추의결서 수정안'을 헌재에 다시 제출했다. 많은 법률가들은 이것을 편법이며 위헌이라고 했다. 그러나 국회도 헌재도 법률가들의 이런 의견에는 개의치 않았다. 국가기관에 의해 변칙 편법 위법 위헌이 아무렇지도 않게 자행되고 있었다. 수정된 탄핵의결서를 다시 받은 이때부터 헌재는 정해진 결론을 향해 속도를 내며 사실상 국회 법사위의 종로출장소가 된다. 헌재는 광화문 세력이 외침대로 '박근혜 탄핵 인용'에 맞추기 위한 근거를 만들어 갔다. 당시 헌재의 탄핵결정에는 국회의 엉터리 소추안을 친히 나서서 수정하는데 부역한 강일원 재판관의 공이 지대했다. 그는 여러 언론으로부터 '친절한 일원씨'라는 조롱성 찬사를 받았으나 이러한 여론에는 개의치 않는 듯 했다. 그는 그것을 진짜 찬사로 여겼는지도 모르겠다.

이정미 재판관이 탄핵 결정문을 읽으며 '헌법수호 의지'를 들고 나온 것도 어이없는 일이었다. 결정문에는 "피청구인(박근혜)의 헌법과 법률 위배 행위는 국민의 신임을 배반한 행위로서 헌법수호의 관점에서 용납될 수 없는 중대한 법 위배행위라고 봐야한다."고 되어있다. 채명성은 이에 대해 "대국민 사과가 진실하지 않았다는 등 이유로 댄 것들은 모두 사실이 아니고 심판과정에서 전혀 쟁점도 아니었다. 뜬금없이 헌법수호 의지를 들고 나왔다."고 말했다. 이것은 편파적인 정도가 아니라 미리 정해진 결론에 이유를 꿰어 맞추는 견강부회였다. 국회의 탄핵소추가 대국민 사기가 맞다면 헌재를 이 사기의 공범으로 규정하는 이유로 충분할 것이다.

대한민국 헌법은 "대통령은 내란 또는 외환의 죄를 범한 경우를 제외

하고는 재직 중 형사상의 소추를 받지 아니한다."고 명시하여 대통령은 내란이나 외환의 죄를 범한 경우에만 형사적으로 소추할 수 있다는 점을 분명히 하고 있으며 탄핵의 요건은 직무상 중대한 위헌 위법 행위로 규정하고 있다. 그러나 2016년 12월 9일 국회에서 가결된 탄핵소추안에도, 2017년 3월 10일 헌재 소장대행 이정미가 읽은 탄핵결정문에도 대통령 박근혜가 내란 또는 외환의 죄를 범했다거나 직무상 중대한 위헌 위법으로 확인되었다고 적시한 범죄혐의는 없다. 이와 유사한 사유로 판단할 만한 것도 없다. 수사와 재판을 통해 범죄로 확인된 적도 없는 시위대와 민주당 문재인 세력의 주장만 탄핵의 사유로 나열했다. 이렇게 결정된 탄핵은 엉터리 탄핵이다. 그래서 탄핵이라 부를 수도 없다. 단지 박근혜 정부를 붕괴시키고 기존의 국가질서와 법체계를 무너뜨린 혁명이었다. 문재인과 주사파 김일성주의자들이 주도하고 종북단체들과 좌익 언론이 총연합하여 이룬 혁명이다. 헌재는 이 혁명에 부역했다. 강일원은 이 엉터리 탄핵심판의 주심이었고 이정미는 헌재소장 대행이었다.

2. 허깨비가 내린 판결

2004년 노무현의 탄핵을 심판할 때는 헌재의 탄핵결정문에 국회가 제출한 '탄핵소추의결서'가 첨부되어 있었다. 그러나 박근혜 탄핵 심판에는 첨부되지 않았다. 헌재가 직접 첨삭 편집 변조하고도 그것조차 공식 문서로 내놓기에는 엉터리였다는 뜻이다. 이중환 변호사는 이를 두고 "국회가 제출한 소추사유와 헌재가 실제 파면을 결정한 사유의 차이가 크다는 점을 감추기 위해 일부러 누락시켰다"고 했다. 많은 법조인들은 이 탄핵결정문을 사실오인, 심리미진, 법리적용 잘못 등 졸속에다 오류투성이라고 비판했다. 그러나 그때는 늘 그러했듯 법조인이 말하는 법리는 광장의 함성에 곧 묻혀버렸다. 법조인들의 법리는 광장을 채운 유령들의 아우성을 이겨내지 못했다. 유령이 지배하는 시간이었다.

2017년 3월 10일 헌법재판소는 재판관 8명 전원일치 의견으로 현직 대통령 탄핵을 결정했다. 이 결정에 헌재가 친히 나서서 고쳐준 5가지의 탄핵사유 중에서도 공무원 임면권 남용, 언론자유 침해, 세월호 참사, 삼성 뇌물수수는 거론하지도 않았다. 강일원이 직접 첨삭해준 것 가운데서도 4가지는 제외한 것이다. 단 한가지, 최서원의 개인적 비리와 국정개입과 문서유출로 인한 국가기밀 누설, 그리고 탄핵사태에 임하는 박근혜의 불성실한 자세 등을 뭉뚱거려 이를 종합적으로 판단하고 박근혜가 대의민주주의와 법치주의를 위배하고 헌법수호 의지가 없다는 것을 사유로 나열했다. 그리고 탄핵을 인용했다. 처음 국회의 탄핵소추안에 들었던 9~13가지 중 단 한 가지, 강일원이 고쳐준 5가지 중에서도 단 한 가지인 최순실 게이트만을 탄핵사유로 삼은 것이다. 탄핵사유가 얼마나 엉터리였는지 알 수 있는 대목이다. 그렇다면 최순실게이트는 과연 박근혜의 대통령 직무상 중대한 위헌 위법의 범죄가 되는가, 대통령 형사소추 요건인 내란의 죄 혹은 외환의 죄라도 되는가.

최순실게이트가 있기는 했는가

법조인이나 학자의 말을 빌리지 않고 일반 국민들의 눈에도 헌재의 판결문은 온통 엉터리였다. "뇌물죄에 해당한다"는 해석 판결도 그렇다. 탄핵결정 이전은 물론 이후의 수사에서도 박근혜가 개인적으로 받거나 챙긴 것은 단 한 푼도 나온 것이 없다. 부정한 돈을 받지 않았고 그래서 수하들에게 나누어 줄 것도 없었던 것은 박근혜가 그들로부터 배신당한 이유 중의 하나였다. 혹여 받은 것이 나왔다고 할지라도 그것이 직무상 중대한 위헌 위법행위가 될 수는 없을진대, 그것이 탄핵사유라면 정작 문재인은 집권 초기에 이미 탄핵되어야 했을텐데, 하물며 박근혜는 받은 것이라고는 단 한 푼도 없는데 어떻게 그것이 탄핵의 사유가 되는가. 김대중처럼 기업으로부터 최소 5000억 원을 거두는 정도는 되어야 탄핵의 범죄가 성립될 것이며 그것을 수하 박지원을 시켜 북한에 전달하여 그 돈으로 북한이 핵무기를 개발하고 우리를 협박하는 정도는 되어야 외환의 죄가 성립될 것이다. 그런 김대중을 탄핵시키자는 말은 왜 하지 않았는가. 딸과 사위는 기업인으로부터 돈과 직장을 받고 대신 그 기업인에게 장관급의 관직을 주었으며 부인은 국고로 마음껏 해외여행을 다닌 문재인은 왜 탄핵시키지 않는가. 대한민국이 빨갱이들의 나라이기 때문인가.

"국정을 비선조직으로 운영하며 법치국가 원칙을 파괴했다"고 했는데

이 역시 광화문 유령들이 내는 곡소리였고, 민주당의 좌익 국회의원들과 좌익언론이 만들어 낸 헛소리다. 비선조직을 인정한다해도 김영삼 정권의 김현철, 김대중 노무현 정권의 원탁회의 등 재야 종북인사들, 김대중 정권의 권노갑과 두 아들, 노무현의 형 노건평과 법원의 유죄판결로 전면에 나설 수 없었던 측근 안희정과 이광재와 염동연, 이명박의 형 이상득, 양정철 전혜철 이호철 등의 문재인의 3철과 비교하면 최서원 정도는 비선실세라는 이름을 붙일 수도 없는 것이었다. 직계가족이 없는 박근혜의 신변의 일을 도와주던, 기어이 이름을 붙이자면 집사 정도였던 최서원의 사소한 일들을 끌어다 현직 대통령의 탄핵사유로 나열한 것이다. 헌재는 판결문에서 "이른바 비선조직의 조언을 듣고 국정을 운영한다는 의혹이 여러 차례 제기되었으나 그때마다 피청구인은 이를 부인하고 의혹제기 행위만을 비난하였다"고 했다. 의혹 그 자체가 촛불세력이 지어낸 허위였으니 이를 부인하는 것은 당연하지 않은가. 이 의혹은 검찰이 밝혀내지 못함으로써 허위임이 판명되었다. 이것 역시 백보 양보하여 내용이 사실이라 하더라도 나무람 정도의 이런 사유로 어떻게 51.55%의 득표율로 당선된 현직 대통령을 탄핵시켜 끌어내릴 수 있는가.

8인의 재판관들은 절차도 내용도 요건도 모두 하자 투성이였던 현직 대통령에 대한 탄핵을 결정한 역사적 사건에서 영원히 책임을 면할 수 없다. 마땅한 실효적 책임의 수단이 없다면 정치적 역사적 심판이라는 상징적 책임이라도 져야한다. 늦었지만 그들이 양심선언이라도 해준다면 왜곡된 사실과 짓밟힌 진실을 바로잡고 문재인의 통치 5년을 통해 북한주의화가 크게 진전된 대한민국의 자유민주주의를 회복하는데 큰 쓰임이 있을 것이다. "헌법수호의 의지가 드러나지 않는다... 국민의 신임을 배반한 것... 헌법수호의 관점에서 용납될 수 없는 중대한 법 위반행위로 보아야한다..." 2017년 3월 10일 온 국민에게 읽어준 이 판결문의 내용은 박근혜가 아니라 재판관 8인 당신들과 문재인에게 해당되는 말이다. 그날 이후 판결문을 다시 꺼내 한번 읽어보기라도 했는가. 지금이라도 다시 읽어보고 스스로의 양심의 소리를 들어보기 바란다.

최서원의 국정개입의 범주와 범죄행위 등을 특정하지도 못한채 사소한 일들을 과장하고 확대 해석하여 대통령 박근혜가 수행한 국정운영 전체가 마치 무분별한 '비선조직의 전횡'인 양 몰아갔던 좌편향의 언론, 그것을 기획하고 증폭하고 광고한 더불어민주당, 종북좌파 단체들의 선동, 이 모든 과정을 인정한 헌법재판소의 탄핵결정, 이것이야말로 명백한 국정농단이다. 최순실게이트라는 허깨비를 만들어내고 대통령의 국정농단이라는 유령을 만들어 대한민국 수도 한복판을 점령하고 박근혜를 청와대에서 끌어내 감옥으로 보낸 후 권력을 장악한 일련의 과정은 문재인 세력이 일으킨 내란이다. 정권을 잡은 문재인이 미국 등 자유민주주의 진영과는 등을 진 채 북한 중국 등 공산진영은 가까이 하고 북한에 굴종하여 안보를 위태롭게 한 것은 외환의 죄를 범한 것이다. 내란과 외환의 죄를 범하고 직무상 중대한 위헌 위법을 범한 것은 문재인이다. 강일원 이정미 등 당시의 헌재 재판관들이 양심선언이라도 해준다면 촛불혁명의 진상을 제대로 밝히고, 이 혁명의 주모자인 문재인을 단죄하고, 위험에 처한 대한민국의 자유민주주의를 바로 세우는 출발점이 될 것이다.

단 한 푼도 입증하지 못한 경제공동체

태블릿PC를 보도하여 박근혜에 대한 공격에 본격적으로 불을 붙인

JTBC는 2016년 12월 말이 되자 '경제공동체'라는 법률용어사전 경제용어사전 어디에도 나오지 않는 새로운 용어를 등장시킨다. 족보 없는 이 용어의 폭발력은 컸다. JTBC는 "특검은 박 대통령과 최 씨가 경제적으로 한 몸이라는 의혹을 확인하기 위해... 지난 40년 간의 재산형성 과정과 돈거래 내역 등을 조사하겠다고 했다"라고 전하면서 경제공동체라는 개념을 처음으로 무대에 올린다. 이 개념은 최서원의 경제적 이익은 곧 박근혜의 이익이고 그래서 최 씨의 경제적 범죄는 곧 박근혜의 범죄이므로 박근혜를 탄핵해야 한다는 논리로 나아갔다. 그러나 특검, 탄핵심판, 별건의 형사재판을 거치며 수사를 거듭했지만 박근혜는 기업으로부터 단 1원이라도 받은 사실이 드러난 것은 없었고 박근혜와 최서원 사이의 돈 거래도 설명되지 않는 것은 없었다. 오랫동안 여러번 뒤졌으나 나온 것이 없다는 것은 경제공동체 역시 박근혜 정부를 무너뜨리기 위해 문재인 세력이 만들어낸 수많은 허깨비 중의 하나라는 사실의 증거였다. 박근혜가 최서원을 통해 기업들로부터 단 한 푼이라도 받은 것이 나왔다면, 혹은 최서원과 수상한 돈거래가 밝혀졌다면 당시의 모든 언론은 대서특필할 만반의 준비가 되어 있었다. 그러나 추측성 혹은 해석성 기사만 난무했을 뿐 수사를 통해 밝혀졌다는 소식을 보도하는 뉴스는 단 하나도 없었다. 모두 그들이 지어낸 거짓말이기 때문이다.

박근혜는 최서원과의 관계가 의혹으로 조작되고 또 부풀려지는 과정에서 옷값 대납의혹이 제기되자 "최서원에게 옷 심부름을 시킬 때도 윤전추 행정관이나 이영성 행정관을 통해 일일이 비용을 지급했다"고 밝혔다. 그러나 좌익진영 전체가 한 덩어리가 되어 둘의 관계를 경제공동체로 몰아가는 힘에 의해 이러한 사실관계는 무시되었고 국민들에게 옷값 대납은 사실인양 인식되었다. 당시 이러한 유형의 모든 거짓말은 이러한 패턴으로 사실 행세를 하며 더 널리 퍼졌다. 2017년 4월 4일 최서원의 범죄 혐의를 심의하는 첫 공판이 열린 법정에서 특검팀은 박근혜와 최 씨가 경제공동체임을 주장하는 핵심근거로 옷값 대납을 다시 거론했다. 2014년 1월부터 2016년 10월까지 약 3년 간 3억 원 정도의 의상비가 들어갔는데 이 비용을 최 씨가 지불했다는 것이다. 박근혜가 행정관을 통해 최서원에게 의상비를 전달한 사실은 생략하고 최 씨가 의상실에 돈을 납부한 사실만 반복적으로 거론하며 경제공동체 취지에 설득력을 높였다. 사실관계를 고의적으로 왜곡하는 것이었다. 이미 내려진 헌재의 엉터리 탄핵결정을 정당화해야 했던 특검의 고민이 선명하게 보이는 대목이다.

국회 특검 헌법재판소 모두 실체적 근거 없이 유령의 소리에 의지해 결정한 탄핵임은 이때부터 서서히 드러나고 있었다. 이후 진행된 모든 조사 수사 심리 재판에서도 마찬가지다. 박근혜 변호인단은 "세상 어느 나라에서 대통령의 의상제작에 관한 사적내용까지 다 조사하는 수사기관이 있는지 놀랐다."(파이낸셜뉴스, 2017.4.4)고 개탄했다. 이것은 문재인의 임기 말에 드러난 김정숙의 의상비 문제와는 본질적으로 다른 것이다. 김정숙의 의상비는 청와대의 특수활동비, 즉 국고를 사적 용도로 사용했다는 의혹이 핵심이다. 영부인의 사치는 개인적인 일이므로 사비를 쓴 것이라면 가십거리는 되어도 사법기관의 관심의 대상은 아니다. 반면 국가예산을 사용했다면 국고횡령의 범죄다. 그러나 문재인은 부인의 옷값을 국가기밀이라며 밝히지 않았고 결국 봉인해서 꽁꽁 숨겼다. 전임 대통령의 사적 옷값까지 파헤치며 대통령이 된 사람이 한 짓이다. 좌익의 지독한 이중성이다. 국회의원을 지낸 전여옥은 당시 경제공동체 논란이 커지자 "박근혜의 통장을 까면 최순실과의 경제공동체는 바로 확인 가능하다"고 일갈했다. 아마 특검은 그것을 깠을 것이다. 그리고 아무것도 나오지 않았을 것이다. 작은 것을 크게 만들고 없는 사유를 만들어내야 했던 그들이 통장을 까서 뭔가 나온 것이 있는데도 입을 다물고 있었을 리는 만무하다. 옷값에는 아무런 범죄혐의도 없었고 그래서 이후 아무 말이 없었다.

추측 판결과 사또 판결

우리나라 사법 역사에서 경제공동체라는 용어와 개념이 등장한 것은 이때가 처음이다. 이전의 수많은 부패와 비리사건에서도 법률용어로 사용된 적은 없으며 권력자와 측근의 관계에서는 물론이고 가족 친지와 관련된 사건에서도 등장한 적은 없다. 박근혜를 탄핵시키기 위해 단 한번 등장하고 바로 사라진 용어다. 법조계와 학계의 우려가 커지고 일부 언론과 우익진영이 오히려 탄핵의 부당성을 주장하는 근거로 제시하자 그때부터 사라지더니 헌법재판소 조차 판결문에서 이 용어를 단 한 번도 꺼내지 않았다. 그러나 박근혜와 최서원을 경제공동체로 엮어가는 취지는 그대로 이어졌고 언론도 국민도 계속 그렇게 여기고 있었다. '박근혜가 기업이나 정부기관에 최 씨를 도우라고 지시를 해서 경제적 이득을 취하고 그것을 두 사람이 공유했기 때문에 둘은 경제공동체다'라는 식으로 전개한 주장이 설득력을 얻기 위해서는 박근혜가 기업인들에게 직접적으로 혹은 정부 공무원들에게 간접적으로 그러한 지시를 내렸다는 것을 입증해야 했다. 그러나 어디에도 그런 증거는 없었고 검찰은 그것을 입증하지도 못했다. 결국 헌재는 '결과적으로' 등의 자의적 해석의 표현을 남발하며 이를 범죄로 단정하고 탄핵을 결정했다. 헌재의 탄핵판결이 해석판결, 추측판결, 예단판결, 혹은 원님판결, 사또판결이라고 비판받은 이유였다.

촛불집회가 이어진 당시 최서원의 재산과 관련된 의혹은 무수하게 많이 나왔으며 그의 재산규모는 시간이 지날수록 눈덩이처럼 불어났다. 안민석이 무려 300조까지 부풀리는 거짓 주장이 사실인양 행세했지만 헌재의 탄핵 결정 10일 전에 발표된 박영수 특검의 조사 결과에서 최 씨의 재산과 관련된 범죄는 '혐의없음'이었다. 그리고 불기소를 결정했다. 그럼에도 헌재의 탄핵결정문에는 여전히 박근혜와 최 씨의 경제공동체 취지가 반영되어 있었다. 헌재는 대통령이 한류 융성을 목적으로 설립한 미르, K스포츠 재단을 최순실의 사익을 추구하기 위해 설립했다는 혐의로 몰아갔다. 이것은 원래 검찰 공소장에도 없었던 사실이지만 헌재는 이것을 박근혜의 유죄를 판결하는 근거로 끌어들였다. 탄핵을 인용하기에는 근거가 턱없이 부족했기 때문일 것이다. 헌재는 사소하고 잡다한 몇가지 사유에 미르, K스포츠 재단 건도 포함시켜 결국 탄핵을 인용했다. 이어 법원의 판결에서도 774억 원의 출연금에 대해 '묵시적 청탁'이라는 설득력 없는, 추측성의 비법률 용어를 붙여 유죄를 선고했다. 사또의 재판이었다.

이후 진행된 모든 재판은 스포츠 공익재단 설립 자체를 '박근혜 최서원의 공동재산 불리기'로 간주하고 제3자 뇌물공여 혐의를 적용하여 유죄판결을 내렸다. 촛불정국에서 처음 시작하여 이후 진행된 모든 시위에 등장하고 또한 모든 수사와 재판 과정에도 빠짐없이 등장했던 이 혐의는 그러나 특검과 검찰이 엄청난 인력을 동원하여 박근혜 최서원은 물론 주변인들의 계좌를 이 잡듯 추적했음에도 나온 것은 아무것도 없었다. 모든 언론은 나온 것이 없다는 소식을 간단히 전했다. 그래서 국민의 뇌리에 이미 사실로 자리잡은 두 사람이 경제공동체라는 인식은 바뀌어지지 않았다. 거짓말쟁이들이, 혁명세력이, 광화문의 유령들이 또 이긴 것이다.

경제공동체를 뒷받침한 중요한 근거는 옷값대납과 공익재단 미르, K 스포츠였다. 이중 옷값대납의 문제는 아무렇게나 말하는 민주당 정치인들과 민노총이 주도한 촛불시위대의 선동의 소재에 지나지 않는 것이어서 초기에만 반짝했을 뿐 이후 수사기관의 관심대상은 아니었다. 그러나 공익재단 문제는 오래 들먹였다. 박근혜가 최순실을 앞세워 50여 기업으로부터 받아냈다고 민주당이 주장한 그 돈 774억 원은 그 중 23억 원이 임대료 직원급여 등 운영비로 쓰였고 나머지 751억 원은 재단활동에 사용하기 위해 고스란히 은행에 있었다. 단 한푼이라도 횡령된 것은 없었다. 고영태 일당이 그것을 꽃감 빼먹듯 빼먹기로 하고 음모를 꾸미다 발각되었고 그래서 널리 알려진 것이다. 고영태 일당의 작당은 내부인 간의 갈등으로 엄청난 양의 녹취가 발견되는 등 범죄혐의가 크고 분명했으나 민주당과 문재인 세력은 권력기관을 앞세워 고영태를 의인으로 만들고 최서원과 박근혜를 경제공동체로 엮는데 이용했다. 그들에게는 사실도 진실도 정의도 모두 권력을 잡기 위한 소품에 지나지 않았다.

검찰과 특검의 거듭된 수사에도 공익재단과 관련된 비리나 범죄혐의는 나오지 않았고 기업 출연금도 고영태 일당의 꽃감 빼먹기 작전이 성공하기 전이어서 다친 것은 없었다. 문재인 세력은 이 문제로는 더 이상 박근혜와 최서원에게 시비를 걸 수 없는 듯 보였다. 그러나 거짓과 조작과 선동의 실력으로 국회의원 자리를 꿰찬 민주당의 운동권 정치인들은 '기업으로부터 출연금을 받은 것 자체가 문제'라며 공격의 촛점을 돌렸다. 그들 다운 짓이었다. 그렇다면 기업으로부터 출연금을 받아 공익재단을 설립한 것이 과연 탄핵사유가 될 정도의 중범죄일까.

새발의 피

박근혜 정권이 기업으로부터 공익재단의 출연금을 받은 것을 이전 정권과 비교하면 조족지혈이다. 김대중 정권은 기업으로부터 5000억 원 이상을 받아 이 돈을 현대 정몽헌 회장을 앞세워 김정일에게 송금했고, 노무현은 장학사업을 명목으로 삼성으로부터 8000억 원을 출연받았다. 이재명은 성남시장으로 있을 때 축구팀 성남FC 구단주로서 여러 대기업으로부터 160억을 받고 대가로 기업에 수천억 원대의 개발이익을 준 혐의를 받았다. 경기도 산하 일개 도시의 일개 축구팀이 기업으로부터 160억 원의 후원금을 받은 것이다. 이명박도 정부예산은 들이지 않고 순수 민간기부를 중심으로 종자돈 2조 원을 만든 후 '미소재단'을 설립하여 소액대출을 통한 서민에 대한 지원금융 제도로 훌륭하게 자리 잡았다.

미르·K스포츠 재단이 계속 운영되었다면 원래의 취지대로 대한민국의 문화와 스포츠 융성에 크게 기여했을 것이 틀림없다. 올림픽 순위가 박근혜 시대의 8위에서 문재인의 시대에 16위로 떨어진 것을 생각하면 더욱 아쉽다. 기업 출연금에 대해 문제를 삼겠다면 북한에 현금을 송금하여 핵무기를 개발하는데 방조한 김대중과 삼성이 낸 돈을 좌익의 자식들에게 집중 지원하는 등 종북세력을 부양하는 일에 쓴 노무현이 진짜 문제일 것이다. 김정일에게는 큰 돈을 보내 핵무기를 만들 수 있도록 도우고 김대중 자신은 남북정상회담의 성사로 노벨상을 받는 이런 관계야말로 경제공동체로 불러야 할 것이다. 김대중 노무현과는 비교도 되지 않는 적은 규모의 돈을 출연 받고 그것을 개인적 용도에는 단 1원도 쓰지 않았으며, 적에게 송금하는 이적행위나 국가반역행위를 하지도 않고, 북한을 추종하는 소수의 국민에게만 편중하여 돈을 쓰지도 않았던 박근혜에게 공익재단 설립 목적의 출연금을 받은 사실 자체를 범죄로 몰고 갔다. 대한민국의 '옳고 그름'은 문재인에 의해 완전히 뒤틀리고 있었다.

"향후의 재판은 재판부의 뜻에 맡기겠습니다. 법치의 이름을 빌린 정치보복은 저에게서 마침표가 찍어졌으면 합니다. 이 사건의 역사적 멍에와 책임은 제가 지고 가겠습니다." 이미 정해진 결과에 맞추기 위해 사유를 조작하고 그 조작된 근거들을 다시 자의적으로 해석하며 재판을 진행하는 재판부를 더 이상 참을 수 없었던 듯 박근혜는 2017년 10월 16일 법정에서 이런 말을 남기고 이후의 모든 재판 출석을 거부했다. 박근혜는 자신에 대한 재판을 그의 말대로 정치보복 쯤으로 생각했을까. 아니다. 그는 이 재판이 혁명정부에 의한 혁명재판이라는 사실을 알고 있었을 것이다. 종북주의자들이 벌인 인민재판이라는 것을 알았을 것이다.

후에 공개된 박근혜에 대한 검찰조서에는 수뢰혐의에 대해 박근혜가 검찰 측을 향해 "돈을 받았다니 어이가 없다. 그런 일 하려고 대통령 했겠습니까. 사람을 어떻게 그렇게 더럽게 만듭니까."라고 말했다고 되어 있다.(월간조선, 2017년 6월호) 반복된 수사에도 아무런 증거가 나온 것이 없음으로 해서 박근혜의 이 말은 진실임이 확인되었다. 문재인은 가계 기업 나라 모두를 빚더미에 올려놓고 자신은 퇴임 후 받게 될 각종 연금을 큰 폭으로 인상하고 그것으로도 부족해 조세원칙을 어겨가며 비과세로 바꾸었다. 예우보조비 비서실활동비 진료비 국외여행경비 등 다 열거하기도 벅찬 수많은 이름의 지급금을 큰 폭으로 모조리 인상시키는 내용의 예우법을 통과시키고 양산으로 내려간 대한민국 제19대 대통령 문재인과 그의 세력이 돈 문제로 박근혜를 범죄인으로 만들었다는 사실에 기가 막힌다. 문재인의 지독한 이중성에 구토증을 느낀다.

가짜 태블릿의 힘

헌재는 국회에서 보내온 13가지의 허접한 탄핵소추 사유를 자신들의 손으로 5가지로 변조했고, 변조 후 허접함이 약간은 덜해 보였으나 탄핵을 결정할 근거로 쓰기에는 여전히 부실해 보였을 것이다. 그래서 변조된 5가지의 탄핵소추 사유 중에서도 4가지는 사실상 탄핵판결의 사유로 꺼내놓지도 않았다. 혁명 재판부의 노릇을 무리하게 해야 했던 헌재였지만 뿌리도 꼭지도 없이 항간을 떠돌던 소문과 더불어민주당 세력에 의해 조작된 거짓 주장을 유죄 판결의 근거로 삼을 수는 없었을 것이다. 헌재는 결국 5가지 중 단 한 가지, 최서원의 국정개입만을 집중적으로 유죄 판결의 근거로 제시했다. 그러나 이 하나의 근거조차 설득력이 부족하여 장황한 해석과 설명을 풀어 놓아야 했다.

헌재는 국회에서 말한 '최순실의 국정개입' 주장과, 민주당의 주사파 의원들과 광화문의 시위대가 함께 외치던 '최순실의 국정농단' 주장에 '문서유출 및 공무상 비밀누설 관련범죄'라는 이름을 붙여 탄핵결정문을 작성했다. 결정문에는 "피청구인(박근혜)에게 보고되는... 각종 인사자료 국회자료 등 공무상 비밀을 담고있는 문건을 최서원에게 전달하였다"고 기술되어 있다. 이것은 JTBC가 보도한 태블릿 내용의 핵심이며 국정농단 주장의 유일한 구체적 증거다. 그 당시 이미 최 씨가 자신의 것이 아니라고 부인하며 진위를 치열하게 다투고 있는 중이었으나 헌재는 최 씨 변호인단의 강력한 요구에도 불구하고 이 태블릿을 증거 대상에서 제외했다. 그리고 이 태블릿의 내용이라며 JTBC가 보도한 것을 사실로 인정하고 "상식에 맞지 않는다... 믿기 어렵다... 결과적으로..." 따위의 해석과 추측의 언어를 쓰며 유죄판결의 근거로 삼았다.

증거로 채택하기를 거부하면서도 태블릿의 내용이라며 이를 근거로 삼아 내린 판결, 이게 정상 국가 재판부의 정상적 판결인가. 핵심 증거물을 증거자료로 채택하는 것을 거부하면서도 이 증거물의 내용으로 주장되고 있던 허위사실을 근거로 판결을 내린 헌재, 여기에 모든 거짓과 진실이 담겨있다. 여기에 촛불집회의 본질과 문재인 세력의 대한민국 뒤집기의 진실이 담겨져 있다. 특검과 헌재는 모든 진실과 모든 거짓을 알고 있었을 것이며 당시의 정국이 종북세력이 일으킨 종북혁명이라는 사실을 수용하고 이 혁명에 부역했을 것이다. 그래서 '국정농단'이라는 범죄혐의가 진실이냐 거짓이냐 하는 문제는 중요하지 않았을 것이다.

최순실의 국정농단 프레임은 두 가지 내용물로 만들어졌다. 첫째는 최서원이 주도한 공익재단 출연금 모금을 사익추구로 보는 것과 둘째는 JTBC의 태블릿 보도내용인 문서유출과 공무상의 비밀누설을 국정운영 개입으로 보는 것이다. 이를 근거로 민주당 정치인들은 "최순실이 대통령 박근혜를 꼭둑각시처럼 부리며 국정을 좌지우지했다, 박근혜는 최순실의 아바타다, 박근혜 정부가 아니라 최순실 정부다, 박근혜 정부는 최순실과의 공동정권이다. 최순실은 박근혜의 오장육부다" 등의 온갖 선동 프레임을 생산했다. 헌재의 재판관들은 문재인 세력의 이러한 선동질의 취지를 계승하여 '문서유출 및 공무상 비밀누설 관련범죄'라는 제목으로 압축 정리하여 그것으로 박근혜의 유죄를 판정하고 탄핵을 인용했다.

그러나 시간이 지나면서 최서원의 유죄와 박근혜 탄핵의 핵심 증거로 사용된 이 태블릿은 최서원의 것이 아니라는 사실이 점차 밝혀졌다. 2021년 12월 최서원이 자신의 것이 맞는지 확인하겠다며 반환을 요구하자 문재인 정권의 검찰 역시 이것이 최서원의 것이 아니라는 이유를 대며 반환을 거부했다. 탄핵 정국에서 그들이 자행한 모든 거짓과 조작이 밝혀지는 것이 두려웠기 때문에 거부했을 것이다. 이로써 동 태블릿이 최서원의 것이 아니라는 사실은 확정되었고 거짓과 진실은 분명하게 구분되었다. 그러나 문재인의 재임기간 동안 주사파의 청와대와 추미애 박범계의 법무부와 김명수의 사법부에 의해 진실의 재규명은 꽉 막혀 있었다.

최서원의 재판에 핵심 증거로 사용했던 태블릿을 이제와서 최서원의 것이 아니라고 한다면 이것을 그가 사용한 것이라는 전제 위에서 그 속에 든 내용을 증거로 최 씨에게 씌운 죄목인 문서유출죄와 공무상 비밀누설죄는 모두 성립되지 않는다. 그래서 그에게 내려진 18년 형의 판결은 부정되고 무효화 되어야 마땅하다. 동시에 최 씨의 국정농단 혐의를 근거로 결정된 대통령의 탄핵 역시 무효다. 동 태블릿이 최서원의 것이 아닌 순간 국정농단은 거짓이 되고 그래서 박근혜 탄핵도 근거를 잃는다. 그래서 탄핵은 무효다. 그리고 탄핵 이후에 일어난 모든 일, 즉 문재인의 정권 장악과 그의 통치 5년도 무효다.

마땅히 무효가 되어야 할 일을 무효화시키는 것이 지금와서 가능하기나 할까. 어쩔 수 없는 일들은 제쳐두더라도 할 수 있는 일은 해야 한다. 거짓과 조작과 선동의 기술로 종북혁명을 지휘하여 정권을 잡고 대한민국의 자유민주주의를 파괴한 일의 총책 문재인을 처벌하는 일은 그런 최소한의 일 가운데 하나다. 이 일은 촛불혁명이라는 포장을 씌운 종북혁명을 뒤집는 또 다른 혁명으로나 가능할 것이다. 이름을 붙이자면 '자유민주혁명' 쯤 될 것이다. 대한민국의 자유민주주의를 지켜내야 한다고 생각하는 국민의 자각과 용기있는 궐기를 촉구한다.

잊어서는 안되는 일이 있다. 국정농단과 박근혜 탄핵이라는 역사적 거짓을 바로잡는 일은 손석희가 보도하여 이 거대한 거짓을 촉발시킨 바로 이 태블릿PC에서 시작해야 한다. 이 태블릿은 거짓을 바로잡는 일에 박근혜를 탄핵시킬 때 발휘했던 그 만큼의 엄청난 위력을 다시 발휘할 것이다. 물론 방향은 반대. 손석희의 태블릿은 거짓이었고 그것을 바로잡을 때 쓰이는 태블릿은 진실을 말할 것이다. 거짓은 짧고 진실은 길다는 진리를 국민인 우리의 힘으로 증명해야 한다.

3. 대한민국 헌법재판소

2014년 헌법재판소는 '재판관 공석 사태가 장기화 돼 공정한 재판을 받을 권리를 침해받는다'는 헌법소원 사건을 심리했다. 심리 결과 내놓은 판결은 "공정한 재판을 받으려면 재판부는 9명의 재판관으로 구성돼야 한다...(9인체제가 아닐 경우) 재판관 공석으로 공정한 재판을 받을 권리를 침해받는 일이 반복될 수 있다"는 것이었다. 이 판결 당시 재임했던 재판관 박한철 이정미 김이수 이진성 4인은 박근혜 탄핵의 심리에서는 그들 스스로가 2014년에 내린 이 판결을 뒤집는다. 대한민국 최고 법률 엘리트 집단인 헌재가 문재인이 주도한 종북혁명에 부역했다는 증거다.

9인 전원합의 규정을 어겼다

소장 박한철은 자신의 퇴임일인 2017년 1월 31일을 염두에 두고 그의 자리를 이어 소장대행이 될 이정미의 퇴임일인 3월 13일 이전에 탄핵판결을 선고하겠다며 미리 판결 일정을 못박아 두었다. 그리고 황교안 대통령 권한대행에게는 응당히 해야 할 신임 헌재소장의 선출을 요청하지도 않았다. 정해진 답을 정해진 기간 안에 내리겠다는 의도를 분명히 한 것이다. 결국 3월 10일 헌재소장의 자리를 공석으로 둔채 판결을 강행했다. 이것은 명백한 헌법재판소법 위반이다. 그는 대체 왜 그랬을까. 어떤 배후가 있었는지, 어떤 세력과 어떤 야합이 있었는지, 그게 아니라면 공부만 했던 심약한 서생 재판관들이 촛불집회의 혁명적 열기에 지레 겁을 먹었던 것인지, 그것도 아니라면 이 좌익혁명에 부역자가 되기로 작정했던 것인지, 대체 어떤 이유였는지 알고 싶다.

헌법재판소법 제23조에는 사건의 심리는 7인 이상이, 심판은 9인 전원이 해야한다고 명백하게 규정되어 있다. 따라서 박한철이 퇴임한 후 먼저 결원을 보충하여 9인 전원합의체를 구성한 후 심판을 해야 했다. 그러나 헌재는 대통령 권한대행의 헌재 재판관 추천을 피하기 위해 심리기간을 단축하고 이정미 퇴임 전에 탄핵을 결정하는 편법을 불사했다. 일반 고위직 공무원 사건도 3개월 간의 심리는 졸속재판의 위험 때문에 거의 하지 않는다. 하물며 현직 대통령에 대한 탄핵심판을 헌재 재판관의 임기에 억지로 끼워맞춰 심리기간을 단축하고 혐의에 대한 조사와 수사와 검증도 생략한 채 심판한 것은 숨은 의도를 의심받고 비판 받아야 마땅한 일이다. 이에 대한 합당한 평가와 심판이 있어야 하지만 심판에 앞서 대한민국의 법과 정의와 후손들의 미래를 위해 그들 생전에 그 사연을 고백하는 재판관이 단 1명이라도 나오길 바란다. 잊지않고 기다릴 생각이다.

국회와 헌재의 유착

국회가 제출한 탄핵소추안은 마치 정치적 주장문 같다는 평가를 받을 정도로 엉터리였다. 이 엉터리 소추안을 받은 헌재는 그 내용과 형식을 보완하기 위해 특검과 검찰의 수만 쪽에 달하는 수사기록을 최서원 1심 기일 전에 미리 열람했다. 반면 박근혜 변호인단에게는 이것을 제대로 검토 확인한 후 반박할 틈조차 주지 않은채 탄핵결정을 강행했다. 헌재법 제32조 단서조항에는 '재판 소추 또는 범죄수사가 진행중인 사건의 기록에 대하여는 송부를 요구할 수 없다'고 규정되어 있다. 따라서 헌재가 이것을 미리 송부받아 열람한 것은 헌재법 위반이라고 채명성 변호사는 그의 저서 '탄핵 인사이드 아웃'에서 밝혔다. 게다가 헌재는 국회로부터 송부받은 탄핵소추의결서 내용에서 탄핵 인용에 불리한 것은 빼고 없는 것을 더하기도 하는 변조행위까지 했고 그나마 탄핵결정문에는 국회의 탄핵소추의 결서를 첨부하지도 않았다. 자신들이 변조한 소추의결서가 위법의 소지가 있어 범죄행위가 될 수도 있다고 생각했기 때문일 것이다. 국회가 제시한 엉터리 탄핵 사유를 받은 헌재는 형법 위반 사유 중 상당 부분을 스스로 판단 대상에서 제외했다. 법조인들은 이것을 두고 매우 특이하고 변칙적인 재판행태라고 비판했다. 뿐만 아니라 헌재는 국회의 소추장에 없던 내용도 만들어 넣었다. 박근혜의 검찰 특검 불출석에 대해 '헌법수호의 의지가 없다'고 한 것은 국회가 보낸 탄핵소추장에는 없는 내용이었다.(올인코리아, 2019.3.9, 서옥식)

헌재는 법률문서로서의 요건조차 갖추지 않았던 탄핵소추안을 마땅히 각하했어야 했다. 그러나 오히려 스스로 이것을 압축 정리 변조하여 국회가 소추장을 재구성하도록 해주며 탄핵 논리와 구실을 만들어갔다. 법조계에서는 국회가 만들어야 하는 탄핵소추안을 사실상 헌재가 새로 만들어 그것을 심판했다는 비판이 나왔고 최고 심판기관인 헌법재판소가 국회의 종로출장소로 전락했다고 조롱하는 의견도 나왔다. 당시 대통령 측 변호인단에 소속되어 활동하던 채명성 변호사는 "국회의 탄핵소추 위원이 아닌 탄핵선고 결정문을 쓰는 헌재의 재판관과 싸우며 비참함을 느꼈다"고 말했다. 그는 "국회와 헌법재판소 사이의 유착관계를 조사하여 위법 내용을 확인하고 처벌해야 한다"고 주장했다. 그러나 탄핵을 결정한 후에 문재인이 임명한 헌재 재판관들은 좌측 뇌만 있는 괴물들이었다. 헌재가 이런 사람들로 채워지게 되자 문재인의 시대에 채명성의 바램은 실현될 수 없었다. 국민이 자유민주 정부라고 여기는 윤석열 정부에서도 요원하다. 종북세력의 거짓과 조작과 선전 선동에 시달리느라 그것에 손을 댈 수 있는 여력조차 없는 듯하다. 이것이 지금의 대한민국이다.

기획된 탄핵

2004년 대통령 노무현에 대한 탄핵안이 발의되었을 때 제시된 사유는 단 3가지였다. 공직선거법 위반, 측근비리에 대한 책임, 국가경제와 국정파탄이 그것이다. 이 3가지 사유를 발의 심리 결정하는데 총 63일이 걸렸다. 노무현의 노골적인 여당지지 호소와 선거개입 혐의는 탄핵이 발의되기 전에 두 달 동안 혐의를 확인하였고 그 결과 선관위가 공직선거법 제9조 위반이라는 유권해석을 내리는 등 '이미 확인되고 밝혀진 사실'로 법리와 사안의 중대성과 위법 여부를 다투는 데만 63일이 걸린 것이다. 이에 비해 박근혜에 대한 탄핵안은 처음에 9가지, 세부적으로 13가지 사안이었고 너무 허술한 내용을 담고 있어 헌재에 의해 다시 5가지로 수정하여 단 90일 만에 결정을 내렸다. 이미 확인되고 밝혀진 것을 다룬 노무현의 경우와는 달리 박근혜는 모든 탄핵사유에 대해 그것이 헌법과 법률에 위배되는지에 대한 심리는 커녕 각각의 사유들에 대한 확인과 검증절차도 없는 상태였다. 특검은 각각의 사유에 대해 조사와 수사를 통해 확인하고 증거를 수집하는 법적절차를 진행하고 있었다. 그럼에도 헌재는 결과를 기다리지 않고 심판을 강행했다. 헌법에는 탄핵소추의결서가 헌재에 접수된 날로부터 180일 이내에 탄핵결정을 선고하도록 규정되어 있다. 이렇게 시간적 여유가 충분했음에도 헌재는 무엇에 쫓기는 듯 급하게 선고를 내렸다. 탄핵결정이 야합으로 기획된 것이라는 증거다.

노무현 탄핵을 심판한 2004년의 헌재는 이미 확실하게 드러난 소추사유 3가지를 놓고도 공직선거법의 각 조항에 위배되는지, 그 위법사항들이 대통령직 파면을 결정할 만큼 중대한 지를 두고 충실히 심의했다. 반면 박근혜 탄핵은 조사와 증거에 의한 심의과정이 아예 없었다. 그래서 박근혜 변호인단과 청구인 간에는 진실공방성 입씨름만 있었고 각 혐의들이 범죄가 되는지에 대한 심리는 없었다. 확인된 구체적 사실이 없고 수집된 증거가 없으니 심리는 있을 수가 없었고 그래서 양측 사이의 말싸움만 반복되었다. 노무현의 단순하고 명확한 사건 3가지와 비교하면 박근혜는 최고 13가지로 그 숫자로 이미 4배 이상이었으며 내용도 입증이 복잡한 사안들이었다. 그럼에도 노무현은 63일, 박근혜는 90일이 걸렸으며 탄핵결정문의 분량 면에서도 노무현 1 : 박근혜 1.5에 불과했다. 그만큼 박근혜 탄핵이 졸속으로 결정되었다는 뜻이다. 더구나 노무현은 선관위가 공직선거법 위반을 이미 확인했기 때문에 탄핵사유가 분명했고 헌재에서도 노무현의 선거개입이 맞다며 인정한 상태였다. 그러나 그것이 현직 대통령을 탄핵시킬 정도는 아니라며 탄핵을 부결시켰다. 반면 박근혜는 신문에 난 거짓뉴스의 내용을 근거로 탄핵을 결정했다. 어떤 세력에 의해 기획되고 결론이 미리 정해진 탄핵이었다고 강력하게 의심받는 이유다.

이 탄핵이 기획된 것이라는 징후는 헌재 이전의 검찰과 특검에서부터 찾을 수 있다. 박영수 특검은 스스로를 '최순실게이트 특검'으로 이름을 붙이고 사건을 조사했다며 거의 매일 브리핑을 했다. 김경수의 드루킹을 조사한 허익범 특검이 1주에 한 번 정도 브리핑을 한 것과는 대비되는 것이었다. 박영수 특검이 발표하는 설익은 중간수사의 내용을 모든 언론이 전하면서 과장과 추측과 허위의 내용까지 모두 사실로 받아 들여지며 국민은 탄식하고 분노했고 민주당 사람들과 좌익세력은 점점 폭도가 되어갔다. 국회가 탄핵소추의결서에 첨부한 21개의 참고자료는 그 중 15개가 언론기사를 오려 붙인 것이었다. 그러나 조사를 통해 사실관계가 확인된 것은 어떤 것도 없었다. 특검은 주로 이 내용을 활동시한인 2월 28일까지 조사한 후 김기춘 이재용 등 13명을 구속하고 모두 30명을 재판에 넘겼다. 그리고 국회가 넘긴 엉터리 탄핵소추 사유와 특검이 졸속으로 내놓는 이 수사결과 위에서 헌재가 재판을 강행한 것이다. 박근혜 등을 수사했던 특별검사 박영수는 문재인 정권이 끝나고 경기도의 이재명과 연루된 대장동 일당으로부터 부정한 돈을 받은 혐의로 구속되었다. 소위 50억클럽과 관련된 뇌물혐의다. 박근혜를 구속시키며 '가장 성공한 특검'으로 불렸던 박영수는 이렇게 '가장 부패한 특검'으로 판명났다. 문재인과 손잡고 박근혜 정부를 붕괴시킨 사람들은 하나같이 이런 부류였다.

재판관의 퇴임일에 맞추어 국가원수의 탄핵일을 정하는 스케줄은 지금 생각해도 참으로 어이없는 일이다. 더구나 탄핵은 법적 절차가 매우 중요한 요건임에도 국가원수의 탄핵을 다루는 중대한 재판을 일주일에 두세 번, 어떤 때는 밤늦게까지 진행했다. 미국의 리처드 닉슨 대통령이 워터게이트 사건으로 탄핵이 추진되었을 때 조사에만 1년6개월이 걸렸다. 이에 반해 박근혜 탄핵에는 2016년 11월 30일에 국회의 국정조사특위와 박영수 특검이 같은 날 출범하고 단 9일 만인 12월 9일 국회에서 탄핵소추가 의결되었다. 이어 3개월이 지난 2017년 3월 10일 헌재에서 탄핵을 결정함으로써 도합 100일이 걸렸다. 모든 것이 일사천리였다.

2016년 12월에 시작되어 3개월간 진행된 박근혜에 대한 탄핵결정의 숨가쁜 과정은 이 모든 것이 어떤 특정세력에 의해 기획된 것임을 시사하고 있다. 국민의 투표에 의해 선택된 현직의 대통령이 특정세력이 기획하여 탄핵시켰다면 이것이 정상적인 국가에서 가능한 일은 아니다. 법과 제도에 의해 통치되는 자유민주주의 국가에서는 더욱 가능하지 않다. 그럼에도 2016년부터 2017년 3월 사이의 대한민국에서는 그런 일이 있었다.

거짓과 조작과 은폐와 선전 선동으로 국민의 분노를 유도하고, 그 에너지로 대한민국의 자유민주적 질서를 파괴하면서 현직 대통령 박근혜를 탄핵한 문재인 세력의 이 기획을 우리는 혁명으로 규정해야 한다. 좌익혁명 혹은 북한주의 혁명으로 규정해야 한다. 권력을 장악한 문재인이 북한을 추종하고 북한의 입장을 대변하며 북한의 이익을 도모하는 통치로 일관했기 때문이다. 이것은 70여 년의 짧은 역사를 가진 대한민국의 자유민주주의에 닥친 6.25전쟁 다음으로 위험하고 치명적인 도전이었다. 김일성주의자로 의심받는 문재인이 물러나고 자유민주주의를 표방하는 정부가 들어섰다고 해도 좌익의 도전은 대한민국이 완전한 좌익의 나라가 될 때까지 계속될 것이다. 과거의 도전을 지나간 것으로 치부하고 그냥 둔다면 새로이 오는 그들의 도전은 지나간 도전보다 더욱 거센 힘으로 닥칠 것이다. 그들은 다시 공격해 올 것이며 그때 대한민국의 자유민주주의는 문재인의 시대보다 더 위험해 질 것이다. 자유민주주의 국가 대한민국의 주류세력이 자유민주주의자가 아닌 종북주의자들이라면 대한민국은 이미 위험에 처한 것이 틀림없다.

2절 국민인 우리를 속인 재판

현직 대통령을 선제적으로 탄핵하여 대통령직에서 끌어내리고 감옥에 가둔 이후 무려 4년을 끌며 지루하게 진행된 재판을 거쳐 박근혜에게 최종 확정된 범죄혐의는 그를 탄핵한 혐의와는 무관하다. 최서원 재판에서 제기된 범죄혐의 중에도 박근혜의 혐의와 연결되는 것은 없다. 박근혜의 범죄혐의인 국정원 뇌물, 문화계 블랙리스트, 새누리당 공천개입 혐의는 최서원의 혐의와는 아무런 관련이 없다. 따라서 확정된 범죄 혐의에 의하면 두 사람 간의 공범관계는 성립되지 않는다. 사후에 별건으로 끌어다 붙인 죄목도 탄핵 결정의 사유와 관련이 없다. 탄핵을 정당화하기 위해 끌어들인 이 별건조차 모두 허위였다. 박근혜를 탄핵시키고 감옥에 잡아 두기 위해 벌인 재판을 들여다 보면 국민인 우리가 속은 것이 분명하다.

죄와 벌

2020년 6월 11일 김명수 대법원의 확정판결에 의해 최서원은 징역 18년 벌금200억 추징금 63억 원의 징벌이 확정되었다. 혐의는 뇌물과 직권남용과 권리행사 방해였다. 거의 4년을 끌던 대통령 박근혜에 대한 재판은 문재인의 임기 1년4개월을 남긴 2021년 1월 14일에 확정되었다. 국정원 뇌물혐의로 징역 15년에 벌금 180억 추징금 2억, 문화계 블랙리스트 등 기타 혐의에 징역 5년 추징금 33억, 새누리당 공천개입 혐의에 징역 2년, 도합 징역 22년에 벌금 180억 원 추징금 35억이었다. 형벌의 크기로 논한다면 박근혜는 내란을 음모한 이석기보다 2∼3배는 더 무거운 중범죄인이다. 그는 이석기보다 2∼3배 더 엄중한 국가 반역을 모의하기라도 했는가. 아니다. 대한민국이 종북주의자들의 나라가 되었기 때문이다.

박근혜에 대한 형벌은 2021년 12월 24일 문재인이 자신의 대통령 권한으로 사면하여 없는 것이 되었다. 그러나 박근혜의 대통령직 박탈과 1737일간의 수감생활과 문재인 자신의 대통령 취임은 없는 것이 되지 않았다. 대통령이 된 문재인이 북한을 위해 일하고 대한민국을 사회주의 체제로 바꾸어 나간 반역적 통치도 없는 것이 되지 않았다. 문재인이 국민인 우리를 속인 것이다. 문재인은 박근혜를 탄핵할 때도 국민을 속였고 대한민국을 통치할 때도 국민을 속였다. 문재인은 국민을 속이는 사람이었다. 항상 그랬다. 자유민주주의 국가에서 최고 권력자가 국민을 속였다면 그것은 엄중한 범죄다. 이 엄중한 범죄를 범한 문재인은 아직 심판대에 오르지 않았다. 결코 그냥 둘 일이 아니라는 것을 말하려 한다.

1. 광화문의 함성이 만든 탄핵사유

박근혜의 권력을 박탈하고 최서원을 벌하기 위해 끌어다대고 꿰어맞춘 범죄혐의와 그것을 근거로 내린 형량은 합당한 것인가. 박근혜에게 유죄를 선고한 범죄혐의는 사실에 근거한 것이며 그것이 정상적 절차에 의해 확인된 것인가. 확인된 것이 범죄혐의를 구성하는 내용인가. 수사의 절차와 혐의의 내용과 재판의 과정과 결과가 자유민주주의 국가 대한민국의 법질서에 부합하는가. 이러한 질문에 대답하기 위해서는 그 당시의 일을 복기하며 박근혜의 권력을 박탈하고 최서원을 벌하기 위해 제시한 범죄혐의와 그 혐의를 근거로 내린 형량이 합당한 것인지 확인해야 한다. 이 모든 내용과 절차가 합당한 것이 아니라고 판명된다면 문재인이 이끈 촛불혁명이 사기혁명이라는 사실은 확실하게 될 것이다.

엉터리 사유들

광화문의 함성과 이성을 잃은 언론의 미확인 기사에 의지해 만들어진 탄핵소추안이 헌재 재판관들의 책상위에 올라왔으나 적시된 탄핵소추 사유는 애시당초 법적인 근거도 부족했고 법리에 맞는 것도 없었다. 시중에 떠돌던 확인되지 않은 루머와 좌익언론이 만들어낸 거짓뉴스를 짜집기해서 만든 탄핵소추 사유를 헌재 재판관들은 더하고 빼고 변조하며 이미 작정한 의도대로 탄핵 결정을 선고하려고 했을 것이다. 그래도 근거는 궁핍했다. 심지어 촛불 시위대가 턱없이 부풀려 주장한 '시위 참가인원 100만 명' 등의 실체적 사실도 아니고 증거능력도 없는 것을 끌어다 대며 추측 추정 등 해석의 언어를 남발했고 그렇게 탄핵선고문을 만들었다.

탄핵선고문을 읽어보면 확실하고 구체적인 탄핵의 사유를 찾아내기가 쉽지 않다. 겨우 찾을 수 있는 건더기 사실은 최서원의 사적 이익추구로 해석되는 몇 가지 정도다. 이것을 과장하고 박근혜에게까지 확대해석하여 탄핵 결정의 근거를 만들어 가고 있다. "1. 피청구인(박근혜)이 최서원의 국정개입을 허용하고 / 2. 국민으로부터 위임받은 권한을 남용하여 최서원 등의 사익추구를 도와주는 한편 / 3. 이러한 사실을 철저히 은폐한 것은 / 4. 대의민주제의 원리와 법치주의 정신을 훼손한 행위로서 / 5. 대통령으로서의 공익실현 의무를 중대하게 위반한 것"이라고 되어있다. 이것이 그나마 선고문에 적시된 탄핵결정 사유의 골자다. 여기서 1과 2는 탄핵결정 당시 언론과 촛불집회와 민주당이 제기한 의혹과 일방적 주장만 있었고 그 이후 몇 년간 이어진 검찰과 특검의 수사와 법원의 재판과정에서 제대로 입증된 것이 없다. 박근혜 자신도 회고록에서 이를 강력하게 부인했다. 태블릿PC가 최서원의 것이 아니라는 사실이 굳어지며 최씨의 국정개입은 완전하게 부정되었고 박근혜가 최 씨의 사익추구를 도와준 것도 나온 것이 없다. 따라서 1, 2는 사실무근이 되어 탄핵의 사유로 성립될 수 없다. 1, 2가 성립되지 않으면 '은폐할 것'은 존재하지 않게 되고 그래서 3도 성립되지 않는다. 이어 4. 5도 쓸데없는 허황한 소리가 된다. 그렇다면 이 탄핵 결정은 잘못된 것이 분명해진다. 원천무효라는 뜻이다.

그 당시 아직 박근혜와 최서원의 범죄혐의가 조사와 확인과정을 거쳐 확정되지도 않은 상태에서 결정된 탄핵에 대해 사회 각계에서는 우려와 비판이 많았고 탄핵결정과 법원의 최종판결이 다를 경우 원상회복이 불가능하다는 주장이 학계와 법조계를 중심으로 이어졌다. 문재인은 정권을 잡은 후 이 엄중한 일을 뭉개려고 작정한 듯 좌편향 법관들의 모임 회장 출신의 김명수를 일개 지방법원장에서 하루 아침에 대법원장에 임명했다. 그리고 김명수는 문재인이 바란 그대로 1심과 2심을 뒤집는 판결을 연이어 내놓는다. 처음부터 없었거나 있다고 해도 빈약하기 짝이 없는 엉터리 탄핵사유를 사후에라도 만들어내기 위한 고육지책이었을 것이다.

근거를 갖추지 못한 헌재의 탄핵결정을 두고 일부 언론인과 지식인은 위헌 위법 쿠데타라는 비판을 서슴치 않았다. 탄핵 인용 나흘 후인 3월 14일 언론인 우종창은 헌재 재판관 8인 전원을 허위공문서 작성 등의 혐의로 검찰에 고발했다. 마녀사냥식 수사를 했다는 비판을 받던 박영수 특검팀도 현직의사 최대집 씨에 의해 내란선동 혐의로 고발되었다. 결과는 뻔하다. 이 두 고발 건이 정상적으로 처리되는 상황이었다면 민주당 등의 좌익세력에 의한 쿠데타 혹은 내란선동이라는 말이 나오지도 않았을 것이다. 문재인 세력에 의한 대한민국 뒤집기라고 부르지도 않았을 것이며 좌익혁명 혹은 종북혁명라는 이름도 붙여지지 않았을 것이다.

우종창 기자는 이때의 괘씸죄가 적용된 듯 2020년 7월 전 법무장관 조국에 대한 명예훼손 혐의로 구속되어 콩밥을 먹는 신세가 되었다. 이에 대해 한 언론은 "권력자에 대한 제보 내용을 공개했다는 이유만으로 현역 언론인을 명예훼손 혐의로 구속한다는 것은 자유문명 국가에서는 일어나기 힘든 일이다."(미디어워치, 2020.10.8)라고 비판했다. 세계 언론인들의 모임인 국경없는기자회RSF에서는 그의 석방을 요구하는 성명을 냈고 국내 지식인 136인도 성명을 내고 "문재인과 사법부는 문재인 정권을 건드리면 설사 진실을 말하고 있더라도 감옥에 보내겠다는 공개 협박을 언론계 전체에 가하고 있다"고 비판했다. 우종창의 구속은 근거없이 무리하게 내려진 탄핵결정이 낳은 수많은 파생적 사건 중의 하나일 뿐이며 또한 문재인 정권이 언론인을 예사로 탄압하는 독재적 권력이 되었음을 보여주는 사례 중의 하나다. 문재인은 독재자였다.

단 하나도 입증하지 못한 탄핵사유

대통령 박근혜에 대해 국회가 제시한 13가지 소추사유 가운데 문재인 정권 하의 김명수 사법부가 유죄로 확정한 것은 단 1개도 없다. 박근혜에게 중형을 내린 범죄혐의인 이재용의 86억 뇌물공여, 국정원 특활비, 새누리당 공천개입 3가지는 모두 탄핵 사유와는 관련이 전혀 없는 별건 수사다. 이정미가 읽은 탄핵결정문이나 국회의 탄핵소추안에는 코빼기도 비춘 적이 없는 이 3가지의 별건으로 박근혜에게 22년 형을 선고했다. 처음 탄핵소추안에 제기된 5가지의 헌법위반 혐의와 8가지의 법률위반 혐의 중 유죄가 입증되거나 확정된 것은 아무것도 없다. 국회가 제출한 탄핵소추 사유 13가지를 다시 한번 보시겠는가.

헌법 위반 5가지 : 1. 최순실에게 국정 영향력을 행사하도록 함 / 2. 최순실의 의사에 따른 정부 인사를 임명함 / 3. 사기업에 공익재단 금품 출연을 강요하고 임원 인사에 간섭함 / 4. 언론 보도를 탄압하고 신문사 사장 인사에 개입함 / 5. 세월호 7시간 동안 아무런 역할을 수행하지 않음으로써 국민 생명권 보장 조항을 위배함

법률위반 8가지 : 1. 재단법인 미르, K스포츠 모금을 위해 대기업 총수들과 단독면담을 가지고 각종 민원을 받음 / 2. 롯데그룹 추가 출연금 약속 받음 / 3. 최순실의 지인회사 KD코퍼레이션 지원을 지시함 / 4. 최순

실의 회사 플레이그라운드 지원을 지시함 / 5. 대통령이 최순실 안종범과 공모해 KT 황창규 회장에게 의무 없는 일을 하도록 함 / 6. 안종범에게 포스코가 펜싱팀을 창단하도록 지시함. / 7. 안종범에게 그랜드코리아레져 회사와 관련한 부당한 지시를 내림 / 8. 최순실에게 공무상 비밀을 담고 있는 문서를 유출함.(SBS, 2016.12.12)

다시 말하지만 헌법 위반 5가지에 법률 위반 8가지를 합해 총 13가지 탄핵사유 가운데에 조사와 수사와 재판을 거치며 유죄로 확정된 것은 단 하나도 없다. 이 엉터리 사유 13가지를 헌재의 강일원 주심이 무단으로 변조해 준 것은 다음 5가지다. 1. 공무원 임면권 남용 (문광부 직원 강제 해임) / 2. 언론자유 침해(세계일보 사주 퇴진 압력) / 3. 세월호참사 관련 생명권 보호 의무 / 4. 삼성관련 뇌물수수 (공익재단 출연금 204억 원) / 5. 최서원의 국정개입. 이 5가지 중에도 후에 사법부에서 유죄로 확정한 것은 아무것도 없다. 그래서 박근혜와 최서원에게 내려진 죄목과 형량은 탄핵소추안에 제시된 13가지 혹은 5가지와는 아무런 관련이 없다. 삼성 뇌물도 탄핵당시 제기된 공익재단 출연금은 무죄였고 그 후에 찾아낸 다른 건으로 최서원과 박근혜에게 유죄판결을 내렸다. 박근혜를 탄핵하는 사유로 끌어다 댄 내용은 모두 범죄혐의가 없었다는 뜻이다. 그럼에도 박근혜는 탄핵되어 대통령 직을 박탈당하고 감옥으로 보내졌다. 박근혜에게는 죄가 없었다. 문재인과 더불어민주당의 죄는 하늘을 찌른다. 그리고 국민인 우리는 속았다. 문재인과 더불어민주당의 종북 정치인들 모두에게 속았다.

2. 별건수사

2017년 10월 12일 대통령의 그림자라는 비서실장으로서는 극히 이례적으로 임종석이 갑작스런 기자회견을 자청하고 '믿기지 않을 정도의 조작 정황'이라는 것을 들고 나왔다. 청와대 캐비닛을 열어보니 박근혜가 실제 9시 30분인 세월호 보고 시간을 9시에 보고 받은 것으로 30분을 조작했다는 것이다. 후에 허위로 밝혀진 내용이다. 구속기간의 만기가 다가오는 데도 탄핵 사유를 하나도 입증할 수 없게 되자 우선 박근혜를 계속 감옥에 가두어 놓기 위한 구속기간 연장의 이유를 만들어 내야했던 초조함에서 비롯된 무리수였다. 문재인과 임종석과 김명수는 그렇게 또다른 의혹과 혐의를 만들었다. 그들은 별건을 만들고 또 만들었다.

김명수의 고민과 잔머리

"(문재인 정권은) 국정농단이라는 어마어마한 이름을 붙여 박근혜를 탄핵하고 감옥까지 보냈다. 그러나 그가 이익이나 권력을 불법적으로 차지했는지, 혹은 권력을 남용했는지에 대해서는 전혀 입증하지 못했다. 또한 탄핵 결정에 정당성을 부여하기 위해 몇 년 동안 정치적 부관참시 격으로 계속된 형사재판에서도 박근혜의 사익 추구나 권한 남용 등의 중대 혐의는 나온 것이 없었다. 대기업 출연에 의한 공익재단 설립이나 국정원 특별자금 사용 등 이전 정권에서도 흔히 있었던 것들에 새로운 해석을 가하고 거기에 범죄혐의를 덧씌우는 재판을 반복했다. 이에 의문을 제기하는 의견에는 '감히 헌재의 판결에 도전하는 것이냐'고 말하거나 '재판관 8인의 전원일치 판결'을 내세우며 권위주의 시대보다 더 권위적인 압박을 가했다. 이것은 전체주의 국가나 독재국가에서 가능한 일이었다."(PenN뉴스, 2019.3.8, 한기호 기자) 사실무근의 소문들로 박근혜를 탄핵시킨 후 그것을 합리화하기 위해 무리한 논리를 끌어다대며 강압적 재판을 반복하던 문재인 세력의 행태를 기자는 단호하게 말해주고 있다. 그런 문재인 정권이 전체주의적이고 독재적이라는 사실도 말해주고 있다.

국회의 탄핵소추 사유 중에서 헌재가 탄핵 결정의 사유로 삼은 것은 최순실게이트 단 하나다. 여기에 국정개입 혹은 국정농단이라는 포장을 덧씌워 탄핵을 결정했다. 그러나 최순실게이트 마저 삼성의 뇌물이라고 하던 204억 원이 뇌물이 아닌 것으로 판결나고 JTBC가 보도한 태블릿이 최서원의 것이 아니라 고영태 일당과 검찰에 의해 조작된 것이라는 주장이 힘을 얻으면서 '최순실의 국정농단'이라는 것이 문재인 세력과 촛불세력이 만들어낸 허구라는 사실이 굳어졌다. 최서원이 승마선수 딸을 위해 삼성의 말을 빌려탄 것과 딸의 대학 입학에 영향력을 행사한 것 정도 외에는 최서원을 둘러싼 의혹도 거의 모두가 허구임이 드러났다. 경제공동체라는 용어도 탄핵 이후에는 깜쪽같이 사라짐으로서 그것이 국민을 기만하고 시민을 선동하기 위해 만들어낸 허구적 개념이란 것이 저절로 증명되었다. 최서원 개인에 대한 의혹 대부분이 사실이 아닌 것으로 드러나면서 최서원의 개인 비리를 박근혜와 엮은 탄핵사유도 저절로 허구가 되었다. 저절로 그렇게 되는 것이 상식이고 논리일 것이다.

이렇게 모든 탄핵사유들이 허구가 되어버리자 난처해진 것은 김명수의 사법부였다. 대한민국 사법 역사에 길이 남을 김명수의 활약은 여기서 시작된다. 그의 사법부는 문재인의 희망대로 박근혜와 최서원을 계속 감옥에 가둬 두어야 할 이유를 찾아내야 했다. 박근혜와 최서원이 무죄로 풀려난다는 것은 문재인 세력의 집권이 근원적으로 부정당하는 일이기 때문이다. 사법부 내에서 에이스 판사 혹은 주류 판사 그룹과는 거리가 멀었고 그래서 중소도시 지방법원의 일개 법원장으로 있었던 김명수를, 후에 '천하의 거짓말쟁이 대법원장'이라는 칭호를 얻은 대표적 좌익 성향의 판사 김명수를 몇십 년 간 유지되어온 사법부 내의 기수 전통을 완전히 무시하고 문재인이 그를 대법원장으로 임명한 이유는 여기서 분명하게 드러난다. 김명수는 별건수사라는 잔머리를 굴리기 시작한다.

김명수는 자신의 이 임무를 수행하기 위해 그의 임기 내내 검찰 내 좌익성향의 검사들과 손발을 맞추며 별건을 만들어 갔다. 검찰은 반복하여 별건을 캐내었고 사법부는 별건 재판으로 박근혜와 최서원의 범죄를 확정하고 형량을 늘려갔다. 문재인의 시대 김명수의 사법부는 탄핵소추와 탄핵심판의 사유와는 무관한 범죄혐의를 캐내고 만들며 두 사람에게 계속 유죄선고를 내리고 형량을 늘리며 그것으로 형편없이 부족한 탄핵사유를 메워갔다. 그리고 이 과정에서 여러 우익 정치인들을 같은 혐의로 엮어 제거하는 것은 덤이었다. 국정원 특수활동비 수수, 새누리당 공천개입, 삼성 뇌물이 바로 그런 별건 수사로 만들어진 별건의 범죄혐의다. 다시 확인하지만 박근혜에게 유죄를 확정한 이 혐의들은 헌재가 결정한 탄핵의 사유와는 아무런 관련이 없는 혐의들이다.

별건 하나, 국정원 특수활동비
박근혜가 교도소에 수감된 후 그를 접견한 변호사 유영하는 박근혜의 청와대가 사용한 국정원 특활비가 문제가 되고있다고 설명했다. 이에

374

박근혜는 "집권 초에 이전 정부에서도 청와대가 국정원의 지원을 받아서 쓴 돈이 있고 우리가 써도 법적으로 문제가 안 된다는 보고를 받았다. 그래서 '그럼 그렇게 하시라'고 했다. 그 돈을 어디다 어떻게 썼는지에 대해 보고받은 건 전혀 없다"고 했다. 이것은 유 변호사의 전언이다. 또한 그는 "박 대통령이 국정원 특활비를 사적으로 쓴 것은 없다. 대통령은 자기가 쓴 특활비는 국정원 특활비가 아니라 원래의 대통령 특활비로 알고 있다."고 했다.(중앙일보, 2018.1.26) 청와대의 국정원 비자금에 대한 이와 같은 박근혜의 의견은 재판에 전혀 반영되지 않았다. 국정원 특활비 건은 그가 모든 재판의 참석 거부를 선언한 후에 등장했기 때문에 그의 의견은 더욱 반영되지 않았다. 그의 재판 참석 거부는 이전 정권에서는 문제가 되지 않았고 그래서 범죄가 되지 않았던 것을 자신에 대해서만 범죄로 규정하고 자신을 숙청하는데 써먹기로 작정한 문재인 정권과 사법부에 대해 '니들 맘대로 해보라'는 뜻도 있었을 것이다. 법정에서 그가 어떤 말을 해도 그의 의견은 묵살될 것이 뻔하기 때문이기도 했을 것이다. 박근혜는 자신에 대한 재판이 혁명재판이라는 사실과 그의 구속이 좌익혁명 후에 어김없이 뒤따르는 숙청이라는 것도 이미 알았을 것이다.

국정원 특활비라는 돈 : 국정원 특수활동비 수수혐의는 대통령 박근혜에게 내려진 총 22년의 형량에서 15년을 차지하는 가장 무거운 범죄혐의다. 국정원 특활비는 안기부 시절을 넘어 중앙정보부 시절부터 이미 청와대 판공비의 일부로 사용되었다. 고도의 비밀을 요하는 국정원의 업무 특성상 필요한 예산을 편성부터 집행까지 비공개로 하는 특수성을 이용하여 각 정권은 긍정적인 혹은 부정적인 의미의 통치자금을 조달하는 루트로 이용했고 그래서 역대 모든 정권은 국정원의 예산 일부를 청와대와 정권의 은밀한 자금으로 끌어다 썼다. 이것은 북한과의 정상회담을 모두 성사시킨 김대중 노무현 정권에서 압도적으로 그리고 대규모적으로 있었을 것이다. 북한 정권은 모든 남북정상회담의 전제 조건으로 남한에 막대한 금액의 현금을 요구했고 우리 측이 이 요구에 응하는 경우에만 정상 간의 만남이 성사되었다는 사실을 상기하면 쉽게 짐작되는 일이다. 국정원 특활비를 끌어다 쓸 수 없었던 경기도지사 이재명은 기업에게 대납하게 했다 곤욕을 치르고 있는 일에서도 바로 알 수 있다.

김대중 노무현 두 좌익 정권이 국정원 특수활동비를 사용한 것은 좌익의 특별한 기술인 은폐 은닉 위장술에 의해 제대로 드러나지 않았을 뿐이며 또한 좌익과는 달리 이런 비밀스러운 것을 캐지 않는 우익정부의 습성으로 제대로 드러나지도 않았다. 이미 탄핵시키고 감방에 넣어놓은 박근혜와 우익의 수많은 관료와 정치인들을 제거하고 투옥하는데 죄목을 찾아야 했던 문재인 세력이 궁리해 낸 것은 그들이 집권했을 때 더 적극적으로 그리고 대규모로 써먹었던 바로 이 국정원 특활비 항목이다.

야당의 주광덕 의원은 "국정원이 특수활동비를 상납했다는 것은 분명히 잘못된 일이고 현행법에 어긋나지만 발본색원하려면 역대 정부에 대해서도 조사해야 한다"고 했고 오신환 의원도 "(노무현 정부의) 김만복 전 국정원장에 대해서도 조사를 해야 한다"고 요구했다."(뉴시스, 2017.10.31) 또한 장제원 의원은 "김대중 노무현 정부를 비롯한 역대 정부의 모든 국정원 특수활동비에 대해 투명하게 낱낱이 공개하라. 2001년 대검 중수부가 김대중 전 대통령의 차남 홍업 씨를 수사할 때 임동원 신건 전 국정원장이 3500만 원을 준 것을 밝혀냈다"고 주장했다.

실제 대검 중수부는 2002년 7월 홍업 씨가 1999년~2001년 사이 임동원으로부터 2500만 원을, 신건으로부터 1000만 원을 받았다는 수사 결과를 발표했다. 대통령 아들에게도 국정원 특활비를 집어주는 정도였다면 대통령 자신과 권력자들은 아마 자신들의 쌈짓돈처럼 사용했을 것이다. 장제원 의원은 또 "2004년 대선자금 수사 때는 권노갑 씨에게 10만 원권 국정원 수표가 흘러들어간 것으로 드러났지만 국정원에 대한 수사로 이어지지 않았다"고 했다. 실제 2003년 국정원 관계자는 국회 정보위에 출석해 "1998년 5월부터 2000년 9월까지 18차례에 걸쳐 국정원 예산에서 2억2790만 원이 10만 원권 수표로 권노갑 씨에게 전달된 사실을 검찰조사에서 밝혔다"고 보고했다. 권노갑은 김대중의 정치역정에 늘 함께한 측근 중의 측근이었고 김대중 정권에서 전면에는 나서지 않은 채 늘 막후에서 움직인 사람이다. 권노갑과 김홍걸이 국정원 특활비를 받아 쓴 것 중 위의 드러난 금액은 은밀하게 움직이는 돈이 다 그렇듯 빙산의 한 조각에 지나지 않을 것이다. 권노갑이 국정원 특활비를 쓴 기간의 국정원장은 이종찬 임동원 천용택이었다. 이들 중 정권에 국정원의 특활비를 공여한 혐의로 처벌받은 사람은 단 한 사람도 없다. 그러나 박근혜 정부의 국정원장들은 예외없이 모두 이 혐의를 적용받고 구속되었다.

권영세 의원은 "국정원의 청와대 지원행위는 박근혜 정부의 독창적 지적재산권이 아니라 그 이전 정부로부터 내려온 관행적 부정행위였다. 청와대와 국정원의 관계에 대해서는 노무현 정부 시절 비서실장과 민정수석을 역임했던 문재인 대통령이 누구보다 진실을 알고 있을 것이다."이라고 말했다.(중앙일보, 2017.11.2) 국정원 특활비에 대해 누구보다 잘 알고 있을 문재인이 무슨 말을 했을까. 아무 말도 하지 않았다. 자신에게 불리한 일이나 자신이 다칠 수 있는 일에는 철저히 침묵하는 문재인 이 사람이 입을 열 리가 있는가. 문재인이 그런 일에 말하는 것을 본 적이 있는가. 하나마나한 말이나 아니면 거짓말이라면 모를까.

박지원의 오리발과 확증 : 박근혜 정권의 국정원 특활비 사용 논란에 대해 김대중 노무현 두 좌익정권에 참여했던 정치인들은 모두 자신들은 그것을 사용하지 않았다며 부인했다. 모두가 다 입을 맞춘 듯 똑같은 반응이었다. 특히 박지원 의원은 이를 강하게 부인했다. 권노갑 등 김대중 정권의 실세들은 물론 공직에 있지 않았던 김대중의 아들까지 그것을 사용했다는 증언과 증거가 이어져도 그는 철저히 오리발을 내밀었다. 박지원은 "국정원 특활비는 박정희 전두환 노태우 김영삼 정부에는 있었다. 김대중 정부 때 없어졌다가 (노무현 정부에서) 김만복 원장이 오래된 관행이라며 청와대 지원을 부활해 정례화 되었다. 박근혜는 시술비에도 썼고 그러지 않았을까."(한겨레신문, 2017.11.2) 그의 말은 위에서 든 김대중 정권의 국정원 비자금사용에 대한 검찰의 발표와 다른 정치인들의 증언과는 완전히 배치된다. 한 쪽은 거짓말이라는 뜻이다. 어느 쪽이 거짓말일까. 뻔하지 않은가. 박지원이 정치 무대에 등장한 이후 내놓은 거짓말을 모으면 책 한 권이 거뜬히 나올 정도다. 국정원장 인사청문회에서 박지원은 야당의 주호영 의원이 국정원에서 나온 자신이 직접 서명한 이면합의서 조차 가짜라고 부인했던 사람이다. 그리고 북한에 4억5000만 불을 송금한 일로 구속되고 유죄판결을 받았던 사람이다. 그는 무엇보다 이 거액의 출처가 어디인지 아직도 밝히지 않고 있다. 그래서 어느 쪽이 거짓말인지는 뻔하다. 박지원은 이런 정치인이다. 오히려 박지원이 이렇게 부인하고 그럴싸한 설명까지 붙임으로써 좌익정권에서 국정원의 특활비를 더 큰 규모의 돈을 더 자유롭게 사용했을 것이라는 짐작은 확실해 보였다. 역대 국정원 특활비를 가장 많이 쓴 사람을 캔다면 아마 박지원일 것이다. 그래서 그렇게 강하게 부정했을 것이다. 도둑놈이 제 발 저린 것이다.

박지원은 자신이 장관과 대통령 비서실장 등의 권력자로 있었던 김대중 정권의 국정원 특활비 사용은 전면 부인하면서 대신 노무현 정권을 물고 들어갔다. 박지원 다운 짓이었다. 그리고 그 돈의 사용에 대해서는 촛불세력이 만들어낸 허구인 박근혜의 의료 시술비에 끌어다 붙였다. '국정원 특수활동비로 박근혜가 의료 시술을 했다'는 인상을 주기에 충분했다. 그 사람 다운 비겁한 짓이었다. 그러나 박지원은 노무현 정권의 국정원 자금의 사용은 분명히 확인해 주었다. 당시 대부분의 민주당 의원들은 김대중 정권은 물론 노무현 정권에서도 그런 일은 없었다고 발뺌을 하고 있던 상황이었다. 모두가 오리발을 내밀고 있을 때 박지원은 김대중 정권에서 있었던 특활비 사용을 감추려는 목적으로 노무현 정권의 것은 확증해 주었을 것이다. 박지원의 오리발에서 건져진 수확이다.

숙청의 칼로 쓰인 국정원 특활비 : 국정원 특활비의 사용은 박근혜 정부 뿐만 아니라 이전의 모든 정권에서 오랫동안 유지된 관행이었다는 야당 의원들의 주장은 박지원 뿐만 아니라 당시 민주당 대표였던 추미애와 이런 논란에는 빠지는 법이 없는 박범계 의원 등의 고성능 스피커의 반박에 묻혀버렸다. 그래서 두 좌익정권에서도 국정원 특활비가 광범위하게 사용되었다는 사실은 야당 의원들의 입에서 멈춘 채 한 발자국도 나갈 수 없었다. 구린내나는 일에는 늘 그러하듯 청와대의 문재인은 침묵했다. 문재인 세력은 그렇게 국정원 특활비를 박근혜 정권에서만 있었던 범죄행위로 만드는 데 성공했고 결국 이것을 죄목으로 박근혜 정부에서 국정원 장을 지낸 남재준 이병기 이병호 3인과 20여 명의 국정원 고위직을 모조리 구속시켰다. 그리고 대통령 박근혜에게는 15년의 징역형에 182억 원의 벌금과 추징금이라는 중형을 내렸다. 범죄에 대한 처벌이 아니었다. 혁명 후에 질펀하게 벌어지는 숙청이었다.

문재인 정권은 국정원 특활비 문제를 박근혜 구금의 계속과 함께 국정원을 완전히 장악하고 물갈이 하는 일에도 철저히 이용했다. 국정원 본연의 역할이자 가장 중요한 업무인 대 북한 업무와 간첩 잡는 기능을 모두 중지시키는 내용의 '국정원 개혁'의 드라이브를 걸 때도 이 특활비 문제를 이용했다. '국정원이 이렇게 부패했으니 개혁해야 한다'는 논리를 홍보하며 여론의 저항을 피했다. 국민을 기만하는 짓이었다. 또한 국정원의 핵심 요직을 종북좌익의 사람들로 모두 교체하는 데도 이것을 이용했다. 이미 180여 명의 고위직을 특활비 사용의 혐의로 대대적인 수사를 벌인 데 이어 대부분의 국정원 요직에 대해서도 기존의 간부들을 이 사건에 연루시켜 대거 쫓아내고 그 자리에 종북 성향인 자신들의 사람을 심었다. 박근혜도 잡고 국정원도 잡는 일타쌍피였다. 문재인과 청와대의 주사파들은 그렇게 대한민국을 종북의 나라로 만들어 갔다.

국정원 특활비 사건의 시간적 흐름을 추적하면 박근혜 탄핵과 구속의 정당성은 바로 무너진다. 이 무너짐은 너무도 분명하다. 2016년 12월 9일의 국회 탄핵소추안과 2017년 3월 10일의 헌법재판소 탄핵 판결문에 국정원 특활비는 탄핵의 사유로 나와있지 않았다. 따라서 국정원 특활비가 죄가 된다고 가정하더라도 그것은 애시당초 탄핵의 사유가 아니다. 국정원 특활비 문제가 처음 등장한 것은 2017년 10월 말이었고 11월에 들어서야 여야간의 공방에 불이 붙었다. 검찰이 이것을 죄목으로 박근혜를 기소한 것은 2018년 1월이다. 탄핵이 결정된 것은 기소되기 10개월 전이었고 구속이 집행된 것은 2017년 3월 31일로 기소 9개월 전이다. 즉 탄핵 결정 10개월 후에, 구속 9개월 후에 다른 사유를 찾아서 구속의 이유를 만든 것이다. 결국 박근혜에게 15년 형을 내린 죄목인 국정원 특활비의 사용은 탄핵과는 아무런 관련이 없다. 박근혜 탄핵이 원천무효인 이유다.

박근혜가 구속될 때 구속영장에 적시된 죄명은 '특정범죄가중처벌 등에 관한 법률위반'이었다. 즉 뇌물혐의다. 국회의 탄핵소추안과 헌재의 탄핵결정 사유에도 나와 있다. 그러나 박근혜를 구속시키는 직접적 사유가 된 뇌물혐의는 그 후의 여러 번의 조사와 수사에서 아무것도 밝혀진 것이 없다. '경제공동체'라는 가공의 개념을 생산해 유죄인 것처럼 보이게 하고 국민들에게 그렇게 인식되어 졌을 뿐 박근혜가 뇌물을 받았다는 것은 단 한 건도, 단 한 푼도 나오지 않았다. 검찰과 특검의 거듭된 수사에도 입증된 것은 없었고 법원에서 우리법연구회 또는 국제법연구회 출신의 판사들이 아무리 머리를 굴려도 범죄로 만들 수가 없었다. 문재인 정권과 김명수의 사법부는 이미 탄핵시키고 구속시킨 박근혜에게 아무런 범죄혐의도 씌울수 없게되자 탄핵 7개월 후, 구속 8개월 후에 찾아낸 것이 바로 국정원 특수활동비다. 그들은 이것을 죄목으로 삼아 박근혜의 탄핵을 정당화하고 계속 감옥에 가두어 두었으며 또한 우익진영의 많은 정치인들을 무너뜨리는 무기로 삼은 것이다. 이것이 국정원 특활비 사건의 본질이다. 그들 좌익정권이 국정원 비자금을 더욱 무분별하게, 더욱 많은 액수를 마음대로 사용했다는 증언과 증거와 흔적은 많다. 문재인의 부인이 사치품을 구입하는데 사용한 특활비가 청와대 특활비인지 국정원 특활비인지도 밝혀야 한다. 그들은 자신들의 것은 모두 누르고 뭉갰지만 언젠가 그것이 다 드러나면 모든 진실과 사실은 더 분명해질 것이다. 국정원 특활비의 사용을 범죄혐의로 못박고 박근혜에게 15년 형을 내린 것이 얼마나 어이없는 일인지도 알게될 것이다.

별건 둘, 새누리당 공천개입

새누리당의 총선 공천에 대통령 박근혜가 관여했다는 사실을 범죄라며 징역형을 선고한 것도 황당하기는 마찬가지다. 2018년 2월 1일 검찰은 대통령을 공직선거법위반 혐의로 기소했다. 박근혜가 2015년 11월부터 2016년 3월까지 제20대 총선에 선거운동 기획, 여론조사, 후보들의 지역구 선정 등에 관여했다는 취지였다. 말이되지 않는 이 재판에 박근혜는 출석을 거부했고 피고인이 궐석인 재판에 변호인조차 선임하지 않았다. 국선변호인이 강제적으로 붙여진 이 재판은 일사천리로 진행된다. 2018년 4월에 첫 공판이 열리고 6월에 검찰은 징역 3년 형을 구형했다. 그리고 7월 20일에 1심이 선고되었다. 1심 선고 법정은 생중계하기로 결정되어 일반인 방청객 30명을 응모했으나 24명만 참가했다. 박근혜가 대역죄를 지어 탄핵되고 감옥에 있다는 것을 국민에게 널리 알리려는 목적이었다. 국민은 이제 박근혜에게는 관심이 없었다. 그때는 이미 나라를 엉망으로 만들고 있는 문재인에게 더 관심이 쏠렸기 때문이다.

국민의 무관심은 박근혜의 죄가 너무도 명백한 것이기 때문인지 아니면 말이 안되는 재판이라고 생각했기 때문인지는 모를 일이다. 이날 법원은 박근혜에게 공직선거법 위반 혐의로 징역 2년을 선고했다. 검찰은 바로 항소했고 11월에 열린 2심은 항소를 기각하여 징역 2년 형은 유지되었다. 박근혜가 대법원에 상고하지 않음으로써 이 형량은 확정되었다. 징역 2년 형이 내려진 형사재판이 기소부터 형 확정까지 단 10개월이 걸린 것이다. 국정원 특활비 사용 혐의가 2018년 1월에 기소되어 만 3년이 지난 2021년 1월에 형이 확정된 것과 비교하면 이것은 초스피드였다. 청와대의 울산시장 선거개입 사건, 조국 일가에 대한 재판, 이재명의 대장동 재판에 비교한다면 빛의 속도다. 박근혜가 2심 법원의 판결에 상고하지 않아 형이 확정되자 여론은 두 가지로 갈렸다. 좌익진영은 박근혜의 죄는 명백한 것이며 그래서 그 스스로 자신의 죄를 인정한 것이라고 했다. 반면 우익진영은 그것은 범죄가 될 수 없는 혐의이며 그래서 '니들 마음대로 해보라'는 의미라고 했다. 이 갈라짐은 분명했다. 정권을 잡은 문재인 세력은 이것이 큰 죄라도 되는양 크게 떠벌렸고 국민은 콧방귀를 뀌었다.

현직 대통령이 국회의원 선거에 관심을 보이고 자신이 소속된 정당의 국회의원 공천에 관여한 것이 과연 범죄가 되기나 하는 것인가. 그게 죄가 된다면 김대중과 김영삼은 대통령이 되기 전에도, 대통령 재임 중에도, 대통령 퇴임 후에도 총선 때마다 공천에 막강한 영향력을 행사했는데 그것도 모두 죄가 되는가. 두 정권에 참여했던 자들은 하나같이 두 김 씨의 공천개입을 인정하는데 그것이 범죄가 되었다는 말을 들어 본 적이 있는가. 공천 시즌이면 그들의 동교동과 상도동 집에는 방문객들로 문전성시를 이루었고 설에는 세배 온 사람들이 집 앞 골목을 다 메웠다는 것을 어떻게 설명할 것인가. 노무현 정권에서는 인사청탁을 위해 시골에 있는 그의 형의 집에까지 찾아가서 머리를 조아렸다. 박근혜의 공천개입을 비판하려면 김대중과 노무현 정권에서는 그것이 왜 범죄가 되지 않았는지를 먼저 설명해야 할 것이다. 김대중 김영삼 노무현에게는 죄가 되지 않는 것이 왜 박근혜에게만 죄가 되는가. 인민재판을 하고 있기 때문인가.

재판에 참석한 박근혜의 국선 변호인은 대통령이 정치권 인물에 대해 관심을 보이고 여론조사를 통해 국민의 의견을 듣는 것은 당연한 일이 아니냐고 항변했다. 청와대 비서관을 지낸 정호성은 공판에 나와 "각종 국정현안에 대한 여론조사를 해서 대통령에게 그 결과를 보고하는 것은 정무수석 비서관의 역할이며 역대 어느 정권에서도 다 있었던 일"이라고 했다. 청와대에서 당연히 해야했던 일도, 이전 정권에서도 다 했던 일도 박근혜 정권에서 하면 범죄가 되었다. 문재인 세력이 거짓과 선동으로 죄 없는 박근혜를 탄핵시키고 나서 사후에 탄핵을 정당화시키기 위해, 그리고 박근혜를 계속 감옥에 가두어 두기 위해, 우익진영을 궤멸시키고 자신들의 권력을 계속 유지하기 위해 그렇게 했을 것이다. 조폭집단이나 할 만한 짓이었다. 오랫동안 공산당식 투쟁을 하며 살아온 문재인과 더불어민주당 세력 그들의 논리는 조폭을 닮아 있었다.

별건 셋, 삼성 뇌물수수

삼성 뇌물수수 건은 국회 탄핵소추안에 포함된 탄핵사유 13가지를 전달받은 헌재가 이를 5가지로 변조할 때부터 포함되어 있었다. 이 혐의는 탄핵을 추진한 국회의원들이 뇌물죄로 규정하고 무기 또는 최소한 징역 10년을 장담하던 죄목이다. 그러나 입증이 어렵다고 판단한 헌재는 탄핵 결정을 앞두고 이 혐의를 쟁점에서 빼버린다. 삼성 등 16개 그룹이 미르, K스포츠 두 공익재단에 출연한 것을 '뇌물 등 형사법 위반'으로 본 쟁점은 강일원 주심이 개입한 후 사라졌다. 이것이 혐의가 없거나 혐의입증이 어려운 것으로 밝혀졌다면 헌재는 탄핵소추 기각 결정을 내려야 했다. 그러나 헌재는 이 사안을 빼버리고 탄핵을 결정했다. 그 당시의 헌재 재판관들이 혁명정부에 부역했다고 비난받는 지점 중 하나다.

문재인의 민주당과 좌익 언론과 촛불을 주도한 세력이 주장한 것은 삼성의 이재용 부회장이 삼성 경영권 승계에 대통령의 도움을 기대하고 204억 원을 두 공익재단에 출연했다는 것이다. 그러나 이 혐의에 대해 박근혜의 1심과 2심, 이재용의 1심과 2심 모두 무죄를 선고했다. 댓가를 바라고 출연에 응한 청탁이 아니라는 것이다. 민주당 정치인들의 입에서 시작하고 광화문에서 불이 붙어 모든 대한민국의 언론을 뒤덮었던 삼성 뇌물에 대해 삼성그룹은 이재용의 경영권 승계는 처음부터 문제가 없었고 그래서 대통령에게 청탁할 필요성조차 없는 것이라고 주장했고 박근혜도 이것을 부인했다. 그러나 그들은 선동을 멈추지 않았다. 드루킹 조사 과정에서 일각이 드러난 것처럼 좌익 세력이 국민연금을 통해 삼성의 경영권을 장악하고 사실상 국유화하려는 의도에서 그렇게 했을 것이다. 박근혜를 잡고 삼성도 장악하는 일타쌍피를 노리는 듯 보였다. 1, 2심 판결이 대법원으로 올라가자 김명수의 대법원도 이것을 유죄로 뒤집을 수는 없었다. 그러나 대법원은 연이어 무죄가 선고된 삼성의 출연금 204억 원 대신 별건으로 직 간접적 뇌물의 액수를 찾아내고 늘이려는 시도를 계속했다. 박근혜 정부를 붕괴시킨 합당한 사유를 만들어 문재인의 정권 강탈에 명분을 만들어 주려는 의도인 듯도 했고 함량 미달의 자신을 대법원장으로 임명해준 문재인에 대한 김명수의 보은인 듯도 했다.

2017년 8월 1심 법원은 삼성 이재용에 대해 징역 5년을 선고했다. 재판부가 특검이 주장한 뇌물 총액 512억 중 88억 원을 인정하고 내린 형량이다. 특검이 주장한 금액중 83%는 사라지고 17%를 인정한 것이다. 특검이 주장한 뇌물 액수는 터무니 없는 것이었고 법원은 유죄를 만들기 위해 고심한 흔적이 뚜렷했다. 이어 2018년 2월에 열린 2심에서는 뇌물액수는 36억으로 줄어들었고 집행유예를 선고받은 이재용은 1년만에 석방된다. 이재용이 제공했다는 뇌물액은 고무줄이었고 엿장수의 가위였다.

2019년 8월 29일 김명수의 대법원은 뇌물혐의에 대한 박근혜 최서원의 2심의 무죄 판결은 그대로 유지했다. 그러나 이재용에 대해서는 2심까지 뇌물로 인정하지 않았던 34억 원 상당의 말 3마리와 동계스포츠 영재센터 지원금 16억 원, 도합 50억 원을 뇌물로 인정하는 취지로 2심 법원에 되돌려 보낸다. 그래서 결국 이재용의 뇌물공여 액수는 기존의 36억 3000만 원에서 86억3000만 원으로 대폭 늘어났다. 이어 대법원은 2019년 11월 28일 박근혜의 청와대가 국정원으로부터 지원받은 특수활동비에 대해 2심까지도 적용하지 않았던 '뇌물죄'를 적용하라는 취지로 사건을 서울고법으로 되돌려 보낸다. 김명수가 수장으로 있는 대법원은 박근혜와 이재용의 죄를 만들어내기로 작정한 듯 보였다. 김명수는 죄를 만들어내지 않을 수가 없었을 것이다. 박근혜에게 죄가 없다면 탄핵은 어쩔 것이며 그의 감옥살이는 또 어쩔 것인가. 또한 문재인이 대통령이 된 것이 정권 도둑질이라는 사실이 확정되는데 이 일은 또 어떻게 감당할 것인가. 김명수가 천하의 거짓말쟁이가 된 이유의 8할은 문재인 때문이다.

이렇게 해서 박근혜는 취임 초기에 그 존재에 대한 보고만 받았을 뿐 국정원으로부터 얼마를 받았는지, 어디에 어떻게 사용했는지도 모른 채 청와대 전체의 운영자금으로 쓰이고 이전 정부에서도 관행적으로 이용된 국정원 특수활동비가 뇌물죄로 둔갑하여 15년 형을 선고 받았다. 그리고 박근혜의 사적 업무를 봐주던 집사 최서원은 김영삼의 아들 현철, 김대중의 아들 홍업 홍걸, 노무현의 형 노건평에 비해 죄라고 할 수도 없는 잡다한 이유로 18년 형을 선고 받았다. 이재용은 2021년 1월 86억 원 상당의 뇌물공여 등의 혐의로 징역 2년6개월의 실형을 선고받고 법정구속된다. 박범계의 법무부는 옥중의 이재용에게 5년간의 취업금지를 통보함으로써 6년 이상 삼성의 경영에 참여할 수 없게 되었다는 보도도 있었다. 드루킹의 음모인 삼성 장악 계획이 착착 진행되고 있는 듯 했다.

박근혜 최서원의 이마에 '국정농단'이라는 먹물을 찍고 유령들이 광화문에 모여 촛불을 밝히고 춤을 추기 시작하던 때 그들과 장단을 맞추며 같이 춤을 춘 것은 검찰과 헌법재판소였다. 이어 문재인이 정권을 잡고 나서는 김명수의 사법부가 이 춤에 장단을 맞추었다. 이번에는 유령의 춤이 아니라 백정의 칼질이었다. 신망있는 법조인들이 "법률에 따르는 판결이 아니라 재판부의 생각에 따르는 판결"이라고 비판했으나 문재인과 코드를 맞추고 요직을 차지한 국제법연구회 우리법연구회 등의 좌편향 판사들은 노골적으로 칼질을 했다. 그들도 헌재 재판관들처럼 '생각을 공유했을 것... 결과적으로...' 류의 추론 언어를 사용한 판결문을 쓰며 적폐청산이라는 문재인 정권의 선동구호에 맞춰 우익 인사들에 대해 이해할 수 없는 형량을 마구 선고했다. 혁명재판 혹은 인민재판으로 규정하지 않고는 이해되지 않는 판결이 반복되었다. 문재인의 시대를 말하고 있다.

3. 21세기 자유민주주의 국가에서 벌어진 인민재판

국가 통치를 총괄하는 정권의 소수 권력자들이 특정 목적을 위해 대상과 형량을 미리 정해두고 군중을 집합시킨 공개된 장소에서 공개적으로 죄목을 낭독하고 판결을 내리는 장면은 북한 등 공산주의 체제에서나 있는 일이다. 좌익의 혁명기에는 공산당 지도부의 특정한 의도와 목적에 의해 동원된 군중이 열광적인 환호를 하는 가운데 단상에 올려진 반혁명분자들은 이름과 죄목이 적힌 간판을 목에 걸고 고개를 숙인채 무릎을 꿇고 판결을 기다린다. 군중은 반혁명분자에게 비판을 가하고 환호하고 때로는 직접 폭력을 행사하기도 한다. 북한과 중국의 혁명기에 있었던 인민재판의 장면이다. 이 야만적인 장면이 세계 10대 경제대국이 된 21세기의 대한민국에서 있었다. 불과 몇 년 전의 일이다.

숙청과 재판

혁명이 있었다. 이어 인민재판과 유사한 여론재판이 벌어졌다. 문재인과 민주당의 혁명 지도자들은 이 혁명을 촛불혁명이라 불렀다. 그들이 반혁명세력에 대해 벌인 모든 재판은 법치주의에 바탕을 둔 자유민주주의 국가의 재판이 아니었다. 공산주의 국가의 재판을 닮아 있었다. 그것은 거짓과 조작과 선전 선동으로 엮은 가짜 여론에 의지해 내린 재판이므로 여론재판이라 부를 수도 없는 것이었다. 공산당이 혁명에 성공하여 정권을 잡은 후 벌이는 숙청을 위해 벌인 재판이라고 말하는 것이 더 적확하다. 그것은 인민재판이고 혁명재판이었다. 세계 모든 국가가 미래의 새로운 세상을 위해 치열하게 경쟁하는 21세기에 자유민주주의 국가 대한민국에서 있었던 일이다. 아직 채 10년도 지나지 않은 일이다.

　인민재판은 권력자의 의지로 시작되어 선전 활동으로 유도된 여론에 의지하는 여론재판과 본질에서 같다. 공산당 재판이다. 소수의 행동가들이 권력자의 의지와 목적을 받들어 인위적으로 생산한 여론을 에너지로 사전에 정해진 특정 대상에게 미리 정해진 특정한 형벌을 내린다. 인민재판은 1. 기존의 명확한 법체계에 근거하지 않는다는 점 / 2. 군중의 유도되고 조작된 여론에 의지한다는 점 / 3. 징벌의 대상과 형벌의 양이 소수의 권력자에 의해 미리 결정된다는 점 / 4. 사법부는 재판의 주체가 아니며 단지 권력자가 미리 정한 형벌을 대신 선고하는 전달자에 불과하다는 특징을 가진다. 공산당이 집권하는 체제에서 일반적으로 볼 수 있는 재판이므로 공산당 재판이라 부르며 공산당의 혁명기에 더욱 분명하고 보편적으로 진행되는 재판이므로 혁명재판이라 부른다. 동원된 인민의 눈과 귀를 빌리고 그들의 입에서 쏟아지는 함성의 크기에 의지하므로 인민재판이라고도 부른다. 여론재판 인민재판 혁명재판은 필연적으로 기존의 법질서를 훼손 약화 파괴하고 때로는 새로운 법질서를 만들어내기도 한다. 선전선동가와 관제 언론을 동원하여 유도되고 만들어진 군중의 분노에 의지하고 군중의 머릿수와 함성의 크기에 의지하여 권위와 정당성을 확보한 후 형을 집행하는 인민재판은 20세기의 공산주의 국가와 민주주의가 미성숙한 독재국가에서 볼 수 있었던 재판 형식이다. 이런 재판이 21세기 대한민국에서 있었다니, 지금 생각해도 믿을 수 없는 일이다.

공개재판과 처형
　종북 진영의 민주당 대선주자 문재인과 당대표 추미애를 필두로 하는 혁명주도 세력은 자유민주 진영의 이명박 박근혜 두 대통령과 이들 정부의 세력을 일소하기 위해 먼저 한 일은 모든 종북단체를 동원하고 보통의 시민을 선동하여 광화문으로 모이게 하는 것이었다. 그리고 언론을 동원하여 연일 선전과 선동전을 전개하며 박근혜 정부의 붕괴를 부채질했다. 이것은 공산주의자들이 기존의 체제를 붕괴시키기 위해 선전 선동전을 전개하여 인민의 지지를 확보하는 수법과 본질에서 동일하다. 이어진 것은 처형이다. 대규모 군중이 참관하는 공개재판에서 사형을 선고하면 군중은 박수치고 환호한다. 군중심리를 극대화하기 위해 당일 형장으로 끌고 가거나 즉석에서 사형을 집행한다. 20세기 공산국가에서 흔했던 장면이다. 북한에는 지금도 실존한다.

탄핵이 선고될 때 헌재 인근에서는 종북세력이 주도하는 시위대가 철야집회를 하고 있었다. 무려 2박3일 동안이다. 선고 후에는 광화문으로 자리를 옮겨 초청된 가수들의 노래에 맞춰 축제를 벌였다. 공산당 혁명재판의 진화된 모습이다. 공포의 분위기가 축제의 분위기로 바뀌었을 뿐 거짓과 선동에 현혹된 군중의 광기가 지배하는 광장이었다는 점에서는 동일하다. 헌재가 탄핵을 선고한 당일 광화문과 안국동 인근에서는 찬성 집회에 버금가는 규모의 반대 집회도 열렸다. 울분에 찬 이 반대 집회는 질서가 유지되지 않았고 그래서 4명이 사망하고 1명이 의식불명 상태에 빠진 후에 사망했다. 그러나 언론은 이 사실을 제대로 보도하지 않았다. 찬성 집회의 축제 분위기에 찬물을 끼얹지 않으려고 그랬을 것이다.

6.25전쟁 당시 북한 공산당은 남한의 점령지에서 즉결 재판을 열고 형의 선고부터 집행까지 같은 자리에서 바로 집행했다. 즉결처분이다. 박

근혜와 그의 정부 핵심인사에 대해 정상적 사법절차를 건너뛴 채 속전속결로 판결을 내리고 구속을 집행한 것은 적국 점령 후의, 혹은 혁명 성공 후의 즉결처분을 닮아 있었다. 졸속인 재판절차에다 수사결과가 나오기도 전에, 탄핵이 결정되고 단 3주만에 대통령을 감옥으로 보낸 것은 인민재판 후의 즉결처형과 다르지 않다. 박근혜를 탄핵시킨 재판은 독재국가의 여론재판이었고 공산국가의 인민재판이었다. 민주당과 문재인의 반대 세력과 경쟁자를 모조리 감옥으로 보낸 점은 공산당의 숙청과 같다. 숙청된 인사들은 하나같이 자유민주주의 신봉자들이었다. 예외는 없었다.

박근혜를 탄핵시키고 4년9개월을 감옥에 구금한 일련의 과정은 레닌 스탈린 치하의 소련이나 모택동 치하의 중공에서 있었던 공산당식 재판과 본질적으로 같다. 2016년 7월 말부터 탄핵결정이 내려진 2017년 3월 10일까지 약 8개월을 간의 과정부터 그러했다. 민주당 국회의원 5명으로 만들어진 최순실TF, JTBC의 조작된 태블릿 보도, 민주당이 배후에서 총지휘하고 민노총 등의 종북단체들이 주도한 광화문의 촛불집회, 운동권이 앞장 선 국회의 탄핵소추, 조작되고 가공되고 입증되지 않은 탄핵사유, 탄핵사유가 거짓임을 입증하기 위해 피의자측이 요구한 증거와 증인의 채택 거부, 검찰과 특검이 제시한 박근혜 최서원의 범죄혐의에 대해 변호인단이 이를 확인하고 검증하는 과정과 기회를 모두 봉쇄하고 탄핵 스케줄에 짜맞추어 나간 검찰과 특검과 헌재의 일방적인 재판, 이러한 과정 끝에 나온 정치선언문 같은 헌재의 탄핵결정문과 탄핵선고, 그리고 박근혜의 수감까지, 이 모든 과정을 다시 스크린하면 이것은 조작된 여론재판이고 공산당식 혁명재판이 분명하다. 이러한 인민재판은 박근혜 탄핵이 결정되고 그를 구속시킨 이후의 재판에서도 계속된다.

2017년 10월 12일 대통령 비서실장 임종석이 직접 마이크 앞에 나타나 박근혜의 청와대가 세월호 사건의 최초 보고시간을 30분 조작했다는 증거라며 문건을 흔들었던 일도 그렇다. 그것은 검찰 경찰의 수사를 통해 나온 문건도 아니었다. 박근혜의 청와대 참모진이 촛불정국에서 경황이 없어 대통령기록관에 미처 넘기지 못한 것이라면 문재인의 청와대가 넘겨야 마땅하다. 박근혜의 구속시한 종료를 앞두고도 적절한 혐의를 확정하지 못하자 구속시한의 연장을 위해 여론을 부추기려는 수작이었다. 당시 민주당의 정치인들과 청와대는 불리한 때면 '청와대 캐비닛 문건'이라며 박근혜 이재용 최서원을 망신주는 짓을 되풀이 했다. 여론질을 앞세운 이러한 구속기간 연장의 행태를 두고 이경재 변호사는 "이것은 탈법적 구속기간의 연장으로 유엔인권규정의 '구금의 자의적 장기화 (금지)'에 정면으로 위배된다"고 항변했다. 범죄혐의를 찾을 수 없었던 문재인 정권이 범죄혐의를 만들어 내기 위해 저지른 중대한 범죄행위였다.

박근혜에 대한 재판을 TV로 생중계 한 것이야말로 분명한 여론재판인 동시에 명백한 인민재판이었다. 박근혜 재판은 여러번 TV로 생중계되어 국민 모두가 볼 수 있었고 전세계로 전해졌다. 이 무렵 주로 국외에 있었던 저자는 현지 방송에 나오는 재판 장면과 탁자에 엎드린 초췌한 모습의 박근혜를 보며 지독한 참담함을 느꼈다. 이에 대해 말을 건네는 현지인들에게 제대로 설명하는 것은 결국 문재인을 욕하는 것이었는데 그것도 내 얼굴에 침뱉는 일이기는 마찬가지여서 곧 그만두고 쓴웃음으로 넘어갔던 기억이 생생하다. 이경재 변호사는 박근혜 재판을 TV로 생중계하는 법원을 두고 "영상매체의 파급력과 파괴력에 비춰 박 전 대통령이나 다른 공범의 무죄추정의 이익은 소멸될 수 밖에 없다. TV 생중계는 오로지 재판장의 이익을 위해, 자신의 판결 정당성을 일방적으로 고지하기 위한 방편이었다. 유 무죄가 확정되지 아니한 박 전 대통령을 매도하고 중형을 선고함으로써 1심 재판을 국민들에게 각인시켜 기정사실화 하려는데 목적이 있다"고 비판했다.(뉴스1, 2018.4.7) 공개적으로 널리 전파되는 TV 생중계로 부족한 정당성을 확보하고 판결 내용을 국민에게 각인시켜 기정사실화 하는 것은 여론재판과 인민재판의 본질 그 자체다. 이 변호사는 박근혜에게 중형을 선고한 재판부를 향해 유취만년遺臭萬年 즉 냄새가 만년을 이어질 것이라며 "역사에 기록될 잘못된 재판의 전형"이라고 강력히 비판했다. 그러나 TV의 힘을 동원한 재판부의 소리는 전국 방방곡곡에 닿았고 이경재 변호사의 목소리는 그 자리에서 생명력을 다했다.

20세기식 재판이라니

IT 기기와 DNA 기법 등을 활용한 과학수사의 발달로 다양하고 충분한 증거를 확보할 수 있게 된 21세기적 잣대로 박정희 전두환 시대의 반국가사건과 간첩사건을 다시 들여다보면 모조리 증거부족이 된다. 김대중 노무현 정권은 이 방법으로 과거의 간첩행위, 국가전복기도, 내란음모 등의 공안사건을 모두 증거부족이라는 사유를 만들고 공안사범들이 말하는 '공안기관에 의한 사건 조작' 주장을 검증없이 그대로 받아 들여 그들 대부분에게 무죄를 선고하고 민주유공자로 만들어 보상금을 지급했다. 그런 후에 이들을 제도권 정치무대로 끌어올렸다. 임종석 정청래 등 주사파 대부분이 그렇다. 적군파식 무장혁명을 기도하고 대한민국 공격에 필요한 무기를 구입하기 위한 자금을 마련하려고 종로 금은방을 털고 대기업 회장 자택에 침입하여 경비원에게 상해를 입힌 이학영은 그렇게 정치권에 들어와 4선 의원이 되고 22대 국회에서 민주당 몫의 국회부의장이 되었다. 이런 방법으로 그들은 이땅을 좌익의 세상으로 만들고 종북세력의 천국으로 만들었다. 문재인과 주사파 세력은 박근혜를 탄핵시키는 일에는 거꾸로 올라가 박정희 전두환 시대의 방법을 쓴다.

박근혜를 심판하는 검찰과 재판부는 21세기의 수사방법으로 사건을 조사하고 증거를 수집하는 길을 회피했다. 그리고 20세기 중반에 공산주의 국가의 독재적 정권에서나 썼던 그런 방식으로 재판을 진행한다. 의혹에 대한 검증없이 자의적 해석만으로 유죄를 선고했다는 뜻이다. 김대중 이후 세 차례에 걸친 좌익정권은 20세기에 그들이 범한 반국가적 범죄행위는 21세기의 과학수사의 방법과 기준을 들이대며 무죄를 만들었고 거꾸로 박근혜 탄핵재판은 21세기의 수사기법과 기준이 아닌 20세기의 방식인 거짓과 선동으로 만들어진 여론재판으로 유죄를 만들어 갔다. 이것은 좌익의 수법이자 DNA인 '기준의 이중성' 만으로는 설명이 부족하다. 공산주의자들이 자유민주주의 체제를 뒤집어 엎는 혁명의 기술이다.

대통령 박근혜의 직무를 정지시키고 박근혜와 최서원을 구속시키던 무렵과 2017년 10월에 국정원 특활비라는 별건을 만들어내기 전까지 최서원의 범죄혐의는 태블릿의 내용과 고영태의 진술이 핵심 근거였고 박근혜에 대한 탄핵결정은 최서원과 관련된 범죄 의혹이 거의 유일한 근거였다. 그럼에도 태블릿과 고영태를 증거와 증인으로 채택하지 않은 채 재판을 진행했다는 것은 자유민주주의 정상국가에서는 상상할 수 없는 일이다. 이것은 공산당 지도부가 일정한 목적을 위해 재판결과를 미리 정하고 법정 공방이나 이견은 허용하지 않으며 형식만 갖추어 판결을 내리는 공산국가의 인민재판과 다르지 않다. 문명국가에서는 결코 있을 수 없는 재판이었다. 헌법재판소 재판관 9인 중의 1인인 박한철은 자신의 퇴임을 앞두고 그의 뒤를 이어 곧 퇴임하게 되는 또 한 명의 재판관인 이정미의 퇴임일에 맞춰 탄핵 선고일을 잡았다. 이것도 박근혜에 대한 탄핵심판이 미리 짜여진 계획과 음모에 의해 진행되었다는 사실을 뒷받침하는 강력한 증거다. 정상적인 자유민주주의 국가에서 재판관의 퇴임 날짜에 맞춰 국가 수반인 대통령을 탄핵하는 일은 있을 수 없는 일이다. 탄핵 인용이라는 정해진 결론, 이 결론을 선고하기 위해 대통령의 시간이 아닌 일개 법관의 시간에 맞춰진 스케줄, 탄핵사유를 부정하는 증거는 모두 감추고 대신 탄핵 결정에 필요한 증거를 조작해 내고 그것을 무리하게 해석하여 진행한 박근혜에 대한 재판은 자유민주주의 국가의 정상적 재판이 아니었다. 공산당이 혁명에 성공한 후 벌이는 혁명재판이었다.

이것은 혁명재판이다

'박근혜 최서원의 국정농단' '박근혜 이재용의 유착' 등의 범죄혐의는 거짓과 조작에 의해 만들어진 여론에 의지하여 좌익 정당과 좌익 언론과 좌익 검사들이 생산해 낸 죄목이었다. 그들은 스스로 조성한 여론의 힘을 등에 업고 마음대로 만들어낸 이 엉터리 죄목을 들이대며 현직 대통령에게 형벌을 정하고 감옥으로 보냈다. 부족한 증거를 메우고 무리한 처벌을 눈가림하기 위해 여성 대통령에 대해 온갖 악성 소문과 괴담을 유포시키는 동시에 그가 포승줄에 묶인 초췌한 모습을 언론에 반복적으로 노출시키며 재판을 시작하기도 전에 가혹한 인격살인을 가했다. 거짓과 조작된 사실을 소재로 폭력적이고 선정적인 선동질을 자행하는 그들의 행태는 공산국가에서 벌이는 인민재판 혁명재판과 본질에서 같은 것이었다.

2016년 10월부터 문재인이 청와대를 장악한 2017년 5월까지 약 8개월간 계속된 탄핵 정국은 이것을 주도한 사람들의 면면에서 그것이 공산주의자들의 자유민주정부 뒤집기라는 사실은 간단하고도 분명하게 확인된다. 우선 현장에서 인원을 동원하고 "사회주의가 답이다" "북한이 우리의 미래며 희망이며 삶이다"라는 구호가 적힌 피켓을 든 사람들은 남한에 존재하는 200여 종북좌익 단체들이었으며 개중에는 개개의 간첩과 간첩단도 있었을 것이다. 이 200여 단체 중에 사법기관으로부터 반국가단체 혹은 이적단체로 규정된 곳이 수십여 곳이나 된다. 막강한 자금력과 조직력을 갖추고 광장 현장에서 이 200여 단체를 리드한 것은 주사파 NL민족해방계가 지도부를 장악한 민노총이었다. 여기다 학교현장으로 내려간 주사파 단체인 전교조도 리더 역할을 톡톡히 하고 있었다.

무엇보다 이 탄핵정국을 지휘한 것은 주사파가 최대파벌을 형성하고 있던 더불어민주당이다. 원내대표 우상호를 비롯하여 이인영 우원식 정청태 김경협 안민석 등 70여 명이 넘는 주사파 및 운동권 정치인들은 JTBC 한겨레신문 등의 좌익성향 언론사를 앞세우고 거짓 여론을 형성하는 등 제도권 내에서 촛불정국과 여론재판을 총체적으로 이끌고 있었다. 그리고 이 정국의 총지휘자는 공산주의자이면서 종북주의자인 문재인이다. 그는 총사령관답게 혁명이 성공한 후에는 혁명정부의 꼭지점인 대통령 자리를 꿰어찬다. 문재인과 이들 종북세력이 주도하는 종북혁명에서 미리 정해진 결론에 꿰어맞추는 조사와 수사를 이어간 검찰과 특검, 이미 정해진 판결 내용을 읽은 헌재, 사후에 별건을 만들어 이 위헌적인 탄핵을 정당화 해준 김명수의 법원 모두가 박근혜에 대한 재판이 인민재판이고 혁명재판이었다는 사실을 말해주는 증거다.

박근혜 탄핵은 통진당 해산, 전교조 불법화, 역사교과서 국정화, 개성 공단 폐쇄 등 박근혜 정부의 강경한 공안 및 대북정책에 의해 위축된 종북세력의 보복의도에서 시작된 것이었다. 문재인과 민주당 세력이 탄핵정국을 조성하기 6개월 전부터 북한정권은 조선중앙통신과 조선로동신문을 통해 박근혜에 대한 탄핵주장을 지속적으로 보도했는 바, 그것은 남쪽에서 활약하는 모든 종북세력에 대한 지령이었다. 따라서 이 탄핵은 문재인 세력이 북한의 지령을 수행한 것이라고 규정해도 무방할 것이다.

대통령이 된 문재인이 김정은을 서울로 초청하기 위해 그의 임기 내내 기울였던 눈물나는 노력, 개성연락사무소 폭파나 서해 공무원 살해 등 김정은이 무슨 짓을 해도 어떤 항의나 어떤 피해보상 청구 조치도 취하지 않은 사실, 판문점에서 김정은을 만나 수십조 원의 가상화폐를 담았거나 발전소 건설 지원계획 혹은 핵 기술을 담았다는 등의 의혹을 사는 USB를 전달해주고 그 내용에 대해서는 아직도 입을 다물고 있는 등 북한에 대해 지독한 충성심을 보였다는 사실 등은 박근혜 탄핵이 북한의 지령을 수행한 것이라는 주장의 직·간접적 근거다. 박근혜를 탄핵시키고 박근혜 정부를 중단시킨 일은 박근혜가 왼쪽으로 기울어진 대한민국의 정체성을 바로 잡으려 한데 대한 종북세력의 뒤집기 혁명이었으며 그것은 북한의 지령을 수행한 것이었다고 규정해야 한다. 그래서 박근혜에 대한 탄핵재판은 인민재판인 동시에 혁명재판으로 불러야 마땅하다. 종북혁명에 부역한 재판이었다고 말하면 더 정확하다.

3절 종북혁명을 위해 기획된 탄핵

2016년 12월 9일 국회에서 탄핵소추가 의결되고 대통령 직이 정지된 상태에 있던 박근혜는 "뭔가 오래전부터 기획된 것이 아닌가 하는 느낌을 지울 수가 없었다."고 말했다. 태풍의 눈 속에 서있던 그는 문재인과 민주당의 종북세력이 그린 어떤 큰 그림 속에서 상황이 진행되고 있음을 직감하고 있었을 것이다. 문재인이 '촛불혁명'이라는 아름다운 언어로 포장한 박근혜의 탄핵과 뒤이은 그의 집권은 국민 스스로의 선택이 아니며 그의 세력이 전개한 거짓과 선동에 속아 넘어간 사기혁명이었다는 사실은 이제 보통의 국민조차 알고 있다. 종북집단이 사회의 모든 영역을 거의 완전하게 장악하고 있는 그런 세상에서 입조심하고 있을 뿐이다. 국민인 우리는 대한민국에서 김일성주의를 퇴치하고 자유민주주의를 회복하기 위해 대한민국을 파괴의 수준으로 만들어 놓은 문재인과 그의 주사파 동지들에 대한 심판을 준비해야 한다. 그들이 심판되는 날을 기다리며 우선 그들이 누구인지, 그들이 무슨 짓을 했는지를 말해두려 한다.

1. 박근혜 탄핵의 본질과 배후는

국회의원 김성태는 탄핵 당시 김무성 안철수 유승민이 주도한 '바른정당'으로 옮긴 후 박근혜 탄핵에 찬성했던 사람이다. 그는 2017년 4월 교통방송 김어준의 뉴스공장에 출연하여 민주당의 안민석과 대담을 진행했다. 김성태는 대화 중에 "박근혜 대통령 탄핵은 앞에 계신 안민석 의원께서 3년 동안 정말 충분하게 준비하고 기획해 터뜨려서 대통령 탄핵이란 결실까지 맺었어요"라며 자랑스레 말했다. 이렇게 말하는 그의 육성은 지금도 온라인에서 확인된다. 같은 자리에 있었던 안민석이 이 말을 반박하지 않았던 것으로 보아 사실이 맞을 것이다. 김성태가 이 말을 하고 두 달 후 안민석 스스로 "제가 박근혜 정권을 무너뜨린 원흉입니다"라고 공개적으로 자랑했으니 틀림없을 것이다. 박근혜 탄핵은 그들의 '기획으로 이루어진, 만들어진 탄핵'이라는 자랑이다. 그것이 기획과 음모에 의한 탄핵이었다는 사실은 그들의 자랑 외에도 증거는 많다. 그렇다면 이 탄핵을, 이 촛불혁명을 기획하고 종북혁명의 음모를 꾸민 자들은 대체 누구인가.

모사 어벤져스

더불어민주당이 2019년 12월 발행한 '탄핵, 100일간의 기록'이라는 제목의 백서는 탄핵소추 의결 2주년을 맞아 자신들의 자랑스럽고 빛나는 성취를 정리해서 남긴 기록이다. 이 백서는 최순실게이트가 거론되기 시작하던 2016년 8월부터 원내대표 우상호를 중심으로 국회의원 손혜원 도종환 조응천 박범계 5인으로 구성된 '최순실TF'를 만들어 물밑에서 활동하기 시작했다고 되어있다. 추미애는 당시 당대표로서 이 팀의 구성과 활동을 보고받는 등 깊이 관여했을 것이다. 이 팀은 구성 그 자체만으로 이미 조작과 기획과 음모의 의도를 충분히 짐작할 수 있다.

우선 우상호는 주사파 행동조직인 전대협의 1기 부의장 출신이다. 주사파로 활동하다 후에 전향한 인사들의 고백에 의하면 전대협 간부급은 공안기관에 체포되어 수사를 받는 경우를 대비하여 거짓말하는 기술과 증거를 은폐하고 조작하는 기술을 체계적으로 교육받고 습득한 사람들이다. 우상호가 거짓말과 은폐와 조작의 기술에 능한 기술자라는 의미다. 문재인 부인의 오랜 친구라는 손혜원은 광고기획 전문가이며 도종환은 전교조 출신의 시인이다. 이 둘은 새로운 언어와 표현을 창조하는 재주를 가진 사람들이다. 여기다 조응천은 박근혜의 청와대에서 공직기강비서관을 지낸 자로 박근혜 정부 사람들의 약점에 대한 정보를 꿰고 있는 사람이었다. 청와대에서 나온 후 식당을 운영하고 있던 조응천을 문재인이 친히 찾아가서 영입했으니 처음부터 박근혜 정부 사람들을 무너뜨리기 위한 소스를 얻기 위해 그를 삼고초려 했을 것이다. 박범계는 그의 장관 인사청문회에서 비리와 편법과 불법 의혹이 20가지 이상이 나왔을 정도로 조국에 버금가는 구린내 덩어리로서 전형적인 잔머리형 인간이다. 팀원의 이러한 과거 행적을 보면 그야말로 음모와 모사謀事 기술자 어벤져스급이다. 이 TF가 처음부터 최서원의 위법 불법 행위를 밝히려 했다면 이런 사람들이 아닌 전문 법률가들로 구성했을 것이다. 조응천과 박범계는 법을 전공했으나 이들은 이미 법률가가 아니라 좌익정권에서 오염된 정치꾼들이었다. 이 5인의 팀은 처음부터 사실과 진실을 밝히는 것에 목적이 있는 것은 아니었다. 박근혜를 공격하기 위한 새로운 무엇을 창조해내기 위해 구성된 이 팀은 사기혁명의 개시를 알리는 신호탄이었다.

5인의 모사 어벤져스의 출범과 함께 또 하나 주목해야 하는 것은 드루킹 여론조작이 시작된 시점도 이 팀이 만들어진 그 무렵이었다는 점이다. 김경수가 전대협 출신의 송인배의 소개로 드루킹 김동원을 처음 만난 것은 2016년 6월 30일이었고 민주당의 최순실TF가 만들어진 것은 7월이었다. 그들은 드루킹과 최순실팀 투트랙으로 사실과 여론을 조작하고 국민을 선동하며 탄핵정국을 만들어 나간 것이다. 드루킹 사건이 추미애의 값싼 입에 의해 드러난 것은 평창 동계올림픽이 열리던 2018년 2월이었지만 문재인의 최측근인 김경수의 지휘 아래 드루킹이 8000만 건 이상의 대규모 조작된 댓글을 달고 '좋아요'의 숫자를 올리기 시작한 것은 2016년 하반기로 최순실TF의 결성과 시기가 일치한다. 문재인 세력은 박근혜 정부를 뒤엎기 위해 2016년 여름부터 TF를 만들고 드루킹 여론조작을 시작한 것이다. 명백한 기획이자 공작이며 국가반역을 위한 음모였다.

우상호는 탄핵백서에서 민주당 원내대표로서 2016년 12월 국회 탄핵 소추안 표결을 앞두고 가결 정족수 200명 확보의 임무를 맡고 "피가 바짝바짝 말랐다"고 고백했다. 당시 121석을 가졌던 민주당의 우상호는 국민의당 박지원과 힘을 합해 38석을 가졌던 국민의당 의원들을 대부분 확보하고 여기에 여당의 김무성까지 끌어들여 결국 탄핵소추안을 통과시켰다. 그 과정을 보면 개개가 헌법기관인 국회의원들의 자유 의사에 따라 소추안이 통과된 것이 아니라 우상호 박지원 김무성의 야합으로 이루어진 것이며 민주당이 이것을 통과시키기 위해 필사적이었다는 사실을 알 수 있다. 그래서 촛불집회와 탄핵이 시민의 자발적 의사에 의한 것이라는 그들의 말은 거짓말이다. 안민석이 3년 동안 탄핵을 준비하고 기획했다며 자랑했으니 역산하면 그 시작은 2013년이다. 국회가 탄핵소추를 의결한

2016년 12월에서 3년을 거슬러 올라가면 그렇다. 박근혜가 대통령에 취임한 것이 2013년 2월이니 그의 임기가 시작된 해부터 이미 탄핵을 기획했다는 말이다. 최순실의 태블릿도, JTBC의 손석희가 이것을 보도한 것도, 고영태 일당의 등장도, 모두 이 기획된 탄핵의 소재였고 소품이었다.

최순실TF를 만들고, 거짓뉴스와 괴담을 퍼뜨리며 시민을 광화문에 모으고 탄핵소추안을 통과시키기 위해 피말리는 노력으로 야당 의원들을 포섭하는 것은 레닌이 러시아의 차르 체제를 무너뜨리고 권력을 잡는 과정을 닮아 있었다. 박근혜 탄핵은 박근혜의 취임과 동시에 기획된 것이었고 문재인 세력이 모두 여기에 가담하여 만든 거대한 조작극이었다. 따라서 탄핵은 물론 뒤이은 문재인의 권력 장악도 이 거대한 음모적 기획의 한 부분일 것이다. 그때 피를 말리며 탄핵을 기획하고 밀어붙인 민주당 정치인들은 곧 대통령이 되고 장관이 되고 권력자가 되었다. 그러나 그들의 선동에 넘어가 광화문에서 촛불을 들었던 시민은 일자리를 잃고 내집 마련의 꿈은 멀어졌으며 모두 그때보다 더 가난해져서 문재인 정권이 던져주는 몇 푼의 지원금을 기다리며 살았다. 가난해진 서민이 스스로의 생계를 정부의 지원금에 의존하는 것은 사회주의 국가에서 배급을 기다리는 인민의 모습이다. 게다가 개인 기업 국가 모두가 빚더미에 오르고 북한에 대한 방어능력은 허물어졌으며 국제사회로부터 왕따를 당하는 나라가 되었다. 한 때 유행한 "이럴려고 촛불을 들었던가"라는 말은 그런 뜻일 것이다. 국민인 우리가 속은 것이 분명하다.

북한의 지령대로 되었다
"지금 남조선과 해외를 비롯하여 우리 겨레가 살아가는 곳 그 어디에서나 〈박근혜는 퇴진하라!〉〈박근혜를 처형하라!〉〈탄핵대상 박근혜정권 갈아엎자!〉라는 웨침과 함께 민족의 분노가 활화산처럼 폭발하고 있다. 민심의 버림을 받은 산송장인 박근혜가 갈곳은 지옥 뿐이다."(로동신문, 주체105(2016).3.16) "무자비한 보복전의 첫 불세례를 박근혜역도가 도사리고 있는 청와대에 쏟아부을 것이다. 박근혜역적패당이 어떻게 아우성치며 불타없어지는가를 똑똑히 보게될 것이다."(로동신문, 주체105(2016).3.26) "박근혜는 〈하야하라〉〈물러나라〉〈탄핵하자〉는 민심의 웨침을 무덤으로 한시바삐 가라는 민족의 목소리, 겨레의 요구로 알아들어야 한다. 민족을 등진 만고의 매국악녀 박근혜는 이 땅, 이 하늘아래 더이상 살아숨쉴 곳이 없으며 온 겨레의 준엄한 심판을 받고 가장 비참하고 처절한 종말을 맞이하게 될 것이다... 박근혜역적 패당에게 치명적인 정치, 군사, 경제적 타격을 가하여 비참한 종말을 앞당기기 위한 계획된 특별조치들이 련속 취해지게 될 것이다."(로동신문, 주체105(2016).4.8)

이상은 이화여대에서 북한학을 전공하는 대학원생 손유민 씨(인사이드 엔케이 상임이사)가 과제준비를 위해 학교 도서관 특수열람실에서 한 달치 로동신문을 읽고 찾아낸 기사다. 그가 GMW연합 2017년 4월 12일자에 '1년 전 로동신문 보도대로 따라가는 대한민국'이라는 제목으로 기고한 글이다. 놀라운 내용을 담고 있다. 로동신문 기사를 그대로 옮기기 위해 띄어쓰기와 철자법을 신문에 나온 그대로 인용했다.

이 신문기사가 나온 2016년 3~4월은 사드 배치를 극렬히 반대하던 민주당 국회의원 대부분과 종북 좌익세력이 날뛴 사드 정국이 시작되기 4개월 전이며 JTBC의 태블릿 보도로 탄핵 정국이 본격화하기 7개월 전

이다. 이때는 우리 정치권에서 '탄핵'을 입에 올리기도 전이었다. 로동신문
이 탄핵을 말한지 약 반 년 후 청계천광장과 광화문광장에서부터 '박근혜
탄핵'의 소리가 울려퍼졌다. 북한 언론의 기사와 탄핵 용어 등장의 선후
는 우연일까. 더불어민주당과 종북세력이 로동당의 지령을 받들어 기획하
고 실행한 것은 아닐까. 그렇다. 이후 1년간 진행된 촛불, 탄핵 그리고 박
근혜의 하야와 구속은 '(박근혜의) 비참한 종말을 앞당기기 위한 계획된 특
별조치들이 련속 취해지게 될 것'이라고 한 로동신문의 기사 딱 그대로
되었다. 문재인과 민주당이 북한의 지령을 받고 박근혜 탄핵을 실행에 옮
겼다는 사실을 뒷받침하는 증거다. 민주당은 북한의 지령을 받고 남한을
전복시키기 위해 지하에서 투쟁한 사람들과 김일성에게 충성을 맹세하고
김일성의 주체사상을 신봉하는 주사파들이 모인 종북정당이며 문재인은
그러한 사람들과 오랫동안 뜻을 같이한 동지였다는 사실도 그들이 북한
의 지령을 받고 탄핵정국을 만들었을 것이라는 사실의 증거다.

2016년 3,4월 로동신문에 실린 북한의 박근혜 탄핵 지령에 따라 7월
부터 사드 반대를 외치며 좌익이 총궐기하고 그 여세를 몰아 10월부터 본
격적으로 탄핵정국을 조성하고 결국 2017년 3월 헌재가 탄핵을 인용함
으로써 북한의 지령은 완성된 것은 아닐까. 우리는 이 대목을 꼭 의심해
야한다. "(박근혜가 탄핵되기) 1년 전 로동신문에는 박근혜를 탄핵시켜야 한
다는 기사로 도배가 되어 있었다. 1년 후 북한이 원한대로 박근혜가 탄핵
되었다. 대한민국의 정치가 북한이 원하는대로 움직이고 있어 화가 난다.
이미 우리의 역사교과서가 북한의 역사교과서와 비슷해진 지금 로동신문
과 대한민국의 언론이 비슷하고 대한민국의 정치가 로동신문의 주장대로
되어가고 있다" 손유민씨가 2017년 4월 1일 자신의 페이스북에 올린 글이

다. 그의 분노와 깊은 근심이 함께 읽혀진다.

내전

권력과 부를 소유한 소수의 기득권 집단과 그것을 소유하지 못한 다수 집단 사이에 불평등이 깊어진 곳에서는 갈등이 발생한다. 어느 시대 어느 곳에서든 항상 그러했다. 상호 작용으로 갈등이 조정되면 사회질서는 일정 부분 변화하게 되나 기존 질서는 유지된다. 그러나 조정에 실패하는 경우는 두 세력 간에 분쟁과 투쟁이 확대되고 그것이 격화되면 혁명, 정권붕괴, 내전이 발생하거나 때로는 국가붕괴로 이어진다. 역사책은 그런 일로 가득하다. 2016년 하반기의 촛불 광풍 당시 한국사회는 다른 국가들과 비교할 때 기득권 세력이 국가의 부와 권력을 압도적으로 장악한 상황은 결코 아니었다. 다른 자본주의 국가들과 비교할 때 부의 편중이 문제가 되는 것도 아니었고 김대중이 집권한 후에는 일방적이고 압도적인 호남우대 정책으로 지역간 불균형의 문제도 단숨에 해소되었다. 오히려 호남 이외의 다른 지역에 대한 차별이 문제가 될 정도였다. 당시 한국사회를 심각한 갈등과 분열의 상태로 만들며 폭풍의 에너지를 축적하고 있었던 것은 70년 전의 해방정국에서부터서 시작된 좌우세력 간의 오래 묵은 이념 대립, 즉 자유민주주의와 사회주의의 체제대결이었다.

1990년대로 접어들면서 남한에는 문민정부가 들어서고 민주화의 완성을 노래했다. 그러나 북한은 식량부족으로 아사자가 대거 발생하고 있었다. 이로써 성공한 자유민주주의 자본주의 국가인 대한민국과 세계 최악의 빈곤과 인권탄압의 독재적 왕조체제인 북한의 경쟁, 다시말해 남과 북의 오래된 이념분쟁과 체제경쟁은 대한민국의 완승으로 끝나는 듯했다. 그러나 김대중 정권의 등장과 함께 좌우의 체제대립은 다시 격화되고 갈등과 분열은 오히려 해방정국에서보다 더욱 깊어졌다. 이 갈등은 북한 정권이 직접 개입하기도 하고 특히 북한을 추종하고 북한정권과 내통하는 주사파 세력이 대한민국 정치판의 주류가 되면서 두 세력 간의 갈등과 대립은 투쟁의 상황에까지 이른다. 많은 학자들은 이 상황을 '내전'이라 불렀다. 김대중 노무현 정권 10년 동안 대한민국의 좌익화와 북한화는 급격히 진행되었고 그 결과 이명박이 대통령에 취임하면서 우익세력이 다시 집권했을 때 좌우 양 진영의 세력은 크기가 비슷해 보였다. 우익세력은 이명박에 이어 박근혜까지 계속 정권을 잡고 있었지만 주도권을 잡고 있다고 말할 수 있을 정도는 아니었다. 오히려 북한과 손잡고 은밀히 내통하며 협력관계를 유지하던 좌익세력의 힘이 더 큰 상황이었다.

좌익은 그들의 북한추종 집단으로서의 정체성을 은폐하기 위해 '종북몰이' '빨갱이 타령' 혹은 '요즘 간첩이 어디 있느냐' 등의 말을 유행시키며 좌익의 이념과 존재를 대한민국 사회의 주류로 만들어 나갔다. 빨갱이나 간첩이 없다는 뜻이 아니라 빨갱이이자 간첩인 그들이 남한을 점령했다는 자신감의 표현인 듯했고 이미 그렇게 되었다는 선언인 듯도 했다. 김대중의 시대부터 만들어진 이런 분위기는 우익정부가 들어서고도 계속되었고 이명박 박근혜의 시대에는 정권을 잡은 것은 우익세력이었으나 대한민국 사회의 모든 영역을 실질적으로 지배한 것은 좌익세력이었다. 특히 좌익은 교육계 문화계 언론계 등의 사상의 영역과 노동계 시민단체 등의 사회적 행동조직의 영역에서 압도적 우위를 점하고 있었다. 더구나 그들은 북한정권과도 은밀하게 내통하며 손발을 맞추고 있었다. 따라서 우익이 정권을 잡은 시대에도 총체적인 힘은 오히려 좌익진영이 더 강하고 사이즈에서도 더 컸다. 정권을 잡기는 했으나 세력이 약했던 우익진영, 그리고 정권을 잃었으나 세력은 우익보다 더 강했던 좌익, 바로 이 지점에 대한민국의 모든 갈등과 분열과 투쟁의 뿌리가 있었다. 국내외의 많은 학자들이 21세기의 대한민국을 내전상태에 있다고 말하는 이유다.

잘못된 탄핵과 사기혁명

김대중 노무현 정권의 10년을 거치면서 좌익은 빠른 속도로 대한민국을 장악했다. 1960년대부터 활약한 지하 혁명정당 출신의 간첩들과 이적행위자들과 그들이 결성한 좌익 종북단체, 1980년대에 맹위를 떨친 학생 김일성주의자 등 이땅의 사회주의 국가화와 북한화를 위해 오랫동안 준비하고 투쟁해온 종북세력은 정권을 잡은 그들의 동지, 즉 김대중 노무현을 비롯한 주사파 권력자들의 전폭적인 지지를 받으며 사회 곳곳을 합법적으로 접수할 수 있었다. 대부분의 국민들은 이때까지도 그들의 정체성을 뚜렷하게 눈치채지는 못했다. 단지 주사파들이 권력의 핵심이었던 노무현 정권의 여러 정책들이 초래한 경제침체와 사회적 갈등과 분열의 심화에 등을 돌렸고 이것은 이명박 정권을 선택한 이유가 되었다. 노무현 정권의 실세였던 주사파의 실체를 알아차리고 그들의 위험으로부터 나라를 지키기 위해 우익정부를 선택한 것은 아니라는 뜻이다.

그러나 이미 언론계 문화계 법조계 학계 등 사회 영역을 광범위하게 장악하고 있던 좌익은 광우병, 한미 FTA, 천안함 폭침 등을 소재로 이명박 정부가 국정을 제대로 수행할 수조차 없을 정도로 공격했고 이어 등장한 박근혜 정부에 대해서는 정부 출범 초기부터 국정원 댓글을 부풀리고 과장하며 박근혜를 공격했다. 국민은 그것을 정권을 빼앗긴데 대한 화풀이이거나 그들의 오래된 반정부 투쟁 정도로 보았다. 그러나 박근혜의 강경한 대북정책과 반좌익 정책은 좌익 그들에게 용납할 수 없는 일이었다. 통진당 해산과 이석기 구속, 역사교과서의 국정화, 전교조의 불법화, 개성공단 폐쇄, 북한의 핵무기와 미사일에 대응하는 방어시스템인 사드 배치를 두고 좌익 세력은 다시 결집하여 총공격을 감행한다. 이것이 촛불 혁명과 박근혜 탄핵의 배경이자 본질이다. 최순실게이트와 국정농단은 국민을 기만하여 지지를 이끌어내기 위해 그들이 만들어낸 도구일 뿐이다.

그들은 2014년에 일어난 세월호참사의 책임을 박근혜 1인에게 집중시켰고 이때 이미 300명 인신공양설 등을 퍼뜨리며 박근혜를 마녀로 만들기 시작했다. 여세는 2016년까지 이어졌고 이번에는 박근혜의 집사인 최서원을 소재로 최순실이라는 허깨비를 만들어냈다. 그들은 먼저 최서원을 마녀로 만들었고 이어 대통령 박근혜와 한 몸으로 보이도록 하며 박근혜도 마녀로 만들었다. 이미 2년 전 세월호참사로 마녀의 이미지가 남아 있던 박근혜를 마녀로 만들기는 쉬운 일이었다. 마녀 만들기에 성공한 좌익은 그들의 선전 선동술에 속아 박근혜에게 분노한 국민을 광화문에 모이도록 했다. 그리고 '박근혜 탄핵'을 함께 외쳤다. 6개월 전 로동신문에서 지령을 내린 그대로였다. 지령의 최종 목적을 수행하기 위해 문재인 민노총 주사파 민주당 등의 종북세력이 주도하고, JTBC MBC 등 좌익 언론이 조작과 선전과 선동에 부역하고, 국회 검찰 헌재 등의 국가기관이 들러리를 서고, 기만당한 국민이 촛불을 들고 박수를 치고 환호하는 가운데 현직 대통령을 청와대에서 끌어내고 탄핵하고 감옥에 보냈다. 이러한 모든 과정의 종착점인 문재인의 정권 장악은 개혁을 주장하는 신흥 세력이 기득권 세력을 축출하고 새로운 질서를 만들어내는 원론적인 의미의 시민혁명이 아니었다. 이땅의 종북세력이 국민을 기만하고 민주적 정부를 전복시킨 '거대한 사기극'이었다. 그래서 문재인이 말한 촛불혁명도 추미애가 말한 시민혁명도 모두 새빨간 거짓말이다. 그것은 북한 추종자들이 정권을 강탈하기 위해 벌인 사기혁명이자 종북혁명이었다.

국민이 속았습니다

촛불집회에서 더불어민주당의 주사파 국회의원들이 "박근혜 정권의 실정을 비판하고 국가를 바로 세우기 위해 시민들이 광화문에 모였다"며 시민들의 순수성과 자발성을 말한 것은 모두 새빨간 거짓말이다. 서울 도심 한복판에 대통령의 시신을 메고가는 상여행렬이 등장하고 대통령과 기업인을 무덤에 파묻는 의식을 진행한 그 사람들이 진실이다. 그들은 공산혁명에 성공한 후 반혁명분자들을 대규모로 학살한 킬링필드를 예고하고 있었다. "북한이 우리의 미래고 희망이며 삶이다"라고 쓴 플래카드가 그들의 진실이다. 시위를 주도한 사람들은 주체사상 이론의 창시자 황장엽이 남한에 존재한다고 고백한 5만 명의 간첩들 가운데 일부였다는 것이 진실이다. 문재인 세력이 박근혜 축출과 자신들의 집권을 '위대한 국민의 승리'라고 치켜세운 것도 새빨간 거짓말이었다. 그것은 오래 전부터 존재하며 투쟁해온 이땅의 김일성주의자들이 자유민주주의 정부를 뒤집어 엎은 '시민이 속은 혁명'이고 '국민이 당한 혁명'이었다.

문재인의 집권 5년 중 무려 4년 동안 진행된 재판에서 박근혜와 최서원의 범죄혐의는 최서원의 일부 사소한 사익취득 행위 외에는 모두 과장되고 조작되고 만들어진 허위로 드러났다. 그렇다면 이 거대한 거짓과 허위가 처음부터 의도한 최종 목적지는 어디였을까. 촛불시위대가 "사회주의가 정답이다. 북한이 우리의 삶이 될 혁명정권을 세우자"고 주장한 것이 시위대와 문재인 세력과 모든 종북좌파 세력의 궁극의 목적이었다. 대한민국 70여 년의 성취를 북한의 김 씨 왕조에게 고스란히 바치는 것이 그들의 최종 목적지일 것이다. 대통령 문재인의 대한민국 통치 5년의 모든 내용물이 거짓과 허위로 엮은 이 혁명의 목적을 실증적으로 설명한다. 이 목적을 위해 투쟁했던 사람들이 촛불혁명의 주역이었고. 촛불을 들고 그들에 동조한 시민들은 모두 속은 것이다. 그때 촛불시위를 주도했던 사람들의 정체만 알아차렸더라면 문재인 세력이 이끈 촛불혁명이 사회주의 혁명이자 대한민국을 북한화하는 종북혁명이었다는 것을 바로 알 수 있었을 것이다. 유권자인 우리는 그것을 알고 19대 대통령 선거 투표장으로 갔어야 했다. 그들의 거짓말은 화려했고 그들의 위장술은 뛰어났으며 그들의 조작기술은 정교했다. 반면 우리는 그것을 알아차리기에는 너무 순진했고 각자의 생계에 바빴다. 잘 속는 국민은 공산주의가 번창하는 토양이다. 그런 국민은 결국 인민이 된다. 사회주의와 공산주의가 득세했던 20세기의 정치사가 알려주는 경험적 사실이다.

문재인이 촛불혁명이라 이름 붙인 그들의 혁명은 20세기의 대부분의 좌익혁명과는 달리 폭력이 직접적인 수단은 아니었다. 그러나 문재인 세력이 구사한 거짓말과 조작질과 음모와 괴담의 유포 등은 공산주의 혁명의 기술이 분명하다. 그들은 이런 기술로 국민을 속이며 국민의 지지를 확보하고 그 힘으로 박근혜 정부를 붕괴시키고 우익 세력을 궤멸시키는 데 성공할 수 있었다. 그들이 혁명에 사용한 1차적 수단은 거짓말과 조작이었고 그것을 선전하고 선동하여 불을 붙인 국민적 분노는 혁명의 에너지였다. 이런 점에서 문재인의 촛불혁명은 '붉은 피의 혁명'이었던 20세기의 대부분의 공산주의 혁명과는 다르다. 오히려 소비에트 혁명을 닮아 있었다. 레닌은 러시아 민중이 짜르왕조를 무너뜨린 10월혁명에 편승해서 기만적으로 정권을 잡았고 러시아 민중은 그것이 공산주의 혁명인지도 모르는 사이에 공산국가 소련이 성립되었다. 레닌의 소비에트 혁명이 '당한 혁명'이라고 불리는 이유다. 문재인이 지휘한 촛불혁명도 소비에트 공산혁명처럼 국민인 우리가 그렇게 당한 혁명이다.

문재인 세력은 촛불정국에서 박근혜를 쫓아내야 마땅한 존재로 국민에게 인식되도록 거짓과 소문과 괴담으로 엮어가는 일에만 집중했을 뿐 그들이 정권을 잡았을 때 가고자 하는 방향은 말하지 않았다. 문재인은 대통령에 취임하는 날에 조차 '한번도 경험하지 못한 나라'라고 말했을 뿐 이념적인 큰 지향점은 말해주지 않았다. 그나마 나열한 30가지의 약속에 대해서도 그후 단 하나도 지키지 않았다. 그의 통치기간 동안 시행된 정책들과 국정운영은 이념적 지향점이 사회주의와 공산주의에 바탕을 둔 것이었고 그래서 대부분의 국민들은 그의 통치 5년을 겪고난 후에야 문재인 세력으로부터 좌익혁명을 당했다는 사실을 알게 되었다. 문재인의 촛불혁명은 자유민주주의와 시장자본주의를 발전시키는 것이 아니었다. 그것은 레닌의 소비에트식 공산혁명을 닮은 것이었고 본질적으로 사회주의 혁명이었다. 그리고 북한을 따라가는 '대한민국을 북한화하는 혁명'이었다. 문재인 세력이 그들의 혁명이 어떤 혁명인지 국민에게 제대로 알려주지 않았던 이유일 것이다. 그래서 문재인의 촛불혁명은 '사기혁명'이고 국민인 우리가 모르고 '당한 혁명'이다.

2. 원천무효

2016년 12월 국회가 의결하여 헌재로 보낸 탄핵소추안에 적시된 탄핵 사유는 헌법위배 5건에 법률위배 4건으로 도합 9건이다. 탄핵 판결의 법 적근거이자 재판의 출발점인 이 사유들 중에 검찰의 수사를 거쳐 기소되 고 재판에서 유죄 판결을 받은 것은 단 한 가지도 없다. 대법원장 김명수 가 버틴 사법부가 박근혜에게 22년 형을 내리고 최서원에게 21년형을 내 린 것은 모두 이 탄핵소추의 사유와는 관련이 없는 별건수사에 의한 것이 다. 이 별건조차 문재인의 통치 5년 동안 경험한 수많은 위헌적 위법적 통 치와 비교하면 그 정도로는 결코 범죄가 될 수 없다. 탄핵 소추와 결정의 사유가 하나도 입증되지 않았고 그것이 사실이 아닌 거짓이고 조작된 허 위라면 이 탄핵은 원천무효다.

이 탄핵은 원천무효다

헌법 제84조에는 '대통령은 내란 또는 외환의 죄를 범한 경우를 제외 하고는 재직중 형사상의 소추를 받지 않는다'고 적시하고 있으며 65조에 는 '직무상 중대한 위헌 위법'을 탄핵요건으로 명시하고 있다. 국회가 탄핵 소추안에 열거한 9가지의 탄핵사유, 그리고 헌재가 변조해준 5가지의 탄 핵 사유 중에 대체 어떤게 내란 또는 외환의 죄가 되고 어떤게 '직무상 중 대한 위헌 위법'의 사유를 구성하는가. 이 다섯 혹은 아홉 가지 사유 모두 어떤 증거도 없었고 어떤 것도 유죄로 인정되지 않았다. 혹여 그것이 유죄 판결이 났다고 해도 내란 외환의 죄 혹은 직무상 중대한 위헌 위법인 것 은 아무것도 없다. 하물며 범죄로 인정조차 되지 못했다. 그렇다면 허구의 사유로, 사유도 갖추지 못하고 결정된 이 탄핵은 원천무효다.

현직 대통령에 대한 탄핵은 직무상 중대한 위헌 위법을 범한 경우 국가의 형사사법기관에 의한 조사와 수사를 통해 증거를 수집하고 범죄가 확정된 후 결정되도록 대한민국 헌법과 법률은 명시하고 있다. 그러나 검찰과 특검이 이러한 절차를 밟고 있는 중에 아직 어떠한 증거도 결과도 나온 것이 없는 상황에서 국회는 탄핵소추를 의결했다. 그리고 헌재는 이 소추안에 적혀있는 혐의를 바탕으로 탄핵을 결정했다. 탄핵결정 4일 전에 발표된 박영수 특검의 수사 결과에도 확정된 직무상 중대한 위헌 위법의 혐의는 아무것도 없었다. 국회는 범죄혐의를 수사하고 확인한 결과가 나오기도 전에 신문에 난 기사 만으로 탄핵소추를 의결했고, 헌재는 사유가 제대로 입증되지도 않은 상태에서 탄핵결정을 먼저 내렸으며, 검찰과 법원은 구속을 먼저 집행했다. 그리고 재판을 진행하며 구속의 사유를 긁어모으고 사소한 사유를 부풀리며 근거를 만들어 나갔다. 법이 정한 입증절차를 마치기도 전에, 범죄혐의를 입증한 결과가 나오기도 전에 실행된 탄핵소추와 탄핵결정과 인신구속은 마땅히 원천무효다.

집권 전의 문재인 세력은 거짓과 선동으로 박근혜를 탄핵하는데는 성공했다. 그러나 대부분 허구인 탄핵 사유를 다시 만들어 내야 했고 그래서 집권 후의 문재인 정권은 내란도 외환도 아니고 대통령 직무상의 중대한 위헌 위법도 아닌 사소한 혐의 또는 이전 정권에서도 늘 있어왔던 일에 대해 억지 해석과 확대 해석으로 범죄처럼 보이도록 만들어 나갔다. 국회는 촛불정국에서 거의 반 년 동안 신문 지면을 도배하고 TV 화면을 가득 채운 수많은 소문과 괴담을 국정농단의 근거라며 제시하고 탄핵소추를 결정했으며 탄핵소추안을 전달받은 헌재는 국회의 엉터리 소추 사유 가운데 사실상 최순실게이트 단 하나만을 탄핵결정의 사유로 삼았다. 국회와 헌재가 국정농단의 근거라며 제시했던 범죄혐의들은 이후 열린 정식재판에서 대부분 사라졌고 그래서 이 혐의들은 시민을 광화문에 모이게 하고 박근혜를 무너뜨리기 위해 문재인 세력이 조작한 것임이 저절로 증명되었다. 국민인 우리를 속이고 강행한 이 탄핵은 원천무효다.

후에 모두 조작된 것이라는 사실이 드러난 최순실게이트를 100% 인정한다 하더라도 그것이 대통령 직무상 중대한 위헌 위법의 범죄가 되지 못한다는 사실은 헌재 재판관 8인도 모두 알았을 것이다. 헌재 재판관 모두가 탄핵 인용에 찬성한 것은 민주당의 문재인 세력과 종북단체들이 총결집한 좌파세력의 거대한 위력과 이들 세력에 속임을 당한 국민의 분노의 위세가 두려웠기 때문일 것이다. 이런 이유 말고는 최고의 법률가 집단인 헌법재판소가 그런 결정을 한 이유를 찾을 수 없다. 여야 국회의원들이 야합하여 항간의 소문을 실은 신문기사를 근거로 탄핵소추를 의결한 것부터 이미 중대한 내용상 절차상의 하자다. 그리고 헌재 재판관들이 문재인과 민주당과 종북세력의 위력과 국민 분노의 위세에 압도되어 탄핵결정을 내렸다는 사실 역시 중대한 하자다. 그래서 이 탄핵은 원천무효다.

이제는 말해야 한다

박근혜 탄핵 정국을 인위적으로 만들어 가는데 있어서 언론의 역할은 지대했다. 그 당시 언론은 사실을 전달 관찰 비평하는 관찰자 혹은 심판의 역할이 아니라 이 판에 직접 뛰어든 선수에 가까웠다. 허위와 조작을 가려내 진상을 말하고 선전과 선동에 맞서 원칙과 당위를 말하며 좌우

두 진영간의 심각한 대립에서 중심을 잡아야 마땅했을 언론은 중립성을 상실하고 허위 왜곡 편파 보도를 마구 날리며 문재인 세력이 의도한 국민의 이성 마비와 집단 광기를 부채질 했다. 메이저 언론사조차 소문 수준이거나 민주당의 주사파 정치인들과 종북세력이 지어낸 이야기를 비판없이 그대로 전달했으며 좌익언론의 경우 허위 날조 괴담 수준의 기사까지 보도했다. 이러한 것은 시간이 지나며 대부분 거짓으로 밝혀졌다. 그러나 잘못을 시인하고 자성의 목소리를 낸 언론사는 단 한 곳도 없었다. 이 거대한 거짓 정국에 가장 적극적으로 나섰던 언론사는 KBS MBC 두 공영방송이었고 YTN과 JTBC는 그 공으로 문재인 정권 하에서 이 나라의 주류 언론이 되었으며 여기에 앞장섰던 언론인들은 모두 해당 언론사의 사장이 되고 고위간부가 되었다. 미국 헌법을 기초한 토마스 제퍼슨은 '신문 없는 정부보다 차라리 정부 없는 신문을 택하겠다'고 했다. 언론이 바로 서지 않고는 바로 선 정부를 기대할 수 없다는 말이다. 이제라도 모든 언론과 언론인은 당시의 진실을 말하고 당시의 거짓을 고백하고 양심선언을 해야 한다. 그리고 혐의가 엄중한 언론사와 언론인을 가려내고 합당한 책임을 물어야 한다. 언론이 바로 서야 대한민국이 바로 선다.

헌법재판소는 국회가 제출한 탄핵심판청구서가 졸속으로 작성되어 법리에도 맞지 않는 것을 알고 이것을 스스로 고쳐주었다. 이 행위는 수정이라기보다 변조였다. 이 변조행위의 위법성을 밝혀 심판하고 국회와 헌재의 유착, 특히 문재인 세력과 헌재의 유착을 조사하고 처벌해야 한다. 또한 박근혜 탄핵의 뇌관이 된 JTBC의 태블릿PC 허위 보도를 조사하고 처벌해야 한다. 이 태블릿이 최서원의 것이 맞는지, 여러 언론인이 추적하고 주장한 것처럼 이것이 문재인 세력에 의해 조작된 것이 아닌지 다시 조사하고 이 범죄를 저지른 범인을 잡아내고 처벌해야 한다. 의로운 내부 고발자를 자처한 고영태 일당이 최서원과 함께 설립한 공익재단의 돈을 훔쳐내기 위해 작당한 사실을 철저히 수사하고 위법성에 대해 징벌해야 한다. 이 모든 것을 이제는 말해야 한다.

박근혜 탄핵을 소추한 국회의원들의 탄핵소추 의결의 의도와 목적의 불순함을 가려 정치적인 심판을 가하고 그 과정과 절차상의 위법을 다시 조사하고 법적으로 심판해야 한다. 헌법재판소의 탄핵결정에 대해서도 그 심의와 결정의 내용과 과정과 절차의 위헌성과 위법성을 조사하고 심판해야 한다. 탄핵이 기각되면 혁명으로 갈 수 밖에 없다고 말한 문재인의 말이 내란을 기도하고 국민을 선동한 것이 아니었는지를 밝히고 심판해야 한다. 문재인이 대한민국을 사회주의 국가로 만들고 북한화하는 혁명을 준비하고 있었던 것은 아니었는지를 조사해야 한다. 그것이 맞다면 먼저 정치적으로 심판하고 다음으로 법률적 심판도 따라야 한다. 국민인 우리는 이제라도 이것을 말해야 한다. 그리고 국가의 형사사법 기관들은 이에 대한 수사를 시작하고 재판을 준비해야 한다.

문재인 세력은 그들이 꿈꾸고 계획하고 준비했던대로 대한민국을 뒤집어 엎었다. 현직 대통령 박근혜에 대한 탄핵도 대한민국 뒤집기의 일부였다. 문재인 세력이 주도한 이 뒤집기에 참으로 많은 사람들이 동조하고 가담했다. 이미 벌어진 이 지경을 어쩔 수 없다 하더라도 뒤집어진 대한민국을 바로 세우기 위해서는 모두의 반성과 최소한의 처벌은 있어야 한다. 그 중에서 더불어민주당의 정치인들, 그들과 손을 잡은 우익 정당의 국회의원들, 헌법재판소의 재판관들, 부화뇌동한 언론인들이 죄를 면할 수 있는 방법을 제안하려 한다. 촛불혁명은 박근혜 정부를 붕괴시키고 우익세력을 궤멸시킨 후 대한민국을 종북주의 국가로 만들기 위한 쿠데타였다는 사실을 인정하고 양심선언에 동참하라. 그리고 대한민국 바로 세우기에 나서라. 정권의 수장 문재인과 그의 주사파 핵심 수하들을 단죄하는데 앞장서라. 이것은 대한민국의 자유민주주의를 지키기 위해 꼭 해야 할 최소한의 일이다. 그렇게 하지 않는다면 우리의 후손들은 조선민주주의인민공화국의 인민으로 살게될 것이다. 우리 세대가 떠난 후, 어쩌면 우리 세대가 떠나기도 전에 그렇게 될지도 모른다.

사필귀정

문재인 세력은 한명숙의 범죄를 뒤집기 위해 재심을 아홉 차례나 거듭 시도했다. 그래도 뒤집을 수 없게되자 대통령 문재인은 퇴임을 불과 4개월 앞두고 대한민국에서 유일하게 자신만 가진 권력인 사면권을 발동하여 기어이 한명숙을 복권시키고 정치적 권리와 자유를 회복시켰다. 유죄를 입증하는 증거가 워낙 분명했던 한명숙에 비교하면 최서원은 유죄의 핵심 증거로 쓰인 태블릿PC부터 가짜로 드러나는 등 거짓과 조작으로 유죄를 선고했음이 속속 밝혀지고 있다. 있는 죄를 없는 것으로 만들려고 했던 한명숙의 범죄와는 달리 최순실 사건은 없는 죄를 있는 것으로 조작한 사건이었다. 그래서 한명숙의 유죄는 뒤집히기 어려웠지만 최서원의 죄는 쉽게 뒤집을 수 있다. 그것이 증거의 힘이고 사실의 힘이다. 이제 최서원의 재심을 시도할 차례다. 최서원의 죄가 바로 잡히게 된다면 대한민국 대통령 박근혜의 죄도 그렇게 될 것이다. 사필귀정이라는 말은 이런 경우에 쓰는 것이다. 박근혜와 최서원의 유죄가 바로 잡히지 않는다면 대한민국의 형사사법 체계도, 대한민국의 정의와 법치도, 훼손된 자유민주주의도 회복될 수는 없다.

2016년 11월 30일 박영수 특검이 출범할 때 공식명칭은 '박근혜 최순실 게이트 특검'이었다. 최서원은 2년 전인 2014년 이미 최순실이라는 이름을 최서원으로 개명한 뒤라 특검 출범 때는 이미 최순실이라는 이름은 법적으로 존재하지 않았다. 그럼에도 국가 예산이 투입되는 공식기관인 특검은 민주당의 선동 언어였던 '최순실'이라는 이미 존재하지 않는 이름을 그대로 따랐다. 최순실이 없었기 때문에 '최순실게이트'도 '최순실의 국정농단'도 없었다. 처음부터 그랬다. 특검은 이미 출발부터 없는 허깨비를 잡기위해 만들어졌다. '최순실의 국정농단'은 조작으로 드러난 태블릿PC의 진실을 법적으로 확정하는 것만으로 90%는 뒤집어질 것이다. 최순실 국정농단의 출발점이자 핵심증거가 바로 이 태블릿이기 때문이다. 그리고 고영태 일당의 2100여 개에 이르는 녹취파일을 공개하면 나머지 10%의 진실도 밝혀낼 수 있을 것이다. 증거의 힘에 의해, 사실과 진실의 힘에 의해 최순실의 국정농단도, 박근혜의 국정농단도, 박근혜 탄핵의 정당성도 간단히 뒤집힐 것이다. 그리고 대한민국은 바로 서게 될 것이다.

"최서원은 대통령을 팔아서 뭔가 하려고 했지만 실제 성공한 것은 없다. 그는 과대 포장되었고 결국 대통령 탄핵까지 이르게 되었다. 최서원은 대통령 몰래 뭔가 할려고 하다가 대통령이 알 법하면 중단했다. 최서원은 정치나 경제에는 문외한이었고 그나마 문화 체육만 조금 아는 분야였다. 그래서 최서원이 한 것은 문화 체육에 한정되었다. '더블루케이'라는 회사를 만들어 K스포츠재단에서 용역을 따려고 했지만 실패하는 등 손익분석을 해보면 최서원은 오히려 손해를 봤다. 최서원은 대통령을 팔아서 문화 체육 쪽에서 뭘 해보려고 했는데 제대로 못했다. 다른 분야에는 관여할 능력도 안되는 사람이다. 결국 최서원은 사익 추구를 시도하다 실패한 사람이다." 채명성 변호사는 '최순실게이트'라는 어마어마한 이름이 붙여졌던 사건의 실체를 이렇게 쉽게 설명해 주었다. 문재인 세력은 이것을 나라 팔아먹은 짓인 양 부풀려 그에게 18년 형에 벌금 200억을 매겨 감옥에 가두었다. 단 한 사람이라도 억울한 사람이 있다면 그것은 정의로운 나라가 아니다. 지금이라도 최서원의 죄는 바로 잡아야 하며 이의 출발점은 태블릿과 녹음파일의 공개가 되어야 한다.

박근혜의 탄핵을 결정한 헌법재판소의 판결은 위헌적인 것이었다. 박근혜는 내란 외환의 죄를 범한 것도 없고 직무상 중대한 위헌 위법의 범죄를 저지른 것도 없다. 입증된 것이 아무것도 없으니 아무런 죄가 없다. 겨우 찾아낸 사소한 몇 가지를 중대한 위헌 위법의 범죄로 보는 국민은 그때도 없었고 지금도 없다. 예를 들어 최서원에게 한 번 보고 의견을 달라며 문건 40여건을 보내준 것이 중대한 위헌 위법인가. 문재인 정권에서 이낙연 총리가 민간 작가에게 연설문 대필을 맡기며 각종 자료를 다 보내주었을 때 문재인의 사람들은 이를 "규정 위반이 아니다"라고 강변했다. 어디를 봐도 박근혜 탄핵의 사유는 없다. 후에 별건으로 죄를 만들고 감옥에 묶어놓는 구실로 삼은 직권남용, 국고손실, 공직선거법위반 등의 죄목을 백번 양보하여 모두 인정한다고 하더라도 그것은 2017년 3월 10일에 있었던 탄핵결정의 사유는 아니다. 그때 이런 죄목은 아직 코빼기도 비치지 않았다. 사유를 충족하지 못한 탄핵은 원천무효다. 이제 이것을 바로 돌려놓아야 할 시간이다. 사필귀정의 시간이다.

참으로 닮은 광경

"1967년 4월 10일, 중국 국가원수의 영부인 왕광메이王光美는 30만 군중 앞에서 집단 성희롱의 노리개로 전락했다. 1963년 인도네시아 방문시 멋진 옷을 입고 짙은 화장을 하고 진주목걸이를 착용했다는 이유 때문이었다. 왕광메이는 강제로 우스꽝스러운 복장을 한 채로 수십 만 군중 앞에서 극심한 모욕을 당해야만 했다."(조선일보, 2021.1.16, 송재윤 교수) 1966년 5월부터 시작된 문화대혁명의 회오리에서 모택동은 중국 경제에 자본주의 원리의 도입을 주장하는 주자파走資派의 대표이자 국가주석이었던 류샤오치刘少奇를 숙청하기로 하고 홍위병을 앞세워 류샤오치를 가택연금에 처한데 이어 그의 부인 왕광메이를 30만 군중 앞에 내세운 것이다. 이날 베이징 칭화대학교에서 열린 '왕광메이 비판투쟁대회'에 끌려나간 46세의 왕광메이는 새벽부터 밤까지 18시간을 넘기며 위에서 묘사한 것처럼 지독한 수모와 무시무시한 집단테러를 당한다. 칭화대 당위원회 간부로서 당일 왕광메이와 함께 비판투쟁에 끌려나갔던 류빙刘冰은 31년 후 출간된 그의 회고록에서 이날의 상황을 다음과 같이 썼다. "국가주석의 부인, 중앙정치국 위원, 국무원 부총리, 최고법원의 원장, 인민공화국 장관들이 이런 모욕을 당하다니. 내가 보기에 홍위병의 모든 발언은 죄다 모함일 뿐이었다. 진정 문자 그대로 欲加之罪 何患無詞(죄를 뒤집어 씌우는데 핑계 없음을 걱정하랴)였다." (위의 송재윤 교수 글에서 재인용 함) 왕광메이는 이날 이후 12년의 긴 세월동안 감옥에서 독방생활을 견뎌내야 했고 류샤오치와 같은 주자파였던 등소평이 집권한 후에야 자유의 몸이 되었다. 남편이자 국가주석이었던 류샤오치는 홍위병의 수모와 집단테러를 이기지 못하고 2년 후인 1969년 사망했다.

류샤오치 부부 외에 수천만 명을 숙청한 문화대혁명은 미친 정치실험이었던 공산주의가 득세하던 20세기의 일이다. 이런 일이 2차대전 후의 신생국 중 최고의 경제성장을 성취하고 선진국 진입을 눈앞에 두고 있던 21세기의 대한민국에서 재현되었다. 2016년 10월부터 2021년까지 박근혜가 겪었던 수모와 고난은 왕광메이의 그것에 못지 않는 것이었다. 청와대 굿판, 비아그라, 7시간 연예, 섹스비디오, 사생아, 세월호 학생 300명 인신공양, 최순실의 아바타, 정치적 혹은 이념적 목적으로 이런 만행을 독신의 여성 대통령에게 퍼부은 그들을 용서할 수 있는가. 1주에 4~5번, 밤 열시까지 진행되는 재판에 지친 전직 대통령이 법정의 앞의자에 기대고 엎드린 모습이 전 세계 언론을 탔을 때 당신은 대한민국 국민으로서 분노하지 않았는가. 그렇게 만든 사람들을 용서할 수 있는가. 그러고도 퇴임을 두어 달 앞두고 통합과 화합과 협력이 시대정신이라고 말한 문재인을 용서하시겠는가. 정치 보복이 아니다. 대한민국을 바로 잡는 일이다. 대한민국 바로 잡기는 북한과 김 씨 일가만 생각하는 더불어민주당 정치인들의 일도 아니고 자신의 출세만 생각하는 국민의힘 정치인들에게 맡겨둘 일도 아니다. 국민인 우리가 해야할 일이다.

3. 심판의 시간

2024년 여름 정국은 다시 탄핵의 열기로 뜨거웠다. 이재명을 마치 북한의 수령처럼 받드는 민주당의 인민대의원들이 이재명을 지키기 위해 탄핵카드를 꺼낸 것이다. 음주 위증교사 등의 잡다한 범죄부터 대장동 등 조 단위의 경제범죄까지 온갖 범죄를 저지르며 대통령 후보의 지위에까지 오른 이재명을 지키는 일은 그들에게는 나라를 지키는 일보다 더 중요한 일인 듯했다. 그들은 백화점식 범죄를 저지르고 백화점심 수사와 재판을 받고 있는 이재명 수사를 담당하는 검사 4인에 대해 탄핵안을 제출했다. 어이없는 일은 엉터리 탄핵사유 몇 가지를 적은 탄핵안을 먼저 제출하고나서 후에 탄핵사유를 찾아나선 것이다. '직무상 중대한 위헌 위법'의 사유 없이 탄핵안을 제출했다는 뜻이다. 징역 2년 형을 선고받고 곧 감옥 가야 할 조국이 당주인 조국혁신당은 더 가관이었다. 그들은 당내에 '윤석열탄핵추진위원회'를 만들고 윤석열 탄핵의 사유를 수집하기 위한 제보창구를 설치했다. 이재명의 당은 이재명이 감옥가지 않도록 하기 위해, 조국의 당은 조국이 감옥가지 않도록 하기 위해 윤석열 탄핵을 먼저 결정하고 없는 사유를 만들어 나가기로 한 것이다.

'선 탄핵 후 사유찾기'는 이재명과 조국의 독창적인 아이디어가 아니다. 이에 대한 지적 소유권은 문재인에게 있다. 문재인이 처음 고안해내고 대통령 자리를 낚아채는 일에 톡톡히 재미를 본 이 아이디어를 이재명과 조국이 다시 꺼내든 것이다. 이재명의 당과 조국의 당은 2024년 6, 7월 두 달 동안 특검안 10번에다. 7번의 탄핵안을 접수시켰다. 방통위 위원장의 경우는 임명장을 받기도 전에 탄핵안을 올리고 취임 단 이틀만에 탄핵안을 가결하여 직무를 정지시켰다. 탄핵 중독이라는 말이 나올 정도였다. 이것은 탄핵사유 없이 박근혜를 탄핵한 더불어민주당과 문재인을 심판하지 않고 그냥 내버려둔 결과다. 처벌은 범죄예방의 핵심 기능이다. 문재인을 처벌하지 않음으로써 예방은 커녕 그것을 본 이재명과 조국이 문재인을 모방하고 따라하는 결과를 초래한 것이다. 잘못된 박근혜 탄핵을 지금이라도 심판하여 바로잡지 않는다면 이재명 유형의 범죄자들은 또 대통령 자리를 노릴 것이며 또다시 우익 대통령과 그들을 수사하는 검사와 그들의 처벌을 결정하는 법관을 탄핵하려 할 것이다. 지금이라도 박근혜 탄핵의 진실을 밝히고 거짓과 위법에 대해 심판해야 하는 이유다.

두 가지 고해성사

헌재 설립 30주년을 기념하여 2018년에 나온 '헌법재판소 결정과 대한민국의 변화'라는 제목의 책자에는 "(박근혜 탄핵 결정은) 역사의 도도한 물결에 법적 인정 도장을 꾹 눌러준 것"이라고 스스로를 평가하는 대목이 있다. 대한민국의 법치 시스템을 수호하는 최고 기관인 헌재가 '역사의 도도한 물결'을 앞세우는 것이 수상하다. 박근혜에 대한 탄핵인용이 법률과 헌법이 정한 절차와 법 조문과 법리를 벗어난 정치적 판결이었음을 자인하는 말이다. 헌재는 과연 어떤 대목에서 뒤가 캥겼던 것일까. 헌재는 오리발 고해성사를 냈다. 그러나 진실을 말하는 고해성사도 있었다.

탄핵심판 당시 헌재의 연구부장 겸 공보관으로 있었던 배보윤 변호사는 "대통령 직무정지는 상당 부분 국가운영의 중단을 의미하는 것인데 법원의 판단도 없이 국회 소추만으로 대통령의 직무를 정지시킨 것은 세계에 유례가 없다"고 말했다.(조선일보, 2018.1.29) 법원의 판단도 없이 내린 박근혜에 대한 헌재의 탄핵 결정이 자유민주주의 국가에서는 유례가 없는 일이었다는 사실을 그 당시 헌재에 몸담고 있었던 법률가가 직접 인정하고 있다. 진실을 말하는 고해성사다. 탄핵 추진세력과 맞섰던 채명성 변호사는 한 걸음 더 나아가 박근혜 탄핵은 국회의 대국민 사기며 헌재는 이 사기의 공범이라고 말했다. 이렇게 진실을 말하는 사람들이 있다. 이제라도 용기를 내어 박근혜 탄핵의 시시비비를 가려야 한다.

거짓으로 시민을 선동한 사람들

최서원이 주도한 스포츠재단 출연금 관련 정보를 입수한 더불어민주당이 2016년 7월 박범계 손혜원 등 5명으로 구성된 TF를 구성하면서 이 거대한 사기는 시작된다. 민주당의 이 TF가 움직이면서 언론은 최서원에 대한 기사를 연일 쏟아냈고 이것을 기화로 종북단체들은 스피커 음량을 키우면서 여론몰이에 집중한다. 여기에 손석희가 가짜 태블릿PC를 보도하자 여러 언론이 앞다투어 미확인 기사를 마구 날렸고 이에 현혹된 시민들은 광화문에 나와 민노총이 나누어주는 촛불을 들었다.

채명성은 "촛불시민은 특정세력에 선동 당한 시민이다. 시민은 탄핵소추안 또는 검찰 공소장 내용도 잘 몰랐다. 그들은 선동되어 막연하게 (박근혜가) 잘못됐다고 생각했다. 시민들은 박근혜가 죄를 지었기 때문이 아니라 일국의 대통령이 최순실에게 권력을 넘기고 청와대에서 더럽게 굿을 하고 섹스를 했으니 도저히 참을 수 없다고 생각한 것이다. 탄핵에 찬성한 국회의원들조차 소추의결서를 거의 안 보고 찬성표를 던진 듯했다. 진상조사도 없이 특정세력과 언론이 선동하니까 시민과 국회의원들이 부화뇌동해서 탄핵을 밀어붙였다. 이 과정이 너무도 어이가 없다"고 그는 탄식했다.

이제 심판해야 한다. 사실을 조작하고 거짓으로 시민을 선동한 세력을 심판해야 한다. 안민석을 포함한 최순실TF를 심판하고 선동에 앞장섰던 더불어민주당 당대표 추미애와 원내대표 우상호를 심판해야 한다. 가짜 태블릿PC를 보도한 손석희와 JTBC를 심판해야 하며 YTN KBS MBC 등 엉터리 기사들을 보도하고 여론몰이에 앞장섰던 언론을 심판해야 한다. 김의겸 김어준 주진우 등 가짜뉴스를 마구 생산해 낸 언론인을 심판해야 한다. 조작된 사실로 시민을 선동한 모든 사람을 심판해야 한다.

국헌을 문란케 한 국회의원들

대통령 탄핵은 정치적 불신임 제도가 아니다. 그럼에도 국회는 2016년 11월 30일 국회 국정조사특위가 발족되고 단 9일이 지난 12월 9일 이 특위에서 대통령의 위법 위헌 사유를 확인하기도 전에 언론기사를 긁어모아 그것을 사유로 탄핵소추를 의결했다. 언론 기사들은 전혀 사실확인이 안 된 것이었으며 후에 대부분 거짓으로 드러났다. 모두 촛불집회를 주도한 세력이 지어낸 거짓 소문이었다. 거짓 소문을 사유로 의결한 국회의 탄핵소추는 야합과 협잡으로 이루어진 것이며 모든 것이 엉터리였다. 김무성을 위시하여 탄핵소추에 찬성한 국회의원들은 자신들이 한 짓을 '정치적 탄핵'이라고 주장했으나 헌법 제65조는 탄핵의 요건을 '헌법이나 법률을 위반한 때'라고 명시하고 있다. 국회는 증거가 뒷받침되는 헌법 법률 위반의 사유가 확정될 때에만 탄핵소추를 의결할 수 있다는 뜻이다. 따라서 법률적 탄핵만 가능할 뿐 김무성이 말하는 정치적 탄핵은 애초부터 존재할 수가 없다. 정치적 탄핵이란 위법적이고 위헌적인 정변政變이거나 기존의 법체계와 모든 사회규범을 뒤엎고 새로운 질서를 만드는 혁명일 뿐이다. 따라서 탄핵의 내용적 요건과 절차를 위반한 박근혜 탄핵은 쿠데타 혹은 혁명으로 규정되어야 한다. 법률체계를 위반하고 정변 혹은 혁명을 일으킨 자들은 모두 심판되어야 한다.

2016년 12월 9일 국회에서는 재석의원 299명 중 234명이 탄핵에 찬성표를 던져 대통령 탄핵소추가 의결되었다. 하루 전인 12월 8일 더불어민주당과 국민의당 소속 의원 전원은 탄핵안이 부결되면 의원직을 사퇴하겠다는 의결서를 제출했으며 정의당도 이에 동참했다. 탄핵소추가 부결되면 판을 엎겠다는 선언이었다. 이것은 정치적 협박이자 협잡행위다. 당시 국회의장은 정세균, 민주당 당대표는 추미애, 원내대표는 우상호였다. 그리고 국민의당은 대표 안철수, 원내대표 김관영이었다. 박근혜를 배신한 김무성과 유승민, 김무성과 형님 동생하며 찬성 동참의원 숫자 늘이기에 힘을 쏟았던 박지원도 있다. 이중에는 김무성처럼 국민의 손으로 정치판에서 퇴장시킨 사람도 있고 가결이 선포될 때 눈물을 흘리던 손혜원처럼 비리행위로 스스로 퇴장한 사람도 있다. 그러나 대부분은 아직도 정치판의 중심에 있는 사람이거나 정세균 추미애 우상호처럼 더 높은 자리에 오른 사람도 있다. 유승민처럼 호시탐탐 재기를 노리는 정치꾼도 있다. 이들의 행위가 옳았는지 아니면 국기를 문란시킨 행위였는지를 심판할 수 있는 것은 국민인 우리 뿐이다. 그들을 심판해야 할 시간이다.

둔갑술을 쓴 검찰과 부역질을 한 특검

안종범은 경제학자 출신으로 박근혜 정부에서 청와대 경제수석과 정책조정수석을 지냈다. 그가 청와대에 근무중이던 시절 꼼꼼하게 기록해

둔 소위 '안종범 수첩'은 박근혜 최순실 국정농단에 대한 검찰의 수사에서 민주당과 언론이 만들어낸 '국정농단이라는 어마어마한 사건'과 '전혀 존재하지 않는 증거'라는 괴리를 메우는 절대적인 무게를 가지는 증거로 쓰였다. 그런데 그의 수첩엔 여러가지의 '단어'들만 나열되어 있을 뿐 구체적인 내용은 없었다. 특검과 검찰은 탄핵을 추진하기에는 심각하게 부족했던 증거에 보태기 위해, 더구나 문재인 세력이 주장하는 내용의 사실관계를 제대로 입증하지 못하는 상황에서 이것을 핵심적인 증거로 써 먹었다. 태블릿PC의 진위 확인을 방해하고 고영태 일당의 녹취파일을 꽁꽁 숨기는 것과는 정반대의 행위였다. 검찰은 안종범 수첩에 나열된 단어들을 모두 끼워 맞추며 '이런 것 아니냐'며 하나씩 '대통령 박근혜의 말'로 엮어나갔고 결국 흩어져 있던 그 단어들은 한 곳에 모여지며 '대통령의 지시'로 둔갑했다. 이것은 미리 정해놓은 결과에 배치되는 증거는 꽁꽁 숨긴 반면 존재하지 않지만 필요한 증거는 만들어 내며 탄핵의 사유를 끼워맞추던 검찰이 자행한 둔갑술의 한 가지 사례. 둔갑술을 쓰며 증거를 장난질하고 조작하고 은폐한 검찰은 심판받아야 한다.

박영수 특검은 문재인 세력의 선동질에 적극적으로 부역했다. 민주당의 종북 정치인들이 앞장서고 언론이 가세하여 국민의 박근혜에 대한 분노를 부채질하던 그 당시 박영수 특검은 사실관계가 틀렸거나 아직 확인되지 않은 수사내용을 브리핑 형식으로 거의 매일 쏟아냈다. 그리고 모든 언론이 이것을 그대로 받아적어 기사로 쓰며 소문과 거짓조차 '사실'이 되어 국민에게 전달되면서 박근혜를 탄핵되어야 마땅한 대통령으로 몰아갔다. 이전과 이후에 존재하고 활동했던 다른 특검과 비교하면 박영수 특검의 행태는 국민을 호도하고 박근혜에 대한 국민의 분노에 기름을 붓는 것이었다. 그렇게 분노한 국민은 광화문에 나가 촛불을 들었다. 국민을 선동하는 세력에게 부역한 특검은 이제라도 심판되어야 마땅하다. 박영수 특별검사는 이재명의 대장동게이트 의혹에서 관련 사기업으로부터 거액의 급여를 받았다는 소위 50억 클럽에 연루되어 재판을 받고 있다. 그러나 박영수가 제대로 심판받아야 할 일은 이런 뇌물죄와는 비교도 되지 않는 무게의 중대범죄다. 그는 '박근혜 최순실게이트' 특검으로서 수사의 과정과 결과에 있어서 편파성과 위법성에 대해 반드시 심판받아야 한다. 법적 심판과 함께 국민적 역사적 심판도 피할 수 없다. 이 사건을 수사하고 기소했던 검찰청의 담당 검사들도 마찬가지다.

이 대역죄에 들러리를 선 헌법재판관들

헌법재판소는 대한민국 형사사법 체계의 정점에 있는 최고의 사법기관으로서 국가의 정체성과 국가 시스템과 법질서, 그리고 정의를 지키는 마지막 보루다. 나라가 혼란과 위기에 처할수록 헌재는 마지막까지 굳건히 중심을 잡고 대한민국의 정체성을 지켜야 한다. 이 막중한 임무의 수행을 기대하고 국가는 막대한 예산으로 9명의 재판관에게 최고의 명예와 최고의 예우를 보장한다. 그럼에도 헌재 재판관들은 박근혜 탄핵 정국에서 자신들의 막중한 책무를 송두리째 내팽개쳤다. 그들은 마치 축구경기에서 골키퍼가 골문 지키기를 포기한 것처럼 행동했다. 오히려 상대팀의 공격을 방조했다. 그들은 대한민국의 국가 정체성과 법질서와 법정의를 지키는 임무를 포기하는 직무유기를 범했다. 여기에 그치지 않는다. 문재인 세력의 종북주의적 통치를 경험한 지금의 시각에서 보면 그것은 대역죄를 방조한 것이다. 그래서 당시의 헌법재판소 재판관 8인은, 도중에 퇴임한 박한철까지 9인은 반드시 심판받아야 한다. 그들이 심판받아야 할

지점은 다음 네 가지다.

　첫째, 헌재는 국회의 탄핵소추가 탄핵요건을 갖추지 못했음에도 탄핵을 인용했다. 이것은 헌법을 수호해야할 헌재의 명백한 위헌행위다. 헌법 65조에 탄핵의 사유로 '직무상 중대한 위헌 위법행위'라고 명시되어있음에도 헌재는 이 요건을 충족하지 못한 탄핵을 결정했다. 헌재가 탄핵을 결정한 2017년 3월 10일까지 내란 또는 외환 혹은 직무상 중대한 위헌 위법의 죄로 확정된 박근혜의 범죄행위는 아무것도 없었다. 이정미 재판관이 읽은 탄핵결정문에도 그런 것은 없다. 최순실을 기소한 검찰 공소장에 들어있던 '박 대통령과 공모하여'라는 문구가 그때까지 유일한 법적 근거로 쓰였는데 이 문구는 검찰의 수사와 법원의 판결을 거치지 않아 탄핵결정의 근거로 쓰일 수 없는 것이었다. 또한 탄핵결정문 어디를 찾아봐도 공모했다는 증거는 적시되지 않았다. 이정미 재판관은 결정문에서 "피청구인(박근혜)의 헌법과 법률 위배행위는 국민의 신임을 배반한 행위로서 '헌법수호'의 관점에서 용납될 수 없는 중대한 법 위반행위라고 봐야한다"고 했다. 그러면서 헌법 수호의지가 부족한 근거로 '대국민 사과가 진실하지 않았다'는 등의 사소한 이유를 들었다. 이것은 사실의 영역이 아니라 해석의 영역으로 국회의 소추 사유도 아니었고 재판과정에서 쟁점으로 거론된 적도 없었다. 박근혜를 계속 감옥에 묶어놓기 위해 사후에 별건수사로 만들어낸 직무유기 등의 죄목 역시 이것을 인정한다 하더라도 헌재의 탄핵결정 사유와는 전혀 별개다. 요건을 갖추지 못한 채 탄핵을 결정한 것은 헌재의 위헌행위이자 문재인 세력의 국가반역을 방조한 행위다. 헌법재판소 재판관들이 심판받아야 하는 첫 번째 이유다.

둘째, 헌재는 국회의 소추위원단과 박근혜 대리인단 사이에서 철저히 판파적으로 재판을 진행했다. 채명성 변호사가 "우리는 국회 측과 싸운 것이 아니라 헌재 재판관과 싸웠다"고 할 정도로 헌재는 철저히 편파적으로 재판을 진행했다. 헌재의 편파성은 박근혜 측의 자료요청을 모조리 기각한 일에서도 분명하게 확인된다. 태블릿PC 감정보고서 열람신청, 고영태 증인신청, 고영태 일당인 김수현의 2100여 건의 녹취파일 검증요구, 그리고 재판을 편파적으로 진행하던 강일원 재판관 기피신청까지 모두 기각되었다. 헌재는 독립기관이므로 편파적인 조치에도 이의를 제기하거나 다른 사법제도를 통한 구제의 길도 없다. 그래서 박근혜 대리인단은 방어에 필요한 자료입수의 길이 막혀 제대로 된 반론을 내놓을 수도 없었고 재판은 그렇게 헌재와 국회의 짬짜미 속에서 일방적으로 진행되었다. 이게 대체 자유민주주의 국가의 사법부가 할 수 있는 재판인가. 엄격하게 지켜져야 할 사법부의 중립성을 파괴한 헌재는 반드시 심판되어야 한다. 헌재가 심판받아야 하는 두 번째 이유다.

셋째, 헌재는 박근혜 탄핵을 문재인 세력의 정치일정에 맞춘 듯 졸속으로 급속하게 진행했다. 국가원수를 탄핵하는 중차대한 결정의 일정을 박한철 이정미 등 재판관들의 퇴임기일에 맞춰 정한 것부터 말이되지 않는 일이다. 게다가 현직 대통령의 탄핵을 국회의 소추부터 헌재 결정까지 단 100일 만에 해치우는 초스피드로 진행했다. 문재인 세력의 정치일정에 맞추려는 듯 검찰과 특검의 조사결과가 제대로 나오지 않았는데도 무리하게 재판을 강행했다. 이러한 상황에서 법률이 정한 적절하고 충분한 조사와 심리는 처음부터 불가능했다. 박영수 특검이 만들어지고 단 9일 만에, 특검이 아직 조사와 수사를 준비하는 단계에서 국회는 탄핵소추를 의결하고 이때부터 3개월간 쫓기듯 재판을 진행했다. 박근혜 측은 단핵소추 사유를 모두 사실이 아니라고 부인했고, 따라서 국회가 주장하는 혐의에 대해 검찰이 조사와 수사를 통해 증거를 수집하고 법원은 이를 판단해야 했다. 그러나 법원의 어떠한 판결도 내려지지 않고 확정된 탄핵사유는 아무것도 없었다. 그럼에도 탄핵은 인용되었다. 국가원수의 직무를 정지시키고 하야시키고 감옥으로 보내는 이 엄중한 일을 특정세력의 정치일정에 맞춰 모든 절차를 급속히 그리고 졸속으로 진행한 헌재는 반드시 국민적 정치적 법적 심판받아야 한다.

넷째, "국회가 소추의결서를 너무 난삽하게 만들어서 사유가 엉성했는데 강일원 주심이 첫 변론기일에 '이거 너무 난삽하니까 내가 정리해 주겠다. 받아 적어라'는 식으로 (국회 소추의원단에) 5개를 불러줬다. 재판관에게 국회가 의결한 소추의결서를 수정할 수 있느냐에 대한 명확한 규정은 없다. 그러나 법조인 100명에게 물어보면 100명 모두 '권한 밖'이라고 말한다. 국회에서 표결한 것을 (헌재 재판관) 자기들 마음대로 고쳐 심판한 것은 심판 자체를 무효라고 할 수 있다."(월간조선, 2019년 4월호) 변호사 채명성의 증언과 주장이다. 채명성은 헌재가 이렇게 위법의 소지가 큰 변조행위를 했을 뿐 아니라 재판과정 전체를 관통하여 국회와 헌재의 모종의 거래까지 의심했다. 그는 특검으로 이를 조사하면 헌재의 '직권남용+무엇'이 될 것이라고 주장했다. 헌재의 강일원 주심과 재판관들은 이러한 실정법 위반의 소지는 물론 자유민주주의 국가의 재판의 기본원칙을 정면으로 위반했다는 비판과 법적 책임을 피할 수 없다.

직무상의 중대한 위헌 위법의 범죄를 확정하지 않고 결정된 박근혜 탄핵은 그 자체가 위헌이고 위법이다. 또한 증거재판주의와 무죄추정의 원칙과 죄형법정주의를 모두 위반한 것이다. 그래서 박근혜에 대한 탄핵 인용은 중대한 위법적 위헌적 판결이었다. 최서원이 박 대통령과 공모했다는 혐의조차 어떤 증거도 없었으며 최서원이 받았으니 박 대통령도 받았다는 논리로 유죄 판단을 내린 것은 증거재판주의와 무죄추정의 원리를 동시에 위반한 것이었다. 박근혜 탄핵을 인용한 헌재 재판관 8인은 도덕적 역사적 책임에 앞서 그들의 실정법 위반에 대해 먼저 심판 받아야 한다. 탄핵선고의 주문을 낭독했던 이정미는 2022년 1월 문재인 정권의 종합부동산세에 대한 위헌소송에 대리인단으로 참여했다는 소식이 전해졌으며 이어 4월에는 주심을 맡았던 강일원이 "검수완박이 이해하기 어려운 절차와 속도로 진행되고 있다"며 우려하는 목소리를 냈다. 그들의 행동과 말을 문재인의 혁명세력에게 부역한 것에 대한 속죄의 의미로 알아듣고 싶다. 그들도 문재인에게 속았다고 생각한 것일까. 그러나 이 정도로는 턱도없이 부족하다. 그들의 속죄와는 별개로 그들의 위헌적이고 위법적인 탄핵재판은 반드시 심판되어야 한다.

헌재 재판관들에게 묻는다

헌재는 이정미 재판관이 낭독한 결정문에서 대통령 박근혜에 대한 탄핵결정의 사유를 나열하며 "국민으로부터 직접 민주적 정당성을 부여받은 피청구인(박근혜)을 파면함으로써 얻는 헌법수호의 이익이 대통령 파면에 따르는 국가적 손실을 압도할 정도로 크다"고 했다. 이 판결문에 서명한 재판관 8인에게 묻는다. 문재인의 통치를 온몸으로 생생히 겪고 난 지금도 박근혜를 파면함으로써 얻는 헌법수호의 이익이 압도한다고 생각하시는가. 헌법 수호는 커녕 헌법 파괴적 통치로 일관한 문재인 세력에 의해 이제 대한민국은 많은 영역에서 사회주의화 되고 사회의 모든 영역이 망가지고 후퇴하고 쇠퇴하여 고통을 겪고있다. 박근혜를 파면한 것이 옳았는가. 그때 당신들이 나열한 탄핵의 사유는 대부분 거짓으로 드러났다. 거짓을 근거로 현직 대통령을 끌어내리고 탄핵시키고 감옥에 넣었다. 이정미 강일원 김이수 이진성 김창종 안창호 서기석 조용호, 중도에 퇴임한 박한철까지, 당신들의 이름은 오래도록 역사에 남을 것이다. 좌익의 사회주의 혁명 혹은 대한민국을 북한화하는 혁명이 완성된다면 당신들은 새로운 그 세상의 영웅이 될 것이다. 그러나 그것이 좌절되고 자유민주주의가 지켜진다면 당신들의 오명은 크고 깊고 오랠 것이다.

탄핵결정문을 읽었던 이정미 헌재소장 대행이 2022년 1월 문재인 정부의 종부세가 위헌이라는 취지의 소송을 헌재에 제기했다는 소식이 전해졌다. 문재인 세력은 그들의 통치기간 동안 대한민국의 사회주의 국가화와 대한민국의 북한화를 위해 큰정부와 국민의 빈곤화와 인민화를 추진했다. 또한 '부유한 정부와 가난한 국민'을 만들기 위해 세금을 폭발적으로 높이는 정책으로 일관했다. 종부세 폭탄은 문재인 정권의 대한민국 좌익국가화 정책 중의 하나였다. 이정미 전 재판관이 이 사실을 알았는지는 알 수 없으나 탄핵결정을 내린 재판관으로서 문재인 정권의 사회주의적 종부세를 바로 잡는 일에 그가 나선 듯했다. 바라건대 그의 대한민국 바로잡기는 이 하나에 그쳐서는 안된다. 그때의 잘못된 탄핵심판을 바로 잡는 일에 나서주길 바란다. 앞서 박근혜에 대한 탄핵이 잘못되었다는 것을 인정하는 것이 먼저다. 그의 양심의 소리를 기다린다.

박근혜는 2017년 10월 16일 법정에서 "정치보복 재판은 내게서 끝나길 바란다"는 최후진술을 하고 이후에 열린 모든 재판을 거부했다. 항소와 상고도 모두 포기했다. 정치재판에 법적절차는 의미가 없다고 생각했을 것이다. 박근혜는 자신에 대한 재판이 자신을 숙청하기 위해 벌인 혁명재판이라는 것을 알았을 것이다. 혁명재판에는 법도 진실도 정의도 없다. 그래서 그의 무죄 항변도 소용이 없었을 것이고 그래서 모든 재판에 대한 참석을 거부했을 것이다. 채명성 변호사는 그의 저서에서 말했다. "이제 물어보고 싶다. 지금도 대통령을 탄핵시킬 사유가 있었다고 생각하는가. 당시 박근혜 대통령이 사교邪敎에 빠진 최서원의 아바타라는 분노와 실망감, 그리고 대통령이 세월호 7시간 동안 연애나 하고 굿판을 벌이는 더러운 여자였다는 충격 때문에 탄핵에 찬성한 것은 아니었나."라고 헌재 재판관들에게 물었다. 채명성의 물음에 대답할 재판관은 없는가.

최서원은 그의 회고록 '나는 누구인가'에서 "사회주의 숙청보다 더한 보복을 당하고 있다. 나는 박 전 대통령과의 관계에서 투명 인간 역할을 부여받았다. 갑자기 비선실세가 되었고 국정농단이라고 하니 도저히 이해가 안 되고 연결이 안 되는 이야기들이다"라고 했다. 헌재 재판관 당신들은 지금 박근혜 채명성 최서원의 말에 공감하시는가. 문재인 세력은 대한민국의 자유민주주의를 무너뜨리기 위해 박근혜를 탄핵했고 박근혜를 탄핵하기 위한 소품으로 최서원을 이용했다. 박근혜도 최서원도 대한민국의 국가 정체성을 자유민주주의에서 사회주의 혹은 김일성주의로 변경하는 데 쓰인 희생물이었다. 그때의 헌재 재판관 당신들은 동의하시는가.

대한민국 바로 세우기는 문재인 심판에서 시작해야 한다

문재인과 주사파가 중심이 된 문재인 세력이 현직 대통령 박근혜를 탄핵시킬 당시 박근혜를 공격한 핵심 논지는 '민주주의의 파괴'와 '권력의 사유화'였다. 그러나 이 주장은 그들이 정권을 잡고 5년간이나 파헤치고도 결국 입증하지 못했다. 그것이 단지 선동구호에 지나지 않았기 때문이다. 정작 민주주의를 파괴하고 권력을 사유화한 것은 박근혜가 아니라 대통령이 된 문재인이었다. 대통령이 되어 대한민국을 통치한 5년 동안 문재인의 위헌적인 국가경영과 불법적 국정운영의 행위는 무수히 많았다. 이에 대한 고찰은 저자의 책 [대통령이 된 간첩 : 부제-문재인을 간첩이라 주장하는 100가지 이유]에서 세밀히 다루었다. 이에 앞서 문재인이 대통령이 되기 전 촛불난동과 탄핵정국에서 심판 받아야 할 그의 범죄혐의도 이미 다음과 같이 엄중한 것이었다.

첫째, 드루킹 여론조작 사건이다. 그의 최측근인 김경수는 이에 대한 혐의로 이미 2년 형이 확정되어 옥살이를 했다. 그러나 이 사건의 최종 수혜자인 문재인에 대한 단죄가 없는 한 이것은 아직 미완의 사건이다. 박근혜 탄핵정국에서 드루킹이 활발하게 활동하며 여론을 왜곡하고 국민을 선동했다는 사실은 문재인이 집권하고 나서 허익범 특검에 의해 적나라하게 밝혀졌다. 박근혜 탄핵을 결정할 때, 그리고 문재인을 다음 대통령으로 선택한 그때는 국민인 우리가 몰랐던 일이다. 드루킹이 조작하고 만들어낸 여론에 의해 국민의 분노는 하늘을 찔렀고 그 힘으로 박근혜는 감옥으로 보내지고 문재인은 청와대를 차지했다. 이것이 드루킹의 은밀한 조작의 결과였다면 드루킹 김동원과 총책 김경수에 대한 단죄로 끝날 일이 아니다. 김경수의 윗선 혹은 배후가 있었다면 그것으로 대통령이 된 최대 수혜자 문재인일 것이다. 그의 부인이 '경인선 가자'고 말하는 명백한 증거도 있다. 이것은 조작으로 국민의 정치적 의사를 왜곡한 것이며 국민 주권주의를 침해한 것이다. 명백한 범죄다. 드루킹 여론조작에 문재인이 관여했다는 사실은 이미 국민 모두가 인식하고 있는 일이다. 이제 인식의 단계를 넘어 검찰과 경찰의 조사와 수사를 통해 밝혀내야 한다. 문재인의 관련성과 위법성이 밝혀지면 그는 처벌되어야 마땅하다.

둘째, 촛불혁명이라는 말로 포장된 문재인의 종북혁명은 정권연장에 실패함으로써 미완성으로 끝났다. 실패한 혁명은 그들이 뒤집으려 했던 자유민주주의 법체계에 의해 그 위법성과 위헌성이 심판되어야 한다. 그것이 혁명의 법칙이다. 문재인은 자신의 정권 강탈을 평화스러운 이미지로 덧칠하기 위해 촛불혁명이라 불렀지만 '혁명'이라는 용어 자체에서 그것이 기존의 법 질서를 파괴하는 것이라는 사실을 스스로 인정했다는 뜻이다. 기존의 법질서를 준수하며 합법적으로 이루어지는 것을 정권교체라 부르는 반면 기존 질서를 무시하고 불법적으로 단행하는 것을 혁명이라 부른다. 쿠데타와 같은 말이다. 흔히 급진적 혁신을 혁명이라 칭하는데 이는 비유적 표현일 뿐 정치의 영역에서 혁명이라 함은 불법적 쿠데타를 의미한다. 박정희가 거행한 5.16 혁명은 군대를 앞세운 반면 문재인의 촛불혁명은 거짓과 조작과 선전 선동을 앞세운 공산당식 쿠데타라는 점에서 다르다. 박정희의 것이 대한민국을 건설하는 쿠데타였다면 문재인의 것은 대한민국이 70년간 쌓아놓은 것을 무너뜨리고 파괴하는 쿠데타였다는 점에서도 다르다. 무엇보다 박정희의 쿠데타는 성공했고 문재인의 것은 실패했다. 미완성도 실패다. 실패한 혁명은 단죄되어야 한다.

셋째, 문재인은 박근혜에 대한 헌재의 탄핵결정을 앞두고 "헌재에서 탄핵이 기각된다면 혁명밖에 없다."고 말했다. 헌재가 문재인 자신이 바라는대로 탄핵을 결정하지 않으면 혁명밖에 없다고 한 이 발언을 두고 많은 지식인과 국민은 '내란선동'으로 해석했다. 민주당이 중심이 되고 종북좌파 세력이 광화문에 총결집하여 함성을 지르던 촛불정국에서 최고의 꼭대기 점에 있었던 문재인이 혁명을 입에 담은 것은 헌재 재판관들에 대한 겁박인 동시에 그의 지지자들에게는 내란을 준비하라는 신호로 해석되기에 충분했다. 형법 제91조는 '국헌문란'에 대해 규정하고 있다. 헌법에 의해 설치된 국가기관이며 헌법을 수호하는 최후의 보루인 헌법재판소를 겁박한 문재인의 혁명 발언은 헌재의 권능행사를 불가능하게 하는 국헌문란이 될 여지가 매우 크다. 헌재 결정이 원하는대로 나오지 않는다면 혁명을 하겠다는 것은 곧 내란선동이자 국헌문란이 분명하다. 문재인을 내란선동죄와 국헌문란죄로 심판해야 한다고 주장하는 근거다. 그와 발을 맞춰 적극적으로 나서고 후에 모두 고위직을 차지한 그의 주사파 수하들과 민주당의 종북 동지들도 마찬가지다.

문재인은 이상의 혐의 외에도 범죄성이 있어 처벌되어야 하는 것은 많다. 탄핵정국 이전의 일로 대표적인 것은 무력에 의한 국가전복을 준비하다 적발되어 내란선동혐의로 유죄를 선고받은 이석기와의 관련성이다. 이것이 구체적으로 입증되면 여적죄까지 성립될 수 있다고 주장하는 국민도 많다. 물론 그의 집권 5년간의 통치를 심판한다면 수사받고 단죄되어야 할 혐의는 무수하다. 그들 세력은 박근혜를 탄핵할 때 범죄혐의를 입증하는 증거가 '차고 넘친다'고 했으나 모두 허위로 드러났다. 그러나 문재인의 범죄혐의는 말 그대로 차고 넘친다. 그의 대통령 임기 동안 공소시효가 정지되어 있었거나 어떤 것은 아직 공론화 되지도 않았다. 혐의 대부분은 그들이 박근혜 정부를 붕괴시킬 때 광범위하게 써먹은 프레임인 국정농단급이다. 박근혜의 범죄혐의는 거짓과 조작으로 만든 것이었으나 문재인의 범죄혐의는 거짓도 조작도 아니고 프레임도 아니다. 모두 실체가 분명한 혐의다. 증거도 충분하다. 국민인 우리가 나서는 일만 남아있다.

부동산과 일자리 등에 대한 각종 통계의 조작, 탈원전 정책을 밀어붙이는 과정에서의 조작과 불법행위들, 북한 원전 건설지원 기도 의혹, 김정은에게 넘겨주고 우리 국민에게는 공개를 거부한 판문점 도보다리에서의 USB, 민주주의의 근간을 파괴한 울산시장 선거개입, 서해 공무원 피살사건의 직무유기, 탈북청년 2인의 강제 북송, 우리 국토인 서해 함박도를 북한에 넘겨준 일 등 공적인 영역 뿐만 아니라 자녀의 제3자 뇌물과 매관매직 혐의, 국가예산을 사용한 부인의 해외여행과 의상비 장신구 구입 등의 국고유용과 횡령 등 사적인 혐의도 무수하다. 이미 증거가 나오고 죄목이 특정된 것도 많지만 그가 권력을 잡고 있는 동안 검찰개혁이란 미명으로 덮고 누르고 뭉개고 있었던 혐의들이다. 대한민국 바로잡기는 문재인에 대한 심판에서 시작되어야 한다. 문재인을 심판하지 않는다면 대한민국을 바로 잡을 수 없다는 뜻이다. 이미 좌경화와 종북화가 크게 진전된 대한민국을 바로잡기 위해 더 이상 미룰 수 없다. 대한민국의 자유민주주의는 이미 위험하다. 대한민국이 사회주의화와 북한화는 곧 북한체제로의 합병을 의미한다. 문재인과 주사파가 일생을 바쳐 투쟁한 최종 목표다.

제5장

촛불의 광란은
종북혁명이었다

모든 변고는 하루 아침에 온다. 전쟁은 더욱 그렇다. 국회를 종북혁명의 교두보로 확보하고 권한을 폭력적으로 행사하는 북한주의자들에 의해 우리가 북한에 점령되는 변고는 하루 아침에 올 것이다. 김일성주의자인 문재인과 그의 수하와 동지들을 심판하지 않고 처벌하지 않는다면 대한민국을 뒤집으려는 그들의 혁명이 먼저 승리할 것이며 우리는 김정은의 인민이 될 것이다. 문재인과 그의 동지들이 오랫동안 꾸미고 투쟁한 일이다.

21세기 경제대국에서 혁명이라니

박근혜 정부를 무너뜨리고 정권을 훔친 문재인은 자신이 한 이 일을 촛불혁명이라 불렀다. 그러나 실상을 아는 국민과 지식인들은 그것을 사기혁명이라 불렀다. 거짓과 조작과 선전 선동으로 엮어진 국민 기만이라는 의미다. 박근혜 정부를 전복시키는 과정은 물론 문재인이 자신의 대통령 취임사와는 완전한 반대의 내용으로 5년간 나라를 통치했다는 점에서 촛불혁명은 사기혁명이 틀림없다. 그러나 이 혁명의 절차와 방법과 함께 내용까지를 본다면 사기혁명이라는 말로는 부족하다. 그의 촛불혁명은 사기혁명인 동시에 내용적으로는 종북혁명이었다. 그의 통치가 온통 북한의 이익을 위하고 김정은의 입장을 대변하는 것이었기 때문이다.

문재인의 혁명은 대한민국을 파괴하는 혁명이었다. 국가부채 증가율 OECD 국가 중 1위, 가계 및 기업 부채 증가율 1위, 양극화지수 역대 1위, 실업률 역대 1위, 주택가격 상승률 역대 1위, 저출산율 역대 1위, 자살률 역대 1위 등 그의 시간 5년은 대한민국이 총체적으로 무너지는 시간이었다. 무너짐은 안보에서 더 분명했다. 국군의 손발을 묶어 놓는 9.19군사합의와 한미동맹의 약화 등 우리의 군사적 방어력과 안보능력을 약화시킨 것은 국가 파괴의 치명적인 부분이다. 대한민국을 파괴하는 일은 북한정권과 주사파들의 변함없는 목표다. 나라를 총체적으로 쇠퇴시키는 문재인의 국정운영은 주사파의 오랜 목표의 실천이라는 공통점을 내장하고 있었다. 정권을 잡은 문재인이 대한민국을 파괴하는 통치로 일관했다는 사실은 그가 지휘한 촛불혁명이 종북주의를 실천하기 위한 혁명이었다는 사실을 증명한다. 그래서 촛불혁명은 종북혁명으로 규정되어야 한다.

1절 문재인의 시간 5년은

"모든 분야에서 우리의 수준을 높이고 국력을 기르는데 나의 모든 것을 아낌없이 바칠 것입니다. 중화학공업 시대의 막을 올리고 한강변의 기적을 4대강에 재현시킬 것이며 우리나라를 곧 중진국 상위권에 올려놓고야 말것입니다. 건설과 생산에 피땀어린 노고를 한 우리 농어민과 근로역군들에게 충분한 보상이 돌아가도록 할 것입니다." 박정희는 1971년 7월 1일 제7대 대한민국 대통령에 취임하면서 이렇게 말했다. 그의 말 중에서 지켜지지 않은 것은 단 하나도 없다. 단군 이래 5천 년간 우리 민족을 끊임없이 괴롭힌 빈곤을 해결하고 마침내 세계 10대 경제대국이 되었다는 사실이 증거다. 그러나 박정희 이후 50년 동안 착실히 쌓아온 모든 성취를 단숨에 파괴의 지경에 이르도록 흔들어놓은 사람이 있다. 제19대 대한민국 대통령이 된 문재인이다. 그가 5년간 집요하고도 일관되게 집행한 대한민국 파괴적 통치의 영향은 오래오래 갈 것이다.

1. 국민이 감당한 시간

"나도 모르게 눈물이 흘렀다. 대한민국이 병들어가고 있다는 슬픔이 없는지 모르겠다."(조선일보, 2021.1.9) 100세가 넘은 노 철학자 김형석은 이렇게 말했다. 일제강점기에 태어나 해방정국과 6.25를 몸소 겪으며 젊은 시절을 보내고 대한민국 70년을 살아온 그는 왜 문재인의 시대를 건너며 슬픔으로 눈물이 흐른다고 했을까. "세상이 갑자기 왜 이렇게 가고있는지 답답하죠. 문 대통령이 나라를 어디로 이끌어가고 있는지 잘 모르겠어요. 언론에서 아무리 지적하고 의문을 제기해도 대통령의 답을 들을 수 없어요. 국민은 그걸 알 권리가 있잖아요. 대통령이 겨우 답변을 내놓을 때도 있지만 그게 무슨 뜻이고 무슨 의도가 담겼는지를 모르겠어요. 지도자의 뜻을 알아야 국민이 따라가잖아요. 국민에게 납득이 안되는 전략을 쓰니 불안한거죠. 지금 모든 국민이 불안하게 대통령을 바라보고 있잖아요. 요즘 시국을 보면 너무 답답합니다."(조선일보, 2020.12.22) 어느덧 80이 넘은 노 배우 최불암도 대통령 문재인이 나라를 어디로 끌고 가는지 몰라 답답하다고 했다. 문재인은 대체 대한민국을 어디로 이끌어 가려고 했을까. 궁금하고 답답하기는 보통의 국민들도 마찬가지였다.

문재인의 시간을 건너며 김형석은 슬프다고 했고 최불암은 답답하다고 했다. 힘없는 국민들에게는 참으로 모질고 긴 현실이었다. 경제적 약자나 서민일수록 고통은 더욱 크고 깊었고 자유민주적 의식을 가진 보통의 국민에게는 대통령의 반복되는 거짓말과 조국의 위선과 추미애의 막무가내를 지켜볼 수 밖에 없는 현실이 절망스러웠다. 우리 민초들이 어금니를 물며 이겨내고 온 몸으로 감당해야 했던 문재인의 시간이었다.

의문이 없었던 그때 2017년

적폐 농단 청산 개혁 블랙리스트, 문제인 세력이 정권을 잡은 첫 해 난무했던 언어들이다. 국민인 우리의 귀에는 알듯 모를듯 할 때도 있었고 때로는 심각한 듯도 들렸지만 귀가 닳도록 들으며 곧 익숙해졌다. 그래서 모두 그러려니 했다. 대통령 박근혜는 청와대에서 끌어내 감옥으로 보내야 마땅한 사람으로 여겨졌고 그와 함께한 사람들은 모두 몹쓸 존재로 보였으며 태극기를 들고 박근혜 정부를 지지한 사람들은 몽매하고 시대에 뒤지는 사람들로 여겨졌다. 그 이상은 알아야 할 것도 궁금해 할 것도 없었다. 가끔 주위 사람들에게 그 무렵의 정국에 의문을 제기하거나 다른 의견을 말하면 수구꼴통 혹은 꼰대라는 말로 간단히 뭉개졌다. 누구도 이성적 판단이나 합리적인 설명의 필요성을 느끼지 못했다. 의문이 없었던 문재인의 정권 첫 해 2017년이었다.

설명이 필요한 것은 KBS와 MBC, JTBC와 YTN이 나서서 상세하고도 반복적으로, 아주 친절하게 박근혜와 그 주변을 적폐 혹은 청산되어야 하는 세력이라고 말해주었다. 김어준 유시민 김제동이 현란한 입담으로 그들을 속 시원히 짓밟아 주기도 했다. 김어준의 말이 공산당의 선전 선동의 언어를 닮아 좀 의심이 들기는 했지만 각자의 생계에 바쁜 각각의 국민은 그냥 그런가보다 하고 살았고 뭉개지는 과거의 권력자들을 보며 속이 후련할 때도 있었다. 새로운 대통령의 잘 웃는 얼굴과 아름다운 단어만 나열하는 말씀에 희망은 높았고 그에 대한 지지율은 80%가 넘었다. 옳은 쪽과 틀린 쪽, 좋은 쪽과 나쁜 쪽, 정의의 편과 불의의 편이 선명하게 구분되었다. 의문은 없었다. 왼쪽은 선이었고 오른쪽은 악이었다. 좌우 방향만 가리면 선과 악은 저절로 가려졌다. 그런 시간이었다.

4년 전 치러진 대통령 선거에서 문재인에게 패배를 안긴 대통령 박근혜에게 문재인과 민주당은 온갖 이해되지 않는 소문과 믿어지지 않는 괴담으로 마녀를 만들었다. 이어 문재인 정권의 검찰과 사법부는 곧 박근혜의 여러가지 죄목을 나열해 주었다. 박근혜와 함께 국가를 경영했던 김기춘 김관진 우병우 최경환 조윤선과 사법부 수장 양승태에다 4명의 국정원장이 검찰과 법원에 불려다니는 모습을 KBS를 필두로 이미 어용이 된 언론이 열심히 생중계해주고 재방송까지 반복할 때 그들 각자에게 붙인 죄목이 죄가 되기나하는 것인가 의심이 들기도 했고 이것이 민주주의 국가의 재판이 맞나, 여론재판은 아닌가, 차라리 공산국가의 인민재판에 가까운 것 아니냐고 말하는 사람도 있었다. 그러나 대부분의 국민은 그러려니 했다. 늘 눈앞의 일과 발등에 떨어진 일과 생계의 일로 바쁜 것이 민초가 아닌가. 모든 의문은 처음부터 싹이 잘렸다.

겨울에 울려퍼진 봄의 노래 2018년

문재인의 집권 2년차였다. 김정은이 핵을 포기하기로 약속했다는 대통령의 전하는 말씀에 온 나라는 평화타령으로 넘실거렸다. 눈이 쌓인 평창에 '봄이 왔다'는 탁현민의 쇼가 펼쳐지는 것을 보고 이게 웬일인가 싶기도 했다. 평창올림픽이 열린 2018년 2월부터 참담한 실패로 끝난 2019년 2월의 제2차 북미정상회담까지 이 땅에는 온통 평화의 노래만 들렸다. 단 1년만에 문재인과 김정은은 무려 세 번을 만났고 김정은과 트럼프는 두 번 만났다. 결과는? 아무것도 없었다. 북한 전문가들과 외교관과 국제정치 전문가들이 한결같이 예상한 그대로 김정은은 핵을 포기하지 않았고 핵폐기를 위한 어떠한 실행조치도 없었다. 그래서 미국은 대북 경제제재에서 한 걸음도 물러서지 않았다. 남은 것이라곤 그들이 만나 찍은 사진

뿐이었다. 문재인의 집요한 노력으로 세 정상은 2019년 6월 30일 판문점에서 다시 만났다. 결과는? 또 사진뿐이었다. 이날의 만남에는 트럼프도 김정은도 문재인이 끼는 것을 원치 않았다. 그러나 문재인은 기어이 끼어들어 잠시 얼굴을 내밀었고 결국 사진찍기에 성공했다. 많은 사람들이 수군거렸다. "문재인의 목적은 역시 사진찍기 쇼였나 보다."

온 나라에 평화의 노래가 드높게 울려퍼지던 그때 수면 아래의 빙산에서는 이미 거대한 '깨짐'의 소리가 들리고 있었다. 족보조차 알 수 없는, 굳이 족보를 찾는다면 자본주의 시장경제가 아니라 사회주의 공산주의 경제에나 어울릴 것 같은 이상한 정책들이 야기한 깨짐이었다. 소득주도성장, 최저임금의 급격한 인상, 주 52시간 근로제, 깡패가 되어가는 귀족노조와 겁 먹은 기업주 등의 새로운 경제환경은 실업자를 급격하게 늘렸고 가격 상승이 뻔히 예상되는 사회주의적 부동산 정책으로 집값은 가파르게 오르고 있었다. 이것은 갈수록 가속이 붙어 그래프의 곡선은 급하게 우상향 하고 있었다. 거리로 내 몰린 30대 40대 50대 가장들은 일자리를 찾아 다니느라 정신이 없었고 학교를 갓 졸업한 20대는 이력서를 넣고 제발 면접이라도 봤으면 하고 애를 태웠다. 집값은 오르고 전세값도 뛰어 돈 마련하고 이사 준비 하느라 가장들의 숨은 더욱 가빠졌고 문 닫는 자영업자는 나날이 늘어나 곳곳에는 '임대구함'을 붙인 빈 점포가 쌓여갔다. 이러한 상황을 아는지 모르는지 문재인과 그의 수하들은 평화의 노래를 멈추지 않았고 국민은 생계문제가 코 앞에 닿아 숨통이 막히는데도 그들은 철지난 사회주의적 경제정책들은 거두지 않았다. 그들은 겨울의 평창에서도 봄의 노래를 불렀으나 국민에게는 모든 계절의 모든 시간이 엄동설한이었다. 문재인 시간을 말하고 있다.

증오와 분열의 칼춤 2019년

2019년 8월 문재인은 조국을 법무부 장관에 지명했다. 하루 하나씩 새로운 의혹이 나오는 언론 보도를 절반만 믿는다고 해도 그의 가족은 범죄집단이었고 그는 가족 범죄단의 총책으로 보였다. 그럼에도 문재인은 기어이 그에게 임명장을 주었다. 이때부터 대한민국은 처절하게 둘로 나뉘었고 수도 서울은 광화문과 서초동으로 갈렸다. 태극기를 들고 광화문에 모인 사람들은 "대한민국이 위험하다, 나라를 살려야 한다"고 외쳤다. 그러나 어용방송과 좌익언론들은 시위대 중에서 노인들만 골라 화면에 실었고 높은 곳에서 전체는 찍지 않고 시위대와 같은 높이에서 한 부분만 찍었다. 시위대의 규모를 작게 보이게 하려는 수작질이었다.

서초동에 모인 사람들은 스스로를 '개싸움국민운동본부'라고 불렀다. 그들은 이것을 '개국본'이라 줄여 불렀고 이름 그 자체를 자랑스러워 했다. 조국 한 사람을 지키기기 위해 스스로 인간이기를 포기하고 개가 되기로 작정한 사람들로 보였다. 그들이 쓰는 언어가 워낙 거칠어 개도 그 정도는 아닐 듯 싶은 때도 있었다. KBS도 MBC도 높은 곳에서 그들을 촬영해 머릿수는 많아 보였고 야밤에 촛불을 들고 있어 평화롭고 아름답게 보이기까지 했다. 현장에서 그들이 쓰는 언어를 직접 듣지 못한 국민들은 그들을 개싸움 하는 자들이 아니라 민주화운동을 하는 사람들 쯤으로 여겼을 것이다. 그들은 늘 그런식으로 국민을 속였다.

이 거대한 '국민 패싸움'을 붙인 것은 대통령 문재인이었다. 국민과 야당과 언론의 격렬한 저항을 무시하고 기어이 조국을 법무장관에 앉혔기 때문에 벌어진 싸움이었다. 문재인은 싸움을 붙여놓고 침묵했다. 광화문이 청와대에서 멀지 않으니 그는 광장의 함성을 들었을 것이다. 그래서 그가 '국민 패싸움을 구경만 했다'고 해도 근거없는 말은 아니다. 문재인의 침묵에 지지세력은 힘을 얻었고 반대세력은 더욱 분노했다. 이 패싸움은 더욱 가열하며 그해 가을 내내 이어졌다. 2020년 새해가 되어서야 문재인은 이에 대해 겨우 입을 열었다. 그는 기자회견을 열고 조국에 대한 '마음의 빚'을 말했다. 그러나 국민과 국가에 대한 '실체적 빚'에 대해서는 아무런 말도 하지 않았다. 그는 비겁하고 편파적인 사람이었다.

문재인은 조국이 물러난 자리에 뻔뻔하기로는 조국보다 몇 배는 더해 보이는 추미애를 앉혔다. 추미애는 처음부터 칼춤을 췄다. 그 칼춤은 먼저 검찰총장 윤석열의 목을 노렸다. 그러나 눈치 빠른 국민들은 곧 알아차렸다. 그의 칼이 노린 것은 법치주의를 고집하는 국민의 목을 노리고 있었다는 것을. 그는 이 땅 위의 공정과 정의를 절단내는 망나니 역할을 맡기로 한 듯 보였다. 그는 광녀라는 소리를 들으면서도 칼춤을 멈추지 않았다. 그의 칼이 허공에서 번득일 때마다 그의 입은 '검찰개혁'이라는 추임새를 흘렸다. 그것은 인간의 소리가 아닌 듯했다. 추미애의 칼춤 뒤에는 나쁜놈과 범죄자를 잡는데 탁월한 능력을 가진 에이스 검사들은 모조리 제주로 창원으로 대구로 보내졌고 나쁜놈들은 편한 잠을 잤다. 추미애의 칼춤을 보고 괴성을 들으며 분명히 알게 되었다. 문재인 정권이 아무 곳에나 갖다 붙이는 '검찰개혁'은 그들의 권력형 불법행위와 부정과 부패와 모든 범죄행위, 그리고 반국가적 이적행위에 대한 조사와 수사를 원천적으로 틀어막기 위한 것이었다. 추미애의 칼날이 큰 원을 그릴수록 그것은 더 선명하게 보였다. 이로 인해 대한민국이 범죄자들의 천국이 될 것이라는 법조인들의 목소리가 높았으나 문재인과 추미애는 개의치 않았다.

스스로 사회주의자임을 부정하지 않는 조국을 기어이 법무장관에 임명할 당시 항간에는 소위 '음모설'이 떠돌았다. 조국을 다음 대통령으로 세우고 대한민국의 국체를 자유민주주의에서 사회주의 국가로 만들어 북한과의 합병에 준비할 것이라는 소문이었다. 그 당시에는 황당하게 들렸으나 자유민주주의자를 마구 쳐내는 추미애의 망나니 춤과 번쩍이는 칼빛을 보며 그것이 황당한 것만은 아니라는 생각이 들었다. 게다가 한 해 전 조국이 청와대 민정수석으로 있던 당시 내놓았던 신헌법 개정안에는 온통 사회주의적인 내용으로 가득했으니 소문은 더욱 설득력이 있어 보였다. 추미애의 칼춤은 다음해 1월 갑자기 청와대에 불려가 경질 통보를 받고 열이 뻗쳐 뚜껑이 열려 나올 때까지 계속되었다. '열이 뻗쳐서 뚜껑이 열렸다'는 표현은 5선 국회의원에다 (후에 22대 총선 당선으로 6선이 되었다) 더불어민주당의 당대표와 법무부 장관을 지낸 추미애 스스로의 입에서 나온 말이다. 여러 언론은 그의 이 말을 그대로 전했다. 정치지도자의 언어가 아닌 시정잡배의 상소리였다. 1년 내내 윤석열의 목을 겨누던 추미애는 결국 문재인에 의해 자신의 목이 먼저 잘렸고 두 달 후 윤석열은 스스로 그 자리를 버리고 나왔다. 윤석열은 결국 자신의 목을 온전히 지켜냈다. 문재인의 시대에 대한민국의 자유민주주의가 기어이 결딴날라나 걱정하던 국민들은 깊은 안도의 숨을 내뱉었다.

통증의 시간 2020년

문재인의 임기 절반을 넘기고 맞이한 2020년은 연초부터 혹독했다. 지난해 연말 중국에서 시작된 코로나에 중국의 주변 국가들은 모두 중국과의 국경을 걸어 잠그며 대응했으나 문재인은 그렇게 하지 않았다. 4월 총선을 앞두고 시진핑 초청 쇼를 연출하기 위한 것으로 보였다. 그것이 중국을 형님 국가로 모시기 위한 것이었다는 사실은 이후 그들의 일관된 대중국 저자세 외교를 지켜보며 알게되었다. 문재인은 대한민국을 중국의 속국으로 만들려고 작정한 듯 보였다. 그러나 시진핑은 끝내 오지 않았고 코로나만 왔다. 이때 중국인 입국을 막았느냐 아니냐 하는 것은 그 후 코로나 방역에 성공한 국가와 실패한 국가를 나누는 기준이 되었다. 그는 방역 대신 이념을 선택했고 혹독한 대가는 모두 국민의 몫이었다.

문재인 정권의 후반기를 시작한 이때부터 정권 핵심부는 그들의 종북주의 정체성을 노골적으로 드러내기 시작했고 여기다 권력자들의 비리까지 하나씩 드러나며 국민에게는 다양한 통증으로 다가왔다. 한 해 전부터 시작된 조국 일가로 인한 만성두통이 아직 낫지도 않았는데 새해에는 추미애의 무당춤을 보며 국민들은 울화통까지 겪어야 했다. 이 통증은 가끔 국민에게 그들 정권의 경제 실패로 인한 생계의 고단함을 잊게해 주는 마취제가 되기도 했다. 조국과 추미애로 인한 통증은 결국 그들을 법무장관에 임명한 문재인이 유발한 것이었다. 문재인의 시간이 마감될 쯤에야 알게된 것이지만 대한민국은 그때부터 이미 급격하게 무너지고 있었다. 식자들은 나라가 크게 잘못되고 있다고 말했으나 국민들은 나라가 대충은 잘 굴러가고 있다고 여겼다. 문재인에 대한 지지가 여전히 높았다는 것은 국민이 그렇게 생각했다는 의미일 것이다. 그것은 그들의 쇼 자화자찬 광고 선전의 힘이었는데 그들은 그것만 잘하고 그것에만 열심이었다. 그런 문재인 정권 사람들은 모두가 선전 선동원과 같아 보였다. 선전 선동원은 북한에 지금도 존재하는 직책이고 감투다.

2020년 5월의 대한민국은 윤미향 통증이 지배했다. 위안부 할머니를 앵벌이시키듯 앞세워 정부지원금 국민성금 어린이들의 돼지저금통까지 가리지 않고 막대한 현금을 긁어 모아 집을 몇 채씩 사고 자식을 미국으로 유학까지 보낸 것 아니냐는 의혹이 연일 터지며 분통을 앓는 국민이 수두룩 했다. 윤미향의 분통, 추미애의 울화통, 조국의 만성두통, 문재인 우울증이라는 국민의 4대 정신질환이 회자된 것도 이때 쯤이었다. 윤미향을 비례대표로 공천하여 국회의원으로 만들어준 민주당은 대체 어떤 사람들이 모인 곳이며 대체 무엇을 하겠다는 패거리들인지, 그들의 정체는 대체 무엇인지 의심과 분노가 함께 치밀어 올랐다. 문재인은 자신의 통치가 유발한 국민의 정신질환에 대해 한번쯤이라도 미안해 하거나 걱정이라도 해본 적이 있을까. 그의 시대에 유난히 많았던 정신질환형 흉악범죄를 모두 코로나 탓이라 우기고 모른척 할지도 모르겠다.

5월 11일에는 청와대 대변인 강민석이 나와 한 말씀 하셨다 "(지난) 3년 동안은 태종의 모습을... 남은 2년은 세종의 모습..." 문재인을 두고 한 말이다. 국민은 역병에다 민주당 권력자들로 인한 정신질환까지 앓고 있는데 대통령의 입이라는 청와대 대변인은 국민을 위로하는 말 대신 문재인을 찬양하는 말을 내 놓았다. 기가 콱 막히는 소리였다. 그러나 생각해 보면 배를 곯으면서도 기력을 모아 우렁찬 목소리로 수령님을 찬양하는 북한동포들이 연상되었다. 청와대에 주사파가 많다고 하더니 문재인을 수령처럼 모시고 있는가, 이제 북한을 닮아 가는가, 쓴 웃음이 났다.

5월 25일에는 살아있는 서울시장 박원순이 한 말씀하셨다. 잠재적 대선후보로 꼽히는 자신의 지지율이 계속 떨어지자 "태평성대에는 누가 황제인지 모르는 법"이라고 했다. 명동 강북 강남 어디 할 것 없이 서울 시내 곳곳에 문을 닫은 점포가 쌓여가고 있던 때였다. 한달 보름 후인 7월 10일 그는 자살했다. 태평성대의 황제는 그렇게 갔다. 세계적인 대도시 서울의 최고 수장이 흰 천에 덮여서 하산하는 장면은 전 세계로 전해졌고 이에 대해 말을 건네는 외국인 친구를 대하는 민망함은 국민 개개인 스스로의 몫이었다. 그의 죽음의 사연이 부하 직원 성추행이었다는 것은 정말 감당할 수 없는 부끄러움이었다. 그러나 문재인 세력은 막대한 세금을 들여 그에게 성대한 장례식을 치러주었다. 국민은 부끄러워 했으나 그들은 부끄럽지 않은 듯 했다. 그들은 원래가 그런 사람들이었다.

6월 16일에는 개성남북연락사무소가 폭파되었다. 국민이 낸 세금 최소 700억 최고 1000억 원이 먼지가 되었으나 대통령 문재인은 북한에 대해 배상도 책임도 말하지 않았고 그의 수하들은 김정은과 김여정을 위해 말하고 변명하고 옹호했다. 너무 열심이어서 충성스러워 보이기도 했다. 이 폭파에 우리의 책임이 있다고 말하는 정치인도 있었는데 그는 대한민국 사람이 아니라 간첩으로 보였다. 김일성의 6.25 남침을 우리가 유도한 책임도 있다고 주장하는 것과 같은 종북주의자들의 논리였다. 9월 22일 서해 바다에서 비무장의 우리 공무원이 피살되었을 때도 그들은 우리의 편이 아니라 철저히 북한과 김정은 편이었다. 그들은 대한민국의 집권당이 아니라 '조선로동당 서울지부' 정도로 보였다.

개성의 폭파로 온 국민이 분노하고 있던 6월 18일 의정부시장 안병용은 경기지사 이재명을 이순신 장군에 빗대며 대법원에서 무죄 판결이 나와야 한다고 말했다. 이순신이 형님을 정신병원에 넣고 형수에게 욕을 하고 조폭들과 작당을 하고 공짜로 연애를 하는 그런 부류의 인물이었는지

의아했다. 한달 후 이재명은 대법원에서 무죄 판결을 받았다. 대법원장 김명수는 이재명이 거짓말을 한 사실은 인정했으나 죄는 아니라고 했다. 공직에 당선될 목적으로 TV방송에서 전국민을 상대로 거짓말을 했는데 무죄라고 했다. 이제 대한민국은 어떤 거짓말도 처벌할 수 없는 세상이 되었다. '천하의 거짓말쟁이' 또는 '좌익의 허수아비'라고 불린 김명수를 대법원장에 앉힌 문재인의 의도가 분명해졌다. 정의 공정 그런것 따지지 말고, 진실이니 양심이니 그런것에 구애받지 말고, 그냥 내편은 무죄 네편은 유죄, 좌파는 무죄 우파는 유죄, 이 원칙만 지키라는 것이었나 싶었다. 대한민국의 사회적 규범과 자유민주적 질서를 깡그리 무너뜨리는 것, 법치주의와 정의를 파괴하려 의도한 것은 아닌가 하는 의심이 일었다. 그게 아니라면 어떻게 형편없는 수준미달의 인간 김명수를 대법원장으로 임명하여 이런 판결이 나오도록 했을까.

이재명의 일은 1년 이상이 지나자 내막의 윤곽이 드러났다. 전 성남시장과 경기지사였던 이재명, 대장동 개발사업으로 이재명과 가까운 몇 사람에게 안겨준 1조 원 이상의 돈, 대법관 권순일과 50억 클럽, 김만배가 거간 노릇을 한 이재명과 권순일의 재판거래, 검찰의 수사 뭉개기, 이재명의 20대 대통령 후보 결정. 어쩌다 대한민국이 이 지경이 되었을까. 통증이 심했다. 이 통증은 중증이었고 오래 갔다. 2020년 문재인의 시간은 이러했다. 문재인의 시간 5년 전체를 관찰해도 내용과 의미들은 모두 비슷하다. 문재인과 그의 수하들은 국민에게는 제대로 말하지 않은, 그냥 '한 번도 경험하지 못한 나라' 라고만 뭉뚱그려 말했던 그들의 계획대로 대한민국을 변화시키고 있었다. 은밀하고 음습하고 위험한 계획이었다.

2. 문재인 그의 시간 5년의 의미

문재인의 시간 5년을 핵심만 짧게 파악하려 한다면 그가 임기를 17개월 남기고 처리를 강행한 법안을 들여다 보면 된다. 여기에 그의 통치 5년의 지향과 의미가 모두 들어있다. 2020년 12월 문재인 정권은 대한민국의 국가 정체성을 변경하는 법안을 대거 만들었다. 각각의 법안의 내용은 70여 년전 대한민국을 건국할 때 선택했던 국가 정체성인 자유민주주의 체제와는 거리가 먼 것이었다. 북한을 닮아가기 위한 것이거나 북한의 이익을 위한 것이었다. 그들은 시간에 맞추려는 듯 서둘렀는데 배후에서 어떤 거대한 존재가 오랫동안 기획하고 준비한 큰 그림대로 착착 움직이고 있는 듯 했고 하나의 군사작전을 보는 듯도 했다. 2020년 12월 9일부터 14일까지 단 며칠 간 많은 법안을 독단적으로 만들며 그들은 자신들의 전횡을 다수결이라는 이름으로 합리화 했고 승리의 기쁨으로 가득차 있었다. 수 년이 지난 지금 우리가 기억하는 것은 국회 각 상임위와 법사위와 본회의에서 야당의 의견을 무시 배제하고 법안을 통과시키던 그들의 폭력성 뿐이다. 그러나 통과된 법안의 내용의 의미가 무엇인지, 통과를 강행시킨 사람들의 이념 정체성이 어떤 것인지를 살펴보면 놀랍고 무섭다. 그것은 대한민국의 방향성을 바꾸는 일이었다. 발전하고 선진화된 대한민국으로 가는 길이 아니라 북조선을 닮은 남조선이 되는 길이었다.

대한민국을 북조선의 남쪽으로 만드는 법

임기 전반을 북한과 김정은에 관련된 이슈에만 몰두했던 문재인은 북미회담과 같이 '속지 않는 미국'으로 인해 완전한 실패로 끝난 일도 있고

2018년의 신헌법개정안 처럼 국민의 저항으로 좌절된 것도 있었다. 실패를 거듭한 문재인은 임기를 1년 반 남기고 조급한 듯 보였다. 조급한 그는 남미 좌익 국가의 통치기술인 현금 뿌리기에 더해 편파적인 선관위의 지원을 받으며 획득한 국회의 다수 의석에 기대 야당의 반대를 완력으로 누르고 대한민국을 북조선의 남쪽으로 만드는 내용의 많은 법률안을 통과시킨다. 2020년 12월부터 다음해 1월에 걸쳐 대거 국회를 통과한 법안들은 대부분 대한민국을 사회주의 국가로 만들고 북한의 이익에 봉사하는 내용들이었고 그것은 필연적으로 우리의 이념 정체성인 자유민주주의에 반하고 대한민국의 국익을 훼손하는 것이었다. 대한민국의 국체를 사회주의로 혹은 북한과 유사한 체제로 바꾸려는 의도가 명백했던 신헌법개정안이 좌절된 후 그들은 대한민국을 기어이 좌익의 나라로 바꾸는 법률 제정과 개정을 기획했을 것이다. 2020년의 21대 총선을 포퓰리즘과 부정선거 의혹으로 얼룩지운 것도 이를 위해서 일 것이다.

시작은 경제관련 법안이었다. 대한민국 경제를 사회주의 체제로 변경하는 내용이었다. 12월 9일 민주당은 국회 본회의에서 기업규제3법과 노동3법이라 불리는 사회주의적 경제법안들을 무더기로 통과시켰다. 이 법안들은 핵심 간부진이 모두 주사파 출신인 민노총의 요구를 수용한 것으로 기업인의 경영권에 많은 제약을 가하거나 축소하는 대신 노조의 경영개입을 허용하고 특권적 지위를 대폭 강화했다. 한 달이 지난 2021년 1월에는 중대재해처벌법까지 통과되어 모든 기업주는 잠재적 범죄자가 되고 노조의 권한은 더욱 강화되었다. 이 외에도 임대인의 권리를 축소하고 세입자의 권리를 크게 강화한 임대차3법, 선 분배가 본질인 소득주도성장 정책 등을 시행하여 국가의 민간기업에 대한 지배권을 강화한 것까지 모두 반기업적이고 반시장적인 사회주의 경제정책이었다.

우리의 경제를 사회주의 체제로 변경하려는 의도가 명백한 이러한 법률이 시행되면 대한민국은 공산주의 국가인 중국이나 베트남에 비해 적어도 경제의 영역에서는 더욱 사회주의적인 나라가 될 것이라는 학자들의 우려가 제기되었다. 그러나 문재인은 개의치 않는 듯했다. 중국과 베트남은 경제운용에는 기본적으로 자본주의와 시장 메커니즘을 도입했기 때문에 이들 나라와 비교한다면 문재인의 경제가 오히려 더 사회주의적인 것은 분명했다. 문재인이 솔선수범한 여러가지 국민 분열적 행태와 함께 2020년 12월 제정 개정된 여러 경제법안을 보면 마치 마르크스와 레닌이 외친 계급투쟁이 재현되는 현장을 목도하는 듯했다. 이러한 사회주의적 경제법안의 통과는 노동자들의 승리가 아니었다. 주사파들이 장악한 노조의 승리였다. 이후 기업주들은 국내에는 공장 짓기를 포기하고 해외로 나갔고 문재인 정권은 이에 대한 대책은 커녕 말리는 시늉도 하지 않았다. 여기에는 그들만의 깊은 뜻이 있는 듯했다. 그들은 대한민국을 귀족노조와 가난한 노동자로 나뉘어지는 그런 나라로 만들고 있었다.

12월 10일에는 공수처법개정안이 통과되었다. 학계도 법조계도 공수처법은 그 내용과 설립절차 모두 위헌이라고 했으나 그들은 법안 처리를 강행했다. 이 법에 의해 문재인과 그의 좌익 동지들은 불법을 범하고도 처벌받지 않고 감옥가지 않게 되었고 반대세력을 집중적으로 공격하고 처벌할 수 있게 되었으며 무엇보다 대한민국의 법질서를 수호하는 핵심 형사사법기관인 검찰의 기능을 약화시킬 수 있게 되었다. 대한민국의 자유민주주의 체제를 해체하는 일은 주사파의 오랜 투쟁목표였고 검찰을 무력화시키는 것은 그 첫걸음이다. 이것이 그들이 노래한 검찰개혁의 본질이었다. 2019년 4월, 우파 궤멸과 20년 100년 집권을 공언하던 당대표 이해찬과 악질 친일분자의 손자인 원내대표 홍영표의 지휘하에 공수처 설립법안을 신속안건으로 처리할 당시 그들은 야당의 거부권이 보장되므로 그들만의 독재적인 운영이 불가능하다고 국민과 야당을 향해 말하고 또 말했다. 그러나 그 약속을 뒤집고 야당의 비토권을 삭제해 버린 것이 이 날 통과된 공수처법개정안의 골자였다. 대국민 기만이자 사기였다. 그들은 자유민주주의자가 아니라 기존의 체제를 파괴하는 폭도들이었고 그들이 몸담은 더불어민주당은 공산당 처럼 보였다.

공수처법개정안은 대민민국을 독재체제로 변경하려는 의도가 분명했던 법안이다. 공수처는 문재인이 물러난 후 사실상 무용의 기구가 되었지만 좌익이 정권 재창출에 성공했다면 무소불위의 사법권을 휘둘렀을 것이다. 좌익세력의 모든 부정과 비리와 불법과 위법은 공수처로 보내 꽁꽁 감추고, 우익세력에 대해서는 그들의 필요와 목적에 따라 무자비하게 공격하는 수단으로 고안된 기구이기 때문이다. 전체주의를 표방하는 사회주의 국가의 권력구조는 필연적으로 독재체제다. 문재인 세력이 대한민국을 사회주의 국가로 만들기 위해서는 정권이 마음대로 부릴 수 있는, 어떤 권력으로부터도 견제받지 않는 형사사법기구가 필요했고 그래서 만들어진 것이 공수처. 공산당이 통치하는 곳은 법이 아닌 권력자의 의지, 각각의 권력자의 권력의 크기에 의해 움직여진다. 이에 부합하는 용도로 신설된 것이 바로 공수처. 북한의 권력구조에서 핵심적 역할을 수행하는 최고 정보기관으로 비밀경찰의 역할까지 수행하며 인민에게는 공포의 내상인 '국가안전보위부'를 흉내낸 것이다. 문재인 정권이 국민과 야당과 지식인들의 거센 반대를 무릅쓰고 공수처를 신설하고 급기야 기만적인 수법으로 야당을 농락하며 공수처법개정안을 통과시켜 자신들의 완전한 사냥개로 만들었다는 사실은 그들이 대한민국을 북한과 유사한 체제로 변경하려고 했다는 명백한 증거다.

12월 10에는 5.18특별법도 통과되었다. 자유민주주의를 지키는 핵심 장치인 표현의 자유를 정면으로 침해하는 위헌적 법안이라는 비판에도 문재인 세력은 귀를 닫고 이 법안의 통과를 강행했다. 이제 5.18에 대해서는 그들이 규정해 놓은 내용 이외의 것을 말하면 형사처벌까지도 가능하게 된 것이다. 5.18 당시 광주 근처에 가지 않고도 유공자가 된 민주당의 여러 정치인들에 대해 그 진위를 물을 수도 없을 것이며 공개를 거부하는 5.18유공자 명단이나 그들이 받는 보상금과 연금의 규모에 대해서도 물어볼 수 없을 것이다. 이로써 세금을 내는 국민인 우리는 그들에게 꼬박꼬박 지급될 돈에 대해 내역을 물을 수 있는 권리조차 박탈되었다. 이게 공산국가가 아니고 무엇인가. 그들이 입만 열면 들먹이는 것이라면 5.18은 분명 자랑스럽고 성스러운 사건일텐데, 유공자의 명단 공개를 원천봉쇄하고 광주사태의 내막과 의혹은 거론하지 못하게 틀어막으며 이의조차 제기하지 못하게 국민의 입을 꿰매는 이 지독한 모순을 우리는 대체 어떻게 받아들여야 하나. 대한민국은 이제 북한과 같은 전체주의 체제로 가고있는 것이 아니냐는 우려가 곳곳에서 나온 이유다.

5.18특별법은 대한민국을 북한과 같은 사회주의 공산주의 국가로 만들기 위한 것이었다는 점에서 공수처법과 취지는 같다. 이 법안은 이름 그대로 특별한 법이다. 그러나 도무지 이해할 수 없는 내용으로 되어있다.

북한은 자신들이 특수부대를 내려보내 조종하고 직접 폭동을 일으켰다고 자랑하고 선전하는데 남한의 관련자들은 북한과의 연계성을 전면 부인한다. 게다가 헌법에 넣어야 할 정도로 자랑스럽고 숭고한 일이라면 명단 공개는 왜 법으로 금지하는지, 보상금 연금 등의 지급에 막대한 금액의 국가예산이 들어가는데 왜 그것을 받는 사람의 이름은 꽁꽁 감추는지 도무지 알 수 없는 일이다. 그들이 말하는 내용 이외의 진상을 말하면 처벌을 받는다니 최소한의 표현의 자유에 기대어 짐작을 말하자면 이것은 종북세력이 호남인을 포섭하기 위한 것으로 보인다. 그들은 무혈의 방법으로 대한민국을 공산화하고 북한화하기 위해 선거제도를 이용하기로 하고 특정 후보자나 특정 정당에 90% 내외의 몰표를 던져주며 단일 투표집단으로 행동하는 호남을 포섭하기 위해 그들에게 많은 특혜를 주기로하고 이 법안을 만들었을 것이다. 또한 북한군이 개입했다는 일이 사실이라면 그것을 꽁꽁 숨기기 위해 이 법안을 만들었을 것이다. 이 법안은 일견 호남인을 위한 것으로 보이지만 본질은 북한을 위한 것이다. 문재인과 주사파 세력이 5.18의 진상을 그들이 말한 것 이외에는 말할 수 없도록 입을 틀어막는 것은 한반도를 북한 중심으로 통일시키는 일에 호남인의 절대적이고 압도적인 지지가 필요하기 때문일 것이다. 문재인의 집권기에 전라도 광주 지역구에서 국회의원을 지낸 송갑석은 일찌기 "북한에 의한 통일만이 진정한 조국통일이다"라고 말했다.

12월 13일에는 국정원법개정안이 통과되었다. 간첩과 반국가행위자를 적발해 내는 국정원의 기능을 삭제하는 내용이었다. 그 일을 경찰에 이관한다고는 하였으나 공안수사 부문의 조직도 약하고 수사능력도 크게 떨어지는 경찰이 그것을 제대로 할 수 있을 것이라고 보는 전문가는 없었다. 문재인 정권에서 간첩을 잡지 않아 국가보안법을 무용지물로 만든데 이어 국정원의 간첩 잡는 역할마저 원칙적으로 불법이 되게 만드는 법안이었다. 이로써 간첩들은 잡히지 않고 자유롭게 활동할 수 있게 되었고 그래서 이날 통과된 국정원법개정안을 '간첩 자유법'이라 부르는 국민도 있었다. 그 즈음 남파간첩들은 서울 한복판에서 고정간첩들과 자유롭게 접선한다는 소문이 돌았을 정도이니 간첩에게 자유를 준 법이 확실하다. 이 법안으로 이제 간첩은 안전하게 되었고 대한민국은 위험하게 되었다. 이 법안에 찬성한 187명의 국회의원들은 대한민국 국회의원이 맞을까. 아니다. 그들은 남조선 최고인민회의 대의원일 것이다. 그들이 과거에 한 일을 살피면 더 쉽게 이해된다.

국정원의 핵심 업무인 간첩 잡는 일을 중단시키는 내용의 국정원법 개정은 그들이 국가보안법을 이미 사문화시킨 것과 함께 김일성의 지령인 대남혁명노선을 수행하는 과업이다. 간첩들이 대한민국 땅에서 잡히지 않고 자유롭게 활동할 수 있다면 북한정권은 피 한방울 흘리지 않고 남한을 점령할 수 있을 것이다. 간첩과 종북세력이 의한 무혈의 남한 접수는 전쟁을 통한 남한 점령과 함께 김일성이 남한을 흡수하기 위해 결정한 투트랙 중 하나다. 문재인 정권이 간첩을 잡지 못하도록 국정원법을 개정한 일은 김일성의 남한 흡수 전략 중 무혈의 전략을 실천하는 것으로 그것은 곧 대한민국을 북한의 아가리에 바치는 일이다. 문재인을 간첩으로, 그의 정권을 간첩단으로 의심하는 강력한 이유다. 그게 아니라면 대체 세상 어느 나라가 적국의 스파이를 잡지 못하도록 하는가. 간첩 천국이 된 자유 베트남이 결국 공산당의 아가리에 들어가는 것을 목도하지 않았는가.

12월 14일에는 대북전단금지법이 통과되었다. 김여정이 로동신문에 낸 겁박성 담화에서 시작되어 '김여정 하명법'이라 불린 이 법안은 송영길이 발의했다. 이날 표결에 참석한 187명의 범 좌파의원들은 마치 거수기처럼 숫자를 보태며 만장일치로 통과시켰다. 북한동포들을 외부세계로부터 완전하게 단절시키고 김 씨 일가의 독재체제는 더욱 공고히 하는 법이라는 비난이 쏟아졌고 해외에서는 대한민국이 북한에 항복한 것이라는 평가까지 나왔다. 그러나 이 법안을 통과시킨 그들은 이런 비난과 평가에 신경 쓰는 것 같지 않았다. 그들이 남조선 최고인민회의 대의원이라 그랬을 것이다. 이 법안은 문재인과 민주당의 종북 정치인들의 북한 김 씨 일가에 대한 충성심이 고스란히 반영된 것이었다. 대한민국 국민의 권리인 표현의 자유를 짓밟고 노예 상태에 있는 북한 동포들의 눈과 귀를 틀어막는다는 비판도 김일성의 손자에 대한 그들의 충성심을 이길 수는 없었다.

문재인이 5년 동안 한 일은 물론 이상이 전부는 아니다. 좌익세력의 생리가 그러하듯 그와 그의 정권은 우리가 모르는 더 많은 것을 도모하고 더 많은 좌익화와 북한화를 성취했을 것이다. 문재인이 자신의 통치기간 종료 1년 반을 남긴 2020년 12월 자유우파 정당의 저항을 압살하며 집중적으로 제정하고 개정한 이상의 여러 법안만 보더라도 문재인의 5년은 물론 남한에서 활동하는 모든 종북좌파 세력의 70여 년의 지향점이 고스란히 반영된 것이었다. 이때 새로 만들어지거나 고쳐진 법안들의 내용을 보면 모두 남한을 사회주의화 하거나 북한화 하거나 혹은 남한의 이익에 반하고 북한의 이익에 부합하는 것이었다는 점에서 공통적이다. 그리고 이 엄청난 일을 짧은 시간에 집중적으로 해치울 정도로 그들이 오랫동안 계획하고 철저히 준비한 것이었다는 점에서 참으로 무서운 일이다.

문재인 정권이 정권 종료 1년여를 남기고 대거 통과시킨 법안들은 남과 북의 모든 좌익세력이 해방정국에서부터 쫓아온 '공산주의로 단일화된 한반도'라는 70년 이상 묵은 오래된 목표를 제도적으로 실현하는 것이었다. 6.25 남침을 통한 유혈 점령에 실패한 북한이 1960년대에 새로이 고안해낸 전략이 무혈 점령이고 그것이 문재인 정권에 의해 마침내 결실을 맺은 것이다. 문재인이 한 일의 의미는 그런 것이다. 어마어마하게 크고 무서운 의미다. 이 사실을 간과한다면 대한민국은 결국 북한에 흡수되고 망국의 운영을 맞을 것이다. 민중에게 유토피아를 약속하고 지지를 얻어 정권을 잡은 후 실제로는 나라를 지옥으로 만들어 놓는 것이 바로 사회주의 이론이고 이를 쫓는 무리가 바로 공산주의 세력이다. 고래등 같은 기와집에서 비단옷을 입고 고기에 이밥을 먹고 살 수 있도록 해주겠다고 약속하고는 김 씨 일가 3대 자신들만 그렇게 사는, 모든 인민은 최악의 빈곤과 인권이 말살된 노예 상태로 살아가는 북한이 그 생생한 증거다. 문재인 세력은 대한민국을 그렇게 만들어가기로 작정한 것이 틀림없다.

역시 주사파 그들이었다

문재인의 5년은 늘 시끄러웠다. 대통령인 그가 솔선하며 의도적으로 국민을 쪼개고 나누어 싸움을 붙였기 때문이다. 자신이 통치하는 나라를 분열과 분쟁으로 몰아넣은 원인은 분명하다. 대한민국의 국가 정체성은 자유민주주의와 시장자본주의였으나 그의 국정운영은 사회주의와 북한주의에 뿌리를 둔 것이었기 때문이다. 헌법에 엄연히 규정된 대한민국의 정체성에 맞지 않는 그의 통치를 두고 일부 국민은 거세게 저항했고 눈먼 그의 지지자들은 열광했다. 70여 년 전의 해방정국을 보는 듯 했다. 어느 쪽도 아닌 중도의 국민은 문재인의 달콤한 거짓말에 속아 넘어가거나 선거 때마다 내놓는 현금 약속에 넘어갔고 선거에 이긴 그는 대한민국의 정체성과는 더 먼 쪽으로 폭주했다. 대한민국이 늘 시끄러운 이유는 여기에 있었다. 이 시끄러움은 그의 시간이 끝난 후에도 그치지 않았다. 새 정부가 대한민국의 정체성을 바로 세우려고 했기 때문이다.

2020년 12월, 대한민국을 제도적으로 사회주의화 북한화 하는 폭력적인 정국에서 여러 법안들의 통과를 마치 군사작전처럼 밀어붙일 때 이를 주도한 사람들의 면면을 보면 각 법안의 의도와 방향성은 바로 간파된다. 현장에서 작전을 지휘한 민주당 원내대표 김태년은 주사파의 소굴인 전대협의 1기 간부 출신이다. 주사파란 김일성의 주체사상을 성경처럼 받들고 김일성을 절대자로 숭배하는 사람들이다. 모든 법안 통과의 길목을 지키고 있던 법사위원장 윤호중은 유시민과 함께 허울좋은 학생운동이라는 이름으로 자신이 다니던 대학 내에서 무자비한 폭력을 휘두르는 프락치 폭행사건을 저질러 무고한 시민 다수의 인생을 재기불능으로 만든 중범죄를 저지르고 이를 자신이 민주화운동을 했다는 징표로 간직한 사람이다. 그는 지금도 그렇게 행세하고 있다. 대북전단금지법 등 북한에 충성하는 법안을 강행할 때 대활약 한 사람은 국회 외교통일위원장 송영길이다. 그는 세계 40여 이상의 국가에서 이 법이 자유민주주의의 핵심 장치인 표현의 자유를 침해하는 것이라고 우려를 표하거나 항의할 때 "한국의 표현의 자유는 완벽하다"는 완벽한 거짓말로 일축하고 이의 통과를 강행했다. 그는 이 법안의 대표발의자였다. 평소에도 북한을 옹호하는 딱 한 가지의 임무를 맡은 듯 했던 송영길은 젊은 시절 보수정당의 당사를 점거하고 농성을 한 일로 처벌받은 사람이다. 정보위원장 역할을 한 김경협은 이적단체인 삼민투의 조직원으로 반국가 행위를 했던 사람이다. 김태년 윤호중 송영길 김경협 이들은 모두 집시법 국보법 등을 위반해 징역형을 살았던 공안 전과범들이다. 이들이 힘을 합해 군사작전하듯 한 일이니 내막을 들여다보지 않아도 뻔한 일일 것이다.

이들의 배후에는 불과 몇개월 전까지 당대표를 지낸 상왕 이해찬과 대통령 문재인이 있었다. 이해찬과 문재인과 한명숙은 재야에서 은밀하게 움직이는 종북이들과 국회 사법부 행정부 등 제도권에서 활동하는 종북이들의 연결고리로 지목되는 사람들이다. 그리고 이들의 배후에는 보이지 않는 곳에서 움직이는 실세들이 있었다. 박성준 등 아직 살아 있는 통혁당 잔당들과 백낙청 김상근 함세웅 오종렬 등의 종북 원로들이 모이는 소위 원탁회의 멤버들이 있었다. 이 원탁회의는 대통령이 되기 전의 문재인도 멤버였다. 그리고 이들 모두의 최종의 배후에는 북한 로동당이 있었을 것이다. 그 당시의 조선중앙통신과 로동신문의 기사는 남쪽 국회에서 문재인과 민주당이 하고 있는 일에 대해 어떤 때는 사전에, 어떤 때는 사후에 고스란히 전달하고 있었다. 180여 기의 국회 거수기 의원들, 그들을 지휘하는 주사파 출신의 더불어민주당 지도부, 제도권과 재야를 연결하는 고리들, 재야 원탁회의 멤버들, 북한 정권과 조선로동당, 모두 한 덩어리로 연결되어 네트웍을 만들고 힘을 모은 이들은 2020년 12월 그렇게 대한민국의 자유민주주의 국체를 사회주의 공산주의 북한주의로 변경하는 법안을 대거 통과시켰다. 대한민국의 길이 아닌 조선인민공화국 남쪽의 길이었다. 간첩으로 의심받는 문재인이 대한민국의 대통령이 되어 그의 주사파 동지들과 함께 대한민국 국민인 우리를 인도한 길이다.

2절 촛불이 문재인에게 던진 명령서

정권을 손아귀에 넣은 문재인과 그의 수하들은 늘 촛불혁명을 말했다. 독단적인 일, 불법적인 일, 불공정한 일을 할 때나 그런 일이 사후에 발각되어 여론의 질책을 받을 때면 그들은 촛불을 들먹였다. 권력의 비리를 수사하는 검찰조직을 결딴낼 때도, 정권의 비리에 대한 처벌을 피하기 위해 고안해 낸 공수처 설립으로 온갖 욕을 먹을 때도 그들은 촛불을 들먹였다. 가족 범죄단의 가장 조국을 지키기 위해 모인 사람들의 개싸움의 함성에도 촛불은 있었고 법무장관 추미애가 에이스 검사들을 지방으로 마구 흩뿌릴 때도 촛불을 입에 올렸다. 촛불, 촛불민심, 촛불혁명의 소리는 창궐을 거듭하는 역병에 '2주만 더'와 '터널의 끝'과 'K방역의 성공'을 듣고 또 듣는 일보다, 자영업자들이 곡소리를 내는 데도 '기적같은 경제 선방'만 반복하는 대통령의 허황한 말을 듣는 것보다, 북한은 자꾸 미사일을 쏘아대는 현실에서도 종전선언과 평화협정 타령을 반복해서 듣는 것보다 더 고통스러운 소리였다. 그 촛불이 거짓이고 조작이고 선전 선동에 쓰인 소품인 것을 알고 있는 국민에게는 귀 아픈 잡소리로 들렸다.

1. 종북단체들이 내민 채권 청구서

촛불로 정권을 찬탈한 문재인이 전개한 국정운영은 더욱 충격적이었다. 그가 펼치는 모든 정책들은 일정한 지향성과 하나의 이념성을 가지고 있었다. 그것은 대한민국을 공산주의 체제로 만들고 북한화하는 것이었다. 그의 정권은 김일성이 일찍이 남쪽 고정간첩들에게 내린 지령인 대남혁명노선을 실행하는 김일성의 혁명을 수행하고 있었다. 남한의 체제를 소수의 지배계급과 다수의 민중으로 구성되는 북한식 계급사회로 변경하고, 북쪽의 이익에 봉사하고 충성하는 남쪽 정권을 만들고, 주한미군 철수의 전제 조건인 종전선언을 추진하는 등의 국정운영은 모두 대남혁명 과업의 내용 그대로였다. 문재인 정권의 모든 통치행위는 여기에 초점이 맞추어져 있었다. 공안검사 출신의 고영주, 언론인 조갑제, 공산주의 전문가 양동안 등이 예견한 딱 그대로였다.

100가지의 명령

박근혜를 청와대에서 끌어내고, 탄핵을 결정하고, 감옥으로 보낼 때 촛불집회를 주도한 것은 충분한 자금력과 거대한 조직력을 갖춘 민노총이었다. 여기에 전교조 참여연대 민변 등이 주도적으로 움직이고 범민련 남측본부 연방통추 등 이름만 들어도 알 수 있는 종북단체들, 그리고 대법원이 이적단체로 판결을 내린 민권연대 환수복지당 재건통진당 등 노골적으로 북한식 공산주의를 지향하는 단체들까지 모두 가세했다. 명실상부한 종북좌익단체 총연합이었다. 민주당의 문재인 세력은 여론전을 선도하며 이 모든 정국을 총지휘했고 종착점은 물론 그들의 집권이었다. 그리고 이 모든 상황을 이끌어가는 꼭대기 점에는 문재인이 있었다. 문재인은 박근혜가 쫓겨난 청와대를 차지하고 부귀영화를 누리는 일에도 꼭대기에 있었고 북한을 추종하고 김정은에 충성하는 일에도 꼭대기에 있었다. 그런데 놀라운 일이 있다. 대한민국 대통령이 된 문재인의 국정 운영은 특정 세력의 요구를 따르고 이행하는 것이었다. 대통령이 아닌 어떤 존재가 대한민국의 방향성을 결정하고 있었다는 뜻이다.

문재인이 지휘한 촛불세력 연합체에 속한 대부분의 단체들은 이미 탄핵정국 이전부터 반정부 활동과 반체제 운동을 오랫동안 수행해온 세력이다. 그들은 강경한 반좌익 정책을 펼치던 박근혜 정부를 향해 극렬하게 저항했다. 이들은 세월호 참사를 몽땅 박근혜의 책임으로 뒤집어 씌우는 프레임을 만들어 정국의 주도권을 잡은 후 마침내 최순실과 국정농단이라는 허깨비를 등장시키며 탄핵정국을 만들어 갔다. 이 연합체는 '비상국민행동' '민중공동행동' 등으로 여러번 명칭을 바꾸었으나 소속된 단체들의 구성과 핵심 주도세력과 그들의 정체성과 그들의 지향점은 동일했다. 그 지향점이란 대한민국의 좌익국가화와 여기서 더 나아가 대한민국의 북한화를 실현하는 것이었다. 그들은 이를 위해 문재인과 민주당을 앞세우고 박근혜 정부를 붕괴시켰다. 그리고 정권을 잡았다.

문재인이 대통령에 취임하고 정확히 2주가 지난 뒤인 2017년 5월 24일 '박근혜정권퇴진 비상국민행동'은 해산을 선언한다. 그러나 촛불집회를 거대한 축제로 만든 공적으로 문재인 정권에 대한 채권자가 된 그들이 그냥 물러날 리는 없었다. 그들은 문재인을 향해 '촛불개혁 10대 분야 100대 과제'라는 제목의 촛불청구서를 내밀었다. 소위 '10대 분야'로 불린 이것은 1. 재벌체제 개혁 / 2. 공안통치기구 개혁 / 3. 정치선거제도 개혁 / 4. 좋은 일자리와 노동기본권 / 5. 사회복지 공공성 생존권 / 6. 성평등과 사회소수자 권리 / 7. 남북관계와 외교안보정책 개혁 / 8. 위험사회구조 개혁(안전과 환경) / 9. 교육 불평등 개혁과 교육 공공성 강화 / 10. 언론개혁과 자유권 등이다. 10대 분야로 나뉜 이 청구서는 문재인이 취임사를 할 때 나열한 내용과 비교하면 구체성을 띠고 있다. 또한 좌익이념으로의 지향성이 분명하다. 놀라운 것은 이 10대 분야 각각이 문재인의 통치 5년을 단숨에 스크린 해준다는 점이다. 게다가 이해되지 않았던 문재인 정권의 통치내용이 여기에 모두 들어있다. 그 각각을 간단히 살펴보자.

1. 재벌체제 개혁 : 삼성 롯데 한진 등의 총수들은 늘 검찰과 법정과 감옥을 들락거렸고 한진의 오너는 홧병으로 제 명을 지키지 못했다. / 2. 공안통치기구 개혁 : 검찰개혁이라는 이름으로 검찰의 범죄대응력을 약화시키고 자신들을 보호하기 위해 공수처를 만들었다. / 3. 정치선거제도 개혁 : 2019년 야당의 강력한 반대를 억압하고 지역구 의석을 줄이고 비례대표를 크게 늘리는 선거법개정안을 패스트트랙에 태워 통과시켰다. / 4. 좋은 일자리와 노동기본권 : 비정규직의 정규직화를 무리하게 추진하고 공무원을 늘리고 세금으로 단기성 일자리를 양산했으며 주52시간제와 급격한 최저임금 인상을 밀어붙였다. / 5. 사회복지 공공성 생존권 : 수 많은 종류의 지원금 형태로 현금을 살포했으며 국가부채의 폭증을 무릅쓰고 문케어를 추진했다. / 6. 성평등과 사회소수자 권리 : 성평등의 이름으로 분열적 페미니즘 선동을 펼쳤다. / 7. 남북관계와 외교안보정책 개혁 : 문재인의 모든 국정운영은 북한과의 관계를 우선했으며 탈자유진영과 친공산진영의 외교를 전개했다. / 8. 위험사회구조 개혁 : 중대재해처

벌법 등 기업에 부담만 되고 실효성은 거의 없는 법안을 강압적으로 만들었다. / 9. 교육개혁 : 자사고 특목고의 폐지를 추진하고 좌익이념 교육을 강화했으며 학력의 하향평준화를 방치했다. / 10. 언론개혁 : 우익 언론사를 탄압하고 어용 언론을 강요했으며 언론 장악을 위해 정권이 끝날 때까지 언론중재법의 통과에 매달렸다.

이상에서 보듯 문재인의 국정운영은 모두 촛불청구서를 따른 것이 분명하다. '촛불개혁 10대 분야'를 다시 읽어보면 문재인의 통치 5년의 내용과 완전하게 일치한다. 반면 자신의 대통령 취임사와는 완벽하게 반대다. 문재인이 종북세력의 요구대로 국정을 이끌었다는 뜻이다. 놀랍고 엄중한 일이다. 문재인을 종북주의자 혹은 간첩으로 주장하는 이유다.

중간 정산

해산을 선언한 '비상국민행동'의 주도세력은 다시 '주권회복과 한반도 평화실현 8.15 범국민 평화행동추진위원회'라는 긴 이름의 단체를 결성하고 2017년 8월 15일 서울시청 앞에서 집회를 가졌다. '8.15범국민대회'라고 부른 이날 시위는 민노총 한국진보연대 6.15남측위원회 등 200여 단체 회원 6000여 명이 모였다. 여기서 그들이 주장한 것은 사드배치 철회, 한미연합 군사훈련 중단, 남북대화 개시, 평화협정 체결, 한일 위안부 합의와 군사협정 철회 등 이땅의 종북좌파 세력의 주장과 구호가 모두 나왔다. 이것은 박근혜 탄핵을 이끈 촛불 주도세력의 정체성을 고스란히 드러낸 것이며 이 역시 문재인 정권 5년간의 통치 내용과 일치한다. 문재인이 이들 종북단체들의 지침을 받들어 대한민국을 통치했다는 뜻이다. 대통령 문재인이 이들 단체들과 공산주의의 이념 지향성과 북한추종의 투쟁목표가 처음부터 동일했다는 의미이기도 하다.

이들은 문재인 정권 출범 초기에 내밀었던 채권 청구서를 중간에 점검하는 일도 잊지 않았다. 2016년 가을, 초기 촛불시위를 이끌었던 '민중총궐기투쟁본부'를 계승한 단체인 '민중공동행동'은 문재인 집권 1년이 되던 2018년 5월 기자회견을 열고 "문재인 정부가 내세운 100대 과제 중 39개 과제가 개혁을 향해 전혀 진척되지 못하고 있다."고 비판했다. 놀라운 일이다. 100대 과제 중 61개는 집권 1년만에 이미 실현되었거나 실현 중이라는 말이 아닌가. 문재인이 대통령 취임사에서 말한 30가지의 약속 중 지켜진 것은 단 하나도 없다. 논객 진중권이 취임사를 조목조목 짚어가며 평가하고 내린 결론이다. 그렇다면 문재인은 취임사에서는 전혀 딴말을 해놓고 국정운영은 촛불청구서를 따라 수행했다는 말이 아닌가. 이것은 문재인과 그의 정권을 이해함에 있어서 매우 중요한 지점이다.

'민중공동행동'은 문재인 정권 딱 절반을 넘긴 2019년 11월 30일 다시 한번 문재인을 향해 청구서의 이행을 확인하는 집회를 가졌다. 이들은 '촛불혁명 때 광화문 광장에 켜졌던 횃불을 청와대로!'라는 구호를 외치며 청와대 앞까지 행진하고 집결하여 "발호하는 적폐세력들에게, 역주행하는 문재인 정부에게 민중의 분노를 보여주자. 이것은 준엄한 민중의 경고다"라고 외쳤다. 이들은 미국 대사관 앞에서는 '한미동맹 파기' 피켓을 들고 성조기를 찢으며 "민중세상 쟁취하여 한반도 평화를 실현하자"고 주장했다. 그리고 "촛불항쟁으로 사망 직전까지 갔던 이들(우익세력)이 불과 3년만에 어떻게 이렇게 발호할 수 있게 되었는가"라며 우파궤멸의 강도를 높일 것을 주문했다.(PenN News, 2019.11.30) 경찰은 이들의 불법적인 시위를 지켜보기만 했고 폭력을 행사하는 참가자를 연행하지도 않았다. 문재인 정권 하의 대한민국 경찰은 늘 그랬다. 종북주의자들이 모인 시위대와 경찰과 문재인 정권은 늘 그렇게 한통속이었다.

문재인은 자신의 대통령 취임사와는 완전히 다르게 국정을 운영했다. 전국민이 보는 앞에서 읊은 자신의 취임사와는 전혀 다른 내용의 통치를 펼치는 것을 보며 청와대를 장악한 주사파들이 시키는대로 하는 대통령이 아니냐 하는 소위 '바지 대통령론'을 말하는 사람도 있었고 나라를 온통 혼돈과 쇠락으로 이끄는 그를 보고 '아마츄어 정권의 무능한 대통령'이라 말하는 사람도 있었다. 그러나 집권 단 1년만에 종북단체들이 요구한 과제의 61%를 해낸 문재인을 바지대통령, 거짓말쟁이 혹은 무능한 대통령이라고 말하는 것은 절대적으로 틀린 말이다. 문재인은 그의 통치 5년간 종북좌파 집단이 제시한 촛불청구서를 일관되게 그리고 매우 열심히 이행한 대통령으로 평가되어야 한다. 문제는 그 청구서의 내용이 모조리 대한민국의 자유민주주의와 시장자본주의에 위배되는 것이었고 사회주의와 북한식 공산주의에 근접하는 것이었다는 점이다. 문재인은 종북좌익단체들이 내민 촛불청구서에 따라 대한민국을 통치했다. 청구서의 내용은 대한민국을 사회주의화하고 북한화하는 것이었다. 이것이 문재인 정권의 본질이다. 문재인을 간첩으로 주장하는 이유이며 그를 심판대에 올리고 조사하고 수사하여 구속해야 한다고 주장하는 근거다.

2. 명령서의 최종 정산, 그래서 이렇게 되었다

"굉장했던 과거에서 이토록 악화되다니, 도대체 무슨 일이 벌어진 건 가요" '자본주의의 미래'를 저술한 옥스퍼드대 경제학과 교수 폴 콜리어 Paul Collier는 이렇게 탄식했다. 그는 "개발도상국에서 수십 년만에 선진국으로 도약한 유일한 국가 한국이 현재는 불황에 시달리는 다른 국가처럼 악몽같은 시기를 겪고 있다"고 말하며 낮은 출산율, 청년취업난, 포퓰리즘 정책의 득세, 커지는 빈부격차와 사회갈등을 대표적인 실패의 증거로 꼽았다. 그리고 이를 자본주의의 궤도를 이탈해서 나타난 현상이라고 규정했다. "한국은 지난 70년 사이 가난을 벗어나 OECD 회원국으로 성장한 유일의 국가입니다. 역사적으로 사회가 뭉치고 단합해 함께 일하면서 변화할 수 있었습니다. 참 역동적이었습니다. 하지만 한국은 심각한 방식으로 잘못되고 있습니다. 너무나 비극적입니다."(조선일보, 2021.12.24) 경제학자인 그는 경제의 시각에서 잘못되고 있는 대한민국을 말했다. 그러나 대한민국의 비극은 경제의 영역 뿐이 아니었다. 문재인의 시대에 대한민국은 모든 영역에서 모두 실패하고 있었다. 단 하나의 영역에서 단 하나의 성공도 없었다. 비극은 정치 경제 안보 외교 사회 등 국가의 모든 영역에서 분명하고 확실했다. 문재인이 촛불청구서에 충실히 따른 결과였다.

무너진 경제

문재인의 총체적 실패 가운데서도 가장 분한 실패는 경제의 영역이다. 문재인은 그의 실패를 성공이라고 우기는 데만 시간을 보냈고 경기침체가 심각할 때면 얼굴을 내밀고 '기적같은 선방'을 앵무새처럼 되풀이 했다. 그가 제대로 실패를 인정한 유일한 것은 집값 문제일 것이다. 그러나 문재인은 집값 폭등이 분명해진 이후에도 부동산 정책의 방향을 수정하지 않았고 결국 그의 퇴임을 불과 6개월 남긴 시점에서 집값은 안정되기 시작했다. 그의 퇴임 자체가 집값을 잡는 최고의 정책이 된 것이다. 일자리의 문제도 맥락은 같다. 그는 일자리 정부를 표방하며 요란하게 시작했으나 최저임금의 급격한 인상, 주52시간제 등 모조리 일자리를 줄이는 정책으로 일관했으며 기업3법, 노동3법, 중대재해처벌법 등 기업을 해외로 쫓아내는 정책을 반복했다. 심지어 자영업자까지로 자본가로 보는 그의 정권은 코로나 방역에서 자영업자의 희생만 강요했고 세금으로 만든 단기성 알바를 대거 공급하여 고용율과 실업율 통계에 분칠을 했다. 자기집 대신 공공 임대주택에 살고 민간기업이 만든 양질의 일자리가 아닌 정부가 만든 싸구려 일자리에 생계를 의지하는 것은 사회주의 국가의 인민이다. 대통령 문재인은 처음부터 그런 그림을 그렸던 것이 분명하다.

수많은 반기업적인 내용의 입법과 친노조적 경제정책의 운용으로 해외기업의 국내유치는 기대할 수도 없었고 우리 기업조차 국내보다 해외에다 공장을 지었다. 우리 기업이 해외에서 대형사업을 따내거나 대기업이 해외에 투자하는 곳까지 따라가 숟가락을 얹으며 정권의 업적인양 홍보했다. 문재인은 그런 일만 했다. 삼성 등 우리 기업이 44조를 투자한 공으로 바이든으로부터 랍스타 케익을 대접받고 그것을 요란하게 떠벌린 것은 참으로 우습고도 슬픈 장면이었다. 그 요리는 이재용이 먹어야 하는 것이었으나 이재용을 감옥과 법정을 드나들도록 해놓고 문재인이 대신 가서 얻어먹는 장면은 이땅의 질긴 좌우익의 대결에서 좌익이 승리했음을 보여주는 상징적인 장면이었다. 좌익이 70여 년 동안 북한을 추종하며 대한민국을 공격하는 동안 우익진영 국민은 산업화에 매진했고 그 성취로 미국에 대규모의 반도체 공장을 설립할 수 있었다. 그러나 좌익정권의 수장 문재인이 미국 대통령으로부터 감사의 인사를 받고 일본 수상에게 내놓은 햄버그에 비해 고급 점심을 대접받은 것은 우익의 성취를 도둑질하는 좌익의 생리와 본색을 압축해서 보여주는 장면이었다.

문재인은 자신의 정권 종료를 불과 10개월 앞두고 대한민국을 선진국으로 해달라며 자발적으로 UN 산하 유엔무역개발회의 UNCTAD에 신청했고 UNCTAD는 반색을 하며 그 지위를 주었다. 한 국가가 스스로 그 지위를 요구한 것은 UNCTAD 역사에서 처음 있는 일이었다. 그것은 중진국에 주어지는 모든 특별 우대와 혜택 조항을 스스로 포기하고 선진국으로서 짊어져야 하는 여러가지 의무를 자초하는 자해행위에 가까웠다. 경제를 포함한 자신의 모든 실패를 은폐하고 자신이 계획적으로 수행한 대한민국 파괴적 통치를 감추려는 수작이었다. 그럼에도 대한민국의 쇠락을 입증하는 각종 통계는 덮어지지 않았고 그래서 정권이 주도하는 광범위한 통계조작을 불사했다. 문재인이 퇴임한 후 청와대의 통계조작 지시를 이행한 수하들과 일선 공무원들은 줄줄이 수사를 받고 재판을 받았다. 경제 파괴는 문재인의 대한민국 파괴 공작의 중요한 부분이었다.

대형 국제 체육대회와 대형 국제박람회와 국제회의의 유치는 발전하는 대한민국의 시대에는 늘 있었던 일이다. 그러나 문재인의 시대에는 아무것도 없었다. 외교력을 동원해서 주요 국제기구의 수장자리에 한국인을 당선시킨 일도 없었고 대형 해외사업을 수주하는 일에 정부가 힘을 보태는 일도 없었다. 7위 6위 8위를 기록했던 이전의 올림픽 순위가 그의 시대에 16위까지 떨어진 것은 국력의 쇠퇴를 분명하게 보여주는 것이었다. 다음 정부에서 거둔 순위 8위는 그의 정권의 16위가 고의가 아니었나 의심되기까지 했다. 우익진영을 공격하는 일 딱 한 가지만 해온 그들이 국가의 발전, 국력의 신장, 미래에 대한 대비 등에는 능력이 없는 사람들이라는 사실은 익히 알았던 일이다. 그러나 그들은 처음부터 그런 일에는 관심이 없었다. 문재인 정권의 실패는 그들의 아마추어적 미숙함 때문이 아니다. 계획이었다. 대한민국의 쇠망과 붕괴는 그들이 그린 큰 그림이었다.

성장하고 발전하는 대한민국의 흐름은 문재인 정권의 출범과 함께 단절되었다. 국가의 모든 경제통계와 사회적 지표들이 내리막 길을 걷기 시작한 것이 증거다. 내리막은 그의 집권 5년간 일관된 것이었다. 말 않듣는 통계청장을 교체하며 통계를 조작하고 어떤 때는 아예 통계기준을 바꾸어 놓기도 했다. 그래도 통계 화살표의 방향은 돌려지지 않았고 나중에는 욕먹을 통계는 발표하지도 않았다. 그렇게 대한민국은 발전하는 국가에서 쇠망하는 국가가 되었고 성장하고 발전하는 대한민국의 시대는 문재인의 정권에서 끝이 났다. 세계 10대 경제대국에까지 이른 대한민국의 번영은 청년들의 부모세대에서 마감되었다. 1960~80년대까지 30여 년간의 제1세대는 김일성의 침공으로 폐허가 된 나라를 재건하는 시대였고 1990~2010년대까지의 제2세대는 1세대가 이룬 성장의 궤적을 계속 유지했다. 그러나 이 흐름은 제3세대인 지금의 청년의 시대가 시작되면서 끊어졌다. 문재인이 그렇게 만들어 놓았다. 지금의 청년들은 대한민국 70년의 역사에서 앞의 부모세대보다 가난하게 된 뒤의 첫 세대가 되었다. 문재인의 시대에 청년들 스스로 내린 결론이다.

긴 인류 역사에서 인간의 존재를 위협한 최대의 적은 빈곤이었다. 빈곤은 모든 시대 모든 지역 모든 가정 모든 개인을 예외없이 위협했다. 질병 전쟁 자연재해가 인간을 간헐적으로 혹은 주기적으로 공격했다면 빈곤은 모든 인간 존재에 대해 하루에 세 번 이상도 공격할 수 있는 상시적인 위협이었다. 세계적인 경제대국이 되어 이 위협을 단군이래 처음으로 해결했다 싶었던 대한민국에서 빈곤의 무서움을 다시 확인시켜준 것은 문재인이었다. 막대한 현금을 살포했음에도 문재인의 시대에는 어느 동네에서 누가 아사했다거나 빈곤으로 한 가족이 스스로 생을 마감했다는 소식은 이전 시대에 비교해 압도적으로 많았다. 청년들이 하루 두 끼로 버틴다는 뉴스와 매번 컵라면으로 끼니를 때우는 취업준비생이 늘어간다는 뉴스는 처음에는 안타까운 마음이었으나 나중에는 분노가 치밀었다. 월 200만 원을 받을 수 있는 일자리마저 마구 없애는 정책을 고집하면서 선거 때가 되면 부자들에게까지 불과 몇십만 원 되는 돈을 뿌려대며 생색을 내는 그들에게 어찌 분노하지 않겠는가. 그것은 청년들의 실업과 빈곤에는 입을 닫고 있다 국민의 원성이 높아질 때에야 겨우 나타나 "안타깝다. 가슴 아프다"는 대책없고 하나마나한 말만 되풀이하는 대통령을 뽑은 국민의 업보였다. 그것은 결국 시대착오적인 사회주의 경제정책으로 나라 경제를 엉망으로 만들어 놓은 최고책임자 문재인에게 분개하고 책임을 물어야 할 일이다. 촛불이 만든 대한민국 경제의 실상이다.

총체적 쇠퇴

폴 콜리어 교수는 대한민국 경제의 악몽을 이야기했다. 그러나 악몽은 경제에만 국한되는 것이 아니다. 정치는 보수궤멸을 공언하며 야당을 압살의 지경으로 몰아간 결과 대한민국은 왼쪽 날개만으로 날아가는 독재국가가 되었고 인권, 표현의 자유 등 국민의 기본권을 침해하며 70여 년간 어렵게 발전시켜온 자유민주주의를 무참히 후퇴시켰다. 집권 2년차에 내놓은 신헌법개정안은 자유민주주의와 사회주의를 구분하는 핵심가치인 '자유'가 빠지고 자유민주주의 국가의 '국민'을 북한 헌법의 표현인 '사람'으로 바꿔놓았다. 대한민국을 사회주의 국가로 변경하려는 그들의 의도를 분명하게 드러낸 것이다. 대한민국의 법과 정의와 정체성을 지켜야할 사법부는 김명수 등의 좌익 법관들로 요직을 모두 교체했고 검찰은 문재인 세력의 범죄에는 손을 대지 못하도록 만들어 놓았다. 그들은 그것을 검찰개혁이라 불렀다. 그리고 모두 범죄혐의 투성이인 조국과 추미애와 박범계를 법무부 장관에 임명하여 그들보다 혐의 숫자가 적은 민주당 사람들의 범죄는 범죄같아 보이지도 않게 만들어 놓았다. 구린 곳이 많은 그들 세력의 구린내를 감추는 기술이었다. 그것으로도 퇴임 후가 불안했던지 공수처라는 갑옷을 만들어 입고 마침내 검찰의 수사권까지 박탈했다. 해방후 우여곡절을 겪으며 어렵게 진전되어온 대한민국의 자유민주주의적 정치 시스템은 문재인에 의해 그렇게 무참히 망가지고 있었다.

문재인은 외교의 영역에서 근대화와 문명화와 선진화에 성공한 국가들이 모인 자유민주국가 진영은 스스로 멀리하고 명백한 실패로 끝난 사회주의 진영으로 다가가는 대외정책을 펼쳤다. 미국을 중심으로 하는 자유진영 우방국이 하는 일에는 늘 명단에서 빠졌고 그래서 북한이 다시 남침하면 서방 국가들이 6.25 그때처럼 우리를 도와주기나 할까 싶었다. 북한이 쳐내려오면 아무도 도와주지 않도록 만드는 것이 문재인 정권의 외교안보정책인 듯 했다. 결과는 즉각적으로 나타났다. 반미적 행보를 노골화하다 미국산 백신의 확보는 후순위로 밀렸고 워싱턴의 외교가에서는 한국이 그들의 동맹국이 맞는지 의심했으며 우리 외교관들은 곳곳에서 푸대접을 받았다. 죽창가를 부르며 일본을 적대시하다 국내에서 급격히 줄어드는 일자리에 대한 돌파구를 일본에서 찾고 있던 청년들의 일본 취업의 길조차 막혀버렸고, 기업들은 청와대의 억지성 부인에도 불구하고 수출 수입 관광 등 모든 대일 교역에서 고전했으며 문화의 영역을 비롯한 사회적 교류도 현저하게 줄어들었다. 반면 중국에 대해서는 모욕적인 대접을 받고 욕을 먹고 우리의 바다와 하늘을 수시로 침범당하면서도 굴종했다. 중국이 경제적 목적에서 김치와 한복을 자기네 것이라 우겨도 문재인과 그의 정권은 찍소리도 하지 않았고 삼성과 현대가 중국에서 오랫동안 어렵게 개척해온 시장을 부당하게 빼앗겨도 장하성 강경화 문재인 모두 꿀먹은 벙어리였다. 그들은 공산주의 국가 중국을 형님으로 모시기로 마음먹은 듯 했다. 북한을 따라가는 길이었다.

문재인 자신과 그의 수하들은 남북간의 관계개선과 평화유지를 확고한 치적인 듯 선전했다. 그러나 그들을 무조건적으로 지지하는 무리 외에는 그의 시간 5년을 평화로 인정하지 않았다. 문재인 스스로 대통령 취임 100일 기자회견에서 '북한이 ICBM에 핵탄두를 탑재해서 무기화하게 되는 것이 레드라인'이라고 규정했으나 북한은 문재인의 퇴임 두어 달을 남기고 이 레드라인을 넘었다. 이로써 그의 대북정책은 완전한 실패로 끝났다. 그러나 김정은은 곧 퇴임하는 문재인에게 그간의 노고를 치하했다. 문재인은 김정은을 위해 대체 어떤 노고를 다했을까. 북한이 ICBM에 핵을 얹어 미국까지 보낼 수 있는 무기체계를 완성한 일은 대한민국과 미국에는 실패였으나 김정은과 문재인에게는 성공이었다. 김정은의 치하를 받은 그때의 문재인의 표정이 궁금하다. 문재인은 종전과 평화를 말하고 또 말했으나 남북관계는 오히려 과거보다 더 악화되었고 대한민국의 안보는 더욱 북한에 종속되었으며 군사력의 역전은 더 심각하게 되었다. 이것이 문재인의 시대에 문재인이 만들어 놓은 남북관계의 실상이다.

문재인의 시간, 국민은 왼쪽과 오른쪽, 동쪽과 서쪽, 광화문과 서초동, 남자와 여자, 젊은이와 늙은이, 임대인과 임차인으로 갈라지고 쪼개졌다. 심지어 대통령 자신이 직접 의사와 간호사까지 쪼개기를 했고 그래서 '갈라치기'라는 새로운 용어가 생겨났다. 이렇게 쪼개진 국민들은 맹렬하게 싸웠다. 국민이 쪼개지는 이유는 늘 문재인이 만들었다. 가족 범죄단의 가장 조국을 기어이 법무장관에 임명하고, 정권의 범죄에 손을 대던 윤석열을 쫓아내기 위해 추미애가 칼춤을 출 때 문재인은 청와대 깊은 곳에서 침묵했다. 그의 침묵으로 국민은 힘을 더 얻은 한 쪽과 화가 더 맹렬해진 다른 쪽으로 분열되어 싸우고 또 싸웠다. 이 분명한 쪼개짐과 상대를 향한 강력한 증오심으로 국민은 눈이 멀었고 그래서 40%에 이르는 한 쪽은 '대가리가 깨져도 문재인'을 외쳤다. 촛불정국을 만들고 적폐세력이라며 궤멸의 지경에까지 몰아넣었던 우익세력에게 다시 정권을 빼앗기면서도 그가 임기 말까지 40% 내외의 단단한 지지율을 보장받을 수 있었던 것은 자신의 집권 5년을 거대한 분열의 시대로 만들었기 때문에 가능한 일이었다. 그는 자신의 안전을 도모하기 위해 높은 지지율이 필요했고 그래서 국민을 분열시켜 놓았다. 그 자신의 안전은 그렇게 지켜졌으나 대한민국은 갈기갈기 찢어졌다. 망가진 경제, 독재정치, 고립외교, 위험한 안보, 국민의 분열, 이 모든 것은 문재인에게는 성공이었으나 국민에게는 악몽이었다. 그것은 결국 대한민국의 실패였다. 문재인 그는 대한민국 파괴 공작을 성공적으로 수행한 대한민국 대통령이었다.

3. 대한민국의 실패는 문재인의 성공이었다

2019년 5월 14일 자신의 집권 2년을 갓 넘긴 대통령 문재인은 중소기업인과 간담회를 가진다. 이 자리에서 그는 "우리 경제는 성공으로 나아가고 있다"고 말했다.(SBS, 2019.5.14) 당시 경제 현장과 민간에서는 "경제가 총체적으로 망해가고 있다. 제2의 IMF다" 라며 아우성이었고 이날 참석한 기업인들도 "체감 경기가 나빠지고 있다"며 빨간등을 표시했다. 불과 며칠 전 발표한 '지난 2년간의 문 정부 경제정책 평가'를 묻는 여론조사에서 국민 57.4%는 '잘못하고 있다'고 대답해 '잘하고 있다'는 응답 36.7%를 압도했으나(리얼미터, 2019.5.9) 대통령 문재인은 우리 경제가 성공으로 가고 있다고 말했다. 국민은 그의 경제를 실패라고 했으나 그는 성공이라고 말했다. 국민의 실패가 대통령인 그에게는 성공이었다.

문재인은 2023년 9월 19일 열린 평양 9.19공동선언 5주년 행사에 전직 대통령 자격으로 참석했다. 직접 평양으로 가서 김정은을 알현한 후 대한민국을 위험에 빠뜨리고 북한에는 일방적으로 유리한 내용으로 되어 있는 이 선언서에 서명한 그는 이를 기념하기 위해 양산에서 친히 서울로 납시어 "안보는 보수정부가 잘했다, 경제는 보수정부가 낫다는 조작된 신화에서 벗어날 때가 됐다."고 말했다. 그리고 "작년(2022년) 우리 경제규모(GDP)는 세계 13위로 10위권에서 밀려났다"며 정부를 비판하는 말뜻도 곁들였다. 새빨간 거짓말이다. 현직 대통령으로 재직할 당시 자신의 잘못된 경제정책으로 망해가는 대한민국 경제를 늘 "기적같은 선방"이라고 말한 것과 똑같은 거짓말이고 같은 유형의 국민 기만이다.

그가 집권하는 동안 북한은 핵탄두의 숫자를 늘리고, 핵탄두를 탑재한 미사일을 잠수함에서 발사하는 미사일 시스템인 SLBM을 완성하고, 그것을 미국 등 전세계 모든 곳까지 날려보낼 수 있는 대륙간탄도미사일 ICBM을 완성했다. 9.19군사합의에 의해 국군은 휴전선 일대에서 정찰비행조차 할 수 없게 되었고 북한은 이 합의를 위반하는 도발을 반복해도 우리는 이 합의를 지켜야 한다며 국군의 손발을 묶어놓았다. 사병과 장교의 훈련에서부터 한미합동훈련까지 모든 군사 훈련은 축소하고 전방의 군부대를 해체하는 등 국군의 방어능력을 총체적으로 약화시킨 것도 문재인 자신이었다. 그러고도 자신의 정부가 안보를 더 잘했다는 듯 말하는 것은 새빨간 거짓말이고 명백한 국민 기만이다.

그의 국민 기만은 경제의 영역에서도 마찬가지다. 2015년부터 2020년까지 대한민국의 GDP 규모는 10∼12위 사이였다. 박근혜 정부의 2015년이 11위, 그의 정권 하의 2018년이 12위, 2019년 10위였다. 그러나 2021년부터 연속 2년간 13위를 기록했다. 대한민국 경제는 그가 통치하던 때에 이미 13위로 주저앉았으니 "작년(2022) 우리 경제가 13위로 밀려났다"는 말은 거짓말이다. 그런데 이 말은 거짓말이면서도 무식한 말이다. 그는 "우리 경제 규모는 10위권에서 밀려났다"며 2019년의 10위를 자랑하고 싶은 듯했다. 이것은 우리와 순위를 다투는 러시아 멕시코 호주 캐나다 등의 실적에 의해 정해지는 상대적인 것이며 더구나 10위라는 순위에 문재인 정권이 힘을 보탠 것은 아무것도 없다. 오히려 그의 정권은 총체적으로 침몰하고 있던 경제상황을 눈가림하기 위해 국가부채를 마구 늘려가며 돈을 풀었고 이렇게 극약처방을 한 결과 통계 수치가 일시적으로 반등한 것이다. 그래서 장기적으로는 독이 되는 10위였다.

국가경제를 조금이라도 이해한다면 문재인의 이 말은 한마디로 어이없는 것이다. 대한민국의 경제규모가 10~13위를 기록한 것은 반도체와 자동차 수출의 기여가 압도적이다. 그런데 반도체도 자동차도 이미 50여 년 전인 1970년대부터 발전시켜온 국가산업이다. 국내 기업에는 공장에 전봇대 하나 세워주지 않았던 것으로 늘 비난 받은 그의 정권이 경제규모 세계 10위라는 순위를 자신의 업적인양 말하는 것은 뻔뻔한 속임수다. 오히려 그는 세계적인 반도체 생산회사의 경영자인 이재용을 1년7개월 동안 감옥에 가두어 놓았고 그 결과 우리 기업은 대만의 경쟁기업에 크게 뒤지게 되었다. 전문가들은 한 번 뒤쳐진 이 격차는 갈수록 더 벌어질 것으로 전망하고 있다. 문재인 정권의 대한민국 파괴적 경제운용의 결과다. 지금의 대한민국 경제가 50년 전부터 이어진 노력의 결과이듯 문재인의 경제 성적 역시 향후 5년 10년 50년 전망으로 평가해야 마땅하다.

2023년 한국의 경제규모는 14위로 한 단계 더 떨어졌다. IMF는 2029년이 되면 인도네시아에도 추월당해 15위권 밖으로 밀려날 것으로 전망했다. 30년 후에는 아프리카의 나이지리아에도 밀릴 것이며 2060년대가 되면 분석대상의 주요 34개국 중 성장률이 마이너스로 떨어지는 유일한 나라가 된다고 골드만 삭스는 전망하고 있다. 50년 후의 전망은 더 어둡다. 2075년이 되면 대한민국의 경제규모는 필리핀 방글라데시 파키스탄보다 더 작아진다고 한다.(한겨레신문, 2022.12.12) 대한민국 경제가 이렇게 추락하는 이유가 중요하다. 여러 전문기관들이 꼽는 이유는 국가 기업 가계를 불문하고 막대한 규모로 급속하게 늘어난 부채, 인구 감소와 고령화, 강성 노조와 낮은 생산성, 국민 분열과 갈등 증대로 인한 사회적 통합력의 약화, 근로의식과 기업가 정신의 쇠퇴를 이유로 든다. 이러한 모든 이유는 문재인의 통치가 지향한 목표인 동시에 결과다. 그의 책임이 아닌 것은 단 하나도 없다. 모두 문재인이 싸놓은 배설물이고 문재인이 심어놓은 지뢰이며 그것은 대한민국 경제를 두고두고 갉아먹고 무너뜨릴 것이다. 많은 학자와 전문가들은 이를 두고 문재인이 대한민국의 성장과 발전의 추세를 퇴보와 쇠망의 추세로 바꾸어 놓았다고 규정한다. 그러나 문재인 자신은 대한민국의 이런 분명한 실패를 성공이라고 말하고 또 말한다. 그는 자신의 실패를 두고 변명을 하고 있는 것일까. 아니다. 그는 대한민국의 실패를 계획적으로 도모했다. 그래서 대한민국의 실패는 곧 그의 성공이다. 경제도 안보도 사회통합도 모두 그렇다. 문재인의 성공은 대한민국의 실패였다. 그리고 대한민국의 모든 실패는 문재인의 성공이었다. 그는 대한민국 반역자다. 간첩이라고 해도 같은 말이다.

3절 고정간첩 문재인이 한 일

2019년 1월 말, 문재인 정권은 한강 하구의 해도海圖 3건을 북한에 넘겼다. 이 해도에 표시된 바닷길은 북한이 남한을 침공할 경우 최적의 루트로서 무장한 북한군이 1980년 이후 이미 여덟 차례나 침투했던 길이다. 문재인 정권은 1년 5개월 후 이 해도를 3급기밀로 지정했다. 북한에는 공개하고 우리에게는 볼 수 없도록 한 것이다. 간첩행위다. 국정원의 제1의 역할은 현재적 적국 및 잠재적 적국의 정보를 수집하고 스파이를 잡는 일이다. 그러나 문재인 정권은 법률을 개정하여 국정원의 간첩 잡는 업무를 삭제했다. 또한 군에 침투한 간첩을 잡는 기무사의 기능을 붕괴시키고 해외에서 북한 정보를 수집하는 비밀조직의 명단이 북한으로 넘어가는 것을 방치했다. 이 결과 과거 김정일의 양치질도 알던 국정원이 지금은 김정은의 자녀 수도 모르게 되었다. 문재인은 2020년 8월 주사파 이인영을 통일부 장관에 임명하고 '남북교류협력법 개정안'을 발의했다. 이 법안에는 북한이 대한민국의 부동산 주식 채권 저작권 매입을 허용하는 내용이 담겨 있었다. 종북세력 전체가 노리는 삼성전자에다 현대차와 방위산업, 심지어 대한민국의 영토까지 북한 손에 넘어갈 수 있도록 하는 법안이었다. 문재인 이 사람 간첩이다. 그가 했던 간첩질은 대단히 많다.

대남혁명과업을 수행하는 대한민국 대통령

남한을 접수하는 것은 북한 김 씨 일가의 오랜 꿈이다. 이 포기되지 않는 꿈을 실현하기 위해 60여 년전 김일성이 로동당에 내린 지침이 바로 대남혁명노선이다. 이 노선에 따라 남한에 간첩을 직파하고 그들을 통해 간첩망을 조직했으며 조직이 발각되어 와해되면 더 큰 조직을 또 만들었다. 그래서 대한민국에 간첩조직이 존재하지 않았던 적은 단 한 순간도 없었다. 결국 이들 간첩세력이 이땅의 주류가 되었고 지금은 나라 곳곳을 장악하고 있다. 국회의원 최소 3분의 1이 주사파로 구성된 더불어민주당을 비롯해 현재 남한에서 활동하는 모든 종북좌파 단체는 이 노선을 수행하는 핵심조직이거나 방계조직이다. 그들의 공통적 지향점은 대남혁명노선에 있다. 문재인은 종북 정체성에서 자신과 동지인 사람들과 같이 촛불혁명을 도모했고 정권을 잡은 후에는 그들과 권력을 나누며 대한민국을 함께 통치했다. 통치의 내용물은 대남혁명노선과 같은 것이었다.

대남혁명노선이란 대한민국을 조선인민공화국에 흡수시키기 위한 전략과 전술이다. 이 땅의 모든 종북세력은 이것을 실현하기 위해 투쟁해왔고 지금도 투쟁하고 있다. 그들이 민주화니 진보니 하는 용어로 위장하여 우리가 속고 있을 뿐 종북좌익 세력의 모든 활동의 핵심은 대한민국을 북한에 흡수시키는 대남혁명과업의 실천이다. 정권을 잡은 문재인의 국정운영은 여기에 초점이 맞춰져 있었다. 대남혁명과업의 핵심 내용은 3가지다. 주사파와 86 운동권 출신들이 입에 달고 살았던 구호들인 국보법 철폐, 연방제 실시, 주한미군의 철수다. 우리 귀에 너무 익숙해서 그냥 흘려듣는 구호들이다. 대통령이 된 문재인이 이것을 실행했다면 그는 간첩이 맞을 것이며 그의 정권은 간첩단이 맞을 것이다.

1. 간첩 천국을 만들다

"아직도 빨갱이 타령이냐"는 말이 유행한 것은 노무현의 시대부터였다. 이후 10여 년이 지나 대통령이 된 문재인은 "빨갱이라는 말은 친일 잔재"라며 청산대상이라고 말했다. 문재인 세력이 정권 연장에 실패하고 1년이 지난 2023년 6월 여러 언론은 "대한민국이 뻘겋다"는 제목의 기사를 실었다. 이 기사는 대한민국 지도 위에 전국 각지에 포진된 간첩단 조직을 붉은색으로 표시했는데 새로운 대통령이 "나라에 간첩이 이렇게나 많나"며 놀라워 했다는 말은 이 신문 지면에 가득찬 붉은색이 증명하고 있었다. 종북좌파 세력이 그들의 종북 정체성을 지적받을 때면 "종북몰이, 이념타령, 북풍공작" 등으로 반박하며 자신들의 실체를 위장한다. 그들은 이런 방법으로 끝내 대한민국을 점령하는데 성공했다.

그들이 늘 써먹는 위장 언어인 "요즘 세상에 간첩이 어디 있나"라는 말은 이제 틀린 말이 아니다. 간첩들이 대한민국을 사실상 장악하여 국가 주도세력이 되었고 급기야 간첩이 대통령이 되었기 때문이다. 지만원 박사 등 대한민국을 지키려는 국민은 간첩 취급을 받고 감옥에 있으며 애국을 외치는 국민은 눈치받는 소수세력이 되었다. 종북세력이 주류가 된 세상에서 '대한민국'과 '애국'은 낮은 목소리로 말해야 하고 태극기는 체육경기가 열리는 운동장이 아니면 광화문에서 종북세력을 성토하는 자리에서나 흔들어야 한다. 그리고 애국가는 '임을 위한 행진곡'에 밀려 부를 수 있는 자리가 갈수록 줄어들고 있다. 종북주의자 문재인이 대통령이 되어 우리 사회 곳곳에서 암약하는 현재의 간첩을 잡지 않거나 보호하고 또한 자신처럼 권력자가 된 과거의 간첩을 국가유공자로 만들어준 결과다.

스파이를 지키는 대통령

간첩 잡는 업무를 담당하는 국가기관은 국정원, 대검공안부, 기무사, 경찰이다. 문재인은 이 모든 대공수사기관의 조직을 축소하거나 폐지했다. 간첩 잡기에 중추적 역할을 담당하는 국정원은 법률을 개정하여 간첩 잡는 업무를 정지시키고, 대검공안부는 간첩을 잡는 대신 우익 정부에서 대한민국 수호와 발전을 위해 일했던 고위 공직자들을 수사하고 기소하는 부서로 전락시켰으며 군 내부에 침투한 간첩을 잡아내는 기무사의 방첩부문 역시 조직을 대폭 축소했다. 명목상 간첩 잡는 역할을 넘겨받은 경찰의 해당 부문에는 팀장급 이상의 간부 80%가 한 번도 간첩수사를 해본 적이 없는 그런 사람들로 채웠다. 이 결과 문재인의 5년간 새로 적발된 간첩은 전무하다. 정권 말기에 발표된 3건의 간첩사건은 전임 정부에서 혐의가 인지되고 많은 증거가 확보되어 더 이상 뭉개고 있을 수 없어서 공개한 것이었다. 2011년부터 17년까지 6년간 26건의 간첩과 간첩단이 적발된 것과는 딴판이다. 혹자는 이 3건의 간첩사건 발표를 두고 다음 정부의 날카로운 칼을 피하기 위한 선제적 조치로 평가했다. 실제 3건 모두 이후에 수사와 재판이 흐지부지 되었으니 그런 평가가 맞을 것이다. 대통령 문재인이 스파이를 보호했다고 의심받는 근거다.

문재인은 정권을 잡은 즉시 국정원에 대한 무자비한 숙청을 시작했다. 역대 4명의 국정원장과 100여 명의 국정원 고위 간부를 구속하거나 기소하고 그 자리에는 좌편향 인사들과 호남인으로 대거 교체한다. 특히 정권 후반부에는 대표적 호남 정치인으로서 북한 김 씨 왕가와 돈독한 관계임을 자랑스럽게 떠벌리는 박지원을 국정원장으로 임명하여 간첩을 잡아내는 국정원 본연의 역할을 원천적으로 정지시킴으로써 수천 명의 직원을 가진 이 거대조직을 궤멸시킨다. 결국 박지원의 국정원은 청와대 국회와 손발을 맞추며 보수진영의 반대 의견을 철저히 짓밟고 국정원의 대공 수사권 자체를 스스로 박탈했다. 이로써 대한민국을 공격하고 파괴하려는 간첩들은 안전하게 되었고 주사파 등 종북세력이 수 십년간 줄기차게 외쳐온 국보법 폐지는 저절로 성취되었다. 대통령 문재인은 국보법을 사문화시키고 공안기관을 궤멸시키는 방법으로 간첩을 보호했다. 간첩을 보호하는 사람도 간첩이 맞을 것이다. 문재인은 간첩들과 한 패였다.

자유베트남이 공산베트남과 대립하던 1970년대의 자유베트남 인구는 약 2000만 명이었다. 그 중 북쪽의 공산베트남과 연결된 공산주의자는 비밀 공산당원 9500여 명에 인민혁명당원 약 4만 명까지 합해 5만 명 정도였다. 자유 베트남 인구의 약 0.25%다. 이 0.25%의 공산주의자들이 북부 베트남과 힘을 합해 베트남 전체를 공산화하는데 성공했다. 황장엽은 남한에서 암약하는 간첩이 5만 명이라고 했다. 그러나 이미 선관위를 손아귀에 넣는 등 선거 시스템을 혁명의 수단으로 완전하게 장악한 종북세력은 90%이상이 동일한 방향으로 투표하며 단일 투표집단으로 행동하는 호남인을 우군으로 포섭하는데 성공함으로써 대한민국의 공산주의 세력은 30~40%, 즉 1500~2000만 명으로 판단된다. 0.25%만으로 공산화에 성공한 자유베트남과 비교하면 엄청난 규모다. 문재인이 대통령이 되어 힘을 다해 노력한, 좌익세력 모두가 일사불란하게 외치는 주한미군의 철수가 실현되면 대한민국은 바로 없어진다. 틀림없다.

국가 반역자가 민주유공자라니

2000년 김대중 정권이 발족시킨 '민주화운동 명예회복 보상심의회'는 노무현 정권이 끝난 2008년까지 국보법 위반, 간첩행위, 반국가사범으로 처벌받은 사건 중 무려 8264건을 민주화운동으로 규정하고 9년 동안 약 1조 원의 보상금을 지급했다. 대부분의 대한민국 반역자들이 '공안사범으로 몰려 억울하게 처벌받은 민주화운동가'로 둔갑한 것은 이때부터다. 말이 되지 않는 그들의 억울함은 막대한 보상금을 지급하는 구실이 되었고 김대중 노무현 두 좌익 대통령은 그들을 사면 복권시켜 법적 신분을 세탁한 후 정치판으로 끌어들였다. 주사파 간첩 등의 국가반역자와 종북주의자들이 대한민국을 장악하는 일은 그렇게 시작되었다.

김대중이 시작하고 노무현이 계승하여 숙성시킨 대한민국의 주류교체를 거의 완성한 사람은 3기 좌익정권의 수장 문재인이다. 그는 앞선 두 정권에서부터 지급되었던 보상금의 적용 대상을 크게 확대하고 지급액을 대폭 늘인다. 2021년 6월 '여수순천사건 진상규명 특별법안'이 국회 본회의를 통과함으로써 남로당 당원들이 여수에 주둔하고 있던 국군 14연대를 장악하고 장교 20여 명을 사살하며 시작된 폭동은 동 법안의 제정으로 민주화운동으로 둔갑한다. 그리고 국회 예산처 추산 1조5000억 원의 보상금 지급이 결정되었다. 문재인이 통일운동으로 둔갑시킨 제주4.3폭동은 한 해 전인 2020년 7월에 법이 개정되었고 거창노근리사건, 보도연맹 사건 등에 대해서도 지급이 예정되어 있었다. 해방정국에서 북한 김일성 정권과 연결된 공산당이 일으킨 이상의 여러 폭동사건에 대한 보상금 지급 규모는 총 4조7000억 원으로 추산되었다.(YTN, 2020.11.22)

문재인과 그의 정권의 실체를 모르는 국민은 이 보상금이 공산당 폭동에 피해를 입은 우리 국민에게 지급된 것으로 이해한다. 그러나 실제 지급받은 대상의 많은 부분은 폭동 주동자이거나 가담자로서 우리 국군과 경찰을 공격했던 사람들이다. 보상금 지급을 담당했던 부서의 공무원들은 이 보상금의 지급규모가 6조원까지 늘어날 것으로 추정했다. 신청만 하면 제대로 된 검증도 없이 보상금을 지급하고 심지어 빨치산에 가담하여 국군에게 사살된 사람을 '민주유공자' 자격을 인정하여 보상금을 지급하는 등 현장의 집행 실상은 공무원들의 입을 통해 드러났다. 문재인은 보상금 지급을 통해 70여년 전 대한민국을 뒤집으려 했던 북한 추종자들을 민주화 과정에서 피해를 입은 사람으로 신분을 세탁해 주었다. 공산당 폭동 가담자들과 북한 공산당 추종자들이 민주화 운동가로 대우받는다는 사실은 곧 대한민국을 지키려 했던 군인 경찰 국민은 반국가사범이 되었다는 것을 의미한다. 대한민국의 역사를 공산당의 역사로 바꾸려 한 문재인의 혁명은 이렇게 성취되었다. 문재인과 그의 세력은 여기서 그치지 않았다. 그들은 공산주의자, 김일성주의자, 대한민국 반역자들이 특권계급이 되는 세상을 꿈꾸고 있었다.

특권계급을 꿈꾸는 대한민국 반역자들

노멘클라투라, 태자당, 1번동지는 러시아 중국 북한 등 공산주의 국가의 특권계급을 지칭하는 말이다. 러시아 전체 부의 약 50%를 장악한 약 150명에 이르는 노멘클라투라의 최상층인 올리가르히도 있다. 정치권력과 경제권력이 일체화 된 공산주의 국가에 존재하는 이 계급은 전제군주 시대의 귀족계급을 압도하는 지독한 불평등 계급이다. 평등을 기치로 내세우고 등장한 공산주의의 으뜸가는 거짓이고 사기다. 정권을 잡은 문재인과 더불어민주당 세력은 북한 체제가 절대 다수의 인민계급과 극소수의 특권계급으로 나뉘듯이 그들 세력이 특권계급이 되기 위해 제도적으로 접근한다. 문재인의 시대에 "10만 명의 주사파 운동권 특권계급이 4990만의 인민계급이 된 납세자를 지배하는 사회가 되었다"는 말이 국민 사이에 돌았던 적이 있다. 결코 근거없는 루머가 아니었다.

민주당 국회의원 우원식은 20대 총선 압승의 여세를 업고 2020년 10월 '민주유공자법'을 발의한다. 우원식은 징역 3년형의 전과가 있는 운동권 출신이다. 모두 20명이 발의자로 이름을 올린 이 법안은 1964년 이후 민주화 운동 관련자 829명을 명시하고 있었다. 이들의 면면을 보면 자유민주주의 대한민국을 지키려는 국민의 눈에는 모두 대한민국 반역자들이다. 이 법안은 반국가사범인 본인은 물론 자녀까지 학비, 취업 지원, 의료비, 생활안정을 위한 금융지원, 주택 지원, 양로지원, 열차 항공 등의 이용 지원 등 다양한 지원내용을 담고 있었다. 해당자 본인과 자녀의 인간 생애주기에 필요한 갖가지 특권적 혜택을 총망라하고 있다.

여론의 비판을 넘지 못하고 입법화에 실패한 이 법안은 6개월이 지난 2021년 3월, 이번에는 설훈을 대표 발의자로 다시 입법화를 시도한다. 민주당 의원 68명에다 범좌익 의원이 가담하여 73명이 발의자 명단에 올랐다. 이번에도 여론의 벽을 넘지 못한다. 조국과 추미애의 자신과 가족의 불공정하고 특권적인 여러 행태로 국민이 치를 떨고있는 사회 분위기 때문이었다. 2022년 1월 우원식은 "제가 발의했던 민주유공자법을 꼭 완성하겠다"며 다시 다짐했다. 정권은 바뀌었으나 여전히 압도적 의석을 보유한 민주당이 21대 국회 종료를 하루 앞두고 기습 처리한 5개 법안에 민주유공자법은 또 들어 있었다. 우원식은 22대 국회의 수장이 되었다. 국회의 장은 대한민국 국가 서열 2위의 힘 있는 자리다. 2024년 6.25 행사장에서 태극기를 손에 들고 흔드는 주위 사람들과 달리 우원식은 태극기를 들지 않았다. 반대한민국 사상성이 투철한 사람 우원식이 국회의장이 되었으니 김일성주의자와 국가반역자를 특권계급으로 만드는 민주유공자법은 또 다시 입법화가 시도될 것이다. 두 눈을 부릅뜨고 지켜볼 일이다.

2021년 9월 한국대학교육위원회는 연세대 이화여대 등 13개 대학에 142명이 '민주화운동전형'으로 특례입학했다고 발표했다. 반국가세력 그들은 법을 제정하기도 전에 이미 국민인 우리가 모르도록 이런 특권계급 으로서의 특혜를 누리고 있었다. 여기에다 민주유공자법이 제정되어 그들의 특권이 제도적으로 보장된다면 그들은 모든 영역에서 광범위한 특권을 누리게 될 것이다. 자식에게까지 대를 잇는 특권은 공산국가에나 있다. 청와대의 문재인은 자신의 통치를 통해 부동산 가격 폭등, 고의적인 일자리 축소와 세금으로 만드는 알바성 일자리의 확대, 물가 폭등 등을 유도해 국민을 가난하게 만들고는 각종 현금성 지원을 남발하는 포퓰리즘 정책을 펼치며 자립능력을 갖춘 국민을 정부에 의존하는 인민으로 만드는 인민계급화에 열중하고 있었고, 그 사이 더불어민주당은 이적행위를 하고 대한민국 파괴를 도모한 세력을 특권계급으로 제도화하는 법안을 준비하고 있었다. 문재인과 민주당은 역할을 분담하여 이땅을 인민계급과 특권계급으로 나뉘는 공산주의 국가로 만드는 작업을 하고 있었던 것이다. 북한이 남한을 접수하는데 성공한다면 그들은 모두 김 씨 일가로부터 훈장을 받고 북한의 1번동지에 편입될 것이다. 문재인이 주도하고 총지휘한 촛불혁명의 매우 중요한 한 부분이었다.

2. 조선인민공화국에 충성한 대한민국 대통령

2024년 5월 문재인은 좌편향된 정치학자 최종건과의 대담집 '변방에서 중심으로'라는 제목의 책을 내놓았다. 이 책은 제목부터 거짓말이다. 그의 시대 대한민국은 '국제 왕따'로 불렸을 정도로 고립되어 있었다. 그는 북한의 이익을 대변하기 위해, 그리고 부인의 해외여행 버킷리스트를 실천하기 위해 부지런히 해외에 나갔으나 가는 곳마다 박대를 받았다. 문재인이 집권하는 동안 변방국으로서 세계적 주목을 받은 것은 북한이다. 세계로부터 오랫동안 고립되어 있던 북한의 통치자 김정은이 세계 최강국의 대통령을 짧은 시간 안에 세 차례나 만날 수 있었으니 변방에서 중심으로 나온 것은 대한민국이 아니라 북한이다. 그래서 '변방에서 중심으로'라는 제목은 북한에 해당하는 것이다. 이것은 북한 편, 북한주의자 또는 간첩 문재인의 입장에서 정한 제목이 분명하다. 그가 집권하는 5년간 대한민국은 미국 유럽 등의 자유 우방국은 물론 심지어 중국에 가서도 푸대접을 받을 정도로 국가의 위상은 변방으로 밀려나 있었다. 그래서 우리의 입장에서는 이 책의 제목을 '중심에서 변방으로'라고 하는 것이 맞다. 북한의 입장에서 제목을 단 이 책은 문재인이 대통령직에서 퇴임한 지금도 여전히 북한과 김정은을 옹호하고 숭배하고 충성하고 있다는 사실을 확인시켜주고 있다. 제목만 그런 것은 아니다. 내용도 다 그렇다.

김정은 문재인 누구의 거짓말인가

세계 모든 핵 보유국은 자국의 핵을 방어용이라고 말한다. 그러나 김정은은 핵사용을 수시로 공언했고 2022년 9월에는 마침내 핵무기의 선제적 사용을 법으로 명시하기까지 했다. 세계에서 유일하다. 김정은이 이렇게 핵무기를 공격용으로 먼저 사용할 수 있다는 의지를 밝혔음에도 문재인은 "김 위원장이 핵을 사용할 생각이 전혀 없다고 말했다"며 전하고 또 전했다. 북미회담으로 평화의 분위기가 고조되었던 2018년 이래 지금까지도 우리는 김정은이 비핵화를 직접 말하는 것을 들은 적이 없다. 문재인이 대신 전하는 말을 들었을 뿐이다. 김정은은 그의 동생 김여정과 함께 늘 핵무기를 선제적으로 선제적으로 사용하겠다는 뜻을 밝히고 '남한 점령'을 큰소리 쳤으나 문재인은 변함없이 김정은을 위한 변명을 늘어놓았다. 자신의 변함없는 충성심을 보여주려는 의도인 듯 보였다.

"김 위원장은 비핵화 의지를 절실하게 설명했다. 연평도를 방문해 주민을 위로하고 싶어했다. 매우 솔직했다. 매우 예의 발랐다."고 그는 대담집에서 말하고 있다. 그러나 김정은은 "남조선은 더 이상 동족 관계가 아니다. 교전국 관계다. 남조선 전 영토를 평정할 대사변 준비에 박차를 가하라."(2023.12.31, 조선로동당 전원회의)고 지시하며 대한민국 침공을 공언했다. 김정은과 문재인의 말은 완전히 다르다. 김정은이 '남조선 전 영토 평정'을 공언하기 전과 후를 가리지 않고 문재인은 '김 위원장의 비핵화 의지'를 말하고 또 말했다. 핵을 선제적으로 사용하겠다고 공언하는 김정은, 김정은이 핵을 사용할 생각이 없다고 전하는 문재인, 누가 거짓말을 하고 있는가. 누구의 말을 믿어야 하는가. 평양에 가서 책상에 앉아 서명하는 김정은 옆에 부동자세로 서 있던 그 사진에 답이 있는지도 모른다.

문재인이 북한 정권에 충성한 사례는 무수하다. 김여정의 한마디에 전 세계인의 비난을 감수하고 부랴부랴 법을 만들어 대북전단을 봉쇄했고,

개성연락사무소를 폭파하여 우리의 예산으로 만든 우리의 재산이 먼지가 되어도 책임을 묻거나 배상을 요구하지 않았다. 우리 국민이 서해에서 북한군에 의해 사살되고 시신이 불태워져도 북한을 향해 어떤 책임도 묻지 않았고 오히려 자진 월북으로 결론을 내려 김정은의 책임을 가볍게 만드는 일에 열심이었다. 집권 후반기에는 대한민국 예산으로 부지런히 해외로 나가 외국 정상에게 대북 경제제재를 풀어달라고 애걸했다. 수많은 국제 규약을 위반하여 다양한 제재를 받으며 경제적 곤란에 처해있던 김정은을 위해 그는 재임 기간 동안 무려 8회나 미국을 방문했는데 이는 전임 대통령들이 통상 2~3회였던 것과 비교하면 압도적이다. 그가 미국에 가서 대한민국의 국익을 위해 한 것은 아무것도 없다. 미국 대통령과 회담하는 의제에 대한민국의 일은 없었다. 거의 북한과 관련된 의제였다. 북한에 대한 경제제재를 풀어 달라거나 미국 대통령을 김정은과의 협상 테이블에 앉도록 설득하는 의제만 있었다. 문재인과 그의 정권은 오직 북한과 김정은을 위해 일하고 존재하는 집단으로 보였다. 그의 정권이 국민 모르게 북한을 위한 엄청난 일을 꾸민 일도 있다.

평양 대개조를 위해 신청한 올림픽

오세훈이 신임 시장으로 취임하기 딱 1주일 전인 2021년 4월 1일 서울시는 '2032년 서울평양하계공동올림픽 제안서'를 IOC에 제출했다. 아직 남아있던 서울시의 박원순 라인이 문재인의 청와대와 손발을 맞추며 한 일이다. 2022년 배현진 의원이 입수한 문서에 의하면 정부는 올림픽 공동개최에 필요한 인프라 구축을 위해 총 28조5540억 원의 예산을 계획했다. 이 가운데 국내 인프라를 위해서는 단 5조9925억을 계획한 반면 북한 인프라 구축에 무려 22조6615억을 투입하는 것으로 되어있다.(조선일보, 2022.10.3) 문재인 정권은 대한민국 예산 22조 원 이상을 퍼부어 평양을 완전히 업그레이드 시켜줄 계획을 세웠고 이를 위해 서울평양공동올림픽을 신청한 것이다. 핵과 미사일과 방사포를 개량하고 숫자를 늘리느라 인민을 굶기는 김정은에게 IOC가 요구하는 기준에 맞는 시설을 갖추기는 커녕 개최비용 1조7230억 조차 감당이 불가능한 액수였다. 계획서에는 평양 도심지역 재개발, 에너지 공급 지원, 서울 평양간 5G통신망 구축, 평양까지의 고속도로 건설 등의 내용이 들어있었다. 이에 대해 배현진 의원은 "올림픽을 계기로 제재를 피하면서 기술이전이나 건축, 통신망 설치 등 꼼수 대북지원에 대한 조사가 필요하다"고 주장했다.

경제적으로 부유한 대한민국이 민족 공존과 통일이라는 대의 아래 북한을 지원한다고 해도 북한이 먼저 핵을 포기하여 한반도를 안전한 곳으로 만들고, 해방정국 이래 단 한 순간도 포기한 적이 없는 남한 공산화의 계획을 포기하고, 국민을 물질적으로 풍요롭게 하는 동시에 개인의 인권과 존엄성을 보장하는 대한민국의 자유민주주의와 자본주의로 북한의 체제를 변경한다는 전제가 선결되어야 하는 일이다. 이런 전제조건을 받아들인다면 수 백조가 북한에 지원된다고 해도 우리 국민은 동의할 것이다. 그러나 문재인 정권은 이러한 전제에 대해서는 논의조차 하지 않았고 IOC에 제안서를 내기 전에 국민에게 알리고 동의를 구하지도 않았다. 마치 도둑고양이처럼 이 엄청난 일을 꾸민 문재인을 간첩이라 부르고 그의 정권을 간첩단이라 불러도 무방할 것이다. IOC는 2032년 올림픽 개최 경쟁에서 서울시를 탈락시켰다. 북한에 대한 국제적 제재를 회피하려는 의도가 간파되고 또한 북한과 협의도 하지 않고 남한 단독으로 추진되었다는 것이 IOC가 밝힌 탈락의 이유였다. 이 계획은 실패로 끝났다. 그러나 문재인이 대한민국을 위해 일한 사람이 아니라 북한과 김정은에게 충성을 바친 종북주의자라는 사실을 확인하기에는 충분하다. 문제인은 국민 모르게 국민이 낸 세금 중 22조 원을 들여서 김정은에게 충성하는 깜짝 이벤트를 준비했을 것이다. 이 사람 간첩이 분명하다.

대한민국을 바치는 계획

이인영은 행동주사파의 사관학교인 전대협 1기 의장 출신이다. 그는 "포탄이 떨어지는 한복판에서도 평화를 외쳐야 한다"고 말하여 북한이 다시 남침을 해올 때면 싸우지 말고 순순히 항복하자는 메시지를 퍼뜨릴 정도로 주사파 중에서도 핵심으로 꼽히는 사람이다. 2020년 7월 문재인은 그를 통일부 장관에 임명한다. 집권을 2년도 남기지 않은 문재인이 자신의 종북주의를 실현하려는 다급함을 드러낸 인사였다. 이인영은 장관 취임 단 3일만에 북한에 8억 원 규모의 코로나 방역물자 반출을 승인했다. 수령처를 공개하지 않은 깜깜이 반출이었다. 이 정도는 아무것도 아니다. 그는 미리 준비라도 한 듯 취임과 동시에 대한민국을 북한에 종속시키려는 의도가 분명한 많은 정책과 법안을 낸다.

한미워킹그룹은 남북협력과 북한의 비핵화를 추진하는 과정에서 한국과 미국 간의 공조를 강화하기 위해 2018년에 만든 협의체다. 문재인 정권은 북미회담의 성사를 위해 이 협의체 설립에 동의했으나 북미회담이 완전한 실패로 끝난 후에는 돌변하여 이의 폐지를 주장한다. 북한에 봉사하고 북한을 따르며 북한에 퍼주기를 계획하는 문 정권의 이적행위에 제동을 거는 걸림돌이 되었기 때문이다. 통일부 장관 이인영이 먼저 주장하고 국무총리 이낙연이 호응한 후 이 협의체는 결국 폐지된다. 이인영은 이와 함께 북한을 위한 여러 가지 정책을 추진한다. **남북물자 물물교환사업**도 그 중 하나다. 그러나 남북의 물자에 대해 가치를 일방적으로 평가하고 이를 통해 북한 퍼주기를 할 수 있도록 고안해낸 방안이라는 비판에 부딪히고 또한 유엔의 대북 제재에 저촉된다는 이유로 무산된다. 금강산 세계 골프대회 추진을 포함하는 대규모적 **금강산관광사업**도 계획했다. 이 역시 유엔 제재에 걸릴 뿐만 아니라 외부 세계와의 접촉면이 넓어지는 것을 꺼려하는 북한정권의 소극적 태도로 실현되지 못한다. 남북이 문화 컨텐츠를 공동 제작 및 배포하고 연극 영화의 공동제작도 허용하는 내용의 **사회문화협력사업**도 추진했다. 이질성은 물론 격차가 매우 큰 남북한 문화사업의 수준을 감안하면 이것은 남북협력이 아니라 북한을 일방적으로 지원하기 위한 사업계획이었다. 여기에는 북한의 선전물을 포함하는 출판물의 국내 유통 허용과 이에 따른 저작권료 지불 내용도 포함되어 있었는데 북한 체제를 선전하는 인쇄물의 합법적 국내 배포와 대북 송금을 보장하는 일거양득의 사업이었다. 그러나 남한 인쇄물의 북한 유통과 이에 대한 저작권료 등의 수금 내용은 없었다. 북한에는 플러스 뿐이고 우리에게는 마이너스 뿐인 사업계획이었다.

2020년 7월, 의사 출신의 민주당 신현영 의원은 **남북의료교류법**을 대표발의했다. 의료 부문에서 북한에 재난이 발생할 시 '긴급 지원'의 이름으로 정부가 의료진을 강제차출하여 북한에 파견할 수 있는 근거를 마련하는 법안이었다. 당시 코로나로 극심한 고통을 받고 있었던 북한을 지원하겠다는 의도를 담은 법안이었다. 그러나 힘겹게 버티고 있던 우리의 방역과 우리 의료진의 사투를 외면하는 발상이었다. 다음 달인 8월 민주당 황운하 의원이 발의한 **재난기본법개정안**에도 정부가 의료진을 강제차출

할 수 있는 내용이 포함되어 있었다. 그 무렵 의료계는 공공의대 설립을 반대하는 파업을 일으키고 있었고 민주당은 의료진을 '공공재'로 인식하는 주장을 제기했는데 이와 일맥상통하는 것이다. 의료부문이 현저하게 낙후된 북한을 지원하려는 의도와 함께 대한민국을 사회주의 체제로 변경하려고 하는 문재인 정권의 의도를 충분히 읽을 수 있었다.

이인영의 통일부가 2020년 8월 27일 입법 예고한 **남북교류협력법개정안**의 내용은 실로 충격적이다. 이 법안은 우선 남북의 기업이 남한과 북한은 물론 제3국에서도 공동 또는 독자적으로 영리활동을 할 수 있다고 규정하고 있다. 그러나 우리의 기업은 국내에서 뿐만 아니라 해외에서도 미국 일본 유럽 등 선진국 기업에 대해 이미 충분한 경쟁력을 보유하고 활발한 해외사업을 진행하고 있고, 북한 내에서의 사업은 정부가 보증한 개성공단조차 자산을 완전히 몰수당한 경험이 있어 어느 측면에서 보나 남한 기업에는 실익과 필요성이 전혀 없는 것이었다. 이것은 남한 기업이 북한 기업에 대해 일방적으로 지원하고 봉사하도록 마련된 것이 분명하다. 더구나 이 법안에는 북한 기업이 국내의 주식 채권 부동산 저작권 등에 투자를 허용하는 내용도 있다. 민간기업조차 모두 김정은의 소유인 북한 기업이 삼성전자, 현대차, 방위산업체는 물론 우리의 토지까지 매입이 가능하도록 하는 충격적인 법안이다. 북한 전문가들은 이 법안을 두고 대한민국을 북한정권에 바치려는 의도 하에 설계된 것이라고 평가했다. 이것은 주사파 이인영의 설계인 동시에 정권의 수장인 문재인의 구상일 것이다. 대한민국을 김정은에게 바치려한 문재인의 의도는 근거 없는 의심이 아니다. 이렇게 명백한 증거가 있다. 증거는 이외에도 무수히 많다.

3. 수령님과 인민군을 맞이할 준비

2018년 6월부터 2019년 6월까지 김정은과 트럼프는 세 번 만났다. 두 번은 정상회담이었고 한 번은 판문점에서의 짧은 회동이었다. 이것이 대한민국에는 얼마나 위험한 만남이었는지 아시는가. 문재인이 거간꾼 노릇을 열심히 한 결과인 이 만남은 결국 북한정권과 남한에 존재하는 모든 종북세력이 추구하는 소위 '베트남 모델'의 실현을 위한 것이었다. 공산베트남은 비밀리에 미국과 협상하여 자유 베트남에서 미군을 철수케 하고 미국과의 적대관계는 종식한다는 내용에 합의했다. 이 합의에 따라 미군은 철수하고 공산베트남은 자유 베트남을 바로 점령한다. 이것이 베트남 모델의 핵심이다. 김정은이 우리 정부 모르게 트럼프와 주고 받은 많은 서신 곳곳에서 베트남 모델을 재현하려는 속셈이 확인되었다. 문재인이 그렇게 충성스럽게 미국과의 협상을 주선했음에도 김정은이 일관되게 문재인을 배제하려 했다는 점에서 김정은의 의도는 분명히 확인된다. 그렇다면 김정은이 미국과 협상하여 남한 점령을 도모하는 동안 문재인과 종북세력은 가만히 있었을까. 아니다. 북베트남이 남베트남을 점령할 당시 남베트남에 암약하던 약 5만 명의 공산주의자들이 북베트남군의 수월한 남진을 위해 준비하고 대기하다 남베트남의 성문을 활짝 열어주었듯이 문재인을 필두로 하는 남한의 종북주의자들 역시 만반의 준비를 하고 있었다. 남한을 해방시켜줄 수령님과 인민군을 맞이하기 위한 준비였다.

수령님 맞이

2018년 11월의 서울은 김정은 환영준비로 분주했다. '백두칭송위원회'

와 '위인맞이환영단' 등의 이름을 붙인 시민단체들은 김정은 환영집회를 열고 김정은을 '전쟁을 멈춘 인물'로 칭송했다. 반면 미국을 향해서는 '전쟁국가이자 깡패국가'라고 외쳤다. 이 두 단체는 한 달 동안 무려 30여 차례나 집회를 가지며 김정은을 칭송했고 유시민 같은 어용 지식인은 김정은을 계몽군주라 칭하며 분위기를 거들었다. 이복형을 독살시키고 고모부 장성택의 목을 잘라 시신 위에 얹어 당 간부들에게 보여준 잔혹한 독재자 김정은은 문재인에 의해 "매우 솔직하고 국제적인 감각도 갖춘" 인물로 둔갑했다. 김정은을 맞이하는 단체가 만들어지고 집회를 가진 것은 북한 정권이 주사파가 장악한 민노총에 내린 지령이었다는 사실(2023년 5월 국민의힘 조수진 의원이 입수 공개한 검찰 공소장에 적시되어 있다)을 문재인의 청와대가 모르지는 않았을 것이다. 그러나 문재인은 이를 방치했다. 이러한 분위기 조성에 힘입어 그때까지 1%에 불과했던 김정은에 대한 우리 국민의 호감도(2017년 3월, 리얼미터)는 31%(2018년 5월, 한국갤럽)까지 치솟았고 어떤 좌파 여론조사 회사는 77%까지 올랐다고 발표했다. 전국민적 규모의 이러한 거대 착란은 물론 대통령 문재인이 앞장서서 만든 것이다.

문재인 역시 수령님 김정은을 맞이하기 위해 많은 준비를 했다. 다양한 것 가운데 '돈' 한 가지만 보자. 이 돈은 물론 국민인 우리가 낸 세금이다. 2018년 2월 김여정 일행이 평창올림픽에 왔을 때 국가예산 27억6000만 원을 들였다고 해서 국민이 볼멘소리를 했던 적이 있으나 이 정도는 아무것도 아니다. 김정은의 숙소로 사용하기 위해 경기도 파주에 16억 짜리 별장을 마련하고, 명품광인 김정은의 취향에 맞춰 6천만 원짜리 고급 탁자를 들여놓았으며, 요트 매니아인 김정은을 위해 약 7억 원짜리 요트도 구입했다. 1년 관리비가 4~5천만 원 들어가는 이 요트는 지금도 인천

송도에 정박되어 있다. 그리고 김정은의 외가 연고지라는 이유로 제주도에 연회장과 숙소를 짓기로 하고 예산 220억을 책정했으며 강원도 고성에도 50억 원을 들여 김정은이 머물수 있는 곳을 마련하려고 했다. 국정원 고위간부의 증언이다.(월간조선, 2022년 9월호)

원래 김일성주의자였던 문재인은 이제 김정은주의자가 되어 국가예산으로 이렇게 열심히 김정은을 맞이할 준비를 하고 있었다. 민간의 여러 종북단체가 거리에서 위인맞이 노래를 부르는 동안 문재인은 이렇게 김정은을 위해 돈을 준비하고 있었다. 대통령으로서 대한민국의 미래와 발전을 위해서는, 그리고 국민인 우리의 복리 증진을 위해서는 아무것도 하지 않은 그가 김정은을 맞이하기 위해서는 이렇게 많은 것을 준비하고 있었다. 국민인 우리가 낸 세금을 부인의 옷과 신과 장신구 구입, 그리고 해외여행 경비에 쓰고 그것도 부족해 우리를 공격하고 점령하겠다며 엄포를 놓는 김정은을 위해 쓰겠다고 계획한 사람이 바로 문재인이다.

수령님은 결국 서울에 오지 않았다. 평양에서만 확실히 안전한 그는 남한에서 그를 돼지라 부르는 사람들이 많다는 사실을 무서워 하는듯 보였다. 미국이 과거 베트남에서 처럼 그렇게 쉽게 미군을 철수해줄 것 같지 않았던 것이 그가 오지 않은 더 확실한 이유일 것이다. 충성스런 문재인이 종선선언과 평화협정을 주장하며 유엔사를 해체하고 주한미군을 철수시키기 위해 백방으로 움직이기는 했으나 미국도, 유엔도, 남쪽의 자유민주 진영의 국민도 모두 속지 않았고 그래서 꿈쩍도 하지 않았기 때문이다. 북한이 문재인을 향해 미국산 앵무새, 삶은 소대가리라 욕을 퍼부은 것은 여기에도 이유가 있다. 그러나 주사파 운동권 출신의 국회의원들이 민주당의 최대 파벌로 있는 한 수령님 맞이는 포기되지 않을 것이다.

인민군의 남진을 수월하게 해놓은 대한민국 국방

문재인의 시대에 해체된 국군 부대는 전방 사단 7개를 포함하여 향토 사단과 군 사령부까지 모두 15개 이상이다. 그리고 사병의 복무기간을 18개월로 단축시켜 병력을 대폭 감소시켰다. 사격연습조차 제대로 하지 않고 제대시키는 장교도 있었으며 한미연합훈련은 컴퓨터게임으로 대체했다. 대북 확성기를 철거하고 대북전단 발송을 법으로 금지하여 북한 대비 압도적으로 유리한 컨텐츠를 보유한 우리의 심리전 전력을 모두 쓸모없는 것으로 만들었다. 국방예산은 인건비 복리비 등 소모성 지출에 3분의 2를 배정하고 나머지마저 필요성이 현저히 떨어지는 경항모 건조에 수조 원을 배정하여 김정은이 가장 두려워 한다는 F-35A 스텔스기 구입 등의 시급한 전력강화는 불가능하게 만들어 놓았다. 국군을 이렇게 해놓았으니 인민군이 다시 남침 한다면 그들의 진군은 수월할 것이다. 인민군의 신속한 남벌을 위해 문재인은 국민의 우려와 보수정당의 비판을 무릅쓰고 국군의 전력을, 특히 방어전력을 고의로 약화시켜 놓았다.

군 내부에 잠입한 간첩 잡는 역할을 담당하는 기무사령부의 이재수 사령관에게 쿠데타 음모를 씌워 극단적 선택을 하도록 몰아갔고 이재수와 함께 참군인으로 꼽히며 북한군이 가장 두려워하고 싫어한다는 김관진을 구속시키기 위해 온갖 죄목을 붙이며 끝없이 괴롭혔다. 참군인이 쫓겨난 군 고위직에는 평일 골프에나 관심이 있는 생계형 혹은 복지형 군인들로 채워놓았고 그래서 군 지휘부는 북한이 도발을 해올 때에도 그냥 가만히 있었다. 위가 이러니 아래도 마찬가지였다. 훈련하지 않아 한가해진

병사들은 성추행으로 자살하는 일이 수시로 발생했으며 영내에서 휴대폰을 쓸 수 있게 된 병사들은 군 내부의 일을 밖에다 소상하게 알렸고 지휘관들은 북한의 도발보다 사병들의 휴대전화가 더 무섭다고 입을 모았다. 견고하던 대한민국 군대는 그렇게 무너지고 있었다.

전방의 경계초소를 제거하고 병사들의 규율이 해이해지자 북한 병사들이 수시로 휴전선을 넘나들어도 알지 못했고 뒤늦게 밝혀져 국방장관이 직접 나서서 머리를 숙이는 일은 수시로 있었다. 휴전선에서 서울 사이에 설치된 시멘트 덩어리 장갑차방어벽은 제거되었고, 서해에 있는 대한민국 영토 함박도를 북한군에 넘겨주어 우리의 방어자산인 함박도는 거꾸로 북한의 공격자산이 되어 인민군이 쳐내려 올 때 서울의 목에 겨누는 칼이 될 것이다. 2018년 9월 문재인이 친히 평양까지 가서 맺은 9.19군사합의는 서해 NLL을 북한이 주장하는 경비계선을 인정해 주고도 다시 15km를 더 양보했으며, 적대행위금지구역을 설정하여 우리 해병대의 손발을 묶어놓았고, 군사분계선 일대에 비행금지구역을 만들어 북한측 군부대에 대한 정찰을 막아놓았다. 우리 국군의 눈을 가리고 손발을 묶는 이런 내용의 합의문에 대통령 문재인이 서명한 것이다. 이후에도 북한은 핵무기와 ICBM SLBM 단 중 장거리 가리지 않고 미사일의 성능을 고도화하고 방사포 등의 대남공격용 무기를 지속적으로 증강했다. 그리고 북한은 서해에 표류중이던 우리 공무원을 사살하고 개성공단에 있는 우리 재산 700억 원 이상을 가루로 만드는 등 도발을 반복하며 남북군사합의를 사실상 파기했다. 그럼에도 문재인 정권은 우리는 그것을 지켜야 한다는 말을 되풀이하며 우리 군은 움직이지 못하게 했다. 문재인이 이렇게 하는 동안 북한은 핵무기의 숫자를 늘이고 미사일을 끊임없이 쏘아대며 성능을 더욱 높여갔다. 그러나 문재인은 대한민국 국방 무너뜨리기와 국군의 손발 묶어놓기를 멈추지 않았다.

2018년 9월 문재인이 친히 평양에 가서 김정은과 서명하고 돌아온 '9.19평양공동선언'의 부속 합의서로 채택된 '군사분야 합의'에는 '한강 하구 공동이용을 위한 군사적 보장'이 포함되어 있었다. 이를 근거로 문재인 정권은 2019년 1월 말 북한에 '한강하구 공동이용수역 수로조사 해도海圖'를 넘겨준다. 그리고 총 3건의 이 해도에 대해 2건은 2020년 6월, 1건은 9월에 3급비밀로 지정한다.(월간조선, 2024년 4월호) 이 해도가 담고 있는 곳은 1980년 이후 북한의 무장 공비가 모두 여덟 차례나 침투한 지역으로 북한이 남침을 감행할 경우 최적의 침투 루트 중의 하나로 꼽힌다. 문재인 정권이 우리 군의 전략적 방어거점인 이 루트의 해도를 북한에 넘긴 것이다. 더구나 이를 북한에 넘기고 1년 반이 지나 우리 측은 이를 볼 수 없도록 기밀로 봉해버렸다. 이게 다가 아니다. 해도를 넘긴 2019년 1월 31일 바로 전날인 30일에는 남북도로 연결사업에 필요하다며 경기도와 강원도 지역 우리측 '도로지질자료'를 넘겨주었다. 북한군이 다시 남침을 감행할 때 이렇게 넘겨준 우리측 도로정보와 해도는 그들의 길 안내서로 유용하게 쓰일 것이다. 명백한 이적행위이자 간첩행위다. 문재인은 공산당과 인민군의 남진을 수월하게 하는 이러한 일과 더불어 대한민국을 파괴하고 붕괴시키는 일에도 대단히 열심이었다. 대한민국 국민인 우리에게는 반역이었고 북한과 김정은에게는 충성이었다.

4. 남쪽을 붕괴시키는 그의 혁명

2020년 8월의 역대급 홍수에 호남지역에서는 영산강과 섬진강이 범람해 피해가 컸다. 치수사업을 제대로 진행했던 4대강 유역에서는 피해가 거의 없었던 것과 선명하게 대비되었다. 이명박 정부가 국가적 차원에서 실행하는 4대강사업을 좌익진영은 결사적으로 반대했다. 환경파괴가 반대의 이유였다. 고대의 이집트 중국에서부터 역대 어느 때 어느 곳에서도 치수사업은 국가와 통치자의 제1의 임무였다. 이집트의 파라오는 나일강에서 주기적으로 하늘을 향해 제를 올렸고 전설시대의 중국 요堯순舜곤鯀우禹 임금의 전설에는 공통적으로 성공적인 치수사업이 빠지지 않는다. 과학과 문명이 고도로 발달한 21세기인 지금 역시 홍수와 가뭄은 무서운 자연현상이다. 치수사업의 의미는 그런 것이다. 그럼에도 대한민국에서는 이 치수사업을 결사반대하는 사람들이 있다. 큰 물난리가 나거나 가뭄이 들면 그냥 당하자는 뜻인 듯하다. 그들은 노아의 홍수처럼 강이 범람하여 대한민국이 멸망하기를 기다리는 사람들로 보인다. 대한민국을 망치려 하는 사람들은 좌익 시민단체에만 있는 것이 아니다. 무려 대통령이 되어 대한민국의 파괴를 실제적으로 도모한 사람이 있었다. 문재인이다. 그는 대한민국의 모든 영역을 모조리 파괴하기로 작정한 듯 보였다.

처음부터 끝까지 파괴한 문재인의 경제

문재인은 집권 5년 내내 파괴적 경제정책을 고수했다. 그의 모든 국정운영에는 대한민국 경제를 파괴하겠다는 의도와 계획이 고스란히 읽혀졌다. 일관성에서도 철저했다. 주52시간제의 실시와 최저임금의 급격한 인상으로 일자리를 감소시키는 동시에 정부 주도형 단기 일자리의 확대에만 골몰했고 그 결과 집권 5년 간 200만 개의 풀타임 일자리는 사라지고 세금으로 만든 240만 개의 초단기 알바가 그 자리를 대신했다. 국가가 일자리를 만드는 것은 공산주의 정책이다. 집값을 잡겠다며 내놓은 28번의 대책은 공급부족을 방치하고 거래세 보유세 가리지 않고 모든 부동산 세금을 모조리 올림으로써 집값을 폭등시켰다. 노무현 정부에서 집값을 폭등시키는 정책을 주도했던 사회주의 학자 김수현을 10여 년이 지나 다시 기용한 사실에서 집값 폭등의 고의성은 바로 확인된다. 서민이 자가를 보유하기 어렵게 만들어 집없고 가난하게 된 국민을 정부 의존적인 인민으로 만드는 전형적인 사회주의 정책이다. 여기다 삼성 롯데 등 세계적 대기업의 총수를 감옥에 보내고 기업3법과 노동3법을 만들어 노동자의 경영개입과 사업장 점거를 합법화 하는 등의 반기업 정책은 생산수단의 공유화라는 오래된 공산주의 이론에 부합하는 것이었다. 문재인의 모든 경제 정책은 대한민국 경제의 '파괴'에 초점이 맞춰져 있었다.

문재인이 대한민국 경제를 파괴한 사례는 무수하다. 대표적인 것 하나를 꼽자면 탈원전이다. 그는 임기를 시작하기 무섭게 탈원전을 밀어붙였다. 그가 꼽은 이유는 안전성이다. 세계가 모두 최고로 인정하는 한국 원전의 안전성을 그는 인정하지 않았다. 위험하다는 이유로 탈원전을 고집한 것이다. 그러나 안정성 운운은 거짓말이다. 그는 대한민국 산업의 현재의 착실한 성장세와 미래의 발전 가능성을 꺾어놓기 위해 늘 부족에 시달리는 전기 에너지를 먼저 꺾으려 했을 것이다. 대한민국은 급속한 산업화와 가파른 경제성장의 과정에서 만성적인 전기 에너지의 부족을 겪고 있었다. 특히 전기 먹는 하마라고 불리는 반도체 산업에다 전기차 AI 등 21

세기 주도형 3대 산업은 전기가 부족하면 성장이 절대적으로 불가능하다. 문재인은 이를 미리 방해하기 위한 목적에서 탈원전 정책을 추진했을 것이다. 안전성 문제는 거짓이다. 그래서 이 목적이 맞을 것이다.

그리고 또다른 목적으로는 많은 국민이 의심한대로 생산단가가 훨씬 비싼 태양광 등의 친환경 에너지를 육성하는 과정에서 종북단체들을 부양하는데 필요한 자금과 북한정권에 송금할 자금을 조달하려는 목적이 있었을 것이다. 그게 아니면 기존 원전의 가동을 중지시키고 해체한 설비를 중국 등 제3국으로 위장 수출하여 북한으로 보내려 했다는 의혹도 있다. 어느 목적이 맞는지는 아직 알 수 없다. 판문점 도보다리에서 김정은에게 건넨 USB에 핵 관련 기술과 북한에 원전을 건설해주는 계획이 들어있었다는 추측도 아직 확인되지 않았다. 그러나 북한과 관련된 이유와 목적과는 상관없이 문재인이 추진한 탈원전은 대한민국 경제를 파괴의 지경에까지 이르게 하는 정책이었다는 점은 분명하다.

대통령 문재인은 산자부 공무원을 동원하여 북한에 원전을 지어주는 계획을 세우고 추진했다는 것은 이미 확인된 사실이다. 원전이 위험한 것이라면 대한민국보다 북한에 더 진심인 그는 북한에 그것을 지어주려 계획하지 않았을 것이다. 그래서 탈원전의 이유로 원전의 안전성을 말하는 것은 거짓말이다. 그의 탈원전 정책으로 대한민국의 원전산업은 거의 붕괴 지경에 이르렀다. 원전산업의 붕괴는 문재인이 탈원전으로 질주한 결과가 아니라 목적일 것이다. 문재인이 처음부터 계획했던 결과라는 뜻이다. 붕괴의 양상은 다양하다. 최고 수준의 원전 기술자들은 중국 유럽 중동 등 원전산업 경쟁국으로 옮겨갔고 대학의 원전 관련학과는 신입생을 다 채우지 못했다. 무엇보다 폐업으로 인한 원전 관련기업의 급격한 감소는 원전산업의 생태계를 붕괴시킬 수 있는 지경이다. 탈원전으로 인한 경제적 손실은 직접적으로 최소 100조에 이르며 간접손실과 장기손실까지 합하면 수 백조에 이른다고 한다. 문재인의 탈원전 정책은 미시적으로는 원전산업의 붕괴를 초래했고 거시적으로는 대한민국 에너지 산업의 파괴를 불러왔다. 한전의 적자가 눈덩이처럼 불어나 전기료가 크게 오른 것 역시 원인은 문재인의 탈원전 정책 때문이다.

문재인 정권이 끝나고 2년이 더 지난 2024년 7월 이런 뉴스가 났다. "국내 기업이 동남아로 탈출하는 러시가 일어나고 있는 것은 미국보다 비싼 전기료 때문이다. 한전이 적자를 줄이기 위해 2021년 이후 산업용 전기료를 63.3% 올린 영향이다. 그동안 기업들이 한국을 떠나는 이유는 과도한 규제와 높은 법인세율이 꼽혔지만 요즘엔 전기료를 말하는 기업인이 늘고 있다."(한국경제신문, 2024.7.22) 문재인의 탈원전이 이렇게 기업에만 악영향을 미친 것이 아니다. 그의 임기 후반까지 미국이나 중국보다 저렴했던 한국의 전기료는 이제 이들 나라보다 30% 이상 더 높아졌고 이는 곧 기업의 수지악화로 이어졌다. "청년들이 어렵게 얻은 첫 직장의 58%가 월 200만 원도 안돼"라는 보도(조선일보, 2024.7.22)는 탈원전으로 기업이 해외로 탈출하는 한편 국내에 남은 기업들은 채용을 줄이게 되어 사회 초년생들에게는 이제 저임의 일자리 뿐이라는 내용의 기사다. 탈원전이 전기료를 올리고 그래서 가격경쟁력이 약해진 기업이 해외로 이전하거나 채용을 줄임으로써 양질의 일자리가 대폭 축소되었다는 뜻이다. 문재인의 탈원전 정책이 청년들의 일자리에도 악영향을 미친 것이다.

이런 제목의 기사도 있었다. "더 이상 못 버텨, (자영업) 충격의 100만 폐업, 핵심 상권도 텅텅, 실업자된 사장님들"(MBCNEWS, 2024.7.22) 이 역시 문재인의 탈원전 정책의 결과다. 아니다. 목적이다. 문재인이 탈원전을 밀어붙이자 많은 전문가와 학자와 경제인은 자영업자도 기업처럼 높아진 전기료 부담으로 수익성이 악화될 것이라며 탈원전에 반대했다. 그러나 문재인은 이런 의견에는 귀를 막고 자신의 대통령 권한으로 그것을 강행했다. 2017년부터 2021년까지의 탈원전 관련 신문기사를 찾아보면 이 뻔한 결과를 말하는 전문가들의 견해는 무수히 확인된다. 청년의 일자리를 줄이고, 가계의 생활비 부담을 높이고, 자영업자의 수지구조를 악화시키고, 기업의 생산원가를 높여 세계 시장에서의 경쟁력을 약화시키고, 궁극적으로는 국가 경쟁력까지 저하시킨 것은 모든 전문가가 경고했던 딱 그대로의 결과다. 그럼에도 문재인이 탈원전을 강행했다는 것은 이런 결과가 그의 잘못된 판단에 의한 것이 아니라 그가 처음부터 의도하고 설계한 목적이었다는 것을 증명한다. 탈원전은 대한민국 경제를 파괴하려는 문재인의 계획에 이용된 하나의 수단이었다.

문재인은 미래산업의 육성과 교육의 질 개선 등 대한민국의 성장을 위한 투자는 외면하고 매표용 현금살포에만 몰두하는 재정정책을 전개했다. 결국 그의 임기가 끝날 무렵 국가 부채는 그가 취임할 때의 660조에서 1075조로 폭증하고 가계부채와 기업부채 모두 GDP 규모를 초과하는 OECD 유일의 국가가 되었다. 청년세대와 나라를 빚더미에 올려놓은 것은 미래세대를 일찍부터 가난한 인민으로 만들고 동시에 대한민국의 경제력을 북한과 같이 하향평준화하여 북한에 쉽게 흡수되도록 하기 위한 사전 준비일 것이다. 그의 통치 5년간 대한민국의 연평균 경제성장율은 2.3%

로 역대 정권 가운데 최저였던 반면 국가부채 증가 속도는 OECD 국가 중 가장 빨랐다. 그리고 2030년 이후의 잠재 GDP 성장율 예측도 2% 수준으로 최하위다. 문재인이 대한민국 경제를 망쳐놓았다는 사실, 더 크게는 좌익정권이 나라 경제를 망쳐놓았다는 사실은 국가간의 경제규모를 비교하는 GDP 순위의 추이를 보면 더욱 분명해진다.

박정희 정부가 시작된 1961년 42위였던 GDP 랭킹은 그가 물러난 1980년에는 28위로 올라 있었다. 이후 전두환 정부가 끝난 1987년 18위, 노태우 정부가 끝난 1992년 14위, 김영삼 정부가 끝난 1997년 11위였다. 우익정부에서는 줄곧 우상향 그래프를 그려온 것이 확인된다. 김대중 정권이 끝난 2002년에 11위로 횡보를 보이며 더 이상의 오름이 끝난 것까지는 그렇다 치자. 그러나 이후 정권이 좌우로 갈리면서 우익정부 상향, 좌익정권 하향의 경향성은 분명하다. 노무현 정권이 끝난 2007년 13위로 떨어지더니 이명박 정부가 끝난 2012년은 14위까지 하락한다. 이명박 정부의 성적은 노무현 정권에서 시작된 하향 추세에다 금융위기가 겹친 탓이다. 그러나 미국발 금융위기로 모든 동남아 국가들의 순위가 하락한 사실과 노무현이 만들어놓은 경제 침체의 구조를 고려하면 대단한 선방이었다. 이 순위는 친기업 정책을 펼친 박근혜 정부가 끝난 2016년에 11위로 회복되었고 2017년에는 10위까지 오른다. 최고 성적이다. 10위의 성적은 정권 교체기에 기업에 대한 정부의 입김이 크게 감소한 데다 박근혜 정부에서 시작된 성장세가 이어진 때문이다.

이러한 성장 추세는 문재인 정권에서 현저하게 떨어진다. 국제기구에서 내놓는 통계는 모두 조작질을 한 문재인 정권의 국내 통계와는 달리

현실을 제대로 반영한 수치였다. 정권 2년차인 2018년의 GDP 순위는 12위로 떨어졌다. 소득주도성장 정책 등 시장원리를 거스르는 문재인의 경제정책이 원인이 된 것이다. 이런 실패를 감추기 위해 경제부처의 반대의견을 묵살하고 청와대 주도로 부채를 천문학적 규모로 늘려가며 현금살포식 재정정책을 남발한 결과 2019년에는 다시 10위로 올라선다. 극약처방에 의한 일시적 반등이었다. 그러나 가계 기업 정부 모두 빚더미에 앉게 되자 현금살포식 재정정책은 더 이상 가능하지 않았고 그래서 2021년과 2022년은 연속으로 13위로 떨어진다. 노무현 정권과 데칼코마니 성적표다. 그리고 윤석열 정부 1년차인 2023년은 14위로 더 떨어진다. 문재인이 "경제는 보수정부가 낫다는 것은 조작된 신화" 운운한 것은 이 성적을 두고 말했을 것이다. 그러나 이 역시 이명박 정부 1년차와 같은 성적표다. 노무현과 문재인이 떨어뜨린 순위는 다음정부 1~2년차까지는 하향성이 지속되었고 그것이 다시 상향하는데는 몇 년이 더 걸렸다는 뜻이다.

문재인이 양산에서 윤석열 정부의 경제를 심각한 듯 태연하게 비판한 것은 자신의 실정을 감추려는 위장술이었다. 문재인이 물러나기 1년 전부터 세계 모든 경제 전문기관은 한결같이 한국의 경제규모 순위와 성장율이 계속 떨어지는 경향성을 예측했다. IMF는 2023년 멕시코에 밀려 14위가 된 한국은 6년 후인 2029년에는 인도네시아에도 추월당해 15위로 떨어질 것으로 보았으며 골드만삭스는 50년 후인 2075년이 되면 필리핀 말레이시아보다 뒤쳐져 20위권 밖으로 추락할 것으로 예상했다. 그럼에도 문재인과 그의 동지들은 '정권이 바뀌었는데 아직도 전 정부 탓'이라는 핀잔을 주며 경제침체의 책임은 윤석열 정부에 있다는 선전에 열을 올렸다. 문재인이 구조화시키고 지속화시켜 놓은 급속한 부채 증가와 반기업 친노조 등 그들에 의해 제도화된 사회주의적 경제체질로 인해 향후의 대한민국 경제가 부채는 폭발적으로 증가하는 반면 성장률은 급격하게 꺾이게 되는 것이 순위 하락의 주요 원인이라는 진단을 문재인 세력은 감추기에 급급했다. 문재인은 대한민국 경제를 파괴했고 이 파괴의 후유증은 오래 갈 것이다. 우익진영은 이 사실을 크게 그리고 자꾸 말해야 한다. 그러지 않는다면 경제파괴의 죄목을 적은 팻말은 우익의 목에 걸릴 것이다.

모든 것을 파괴하는 그의 혁명

권력을 잡은 문재인은 먼저 청와대를 주사파의 소굴로 만든다. 그리고 국가의 입법 사법 행정 3권을 모두 청와대에 집중시켰다. 정치의 영역에 대한 대한민국 파괴는 그렇게 시작되었다. 주사파 운동권 세력이 주도하는 더불어민주당은 청와대와 손발을 맞추며 대한민국을 사회주의화하고 북한화하는 많은 법안을 지속적으로 통과시켰다. 그리고 사법부는 김명수라는 천하의 거짓말쟁이 좌파 판사를 수장으로 앉혀 '좌파무죄, 우파유죄'의 원칙을 확고하게 지켰고 그래서 좌파가 요직을 모조리 차지한 법원은 어이없는 판결을 마구 내놓았다. 사법이 JUSTICE, 즉 정의와 공정의 원리에 의해 움직여지는 것이 아니라 IDEOLOGY, 즉 이념에 따라 움직이는 시간이었다. 사법이 이념에 의해 작동되는 나라는 사회주의 공산주의 체제다. 청와대의 위세에 눌려 존재감이 없었던 행정부는 홍남기 강경화 같은 뼈없는 기회주의자들로 채워져 권력자들의 심부름센터로 전락했고 청와대가 하라는 것을 하지 않으면 쫓겨나고 청와대가 말하지 않은 것을 해도 쫓겨나는 행정부의 장차관은 청와대의 일개 비서관보다 힘이 없는 존재였다. 문재인 그의 정권은 청와대 독재정권이었다.

문재인 정권의 청와대와 입법 사법 행정부 사이의 이런 권력구조 환경에서 좌익 여당은 우익 야당을 힘으로 농락하며 권력에 대한 견제기능을 무참히 뭉개버렸고 건국 이래 어렵게 발전시켜온 대한민국의 자유민주주의 정치 시스템은 그렇게 참혹하게 무너졌다. 그의 정권은 과거 군사정권 시대보다 더 독재적으로 국가를 통치했고 정치의 영역을 자유당 시대보다 더 추악한 것으로 만들어 놓았다. 21대 국회도 그러했고 특히 22대 국회는 현재진행형의 생상한 증거다. 그의 시대 대한민국 정치는 가히 붕괴와 궤멸의 수준이었다. 문재인은 자신의 퇴임을 20일 앞두고 "합법적인 정권교체를 이루고 민주주의를 되살렸다"고 말했다. 그의 정권교체가 합법적인 것이었다면 그것은 당연한 것이므로 구태여 말하지는 않았을 것이다. 도둑놈이 제발 저린 것이다. 또한 그가 되살린 민주주의는 자유민주주의가 아니다. 인민민주주의다. 그래서 민주주의를 되살렸다고 하는 말이 되지 않는 그의 말은 국민인 우리에게 하는 말이 아니라 김정은에게 올리는 보고였을 것이다.

국민통합은 한 국가의 국력을 구성하는 매우 중요한, 때로는 국가의 운명을 가르는 결정적 요소다. 국민이 통합된 국가는 강력하고 국민이 분열된 국가는 외부의 공격에 허약하다는 사실은 역사의 진리다. 문재인은 자신을 반대하는 국민을 '저쪽'이라 칭할 정도로 국민을 철저하게 둘로 나누었고 그것은 그의 시대에 국민이 이쪽편과 저쪽편으로 나뉘어 역대 어느 정권에서보다 치열하게에 싸우게 된 출발이었다. 코로나에 대처하는 숨가쁜 상황에서 호남과 종북진영의 이익을 도모하려는 목적으로 설립을 추진했던 공공의대 논란 속에서 대통령 문재인이 직접 나서서 의사와 간호사를 편가르기 한 일에서 대한민국을 쪼개고 나누어 국민통합력을 약화시키려는 그의 의도는 분명하게 읽혀졌다. 그가 통치하는 시간에 치열했던 대부분의 사회적 갈등은 대통령 문재인이 직접 붙인 편싸움이었는데 그것은 그가 나라를 거덜내고도 최저 지지율 40%를 유지하는 비열한 기술이었다. 또한 그것은 북한의 공격 앞에서 우리 국민이 단합되지 못하고 내부에서 서로 싸우느라 전력을 상실하는 분열된 국민의 허약한 나라로 만들어놓기 위한 전략인 듯 했다. 그의 의도적인 국민 분열정책의 궁극의 목적은 여기에 있었을 것이다.

검찰개혁이란 이름으로 검찰의 수사권을 축소하고 조직을 붕괴시켜 범죄 대응력을 급속히 약화시키자 문재인 자신은 물론 조국 윤미향 황운하 이재명 등 민주당 권력자들의 비리와 불법에 대한 수사는 모조리 막히게 되었고 급기야 감옥가야 할 범죄자 수십 명이 22대 국회를 차지하는 상상할 수 없는 상황에까지 이르렀다. 경찰 검찰 법원 모두 범죄사건이 크게 증가했으나 수사도 판결도 쌓여가며 처벌이 지연되고 결국 대한민국은 죄를 짓고도 처벌받지 않는 범죄자들의 천국이 되었다. 문재인 정권이 고의적으로 방치하고 유발시킨 마약범죄의 급증에서 보듯 이러한 사회안전망의 붕괴 역시 대한민국을 파괴하려는 문재인의 반역적 계획 중의 일부분일 것이다. 문재인은 법과 정의에 의해 다스려지는 법치주의 국가 대한민국을 파괴하고 이념과 권력의 크기에 의해 통치되는 북한과 같은 나라로 변경하려고 기도했던 것이 분명하다.

문재인은 외교에서도 자유민주주의 진영에서 멀어지고 공산주의 진영으로 다가가는 진영이동의 정책을 전개했다. 문명화와 선진화에 성공하여 물질적 정신적 풍요를 누리는 자유진영에서 이탈하여 20세기에 이미 완벽한 실패로 끝난 정치 실험인 공산주의 진영으로 편입되려 한 것은 빈곤과 인권 말살을 감수하고라도 대한민국을 북한화 하겠다는 그의 큰 그림이었다. 이 결과 대한민국은 미국 유럽 일본 등 서방 국가들로부터는 고립되었고 반면 중국과 북한에는 철저히 굴종적 태도를 보이고도 8끼 혼밥을 하고 삶은 소대가리란 말을 들어야 했다. 이러한 그의 외교를 우려하는 국민적 분위기를 모면하기 위해 그는 '아무도 흔들 수 없는 나라'라는 창의적인 문구를 고안해내더니 그것을 자주 써먹었다. 그러나 서방국가로부터 따돌림 당하고 공산국가로부터 무시당하는 문재인의 대한민국을 두고 국민은 '아무나 흔드는 동네북 신세의 나라'라고 응수했다.

문재인의 외교는 세계로부터 고립된 북한의 외교를 닮아가고 있었다. 이 역시 고의적인 것이었다. 우선 외교 일선에 경험과 국제적 네트웍을 가진 전문 외교관 집단을 대거 밀어내고 운동권 출신을 외교 현장 곳곳에 배치했다. 외교에는 문외한인 강경화를 허수아비 장관으로 세워놓고 청와대의 주사파가 주도한 외교는 종북 친중 반미 배일의 원칙이 철저히 지켜졌다. 우리를 침략하여 나라를 잿더미로 만든 북한과 중국에는 일관된 짝사랑 공세를 펼치면서도 우리를 구해준 미국에 대해서는 노골적으로 적대적 입장을 취한 일에서 대한민국을 자유민주주의 진영에서 공산주의 진영으로 이동시키려는 분명한 의도가 확인되었다. 유엔사와 한미연합사의 해체, 한미동맹의 약화와 일본과의 관계 파탄, 종선선언과 평화협정의 체결에 이은 주한미군의 철수를 위한 노력은 문재인 외교의 시작과 끝이었다. 문재인 정권의 모든 외교에는 대한민국 공산화와 북한화의 계략이 내장되어 있었다. 대한민국을 파괴하는 문재인의 외교였다.

대한민국을 남조선으로 만들어간 내치

이땅의 좌익이 대한민국을 공격한 혁명의 역사는 장구하다. 해방정국에서부터 1970년대까지는 남로당 통혁당 등 북한이 직접 통제하는 지하혁명조직이 혁명 투쟁을 직접적으로 수행했고 박정희 사후 김대중 정부까지 약 20여 년은 주사파로 대표되는 학생 김일성주의자들이 지하의 혁명조직으로부터 자금을 공급받고 기르침을 받으며 대한민국 체제를 공격했다. 이들 반국가 집단은 김대중의 집권과 함께 때로는 은밀하게 때로는 공식적으로 정권의 지원을 받으며 급격하게 팽창하며 강력한 세력이 된다. 이어 정치적 기반이 약한 노무현을 옹립하여 국민은 물론 노무현 자신도 놀란 깜짝 정권을 탄생시키며 대한민국에는 본격적인 주사파의 시대가 열린다. 주사파란 김일성을 사이비 종교 교주처럼 모시는 세력이다. 김일성은 이들에게 '내려온 돈'을 꼭 그리고 많이 내려주었고 그래서 주사파는 마치 주인을 따르는 애완견처럼 그에게 충성을 다했다. 이후 노무현 이명박 박근혜 정부 14년은 주사파 운동권 중심의 확장된 종북 좌익세력이 총연합하여 자유민주주의 정부를 공격하고 이 나라를 파괴해 나갔다. 이 14년 간의 공격 대형에서 선봉에 있었던 사람은 문재인이다. 선봉에 선 그는 자유민주 세력을 맹렬하게 공격한다. 그의 궁극적 목표는 대한민국을 남조선으로, 조선인민공화국의 남쪽으로 만드는 일인 듯 보였다.

문재인은 노무현 정부 5년간 2번의 민정수석과 시민사회수석에다 비서실장까지 지내며 정권의 명실상부한 제2인자였다. 그는 노무현 다음의 9년간의 우익정부 시절에 좌익진영의 선두에 서서 이명박을 공격하고 박근혜를 무너뜨리는 투쟁을 총지휘한 최고 1인의 위치에 있었다. 그는 대한민국의 자유민주주의 체제를 공격하는 대오에서 최고 지휘관이었고 촛불난동을 일으켜 대한민국 최고의 권력을 잡은 후에는 공산주의 이념의 지향성과 통치방식으로 국정을 운영하고 국가를 경영했다. 자유민주주의 이념인 기회의 평등 대신 사회주의 이념인 결과의 평등을 지향했고, 국민을 특권을 가진 집단과 일반 국민으로 구분함으로써 공정성을 크게 훼손했다. 기회가 평등하지 않고 과정이 공정하지 않으니 결과 역시 그의 말과는 다르게 결코 정의롭지 않았다. 자유민주주의의 핵심가치인 자유와 인권은 무시되어 세계인의 우려와 항의에도 5.18 금지법, 대북전단금지법 등 표현의 자유를 억압하는 법안을 통과시키며 국민의 기본권을 크게 침해했다. 그리고 거짓 선동 등 공산주의의 전통적 통치기술은 물론 남미 사회주의 국가들의 포퓰리즘 정책을 상시적으로 구사했다. 또한 국민의 자발성과 독립성과 창의성을 억압하는 통치를 펼쳤다. 자발성과 독립성과 창의성을 상실한 국민은 곧 북조선의 인민이다.

문재인은 대한민국을 북한과 닮은 저급하고 저질스러운 나라로 만드는 일에도 열심이었다. 그는 자신을 광신적으로 지지하며 경쟁자를 과격하게 공격하는 집단을 '경쟁을 흥미롭게 해주는 양념'이라며 옹호했고 그를 이어 종북 정당 민주당의 지휘봉을 잡은 이재명은 '개딸'이란 이름의 지지자 무리를 이끌며 그들을 '세계사적 의미'라고 말했다. 문재인의 양념은 조국의 개국본으로, 다시 이재명의 개딸로 진화하며 대한민국 사회의 저질화를 주도했다. 팬덤이 대한민국 저질화의 유일한 주범은 아니다. 문재인은 정청래 최민희 김남국 김용민 전현희 김의겸 서영교 윤미향 최강욱 안민석을 포함한 최소 50여 명에 달하는 수준 미달의 더불어민주당 의원들과 협력하고 법치주의를 짓밟는 법무장관 추미애와 박범계, 대한민국 제일의 정치 모리배로 보이는 박지원, 잡범이거나 파렴치범인 조국 등을 정권의 요직에 임명했으며 게다가 대한민국 건국 이래 최악의 정치인으로 꼽히는 이재명과 손을 잡고 대한민국 정치를 자유당 시대보다 더 더럽게 오염시켰다. 그것은 이 나라를 정치의 영역은 물론 사회 전체를 저질화하여 북한의 수준에 맞추려는 문재인 자신의 혁명으로 보였다. 문재인의 통치가 대한민국을 저질화시켜 북한의 수준에 근접하게 만든 것은 그의 퇴임 후 더욱 명징하게 드러났다. 2024년 7월의 더불어민주당 당대표 선거에서 이재명은 득표율 90%를 육박하며 나찌 시대의 히틀러를 연상케했다. 이 득표율은 국민에게 총을 겨누고 정적을 마구 암살하며 철권통치를 펼치는 러시아의 푸틴을 넘는 것이었다. 그러더니 며칠 후 조국혁신당에서는 99.9%의 득표율이 나왔다. 순금의 비율이다. 대한민국에서도 조선로동당의 만장일치제가 실현된 것이다. 문재인이 뿌린 저질화와 북한화의 씨앗이 꽃을 피운 것이다.

문재인의 통치 5년을 온몸으로 경험한 일개 국민으로서 그의 국정운영은 의문과 이해할 수 없는 일로 가득했다. 이 이해할 수 없음의 이유를 찾아나서자 이유는 생각보다 쉽게 찾아졌다. 문재인의 통치를 70년 전 대한민국을 건국할 때 대통령 이승만과 그때의 국민이 선택한 국가 정체성인 자유민주주의와 시장자본주의의 시각에서 보았기 때문이다. 대통령 문재인과 그의 세력은 대한민국을 공산주의 국가, 더 정확히는 북한과 같은 나라로 만들려고 했다는데 이유가 있었다. 자유민주주의의 시각에서는 도무지 이해되지 않던 그의 통치는 공산주의와 북한 중심으로 시각을 바꾸어서 보자 의문은 단숨에 풀렸다. 문재인의 촛불혁명은 바로 그런 것이었다. 단언컨데 문재인의 촛불혁명은 종북혁명이었다.

5. 고정간첩 문재인입니다

대한민국에 거주하며 북한정권이 내린 지령을 수행하는 사람은 좁은 의미의 간첩이다. 북한의 이익을 위해 활동하는 모든 사람으로 의미를 넓힌다면 간첩의 숫자는 많다. 북한에 정보를 제공하거나 돈을 송금하는 역할 등을 수행하는 좁은 의미의 간첩에다 남한 정부와 사회에 공격을 가하여 나라를 분열시키고 파괴하는 행위로 북한을 유리하게 하는 역할까지 포함한다면 넓은 의미의 간첩이 될 것이다. 북한이 필요에 따라 수시로 파견하는 남파간첩과 국내 거주자가 간첩활동을 하는 자생간첩 혹은 고정간첩으로 분류할 수도 있다. 한 때 김정일의 처였던 성혜림은 남한에서 암약하는 고정간첩이 4만 명이라고 했고 주체사상을 체계화한 황장엽은 이를 5만이라고 했다. 공안검사 출신의 이건개는 12만 명이라고 밝힌 적도 있다. 20대 대통령 윤석열이 2023년 새해 벽두부터 펑펑 터져나오는 간첩과 간첩단 사건을 보며 "나라에 간첩이 이렇게 많나"며 놀라워 했을 정도로 대한민국에는 지금 간첩이 많은 것은 분명하다. 좌익진영이 늘 말하는 "요즘 세상에 간첩이 어디 있나" "빨갱이 타령" "종북몰이" 등의 말뜻은 간첩이 없다는 뜻이다. 간첩이 많다는 쪽과 없다는 쪽, 국민인 우리는 어느 쪽 말을 듣고 어느 쪽을 믿어야 하는가.

빨갱이 세상이 되었다는 뜻

대통령 문재인은 2019년 3.1절 기념사에서 "일제가 독립운동가를 사상범으로 몰아 탄압했다. 여기서 빨갱이라는 말도 생겨났다."며 빨갱이라는 말은 청산되어야 할 친일잔재라고 했다. 그는 국민을 호도하고 있었다.

독립운동가 중에는 자유민주주의자도 있고 공산주의자도 있었다. 일제의 통치에서 벗어나는 것이 목적이었던 독립운동은 사상이나 이념과는 관계가 없다. 해방 후 자유주의자는 대한민국의 건국에 참여했고 공산주의자는 북한정권의 수립에 참여했다. 북한정권과 종북세력은 자유민주주의 신봉자와 반공주의자를 모두 친일분자로 매도한다. 반면 공산주의자와 김일성주의자는 모두 독립운동가로 둔갑시켰다. 거의 무조건적인 분류법이다. 독립운동사에서 혁혁한 업적을 남긴 이승만은 반공주의자라는 이유로 졸지에 친일분자가 되고 독립운동의 흔적이 미미한 김원봉은 북한 정권에 참여하여 6.25 남침에 앞장선 사람임에도 공산주의자라는 이유로 문재인에 의해 졸지에 독립운동가로 추앙받았다. 문재인은 한 발 더 나아가 김원봉을 '국군 창설의 뿌리'라며 독립유공자 서훈을 추진했다. 공산주의를 대한민국 역사의 주류로 만들기 위한 조작이고 공작이다.

빨갱이라는 말은 친일잔재이므로 청산되어야 한다는 문재인의 말은 대한민국에는 이제 간첩이 없다는 말과 다름 아니다. 빨갱이들이 대한민국의 주류가 되었다는 말이거나 대한민국을 완전히 장악했다는 선언일 것이다. 대통령이라는 직위를 앞장 세우고 그 권위 뒤에 숨어 자신의 간첩 신분을 감추려는 개인적 의도도 포함되어 있을 것이다. 대한민국을 파괴하고 북한을 위해 일하는 그는 어디를 봐도 간첩으로 보인다. 그의 말은 간첩이 이미 남한을 장악했으므로 이제는 그와 그의 동지를 빨갱이, 종북이, 간첩이라 부르는 사람들이 반국가 세력이 되었다는 의미일 것이다. 그러나 이 땅을 자유민주주의 나라로 알고 있는 국민의 눈에 문재인 이 사람은 간첩이 분명하다. 간첩 분류법에 따르면 고정간첩이다. 네 살 무렵 간첩인 부친의 손에 이끌려 내려온 최연소 남파간첩이라고 말하는 사람도 있다.

이미 해방정국에서부터 남한까지 통치하겠다는 야심을 가졌던 김일성은 1950년의 직접 남벌이 실패한 후에도 그것을 포기하지 않았다. 공작원을 남파하여 지하혁명 조직을 만들고 남한의 자유민주주의 체제와 우익정부를 전복하려는 시도는 아들에 이어 손자 김정은에 이른 지금까지 이어지고 있다. 이 과정에서 북한정권과 직 간접적으로 연결된 남한 내부의 좌익세력은 자유민주주의를 천명하는 우익세력이 집권하면 즉시 공격을 개시했다. 그들은 특히 좌경화된 대한민국을 바로 잡으려 했던 박근혜를 집요하게 공격하여 기어이 그의 정부를 중단시켰고 윤석열의 경우에는 취임하기 전인 당선인 신분일 때부터 탄핵을 외쳤다. 그들은 이것을 민주화운동이라고 말했다. 그러나 그들끼리는 대남혁명투쟁이라 불렀다.

그들의 오랜 혁명투쟁은 이미 김대중 노무현 정권의 탄생으로 결실을 맺었고 이 두 좌익정권 10년간 대한민국의 자유민주주의는 실제적으로, 제도적으로 크게 후퇴한다. 대신 사회주의적 성격은 지속적으로 강화된다. 김대중 정권의 친북한 정책의 기회에 대거 양성화된 좌익단체들은 북한 추종의 정체성을 '진보'로 위장하고 세력을 급속히 확장했다. 특히 주사파 운동권 집단은 정치적 기반이 빈약했던 노무현을 옹립하여 앞장 세우고 정치판을 장악하기 시작한다. 이때부터 대한민국의 북한 추종은 급속히 진행되었고 이 흐름에 올라타고 대권을 잡은 사람이 바로 문재인이다. 그가 빨갱이의 존재를 부정한 것은 종북혁명사에서 혁명가 족보에 이름이 오른 그가 대통령이 되었으니 이제 빨갱이들의 장구한 혁명이 승리했음을 알리는 선언이었다. 빨갱이와 간첩들의 세상이 되었다는 뜻이다.

간첩, 대통령이 되다

문재인은 변호사 시절부터 이미 철저한 좌익이었다. 그는 이 땅의 좌익 이적세력, 종북단체, 반국가단체, 국가전복 기도세력 등 북한 정권의 지원과 지령을 받고 활동하는 세력들과 지속적으로 교류 협력하고 그들을 옹호하고 변호했다. 그의 여러 저서를 보면 그가 변호사로서 변호한 사건들을 자랑스럽게 나열하고 있는데 대부분 종북 단체들이 일으킨 부산미문화원 점거농성, 부산상공회의소 점거농성 등 자유민주주의 체제를 부정하고 공격하는 반정부 반국가 시위였다. 또한 불법적이면서 폭력성을 강하게 드러냈던 대형 노동자 파업사건, 전교조 해직교사 사건 등 좌익 사상으로 이념화된 학생 노동자 교사들의 집회와 시위를 동조하고 변호한 이력들이다. 반면 자유민주주의 단체 혹은 세력과는 교류 협력하고 변호했다는 행적은 찾을 수 없다. 노동운동가 인권변호사 등의 명찰을 달고 있었으나 경남종금 근로자 퇴직금 120억 사건에서 본 바와 같이 정작 근로자의 권익에는 무관심하고 무성의했다. 이러한 그의 이념적 본색은 그가 중앙정치의 무대에 등장한 이후 노무현 정권의 실세로 있을 때나 노무현 사후 정치적 계승자로 지목되어 활동할 때, 그리고 그가 대통령이 된 이후까지 일관된다. 문재인은 늘 좌익세력과 어울리고 협력했으며 이적단체와 반국가세력을 변호하고 그들의 편에 서고 그들과 함께 했다. 그리고 자유민주주의를 주장하는 진영에는 배제와 적대적 태도로 일관했다. 그는 뼛속부터 빨강색이었다. 뼛속까지 빨간 사람은 빨갱이라 부른다.

정치 무대에 올라간 이후의 문재인의 행적을 보면 친북이고 종북이며 북한에 충성하는 충북주의자였다. 그는 일관되게 북한을 편들고 지지하고 옹호했으며 북한이 어떤 도발을 해와도 비난하거나 책임을 묻는 일이 없었다. 반면 대한민국에 대해서는 항상 그리고 철저히 적대적이었다. 늘 말과 행동이 따로였던 그는 스스로 평양에서 표현했던 '남쪽'에 대해서는 좋은 말을 할 때도 행동은 거꾸로였다. 그는 최악의 인권탄압 정권인 북한에 대해서는 철저히 침묵하면서도 간첩 잡는 기본법인 국가보안법은 인권탄압이라고 주장하며 폐기를 촉구했다. 북한동포의 인권에는 눈을 감으면서 남쪽에서 활동하는 간첩과 이적행위자들의 인권에만 입을 열었다. 현존하는 국가 중 세계 최악인 김정은의 독재에는 입을 봉한 채 김정은보다는 백배 민주적인 대한민국의 우익 집권자에게는 모조리 독재자라고 비난했다. 3대에 걸친 김 씨 일가의 왕조적 전체주의적 공포통치에는 말 한마디 않은 채 대한민국에 대해서는 자유민주주의를 신봉하는 대통령이라면 이승만부터 박근혜까지 모두 비민주적 지도자로 취급했다. 그는 자유와 인권과 민주주의를 말하는 것이 아니었다. 그런 용어를 도구로 남쪽을 공격했을 뿐이다. 인권 등 근대국가의 보편적 가치를 두고 북한에 대해서는 철저히 침묵하고 대한민국의 그것에는 독한 비난을 퍼붓는 그의 이중적 언행은 조선중앙통신과 다르지 않았다. 정작 대통령이 된 그 자신은 대한민국의 인권과 공정과 법치를 훼손하고 마구 유린했으며 '자유'는 입에 올리지도 않았다. 전형적인 간첩의 행태였다.

문재인의 종북 정체성은 박근혜를 밀어내고 대통령이 된 후부터 더욱 분명하게 드러난다. 그는 철저하게 북한 편향적인 정책으로 국정을 운영했고 그래서 대한민국 대통령이라기 보다는 북한이 파견한 통치 대리인으로 보였다. 대통령인 그가 고소 고발로 국민의 입을 틀어막는 것을 보고 겁먹은 언론이 입을 다물고 있을 때 그를 김정은의 대리인 또는 공산주의자라고 말해주는 것은 외국 언론이었다. 공산주의자로서 김정은의 대리인이라면 영락없는 간첩이고 빨갱이다. 실제 그가 대한민국을 통치하는 방법은 공산주의적인 것이었고 통치의 내용도 이 나라를 사회주의화 공산주의화 하고 북한을 따라가도록 하는 것이었다. 대한민국의 이익이 아닌 북한의 이익을 위해 부지런히 해외로 나가는 모습은 에누리 없는 간첩이었다. 문재인은 적국 대한민국의 대통령이 된 간첩이었다. 적국의 대통령이 된 그는 대한민국의 민생과 경제와 미래에는 무관심했고 실무의 자리에 앉힌 사회주의자 혹은 북한추종자인 수하들은 좌익이념에 근거한 새로운 정책을 펼쳤다. 그러는 사이 대통령 자신은 오직 북한만 생각하고 북한과 관련된 일만 했다. 이것은 외교안보의 영역에서 더욱 분명했다. 그의 집권 전반기는 북한 정권과 내통하는 시간이었고 집권 후반기는 북한을 짝사랑한 시간이었다. 그 자신의 간첩 정체성을 고스란히 드러낸 대통령 문재인의 시대 5년이었다.

대통령으로서 수행한 그의 국정운영과 통치행위에서 확인되는 문재인의 간첩 정체성에 대해서는 필자가 고영주 변호사와 공동집필한 [대통령이 된 간첩, 부제: 문재인을 간첩이라 주장하는 100가지 이유]라는 제목의 책에서 상세히 다룬 바 있다. 문재인의 통치 5년을 파헤친 이 책의 요지는 간단하다. 문재인은 스스로 촛불혁명이라 이름 붙인 종북혁명을 통해 자신의 적국인 대한민국의 국가원수의 지위에 올라 그가 추종하는 북한과 김 씨 왕조를 위해 충성을 바친 고정간첩이었으며 그래서 그가 이끈 정권은 해방정국 이후 남한에서 활동한 간첩단 가운데서 최대 규모의 간첩단이었다는 사실이다. 문재인은 적국 대한민국의 최고위인 대통령에까지 오른 고정간첩이며 그의 정권은 대한민국 역사에서 가장 규모가 큰 간첩단이었다. 확신한다. 그리고 분노하고 통탄한다.

4절 이 사악한 혁명을 막아야 합니다

문재인은 대통령이 되기 전부터 늘 북한을 말하고 통일을 말했다. 이 외의 것에는 말을 해도 알맹이가 없었고 형식적인 것이었다. 과거 그가 했던 말과 지금의 말이 달라 '거짓말만 하는 대통령'이라는 비난을 받는 것도 일정 부분 여기에 이유가 있다. 문재인은 북한만 생각했고 그 외의 일에는 관심이 없었다. 북한과 관련된 말에는 일관성이 있었으나 북한 이외의 사안에는 앞과 뒤가 연결되지 않았고 그래서 앞뒤 둘 중의 하나는 거짓말이 되었다. 그가 북한에만 집착했다는 사실보다 더 큰 문제가 있다. 대통령이 된 그가 통일에 접근하는 방법은 심각했다. 그가 지향하는 통일은 성공한 대한민국 체제가 아닌 실패한 북한 체제를 따라가는 것이었다. 이 땅의 모든 종북세력은 한반도의 정통성이 북한에 있고 북한체제는 인간다운 삶을 누릴 수 있는 반면 남한은 자본주의 제국의 착취를 받는 식민지로서 불평등하고 불공정하고 부패한 체제로 여긴다. 그들이 지향하는 통일이 북한이 남한을 흡수하는 통일인 이유다. 문재인이 지향하는 통일은 이런 전형적인 종북 주사파의 통일론에 바탕을 두고 있었다. 그가 쫓는 혁명은 그런 것이었다. 촛불혁명은 그런 것이었다.

1. 빨갱이 혁명가 문재인

문재인은 통일을 위해 먼저 남과 북의 차이와 다름을 줄이겠다고 마음 먹은 듯 보였다. 그는 남과 북의 경제력의 격차, 사회발전의 격차 등 총체적 문명화의 격차를 줄이고 체제와 사회의 이질성을 극복하기 위해 애쓰는 듯 보였다. 문제는 이를 위한 방법과 방향성에 있었다. 그는 실패한 북한을 성공한 남한에 맞추어 나가는 상향평준화가 아닌 남한을 북한에 맞추는 하향평준화를 선택한 듯 보였다. 탑을 쌓는 우파와 탑을 무너뜨리는 좌파, 건설에는 젬병이고 파괴에는 전문가인 좌파들의 속성이 고스란히 반영된 방향성과 방법론이었다. 우익과 중도의 국민조차 북한 정권이 적대적 태도를 거두고 북한 동포의 인권을 개선하며 남북간의 협력에 나선다면 부유한 남한이 가난한 북한을 도와야 한다는 주장에는 적극 찬성한다. 그럼에도 문재인은 김정은을 설득하여 적대적 태도를 거두고 경제협력과 사회적 교류를 확대하여 북한을 남한 수준으로 발전시키려는 노력에는 관심이 없었다. 그는 남한의 권력을 잡았으니 남한을 북한에 맞추어 나가는 것도 자신이 마음대로 할 수 있는 일로 생각하는 듯 했다. 문재인 정권의 모든 국정운영과 국가통치의 초점은 여기에 맞춰져 있었고 이것은 그의 국정운영 5년의 중심축이었다.

정권교체가 아니었다 혁명이었다

이인호는 김대중 정권에서 러시아 대사를 지낸 원로 역사학자다. 그는 2018년 한 세미나에서 문재인 정권의 본질을 뚫어보고 그들의 통치가 혁명적인 것임을 알렸다. "촛불정신이라는 명분과 적폐청산이라는 미명하에 공공연히 진행되는 구속과 위협, 언론통제와 여론조성, 그리고 유례없는 공직 독점은 1917년 러시아 레닌혁명 이후 자행된 정권장악, 공산숙청과 유사하다."고 말했다. 이어 문재인 정권의 혁명적 통치에 대해 국민들이 심각하게 받아들이지 않는 것은 대한민국이 공중 납치된 항공기와 같은 상태이기 때문이라며 "기장이 납치범으로 바뀔때 승무원들은 선한 웃음과 안심시키는 목소리로 승객들을 평안하게 해주어서 비행기가 납치된 사실조차 인지하지 못하고 있다."(동아일보, 2020.12.30)고 했다. 선한 웃음과 안심시키는 목소리, 익숙한 장면이다. 문재인의 얼굴이 떠오른다. 문재인의 집권은 혁명이었다. 정상적 정권교체가 아니었다.

기자 김순덕은 위의 기사에서 문재인의 혁명을 다음과 같이 정의했다. "2016년 12월 9일 박근혜 대통령 탄핵안이 국회를 통과했다. 이틀 뒤 제1야당의 유력한 대선주자였던 문재인은 다음과 같은 발표를 했다. '대통령 탄핵은 촛불혁명의 시작입니다. 그리고 이 촛불혁명의 끝은 새로운 대한민국입니다'. 이를 위해 우선적으로 청산해야 할 과제로 밝힌 것이 비리와 부패에 관련된 공범자 청산이고 재산몰수와 지위박탈이었다. 그때는 너무나 혁명적인 발언이어서 주목받지 못했지만 이제 알 것 같다. 문정권은 단순한 정권교체가 아니라 혁명을 꾀했다는 것을." 기자는 문재인의 집권이 단순한 권력이동이나 통상적 정권교체가 아닌 혁명으로 해석하고 있다.

2019년 새해 벽두, 젊은 시절을 국가 수호에 바친 노병들이 후배 군인들에 대한 당부에 나섰다. 1월 30일, 생전의 백선엽 장군과 역대 국방장관 등 400여 명의 퇴역 장성들이 성명을 낸 것이다. "종북 정치인들이 국방과 안보를 정치적 이해에 종속시키고 평화라는 거짓 선동으로 나라를 위태롭게 하고 있다. 현역 군인들은 더 이상 3대 독재세습을 옹호하는 주체사상에 물들지 말고, 한반도 전체를 김일성주의 국가로 몰고가는 대한민국 공산화 음모를 즉각 중단시키고 우리 조국 대한민국을 사수하라"고 호소했다. 노병들의 말투는 호소라기 보다 후배 군인들에게 내리는 명령이었다. 그러나 그들의 비장한 표정에서 깊은 근심과 걱정이 읽혀졌다. 노병들은 공산주의의 길로 향하는 혁명을 수행 중인 문재인의 본색과 문재인 정권이 펼치는 국정운영의 본질을 간파하고 있었던 것이다.

노병들이 성명을 내놓은 것은 문재인의 통치 1년8개월이 지난 때였고 학자와 언론인이 문재인의 통치가 혁명임을 알아차린 것은 3년8개월이 지나서였다. 이념이 첨예하게 대치하는 현장에서 잔뼈가 굵은 퇴역군인들이 데스크의 언론인보다 문재인이 전개하는 통치의 본질을 먼저 알아차린 것이다. 폭등하는 집값을 지켜보며 "문재인을 뽑은 내 손가락을 자르고 싶다"며 많은 국민이 분노를 토한 것은 2019년 무렵부터였다. 생계를 위해 매일 현장에서 뛰는 각각의 국민들은 집값폭등, 일자리 감소, 물가상승 등의 문재인의 통치의 결과물을 보며 그것을 '국가경영에 전혀 준비가 안된, 미숙한 아마츄어 정권 혹은 무능한 문재인'에서 원인을 찾았다. 그러나 노병과 학자와 기자는 그것이 문재인의 미숙과 무능에 기인한 것이 아니라 그가 고의적이고 계획적으로 수행하고 있는 혁명의 결과라는 사실을 알고 있었다. 시차는 있어도 결국은 모두가 알게 되었다.

국민을 기만하는 빨갱이 혁명가

문재인은 자신의 임기를 2주 남기고 가진 좌익 언론인 손석희와의 대담에서 윤석열이 야당 후보로 나와 대통령이 된데에 대한 질문을 받고

"그분을 우리 편으로 잘 했어야 됐나 모르겠다"고 했고 내로남불에 대해서는 "저쪽이 항상 더 문제인데 가볍게 넘어가고, 이쪽보다 적은 문제가 더 부각되는 이중잣대가 문제"라고 말했다. 그의 의식 속에 있는 대한민국 국민은 이쪽과 저쪽, 우리편과 저쪽편으로 분명하게 나뉘어져 있었다.

문재인은 자신의 대통령 취임사에서 "오늘부터 국민 모두의 대통령이 되겠습니다. 이날은 진정한 국민통합이 시작되는 날로 역사에 기록될 것입니다"라고 말했다. 거짓말 도사인 그가 또 이 약속을 지키지 않았다는 것을 따지려는 것이 아니다. 취임사에서 말한 약속을 지키지 못한 대통령은 많다. 그러나 문재인처럼 취임사와는 반대로 간 대통령은 없었다. 반대도 완벽한 반대였다. 문재인은 자신의 속셈을 감추고 국민이 절대 동의할 리 없는 종북혁명을 수행하기 위해 고의적으로 국민을 속였을 것이다. 문재인은 대한민국 대통령이 아니었다. 대한민국의 '저쪽'을 궤멸시켜 '이쪽의 나라'로 만들려고 한 혁명가였다. 그는 좌익세력의 보스가 되어 대한민국을 좌익의 나라로 만들어가는 혁명가였다. 그는 빨갱이였다.

왕년의 주사파 김문수는 학생시절 10여 년간 공산주의 혁명을 꿈꾸며 비밀지하조직에서 활동하다 공산주의의 비현실성과 김일성사상의 허황함을 깨닫고 전향하여 보수정당 소속으로 경기도 지사를 지냈다. 2019년 7월 그는 말했다. "현 대한민국 상황은 주사파들이 세계 어떤 공산혁명보다 더 완벽하게 국가권력을 장악했다. 주사파들의 혁명교과서에는 대한민국을 전복하기 위한 전략과 전술이 이미 정립되어 있으며 운동가들은 이것을 달달 외워서 조직적으로 시행하고 있다." 그는 자신의 이 말에 시비를 거는 사람들을 향해 또 말했다. "주사파가 어디 있냐고요? 청와대에

꽉 찾습니다." 문재인 정권의 초대 교육부장관 김상곤으로부터 주체사상을 교육받고 다시 후배들에게 그것을 교육시킨 김문수는 문재인 정권의 요직을 모조리 차지하고 있던 주사파들의 면면과 본색을 누구보다 잘 아는 사람이다. 그래서 그가 하는 말은 틀리지 않을 것이다.

국무총리를 지낸 정치학자 노재봉도 같은 진단을 했다. "지금 대한민국은 체제를 전복하면서 그 존재를 해체해가는 위험한 혁명이 진행되고 있다. 이 혁명이 성공하면 대한민국은 없어진다."(신동아, 2019년 10월호) 언론인 송평인의 진단도 같다. "우리는 지금 개혁이라는 이름으로 포장된 혁명을 당하고 있으면서 그것이 혁명인 줄도 모르는 것일 수도 있다. 그것은 개혁이 아니라 사악한 혁명이다."(동아일보, 2020.11.4) 지식인들은 문재인의 혁명이 주사파들의 종북혁명이고 사악한 혁명이라는 사실을 말하고 있다. 그러나 문재인은 자신의 혁명이 그런 혁명이라는 사실을 우리에게 말해준 적이 없다. 북한을 따라가는 그의 혁명을 국민이 동의할 리 없기 때문이다. 그래서 우리를 속였을 것이다. 그의 혁명은 국민을 속인 혁명이었다. 좌익혁명가들은 모두 민중에게 거짓말을 하고 늘 민중을 기만한다. 그러나 문재인은 단순한 좌익혁명가가 아니었다. 그는 대한민국 대통령이었다. 문제는 여기에 있다. 심각하고 엄중하며 치명적인 문제다.

문재인은 혁명을 자주 자신의 입에 올렸다. 박근혜 탄핵을 앞두고 "헌재가 탄핵안을 기각하면 혁명 밖에 없다"고 했고 박근혜를 구속시킨 후에도 혁명을 말하고 또 말했다. 그는 2017년 봄 대통령 선거 유세현장을 누비면서 "촛불혁명을 완성할 문재인과 함께 해달라"고 외쳤다. 그러나 그때까지도 그의 촛불혁명의 속뜻을 제대로 알아차린 국민은 많지 않았다. 국민은 그가 말하는 촛불혁명을 부패와 불법이 징벌되고 공정과 정의가 구현되어 자유민주주의가 제대로 실현되는 혁명 쯤으로 생각했다. 문빠들로부터 우주미남으로 불리는 그가 늘 웃는 얼굴로 공정과 정의를 말했기 때문에 그렇게 여긴 사람을 탓할 수는 없다. 그가 말한 혁명이 그런 혁명이 아니었음을, 그것이 사회주의 공산주의로 가는 혁명이었음을, 그것이 북한을 닮아가는 혁명이었음을, 그래서 그가 웃는 얼굴로 했던 말과 약속에 속았음을 알게 된 것은 그의 통치기간 절반을 지날 무렵부터였다. "문재인에게 속았다"는 말이 여기저기서 터져나왔으나 이미 어쩔 수 없었다. 문빠들이 '우리이니 마음대로'라며 광적으로 응원하는 것을 그냥 지켜볼 수 밖에 없었다. 문재인은 그 자신만의 혁명을 하고 있었다. 그러나 국민인 우리가 결코 원하지도 동의하지도 않는 혁명이었다.

문재인은 대한민국의 기존 체제와 기존 질서를 뒤엎기 위해 오랫동안 준비하고 노력하고 투쟁했다. 그가 '혁명'을 말하고 또 말한 데서 알 수 있다. 그가 대통령이 되기 전과 후의 모든 행적을 살피면 그것은 분명해진다. 대통령에 취임하며 그가 읽은 취임사의 제목부터 '한번도 경험하지 못한 나라'였는데 이것은 기존의 대한민국의 자유민주주의 국체를 완전히 바꾸어놓겠다는 선언이었다. 국민이 상상하고 기대한 한번도 경험하지 못한 나라와 그가 계획한 그것이 완전히 달랐다는 사실은 그의 통치 5년 간의 국정운영의 모든 내용이 증명한다. 그것은 결국 주사파들이 젊은 시절부터 쫓아온 대남혁명노선의 실천이었다.

문재인의 시간은 끝났으나 북한을 추종하는 그들의 혁명은 계속될 것이다. 문재인을 수령처럼 모시며 함께 혁명과업을 수행했던 종북주의자들은 여전히 대한민국의 정치판과 사법부와 노동현장과 교육현장과 문화예술계 등 모든 곳을 장악하고 있다. 문재인의 동지들은 이 혁명을 멈추지 않을 것이다. 그들의 혁명은 그것이 완성되거나 북한정권이 소멸할 때 끝날 것이다. 그들의 혁명이 완성된다는 것은 대한민국이 소멸된다는 뜻이다.

2. 점령될 준비는 끝났습니다

문재인은 2018년 9월 평양 15만 군중 앞에서 "북한의 발전상을 높이 평가한다"고 말했다. 북한의 무엇이 발전했다는 말일까. 인민의 생활? 인권과 자유? 과학과 기술? 국가 경제? 북한이 발전시킨 것은 핵과 미사일과 생화학탄과 방사포 등 우리를 침략할 때 사용할 무기 뿐이다. 이것을 높이 평가한다면 그는 대한민국 사람이 아니라 간첩이다. "김정은 위원장과 북녘 동포들이 어떤 나라를 만들어 나가고자 하는지 가슴 뜨겁게 보았다. 어려운 시절에도 민족의 자존심을 지키며 끝끝내 스스로 일어서고자 하는 불굴의 용기를 보았다" 2024년 5월 발간된 대담집에서 그는 평양 연설에서 이렇게 말했으며 이 구절을 직접 넣었다고 자랑했다. 대체 민족의 어떤 자존심을 지켰으며 어떤 불굴의 용기를 보았다는 것인가. 그의 가슴을 뜨겁게 한 것은 또 어떤 나라였는가. 현존하는 세계 최악의 왕조적 독재정권이 통치하며 김정일 이래 300만 명 이상이 굶어 죽고 남한 드라마를 보았다는 이유로 어린 학생까지 총살형에 처하는 극악의 인권 상황이 그의 눈에는 보이지 않았을까. 문재인은 평생을 말 따로 행동 따로의 정치역정을 보여준 사람이다. 이런 그가 북한에 대해서만은 과거의 말과 현재의 말이 일치하고 말과 행동이 일치한다. 놀라운 일이다. 문재인 이 사람 간첩이 분명하다. 그가 대한민국 대통령이 되었다는 사실은 대한민국이 고정간첩에게, 김정은의 수하에게 점령되었다는 뜻이다.

그들만의 새로운 시대
"임기 마지막까지 민족의 대의를 위해 마음써온 문재인 대통령의 고

뇌와 노고에 대해 높이 평가했다." 2022년 4월 22일 김정은이 문재인에게 보낸 친서의 내용이라며 조선중앙통신이 보도한 것이다. 이 보도는 우선 문재인에게 아들 뻘인 김정은이 '노고를 높이 평가'했다는 것이 윗사람이 아랫사람에 대해 칭찬하는 것으로 들려 불편했다. 문재인을 지지한 것은 아니지만 그래도 그는 대한민국의 국가원수가 아닌가. 청와대는 북한이 공개한 이 친서를 받고도 그것을 공개하지 않은 이유는 또 무엇인가. 김정은에게 충성하고 그 노고를 칭찬받은 사실을 국민이 알게 되는 것이 두려웠을까. 북한은 문재인이 통치한 5년 동안 하루가 멀다하고 미사일을 발사했고 퇴임 직전인 2022년 3월에는 대륙간탄도미사일까지 완성했다. 문재인의 집권 후반 3년간 북한이 쏘아댄 미사일이 총 63발이라는 보도도 있었다. 그래놓고 문재인의 노고를 치하한다고? 둘이 대체 무슨 작당을 하고 있었던 것인가. 63발의 미사일 시험발사에 우리가 모르는 문재인의 어떤 공로가 있다는 뜻인가. 미사일을 펑펑 쏘아대도 찍소리하지 않고, 그것을 제지하기 위한 어떠한 조치도 취하지 않았으며, 그래서 마음 편히 쏠 수 있도록 해준데 대한 노고인가. 아니면 국민인 우리가 모르는 김정은의 어떤 지시를 받고 그것을 충실히 수행하고 그래서 노고를 치하받은 것인가. 문재인과 김정은이 서로 교환했다는 이 친서는 대통령기록물로 지정되어 최소 15년간은 그 내용을 확인할 수도 없다. 답답하다.

문재인의 통치 5년간 그가 대한민국의 발전을 위해 한 일은 어떤 것도 찾을 수 없는 국민으로서 그가 김정은으로부터 노고를 높이 평가받았다니 이게 대체 무슨 일인가 싶었다. 그러나 생각해보면 김정은이 문재인에게 고마운 일은 한 두 가지가 아니다. 문재인의 5년은 김정은이 '높이 평가' 할만한 일로 가득했다. 그러나 그것은 모두 우리 대한민국에는 자해적인 것이었다. 우리의 정치 경제 사회를 무너뜨리고 외교 안보상의 방어력을 약화시켰으니 우리에게는 모두 자해적인 일이지만 김정은으로부터는 노고를 높이 평가받을 일이 맞을 것이다. 문재인의 대한민국 자해 행위는 할아버지부터 3대에 이르도록 불변의 목표인 남한 공산화를 위해 김정은이 움직일 때 인민군의 남하진군南下進軍과 점령을 수월하게 해줄 것이다. 김정은이 문재인에게 노고를 치하한 것은 그 때문일 것이다. 문재인의 시대는 김정은과 문재인 그들에게는 밝고 희망찬 새로운 시대였다. 그러나 대한민국 국민인 우리에게는 어둡고 무서운 새로운 시대였다.

김정은이 친서를 보내 퇴임하는 대통령 문재인에게 노고를 높이 평가했다는 보도가 나오고 열흘 후 문재인은 자신의 권력으로 스스로에게 선제적 사면권을 행사하는 의미의 검수완박법을 공포했다. 이날 총리 등 50여 명의 전 현직 국무위원과 함께 오찬의 자리를 가진 그는 "새로운 시대를 연 정부로 평가되고 기억되길 바란다"고 말했다. 대한민국 제19대 대통령 문재인은 우리에게 핵무기 사용을 위협하며 적대감과 공격의사를 감추지 않는 김정은으로부터 노고를 치하받은지 열흘 후 스스로 '새시대를 연 정부'를 말한 것이다. 그가 만든 새로운 시대를 어떻게 생각하시는가. 여기에 문재인의 정체성이 고스란히 들어있다. 그는 공산주의자이고 김일성주의자 북한주의자였으며 고정간첩이었다. 그의 주사파 수하들과 좌익 동지들이 건재하니 그들의 종북혁명은 멈추지 않을 것이다. 문재인이 그의 5년을 새로운 시대라고 말한 것은 그들의 혁명이 문재인 자신에 의해 크게 진전되었고 그래서 새로운 국면을 맞았다는 의미일 것이다.

남과 북이 구분되지 않아

2021년 2월 캐나다 외교부가 주도하고 미국이 지지하며 58개 국가와 유럽연합이 참가하는 '외국인 구금 반대 국제행동'이 출범했다. 자유민주주의 국가 대부분이 참가한 이 국제연대는 외국인 구금을 정치적 수단으로 활용하는 일부 국가의 인질외교 관행을 뿌리 뽑자는 취지로 설립되었다. 하지만 캐나다가 공개한 서명국에 한국은 없었다.(중앙일보, 2021.2.17) 같은 달 유엔은 북한에 1969년의 KAL기 납북자 등 강제 실종자 12명에 대한 정보제공을 요청했다.(연합뉴스, 2021.2.13) 납북자는 대한민국 국민이다. 문재인이 대한민국 국민을 위해 아무것도 하지 않으니 유엔이 대신 나선 것이다. 문재인은 김정은을 여러번 만나면서도 이미 신원이 확인된 6명의 국민에 대한 어떤 조치도 취하지 않았다. 어떤 요구를 전했다는 말도 들은 적이 없다. 그러고도 남북관계가 최고의 평화상태라는 자랑질만 계속했다. 문재인의 5년은 대한민국 정부가 북한처럼 행동하는 시대였다. 남과 북이 구분되지 않았다. 유엔의 눈에도 그런 듯했다.

2021년 4월 민주당의 비례대표 이수진 의원은 5월 1일 '근로자의 날' 명칭을 '노동절'로 바꾸는 법안을 제출했다. 남한과 북한에서 국민과 인민으로 달리 부르듯 근로자와 노동자도 그렇다. 그래서 우리는 근로자의 날로 부르고 북한은 노동절로 부른다. 우리도 북한이 쓰는 노동절로 바꾸자는 것이다. 같은 해 12월부터 우리의 여권 색상이 남색으로 바뀌었다. 33년간 써오던 녹색을 남색으로 바꾼 것이다. 북한 여권의 색상이 남색이다. 이것은 결코 우연의 일치가 아니다. 세계 190여개 국가를 비자없이 갈수 있는 한국 여권은 여권 파워 세계 2~3위인 반면 북한은 90위권이다. 하늘과 땅 차이다. 국제사회에서의 국가 신용도의 차이는 더 크다. 남북이 같은 KOREA 국명을 쓰며 여권 색상도 같아졌다는 일은 별일 아닌 것이 아니다. 종북주의가 통치의 핵심 키워드였던 문재인 정권이 한 일이므로 우연의 일치도 아니다. 북한을 위해 일하고 북한을 따라가는 일만 했던 문재인의 업적이다. 그의 혁명은 이런 것이었다.

"천안함 폭침은 공상과학이고 개성연락사무소 폭파는 국제사회 제재에 경각심을 준 것이다." 북한정권이 한 말이 아니다. 종북단체에 소속된 일개 종북이가 길거리에서 외친 말도 아니다. 박원순이 시장으로 있던 때 서울시 통일교육사업의 교육 내용이다. "나 진짜 북한 가고 싶다. 갈 사람 손" 경기도 교육청이 올린 웹툰 내용이다. 민주당 정치인 출신으로 교육계의 대표적 좌익인사인 이재정이 교육감으로 있는 경기도 교육청은 학교 교실에 걸린 태극기도 친일잔재라는 이유로 철거 대상으로 지목하고 이를 위해 7억 원 이상의 예산을 배정했다. 미래세대가 북한에 호감을 가지도록 하기 위해 좌익세력이 교육현장에서 벌이고 있는 대한민국 북한화 사업의 일부다. 태극기가 내려진 빈자리는 인공기가 기다리고 있을 것이다. 문재인의 시대에 남과 북은 갈수록 더 구분되지 않았다.

점령 준비가 끝났거나, 이미 점령되었거나

2022년 1월 대통령선거 유세에서 야당 후보 윤석열은 북한의 우리에 대한 공격이 임박했을 경우라는 전제 위에서 대북선제타격론을 말했다. 이에 운동권 출신의 더불어민주당 당대표 송영길과 대통령 후보 이재명은 윤석열을 거세게 비난했고 북한은 "윤석열은 후보는 사퇴하는 것이 제 살 길을 찾는 일"이라고 위협했다. 북한의 공격이 임박할 경우 선제타격하는 것이 비난받을 일이라면 앉아서 북한의 폭탄을 맞자는 말이며 항복하고 나라를 넘겨주자는 말이다. 윤석열 후보의 선제타격론에 민주당과 북한은 같은 목소리를 내며 그들이 한통속이라는 사실을 감추지 않았다. 이 정도면 대한민국은 사실상 이미 북한에 점령되었다는 의미가 아닐까. 조선로동당 서울지부처럼 말하고 행동하는 더불어민주당과 문재인과 그의 동지들이 북한정권을 대신해서 남한을 점령하고 있는 것은 아닐까.

2021년 2월 25일 안민석 윤미향 김남국 최강욱 등 여권 국회의원 35명은 성명을 내고 다음 달로 예정된 한미연합훈련의 연기를 촉구했다. 김정은이 반대한다는 것이 이유였다. 북한이 가진 핵과 펑펑 쏘아대는 미사일에는 어떠한 소리도 내지 않던 민주당 국회의원들이 우리의 방어훈련인 한미연합훈련의 연기를 주장한 것이다. 군사훈련에 연기라는 개념은 없다. 운동선수가 연습을 연기하는 것은 그냥 연습을 게을리 하는 것일 뿐이다. 군사 훈련도 마찬가지다. 훈련하지 않는 군대는 유사시에는 즉각적인 패배를 의미한다. 언제 공격해올지 알 수 없는 것이 적이고 언제 일어날지 모르는 것이 전쟁이다. 그래서 평화의 시간에도 군대를 유지하는 것이다. 그들의 훈련 연기 주장은 훈련을 하지 말라는 것일 뿐이다. 결국이 훈련은 '한미연합 지휘소 훈련'이라는 이름으로 컴퓨터 화면을 통해 시뮬레이션하는 것으로 대체되었다. 방어적 군사 훈련이 컴퓨터게임으로 대체된 것이다. 우려스럽고도 개탄할 일이다.

문재인이 북미회담을 주선하고 종선선언과 평화협정을 추진하는 동안에도 북한은 우리를 겨냥한 무력증강을 계속하고 있었다. 북한군이 우리를 침공하는 순간 적군이 된다. 잠재적 적장이 요구한다는 이유로 군사훈련을 하지 말라는 이들 35명은 대한민국 사람이 아닐 것이다. 왕년의 주사파 구해우 박사는 김정은이 핵과 미사일로 미국의 안전을 위협하고 미국을 협상 테이블로 끌어들여 남한을 포기하게 한 후 쳐내려 올 것이며 그때면 문재인은 바로 항복할 것이라고 말했다. 이 35명도 그럴 것이다. 한 달 후인 3월 25일 북한은 탄도미사일을 발사했다. 그러나 우리 국방부는 5일이나 지난 3월 30일의 정례브리핑에서 이것을 탄도미사일로 확정하지 않았다. 아직도 분석중이라고 했다. 당일 김여정 스스로 그것을 탄도미사일이라고 인정했는데도 그렇게 말했다. 국방부도 북한의 위협을 감추고 있었다. 문재인과 더불어민주당의 국방부였다. 대한민국을 지키고 국민을 보호하는 국방부는 아니었다.

문재인의 시대 국방부와 합참은 북한이 미사일을 쏠 때면 늘 '미상의 발사체'라고 발표하고 기자들의 질문에는 '분석 중' '예의 주시중'이라고 대답했다. 문재인의 군대는 북한의 미사일이 우리 땅에 떨어져도 그렇게 말했을 것이다. 청와대와 대통령 문재인에게 보고하고 반격 여부를 물었다면 예의 주시하며 분석 중이니 기다리라고 말했을 것이며 그 사이 많은 우리 국민이 희생되고 인민군은 반격하지 않는 우리를 향해 추가 공격을 계속 했을 것이다. 그렇게 7일의 시간에, 최장 15일 이내에 북한은 남한 점령을 마무리 했을 것이다. 2015년 1월에 김정은이 새로이 내린 '작전 7일 전쟁' 계획에 의거한 전황 예측이다. 그리고 문재인은 기꺼이 항복을 선언했을 것이다. 그 스스로 '좋은 전쟁보다 나쁜 평화가 낫다'고 말했으니(2016년 10월) 이 예측은 근거없는 것이 아니다. 2017년부터 2022년까지의 대한민국은 문재인이라는 김정은의 수하에게 점령되어 있었다.

지금의 대한민국은 종북주의자들이 지배하고 있다. 주사파가 최대 파벌인 국회는 우익 정당을 농락하며 대한민국의 정치를 파국으로 몰아가고 있고, 산업현장은 주사파가 지도부를 장악한 민노총이 기업주보다 더 강력한 힘을 행사하고 있으며, 교육계는 주사파 교사들이 핵심을 이루는 전교조가 이끌고 있다. 그리고 좌익이 90%를 장악한 문화예술계는 출판 공연 등을 좌익이념의 선전도구로 만든지 오래이며 역시 민노총이 장악한 MBC 등의 방송은 국민 선동의 도구로 쓰이고 있다. 지금의 대한민국을 통치하는 집단은 주사파가 핵심부를 차지한 종북좌익 세력이다. 이 정도면 대한민국은 이미 북한 추종자들에게 점령된 것이 분명하다. 2023년 대거 적발된 여러 간첩단은 모두 북한군이 남진해오면 서울부터 제주도까지 우리 각 도시의 성문을 열어주고 길을 안내하기 위해 준비가 끝났음 알려주는 직접적인 증거다. 청주간첩단 창원간첩단 제주간첩단 전북지하조직망 민노총간첩단 등 거대 조직으로 분명한 실체를 갖추고 우리 속에 숨어있다. 대한민국은 이미 그들에게 점령되어 있다.

청주간첩단은 2017년부터 2021년까지 4년간 북한정권과 주고받은 지령문 보고문 등의 교신기록이 84건이나 나왔으며(주간조선, 2021.8.21) 창원간첩단은 전국 각지에 무려 68개의 거대 조직을 가진 것으로 밝혀졌다. 이들 간첩단은 송영길 등 더불어민주당의 주사파 출신 의원들, 주사파 출신이 지도부를 장악한 민주노총 등과 협력하며 정보를 수집하여 북한으로 보냈다. 그러나 문재인 정권의 국정원은 이들을 방치해 마음껏 활동할 수 있도록 해주었고 그래서 북한이 파견한 간첩들과 서울 광화문에서 당당하게 접선할 수 있었다. 정권이 바뀌어 이들이 적발되자 김명수가 심어놓은 좌익 판사들은 이들의 재판 뭉개기를 묵인해 주었고 그래서 적발되고도 감옥에 간 간첩은 몇 되지 않는다. 이들은 지금도 김정은이 인민군을 이끌고 내려오기를 기다리고 있다. 지금의 이런 상황을 방치해서 종북세력이 장악하는 영역이 더 넓어지고 힘이 더 강해진다면, 각각의 간첩과 간첩단이 더 유용한 정보를 북한에 더 많이 넘겨주고 더 많은 고정간첩을 포섭한다면 인민군의 남진은 더욱 수월해질 것이다. 그리고 대한민국은 결국 북한 김 씨 정권의 통치 아래로 들어가게 될 것이다. 지금의 우리와 우리 후손들이 빈곤만 있고 자유는 없는 북한에서, 세계 최악의 가난과 인권유린이 기다리는 북한 체제에서 살게된다는 뜻이다. 괜찮으신가.

문재인은 노무현 이명박 박근혜 정권 14년 동안 임종석 김경수 이인영 송영길 우상호 우원식 정청래 등 행동주사파의 강력한 보필을 받으며 조국 등의 사회주의자들과 함께 종북세력 전체를 지휘하며 그들의 대한민국 장악을 더욱 진전시키고 공고하게 했다. 조작되고 과장된 광우병사태, 세월호참사, 최순실게이트는 대한민국 현대사에 기록될만한 가치가 있는 사건이 아니다. 그것은 종북세력이 영향력을 키우고 대한민국을 장악하기 위해 고안해낸 장치였다. 문재인 세력은 이런 장치를 이용하여 정권을 잡았다. 대통령이 된 문재인이 대한민국을 통치한 5년 동안 대한민국의 모든 영역은 북한 추종자들에게 급속히 장악되었다. 김일성이 남한을 점령하는 투 트랙의 전략 중 하나인 무혈혁명은 그렇게 성공했다. 문재인은 60년 전에 김일성이 그린 대남혁명노선의 크고 긴 그림 속에 있었던 한 명의 구성원이다. 문재인 세력이 재집권에 실패하며 김일성의 남한 점령은 아직 완성되지 않았다. 그러나 완성에 이르지 못했을 뿐 아직 실패한 것도 아니고 포기된 것은 더욱 아니다. 마치 3기 암 정도의 상태로 여전히 대한민국 몸 속에 있다. 대한민국이 3기 암에 점령되어 있다는 뜻이다.

2024년 9월 주사파의 황태자 임종석이 뜬금없이 "통일하지 맙시다"라고 말했다. 이것은 북한정권이 곤경에 처한 상황에서 남쪽의 정치권과 국민을 현혹하는 페이크 액션이다. 대한민국을 완전하게 점령하기 위한 속임수다. 평생을 통일운동에, 대한민국을 북한에 흡수시키는 통일운동에 몸과 마음을 바쳐온 그의 정치역정 40년을 보라. 일찌기 김일성이 대남혁명노선이라는 지령을 통해 그림을 그려준 그런 통일을 단념할 사람이 결코 아니다.

3. 이 혁명을 막아야 합니다

"하나의 불씨가 광야를 태우리라" 모택동이 공산주의 국가 중국의 건설을 다짐하며 했던 말이다. 공산주의는 20세기 초부터 그의 중국은 물론 온 세계를 불태우다 세기말이 되기 전에 거의 꺼졌다. 그런데 아직 잔불이 남아 있다. 러시아와 중국은 종주국이니 논외로 하자. 20세기 공산주의의 불길 속에서도 자유민주주의와 자본주의 체제를 선택한 대한민국은 2차 대전 후 건국한 신생국가 중 산업화와 선진화에 가장 성공한 국가가 되어 세계의 찬사를 받으며 자유민주주의와 시장자본주의 체제의 우월성을 입증하는 모델이 되었다. 반면 공산주의를 선택한 북한은 빈곤과 인권탄압에 시달리는 독재국가가 되어 사회주의와 공산주의 체제의 실패를 증명하는 첫 번째 샘플이 되고 있다. 그럼에도 21세기의 경제대국이 된 대한민국에 사회주의 공산주의 북한주의 혁명을 시도하는 세력이 있다. 종북세력이다. 이 세력의 리더 중 한 명인 문재인은 거짓 조작 선전 선동의 공산당식 전술로 대통령의 자리를 강탈했다. 그리고 혁명을 도모했다. 스스로 촛불혁명이라 이름 붙인 이 혁명은 이미 실패한 공산주의 혁명이자 북한을 추종하는 종북혁명이었다. 시대착오적인 좌익혁명이며 대한민국 국민인 우리를 지옥으로 안내하는 악마의 혁명이다.

대한민국을 파괴하는 혁명

문재인이 통치한 대한민국의 5년은 그 자신의 말 그대로 '새로운 시대'였다. 그의 시간은 대한민국 국민이 아닌듯 보이는 사람이, 간첩으로 보이는 사람이 통치하는 새로운 시대였다. 한번도 경험한 적이 없는 이 새로운 대통령은 통치의 지향성에서도 완전히 새로웠다. 김대중 노무현 같은 좌익 대통령도 나름 대한민국의 건설과 발전을 위해 한 일이 없는 것은 아니다. 반면 문재인이라는 새로운 대통령은 같은 좌익이면서도 과거의 두 좌익 대통령과는 달랐다. 그는 대한민국을 파괴하고 또 파괴했다. 그런 일만 했다. 한때 "문재인이 대체 나라를 위해 한 일이 뭐냐, 있다면 하나만 말해보라"는 말이 유행한 것도 일관된 그의 대한민국 파괴적 통치 때문이었다. 이 유행어에 굳이 답하자면 이렇다. 문재인은 대한민국 70년의 성취를 단 5년 만에 모조리 무너뜨려 놓았다. 그가 한 일은 단 하나, 대한민국을 파괴하는 일이었다. 북한을 위한 대한민국 파괴였다.

문재인은 그의 정권 한 해가 지날 무렵부터 자신과 동지들의 갖가지 범죄가 부각되기 시작하자 검찰개혁을 외치며 국가의 범죄 대응력을 의도적으로 약화시켰다. 검찰의 수사를 방해하고 틀어막기 위해서였다. 그리고 정권 말이 되어 그의 세력이 정권연장에 실패하자 퇴임을 1주일 앞두고는 국가 형사사법기구의 파괴라는 비판을 묵살하고 검찰의 수사권 자체를 박탈해 버렸다. 대통령 임기 종료를 단 일주일 남긴 2022년 5월 3일이다. 그 자신은 검수완박을 "국민의 기본권을 보장하기 위한 것"이라고 둘러댔으나 그의 말을 믿는 국민은 없었다. 그것이 엄중한 범죄혐의가 무수히 많은 자신에 대한 수사를 미리 틀어막는 것이며 그래서 그 자신에 대한 선제적 사면이라는 사실을 대부분의 국민은 알고 있었다. 검수완박이 확정되는 날 문재인은 "새시대를 열었다"고 자랑했다. 그가 말한 새시대는 대한민국을 반역한 사람을 단죄할 수 없는 시대이며 또한 검찰의 범죄대응력을 약화시켜 온 나라가 범죄천국이 되는 시대였다. 그가 물러난 지금 그가 의도한 대로 문재인 자신은 수많은 크고 작은 범죄혐의가 드러났음에도 아직 처벌되지 않고 있다. 덤으로 대한민국은 범죄가 넘쳐나고 마약이 널리 퍼지고 심지어 범죄자가 대거 국회를 장악하는 등 범죄천국이 되어가고 있다. 그가 처음부터 의도한 결과일 것이다. 문재인은 대한민국 파괴를 자신의 혁명으로 여긴 것이 분명하다. 국가의 형사사법기능이 파괴되고 이로 인해 대한민국이 파괴되는 시대가 그의 새로운 시대였다.

"나라 전체가 문 대통령을 중심으로 돌아간다고 봐도 과언이 아니다. 코로나 대비가 잘못돼도, 부동산 대책이 잘못돼도, 우리 국민의 생명과 헌법정신을 지켜내지 못해도 문 대통령은 노선을 바꾸는 법이 없다. 취임 초부터 촛불혁명으로 탄생한 정부라고 강조했는데 이 말이 단순한 레토닉이 아니고 이 정권이 혁명정부임을 인정하면 많은 의문이 풀리는 신기한 경험을 할 수 있다."(동아일보, 2020.12.30) 기자 김순덕의 말이다. 독주하듯 국정을 운영하고 국정운영의 결과가 두루 부정적인 것임에도 그것을 시정하지 않는 문재인을 두고 기자는 혁명으로 이해하고 있다. 역병에 대한 대응을 허술히 하고, 집값을 올리고, 바다를 표류하던 우리 공무원을 구하지 않고, 헌법에 명시된 인권과 자유 등의 가치를 지키지 않는 혁명이라면, 그리고 국가와 국민의 이익에 반하는 혁명이라면 그것은 건설하고 개선하고 발전하는 혁명이 아니라 부수고 무너뜨리고 파괴하는 혁명이 아닌가.

문재인의 혁명은 대한민국을 파괴하는 것이었다. 촛불혁명이란 그런 것이다. 김순덕이 문재인의 통치를 혁명으로 인정하니 의문이 다 풀리는 신기한 경험을 하기 15~20일 전 더불어민주당은 대한민국의 정체성에 역행하는 여러가지 혁명적 법률안을 대거 통과시켰다. 이 법안들은 대한민국의 국가 정체성을 훼손하고 경제를 파괴하고 북한에 복종하는 것이었고 모두 자유민주주의 국가 대한민국을 파괴하는 내용이었다. 문재인의 새로운 시대는 거대한 파괴의 시대였다.

"민주주의의 파괴다. 전두환 시대보다 더한 독재다. 표현의 자유 박탈이다. 헌정 파괴다. 위헌이다. 히틀러 치하의 독일 같다. 간첩을 못잡게 하는 나라가 어디 있느냐. 북한동포의 인권은 포기하나. 더 이상 한국에서 사업할 수 없다. 국민의 삶이 절박하다. 코로나 백신보다 공수처 설치가 먼저냐." 2020년 12월 독재적 법안, 사회주의적 법안, 북한을 위한 법안이 대거 통과되는 것을 지켜본 국민과 언론과 야당의 아우성이다. 여기다 민주당 진성준 의원이 폭등하는 아파트 값을 잡겠다며 1가구 1주택을 법으로 못박는 법안을 발의하자 "이제 사회주의 체제로 바꾸는 것이냐, 공산주의 국가냐" 등 문재인 정권의 정체성을 사회주의 공산주의로 규정하는 주장이 나왔다. 이미 많은 국민은 문재인 정권의 본색을 뚫어보고 있었다. 김순덕이 말한 혁명정부는 틀림없이 사회주의 공산주의 혁명정부를 의미할 것이다. 김일성주의 혁명 혹은 북한주의 혁명이라고 말하는 것이 더 정확할 것이다. 문재인의 혁명은 대한민국의 기존의 모든 것을 파괴하는 혁명이었다. 대통령이 된 문재인은 대한민국을 파괴하고 또 파괴했다.

이 혁명의 끝은 어디인가

대한민국의 좌익혁명은 70여 년간 준비되고 시도되고 진전되었다. 폭력에 의한 첫 대규모적 혁명 사건인 제주4.3사태를 시작으로 6.25의 남침까지 모두 실패로 끝난 이후에도 수많은 무력도발이 반복되었고 남파된 간첩에 의한 지하혁명조직의 설립으로 자유민주주의 대한민국을 뒤엎기 위한 혁명투쟁은 계속되었다. 1960년대의 통혁당부터 2000년대의 통진당까지 모두 그런 목적으로 설립되어 그런 활동을 했던 조직이다. 이 끝없는 시도는 결국 성공하여 이석기 등의 13명의 통진당 국회의원의 탄생에 이른다. 그들의 언어인 무혈혁명 혹은 제도적 혁명의 첫 결실이었다. 종북혁명의 첫 성취인 통진당의 원내정당 진출과 이석기의 원내 입성, 뒤이은 해산과 구속에서부터 박근혜 정부 전복의 약 5년간 박근혜의 맞은편에는 더불어민주당이 있었고 그의 중심에는 문재인이 있었다.

박근혜를 구속시키고 정권을 잡은 문재인은 거짓과 선동의 공산주의 전술로 대한민국을 통치했다. 그는 일관되게 대한민국이 아닌 북한과 김정은을 위한 통치를 펼쳤고 이 나라를 사회주의화하고 북한화하는 여러 법안을 대거 만들었다. 이로써 문재인이 말한 촛불혁명은 해방 이후 지속된 좌익혁명의 연장선이었음이 확인된다. 이 좌익혁명은 공산혁명이기도 하고 대한민국을 북한화하는 종북혁명이기도 했다. 1960년대에 이미 세계적으로 종언을 고한 공산주의를 30여 년이 지난 1990년대 당시까지 움켜잡고 있는 일부 국가의 현상을 두고 프랑스 좌파 신문 리베라시옹은 "고대의 공룡들이 아직도 기어다닌다"고 표현했다. 이 말이 나오고 20여 년이 더 지나 세계 10대 경제대국이 된 21세기의 대한민국에 공산주의가 부활했다. 화석이 되어 있던 공룡이 살아난 것이다. 이 공룡을 되살린 세력은 더불어민주당과 종북 집단이고 그들의 지도자는 문재인이었다.

문재인은 자신이 공산주의자라는 의심을 받으면 적극적으로 부인했다. 무력에 의한 남침과 수많은 도발을 겪으며 우리 국민 대부분이 공산주의의 잔혹성과 기만성과 파괴적 속성을 경험하고 더구나 그것은 과거형이 아니라 북한의 김 씨 정권으로 인해 치명적인 현재형으로 존재하기 때문일 것이다. 이것은 이 땅의 모든 좌익세력이 그들의 정체성을 위장하고 은폐하는 이유다. 스스로 붙인 민주화 세력, 진보세력이라는 기만적인 이름도 그들의 정체성을 은폐하는 위장술이다. 문재인은 자신을 공산주의자로 규정하는 국민을 고소 고발하여 법정에 세우면서 자신의 이념 정체성을 위장하고 은폐했다. 그 스스로는 사회주의 혹은 공산주의를 결코 입에 올리지 않으면서도 그러한 내용의 혁명투쟁을 전개했으며 정권을 장악한 후에는 그러한 이념에 기초한 정책을 펼쳤다. 자유민주주의 정체성과 체제를 공격하고 훼손한 문재인의 혁명은 대한민국 70여 년의 짧은 역사에서 6.25전쟁 다음으로 맞은 엄중한 도전이었다.

단언컨데 문재인의 촛불혁명은 세계 정치사에서 마지막 좌익혁명으로 기록될 것이다. 그의 혁명으로 인한 대한민국의 총체적 실패는 자유민주주의와 자본주의의 우월함을 다시 한번 증명하는 마지막 사례가 될 것이다. 그가 집권하기 전까지의 대한민국은 자유민주주의의 우월성을 입증하는 모델이었다. 그러나 그의 좌익혁명에 의해 경제 등 모든 영역에서 확실하게 실패한 결과물은 우익정부 시절의 눈부신 성취와 대비되어 두 체제의 우열을 세계인에게 더욱 선명하게 보여주는 사례로 쓰일 것이다. 문재인의 통치로 인한 대한민국의 실패가 사회주의와 공산주의의 쓸모없음을 다시 한번 입증하는 사례가 될 것이라는 뜻이다. 그의 통치가 초래한 결과인 자유와 인권의 후퇴, 빈곤 심화, 사회 통합력의 약화 등 총체적 국력 쇠퇴를 목도한 세계 어느 나라도 다시는 좌익혁명을 시도하지 않을 것이며 그래서 촛불혁명은 좌익의 이념과 체제의 완전한 종말을 확인시키는 사례의 샘플로 쓰일 것이다. 문재인의 혁명은 세계사에서 마지막 좌익혁명이 될 것이다. 세계 어느 나라에서 또 그와 같은 정신 나간 정치 지도자가 다시 등장하지 않는 한 그것은 최후의 좌익혁명으로 기록될 것이다.

이 사악하고도 바보같은 혁명은 끝이 났을까. 아니다. 지금도 대한민국을 사실상 지배하고 있는 문재인의 동지들과 그들 세력은 아직 포기하지 않았다. 극단적 이기주의자인 이재명을 앞에 내세운 그들의 혁명은 지금도 가열차게 진행되고 있다. 양산에 성채와도 같은 사저를 짓고 2개 소대 규모인 경호 인력의 보호를 받으며 그곳에 모인 문재인과 그의 옛 수하들은 혁명의 완성을 위해 지금도 수시로 모여 머리를 맞대고 있다. 그들을 막지 못한다면 그들의 뒤집기는 결국 성공할 것이다. 그들이 성공한다는 것은 최악의 빈곤과 인권말살과 극단적인 공포정치가 존재하는 북한 체제에서 우리가 살아가야 한다는 뜻이다. 우리의 자식들도 그렇다. 이들을 그냥 둘 것인가. 문재인을 그냥 둘 것인가. 나와 내 친구들과 우익정당 정치인들과 대한민국 국민에게 건네는 말이다. 문재인을 심판하지 않고 처벌하지 않는다면 대한민국은 안전하지 않다.

EPILOGUE

●

　문재인의 시대에는 일손을 놓는 일이 잦았고 수시로 통음했다. 대한민국을 자유민주주의 국가로 여기고 살아온 국민으로서 기가 막히고 억장이 무너지는 일이 너무 많았기 때문이다. 내가 이상한 것인지 문재인과 그의 수하들이 정상적인 사람들인지 주위에 수시로 물어야 했다. 나처럼 생각하는 사람들이 많다는 것을 확인하고 나서야 일상의 끈을 잡을 수 있었다. 자주 그랬다. 그렇게 문재인의 5년을 겨우 견뎌냈다. 그의 정권은 끝났으나 그때의 기억은 아직도 선명하다. 퇴임 후에는 잊혀지고 싶다고 말했던 그는 자주 얼굴을 내밀며 한마디씩 배설해 놓았고 그때마다 아물어가던 과거의 고통은 깨어났다. 눌려있던 그의 여러 범죄혐의는 시간이 지나면서 속속 드러났다. 늦었지만 다행이라는 생각이 들었다. 그러나 신문 지면에 자주 오르내리는 그를 보는 것은 여전히 고통스러운 일이었다. 이 고통을 지우는 방법을 생각했다. 내 몸 속 깊은 곳에 자리잡은 그에 대한 감정의 뭉터기를 글로 끄집어 내기로 작정했다. 그 과정에는 또다른 고통이 따랐지만 그래도 속에 있던 것이 고스란히 묻혀져 나온 글을 보며 나의 영혼은 한결 가벼워졌다. 다시 무엇을 시작할 수 있을 듯도 하다.

　국민이 낸 세금으로 자신의 생계를 해결하고 어쩌면 부인의 사치스런 옷값에다 공짜 해외여행까지 해결하며, 거기다 권력과 명예까지 누렸던 문재인과는 달리 세금을 내는 국민의 무리에 속해 스스로 생계를 해결해야 하는 저자에게 집필은 쉬운 일이 아니었다. 시간 부족이 난제였다. 그러나 어느 때부터인가 시간의 문제는 문재인이 친히 해결해 주었다. 그의 말에 의하면 그의 시대 대한민국 경제는 늘 '기적'이어야 했으나 오히려 저자의 거래 기업들은 한가해졌고 덩달아 저자도 한가해졌다. 30여 년의 기업경영에서 처음 겪는 일이었다. 기적이 맞는 듯도 했다. 그렇게 널널해진 시간은 문재인과 그의 동지들의 오래된 혁명을 관찰하는 일에 쓰여졌다. 이게 다 문재인 덕분이다. 결코 바란 적 없는 문재인 '덕분'이다.

문재인은 그의 대통령 퇴임 직전 손석희와의 인터뷰에서 자신을 반대하는 국민을 '저쪽'이라고 불렀다. 그래서 그의 무리는 저절로 '이쪽'이 되었다. 이것이 우리가 한때 대통령으로 여겼던 사람의 머리 속에 있던 '국민'이다. 그래서 이 책은 대한민국 국민을 이쪽과 저쪽으로 나눈 19대 대통령 문재인과 그의 수하들로 이루어진 '이쪽'이 대한민국을 뒤집고 정권을 잡기까지의 이야기다. 그가 촛불혁명이라고 이름 붙인 종북혁명에 국민인 우리가 속았다고 주장하는 이야기다. 박근혜를 탄핵시킨 촛불혁명에서 국민인 우리가 속고 그것을 총지휘한 문재인에게 속은 이야기다.

문재인은 2022년 3월 차기 대통령이 결정되고 며칠 후 "통합과 협력이 시대정신"이라는 말을 내놓았다. 집권 5년 내내 국민을 나누고 쪼개며 갈등을 조장하고 싸움을 붙여 자신은 무슨 짓을 해도 40% 이상의 확고한 지지율을 유지하는 분열의 정치로 일관했던 사람이, 보수 야당을 철저하게 무시하고 배제하고 압살하며 모든 국정을 독단적으로 운영했던 사람이, 헌법과 법률을 위반하는 범죄적 행위를 수없이 범한 그 사람이 정권이 바뀌게 되자 이제서야 통합과 협력이 시대정신이라고 말했다. 그의 말에 일개 국민인 저자는 그가 국민인 나를 개돼지로 여긴다고 생각했고 내가 그의 동지 조국이 말한 가붕개인가도 싶었다. 게다가 물러나는 그는 자신의 업적을 우기 듯 마구 늘어놓으며 자랑질을 했다. 그의 간첩질을 모두 알고있는 저자는 분노했다. 아니다. 분기탱천했다.

대한민국 제19대 대통령이었던 문재인 그에 대한 평가는 그 자신의 영역이 아니다. 국민인 우리의 일이고 역사가들의 영역이다. 그는 국민으로부터 평가 받아야 한다. 문빠 같은 정신 나간 팬덤과 유시민 같은 어용 지식인들이 마구 쏟아내는 그에 대한 칭송을 보며 완전히 다른 의견이 있다는 것을 알리고 싶었다. 그래서 집필을 시작했다. 집필이 끝난 지금의 결론은 이렇다. 그는 수많은 범죄를 저지른 범죄혐의자다. 그의 범죄는 대한민국을 반역한 중대하고 엄중한 혐의다. 당연히 조사받고 수사받고 처벌되어야 한다. 그의 세력이 탄핵 요건도 갖추지 못한 현직 대통령 박근혜를 탄핵한데 이어 현재의 대통령 윤석열을 또다시 탄핵하겠다고 나선 것은 그를 단죄하지 않은 게으른 우익 정부가 자초한 결과다. 그래서 지금이라도 문재인 그를 심판해야 한다. 문재인을 심판하기 위해서는 다수의 특검이 구성되어야 할 것이다. 그의 범죄혐의가 질에서 엄중하고 양에서 넘치기 때문이다. 그를 처벌하는 근거를 헤아릴 때 저자의 먼저 나온 책 [대통령이 된 간첩]과 함께 이 책이 쓰이길 바란다.

이 책을 쓰기 위해 노무현의 시대 이후에 보도된 여러 언론의 약 38,000여 건의 좌익진영과 관련된 신문기사를 검색했다. 이 과정에서 놀라운 사실을 알 수 있었다. 어림잡아 70% 이상이 직 간접적으로 거짓 조작 은폐 선전 선동 포퓰리즘으로 분류되는 내용이었다. 모두 20세기의 공산주의자들이 혁명을 위해 써먹었던 술수다. 특히 문재인과 그의 가까운 동지들의 정치적 활동은 대부분 사회주의와 북한이라는 키워드를 내장하고 있었다. 놀라운 일이었다. 그래서 '문재인은 대한민국 대통령이 맞는가'라는 단순한 물음에서 시작된 고찰은 그의 좌익 동지들에 대한 관심으로 확대되었고 나아가 대한민국을 사회주의 국가화하고 북한화하려는 그들의 혁명투쟁으로 확장되었다. 넓고 멀고 긴 길이 되었다. 그들의 실체를 알리는 책은 앞으로도 더 나올 것이다.

이 책은 국내 여러 언론사의 보도기사, 기고문, 보고서, 단행본 등에 의지해 만들어졌다. 그 중에도 여러 신문사의 부지런하고 날카로운 기자들이 쓴 기사에 절대적으로 의존했다. 정권에 아부하는 좌익 성향의 사이비 언론인이 득세하고 출세하고 부자가 되었던 문재인의 시대에 묵묵히 자신의 신념과 논조를 포기하지 않았던 기자들에게 경의를 표한다. 좌익의 시대였던 20세기 중반의 프랑스에서 좌익 사상가 사르트르와 우익 언론인 레미몽 아롱의 치열했던 이념논쟁은 결국 사르트르의 완전한 패배와 아롱의 분명한 승리로 끝났다. 언론인은 사상가보다 정확하다. 우익은 좌익을 이긴다. 공산주의는 실패했고 그래서 소멸될 것이다. 끝까지 가자.

2024. 10.
울릉도에서 장영관